윌리엄 셰익스피어(1564~1616)

엘리자베스 1세(1533~1603, 재위 1588~1603)

《셰익스피어》(1623) 표지  셰익스피어 최초의 희곡 전집으로 총 36편의 희곡이 실렸다.

엘리자베스 1세에게 작품을 헌정하는 셰익스피어(1922)

헨리 6세(1421~1471, 재위 1422~61, 1470~71)

《헨리 6세》 헨리 6세의 도망 윌리엄 린제이 윈더스. 1860.

《헨리 6세 제1부》 템플 법학원 정원에서—붉은 장미인가 흰 장미인가 선택 헨리 알버트 페인. 1908.

《헨리 6세 제1부》 5막 3장 극 중 잔 다르크와 복수의 여신들  윌리엄 해밀턴

연극 〈헨리 6세 제2부〉 슬픔에 잠긴 왕비 마가레트(페니 다우니) 로열 셰익스피어 극단 4부작 개작 상연. 1988~89.
그녀는 살해당한 연인, 플랜태저넷 집안의 서포크의 머리를 손에 들고 있다.

연극 〈헨리 6세 제3부〉 스트랫퍼드에서 로열 셰익스피어 극단 공연. 2006.
전투 장면(위). 국왕(척우디 이우지)이 마가레트(케이티 스티븐스)·엑시터(로저 왓킨스)와 합류하는 장면(아래)

◀타우턴 전투

장미전쟁(1455~85)의 일부로 랭커스터 가와 요크 가 사이의 왕위계 승권을 둘러싼 내전이다. 1461년 타우턴 전투에서 마가레트는 에드워드 4세 연합군에 크게 패했다. 마가레트는 1471년 5월 듀크스베리 전투에서 반격을 시도했으나 실패하고 에드워드 왕자와 헨리 6세는 살해되었다.

▼듀크스베리 전투

RICARDVS · III · ANG · REX ·

리처드 3세(1452~1485, 재위 1483~1485)

《리처드 3세》 런던 탑에 갇힌 두 왕자 존 에버렛 밀레이. 1878.

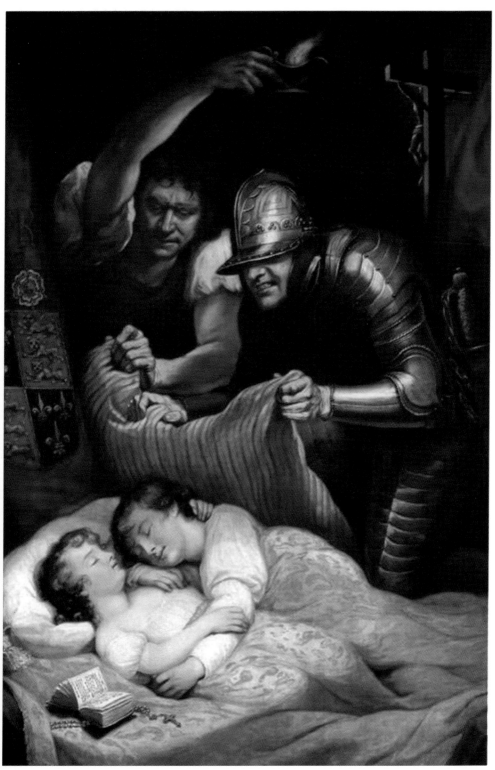

《리처드 3세》 런던 탑 왕자 살해 제임스 노스코트. 1805.

헨리 8세(1491~1547, 재위 1509~1547)
궁녀 앤 불린과의 결혼을 교황이 인정하지 않자 가톨릭교회와 결별, 영국 국교회를 설립하여 종교개혁을 단행했다.

《헨리 8세》 헨리 8세와 추기경 울지 대법관 존 길버트 경. 1886.

《헨리 8세》 아라곤의 캐서린 윌리엄 브롬리. 1866.

《헨리 8세》 헨리 8세와 앤 불린과의 첫 대면 다니엘 매클라이즈. 1835.

World Book 283

셰익스피어전집2 [역사극Ⅱ]

William Shakespeare

HENRY Ⅵ PART1/HENRY Ⅵ PART2/HENRY Ⅵ PART3
RICHARD Ⅲ/HENRY Ⅷ

# 헨리 6세 제1부/헨리 6세 제2부/헨리 6세 제3부
# 리처드 3세/헨리 8세

셰익스피어/신상웅 옮김

동서문화사

디자인 : 동서랑 미술팀

셰익스피어전집 2 [역사극Ⅱ]
# 헨리 6세 제1부/헨리 6세 제2부/헨리 6세 제3부
# 리처드 3세/헨리 8세
## 차례

[컬러화보]

# The First Part Of King Henry VI
## 헨리 6세 제1부

## [등장인물]

**헨리 6세**(1421~71) 헨리 5세의 아들, 태어난
지 9개월 만에 즉위.

**글로스터 공작** 잉글랜드의 섭정, 왕의 막내
삼촌

**베드퍼드 공작** 프랑스의 섭정, 왕의 작은삼촌

**엑서터 공작** 토머스 보퍼트, 왕의 큰할아버지

**윈체스터 주교** 헨리 보퍼트, 왕의 작은할아버
지. 뒤에 추기경

**서머싯 공작** 존 보퍼트

**리처드 플랜태저넷** 뒤에 요크 공작

**워릭 백작** 헨리 6세의 스승

**솔즈베리 백작** 헨리 5세에게 무술을 가르친
군인

**서퍽 백작** 윌리엄 드 라 폴, 뒤에 서퍽 공작

**탤벗 경** 뒤에 슈루즈버리 백작

**존 탤벗** 탤벗의 아들, 가장 용감한 군인

**에드먼드 모티머** 마치 백작

**존 파스톨프** 기사

**윌리엄 글랜스데일** 기사

**윌리엄 루시** 기사

**토머스 가그레이브** 기사

**런던 시장**(市長)

**우드빌** 런던탑 감독관

**버논** 흰 장미(요크) 당원

**바셋** 붉은 장미(랭커스터) 당원

**변호사**

**모티머의 교도관들**

**샤를** 프랑스 왕세자, 뒤에 프랑스 왕

**레니에** 앙주 공작, 이름뿐인 나폴리 왕

**알랑송 공작**

**부르고뉴 공작**

**오를레앙의 서자**(庶子)

**파리 총독**

**오를레앙의 포대장**(砲隊長)과 그의 아들

**보르도 주재 프랑스군 사령관**

**프랑스군 하사관**

**보초병들**

**존 라 푸셀** 잔 다르크

**양치기** 존 라 푸셀의 아버지

**마거릿** 레니에 공작의 딸. 뒤에 헨리 6세와
결혼

**오베르뉴 백작부인**

**문지기**

**존 라 푸셀 앞에 나타나는 악령들**


그 밖에 귀족들, 런던탑 교도관들, 시종들, 부
대장, 병사들, 의전관들, 전령들, 하인들, 잉글
랜드와 프랑스 두 나라의 수행원들


## [장소]
잉글랜드와 프랑스

# 헨리 6세 제1부

〔제1막 제1장〕

장송행진곡. 헨리 5세의 장례 행렬 등장. 프랑스의 섭정 베드퍼드 공작, 잉글랜드의 섭정 글로스터 공작, 엑서터 공작, 워릭 백작, 윈체스터 주교, 서머싯 공작 그리고 의전관들이 그 뒤를 따른다.

**베드퍼드**　하늘에 검은 휘장을 쳐서 낮을 밤이 되게 하라. 세상의 변고를 알리는 혜성이여! 수정 같은 그대 머리칼을 높이 휘둘러 헨리 왕의 죽음을 꾀한 역적의 별들을 채찍질하라. 헨리 5세 왕이시여, 당신의 명성이 너무 높아 그만 천수를 누리지 못하셨습니다! 잉글랜드는 이처럼 훌륭한 왕을 잃은 적이 없었습니다.

**글로스터**　잉글랜드는 전에 그와 같은 훌륭한 왕을 갖지 못했었소. 그분은 백성을 다스리기에 바른 덕을 지니셨고, 그분이 한 번 칼을 휘두르시면 그 빛으로 눈을 뜰 수 없었지요. 그분이 두 팔을 활짝 펼치시면 용의 날개보다 넓고, 분노의 불꽃으로 가득 차 이글거리는 두 눈은 한낮의 태양보다 더 사납게 원수를 어지럽혀 물리치셨소. 어떻게 말하면 좋을까요? 그분이 이루신 공적은 말로 다할 수 없지요. 그분이 한 번 손을 들어올리시면 반드시 정복을 하셨습니다.

**엑서터**　우리는 검은 상복을 입고 슬퍼하기만 하고, 왜 피로써 애도하려고는 하지 않지요? 전하께서는 이미 세상을 떠나셨으니, 다시는 돌아오지 못하시겠지요. 우리는 부끄럽게도 의례를 갖추며 목관(木棺) 앞에서 죽음의 신을 영예롭게 만들고 있으며, 이는 마치 포로가 개선 행렬 마차에 묶여 끌려가는 것 같군요. 어떤가요? 우리의 영광을 뒤바꾸어 놓은 악운의 별을 저주하고만 있어야 할까요? 아니면 저 교활한 프랑스 주술사나 마술사가 왕을 두려워하여, 주문으로 그분을 죽게 했다고 생각해야 할까요?

**윈체스터** 그분은 왕 중의 왕이신 하느님의 축복을 받은 왕이셨소. 프랑스 사람들에게는 최후의 심판날보다 그분을 만날 때가 더 두려웠을 것입니다. 그분은 주님의 전투를 대신해 싸우셨습니다. 교회의 기도가 그분을 승리로 이끌어 간 것이지요.

**글로스터** 교회라니! 그런 게 어디 있습니까? 교회가 기도를 하지 않았다면 전하의 생명의 끈이 그렇게 빨리 끊어지지는 않았을 겁니다. 당신은 나약한 왕만을 좋아하겠지요. 어린 학생을 다루듯 왕을 마음대로 주무를 수 있으니까요.

**윈체스터** 글로스터, 우리가 싫어하든 좋아하든 당신은 섭정 자리에 있으니 왕과 나라를 마음대로 하겠지요. 그대의 아내는 콧대가 높으니 하느님이나 성직자보다도, 그대는 부인을 더 두려워하게 될 거요.

**글로스터** 종교 이야기는 그만하시지요. 당신은 육체를 사랑하는 인간이니까요. 적들을 저주하기 위해 기도하지 않는 한 당신은 1년 내내 교회에 가는 일이 없잖습니까?

**베드퍼드** 그만, 입씨름은 그만들 하시고 마음을 가라앉히시오. 자! 제단으로 갑시다. 의전관들, 장례를 진행하라. (의전관들 퇴장) 황금 대신 우리의 무기를 바칩시다. 헨리 왕께서 돌아가신 뒤로, 쓸모가 없어진 무기를 말이오. 후손들이여, 앞으로 처절한 시대가 오리라. 그때에는 아기가 어머니의 눈에서 흐르는 눈물을 젖 대신 빨며, 이 섬나라가 온통 짠 눈물로 아이를 키우는 어머니들로 가득하리니 여자들만이 남아 죽은 자들을 애도하리라. 헨리 5세 왕이시여, 당신의 영혼에 비오니, 이 나라를 번성케 해주시고 내란에서 구해 주십시오. 저 하늘 위에서 적대하는 별들과 싸워 주소서. 당신의 영혼은 저 율리우스 카이사르나 그의 빛나는 별보다도 더 찬란하게 빛날 것입니다.


전령 1 등장.


**전령 1** 존귀하신 경들이여, 문안드립니다. 비통한 소식을 프랑스에서 가져왔습니다. 손실과 학살과 패배의 소식입니다. 귀엔, 샹파뉴, 랭스, 오를레앙, 파리, 귀소르, 푸아티에, 이 모두가 적의 손에 들어갔습니다.

**베드퍼드**  뭐라고? 전하의 유해 앞에서 그게 무슨 소리란 말이냐? 작은 소리로 말하거라. 그렇게 큰 도시들을 잃었다는 소식을 들으시면 관(棺)을 부수고 일어나 나오시겠다.

**글로스터**  파리도 빼앗겼느냐? 루앙도 항복했다고? 전하께서 살아나신다 해도 이 소식을 들으시면 놀라 기절하셔서 다시 돌아가시겠다.

**엑서터**  그건 어떻게 해서 뺏겼나? 어떤 배반 행위가 있었느냐?

**전령 1**  배반 행위가 있었던 게 아니라 병력과 자금이 부족했기 때문입니다. 병사들이 수군거리는 소리를 듣자 하니 경들께서는 여기 본국에서 여러 당파로 갈라져 싸우시며, 전장에서 원군을 필요로 할 때에도 입씨름만 하고 계신다 합니다. 어떤 분은 전쟁을 끌면서 비용을 최소화하자 하시고, 어떤 분은 당장이라도 전장으로 날아가고 싶으나 날개가 없다 하신답니다. 또 어떤 분은 비용을 들이지 않고도 교묘한 말을 꾀어 평화를 얻을 수 있다고 하신답니다. 깨어나십시오. 깨어나세요, 잉글랜드 귀족들이여! 겨우 얻은 영예를 소홀히 하지 마십시오. 잉글랜드의 문장(紋章)에 갖다 붙인 프랑스의 백합꽃이 여러분의 옷에서 이미 반이나 꺾이어 사라지고 말았지 않습니까. (퇴장)

**엑서터**  국상(國喪)을 당해 우리의 눈물이 부족하지만 않았다면, 이 소식을 듣고 밀물처럼 온통 눈물바다를 이룰 뻔했군요.

**베드퍼드**  이것은 프랑스의 섭정인 내가 처리할 문제요. 내 철갑옷을 다오. 프랑스 땅을 되찾기 위해 싸우겠다. 이 부끄러운 상복은 치우거라! 내가 프랑스 놈들에게 깊은 상처를 주어, 잠시 멈추었던 불행을 보고 다시 울게 하리라.


전령 2 등장.


**전령 2**  경들이시여, 불운으로 가득 찬 이 편지들을 보십시오. 프랑스가 잉글랜드에 완전히 등을 돌렸습니다. 남은 곳이라고는 몇몇 작은 도시들뿐입니다. 프랑스 세자 샤를은 랭스에서 대관식을 치르려 하고, 오를레앙의 사생아가 그와 같은 편이 되었으며, 앙주 공작 레니에도 그에게 가담하고, 알랑송

공작도 그를 돕겠다고 달려갔습니다. (퇴장)

**엑서터** 프랑스 세자가 왕이 됐다? 모두들 그에게 달려갔다고? 우리가 이 치욕에서 벗어나려면 어디로 가야 하지?

**글로스터** 원수의 목구멍 말고 어디 갈 곳이 있겠습니까. 베드퍼드 형님, 만일 내키지 않는다면 나라도 혼자 싸워 무찌르겠소.

**베드퍼드** 글로스터, 어째서 나의 용기를 의심하오? 나는 이미 마음속에 군대를 소집해 놓았으니, 이것으로 프랑스는 이미 짓밟힌 거나 다름없소.

전령 3 등장.

**전령 3** 경들께 아룁니다. 헨리 왕의 관을 슬픔의 눈물로 적시는 가운데, 슬픔을 더할 보고를 전해야겠습니다. 용감한 탤벗 경과 프랑스 군대와의 싸움에 대한 것입니다.

**윈체스터** 뭐라고? 그 싸움에서 탤벗이 이겼겠지, 그렇지?

**전령 3** 아, 아닙니다. 탤벗 경이 패하셨습니다. 자세히 말씀드리자면 지난 8월 10일, 용맹하신 탤벗 경은 고작 6천이 될까 말까 한 병력을 가지고 오를레앙에서 후퇴했을 때에 2만 3천이나 되는 프랑스 군대에게 포위 습격당하고 말았습니다. 대열을 정비할 시간도 궁수 앞에 세워둘 창도 없었으므로, 울타리에서 날카로운 말뚝을 뽑아 땅바닥 여기저기에 꽂아 놓고서 기마병이 뚫고 들어오지 못하게 막고는 세 시간 넘게 전투를 계속했습니다. 그곳에서 용감한 탤벗 장군은 칼과 창을 휘두르며 인간으로서는 도저히 상상할 수 없는 기적을 행하셨습니다. 그분은 병사 수백 명을 지옥으로 보냈는데, 어느 누구도 감히 맞서지 못했습니다. 그분이 격노하여 여기저기 온갖 곳에서 적을 무찌르고 다니는 것을 본 프랑스 병사들은 악마가 무장을 했다고 소리치며 싸움을 포기한 채 그분을 바라보고 서 있을 따름이었습니다. 탤벗의 병사들도 그분의 용감한 정신을 보고 탤벗! 탤벗! 외치며 격전의 도가니 속으로 뛰어들었습니다. 그때 기사 존 파스톨프가 비겁한 행동만 하지 않았어도, 틀림없이 이겼을 텐데…… 앞장서던 파스톨프가 후방에서 돕겠다며 물러나더니, 비겁하게도 칼 한 번 쓰지 않고 달아나 버렸습니다. 이 때문에 우리 병사들은 적에게 포위되어 여기저기서 수없이 쓰러져 죽어갔습니다. 그때 어느 비열한

탤벗 경에게 프랑스군 사령관을 나타내는 검을 내리는 헨리 6세   15세기 프랑스 사본

왈론*¹ 병사가 세자의 총애를 받으려고 탤벗 장군의 등을 창으로 찔렀습니다. 프랑스 모든 주력 부대가 뭉쳤다 해도 감히 똑바로 바라볼 수도 없었을 탤벗 장군의 등을 말입니다.

**베드퍼드**   탤벗이 죽었단 말인가? 그렇다면 난 자결하겠다. 그처럼 훌륭한 대장이 지원군도 없이 비겁한 적의 손에 넘어가 죽는 동안 이렇게 호언장담이나 하며 한가롭게 보내고 있었다니.

**전령 3**   오, 아닙니다. 살아 계십니다. 그렇지만 포로가 되셨습니다. 스케일스 경과 헝거포드 경도 함께 계십니다. 다른 분들도 대부분 전사하셨거나 포로가 되셨을 겁니다.

**베드퍼드**   탤벗 경의 몸값은 내가 얼마든지 지불하네. 내가 프랑스 세자를 왕좌에서 끌어내려, 그의 왕관을 나의 벗인 탤벗의 몸값이 되게 하리라. 우리

---

*1 지금의 벨기에 남부 지역. 잉글랜드 편에 섰다가 배반함.

귀족 하나와 프랑스 귀족 넷을 바꾸겠다. 그러면 경들, 안녕히 계십시오. 나는 곧 출발하겠소. 나는 이 길로 프랑스로 가서 우리 조지 성인에게 먼저 예를 올리겠소. 병사 1만 명을 이끌고 가겠소. 이들의 혈전이야말로 온 유럽을 두려움에 떨게 할 것이오.

**전령 3**  지당하신 말씀입니다. 지금 오를레앙 시를 포위하고 있는 잉글랜드 군대는 너무 지쳐서 힘이 약합니다. 솔즈베리 백작은 반란을 막지 못한 채 지원군을 구하고 있습니다. 소수 군대만으로는 그 같은 대군을 막아낼 수 없기 때문입니다. (퇴장)

**엑서터**  경들이여, 그대들은 프랑스 세자의 숨통을 끊어버리든가 우리에게 굴복시키고 말겠다는, 세상 떠난 헨리 5세 왕의 맹세를 잊지 마시오.

**베드퍼드**  그야 명심하고 있지요. 그럼 물러나 곧 준비하겠습니다. (퇴장)

**글로스터**  나는 급히 런던탑으로 가서 대포와 군수품들을 조사하겠습니다. 그리고 어린 헨리 왕의 즉위를 선포하겠습니다. (퇴장)

**엑서터**  나는 어린 왕이 계신 엘섬 궁전으로 가겠소. 왕의 특별 후견인으로 임명되었으니, 거기서 왕의 신변 보호를 위해 가장 훌륭한 안전책을 찾아보겠소. (퇴장)

**윈체스터**  (혼잣말로) 모두들 자기 직분이 있는데, 나만 제외되어 아무것도 할 게 없어. 하지만 언제까지나 쓸모없는 존재로 남겨질 수는 없지. 나는 엘섬에서 왕을 훔쳐내어 이 나라의 가장 주요한 키잡이가 되게 하리라. (퇴장)

〔제1막 제2장〕

프랑스. 오를레앙 시 앞.
화려한 나팔 연주. 프랑스 세자 샤를, 알랑송 공, 레니에 공이 군사를 거느리고 등장.

**샤를**  군신 마르스가 가는 곳은, 하늘에서 그러하듯 땅에서도 그 방향을 모를 일이오. 얼마 전까지도 그 빛은 잉글랜드 쪽을 비추었으나, 이제는 우리를 승자로 만들며 미소짓고 있지 않소. 우리가 싸워 손에 넣지 않은 도시가 어디 있소? 우리가 뜻하는 대로 진을 치게 된 여기 오를레앙 부근에서 저 굶주린 잉글랜드 군대는, 유령처럼 창백한 얼굴로 기껏해야 한 달에 한 시간

1492년 파리 포위를 주도하는 잔 다르크  15세기 프랑스 필사본
잔 다르크를 악령으로 묘사해야만 이 작품의 반프랑스적인 정치적 관점에 들어맞았다.

정도 무기력한 공격을 해올 뿐이니 말이오.

**알랑송**  그놈들은 죽과 살진 고기를 먹고 싶어하지요. 놈들은 나귀같이 언제나 입에 여물을 물려줘야만 합니다. 그렇지 않으면 물에 빠진 생쥐처럼 비참한 몰골이 되어버립니다.

**레니에**  자, 그럼 포위를 풉시다. 이렇게 손을 놓고 있을 수는 없지요. 우리가 언제나 두려워하던 탤벗이 잡혔고…… 미치광이 같은 솔즈베리만 남아 있으나 그의 강심장도 지금쯤 안달이 났을 겁니다. 그는 이제 싸우는 데 필요한 병력도 돈도 없으니까요.

**샤를**  진격 나팔을 불어라, 진격 나팔을! 적진으로 나아가라. 용감한 프랑스 군대의 명예를 지켜라! 만일 내가 한 발이라도 물러서거나 도망친다면 누구라도 나를 죽여도 좋다. 그를 내가 용서하리라. (모두 퇴장. 다급한 나팔 소리. 프랑스군이 잉글랜드군에게 크게 패하여 달아나다)

샤를, 알랑송, 레니에 다시 등장.

**샤를** 이게 무슨 꼴이지? 고약한 놈들! 개 같은 놈들, 겁쟁이들, 비겁한 놈들, 도망칠 생각도 없었는데 나를 적군 속에 내팽개치고 달아나다니!

**레니에** 솔즈베리란 놈은 무서운 살인마입니다. 그놈은 사는 게 싫어진 사람처럼 싸웁니다. 다른 귀족들도 굶주린 사자처럼 먹잇감을 구하기 위해 덤벼들지요.

**알랑송** 연대기 작가인 프루아사르의 기록을 보면, 잉글랜드는 에드워드 3세 때 올리비에와 롤랑*² 같은 용사들을 많이 내놓았다고 하는데, 이제 그것이 증명된 것 같습니다. 글쎄, 작은 싸움에도 삼손이나 골리앗 같은 대단한 장수뿐입니다. 한 놈이 열 명씩 상대하거든요! 그렇게 바짝 마른 놈들이 그러한 용기와 담력이 있으리라고 누가 상상이나 하겠습니까.

**샤를** 이 도시를 떠납시다. 놈들은 미친 토끼와 같소. 굶주리고 있으니 더욱 사정없이 덤벼들 거요. 나는 이미 경험으로 알고 있소. 포위를 그만두느니 차라리 성벽을 이빨로 물어뜯을 놈들이오.

**레니에** 놈들의 팔뚝에 어떤 괴상한 장치가 있어서, 시계처럼 언제나 치게 되어 있을지도 모릅니다. 그렇지 않고서야 어찌 그렇게 쉬지 않고 공격을 할 수 있겠습니까. 그런 놈들은 상대하지 않고 내버려 두는 게 좋다고 생각합니다.

**알랑송** 그렇습니다.


오를레앙의 서자 등장.


**서자** 세자께서는 어디 계십니까? 전할 말씀이 있습니다.

**샤를** 오를레앙의 서자, 잘 왔소.

**서자** 얼굴빛을 보니 상심하시고 매우 놀라신 것 같습니다. 이번 패배 때문입니까? 상심하지 마소서. 도움의 손길이 가까이 있습니다. 성스러운 처녀를 데리고 왔습니다. 하늘의 계시를 받아 성가신 적의 포위망을 풀고, 잉글랜드 군을 프랑스 국경 밖으로 몰아내라는 명령을 받고 온 처녀입니다. 이 처녀는 저 로마의 아홉 무녀보다도 더 뛰어난 예언 능력이 있는데, 과거는 물론 미래까지도 내다볼 수 있습니다. 불러들일까요? 분부만 하소서. 부디 제 말을

---

*2 샤를마뉴 대제(742~814) 시대의 최고 기사(騎士)들.

연극 〈헨리 6세 제1부〉 런던 코트야드 극장 공연. 2006.
성처녀 잔이 백병전에서 탤벗 영주를 이긴 후 그의 목숨을 살려준다.


　　믿어 주십시오. 이는 진실이며 틀림이 없나이다.

**샤를** 　데려오오. (서자 퇴장) 레니에 공, 먼저 그 여자를 시험해 봅시다. 그대가
　　샤를을 가장하고 내 자리에 서서 엄격한 얼굴로 그 처녀에게 오만하게 물어
　　보시오. 이 방법으로 그 여자가 어떤 재주를 가지고 있는지 살펴봅시다. (뒤
　　로 물러선다)


　　존 라 푸셀, 서자의 안내를 받으며 등장.


**레니에** 　아름다운 처녀여, 경이로운 재주를 부려보겠다는 게 바로 그대인가?

**푸셀** 　레니에 공, 저를 속이려고 하는 분이 당신인가요? 세자께서는 어디 계시
　　지요? 자, 뒤에서 나오십시오. 뵈온 적은 없어도 저는 잘 알고 있나이다. 놀라
　　지 마십시오. 어떠한 것도 제 눈을 속일 수는 없습니다. 단둘이 있는 곳에서

조용히 말씀드리게 해주소서. 귀족들이여, 잠시만 뒤로 물러가 주십시오.

**레니에** 처음부터 굉장하군.

**푸셀** 세자께 아룁니다. 저는 양치기의 딸로 아무런 재주도 배운 게 없나이다. 이러한 제게 황송하게도 하늘과 성모께서 자비를 베푸시어, 이 천한 몸에 빛을 내려주셨나이다. 그렇습니다! 제가 뜨거운 햇볕이 내리쬐는 곳에서 어린 양떼를 지키고 있을 때, 황송하게도 성모께서 존엄하신 모습으로 저에게 나타나셨습니다. 성모께서는, 천한 일을 그만두고 이 나라를 재난에서 구하라고 저에게 말씀하셨나이다. 성모께서는 도와주겠다고 약속하시며, 성공을 확언하셨나이다. 성모께서 눈부신 영광의 빛으로 둘러싸인 채 나타나시어 그 빛을 저의 몸에 부어주셨으므로, 전에는 검고 더러웠던 이 몸이, 오늘 세자께서 보시는 대로 아름답게 되었습니다. 저에게 무엇이든 질문해 보소서. 바로 대답해 드리겠나이다. 원하신다면 저의 용기를 시험해 보십시오. 그러면 제가 평범한 처녀가 아님을 깨닫게 되실 것입니다. 어서 명령을 내려주소서. 저를 전쟁터의 벗으로 받아들여 주신다면 큰 행운이 따를 것입니다.

**샤를** 너의 자신만만한 말들이 매우 놀랍구나. 너의 무예와 용맹을 시험해 보리라. 나와 한번 맞싸워 보자. 네가 이긴다면 너의 말을 진실로 받아들이리라. 그렇지 않다면 어떠한 말도 믿지 않겠다.

**푸셀** 준비는 돼 있습니다. 여기 예리한 날을 가진 저의 칼 양쪽에는 백합꽃 다섯 송이씩 새겨져 있는데, 이것은 투렌에 있는 성 카트린 교회에서 오래된 칼들 가운데 고른 것입니다.

**샤를** 자, 덤벼라, 신의 이름으로! 나는 여자쯤은 두렵지 않다.

**푸셀** 저 또한 목숨이 붙어 있는 한, 남자에게서 결코 도망치지 않겠나이다.

(샤를과 싸운다)

**샤를** (푸셀에게 밀리자) 멈춰라! 너는 여장부 아마존이로다. 더욱이 드보라[*3]의 칼을 가지고 있구나.

**푸셀** 성모께서 도와주시는 까닭입니다. 저 자신은 아무 힘도 없나이다.

**샤를** 누가 너를 돕든, 나를 도와줄 사람은 바로 너다. 부디 나를 도와다오. 내 심장과 손은 너에게 정복당하고 말았구나. 너를 '위대한 푸셀'이라 부르겠노

---

[*3] 구약성경에 나오는 이스라엘의 여사제이자 전쟁터에 나간 용감한 여인.

라. 나를 군주가 아니라 너의 하인으로 받아들여 다오. 프랑스의 세자가 이 같이 너에게 간청한다.

**푸셀** 저는 사랑의 의식 같은 것은 따를 수 없나이다. 저에게는 하늘로부터 받은 성스러운 사명이 있기 때문입니다. 제가 이 나라에서 세자 저하의 모든 적을 쫓아버리면, 그때에는 보답을 생각하겠나이다.

**샤를** 그동안에도, 이렇게 엎드린 그대의 종에게 자비를 베풀어 다오.

**레니에** 세자의 말씀이 너무 길어지는데요.

**알랑송** 아마도 그 처녀 속옷의 죄까지도 사해 주시나 봅니다. 그렇지 않고서야 어떻게 이토록 말씀이 길어질 수가 있겠소.

**레니에** 소리를 내볼까요? 정도를 지키셔야 하니까 말이오.

**알랑송** 세자께서는 우리 소인들이 알고 있는 것 이상으로 정도를 아실 겁니다. 이런 여자들은 혀끝으로 교활하게 남자를 유혹하지요.

**레니에** 저하, 어찌 된 일입니까? 어떤 결정을 내리셨는지요? 오를레앙을 버리시겠습니까, 구하시겠습니까?

**푸셀** 천만에! 구해야죠! 겁을 내시다니요! 죽을힘을 다해 싸우십시오. 제가 지켜드리겠나이다.

**샤를** 이 처녀의 말대로 할 거요. 끝까지 싸웁시다.

**푸셀** 저는 잉글랜드 사람들의 채찍이 되라는 하늘의 명령을 받았나이다. 오늘 밤에 틀림없이 포위망을 뚫겠습니다. 제가 이 전쟁에 참가하는 한, 성 마르탱의 여름날이나 평온한 날들을 기대하소서. 영광이란 수면에 이는 물결과도 같아서, 끝도 없는 듯 퍼져 나가다가도 언젠가는 사라져 버리는 것입니다. 헨리 왕이 세상을 떠남으로써 잉글랜드 사람들의 영광의 물결도 흩어져 사라지고 말았지요. 지금 저는 그 옛날 카이사르와 그의 행운을 태운 저 당당하고 두려울 것 없는 나룻배와도 같나이다.

**샤를** 마호메트가 비둘기에서 영감을 얻었다고 했나? 그렇다면 그대는 독수리에게서 영감을 받았나 보군요. 콘스탄티누스 대제의 어머니 헬레나도, 성 빌립의 네 딸도 그대의 힘에 미치지 못했으리라. 그대는 이 땅 위에 내려온 베누스의 밝은 별, 그대를 존경하는 이 마음을 말로는 다할 수 없소.

**알랑송** 어서 포위망을 뚫읍시다.

**레니에** (푸셀에게) 여인이여, 우리의 명예를 구하는 데 온 힘을 기울여 주오. 이

오를레앙 시에서 적을 몰아내 주오. 그대의 명예는 영원토록 빛날 것이오.

**샤를** 지금 바로 시작합시다. 이 처녀가 한 말이 거짓이라면 나는 어떠한 예언자라도 믿지 않겠소. (모두 퇴장)

〔제1막 제3장〕

런던. 런던탑 앞.
글로스터 공, 푸른 제복을 입은 하인들을 데리고 등장.

**글로스터** 나는 오늘 탑을 살펴보러 왔다. 헨리 왕께서 돌아가신 뒤로 부정한 일이 의심된다. 교도관들이 보이지 않는데 모두 어디 갔느냐? 문을 열어라! 글로스터의 명령이다. (하인들, 문을 두드린다)

**교도관 1** (문 안에서) 건방지게 문을 두드리는 자는 누구냐?

**하인 1** 글로스터 공작이시다.

**교도관 2** (문 안에서) 누구도 들어오지 못해.

**하인 2** 이놈들, 섭정 각하께 그 무슨 무례한 대답이냐?

**교도관 1** (문 안에서) 주여, 그를 지켜주시옵소서! 이게 우리 대답이다. 우리는 명령을 따를 뿐이다.

**글로스터** 명령한 자가 누구냐? 내 명령보다 더 따라야 할 명령이 어디 있지? 내가 이 나라의 유일한 섭정이다. (하인들에게) 문을 부숴라. 내가 책임지겠다. 저런 놈들한테 모욕을 당할 수야 있겠나? (하인들, 탑 문으로 달려든다)

**우드빌** (문 안에서) 이게 무슨 소동이냐? 어떤 반역자 놈들이지?

**글로스터** 이봐, 우드빌 감독관 목소리가 아닌가? 어서 문을 열어라! (문 앞으로 다가간다)

**우드빌** 공작님, 참아주십시오. 문을 열 수 없습니다. 윈체스터 주교의 명령입니다. 공작님과 공작님 하인들을 들이지 말라는 특명을 받았습니다.

**글로스터** 비겁한 우드빌, 너는 내 앞에서 그를 받드는 거냐? 저 거만한 윈체스터를, 돌아가신 헨리 왕께서 거부하신 저 건방진 성직자를? 네놈은 신과 군주를 배신하려 드는구나. 문을 열어라. 그렇지 않으면 당장 너를 그 자리에서 쫓아내겠다.

**하인 1** 섭정 각하께 문을 열어드려라! 냉큼 열지 않으면 부숴버리겠다!

이때 탑문 앞에 윈체스터 주교가 황갈색 제복을 입은 하인들을 거느리고 등장해 글로스터와 맞선다.

**윈체스터** 무슨 일이오, 야심 많은 험프리 경! 왜 그러시죠?

**글로스터** 대머리 신부, 나를 들이지 말라고 명령했소?

**윈체스터** 그렇다. 너는 왕위를 뺏으려는 반역자야. 왕의 섭정도 왕국을 지키는 섭정도 아니지.

**글로스터** 물러서라! 당신이야말로 돌아가신 선왕을 암살하려 했던 반역자가 아닌가. 매춘부들에게 죄악의 면죄부를 준 이도 당신 아니오? 감히 무례한 짓을 한다면, 당신이 쓰고 있는 그 큰 주교 두건 속에 싸서 패대기쳐 버리겠소.

**윈체스터** 네놈이 물러서라! 나는 한 발짝도 움직이지 않겠다. 네 소원이 그렇다면, 이곳은 다마스쿠스가 되겠구나. 넌 저주받은 카인이 되어 같은 피를 나눈 아벨을 죽이는 거다.

**글로스터** 죽이지는 않겠지만 쫓아내고야 말겠소. 아기의 세례복처럼, 당신의 빨간 옷으로 그 몸통을 싸서 이 자리에서 끌어내겠소.

**윈체스터** 할 수 있다면 어디 해봐. 나는 네 얼굴의 수염이나 뽑아주겠다.

**글로스터** 뭐? 내 수염을 뽑겠다고? 애들아, 칼을 뽑아라. 특권 지대라 해도 상관없다. 청색 옷들아, 황갈색 옷들을 쳐라! 신부, 수염이나 조심하오. 당신의 수염을 움켜잡고 혼을 내주겠소. 주교 모자도 발로 짓밟아 주겠소. 교황이든 사제들이든 그 뺨따귀를 잡아끌고 이리저리 다니겠소.

**윈체스터** 글로스터, 네놈이야말로 이제 말한 것에 대해 교황 앞에서 책임을 져야 할 거다.

**글로스터** 얼간이 윈체스터를 어서 묶어라! 묶으라니까! 그놈들을 쳐서 쫓아버려라. 왜 꾸물거리는 거야. 양의 탈을 쓴 이 늑대야! 당신을 쫓아버리겠소. 황갈색 옷을 입은 놈들아, 꺼져라! 빨간 옷을 입은 위선자, 당신도 꺼져버려!
(글로스터의 하인들이 윈체스터의 하인들을 친다)

런던 시장이 관리들을 데리고 허둥지둥 등장.

**시장**　아니 경들, 이 나라 가장 높은 자리에 계신 분들이 이렇게 스스로 치안을 어지럽히시다니, 부끄러운 일입니다.

**글로스터**　가만히 계시오, 시장. 내가 어떤 모욕을 당했는지 알지도 못하면서! 신도 왕도 안중에 없는 보퍼트는 이 탑을 혼자 쓰려고 차지해 버렸소.

**윈체스터**　이 글로스터야말로 런던 시민의 원수요. 언제나 전쟁만 일삼고 도무지 평화를 모르는 자요. 백성들의 너그러운 지갑에서 부당한 세금을 물릴 뿐만 아니라, 교회의 권위마저 뒤엎으려 하오. 이게 다 자신이 잉글랜드의 섭정이라는 이유 때문이라오. 또 이 탑에서 갑옷과 무기를 빼앗아 왕자를 누르고 스스로 왕위에 오르려는 것이오.

**글로스터**　그 말의 대답은 말로써가 아니라 칼로 하겠다. (그들 다시 싸운다)

**시장**　이 같은 격렬한 싸움을 진정시키기 위해 포고령을 내릴 수밖에 없군. 보아라, 될 수 있는 대로 큰 소리로 외쳐라! (관리에게 포고문을 읽게 한다)

**관리**　(읽는다)

오늘 무기를 가지고 이 자리에 모여 신과 왕의 평화를 교란하는 자들에게, 신분에 관계없이 왕의 이름으로 다음과 같이 명한다. 모두 집으로 돌아가라. 이 뒤로 어떠한 칼이나 무기, 또는 단검이라도 몸에 지니고 다닐 수 없다. 이를 어기는 자는 사형에 처한다.

**글로스터**　주교, 나는 국법을 위반하지는 않겠소. 그러니 다시 만나, 우리 서로 마음을 털어놓읍시다.

**윈체스터**　글로스터, 그러면 다시 만나기로 하지. 그때에는 각오를 해라. 오늘 일에 대해서 네 심장의 피를 대가로 가져가겠다.

**시장**　경들께서 서로 물러서지 않으시면, 곤봉 세례를 드리겠습니다. (혼잣말로) 아니, 이 주교는 악마보다 더 거만하군.

**글로스터**　시장, 이만 실례하겠소. 당신은 시장으로서 할 일을 한 거요

**윈체스터**　괘씸한 글로스터! 목을 조심하라. 머지않아 그 목을 내가 가져가겠다. (하인들을 이끌고 퇴장. 글로스터도 하인들을 데리고 따로 퇴장)

**시장** 이상한 낌새는 없는지 잘 둘러보고 우리도 떠나자. 맙소사! 저 귀족들은 간이 부었나 보군! 나는 40년 동안 한 번도 싸운 적이 없는데. (모두 퇴장)

〔제1막 제4장〕

프랑스. 오를레앙 시 앞.
성벽 위에 오를레앙 시의 포대장과 그의 아들인 한 소년 등장.

**포대장** 애야, 오를레앙이 어떻게 포위되었고, 잉글랜드군이 어떻게 성 외곽을 손에 넣었는지 알고 있지?

**아들** 알고 있어요, 아버지. 여러 번 놈들에게 대포를 쏘아댔는데도 운이 나빠 맞히지 못했어요.

**포대장** 이제부터 너는 마음대로 하지 말고, 내 말대로 해라. 나는 이 도시에 서 첫째가는 포대장이란다. 그러니까 무엇이든 명예를 위해서 하지 않으면 안 돼. 왕자의 정찰병들이 알려줬는데, 그 잉글랜드 군인들이 성 외곽에 진 지를 세우고, 때때로 저 높은 탑의 비밀 철창문으로 이 도시의 동정을 살펴 며 어떻게 대포를 쏘고 어떻게 공격하는 게 자신들에게 가장 유리할지 알아 내려 애쓰고 있단다. 이러한 아군의 불리한 점을 막기 위해, 난 그쪽으로 대 포를 장치하고 놈들을 찾아내려 3일 동안이나 망을 보고 있는 거다. 자, 이 번에는 네가 망을 보아라. 나는 여기 더 있을 수 없어. 네가 적을 발견하게 되면 얼른 뛰어와서 알려다오. 나는 총독님 댁에 있을 테니. (퇴장)

**아들** (혼잣말로) 잘할 테니 아무 걱정 마세요, 아버지. 놈들을 발견하면 아버 지 손을 빌리지 않고 혼자 처치해 버리겠어요. (퇴장)

솔즈베리 백작과 탤벗 경, 반대쪽 성탑 위에 등장. 뒤따라 윌리엄 글랜스데일, 토머 스 가그레이브 등 등장.

**솔즈베리** 탤벗, 나의 생명, 나의 기쁨, 다시 돌아와 주었군요! 포로로서 어떻 게 대접을 받으셨는지, 또 어떻게 해서 풀려나셨는지, 이 탑 위에서 부디 말 씀 좀 해주시오.

**탤벗** 베드퍼드 공작의 포로 가운데 퐁통 드 상트라유라는 용감한 귀족이 있었는데, 그와 나를 교환 조건으로 석방되었지요. 놈들은 본디 내게 모욕을 주기 위해 나보다 훨씬 천한 병사와 날 교환하려 했습니다. 나는 이를 단호히 거절하며 이렇게 멸시를 당하느니 차라리 죽어버리겠다고 했지요. 그래서 내가 원하는 대로 신분 높은 사람과 교환되었던 것입니다. 그런데 내 마음을 쓰리게 한 자는 바로 저 배신자 파스톨프였습니다. 지금 그놈을 내가 잡아올 수 있다면 이 맨주먹으로 숨통을 끊어놓을 거요.

**솔즈베리** 자, 어떠한 대접을 받으셨는지 말씀해 주십시오.

**탤벗** 놈들은 갖은 모욕과 희롱과 멸시를 해가며 나를 사람들의 구경거리로 만들기 위해 광장으로 끌고 갔습니다. 그놈들은 나를 "프랑스 사람들의 공포의 대상, 어린아이들을 놀라게 하는 허수아비"라 말했죠. 그래서 나는 관리들 손을 뿌리치고는 내 손톱으로 땅속에 있는 큰 돌멩이를 파내어, 나의 수치스런 몰골을 구경하는 자들에게 던져주었습니다. 그때 나의 처절한 표정을 보고 모두들 놀라 도망갔어요. 맞아 죽을까봐 누구 하나 내 옆에 얼씬거리지 못했죠. 또 놈들은 나를 철벽(鐵壁) 속에 감금하고도 아주 불안했던 모양이에요. 내 소문이 아주 무섭게 퍼져서, 내가 철창을 부수고 나와 금강석같이 단단한 기둥이라도 부술 거라 생각한 거지요. 그래서 엄선된 파수꾼들이 늘 내 옆을 감시하고 다녔답니다. 내가 자리에서 조금이라도 움직이면 이 심장에다 총을 쏘아댈 태세였죠.

대포의 화승간(火繩桿=불붙일 막대)을 갖고 소년 다시 등장.

**솔즈베리** 경께서 그 같은 고통을 겪으셨다니 몹시 가슴이 아프군요. 하지만 이제 곧 우리는 마음껏 복수를 하게 될 겁니다. 지금 오를레앙 시는 저녁 식사 때입니다. 이 비밀 창문으로 들여다보면 프랑스 군인들을 하나하나 셀 수 있고 놈들의 방어 상태도 지켜볼 수 있습니다. 자, 함께 바라봅시다. 아주 재미있는 구경거리죠. 토머스 가그레이브 경, 그리고 윌리엄 글라스데일 경, 다음엔 어디를 포격하는 게 가장 유리할지, 여러분의 적절한 의견을 듣고 싶소.

**가그레이브** 북문(北門)이 좋겠습니다. 귀족들이 모여 있으니까요.

**글라스데일** 저는 저 다리의 방어벽이 좋아 보이는데요.

**탤벗** 내가 보기에 이 도시는 굶주려 죽게 되었거나, 아니면 작은 전투를 되풀이하다가 병력이 약해진 것 같소. (대포 소리. 솔즈베리와 가그레이브 쓰러진다)

**솔즈베리** 오, 하느님 아버지! 이 불쌍한 죄인들에게 자비를 베풀어 주소서!

**가그레이브** 오, 하느님 아버지, 이 가련한 자에게 자비를 베풀어 주소서!

**탤벗** 이 무슨 날벼락이란 말이냐? 솔즈베리 경, 말씀 좀 해보시오. 모든 군인의 거울인 당신께서 대체 어찌 된 일이십니까? 한쪽 눈과 한쪽 볼이 떨어져 나갔군요. 이 탑이여, 저주를 받아라. 이 처절한 비극을 꾸며낸 악의 손길이여, 너도 저주를 받아라! 솔즈베리 경은 열세 번 싸움을 치르면서 한 번도 져본 일이 없었다. 또 헨리 5세께 전술을 가르쳐 드렸다. 나팔 소리가 나고 북이 울릴 때 그는 언제나 전장에서 칼을 휘두르고 있었다. 솔즈베리 경, 아직 살아 계십니까? 말은 못하시더라도 한 눈으로 하늘을 바라보며 하느님의 은총을 구하소서. 태양도 한 눈으로 온 세상을 굽어보신답니다. 하느님, 살아 있는 이들에게는 은혜를 베풀지 마시고 솔즈베리 경에게 베풀어 주소서. 기사 토머스 가그레이브, 아직 살아 있소? 탤벗에게 말 좀 해주오. 아니면 눈길이라도! 시신을 옮겨라. 나도 장례를 돕겠다. 솔즈베리 경, 이 말을 듣고 정신 좀 차리시오! 죽어서는 안 되오. 경께서 나에게 손짓하며 웃고 계신 것 같다. "내가 죽거든 잊지 말고 프랑스를 무찔러 이 원수를 꼭 갚아다오" 이렇게 말하는 듯하구나. 플랜태저넷, 그렇게 하리라. 당신은 네로처럼 하프를 타며, 불타는 도시들을 바라봐 주오. 프랑스를 내 이름 하나로 파멸시키리라. (다급한 나팔 소리와 함께 천둥이 치고, 번갯불이 번쩍인다) 이게 어찌 된 일이지? 하늘에도 무슨 일이 일어난 걸까? 이 나팔 소리와 저 시끄러운 소리는 어디서 들려오는 걸까?

전령 등장.

**전령** 각하, 각하! 프랑스가 새로 군대를 모았습니다! 프랑스 세자는, 요즘 새로 떠오른 처녀 예언자 존 라 푸셀과 손잡고 대군을 이끌고 포위망을 뚫고 이리로 오고 있습니다. (이때 솔즈베리가 신음하며 몸을 일으키려 한다)

**탤벗** 모두들 듣거라. 솔즈베리 백작께서 죽어가며 신음하고 계시다! 경께선 자신이 보복할 수 없음에 마음이 아프신 거야. 프랑스 놈들아, 솔즈베리 백작 대신에 내가 너희들과 싸워주겠다. 푸셀이든 매춘부이든, 돌고래든 상어든 놈들의 심장을 내 말(馬)의 뒷발로 짓밟고, 골통을 짓이겨 만신창이가 되게 해주지. 백작을 군막으로 모셔라. 그다음에 저 프랑스 겁쟁이들이 무슨 짓을 하는지 살펴보자. (다급함을 알리는 나팔 소리. 모두 시체들을 운반하며 퇴장)

〔제1막 제5장〕

같은 곳. 오를레앙 시(市) 앞.
나팔 소리가 다시 울리고, 탤벗이 세자를 쫓으며 지나간다. 이어서 존 라 푸셀이 잉글랜드 병사들을 쫓으며 지나간다. 그 뒤 탤벗 혼자 등장.

**탤벗**  내 힘과 용기와 군대는 다 어디로 갔는가? 물러가는 아군을 막을 도리가 없구나. 갑옷 입은 계집 하나가 나의 군대를 쫓아버리다니.

존 라 푸셀 등장.

**탤벗**  아, 여기 그 여자가 오는구나. 너와 한판 붙어보겠다. 악마든 악마어미이든 상관없다. 어디 불러내 보자…… 네 피를 곧 흘리게 해주마, 이 마녀야! 네 영혼일랑 너의 마왕에게나 바쳐라.
**푸셀**  자, 덤벼라, 덤벼! 널 치욕스럽게 할 사람은 오직 나뿐이다. (탤벗과 싸운다)
**탤벗**  하늘이여, 지옥 악마에게 승리를 안겨줄 작정인가? 용기로 무장한 내 가슴은 터질 것만 같구나. 그리고 내 팔은 어깨에서 빠져나갈 것만 같다. 하지만 난 이 교만한 매춘부를 혼내주고야 말리라. (푸셀과 다시 싸운다)
**푸셀**  탤벗, 잘 가라. 네 마지막이 아직 오지 않았다. 나는 이제 오를레앙 시로 병사들의 양식을 가져가야 하니까.

나팔 소리가 짧게 울리고, 많은 병사들과 시민들 등장.

**푸셀**  네가 원한다면 잡아 보라. 난 네 능력쯤은 두렵지 않으니. 자, 너는 가서 굶주린 부하들이나 다독거려 주고, 솔즈베리에게는 유언장이나 쓰게 하지. 오늘 승리는 우리 것이고, 앞으로도 또한 그럴 테니까. (퇴장)

**탤벗** 나의 생각들은 옹기장이의 돌림판처럼 빙빙 도는구나! 내가 지금 어디 있는지, 무얼 하는지도 모르겠다. 저 마녀는 한니발 같아. 힘이 아니라 공포심을 일으켜 우리 군대를 쫓아버리고 마음대로 승리를 한단 말이야. 마치 연기를 피워 꿀벌을, 악취를 내어 비둘기를 자기 둥지에서 쫓아내는 것과 같군. 용맹스러운 우리 군대를 놈들은 "사나운 잉글랜드 개들"이라 불렀었지. 그런데 이제 와서 강아지처럼 깨갱거리면서 달아나다니! (다급한 나팔 소리가 짧게 울린다) 들어라, 잉글랜드 백성이여! 다시 싸워라. 싸우지 않으려거든 너희들 군복에서 사자 휘장을 떼어내고 대신 양의 휘장을 붙여라. 양이 늑대를 보고 달아난다 해도 그 비겁함은 너희들의 반도 되지 못할 것이며, 말과 소가 표범을 보고 도망친다 해도 너희들이 이제까지 여러 번 복종시킨 노예들을 보고 그렇게 내빼지는 않을 거다. (다급한 나팔 소리. 다시 작은 충돌이 일어난다) 실패했다. 모두 참호 속으로 피하라. 너희들 모두 힘을 모아 솔즈베리 백작을 죽인 놈들이다. 단 한 놈도 그 원수를 갚기 위해 칼을 휘두르지 않으니 말야. 푸셀은 이미 오를레앙 시에 들어갔다. 내가 온 힘을 다 기울였건만. 오! 나도 솔즈베리 백작을 따라 죽고만 싶다. 이런 수치를 당하고 내 어찌 얼굴을 들고 다니겠는가! (퇴장. 다급한 나팔 소리가 울리며 퇴각한다)

〔제1막 제6장〕

같은 곳.
성벽 위에 존 라 푸셀, 세자 샤를, 레니에, 알랑송과 병사들 등장.

**푸셀** 성벽 위에 승리의 깃발을 휘날려라. 오를레앙성을 잉글랜드군 손아귀에서 구해 냈습니다. 이걸로 저 존 라 푸셀은 약속을 지켰습니다.
**샤를** 신성한 처녀, 정의의 여신 아스트라이아의 딸이여! 이 같은 공적에 어떠한 영광을 드리리까? 그대의 약속은 오늘 꽃이 피면 내일은 열매를 맺는 복수초 꽃밭과도 같구나. 프랑스여, 이 영광스러운 예언자의 공적을 기뻐하라! 오를레앙성을 되찾았으니 이보다 더한 축복을 우리나라가 받은 때는 이제까지 없었다.

**레니에**  어찌 나라 곳곳에 축하의 종을 울리지 않으십니까? 저하, 시민들에게 명하여 거리에서 화톳불을 피우고 축연을 베풀어 신의 은총에 감사하게 하소서.

**알랑송**  우리가 대장부답게 싸워 이겼다는 소식을 들으면, 프랑스 사람들 모두 너무나 기뻐할 것입니다.

**샤를**  오늘 승리를 이끈 것은 우리가 아니라 푸셀이오. 이에 보답코자 나의 왕관을 그녀와 나누겠소. 그리고 우리나라의 모든 사제들과 수도사들 모두 행렬을 지어, 그녀를 찬미하는 노래를 영원토록 부르게 하겠소. 또 멤피스나 로도페 탑보다 더 웅장한 피라미드를 그녀를 위해 세우겠소. 그리고 그녀가 죽으면 그 영혼을 기리기 위해, 보석으로 장식된 다리우스의 관(棺)보다 더 훌륭한 단지 속에 그녀의 재를 넣어, 큰 축제 때마다 프랑스의 왕과 왕비 앞에 가져가겠소. 앞으로 우리는 성 드니의 이름을 불러 기도하지 않을 거요. 이제는 존 라 푸셀이 이 나라의 수호신이 된 것이오. 자, 모두 들어가서 오늘의 큰 승리를 축하하며 성대한 잔치를 베풉시다. (화려한 나팔 소리와 더불어 모두 퇴장)


〔제2막 제1장〕


오를레앙 시의 성 앞.
성벽 위에 프랑스 하사관 한 명이 보초 둘을 데리고 등장.


**하사관**  너희들은 자리를 정하고 빈틈없는 경계를 하라. 성벽 근처에서 무슨 소리가 나거나 적병이 보이거든 커다란 신호로 초소에 알려라.

**보초 1**  알겠습니다. (하사관 퇴장) 불쌍한 게 졸병이라고. 딴 놈들이 이불 속에서 늘어지게 잠들어 있을 때에도, 비가 오거나 추운 날에도 이렇게 어둠 속에서 지키고 있어야 하니까.


탤벗, 베드퍼드, 부르고뉴 공과 잉글랜드 병사들이 공성(攻城)용 큰 사다리를 가지고 등장. 북치는 병사가 장송곡을 치고 있다.

**탤벗**  베드퍼드 섭정 각하, 그리고 용감한 부르고뉴 공, 두 분이 출진해 주셔서 아르투아, 왈론, 피카르디 지역이 모두 우리 편이 되었습니다. 다행스럽게도 오늘 저녁 내내 프랑스 놈들은 술독에 빠져 흥청거리고 있습니다. 이 기회를 놓치지 맙시다. 간교한 마술로 우리를 기만한 프랑스 놈들에게 보답할 가장 좋은 기회니까요.

**베드퍼드**  프랑스 겁쟁이! 너의 명예를 더럽히고 말았구나. 자신의 무력함에 절망하여 마녀와 힘을 합쳐 지옥의 도움을 받다니!

**부르고뉴**  비겁한 놈들은 언제나 그런 패거리들과 어울리는 법이라오. 그런데 그들이 순결하다고 말하는 저 푸셀은 대체 누구요?

**탤벗**  처녀랍니다.

**베드퍼드**  처녀라고? 처녀가 그렇게 용감하단 말이오?

**부르고뉴**  글쎄, 그 여자가 얼마 안 가 남자로 밝혀지지나 않길 바라오. 처음부터 갑옷 차림으로 프랑스군 깃발 아래를 휘젓고 다닌다니 말이오.

**탤벗**  어쨌든 놈들이야 귀신과 이야기나 나누라고 합시다. 우리의 가장 튼튼한 요새는 하느님이시니, 감히 누구도 맞서지 못할 하느님의 이름으로 놈들의 견고한 성벽을 치고 올라갑시다.

**베드퍼드**  용감한 탤벗, 먼저 오르시오. 우리도 뒤따르겠소.

**탤벗**  함께 가는 것은 안 됩니다. 저마다 다른 곳으로 올라갑시다. 그렇게 하면 만일 한 사람이 실패한다 해도, 다른 사람이 적을 물리치고 오를 수도 있으니까요.

**베드퍼드**  찬성이오. 나는 저쪽 모퉁이로 올라가겠소.

**부르고뉴**  나는 이쪽으로요.

**탤벗**  탤벗은 이곳을 오르든가 무덤으로 삼겠습니다. 자, 솔즈베리 백작, 당신과 잉글랜드 헨리 왕께 내가 얼마나 충성을 다하는지 오늘 밤에 보여드리겠습니다.

**보초들**  (큰 소리로) 무기를 들라! 무기를! 적의 공습이다!

**잉글랜드 병사들**  (성벽을 오르며) 성 조지! 탤벗!

프랑스 병사들이 셔츠만 입은 채 성벽을 뛰어내린다. 오를레앙의 서자, 알랑송 공작, 레니에 공작 등이 싸울 준비도 제대로 하지 못한 채 여기저기서 도망쳐 나온다.

**알랑송**  어찌 된 일이오? 경들! 모두들 싸울 준비도 하지 못하고.

**서자**  싸울 준비라니요! 휴우, 빠져나온 것만도 다행이오.

**레니에**  잠자리에서 깨어 뛰어나오자마자, 침실 문 앞에 적병이 있다는 소리가 들리더군요.

**알랑송**  내가 전투에 참가한 뒤로 이토록 무모하고 결사적인 전투는 들어본 적이 없소.

**서자**  탤벗이란 놈은 지옥 악마인 것 같군요.

**레니에**  지옥의 악마가 아니면 하늘의 은총을 받고 있는 놈일 거요.

**알랑송**  샤를 세자께서 오십니다. 무슨 사고는 없으셨는지 모르겠소.

**서자**  아니, 신성한 푸셀이 그를 지켜주는데 무슨 걱정이오.


샤를과 존 라 푸셀 등장.


**샤를**  이게 그대의 술책인가? 우리를 속이는 마녀야, 처음에는 마술로 우리에게 하찮은 승리로 기쁨을 주더니, 이제는 그 열 배나 되는 손해를 끼칠 작정인가?

**푸셀**  세자께서는 어찌 친구에게 그렇게 화를 내십니까? 저에게 언제나 그렇게 똑같은 힘을 발휘하라는 말씀인가요? 자나 깨나 늘 이기지 못하면 그것을 제 탓으로 돌리고 책망하시렵니까? 자만심에 빠진 병사들이여! 감시만 잘했더라도 이처럼 엉뚱한 일은 일어나지 않았을 것이오.

**샤를**  알랑송 공작, 이것은 경의 과실이었소. 오늘 밤 경호 책임자로서, 그 중대한 임무를 제대로 수행치 못했으니 말이오.

**알랑송**  다른 공들의 초소가 제가 맡은 초소만큼 잘 지켜졌다면 창피스럽게 불의의 습격을 받지는 않았을 겁니다.

**서자**  제 초소는 안전했습니다.

**레니에**  제 것도 그랬죠.

**샤를**  나는 오늘 밤 거의 잠도 자지 않고 저 여자의 초소와 내가 있던 초소

주위에 보초를 교대시켜 가며 여기저기 살피고 다녔소. 그런데 놈들은 처음에 어떻게 해서 뚫고 들어올 수 있었던 걸까?

**푸셀** 경들이여, 적들이 어느 쪽에서 어떻게 왔는지를 두고 논쟁하지 맙시다. 물론 그들은 경비가 약한 곳을 찾아 들어왔겠지요. 그러니 이제 우리가 할 일은 여기저기 흩어진 병사들을 모아서 적을 무찌를 새 작전을 짜는 것밖에 없습니다.

다급한 나팔 소리와 함께 한 잉글랜드 병사가 "탤벗, 탤벗!" 외치며 등장하자 프랑스 병사들이 들고 있던 옷을 버리고 달아난다.

**잉글랜드 병사** 놈들이 내버린 것을 몽땅 가져가자. 탤벗이라 외치는 것은 칼을 휘두르는 것과 같군. 무기를 쓰지 않고 그 이름만으로도 이처럼 많은 전리품을 얻게 되니 말이야. (퇴장)

〔제2막 제2장〕

오를레앙. 시내.
탤벗, 베드퍼드, 부르고뉴 및 대장(隊長) 한 명과 그 밖의 사람들 등장.

**베드퍼드** 동이 트기 시작하고, 검은 망토로 온 세상을 덮은 밤도 물러가는구나. 퇴진 나팔을 불어 우리의 맹렬한 추격을 멈춥시다. (퇴진 나팔 소리)

**탤벗** 솔즈베리 백작의 유해를 가져와서, 이 저주받은 도시 한가운데 있는 광장의 단상에 놓아라.

장송행진곡이 울리며 솔즈베리의 시체를 든 장례 행렬 등장.

**탤벗** 이것으로 나는 그분 영혼에 서약한 바를 이행했습니다. 지난밤 그분이 흘리신 피 한 방울 한 방울의 대가로 적어도 프랑스군 다섯쯤은 죽었지요. 그분의 한을 풀기 위해 어떠한 파괴가 일어났는지 후세 사람들이 볼 수 있도록, 놈들의 가장 큰 성당 안에 그분 유해가 잠들 묘소를 세우겠소. 그리고 그 비석에는 누구나 읽을 수 있도록 오를레앙에 대한 약탈과, 안타깝게도 그가 적의 속임수로 목숨을 잃은 사실, 또 그가 프랑스 사람들에게 공포의 대상이었음을 알리는 글을 새겨놓겠습니다. (장례 행렬 퇴장) 하지만 경들이여, 우리의 피비린내 나는 살상 속에서 샤를 세자나 그의 새 전우로서 절개 있는 여인 잔 다르크나, 또는 그의 간신들을 하나도 만나지 못했습니다.

**베드퍼드**  아마도 전투가 시작되자마자 자멸에 놀란 그들이 침대에서 급히 뛰어나와, 무장한 병사들을 헤치고 성벽을 뛰어넘어 들판으로 달아난 게 아닐까요?

**부르고뉴**  어둠 속에서 피어오르는 밤안개가 시야를 가려 잘 볼 수는 없었지만, 세자와 그 매춘부가 나를 보고 놀라 함께 팔짱을 끼고 쏜살같이 도망쳤던 것 같습니다. 잠시도 떨어질 수 없는, 사랑하는 한 쌍의 산비둘기 같았지요. 모든 일이 정리되면 온 힘을 다해서 그들을 추격합시다.


전령 등장.


**전령**  귀족 여러분! 안녕하십니까? 여기 귀하신 분들 가운데 프랑스 가는 곳마다 용맹으로 이름을 떨치신 탤벗 장군이 누구신지요?

**탤벗**  내가 그 탤벗이다. 누가 나를 만나려고 하지?

**전령**  덕이 높으신 오베르뉴의 백작부인께서 장군의 명성을 흠모하시어, 저를 통해 장군께서 친히 부인이 계시는 누추한 성으로 찾아주시기를 겸손한 마음으로 간청하십니다. 그리하여 온 누리에 명성을 떨치신 분을 뵈옵고 세상 사람들에게 자랑할 수 있는 영광을 부인께 베풀어 주시길 바라십니다.

**부르고뉴**  그런가? 그렇다면 우리의 전쟁도 평화롭고 즐거운 놀이가 되겠군. 부인들께서 만나기를 바라신다면야. 탤벗 경, 부인의 부드러운 간청을 외면하지 말아요.

**탤벗**  그럼요, 그럴 수야 없죠. 난 세상 남자들의 웅변에는 끄떡도 하지 않지만 여인의 친절에는 쉽게 넘어가니까…… 그러면 그 백작부인께 큰 호의에 감사드리며 그 뜻을 받아들여 곧 인사 올린다고 전하게. 경들도 함께 가시지요?

**베드퍼드**  안 되오! 그건 예의가 아니지요. 불청객은 돌아간 뒤에 가장 큰 환영을 받는다고 하지 않습니까.

**탤벗**  그럼, 할 수 없군요. 혼자 가겠습니다. 이것 말고는 그 부인의 호의를 시험할 방법이 없으니까요. 대장, 이리 오게나. (무엇인가 속삭인다) 알았지, 무슨 말인지?

**대장**  예, 장군님, 분부대로 하겠습니다. (모두 퇴장)

〔제2막 제3장〕

오베르뉴. 백작부인의 성.
백작부인과 문지기 등장.

**백작부인**  내가 지금 한 말을 잊지 마라. 내 말대로 한 뒤에 그 열쇠는 나한테 가져오고.

**문지기**  예, 알겠습니다, 마님. (퇴장)

**백작부인**  계략은 꾸며졌다. 모든 게 뜻대로 잘된다면 나는 이 공로로 페르시아의 키루스 왕을 죽인 스키타이의 토미리스처럼 유명해지겠지. 그놈이 무서운 기사라는 소문도 자자하지마는, 그놈의 공로에 대한 소문도 이에 못지않으니. 이러한 소문들이 사실인지 아닌지는, 귀로만 들을 게 아니라 눈으로도 직접 봐야지.

전령과 탤벗 등장.

**전령**  마님, 마님께서 말씀하신 대로 간청드렸더니, 탤벗 경께서 승낙하시고 와주셨습니다.

**백작부인**  잘 오셨습니다. 아니, 뭐라고! 이분이란 말이냐?

**전령**  예, 그렇습니다.

**백작부인**  프랑스의 채찍이라고? 이자가 그렇게도 무섭기로 소문이 나서, 어머니들이 그 이름을 불러 아기들 울음을 그치게 한다는 그 탤벗 장군이란 말이지? 그러고 보니 소문이라는 건 터무니없는 거짓말이군. 나는 무서운 얼굴과 단단한 근육에다 큼직한 손발을 가진 헤라클레스나 제2의 헥토르 같은 인물을 생각했는데. 아, 이거야 어린애가 아닌가. 어리숙한 난쟁이로군! 이렇게 약해 빠지고 구부정한 새우가 적들을 공포로 떨게 했다니, 말도 안 된다.

**탤벗** 백작부인, 실례가 많았습니다. 부인께선 매우 바쁘신가 본데, 나중에 다시 찾아뵙지요. (걸어 나간다)

**백작부인** 뭘 하려는 거지? 어서 쫓아가서, 어디로 가시나 물어보렴.

**전령** 기다리십시오, 탤벗 경. 마님께서는 당신이 왜 갑자기 떠나시는지 알고 싶어하십니다.

**탤벗** 부인께서는 내가 탤벗이 아니라 오해하고 계시니, 내가 탤벗임을 증명하려는 거다.

문지기, 열쇠를 가지고 등장.

**백작부인** 네가 탤벗이라면 너를 포로로 잡아두겠다.

**탤벗** 포로라고! 누구의?

**백작부인** 나의 포로란 말이다, 잔악한 귀족 놈아! 그래서 너를 내 집에 불러들인 거다. 너의 초상화가 내 집 복도에 걸려 있으니, 너의 그림자는 오랫동안 나의 노예가 되었었지. 그러나 이제 와서는 그 실물이 같은 꼴을 당하는 거다. 이제 나는 여러 해 동안 폭력으로써 우리 조국을 황전하게 만들고, 우리 민족을 살해하고, 우리 아들과 남편들을 포로로 끌고 간 네놈의 팔다리를 쇠사슬로 묶어놓겠다.

**탤벗** 하하하!

**백작부인** 웃음이 나오느냐, 이 비열한 놈아? 그렇다면 이제부터 너의 웃음소리를 신음소리로 바꿔주마.

**탤벗** 내가 웃는 것은 부인이 하시는 일이 너무나 어이가 없어서라오. 부인이 혼을 내주려고 하는 그놈은 탤벗의 그림자에 불과하지요.

**백작부인** 뭐라고, 네가 그놈이 아니란 말이냐?

**탤벗** 물론 내가 탤벗이오.

**백작부인** 그렇다면 내가 잡은 것은 너의 실체이다.

**탤벗** 아니, 아닙니다. 나는 나의 그림자에 지나지 않습니다. 부인이 속으신 거지요. 나의 실체는 여기에 있지 않습니다. 왜냐하면 부인이 보고 있는 것은 인간의 가장 작은 부분, 곧 최소한의 부분에 지나지 않으니까요. 사실을 말하자면 부인, 내 전체가 여기에 모습을 드러낸다면 그것은 너무나 폭이 넓고 키가 커서 당신 집 지붕 밑에는 들어갈 수가 없습니다.

**백작부인** 아니, 이 사람은 무슨 수수께끼꾼인가? 탤벗이 여기에 있다고도, 없다고도 하니, 그런 모순이 어떻게 일치될 수 있단 말인가?

**탤벗** 이제 곧 보여드리지요.

탤벗이 뿔나팔을 불자 북소리가 들리고 대포 소리가 크게 울리며 병사들이 들어온다.

**탤벗** 어떻습니까, 부인. 이제 아시겠지요? 탤벗이 나의 그림자에 지나지 않는다는 것을요? 여기에 있는 병사들이 탤벗의 실체, 근육, 팔, 힘입니다. 이로써 그는 당신 나라의 반역자들 목에 멍에를 씌워 노예로 삼으며, 당신 나라의 큰 도시들을 파괴하고 작은 도시를 무너뜨려 순식간에 황전하게 만든답니다.

**백작부인** 천하무적 탤벗 장군님, 저의 방자함을 용서해 주십시오. 장군께서는 듣던 대로 훌륭하신 분이군요. 겉모습만으로는 헤아릴 수 없는 분임을 알게 됐습니다. 저의 무례함을 노여워 마세요. 장군을 장군으로서 공손히 모시지 못한 것을 너무나 후회하고 있습니다.

**탤벗** 놀라지 마십시오, 부인. 당신이 그 겉모습을 보고 오해했듯이, 탤벗의 마음을 오해하지는 마시오. 당신이 한 일을 노여워하지는 않습니다. 그러나 실례의 말씀을 드리자면, 저희들은 다만 댁의 술을 마시고 맛있는 음식을 먹고 싶다는 것입니다. 군인의 밥통은 언제나 튼튼한 법이니까요.

**백작부인** 기꺼이 대접하겠습니다. 저의 집에서 이처럼 훌륭한 장군님을 대접하게 되어 큰 영광으로 생각합니다. (모두 퇴장)

〔제2막 제4장〕

런던. 템플 법학원의 정원.
서머싯 백작, 서퍽 백작, 위릭 백작, 리처드 플랜태저넷, 요크 당원 버논과, 변호사 등장.

**플랜태저넷** 훌륭하신 귀족 여러분, 신사 여러분, 침묵을 지키는 이유가 무엇입니까? 진실을 밝혀야 하는 이 상황에서 어느 한 분도 대답하실 용기가 없으십니까?

**서퍽** 성당 안에서 이처럼 큰 소리를 내면 안 되니, 정원으로 나가는 게 더 좋겠소.

**플랜태저넷** 그럼 여러분, 내가 진리를 주장하는지, 아니면 말다툼하기 좋아하는 서머싯이 말하는 게 잘못된 것인지 어서 말해 주시오.

**서퍽** 사실 난 학생 시절에 법률 공부를 게을리했소. 아무래도 거기에 취미를 갖지 못했으니까요. 그러니 법률학에 취미를 갖게 해주십시오.

**서머싯** 그렇다면 우리 사건을 워릭 백작이 판결해 주시오.

**워릭** 글쎄요, 두 분이 매라면 어느 쪽이 더 높이 날아오르는지, 개라면 어느 쪽이 더 크게 짖는지, 칼이라면 어느 쪽이 더 날카로운지, 말이라면 어느 쪽이 더 쓸모가 있는지, 계집애들이라면 어느 쪽이 더 밝은 얼굴을 하고 있는지 내 얕은 지식으로 얼마쯤 판단이야 할 수 있겠지만 법률같이 까다롭고 자질구레한 문제에서는 사실 난 까마귀보다 더 나을 게 없지요.

**플랜태저넷** 참, 겸손이 지나치시군요. 나의 주장이 옳은 것은 너무나도 명백하게 나타나 있으니, 아무리 눈이 흐린 사람이라도 알아볼 수 있을 것입니다.

**서머싯** 그건 나도 그렇소. 나의 주장도 너무나 분명하고 불을 보듯 확실해서, 장님의 눈에라도 환하게 비칠 것이오.

**플랜태저넷** 여러분 모두 입을 다물고 말씀하는 걸 꺼리시니, 말없는 표시로 속내를 나타내 주십시오. 명문가 신사로서 그 혈통의 명예를 귀히 여기는 분은, 나의 주장이 옳다고 생각하신다면 이 장미 덤불에서 나와 함께 흰 장미를 꺾어주십시오.

**서머싯** 겁쟁이도 아첨꾼도 되지 않으며 오직 정의의 편에 서겠다는 분은, 나와 함께 이 가시덤불에서 빨간 장미를 꺾어주십시오.

**워릭** 나는 본디 빛깔 있는 것은 좋아하지 않습니다. 그러니 비열한 아첨의 빛깔이 섞이지 않은 흰 장미를 플랜태저넷과 더불어 꺾겠습니다.

**서퍽**  나는 젊은 서머싯 백작과 더불어 이 빨간 장미를 꺾어, 백작의 주장이 옳음을 말씀드리겠습니다.

**버논**  여러분, 기다려 주십시오. 꽃을 꺾기 전에 이렇게 정합시다. 꺾은 장미꽃의 숫자가 적은 쪽이 많은 쪽 주장을 인정하시겠다고 말입니다.

**서머싯**  좋은 의견이오. 내 쪽이 적다면 말없이 받아들이지요.

**플랜태저넷**  나도 그렇게 하겠소.

**버논**  이 사건의 진실성과 명백성을 나타내기 위해서, 이 순백의 처녀꽃을 꺾어서 흰 장미 편이 옳다고 판결합니다.

**서머싯**  꺾을 때에 손가락을 찔리지 않도록 조심하시오. 찔려서 피가 난다면 흰 장미를 빨갛게 물들여, 본의 아니게 우리 편을 들게 될 테니까요.

**버논**  백작님, 저의 신념 때문에 피를 흘린다 해도 이 신념이 제 상처를 치료해 주며, 제가 있는 곳에서 저를 언제나 지켜줄 것입니다.

**서머싯**  자, 자, 또 오시오. 또 누구 있소?

**변호사**  (서머싯을 바라보며) 제가 이제까지 배운 학문과 읽은 책들이 거짓된 것이 아니라면, 경의 이론은 틀렸다고 생각합니다. 그 표시로 저는 흰 장미를 꺾겠습니다.

**플랜태저넷**  어때, 서머싯, 그대의 이론은 어디에 두었소?

**서머싯**  이 칼집 속에 있소. 난 그대의 흰 장미를 피로 붉게 물들일 생각을 하고 있다오.

**플랜태저넷**  지금도 그대 얼굴은 우리 장미꽃 빛깔과 비슷하오. 두려움으로 창백해져서, 마치 우리 편의 진실을 말하는 듯이 보이는군요.

**서머싯**  천만에 플랜태저넷, 이것은 두려움의 표시가 아니라 분노의 표시요. 그대의 얼굴은 수치심으로 우리 장미꽃과 같이 붉어졌지만, 그대의 혀가 잘못을 고백하려 들지 않는 것이오.

**플랜태저넷**  서머싯, 그대의 장미에는 벌레가 붙어 있지 않소?

**서머싯**  플랜태저넷, 그대의 장미에는 가시가 있지 않소?

**플랜태저넷**  있고말고요. 흰 장미의 정의를 지키기 위해 날카로운 가시가 있소. 그러나 그대 장미에 있는 벌레는 붉은 장미의 거짓을 파먹고 있다오.

**서머싯**  좋소. 나는 이 핏빛 장미를 가슴에 달고, 내가 말한 것을 정의라고 주장하는 많은 친구들을 모으겠소. 거짓된 플랜태저넷이 감히 얼굴도 내밀지 못할 그런 곳에서 말이오.

**플랜태저넷** 이제 나는 손에 들고 있는 이 순백의 처녀 장미를 걸고, 고집불통 애송이 그대와 그대의 당을 경멸하겠소.

**서퍽** 플랜태저넷, 당신의 경멸을 이쪽으로 퍼붓지 마시오.

**플랜태저넷** 교만한 폴, 나는 그와 당신 둘 다 경멸하오.

**서퍽** 그렇다면 내 몫은 당신 목구멍으로 돌려드리지요.

**서머싯** 자, 갑시다. 윌리엄 드 라 폴 백작! 저런 소작농을 상대로 입씨름을 하는 것은, 오히려 저들을 영광되게 하는 거요.

**워릭** 서머싯, 당신이야말로 그를 모욕하는군요! 그의 조부께서는 잉글랜드 왕 에드워드 3세의 셋째 왕자이신 클래런스 공작 라이오넬이시오. 어찌 그런 깊은 뿌리에서 하찮은 소작농이 나올 수 있소?

**플랜태저넷** 저자는 이곳이 성역이라는 걸 이용하는 거요. 그렇지 않다면야, 저런 비겁한 자가 어찌 이런 말을 하겠소?

**서머싯** 날 창조해 주신 하느님께 맹세하건대, 기독교 나라의 어느 땅에 있든지 단언하겠소. 그대의 아버지 케임브리지 백작 리처드는, 선왕 헨리 5세 때 반역 혐의를 받고 사형당하지 않았소? 그리고 그대 아버지의 반역으로 귀족인 선조의 이름을 더럽히고 욕되게 했으며, 명예를 박탈당하지 않았소? 그의 범죄는 아직도 그대의 피 속에 살아 있으니, 그대가 그 치욕에서 회복되지 않는다면 아직도 그대는 소작농 신분에 지나지 않는단 말이오.

**플랜태저넷** 아버지는 체포됐지만 유죄 판결을 받지는 않으셨소. 반역죄로 사형은 받았지만 반역자는 아니셨소. 내 뜻대로 할 수 있게 될 때에는, 이 사실을 서머싯보다도 더 훌륭한 분 앞에서 증명해 보이리다. 그대와 한편인 폴과 그대 자신의 행동은 나의 비망록에 제대로 적어서, 지금 그대가 한 말에 대해 반드시 대가를 치르게 하겠소. 이 경고를 명심하시오.

**서머싯** 아, 우리는 언제나 그대와 맞설 준비가 되어 있소. 이 붉은 장미꽃을 보면, 그대의 적으로 아시오. 우리 당원들은 당신에게는 안된 말이지만, 언제나 이 장미를 달고 다닐 테니.

**플랜태저넷** 나도 내 영혼에 맹세하건대 이 창백한 분노의 장미, 피에 목마른 증오의 표시로서 나와 나의 당이 영원히 달겠소. 나의 장미가 시들어 나와 함께 무덤에 가든지, 화려하게 피어올라 나와 함께 영광을 누리는 거요.

템플 법학원 정원에서 붉은 장미인가 흰 장미인가 선택  존 페터. 1871.

**서퍽**  할 테면 해보시오. 그대의 야심으로 숨통이 막힐 거요! 자, 그럼 다시 만
날 때까지 잘 있으시오. (퇴장)

**서머싯**  이봐요, 폴, 함께 갑시다. 야심쟁이 리처드, 잘 있으시오. (퇴장)

**플랜태저넷**  이렇게 무시를 당하고도 참아야만 하다니!

**워릭**  그들이 당신 가문에 입힌 치욕은, 윈체스터와 글로스터 두 분의 화해를
위해 소집될 다음 회의에서 깨끗이 씻을 겁니다. 만일 당신이 그때 요크 공
칭호를 얻지 못하신다면, 난 더 이상 워릭 백작으로 불리며 살아가지 않겠습
니다. 그때까지 당신에 대한 존경의 표시로, 거만한 서머싯과 윌리엄 폴에 맞
서 당신 당의 한 사람으로 이 장미꽃을 달겠습니다. 여기서 감히 말씀드리건
대, 오늘 이 템플 법학원 정원에서 불거진 싸움은 앞으로 붉은 장미와 흰 장
미 싸움으로 불리며, 수천의 영혼을 죽음의 암흑 세계로 몰고 갈 것입니다.

**플랜태저넷**  버논 동지, 나를 위해 흰 장미를 꺾어주어 진심으로 고맙소.

**버논**  당신을 위해서 언제나 이 꽃을 달겠습니다.

**변호사**  저도 그렇게 하겠습니다.

**플랜태저넷**  고맙소, 동지들. 우리 넷이서 식사하러 갑시다. 이 논쟁은 뒷날 피

를 보게 될 것이오. (모두 퇴장)

런던탑 안의 한 방.
모티머(마치 백작), 교도관 두 사람이 메고 있는 가마를 타고 등장.

**모티머**  (교도관들에게) 내 늙고 연약한 몸을 친절히 지켜주는 여러분, 이 죽어
가는 모티머를 여기서 좀 쉬게 해주오. (혼잣말로) 내 팔다리는 오랜 감금 생
활로, 고문대에서 끌어내려진 사람처럼 되어버렸다. 죽음의 사자라고 할 나
의 흰 머리는 근심의 세월을 보내는 동안 네스토르와도 같이 나이를 먹으며
에드먼드 모티머의 최후를 말해 주는구나. 이 두 눈은 기름이 말라버린 등
잔불처럼 희미해지더니, 이제는 차츰 꺼지려 한다. 허약한 두 어깨는 무거운
슬픔으로 눌려 있고, 힘없는 두 팔은 말라빠진 포도 넝쿨처럼 땅을 향해 축
늘어져 있어! 이 한 줌 흙덩이밖에 안 되는 몸조차 지탱할 수 없게 된 두 다
리도, 하루빨리 무덤으로 날아가고 싶어하는구나. 지금 나에게 이보다 더한
위로는 없지. 교도관, 내 조카는 온다고 했나?

**교도관**  리처드 플랜태저넷 님은 꼭 오실 겁니다. 템플 법학원에 있는 그의 방
에 사람을 보냈더니, 곧 오시겠다는 답을 전해 왔습니다.

**모티머**  됐다. 그러면 내 영혼도 편히 떠날 수 있겠구나. 불쌍한 것! 너도 나처
럼 부당한 대우를 받고 있구나. 헨리 몬머스가 왕위에 오른 그때부터 군인으
로서 나의 명성이 군주의 영광을 가릴 정도였으므로, 나는 이 같은 몸서리
쳐지는 유폐의 몸이 되었다. 내 조카 리처드도 명예와 유산을 빼앗기고 천
한 신세가 되었지. 하지만 절망의 조정자가 되며, 인간의 불행을 심판해 주
는 공정한 죽음의 신은 이제 나를 유폐에서 풀어주실 것이다. 내 조카의 고
통도 나의 죽음과 함께 사라지고, 잃었던 것을 그가 도로 찾게 되기를 바
란다.

리처드 플랜태저넷 등장.

**교도관**　백작님, 당신의 사랑하는 조카분이 오셨습니다.

**모티머**　나의 벗, 리처드 플랜태저넷이 와주었구나!

**플랜태저넷**　예, 고귀하신 외삼촌, 요즘 수모를 겪는 당신의 조카, 리처드가 왔습니다.

**모티머**　(교도관에게) 내가 조카를 껴안을 수 있게 두 팔을 잡아주게. 조카의 가슴에 안겨 마지막 숨을 거둘 수 있도록. 오! 내 입술이 조카 얼굴에 닿으면, 내 마지막 힘을 다해 다정하게 키스하고 싶으니 알려주게. (리처드를 껴안는다) 요크 가문의 큰 줄기에서 갈라진 귀한 가지가 요즘 수모를 당하다니, 어떻게 된 일인지 말해 다오.

**플랜태저넷**　먼저 야위신 몸을 제 팔에 편히 기대시고 저의 아픔을 들어주십시오. 오늘 어떤 문제로 서머싯과 저, 두 사람 사이에 논쟁이 벌어졌습니다. 그는 조심성 없는 무례한 말로 아버지의 죽음을 드러내며 저를 모욕했습니다. 만약 다른 일이라면 저도 기꺼이 맞받아쳐 주었을 텐데, 아버지의 오명 앞에서 어쩔 수 없이 입을 다물고 말았습니다. 그러니 아버지를 위해서, 또 정의로운 플랜태저넷 집안의 명예와 가까운 친척들을 위해서 제 아버지 케임브리지 백작이 사형당한 이유를 말씀해 주십시오.

**모티머**　그 이유는 바로 나를 이처럼 감금시켜, 나의 꽃 같은 젊음을 이 지긋지긋한 토굴 속에 가두어 놓고 비탄에 잠기게 한 이유와 같은 거란다.

**플랜태저넷**　더 자세히 말씀해 주십시오. 저는 이 일에 대해 아무것도 모르므로 짐작조차 할 수 없습니다.

**모티머**　꺼져가는 이 숨이 이어져 내 이야기가 끝나기 전에 죽음이 찾아오지만 않는다면 말해 주마. 지금 왕의 조부인 헨리 4세는 그의 조카인 리처드, 그러니까 에드워드 3세의 장남으로서 정당한 계승권을 가진 에드워드의 아들 리처드를 폐위하고 왕이 되었단다. 그래서 북방의 퍼시 일족이 그의 찬탈이 부정함을 알고 나를 왕위에 추대하려고 노력했었다. 용맹한 퍼시 일족이 이 같은 뜻을 갖게 된 이유는 젊은 나이에 폐위된 리처드 왕은 후손이 없었고, 내가 그 혈통에서 가장 가까웠기 때문이지. 나의 어머니는 에드워드 3세의 셋째 아들 클래런스 공작 라이오넬의 혈통이신데, 헨리 4세께선 그 에드워드의 넷째 아들 곤트의 존 자손이란다. 자, 내 말을 잘 들어라. 그들이 이처럼 대담한 일을 꾀하며 정당한 후계자를 세우려는 과정에서 나는 자유를 잃고, 그들은 생명을 잃고 말았단다. 그 뒤 오랜 세월이 지나 헨리 5세가 그의 아버지 볼링브룩을 계승해 나라를 다스렸을 때 너의 아버지인, 저 유명한 요크의 공작 에드먼드 랭글리 혈통을 이어받은 케임브리지 백작께서는 너의 어머니인 내 여동생과 결혼한 뒤, 나의 비운을 안타깝게 여기시어 내 명예를 되찾아 왕위에 앉히려고 군대를 모집했단다. 하지만 고귀하신 백작께서는 이 계획에 실패하시어 다른 분들과 함께 참수를 당하셨다. 이런 이유로 왕위 계승권을 가진 모티머 가문은 억압을 당한 거란다.

**플랜태저넷**  외삼촌은 그 혈통의 마지막 분이시군요.

**모티머**  그렇다, 내게는 직계 후손이 없다. 나의 숨결이 이토록 약해지니 이 목숨도 다 된 듯하다. 그러니 네가 나의 후계자란다. 남은 일들을 부탁한다. 하지만 부디 경계하며 조심해야 한다.

**플랜태저넷**  외삼촌의 깊은 뜻을 명심하겠습니다. 하지만 아버지를 처형한 것은 잔인한 폭정으로밖에 여겨지지 않습니다.

**모티머**  입을 다물고 지혜롭게 행동해라. 랭커스터 집안은 그 기초가 산처럼 견고하여 쉽게 무너지지 않을 것이다. 나는 이제 저세상으로 떠날 거야. 이는 군주들이 오랫동안 머물던 궁전에 싫증이 나서 그들의 거처를 옮기는 것과 같은 거란다.

**플랜태저넷**  오, 외삼촌! 돌아가시려는 외삼촌의 수명을 젊은 저의 수명과 조금이라도 바꿀 수 있다면 얼마나 좋을까요.

**모티머**  그건 나를 도리어 괴롭히는 거란다. 한칼에 죽일 수 있는 걸 여러 번 찔러서 죽이는 것과 같. 너의 슬픔일랑 접어두고 오직 나만을 생각해 다오. 내 장례식만 치러주면 된다. 그럼 잘 있어라. 너의 소원이 모두 이루어지길, 평화로울 때에나 전쟁 중에라도 늘 행운이 따르기를! (숨을 거둔다)

**플랜태저넷**  떠나시는 영혼에게 전쟁은 없고 평화만이 함께하기를! 외삼촌은 옥중에서 삶의 순례를 마치시며 은둔자와도 같이 그날그날을 보내셨다. 아! 나는 외삼촌의 충고를 가슴에 새겨, 내가 계획한 것들을 단단히 간직해야지. 간수들, 시신을 옮기시오. 나는 그분의 삶보다 훌륭한 장례식이 되게 하겠소. (간수들, 모티머 시신을 메고 퇴장) 모티머 백작의 희미한 불꽃은 마침내 꺼졌다. 아, 저 비열한 인간들의 야심으로 질식된 채…… 서머싯이 내 가문에 쏟아놓은 수많은 비방과 모욕을 내가 충분히 갚아주겠다. 이제 나는 빨리

의사당으로 달려가 가문의 작위를 회복하든지, 아니면 나의 이 악운을 행운의 기회로 바꾸리라. (퇴장)

〔제3막 제1장〕

런던. 의사당.

화려한 나팔 연주. 헨리 6세, 엑서터 공작, 글로스터 공작, 윈체스터 주교, 워릭 백작, 서머싯 백작, 서퍽 백작, 리처드 플랜태저넷 등 등장. 글로스터 공작이 앞으로 나아가 왕에게 고소장을 올리려 하자, 윈체스터 주교가 이를 잡아채어 찢어버린다.

**윈체스터** 여보게, 글로스터 경, 그대는 이리저리 꾀를 내어 만든 책자를 가지고 왔군요. 만일 나를 고소할 이유가 있거나 문책하고 싶다면, 미리 꾸미지 말고 그 자리에서 말하시오. 나도 그대의 비난에 대해 그 자리에서 해명하겠소.

**글로스터** 교만한 신부! 장소가 장소이니만큼 이곳에서는 참겠소. 그렇지만 않았다면 그런 무례한 행동을 가만두지 않았을 거요. 내가 당신의 악랄하고 난폭한 죄들을 문서로 만들어 왔다 해서, 무엇인가를 거짓으로 꾸며냈을 거라든지, 내가 글로 써온 것을 입으로 진술하지 못할 거라고는 생각지 마시오. 그것은 큰 오해요. 신부, 당신의 뻔뻔스럽고도 사악한 행동이나, 음흉하고 해로우며 싸우기를 좋아하는 간악한 행동은 아주 어린아이들도 다 알고 있소. 당신은 가장 악독한 고리대금업자요. 당신은 성직과 지위에 맞지 않게 천성이 사악할 뿐만 아니라, 평화의 적이며, 음란한 방탕자요. 당신의 배신 행위야말로 가장 명백하지요. 그것은 당신이 런던 다리에서나 런던탑에서 내 목숨을 **빼앗으려** 덫을 놓은 사실로도 알 수 있소. 더욱이 내가 염려하는 것은, 당신의 속마음을 들여다보면 오늘날 우리 국왕께서도 당신의 그 야심으로 가득 찬 사악한 마음으로부터 벗어날 수가 없다는 것이오.

**윈체스터** 글로스터 경, 나는 그대의 말을 반박하겠소. 경들, 바라건대 나의 답변을 들어주시오. 만일 내가 저 사람 말대로 탐욕스럽고 야심으로 가득 차 있으며 심술궂다면, 내 어찌 이렇게 가난하게 살겠습니까? 또 어찌하여 출세의 길을 구하지 않고 언제나 같은 자리에만 머물러 있을까요? 또 싸움을 일삼는다 했지만, 누가 내 화를 돋우지만 않는다면 나보다 더 평화를 사랑하는 사람이 어디 있습니까? 아닙니다, 여러분, 그게 아닙니다. 저 공작을 화나게 한 건 그 때문이 아니지요. 저 사람을 충동질한 것 또한 그 때문이 아닙니다. 그것은 자기 말고는 아무도 정권을 쥐지 못하게 하려는 의도이며, 자기 혼자서만 왕을 모시려 한다는 거지요. 그 때문에 저 사람 가슴에 천둥이 일어나 이처럼 터무니없는 비난을 쏟아내는 것입니다. 그러나 저 사람도 알게될 것입니다, 내가 선하다는 것을……

**글로스터** 선하다고요! 당신은 내 조부의 사생아잖소!

**윈체스터** 아! 그렇습니다, 공작 나리. 그렇게 말씀하시는 공작께서는 도대체 무엇입니까? 남의 왕좌에 앉아서 으쓱대고 있는 자가 아니오?

**글로스터** 건방진 사제, 나는 섭정이 아니오?

**윈체스터** 나는 교회의 사제가 아니오?

**글로스터** 그건 그렇소마는, 범법자가 성을 차지하고는 그것을 악용해 도둑질하는 것과 무엇이 다르오?

**윈체스터** 비열한 글로스터!

**글로스터** 당신이 존경을 받는 까닭은, 당신의 삶이 아니라 성직자라는 신분때문이오.

**윈체스터** 로마 교황께서 이 일을 바로잡아 주실 거요.

**워릭** 그렇다면 로마까지 걸어가 보시지.

**서머싯** 워릭 백작, 그야 당신이 말씀을 삼가주신다면요.

**워릭** 그러면 주교께서 모욕당하지 않게 해야겠군요.

**서머싯** 내 생각엔 백작은 경건하셔야 합니다. 충분히 그 직책을 아실 텐데요.

**워릭** 주교께서는 보다 겸손하셔야 합니다. 사제께서 그같이 논쟁을 하신다는 것은 격에 맞지 않거든요.

**서머싯** 예, 물론 신성한 직책에 대해서는 그렇죠.

**워릭** 자리가 신성하든 신성치 않든 어쨌다는 거요? 글로스터 공작께서는 왕의 섭정이 아니시오?

**플랜태저넷** (혼잣말로) "플랜태저넷, 지금은 입을 다물어라. 말은 꼭 필요할 때만 해야 한다. 너의 대담한 판결을 저자들과의 입씨름에 내놓으면 안 돼" 이런 책망을 들을라. 그렇지만 않다면 윈체스터에게 한 마디 쏘아줄 텐데.

**헨리 왕** 글로스터 숙부, 윈체스터 종조부, 우리 잉글랜드의 안녕을 지켜야 할 두 분이여, 나의 기도가 힘이 있다면 서로 마음을 모아 사랑하고 화해하시기를 바라오. 아! 경들과 같은 훌륭한 귀족들이 이같이 싸우다니, 왕으로서 이 무슨 수치란 말이오. 경들, 내가 비록 어리지만 분명히 말할 수 있어요. 내분은 나라의 가장 깊숙한 장부를 물어뜯는 독사와도 같다는 것을. (이때 안에서 "황갈색 옷을 입은 놈들을 해치워라!" 외치는 소리가 들린다) 이게 무슨 소란이오?

**워릭** 폭동입니다. 틀림없이 주교를 모시는 사람들의 악의에서 나온 것입니다. (다시 "돌을 던져라, 돌을 던져!" 외치는 소리가 들린다)


런던 시장 등장.


**시장** 오, 귀족 여러분, 그리고 자비로우신 전하, 부디 런던 시와 백성들을 불쌍히 여겨주소서! 주교님과 글로스터 공작의 하인들이 최근에 무기 휴대가 금지되었기 때문에, 저마다 돌을 주머니에 넣어 패를 지어 돌팔매질을 해대서 많은 사람들의 머리가 깨졌습니다. 거리 창문들도 모조리 부서지고, 상인들은 놀라서 가게 문을 닫아야 했습니다.


이때 글로스터와 윈체스터 양쪽 가문의 하인들이, 저마다 머리가 피투성이가 되어 싸우면서 등장.


**헨리 왕** 왕의 명령이다. 나에게 충성을 다한다면, 살상의 손을 멈추고 진정들 하라. 글로스터 숙부, 저 싸움을 진정시켜 주시오.

**하인 1** 좋아, 돌을 쓰지 못하게 하면 내 이로 물어뜯겠다.

**하인 2** 어디 마음대로 해봐. 내가 질 것 같은가? (또다시 싸운다)

**글로스터** (하인들에게) 야, 이놈들, 바보 같은 싸움은 그만두어라. 이런 섣부른 싸움은 집어치우라니까.

**하인 3** 공작님, 저희들은 당신을 정직하고 공정한 분이시며, 그 고귀한 혈통으로 말하더라도, 국왕 전하 다음가는 분으로 알고 있습니다. 그러므로 이 나라의 인자한 아버님 같으신 공작님이 학자인 체하는 놈들한테 모욕당하시는 것을 보려니, 저희는 처자식까지 데려와 모두 함께 싸우다가 적들 손에서 죽는 편이 차라리 낫겠습니다.

**하인 1** 그렇고말고요! 저희가 싸우다 죽게 되면 저희 손톱 부스러기들까지 함께 싸우려 할 겁니다. (또 싸운다)

**글로스터** 멈춰라, 명령이다. 너희들이 이야기한 대로, 주인을 진심으로 사랑한다면 내 말을 듣고 참아라.

**헨리 왕** 오! 이 싸움이 내 마음을 얼마나 아프게 하는지! 윈체스터 경, 나의 탄식과 눈물을 보고도 고집을 버리실 생각이 없는지요? 경에게 연민이 없다면 누가 나에게 동정을 보내겠소? 신성한 사제들마저 싸우기를 좋아한다면 누가 평화를 가져오려고 노력할까요?

**워릭** (글로스터와 윈체스터에게) 섭정도, 주교도 전하의 말씀에 따르십시오. 두 분은 자신의 고집만 세우다가 전하를 돌아가시게 하고 나라를 망치려는 건 아니겠지요. 두 분의 반목으로 말미암아 불행한 일들이 일어나고 수많은 이들이 목숨을 잃었습니다. 두 분이 피에 굶주린 게 아니라면 서로 화해하세요.

**윈체스터** 그가 굴복하지 않는 한, 나는 물러서지 않겠소.

**글로스터** 전하를 측은히 여기기 때문에 복종하는 것이오. 그렇지 않다면 그의 심장을 도려내어 다시는 내 앞에서 큰소리치지 못하게 했을 거요.

**워릭** 윈체스터 주교, 글로스터 공작은 불만에 가득 찬 분노를 깨끗이 버리셨습니다. 그 찌푸리지 않으신 얼굴을 보아도 분명하지요. 그런데 경은 왜 그리 단호하고 비극적인 표정을 하고 계십니까?

**글로스터** 자, 윈체스터, 악수합시다.

**헨리 왕** (윈체스터에게) 어찌 된 것이오? 경은 미움이 큰 죄라고 설교하지 않았나요? 그런데 스스로 그 죄를 범하여 큰 죄인이 되시겠소?

**워릭** (혼잣말로) 지당하신 말씀! 윈체스터 주교가 한 방 먹었군. 부끄러움을 아신다면 윈체스터 경, 제발 마음을 푸십시오. 조그마한 어린아이라도 어떻게 해야 하는지 알 수 있는 게 아닙니까?

**윈체스터** 글로스터 공작, 나도 양보하겠소. 사랑에는 사랑으로, 주먹에는 주먹으로 대하지요.

**글로스터** (악수를 하며 혼잣말로) 그러나 본심은 아니겠지. 친애하는 여러분, 보십시오. 이것은 우리와 우리 당 모두가 화해한다는 표시입니다. 하느님, 이것이 거짓이 되지 않게 해주소서.

**윈체스터** (혼잣말로) 하느님, 이게 본심이 아니라고 인정해 주십시오.

**헨리 왕** 오, 사랑하는 숙부 글로스터 공작, 이같이 화해의 약속을 해주니 얼마나 기쁜지 모르겠습니다. 두 집안의 하인들도 모두 물러가거라. 이제 더는 왕을 괴롭히지 말라. 너희들도 주인들처럼 서로 화해하라.

**하인 1** 예, 그리하겠습니다. 저는 의사한테 가보겠습니다.

**하인 2** 저도 가겠습니다.

**하인 3** 저는 술집에 가서 약을 구해 보겠습니다. (시장과 하인들 퇴장)

**워릭** 전하, 황공하오나 이 상서를 받아주십시오. 리처드 플랜태저넷의 권리를 인정해 주시기를 바라며, 전하께서 이 상서를 읽어주소서.

**글로스터** 워릭 경, 말씀 잘하셨소. 전하께서 모든 사실을 굽어 살펴주신다면, 리처드의 원한을 풀어주심이 마땅하다 여겨집니다. 특히 지난번 엘섬 궁전에서 말씀 올린 이유들을 헤아려 주십시오.

**헨리 왕** 숙부, 그 이유는 마땅한 것이었소. 그러니 경들, 리처드로 하여금 그 가문의 작위를 되찾게 하리다.

**워릭** 리처드가 가문의 작위를 다시 찾게 된다면, 그 아버지가 받은 모욕은 보상될 것입니다.

**윈체스터** 다른 분들처럼 이 윈체스터도 찬성합니다.

**헨리 왕** 리처드가 충성을 맹세한다면 선조인 요크 가문에 속해 있던 유산을 모두 그에게 돌려주겠소.

**플랜태저넷** 전하의 비천한 신하로서, 죽는 순간까지 복종과 겸허한 충성을 맹세하나이다.

**헨리 왕** 그럼 허리를 굽혀 내 발밑에 무릎을 꿇으시오. 충성을 맹세한 보답으로 그대에게 요크가(家)의 용맹한 검을 주겠소. 일어나오, 리처드. 플랜태저넷은 이제 정통을 이어받아 요크의 공작으로 작위를 받았소.

**플랜태저넷** (혼잣말로) 리처드, 네가 번성하면 너의 적들은 쓰러지게 되리라! (왕에게) 저의 충성으로 말미암아, 전하께 사악한 마음을 갖는 자는 멸망할 것입니다!

**모두** 축하합니다, 고귀하신 요크의 공작이여!

**서머싯** (혼잣말로) 멸망해라, 이 천한 요크의 공작아!

**글로스터** 이제 전하께서는 바다 건너 프랑스에 가셔서 즉위하심이 마땅한 줄로 압니다. 국왕이 계시면 신하들과 충성하는 백성들의 존경심이 높아지고, 원수의 용기는 사라지는 법입니다.

**헨리 왕** 글로스터 경이 말한다면, 왕 헨리는 곧 가리다. 간절한 충고는 많은 적들을 사라지게 하리라.

**글로스터** 배는 준비되어 있습니다. (신호 나팔 소리. 화려한 연주. 엑서터만 남고 모두 퇴장)

**엑서터** 아, 잉글랜드에서든, 프랑스에서든 진군의 결과가 어떻게 될지 알 수가 없구나. 저 두 귀족 사이에 요즘 일어난 싸움의 불꽃은, 꾸며낸 사랑의 거짓 재(灰) 밑에 가려져 불타고 있으니 머잖아 큰 불꽃을 일으키고 말 거야. 곪은 팔다리가 차츰 썩어가면서 뼈와 살과 신경을 파괴하는 것처럼, 저 깊은 곳에서 꿈틀거리는 불안은 그 같은 결과를 말해 주는 것만 같구나. 헨리 5세 때에 젖먹이 입에서 나온 저 무서운 예언, "몬머스에서 태어난 헨리는 모든 것을 얻게 되나, 윈저에서 태어난 헨리는 모든 것을 잃는다" 그 예언이 맞을까 두렵다. 꼭 그렇게 될 것만 같다. 그러니 나 엑서터는 그런 불운의 시대가 오기 전에 이 세상을 떠나고 싶구나. (퇴장)

〔제3막 제2장〕

프랑스. 루앙 시 앞.
농부로 변장한 존 라 푸셀이 등에 큰 자루를 메고 병사 넷과 함께 등장.

**푸셀** 이것이 이 도시의 성문이다. 우리 계획이 성공하려면 성문의 방어를 뚫고 루앙 시에 들어가야 한다. 조심해라. 곡식을 팔아 돈을 벌기 위해 성안에 들어오는 시골 장꾼처럼 말을 해라. 성안에 들어가기만 하면—들어갈 수 있으리라 믿는다—거기 어슬렁거리며 다니는 보초들이 나약한 놈들인지 살펴본 다음 우리 군대에게 신호를 보내, 샤를 세자께서 쳐들어오시도록 하겠다.

**병사 1** 그럼 우리의 이 자루는 약탈의 도구가 되겠군요. 그렇게 된다면 우리

는 이 루앙성의 주인이 되겠죠. 자, 문을 두드립시다. (문을 두드린다)

**보초** (안에서) 누구냐?

**푸셀** 농부요. 가난한 프랑스 농부들입니다. 곡식을 팔러 온 장사꾼들이지요.

**보초** (문을 열며) 들어와, 어서. 시장(市場) 종이 울린다.

**푸셀** (혼잣말로) 루앙이여, 내가 너의 보루를 무너뜨리리라. (모두 퇴장)


세자 샤를, 오를레앙의 서자, 알랑송, 레니에와 병사들 등장.


**샤를** 성(聖) 드니여, 이 작전을 성공하게 해주소서. 그러면 다시 우리는 루앙 성에서 안심하고 잠을 잘 수 있을 것입니다.

**서자** 푸셀과 그 병사들은 이곳으로 들어갔습니다. 이제 푸셀은 우리에게 가장 유리하고 안전한 통로를 어떻게 지시해 줄까요?

**레니에** 저 탑에서 횃불을 던질 것입니다. 횃불이 보이는 곳이 방어가 가장 약한 곳이라는 뜻이지요.


푸셀이 성벽 위에 나타나 활활 타오르는 횃불을 내밀어 보인다.


**푸셀** 보아라, 이것은 루앙과 우리 온 백성을 맺어주는 행복한 결혼의 횃불이다. 그러나 원수 탤벗 패거리에게는 죽음의 불꽃이 될 것이다. (퇴장)

**서자** 샤를 저하, 보십시오. 저 망루 위에서 푸셀의 신호 횃불이 타오르고 있습니다.

**샤를** 아, 저 횃불은 복수의 혜성과도 같이 빛나는구나. 적의 파멸을 말해 주는 예언자이다.

**레니에** 서두르십시오, 시간을 끌면 위험합니다. 곧바로 쳐들어가 "왕세자다!" 외치며 보초를 무찌릅시다. (모두 퇴장)


다급한 나팔 소리와 함께 탤벗이 기습을 받으며 도망쳐 나온다.


**탤벗** 프랑스 놈들아, 탤벗이 네놈들 배신 행위에 죽지 않고 살아남게 되면, 네놈들은 이 배신의 대가로 눈물을 흘리며 후회하게 될 거다. 푸셀, 저 마녀,

저 가증스런 계집 때문에 뜻하지 않게 봉변을 당했구나. 아, 하마터면 프랑스 놈들의 우쭐거리는 꼴을 피해 가지 못할 뻔했군. (퇴장)

다급함을 알리는 나팔 소리가 울리며 군사들이 나와 기습 공격한다. 성내에서 베드퍼드가 심한 부상을 입고 가마에 실려 나온다. 탤벗, 부르고뉴, 잉글랜드 병사들 등장. 그때 성벽 위로 존 라 푸셀과 세자 샤를, 오를레앙의 서자 그리고 알랑송과 레니에 등장.

**푸셀** 아침은 드셨소, 적장들이여! 빵 만들 곡물 가루가 필요하오? 부르고뉴 공작께서는 이런 비싼 값으로 곡물 가루를 다시 사들이기 전에 아마도 먼저 단식을 하시겠군요. 그건 독보리였으니까요. 독보리라도 입맛에 맞는지요?

**부르고뉴** 실컷 조롱하려무나, 이 사악한 마귀, 수치를 모르는 매춘부야! 이제 곧 너의 그 독보리로 네 숨통을 막아 그 독보리를 거둬들인 걸 후회하게 해 주겠다.

**샤를** 그보다 먼저 네가 굶어죽게 될걸.

**베드퍼드** 오, 이 비겁한 짓에 대해선 말이 아니라 행동으로 따끔한 맛을 보여 주십시오.

**푸셀** 흰수염 나리, 무엇을 원하시죠? 가마 안에서 죽음의 신과 창시합을 하시렵니까? 부러진 창으로 말입니다.

**탤벗** 프랑스의 악마, 흉악한 마녀야, 음탕한 정부들에게 둘러싸여 있구나. 늙은 용사를 희롱하고 비겁하게 굶주린 병자를 놀려대는 것은 너 같은 년의 격에 맞는 일이지! 이년아, 다시 한 번 맞서보자. 그렇지 않으면 이 탤벗은 수치심으로 죽을 것만 같다.

**푸셀** 단단히 화가 나셨군요? 그래 푸셀, 너는 가만히 있거라. 탤벗 저놈이 천둥소리를 내면 비가 올 테니까. (탤벗 쪽 사람들이 모여 서로 의논한다) 하느님, 놈들의 회의를 축복하소서! 의장은 누구요?

**탤벗** 성 밖으로 나와 싸워 볼 용기는 없느냐?

**푸셀** 장군은 우리를 바보로 아시나 보군요. 우리 도시인데 우리 거다, 아니다를 결정하다니요.

**탤벗** 저런 독설을 하는 헤카테 같은 마녀는 상대도 하기 싫다. 하지만 알랑송,

그리고 다른 여러분들, 군인답게 나와서 맞서보지 않겠소?

**알랑송** 천만에요, 시뇨르.*⁴

**탤벗** 시뇨르라고! 비겁한 노새몰이꾼 같은 프랑스 놈들, 시골뜨기처럼 저놈들은 성벽에만 찰싹 달라붙어 도무지 떨어질 생각을 하지 않으니, 병사답게 무기를 들 용기도 없는 놈들이군.

**푸셀** 물러가오, 장군들! 성벽을 떠납시다. 탤벗의 험상궂은 얼굴을 보니 좋은 말이 나올 것 같지는 않군요. (탤벗에게) 장군! 안녕히 계시오. 우리는 그저 우리가 이곳을 점령하고 있다는 사실을 알리러 온 것뿐입니다. (일행과 함께 퇴장)

**탤벗** 곧 우리도 너희들 있는 곳으로 가겠다. 그렇지 못하면 탤벗의 위대한 명성도 부끄럽게 될 거다! 부르고뉴 공, 프랑스에서 받은 온갖 모욕으로 화가 나시거든 공작님 가문 명예에 걸고 맹세하십시오. 이 성을 도로 찾든가 그렇지 않으면 죽겠다고 말이오. 나는 잉글랜드 왕 헨리 전하께서 당당히 살아 계시듯이, 또 그 부친 헨리 5세께서 이 나라의 정복자이셨듯이, 그리고 얼마 전 적에게 짓밟혀 이 도시 안에서 영원히 잠드신 위대하고 용맹스런 우리 사자왕 리처드 1세를 본받아, 죽음으로써 이 성을 되찾을 것을 맹세합니다.

**부르고뉴** 나도 당신과 같이 맹세합니다.

**탤벗** 하지만 가기 전에, 지금 굶어 죽어가는 용감한 베드퍼드 공작님을 먼저 보살핍시다. 공작님, 우리는 노쇠하고 병드신 몸을 적당한 곳으로 모시겠습니다.

**베드퍼드** 탤벗 경, 나를 그리 모욕하지 마오. 나는 루앙성 앞에 앉아 행복과 불행을 여러분과 함께하리다.

**부르고뉴** 용감하신 베드퍼드 공이여, 우리의 청을 들어주십시오.

**베드퍼드** 나는 이 자리를 떠나지 않겠소. 그 옛날 용감하신 펜드래곤 왕께서, 병중에도 가마를 타고 전쟁터에 나아가 적을 무찔렀다는 이야기를 읽은 적이 있소. 나도 그렇게 병사들에게 용기를 북돋워 줄 것이오. 그들을 내 몸처럼 생각해 왔으니까요.

**탤벗** 돌아가시는 자리에서도, 그 정신만은 어찌도 그리 용감하신지요! 그럼

---

*4 Signior. 이탈리아어 signor와 같은 말로, 영어의 Mr.(~씨)에 해당한다.

바라시는 대로 하십시오. 하늘이여, 이 베드퍼드 공을 지켜주소서! 자, 부르고뉴 공, 더는 법석대지 말고 빨리 병력을 모아 저 거만한 원수 놈들을 습격해 혼내줍시다. (베드퍼드와 그 시종들만 남고 모두 퇴장)

다급한 나팔 소리가 들리고, 급습을 당한 기사 존 파스톨프와 부대장 등장.

**부대장**  존 파스톨프, 어딜 그렇게 황급히 가는가?
**파스톨프**  어디로 가냐고? 살려고 도망가지. 우리 군이 또다시 질 것 같으니까.
**부대장**  뭐라고? 도망친다고? 탤벗 경을 남겨두고서?
**파스톨프**  세상에 있는 모든 탤벗이라도 마찬가지지! 내가 살아야 하니까.
**부대장**  비겁한 기사로군! 불운이 따르기를!

퇴각 나팔 소리 들리며 존 라 푸셀, 알랑송, 세자 샤를 등이 성에서 도망쳐 나온다.

**베드퍼드**  내 영혼아, 이제는 하늘의 뜻대로 조용히 세상을 떠나다오. 내 원수가 패배하는 것을 이미 보았으니. 아, 어리석은 인간들에게 믿음과 힘이란 무엇인가? 조금 전까지 우리를 희롱하던 자들이, 이제는 자기들 목숨을 위해 달아나기를 부끄러워하지 않는구나. (죽는다. 그의 두 시종이 시체를 가마에 태운 채 퇴장)

경보 울리고 탤벗, 부르고뉴, 그 밖에 다른 사람들 등장.

**탤벗**  빼앗긴 성을 하루만에 되찾았다! 더 명예로운 일이 되었소, 부르고뉴 공. 하늘이여, 이 승리의 영광을 누리십시오!
**부르고뉴**  용맹한 탤벗이여, 이 부르고뉴는 당신을 내 마음속에 모시고, 경의 큰 공로를 기리는 기념비를 세우겠소.
**탤벗**  감사하오, 공작. 그런데 푸셀은 어디 있을까요? 아마도 그녀가 불러내는 악마는 자고 있겠지요? 서자의 호언장담과 샤를의 조롱도 다 어디 갔지요? 모두들 낙심했나요? 저 용감한 무리가 달아나는 것을 보고, 루앙성도 슬퍼서 고개를 들지 못하는가 보군요. 자, 이제 우리는 성을 살펴보고 나서 유능한 관리들에게 맡기고 이곳을 떠납시다. 젊으신 전하를 모시고 있는 파리로 갑시다.

**부르고뉴** 그야 탤벗 경의 뜻이 부르고뉴의 뜻이지요.

**탤벗** 하지만 떠나기 전에, 세상을 떠나신 고귀한 베드퍼드 공을 잊어서는 안 됩니다. 이 루앙에서 그의 장례식을 치르기로 합시다. 창을 겨누며 싸운 군인으로서 그렇게 훌륭한 분도 없었고, 궁정에서도 그토록 온화한 분은 없었지요. 그러나 왕도, 아무리 강력한 권력을 쥔 자라도 언젠가는 죽게 되어 있습니다. 이것이 인간의 비참한 종말이지요. (모두 퇴장)

〔제3막 제3장〕

루앙 시(市) 부근의 평야.
세자 샤를, 오를레앙의 서자, 알랑송, 존 라 푸셀과 병사들 등장.

**푸셀** 여러분, 이 사건으로 놀라지 마십시오. 또한 루앙성을 뺏겼다 해서 슬퍼하지도 마십시오. 한탄해 봐야 어쩔 수 없습니다. 돌이킬 수도 없는 일을 한탄하는 것은 화만 나게 할 뿐, 아무 도움도 되지 않으니까요. 당분간 저 미치광이 같은 탤벗이란 놈으로 하여금 승리를 거두어, 공작새처럼 활짝 꽁지를 펼치고 땅을 휩쓸며 돌아다니도록 내버려 둡시다. 세자를 비롯한 모든 분들이 저의 말씀대로만 해주신다면 우리가 앞으로 그놈 깃털을 뽑아 꼬리털을 망쳐버리게 할 테니까요.

**샤를** 우리는 이제까지 그대 말대로 해왔소. 또한 그대의 술책을 의심한 적도 없었소. 불의의 실패를 당했다 해서 그대에 대한 믿음이 사라지지는 않을 거요.

**서자** 그대의 기지를 발휘해 놀라운 책략을 생각해 보오. 그러면 우리는 그대의 명성을 세상에 떨치게 하겠소.

**알랑송** 우리는 신성한 곳에 그대의 동상을 세워, 축복받은 성자와도 같이 존경을 받게 하겠소. 그러니 우리를 위해 수고해 주오, 훌륭한 처녀여.

**푸셀** 자, 그러면 이렇게 해보시지요. 이게 제 생각입니다. 부르고뉴 공을 달콤

한 말이 섞인 정당한 논리로 설득하여 탤벗을 버리고 우리 쪽에 가담하도록
하는 것입니다.

**샤를** 훌륭한 생각이오. 그렇게 할 수만 있다면 헨리 군대는 프랑스 땅에서 쫓
겨나게 될 것이오. 잉글랜드 사람들도 더는 우쭐대지 못하고 이 땅에서 사라
지겠지.

**알랑송** 그놈들은 영원히 프랑스에서 쫓겨나, 이 땅에서 백작령(領) 하나도 갖
지 못할 것입니다.

**푸셀** 제가 이 일을 어떻게 해내는지 여러분께 보여드리겠습니다. (멀리서 북소
리 들려온다) 자, 들어보세요. 저 북소리는 잉글랜드 군대가 파리로 행진하는
소리입니다.

이때 잉글랜드군 행진곡이 들리고, 탤벗과 그의 군사들이 지나간다.

**푸셀** 탤벗이 저기 갑니다. 잉글랜드 군대가 깃발을 흔들며 뒤따르고 있습
니다.

프랑스군 행진곡이 들리고, 부르고뉴 공과 그의 병사들 등장.

**푸셀** 이어서 공작의 군대가 따르는군요. 운명의 신이 은총을 베푸시어, 그가
무리와 따로 떨어져 뒤에서 가고 있습니다. 회담을 하겠다는 신호를 하세요.
우리가 교섭을 해야 하니까요. (회담 나팔이 울린다)

**샤를** 부르고뉴 공, 회담합시다!

**부르고뉴** 부르고뉴와 회담하려는 자가 누구요?

**푸셀** 공의 동포이신 프랑스의 샤를 세자이십니다.

**부르고뉴** 샤를 세자, 할 말이 뭡니까? 나는 행군 중이오.

**샤를** 푸셀, 그대가 회담하라. 그대의 말로 그를 꾀어보라.

**푸셀** 용감한 부르고뉴 공작이여, 프랑스 온 백성이 매우 신뢰하고 따르는 분
이여, 잠시 천한 소녀의 말을 들어주십시오.

**부르고뉴** 간단하게 말해 보거라.

**푸셀** 이 나라를 보십시오. 기름지던 이 땅이, 잔인한 원수의 손으로 어떻게

파괴되고 더럽혀졌는지 도시와 마을들을 바라보십시오. 마치 어머니가 자기의 사랑스런 아이가 죽어가며 그 눈을 힘없이 감고 있는 것을 바라보듯이, 당신이 태어나고 자란 이 나라가 병들고 시들어 가는 모습을 보십시오! 그 상처를, 가장 비인간적인 그 상처를 말입니다. 그것은 당신이 스스로 그 가슴에 준 상처입니다! 오, 당신의 그 날카로운 칼의 방향을 돌리십시오. 그 칼로 조국을 해치는 자를 치십시오. 조국을 돕는 자를 치지 마십시오. 조국의 가슴에서 흘린 피 한 방울은, 강물처럼 흘러내린 이방인의 피보다 더 당신 가슴을 아프게 할 것입니다. 그러니 뜨거운 눈물을 흘리시며 조국의 품으로 돌아와, 이 더러운 얼룩들을 말끔히 씻어주십시오.

**부르고뉴** (혼잣말로) 이것은 저 처녀가 말로써 나를 유혹하는 건가, 아니면 내 본성이 갑자기 약해진 것인가?

**푸셀** 그뿐이 아닙니다. 프랑스 사람들은 모두 공작님을 비난합니다. 그들은 당신의 혈통과 법적 자손이 되는지에 대해서 의심한답니다. 당신과 힘을 모은 그 상대는, 저 교만한 나라의 국민이 아니고 누구입니까? 또 그들은 자신들의 이익을 위한 게 아니라면, 어찌 당신을 믿고 따르겠습니까? 저 탤벗이 그 발을 한 번 프랑스 땅에 들여놓은 뒤로 만일 당신을 악의 도구로 만들어 버린다면, 잉글랜드의 헨리 왕 말고 누가 이 나라의 왕이 될까요? 그때에 당신은 탈주병처럼 쫓겨날 것입니다. 이 말을 가슴 깊이 새겨주십시오. 그리고 그 증거로써 이 사실에 귀 기울여 주십시오. 오를레앙 공은 당신의 적이 아니었나요? 그리고 포로가 되어 잉글랜드에 있지 않았나요? 그러나 놈들은 그자가 당신의 적이라는 걸 알게 되자, 몸값도 받지 않고 그를 풀어줬지요. 당신과 당신 부하들은 아랑곳하지도 않고 말입니다. 그러니 당신은 동포와 싸우고 있는 것입니다. 그리고 당신을 죽이려는 놈들과 손을 잡고 있는 것이지요. 자, 돌아오세요! 방황하지 말고, 어서요! 세자뿐만 아니라 모두가 당신을 크게 환영할 것입니다.

**부르고뉴** (혼잣말로) 나는 완전히 설득당했군. 푸셀의 저 위엄 있는 말은 대포알과도 같이 내 가슴을 두드려서, 나를 거의 무릎 꿇고 항복하게 만드는구나. 조국이여, 동포여, 날 용서해 다오! 그리고 귀족들이여, 내 가슴속 깊은 곳에서 우러나오는 이 포옹을 받아주시오. 내 군대와 병력은 모두 당신 것입니다. 그러면 탤벗, 이제 당신과는 작별이오. 앞으로는 당신을 믿지 않겠소.

**푸셀** (혼잣말로) 하는 짓을 보니 프랑스 사람이군. 변하고 또 변하니!

**샤를** 환영하오, 용감한 공작! 당신이 우리의 친구가 되어 넘치는 활기를 불어 주는군요.

**서자** 우리 가슴속에는 새로운 용기가 솟아납니다.

**알랑송** 푸셀은 훌륭한 일을 했소. 황금의 관(冠)도 그대에게는 아깝지 않소.

**샤를** 경들, 가서 우리 병력을 모읍시다. 그리고 적을 흩어지게 할 방법을 함께 궁리합시다. (모두 퇴장)

〔제3막 제4장〕

파리. 궁중의 한 방.
헨리 6세, 글로스터 공작, 윈체스터 주교, 요크 공작, 서픽 백작, 서머싯 공작, 워릭 백작, 엑서터 공작, 버논, 바셋 등 등장. 뒤이어 탤벗이 군사를 거느리고 등장.

**탤벗** 인자하신 전하, 그리고 고귀하신 귀족들이여, 이 땅에 오셨다는 소식을 듣고, 잠시 전쟁을 멈추고 전하를 뵈러 왔습니다. 충성의 표시로서 오십 개 성과 열두 개 도시, 견고한 일곱 개 성벽에 둘러싸인 작은 마을들, 그리고 높은 신분을 가진 5백 명 포로들을 전하께 복종케 한 이 팔이 전하의 발 앞에 칼을 내려놓고, (무릎을 꿇는다) 이번 승리의 영광을 첫째로는 하느님 은총에, 다음으로는 전하의 성덕에 돌리나이다.

**헨리 왕** 글로스터 숙부, 이분이 바로 오랫동안 프랑스에 머물렀다는 탤벗 경이오?

**글로스터** 예, 그렇습니다, 전하.

**헨리 왕** 환영하오, 용감한 승리의 맹장이여! 내가 어렸을 때, 아직 나이 든 건 아니지만, 칼을 휘두르는 자 가운데 이제까지 경과 같이 용감한 사람은 없었다는 선왕의 말씀을 기억하고 있소. 당신의 충성과 공로와 전장에서의 무훈에 대해서는 이미 오래전부터 잘 알고 있으나, 그동안 당신을 만나보지 못했기에 상도 주지 못하고 감사의 뜻도 제대로 전하지 못했소. 자, 일어나시오. 훌륭한 공로에 대해 슈루즈버리의 백작으로 그대에게 작위를 내려주겠소. 내 대관식에 참석해 주시오. (화려한 나팔 연주. 버논과 바셋만 남고 모두 퇴장)

**버논**  이봐, 바셋, 네가 항해 중에 너무 흥분한 나머지, 요크 공을 위해 내가 달고 있는 이 휘장을 모욕했는데, 그 말을 감히 다시 입 밖에 내겠는가?

**바셋**  물론이지, 네가 감히 우리 서머싯 공에게 무례한 욕설을 퍼붓는다면.

**버논**  이놈아, 나는 네 주인도 우리 주인같이 존경하고 있어.

**바셋**  뭐? 그분이 누군데? 요크와 똑같이 훌륭한 분이겠지!

**버논**  뭐라고? 천만에, 그 증거로 이거나 받아라! (바셋을 주먹으로 한 대 친다)

**바셋**  이 악당아, 너도 알지? 무기 법령 말이다. 궁중에서 칼을 빼는 놈은 즉시 사형이란 걸. 그렇지만 않으면 이 한 칼에 네놈의 피를 흘리게 할 것이다. 그러나 이제 나는 전하를 뵙고, 이 모욕에 복수할 허가를 얻도록 청원할 작정이다. 다음에 만나면 죽음을 각오해라.

**버논**  이 악당아, 나도 너처럼 하겠다. 그래서 내가 먼저 너에게 복수할 테다.

(모두 퇴장)


〔제4막 제1장〕


파리. 궁중의 한 방.
헨리 6세, 글로스터 공작, 엑서터 공작, 요크 공작, 서퍽 백작, 서머싯 공작, 윈체스터 주교, 워릭 백작, 탤벗 백작, 파리 총독, 그 밖의 사람들 등장.


**글로스터**  주교, 왕관을 전하의 머리 위에 씌워 드리세요!

**윈체스터**  주여, 우리 헨리 6세 왕을 지켜주시옵소서.

**글로스터**  이제는 파리 총독이 선서하시오. (총독이 무릎을 꿇는다) 전하 이외에는 어떤 왕도 섬기지 않으며, 전하의 편에 서지 않는 자가 아니면 우리 편으로 인정하지 않으며, 전하에 대해 흉계를 꾀하는 자가 아니면 누구든 적으로 대하지 않는다. 이와 같이 맹세하노니, 공정하신 하느님이시여, 그를 지켜주시옵소서. (총독과 그 일행 퇴장)


파스톨프 등장.

**파스톨프** 전하께 아뢰옵니다. 소신이 대관식에 참석코자 칼레에서 급히 말을 타고 오다가, 부르고뉴 공으로부터 전하께 올리는 상서를 전달받았습니다.

**탤벗** 수치스럽도다, 부르고뉴 공. 그리고 너, 이 괘씸한 놈! 이 비겁한 군인이여, 나는 이미 맹세했다. 다시 널 만나게 되면 너의 비겁한 다리에서 그 훈장을 내 손으로 떼어버리겠다고. (왼쪽 무릎에서 가터 훈장을 떼어 던진다) 내가 이렇게 한 것은 네놈에게 부당하게 높은 작위가 주어졌기 때문이다. 용서해 주십시오, 전하, 그리고 귀족 여러분. 이 비겁한 자는 파타이 전투에서, 아군 병력이 6천뿐이었으나, 프랑스군은 거의 열 배나 되는 병력임을 알고는 싸움이 시작되기도 전에, 단 일격도 가하지 않고서 시골 샌님처럼 줄행랑을 쳐버렸습니다. 그 접전에서 우리는 1천2백 명이나 되는 군사를 잃고, 저뿐만 아니라 많은 분들이 기습당해 포로 신세가 되었습니다. 이제 여러분께서 제가 지금 행한 행동이 부당한 것인지 아닌지를 판단해 주십시오. 또 이렇게 비겁한 놈이 기사 작위 차림을 하고 다니는 게 옳은지 그른지도 말씀해 주십시오.

**글로스터** 그런 행동은 평민으로서도 참으로 부끄럽고 격에 맞지 않는 것인데, 하물며 기사나 부대장이나 지도자에게는 도저히 말도 안 되는 짓이오.

**탤벗** 여러분, 이 가터 훈장이 처음 제정됐을 때 가터의 기사라 하면 가문도 높고, 용감하며 덕이 있고, 매우 담대한 자로서, 많은 전쟁을 치르면서 차츰 명예를 얻게 된 이들이었습니다. 그들은 죽음을 두려워하지 않으며, 어려움을 당해도 움츠러들지 않고, 위기에 맞닥뜨렸을 때에도 언제나 각오가 대단했습니다. 그러므로 그러한 기질이 없는 자는 기사 작위의 성스러움을 잃게 하며 가장 신성한 훈장을 모독할 뿐입니다. 만일 제가 재판관 자격을 가지고 있다면, 그 같은 자가 가진 벼슬을 완전히 빼앗아 버리겠습니다. 그렇지 않으면 겁쟁이들이 스스로 귀족이라 내세우며 뽐내고 다니기나 할 테니까요.

**헨리 왕** 동포에게 부끄러운 놈이로군. 지금 탤벗 공이 말한 대로 네놈에게 선고를 내리겠다. 그러니 썩 물러가라. 너는 이제 기사가 아니다. 너에게 추방을 명한다. 명령을 어기면 사형에 처하리라. (파스톨프 퇴장) 자, 이제, 섭정이신 나의 숙부, 부르고뉴 공이 보내온 편지를 읽어주세요.

**글로스터** (편지 겉봉에 쓴 이름을 보며) 편지 형식이 달라졌으니 어떻게 된 일이지? 그저 '왕에게'라고만 무례하게 씌어 있군. 전하가 자기의 군주이심을 잊어버렸는가? 아니면 이같이 무례하게 겉봉을 써서 자신의 마음이 변했음을 나타내려는 것일까? 이게 무슨 말이지? (읽는다)

나는 특별한 이유로 내 나라의 황폐함을 측은히 여기며, 또한 왕의 압제로 괴로워하는 동포들의 신음 소리에 마음이 움직여, 왕의 악한 무리들을 버리고 정당한 프랑스 왕 샤를과 손을 잡기로 했소.

끔찍한 반역이오! 어떻게 이럴 수가 있는지 모르겠소. 동맹과 우의와 맹세로 맺어진 사이인데 이같이 배신적인 음흉한 술책을 쓰다니요!

**헨리 왕**  뭐라고? 숙부 부르고뉴 공이 배반을 했다고요?

**글로스터**  그렇습니다. 그는 이제 전하의 원수가 되었나이다.

**헨리 왕**  그런 최악의 말들이 그 편지에 적혀 있단 말이오?

**글로스터**  그렇습니다. 그리고 이 편지는 부르고뉴 공이 직접 쓴 것입니다.

**헨리 왕**  그럼, 탤벗 경에게 그와 담판케 하여, 이 같은 모욕에 대해 징벌케 하겠소. 탤벗 경, 이의는 없소?

**탤벗**  없습니다, 전하. 이러한 분부를 받지 못했다면 제가 스스로 나서서 이 소임을 간청했을 것입니다.

**헨리 왕**  그러면 병력을 모아 곧 진군토록 하시오. 내가 그의 배반을 괘씸히 여기고 있으며, 친구를 모욕하는 게 중죄가 됨을 깨닫게 해주시오.

**탤벗**  분부대로 하겠나이다, 전하. 이 나라의 적이 멸망하는 모습을 전하께 보여드리고자, 언제나 소원하고 있었나이다. (퇴장)

버논과 바셋 등장.

**버논**  전하, 결투를 허락해 주시옵소서!

**바셋**  전하, 저에게도 결투를 허락해 주시옵소서.

**요크**  이자는 제 부하입니다. 소청을 들어주소서, 전하.

**서머싯**  이 사람은 저의 부하입니다. 전하, 그 청을 들어주소서.

**헨리 왕**  진정하시오, 경들. 먼저 이들의 말을 들어봅시다. 두 기사는 무슨 이유로 큰 소리를 치며 야단법석인지 말해 보라. 무엇 때문에 결투를 원하지?

누구를 상대로?

**버논** 바셋, 저자이옵니다. 저를 모욕했기 때문입니다.

**바셋** 저는 버논, 저자이옵니다. 절 모욕했기 때문입니다.

**헨리 왕** 너희들이 말하는 그 모욕이란 무엇인가? 먼저 말해 보아라. 그러면 답하리라.

**바셋** 잉글랜드에서 프랑스로 항해하는 도중, 여기 이자는 독설로 제가 달고 있는 이 장미꽃을 모욕하며 이렇게 말했나이다. 피와 같이 붉은 이 꽃잎의 빛깔은, 언젠가 우리 주인과 요크 공작께서 어떤 법률 문제로 논쟁하셨을 때에 정당한 것을 잘못된 것이라 주장한, 제 주인의 성난 붉은 얼굴을 나타낸다 했습니다. 많은 모욕적인 말들도 마구 퍼부었나이다. 그러므로 이 같은 무례한 욕설을 반박하여 주인의 명예를 지키기 위해, 무기 법령에 대한 특권을 간청하는 바입니다.

**버논** 전하, 그것이 바로 저의 청원이옵니다. 그는 스스로 지어낸 당돌한 생각을 가지고 그럴듯하게 꾸며서 속이려 합니다마는, 이 같은 싸움은 저자가 먼저 시작했습니다. 저자는 이 장미꽃의 흰빛이 제 주인의 겁 많은 마음을 나타낸다고 욕했사옵니다.

**요크** 서머싯 공작, 이 같은 악의를 버릴 수는 없습니까?

**서머싯** 요크 공작, 아무리 교활하게 겉으로만 억제한다 해도 당신 마음속에 지닌 악의는 곧 나타날 것이오.

**헨리 왕** 경들, 이 무슨 미친 짓들이오! 그런 하찮은 이유로 당파 싸움을 벌이다니. 요크, 서머싯, 두 사촌은 부디 마음을 가라앉히고 화해하시오.

**요크** 먼저 이 분쟁을 결투로 해결하게 한 다음에 화해를 명령해 주십시오.

**서머싯** 이 싸움은 저희 두 사람의 일이오니 저희들 스스로 해결하도록 허락해 주소서.

**요크** 내 맹세의 증거요. 서머싯, 받으시오. (장갑을 던지려 한다)

**버논** 안 됩니다. 이 싸움은, 이 싸움을 시작한 사람들에게 맡겨주십시오.

**바셋** 주인 나리께서도 그렇게 해주십시오.

**글로스터** 그렇게 해달라고? 정말이지 괘씸하군! 대담한 소리만 지껄이는 못된 놈들! 무엄한 놈들! 네놈들은 난폭한 싸움으로 전하와 우리 마음을 어지럽히고도 부끄럽지 않단 말이냐? 그리고 경들, 아랫사람들이 고집부리고 싸우도록 내버려 두다니요! 더구나 그들의 논쟁을 핑계로 경들까지 싸움을 일으키려 하십니까? 말도 안 되오. 경들, 반성하시오.

**엑서터**　경들, 전하의 심려가 크십니다. 부디 화해하십시오.

**헨리 왕**　싸우기를 원하는 자들아, 이리 오라. 그대들이 나의 총애를 받고자 한다면, 이제부터 이러한 싸움과 그 이유조차 잊어버려라. 이것은 나의 명령이다. 그리고 경들, 지금 우리가 어디 있는가를 생각해 보시오. 우리는 지금 프랑스에 있소. 저 줏대 없는 국민들 사이에 있단 말이오. 만일 우리가 이같이 서로 뜻이 안 맞아 싸우고 있는 것을 알게 되면, 불만을 품고 있던 그자들은 반란을 일으킬 것입니다. 어디 그뿐이겠소? 헨리 왕의 귀족들이 하찮은 일로 패가망신하고 프랑스 영토를 잃어버렸다는 사실을, 외국 군주들이 알게 된다면 얼마나 부끄러운 일이오? 아직 어린 나이임을 살피시어, 선왕께서 피로써 이루신 승리를 사소한 일로 잃지 않도록 합시다. 이 성가신 싸움을 내가 중재하겠소. 내가 이 장미를 옷에 단다 해서 (붉은 장미를 단다) 아무도 요크 가문보다 서머싯 가문을 더 생각한다고는 여기지 않을 것이오. 두 사람은 나의 친척이오. 그러므로 똑같이 아끼고 사랑하오. 내가 왕이 된 것도 스코틀랜드 사람이 왕이 됐다 해서 비난할 것이오? 경들은 현명한 분들이니 나의 훈계가 아니더라도 잘 아시겠지요. 그러니 이곳에 올 때까지 화목했던 것처럼, 언제나 아껴주며 평화롭게 지내도록 합시다. 요크 경, 나는 당신을 프랑스의 섭정으로 임명하오. 그리고 서머싯 경, 당신의 기병과 요크 경의 보병이 힘을 모아 충신으로서, 경들 조상의 후예로서 사이좋게 전장으로 나아가 그 분노를 원수에게 풀어주시오. 나와 글로스터 섭정, 그리고 여러 경들도 잠시 뒤에 칼레로 가서 그곳에서 다시 잉글랜드로 돌아가게 될 거요. 그대들이 샤를, 알랑송 등과 싸워 적군들이 패배했다는 소식을 가까운 날에 듣게 되기를 기대하겠소. (화려한 나팔 연주. 요크 공과 워릭 백작, 엑서터 공작, 버논만 남고 모두 퇴장)

**워릭**　요크 공작, 전하께서 참으로 훌륭한 말씀을 하셨습니다.

**요크**　그렇소이다. 그러나 전하께서 서머싯 휘장을 다신 것은 좋지 않소.

**워릭**　뭐, 그것은 아마도 일시적 기분이셨겠죠. 전하를 책망치 마십시오. 전하께선 별다른 의미는 없으시리라 장담합니다.

**요크**　만일 전하께서…… 그러셨다면…… 이 일은 그냥 덮어둡시다. 다른 할 일

이 많으니. (워릭, 버논과 함께 퇴장)

**엑서터**   리처드, 그대가 말을 참은 것은 잘한 거야. 만일 마음속에 있는 것을 그대로 퍼부었다면, 상상도 하지 못할 더 큰 증오와 더 거센 논쟁을 일으켰을 테니까. 귀족들의 시끄러운 불화와 시기 질투와 이권 싸움을 본다면, 아무리 어리석은 사람이라 해도 불길한 앞날을 예고하는 흉조라 여기리라. 왕권을 상징하는 홀이 어린아이 손에 쥐어져 있을 때에도 그렇거니와, 더구나 원한으로 말미암아 부당한 분열이 일어날 때에는 더 심각한 문제가 드러나게 되지. 거기에는 파멸과 혼란이 생기는 법이다. (퇴장)

〔제4막 제2장〕

보르도 시 앞.
탤벗이 군사를 거느리고 등장.

**탤벗**   나팔수, 보르도 성문으로 가서 적장을 성벽으로 불러내라.

나팔 소리 울리고 성벽 위에 프랑스군 사령관과 다른 사람들 등장.

**탤벗**   장군들, 당신들을 불러낸 이 사람은 잉글랜드 왕 헨리의 전사 존 탤벗이다. 다음을 요청한다. 성문을 열고 우리에게 항복하라. 우리 군주를 너희들의 군주라 부르고 충복으로서 신하의 예를 올려라. 그러면 나는 피에 굶주린 군사를 철수시키겠다. 그러나 너희가 이같이 제의된 평화 회담을 받아들이지 않는다면, 군대에 뒤따라오는 세 가지 재난, 즉 굶주림과 살상과 불난리를 맞이하게 될 것이다. 너희들이 이러한 호의를 거절한다면, 이 세 재난이 하늘 높이 솟은 그 당당한 탑을 한순간에 무너뜨려 땅 위에 나뒹굴게 해주겠다.

**사령관**   이 나라에 공포와 피비린내 나는 재앙을 가져오는, 이 불길하고 흉측한 까마귀 같은 놈아! 네놈의 포악함도 이제 종말이 가까웠구나. 네놈이 이 성에 들어오는 날에는 목숨은 없는 걸로 알아라. 우리의 방어는 견고하며, 언제나 급습할 수 있는 강한 병력을 가지고 있다. 그뿐 아니라 퇴각하는 때를 틈타서 네놈을 함정에 빠뜨릴 수 있는 충분한 군비를 우리 세자께서는 갖추고 계시다. 전후좌우로 군대가 네놈 주위를 포위하고 있으니, 도망치려야 도망칠 수도 없을 거다. 그때 네놈은 살기 위해 몸을 숨기려 해도 어느 쪽으로도 움직일 수 없게 된다. 왜냐하면 죽음이 뚜렷한 파멸의 그림자를 드리우고 너와 맞서며, 창백한 파괴가 너를 위협하고 있을 테니까. 1만 프랑스 군대는 잔인한 잉글랜드 사람인 너, 탤벗 하나만을 목표로 그 무서운 대포를 일제히 사격하겠다고 맹세했다. 보아라, 네놈이 지금은 거기에 천하무적의 장군으로서 숨을 쉬고 있으나, 이것은 너의 적인 내가 네놈에게 주는 찬미의 마지막 영광이 될 것이다. 지금 움직이기 시작한 모래시계가 다 가기 전에, 네놈의 번들거리는 얼굴빛을 보고 있는 이 눈은, 시들고 피문고 창백해진 죽은 네놈의 얼굴을 보게 될 것이다. (멀리서 북소리 들려온다) 저 소리를 들어라, 세자의 북소리다. 이는 너에게 보내는 경고의 북소리다. 네놈의 비겁한 영혼에게 울리는 무거운 음악이다. 이제 나의 북소리는 너의 비참한 죽음을 널리 알려줄 것이다. (무리와 함께 퇴장)

**탤벗** 거짓말이 아니구나. 적군의 진군 소리가 들린다. 경기병, 나가서 적의 날개를 정찰하고 오너라. 아, 태만하고도 부주의한 군대여! 우리는 포위당해 울타리 속에 갇히고 말았다. 잉글랜드의 겁많은 작은 사슴 무리가, 프랑스 사냥개들이 있는 개집 속으로 쫓겨 들어가, 당황하여 쩔쩔매고 있는 것과 같구나! 만일 우리가 잉글랜드 사슴이라면 용기를 내라. 한 번 물려서 나자빠지는 못난 사슴이 되지 말고, 미쳐 날뛰는 수사슴이 되어 저 강철 머리를 가진 피에 굶주린 사냥개들에게 뿔을 휘두르며, 그 비겁한 놈들을 쫓아 막다른 골목에 이르게 하자. 나의 병사들아, 너희들 목숨을 나의 목숨과도 같이 값비싸게 팔아라. 그러면 놈들은 우리를 고귀한 사슴이라 감탄하리라. 하느님이시여, 조지 성인이시여, 탤벗 장군이여, 그리고 잉글랜드의 정의여, 이 죽음을 각오한 싸움에서 우리가 승리의 깃발을 휘날리게 해주소서. (모두 퇴장)

〔제4막 제3장〕

가스코뉴의 들판.
요크 공이 군사를 거느리고 나와, 한 전령과 만난다.

**요크** 급히 정찰병들을 보내 세자의 대군을 뒤따르게 했는데, 아직 돌아오지 않았는가?

**전령** 그들은 돌아왔습니다, 공작님. 보고에 따르면, 프랑스 세자는 탤벗과 싸우기 위해 군사를 이끌고 보르도에 진군했답니다. 진군하는 도중, 그가 이끌던 군사보다 두 배나 많은 부대와 연합하여 보르도를 향해 나아가는 것을 정찰병들이 발견했답니다.

**요크** 저주나 받아라. 서머싯! 이 공격을 위해서 추가 징집하기로 약속한 기병대를 이렇게 지체시키다니! 명장 탤벗은 나의 지원군을 기대하고 있는데, 나는 저 사악한 배신자에게 모욕을 당하고 저 고귀한 기사를 도울 수도 없게되었단 말인가. 하느님이시여, 위기에 몰린 탤벗 장군을 도와주시옵소서. 그가 실패한다면, 프랑스에서의 전쟁도 끝나는 거다.


기사 윌리엄 루시 등장.


**루시** 잉글랜드군 총사령관 각하, 이 프랑스 땅에서 가장 위급한 상황입니다. 고귀하신 탤벗 장군을 지금 곧 구출해 주십시오. 장군은 지금 창검 울타리에 둘러싸인 채, 무서운 파멸 위기에 있습니다. 용감한 공작이시여, 보르도로 진격하십시오! 그렇지 못하면 탤벗 장군과 프랑스령 영토와 잉글랜드의 명예도 끝나고 맙니다.

**요크** 오, 하느님 아버지, 나의 기병대를 억류시킨 오만한 서머싯이 탤벗 자리에 대신 있다면 얼마나 좋을까요! 그렇게 되면 저 비겁한 배반자는 죽게 내버려 두고, 저 용감한 탤벗은 살게 될 텐데. 너무도 원통하고 분노가 치밀어 저는 눈물을 흘립니다. 우리가 죽음의 위기에 있을 때 저 배신자들은 단잠을 자고 있구나.

**루시** 오, 위기에 빠진 장군을 위해서 지원군을 조금이라도 보내주십시오.

**요크** (혼잣말로) 그가 죽으면 우리 군도 패한다. 나는 삶과 죽음을 오가는 전쟁터에서 무참히도 약속을 깨어버린 꼴이 되었어. 우리가 통곡할 때 프랑스는 미소 짓고, 우리가 패배할 때 저들은 승리를 외치겠지. 아, 이 모두가 저 비열한 배신자 서머싯 때문이다.

**루시** 그렇다면 하느님, 용감한 탤벗의 영혼과 그의 아들 존에게 자비를 베풀어 주시옵소서. 두 시간 전에 그 아들이 용감한 아버지를 따르는 것을 보았습니다. 7년 동안이나 장군은 아들을 만나지 못했습니다. 이제 두 사람은 만나자마자, 그 자리에서 함께 죽게 될 운명입니다.

**요크** 아, 저 고귀하신 탤벗 경이 어린 아들을 그의 무덤에서 만나게 되다니, 어찌 기뻐할 수 있으리오? 저리 가거라. 오랫동안 헤어져 있던 아버지와 아들이 죽을 때 서로 만나게 되었다는 생각만 해도 숨이 끊어질 것만 같구나. 루시, 잘 가라. 나의 운수로는 그를 도울 수 없으니 그 원인이나 저주할 수밖에. 멘, 블루아, 푸아티에, 투르 지방을 모두 뺏기고 마는구나. 이 모두가 서머싯이 군대를 지체한 탓이라니! (군사를 거느리고 퇴장)

**루시** 당파 싸움의 독수리가 위대한 장군들 가슴속을 파먹는 동안, 그 유해가 아직 식지 않은 승리의 왕이시여! 우리 기억 속에 언제나 살아 있는 헨리 5세의 승리는, 쿨쿨 잠에 빠진 저 태만함으로 말미암아 배신당하여 빼앗기고 말 것이다. 그들이 서로 싸우고 있는 동안은 목숨과 명예와 국토 모두 사라져 버릴 것이다. (퇴장)

〔제4막 제4장〕


가스코뉴의 다른 들판.
서머싯이 군사를 거느리고 등장. 탤벗의 부대장이 그를 뒤쫓아온다.


**서머싯** 이미 늦었다. 이젠 지원군을 보낼 수 없어. 이번 출정은 요크와 탤벗이 너무나 경솔히 벌인 일이었어. 우리 군 전체가 그 도시의 수비대와 맞설 수 있다고 생각하다니. 어리석은 탤벗은 이러한 부주의하고 무모하며 거친 모험으로 말미암아 이제까지 쌓아온 명예를 더럽히고 말았다. 그를 싸우도록 부추겨서 개죽음을 당하게 한 건 바로 요크야. 그러니 탤벗이 죽으면 명성을 얻게 되는 것도 요크다.


기사 윌리엄 루시 등장.


**부대장** 윌리엄 루시 기사가 왔습니다. 적군의 수가 아군보다 훨씬 많기 때문에 지원군을 청하러 저와 함께 온 것입니다.

**서머싯**　윌리엄 기사, 어디에 다녀오는가?

**루시**　어디냐고요? 배신당한 탤벗 장군이 보내서 왔습니다. 장군께서는 강적들에게 포위되어, 그의 힘없는 군대를 죽음의 땅에서 구출해 달라고 요크 공과 서머싯 공께 호소하고 계십니다. 또한 장군께선 지친 팔다리에 피땀을 흘리시며 죽기 살기로 싸움을 지연시키시면서 지원군이 오기만을 기다리고 계십니다. 그런데 잉글랜드의 명예를 책임지는 자리에 계시는 분이 쓸데없는 시기심 때문에 구경만 하신다니, 이게 어찌 된 일입니까? 명예롭고 고귀한 탤벗 장군께서 수많은 적군에게 둘러싸여 목숨이 위태로울 때에, 마땅히 그를 돕기 위해서 징집된 지원군을 어째서 보류하고 계십니까? 오를레앙의 서자, 샤를 세자, 부르고뉴 공, 알랑송, 레니에 같은 사람들이 지금 장군을 포위하고 있습니다. 공의 과오로 말미암아 탤벗 장군이 전사하게 될 지경에 이르렀습니다.

**서머싯**　그는 요크의 부추김을 받은 것이니, 요크가 마땅히 지원군을 보내야만 하지.

**루시**　요크 공작께서도 공 때문이라고 나무라시며, 이번 출정을 돕도록 징집된 군사를 공께서 억류하고 계신 데 대해 저주하고 계십니다.

**서머싯**　요크가 거짓말을 했군. 내게 사람만 보냈으면 이쪽에서도 기병이야 주었겠지. 나는 그에게 아무 의무도 없고, 우정이야 더 없지만 말야. 이쪽에서 군대를 보내 그에게 아첨한다는 건 큰 치욕만 될 뿐이네.

**루시**　아, 고귀하신 탤벗 장군을 함정에 빠뜨린 것은 프랑스 군대가 아니라 잉글랜드 사람의 속임수로구나! 장군께서는 살아서 잉글랜드에 돌아갈 희망이 없다! 당신들의 당파 싸움 때문에 죽음의 신에게 넘겨져 돌아가시는 겁니다.

**서머싯**　그렇다면 곧 기병을 보내기로 하지. 여섯 시간 안에는 그에게 갈 수 있겠군.

**루시**　너무 늦었습니다. 포로가 되지 않았으면 전사하셨을 겁니다. 도망치려 했어도 도망치지 못했을 것이며, 도망칠 수 있었다 해도 도망치지 않으실 분입니다.

**서머싯**　만일 전사한다면 용감한 탤벗 장군이여, 안녕히!

**루시**　그렇게 되면 장군의 명예는 세상에 남지만, 수치는 당신들에게 남을 것입니다. (모두 퇴장)

보르도 시 부근의 잉글랜드군 진영.

탤벗과 그의 아들 존 등장.

**탤벗**   오, 내 아들 존, 내가 널 오라고 한 것은 너에게 전술을 가르쳐 주기 위해서였다. 무기력한 나이와 쇠약한 몸으로 너의 아비가 가마에 의지해 앉아 있게 될 때, 내 이름이 너에게서 생명을 되찾을 수 있도록 말이다. 하지만 아, 불길한 악운의 별들이여! 네가 찾아온 곳은 죽음의 향연 속이로구나. 무섭고도 피할 수 없는 위험이로구나. 그러니 너는 서둘러 말을 타거라. 그러면 내가 너에게 바로 빠져나갈 방법을 가르쳐 주겠다. 자, 어서 서두르거라.

**존**   저의 이름이 탤벗입니까? 제가 아버지의 아들입니까? 그런데 제게 도망치라고요? 오, 아버지, 아버지가 어머니를 사랑하신다면, 저를 서자나 노예처럼 행동하게 만들어 어머니 이름을 더럽히지 마세요! 세상 사람들은 고귀하신 탤벗 장군이 전쟁터에 있을 때 비겁하게 달아난 그의 아들을 탤벗의 혈통이 아니라고 말할 테니까요.

**탤벗**   도망쳐라. 도망치는 건 내가 죽었을 때 원수를 갚기 위한 것이다.

**존**   도망치는 자는 다시 돌아오지 않을 것입니다.

**탤벗**   우리가 함께 있으면 둘 다 죽게 될 거야.

**존**   그럼 저를 이곳에 머무르게 해주십시오. 그리고 아버지가 달아나십시오. 아버지가 돌아가시면 큰 손실이니까요. 그러니 아버지는 목숨을 소중히 여기셔야만 합니다. 아무 가치 없는 저는 죽는다 해도 손해 볼 것은 없으니까요. 제가 죽는다 해도 그다지 프랑스 사람의 자랑거리는 되지 못할 것입니다. 그러나 아버지가 세상을 떠나시면 그놈들은 자랑하며 우쭐댈 테고, 우리의 모든 희망도 사라지고 맙니다. 도망치신다 해도 이제까지의 명예를 더럽히지는 않습니다. 하지만 아무 공도 세우지 못한 저는, 오명만을 입게 됩니다. 아버지가 달아나신다면 그것은 다음 기회를 위한 일이라고 모두들 말하겠죠. 그러나 저에게는 두려워서 도망쳤다고 말할 것입니다. 처음부터 움츠리고 달아나느니, 저는 무릎을 꿇고 죽기를 원합니다. 수치스럽게 목숨을 보전하는 것보다는 나으니까요.

**탤벗**  네 어머니의 모든 희망인 두 사람이 한 무덤 속에 묻혀야 하겠느냐?

**존**  그렇습니다. 어머니께 그런 자식을 낳았다는 수치를 드리는 것보다는 나으니까요.

**탤벗**  내가 너를 축복하노니 곧 이곳을 떠나라. 아비의 명령이다.

**존**  싸우려는 갈지언정 달아나지는 않겠습니다.

**탤벗**  네가 산다면 아비의 일부분이 사는 것이다.

**존**  아버지의 그 일부는 저에게는 모두 수치가 될 뿐입니다.

**탤벗**  너는 아직 명예를 얻지 못했으니 잃을 것도 없다.

**존**  제가 도망치면 아버지의 높은 명성을 욕되게 하겠지요.

**탤벗**  아버지의 명령이라면 그러한 오명은 씻을 수 있단다.

**존**  아버지가 돌아가시면, 어찌 그걸 증명할 수 있나요? 죽는 게 확실하다면 함께 달아나세요.

**탤벗**  부하들만 싸우다 죽으라고? 나는 이 나이가 될 때까지 그런 부끄러운 짓은 하지 않았다.

**존**  저라고 그런 비난받는 일을 할 수 있나요? 아버지가 저를 둘로 나눌 수 없는 것처럼 저도 아버지 옆에서 떨어질 수 없습니다. 머물러 계시든 가시든 저도 그대로 하겠습니다. 아버지가 돌아가시면 저도 죽겠습니다.

**탤벗**  그러면 여기서 작별하자. 오늘 오후에 네 생명의 빛을 잃도록 타고난 내 소중한 아들아! 아, 함께 살고 함께 죽자꾸나. 우리 영혼도 이곳 프랑스 땅에서 천국으로 함께 올라가자! (모두 퇴장)

〔제4막 제6장〕

전쟁터.
다급한 나팔 소리. 기습. 탤벗의 아들 존이 포위당한다. 탤벗은 아들을 구해 낸다.

**탤벗**  조지 성인이여, 승리를 안겨주소서! 싸워라, 병사들아, 싸워라! 섭정, 이 탤벗과의 약속을 깨뜨렸구나! 우리를 프랑스의 분노한 칼날 앞에 내놓다니. 내 아들 존은 어디 있나? 얘야, 잠깐 숨을 돌려라. 내가 널 낳았고, 너를 죽음에서 구해 냈다.

**존**  아, 아버지는 저에게 두 번 아버지가 되셨고, 저는 두 번 아들이 되었군요! 아버지가 처음 주신 생명은 이미 잃어버렸던 것인데, 아버지는 자신의 창칼로써 죽을 운명에 처한 저를 구해 내 정해진 운명의 순간에 새로운 생명을 주셨습니다.

**탤벗**  너의 칼이 프랑스 세자의 투구에 불꽃을 냈을 때, 네 아비의 가슴엔 꼭 이기고야 말겠다는 욕망이 솟아올랐단다. 그때 내 이 무거운 몸은 젊음의 맹렬한 분노가 치밀어올라 알랑송, 오를레앙, 부르고뉴를 물리치고, 교만한 갈리아 군대로부터 너를 구해 냈다. 그리고 너의 첫 번째 싸움에서, 네 몸에 피를 흘리게 한 저 비천한 오를레앙의 서자와 맞서 싸워 많은 피를 흘리게 했단다. 그리고 난 이렇게 말했다. "네놈의 더럽고 천한 사생아의 피를 네 몸에서 흘려보내 주마. 이 비열하고 가련한 자식아, 이것은 네가 나의 용감한 아들 탤벗의 몸에서 흘리게 한 순결한 내 피의 대가이다." 여기서 서자의 목숨을 빼앗을 때에 강한 지원군 부대가 도착했다. 존, 이 아비가 언제나 걱정하는 내 아들 존, 지치지는 않았느냐? 몸은 좀 어떠냐? 자, 아직도 이 전쟁터를 떠나지 않겠느냐? 기사의 아들로서 너는 도리를 다한 거란다. 제발 도망쳐라. 아비가 죽는다면 복수하기 위해서 말이다. 이곳에 너 한 사람이 더 있다 해도 나에겐 별 도움이 안 된다. 아, 조그마한 배 위에서 우리의 목숨을 걸고 모험한다는 것이 얼마나 어리석은 짓인지 내가 잘 알고 있다. 오늘 내가 프랑스 놈들 손에 죽지 않는다 해도, 내일은 늙어 죽으리라. 내가 여기서 죽는다고 놈들에게 무슨 해가 있겠느냐. 다만 내 목숨이 하루 줄어들 뿐. 하지만 네가 죽으면 네 어머니도 죽는단다. 우리 가문의 이름도, 그리고 내 죽음에 대한 원수도, 너의 젊음도, 잉글랜드의 명예도 모두가 죽어버리는 것이다. 네가 여기에 남아 있으면 이 모든 것이 위험에 빠지지만, 네가 도망치면 이 모두를 구하는 것이다.

**존**  오를레앙의 칼이 저를 아프게 하지는 않으나, 아버지의 말씀을 들으니 저의 심장에서 생피를 뽑아내는 것 같습니다. 이 같은 수치로써 그런 이익을 얻기 위해 값싼 목숨을 구하고, 훌륭한 명예를 망쳐가며 늙으신 탤벗 장군을 버리고 젊은 탤벗이 달아난다면, 그를 태우고 가는 비겁한 말이여, 거꾸러져 죽어버려라! 그리고 저를 프랑스 농부의 아들과 비교해 주십시오. 부끄러운 조롱을 당하게 해주십시오. 그리고 비참한 꼴을 당하게 해주십시오. 진실로 아버지가 이제까지 얻은 영광을 걸고 맹세하되, 제가 달아난다면 탤벗의 자식이 아닙니다. 그러니 도망치라고 말씀하셔도 소용이 없습니다. 탤벗의 아들인 만큼, 저는 탤벗의 발아래서 죽겠습니다.

**탤벗** 그러면 이카로스*⁵야, 크레타섬의 절망하는 이 아버지를 따르거라. 너의 목숨을 즐겁게 내게 맡겨라. 싸우려거든 아버지 옆에서 싸우거라. 그리고 훌륭하게 싸우고, 명예롭게 죽자꾸나. (모두 퇴장)

〔제4막 제7장〕

다른 전쟁터.
다급한 나팔 소리. 전투. 부상당한 탤벗이 한 부하의 부축을 받으며 등장.

**탤벗** 나의 또 하나의 목숨은 어디 있는가? 내 아들은 어디 있지? 용감한 존은? 원수의 피로 더럽혀졌으나 명예로운 죽음이여, 탤벗이 용감하게 전사한 것을 나는 기뻐하겠다. 그 아이는 내가 힘이 빠져 무릎을 꿇고 있는 것을 보고, 내 머리 위로 그 피 묻은 칼을 휘둘렀으며, 굶주린 사자와도 같이 분노에 떨며 적을 무찌르기 시작했다. 그러나 나의 성난 수호신이, 더는 공격하는 자가 없게 된 내 쓰러진 모습을 가슴 아프게 생각하며 서 있었지. 그때 그 아이의 눈은 분노로 가득 차 눈물이 핑 돌았고, 분통을 터뜨리며 돌연히 내 곁을 떠나 적군들 한복판으로 뛰어들었다. 내 아들은 그 용맹한 정신을 피바다 속에 물들이며 그렇게 죽어갔구나. 그의 명예로움 안에서 나의 이카로스, 나의 꽃이!

병사들. 존 탤벗의 시체를 떠메고 등장.

**부하** 오, 장군님, 저기 아드님을 모시고 옵니다.

**탤벗** 죽음의 신이여, 우리를 비웃는구나. 곧 탤벗 부자는 우리를 모욕하는 너

---

*5 그리스 신화에 나오는 인물. 다이달로스의 아들로, 아버지와 함께 백랍(白蠟)으로 만든 날개를 달고 미궁을 탈출하다가 태양에 너무 접근하는 바람에 날개가 녹아 바다에 떨어져 죽었다.

의 포악한 손에서 빠져나와 영원의 끈으로 이어져, 부드러운 공기 속을 새처럼 날아서 너를 버리고 영원한 삶을 얻겠노라. 저 무서운 얼굴을 한 죽음의 신에게 깊은 상처를 받은 내 아들아, 죽기 전에 아비한테 말이라도 해주렴! 어떻게든 말을 하여 죽음의 신에게 도전해라. 그가 적이 되든 안 되든 프랑스 사람으로, 그리고 너의 원수로 생각하는 거다. 가엾은 내 아들아! 네가 웃는 것만 같구나. 죽음의 신이 프랑스 신이었다면, 오늘 그놈이 죽었을 거라고 네가 말하는 것만 같구나. (부하를 바라보며) 이리로 와서 존을 이 아비의 팔에 안겨다오! 이런 꼴을 당하고 보니 참을 수가 없구나. 병사들이여, 잘 있거라! 이제 나의 이 늙은 팔이 내 아들 존의 무덤이 되었으니, 무엇을 더 바라겠느냐. (죽는다. 다급한 나팔 소리. 시체 두 구를 남겨둔 채 부하와 병사들 퇴장)

샤를, 알랑송, 부르고뉴, 오를레앙의 서자, 존 라 푸셀 그리고 병사들 등장.

**샤를**  요크와 서머싯이 지원군을 끌고 왔더라면, 오늘 싸움은 비참할 만큼 고전을 면치 못했을 텐데.

**서자**  탤벗의 어린 강아지는 미친 듯이 날뛰면서 그 작은 칼로 얼마나 많은 프랑스군의 피를 흘리게 했는지 모릅니다.

**푸셀**  나도 그를 한 번 맞닥뜨렸을 때 "첫 전투에 나온 젊은 놈아, 처녀에게 패배당하라" 말했죠. 그랬더니 거만하게 멸시하는 말투로 대답하더군요. "젊은 탤벗은 매춘부의 밥이 되려고 이 세상에 태어나진 않았다." 그러고는 프랑스 군대의 한가운데로 들어갔습니다. 싸울 가치가 없다면서, 오만하게도 나를 남겨두고서 말입니다.

**부르고뉴**  틀림없이 훌륭한 기사가 될 놈이었소. 저걸 보시오, 자기를 죽게 한 가장 잔인무도한 저놈 팔에 안겨 관처럼 누워 있는 저 모습을.

**서자**  저놈의 시체를 짓이기고, 뼈를 가루로 만들어 버려라…… 저놈은 살아 있을 때엔 잉글랜드의 명예였고, 프랑스의 공포였던 놈이다!

**샤를**  그만두오! 그가 살았을 때 도망 다니던 우리가 죽은 뒤에 그를 모욕하는 것은 옳지 않소.

프랑스 전령관에 인도되어 루시 등장.

**루시**　전령관, 나를 프랑스 세자의 군막으로 안내해 주오. 오늘 전쟁에서 승리의 영광이 누구 것인지 알고 싶소.

**샤를**　어떤 항복의 조건을 받아왔소?

**루시**　항복이라뇨, 세자! 그거야 프랑스 사람들의 말이겠지요. 우리 잉글랜드 병사들은 그 뜻도 알지 못한답니다. 저는 누가 포로가 되었는지 알기 위해서, 그리고 전사자의 시체를 검시하려고 온 것입니다.

**샤를**　포로에 대해 알고 싶다고? 우리 감옥은 지옥이지. 그건 그렇고 누구를 찾는지 어서 말해 보라.

**루시**　위대한 헤라클레스는 어디 계십니까? 슈루즈버리의 백작이신 용감한 탤벗 경 말입니다. 보기 드문 무공으로 워시포드, 워터포드, 그리고 발렌스의 백작으로 작위가 내린 굿리그와 어친필드의 탤벗 경은? 블랙미어의 스트레인지 경, 올튼의 베르됭 경, 윙필드의 크롬웰 경, 또 셰필드의 퍼니발 경은? 성 조지, 성 마이클 그리고 황금 양모피의 훌륭한 훈위를 받은 기사로 헨리 6세 왕에게 속한 프랑스 영토에서 치른 모든 전쟁의 위대한 총사령관, 저 펠컨브리지 경은 어디 계십니까?

**푸셀**　참으로 어리석고 당당한 말투로구나. 쉰두 개 왕국을 가진 터키 왕이라도, 이렇게 지루한 말투는 쓰지 않을 거다. 네가 여러 가지 이름으로 굉장하게 부르는 그자는 지금 우리 발아래 쓰러져 썩은 냄새를 풍기며, 파리가 알을 낳고 있단 말이다.

**루시**　탤벗 장군이 죽었다고요? 프랑스 사람을 징벌한 유일한 채찍이며 당신들 왕국의 공포, 그리고 복수의 신 네메시스인 탤벗 장군이? 아! 슬프구나. 내 눈알이 탄환으로 변할 수 있다면, 분노로 가득 차서 너희들 얼굴에 쏘아 줄 텐데! 아, 이 죽은 사람들을 내가 다시 살릴 수만 있다면, 그것만으로도 내가 프랑스인 모두를 놀라게 할 텐데! 아, 장군의 초상화라도 너희들에게 남아 있다면, 그 교만한 얼굴빛을 하얗게 질리게 해줄 텐데. 그 시신들을 나에게 넘겨주시오. 모두 모시고 가서 저마다 신분에 맞는 장례를 치러주겠소.

**푸셀**　저 건방진 놈은 탤벗의 유령쯤 되나 봅니다. 아주 교만하게 명령하는 말투네요. 어쨌든 그 시체를 놈에게 줍시다. 여기에 두어봤자 썩은 냄새를 풍기며 공기만 더럽힐 테니까요.

**샤를** 시체를 가져가라.

**루시** 가져가겠소. 그러나 이 시신의 재에서는 프랑스 전체를 두려움에 떨게 할 불사조가 나올 것입니다.

**샤를** 그래, 시체를 가져가서 너희들 마음대로 해라. 자, 그러면 승리의 기쁨을 안고 파리로 진군한다. 잔혹한 탤벗이 죽었으니, 모든 게 우리 것이 되었다.

(모두 퇴장)

〔제5막 제1장〕

런던. 궁중의 한 방.
헨리 왕, 글로스터 공작, 엑서터 공작 등장.

**헨리 왕** 경들은 로마 교황과 신성로마제국 황제와 아르마냐크 백작한테서 온 편지를 읽어봤소?

**글로스터** 예, 읽었습니다. 그들의 뜻은 전하께서 잉글랜드와 프랑스 두 나라 사이에 신성한 평화 조약을 맺으시기를 간청한다는 것입니다.

**헨리 왕** 그들의 제의를 어떻게 처리해야 한다고 생각하오?

**글로스터** 전하, 그들의 제의가 타당하다고 생각합니다. 그렇게 하는 것이 기독교도들 사이의 피 흘리는 싸움을 그치고, 세계 곳곳에 평화를 가져오는 유일한 수단으로 여겨집니다.

**헨리 왕** 나도 그렇게 생각하오. 같은 종교를 믿는 자들 사이에 이처럼 야만적이며 잔인한 전쟁이 일어난다는 것은 경건하지 못할뿐더러, 하늘의 뜻에 어긋나는 일이라고 늘 생각해 왔소.

**글로스터** 전하, 그 밖에 이러한 조약을 더 빨리 진척시키고 확고하게 할 수단으로서, 샤를 왕의 근친이며 프랑스의 큰 권력자인 아르마냐크 백작은 그의 외딸을 상당한 지참금과 더불어 전하께 시집보내고 싶다 제의해 왔습니다.

**헨리 왕** 숙부, 결혼 말씀이오? 나는 아직 나이가 어려서 연인과 희롱하는 것보다는 공부하는 게 더 마땅하다고 생각하오. 그러나 전령들을 불러 숙부 뜻대로 그들에게 대답해 주시오. 나는 하느님의 영광과 이 나라의 행복이 될 수 있는 것이라면 어떠한 일이든 만족하며 받아들이겠소.

추기경 차림을 한 윈체스터 주교, 로마 교황 특사 그리고 두 대사 등장.

**엑서터**  (혼잣말로) 아니, 윈체스터 경이 출세해 추기경 지위에 올랐나? 그렇다
면 세상 떠난 헨리 5세께서 예언하신 대로 되겠군. "윈체스터가 추기경이 되
면, 그는 추기경 모자를 왕관과 대등하게 하리라" 말씀하셨지.

**헨리 왕**  대사들, 여러분이 청한 문제는 심사숙고하며 토의했소. 그 뜻하는 바
는 마땅하며 도리에 맞는다고 생각하오. 그러므로 조약의 초안을 잡기로 결
정했소. 초안이 마련되면 곧 윈체스터 경으로 하여금 프랑스에 가져가도록
하겠소.

**글로스터**  또한 당신의 주인 아르마냐크 백작의 제의는 전하께 그 취지를 보
고한 바, 백작 따님의 덕과 미모 그리고 지참금 액수에 대해서도 만족하시
고 잉글랜드 왕비로 맞아들이도록 허락하셨습니다.

**헨리 왕**  약속의 증거로서, 이 보석을 내 애정의 징표로 공주에게 전해 주오.
그리고 섭정이신 숙부, 대사들을 경호해 도버까지 안전하게 바래다주시오.
거기서 배에 오른 뒤에는 바다의 신이 내려주시는 행운에 그들을 맡기기로
하지요. (윈체스터와 교황 특사만 남고 모두 퇴장)

**윈체스터**  좀 기다리시오, 특사. 이 중요한 휘장을 내려주신 데 대해, 교황께
헌납하기로 약속한 돈을 먼저 받아주시기 바랍니다.

**특사**  알겠습니다. 저쪽에서 기다리고 있겠습니다. (퇴장)

**윈체스터**  (혼잣말로) 이제 이 윈체스터는 어느 교만한 귀족에게도 굴복하지 않
을 것이며 뒤떨어지지 않을 것이다. 글로스터의 험프리, 잘 알아두어라. 앞으
로 나는 혈통과 권세에 있어서 너 같은 자에게 위압당하지 않을 것이다. 이
제 나는 너를 내 앞에서 무릎 꿇게 하든지, 아니면 반란을 일으켜 이 나라
를 빼앗아 버리겠다. (퇴장)

〔제5막 제2장〕

프랑스. 앙주의 레니에성(城) 앞.

세자 샤를, 부르고뉴, 알랑송, 존 라 푸셀 그리고 군사들 진군하며 등장.

**샤를**  경들이여, 잃었던 아군의 사기가 회복될 만한 소식이 있소. 용감한 파리 시민들이 적에게 맞서 프랑스 군대에 가담했다 하오.

**알랑송**  그러면 샤를 저하께서 파리로 행차하십시오. 병력을 그대로 놀려두지 마소서.

**푸셀**  우리 편이 된다면 그들에게 평화가 깃들 것이며, 반역한다면 그들에게 파멸이 있을지어다!

정찰병 등장.

**정찰병**  용감하신 장군에게는 승리를, 우군에게는 행복이 깃들기를!

**샤를**  어떤 정보를 가져왔는지 듣고 싶구나.

**정찰병**  둘로 나뉘었던 잉글랜드 군대가 하나로 통합되어, 곧 우리와 맞서 싸우려 합니다.

**샤를**  경들! 너무나도 뜻밖의 소식이요. 어서 전쟁 준비를 합시다.

**부르고뉴**  탤벗의 유령은 거기 있지 않습니다. 그자는 죽고 없으니 겁낼 것은 없습니다.

**푸셀**  모든 비열한 정념 가운데 두려움이야말로 가장 저주받은 것입니다. 승리를 명령하소서. 그러면 승리는 저하의 것입니다. 헨리를 불안에 떨게 하고, 온 세상을 탄식케 하소서.

**샤를**  자, 경들, 진군합시다. 프랑스여, 행운이 있으라. (모두 퇴장)

〔제5막 제3장〕

프랑스. 앙제 앞.
다급한 나팔 소리, 출격. 존 라 푸셀 등장.

**푸셀**  요크 섭정군이 이기고 프랑스 군대가 도망친다. 주문이여, 부적이여, 나를 도와다오. 내게 충고하며 미래의 일을 알려주는 정령들이여, 나를 도와다오. (천둥 소리) 북방의 대왕을 대신하여 재빨리 달리는 지원군들이여, 어서 나타나 이 일을 도와주오.

악령들 등장.

**푸셀**  아, 이렇게 빨리 나타나다니, 언제나 열심히 나를 도와준다는 증거다. 지하의 왕국에서 온 나의 친구 정령들이여, 프랑스군이 승리를 거둘 수 있게 나를 도와다오. (악령들 말없이 걸어다닌다) 오, 너무 오래 침묵만 지키지는 말아다오! 이제까지는 너희들에게 나의 피를 먹였지만, 오늘은 팔 하나라도 잘라내어 너희에게 주리라. 앞으로 다시 예를 갖추겠다는 맹세로서…… 그러니 내 말을 듣고 어서 도와다오. (악령들 머리를 숙인다) 도움을 받을 수 없는 거냐? 소원만 들어준다면 그 대가로 이 몸을 바치겠다. (악령들 머리를 흔든다) 나의 몸과 피를 희생해 청하는데도 더는 도와줄 수 없단 말이냐? 자, 그러면 내 영혼을 가져가거라. 이 몸도 영혼도 모두, 잉글랜드한테 이 프랑스가 패배하기 전에 가져가라. (악령들 퇴장) 아아, 그들이 나를 버리는구나! 이제 끝장이구나. 프랑스가 위엄 있는 깃털 장식 투구를 벗어, 그 머리를 잉글랜드 무릎에 조아려야만 하다니. 지난날 주문은 힘을 잃었다. 저 힘센 지옥을 내 힘만으로는 감당할 수가 없다. 프랑스여! 너의 영광은 이제 재 속에서 시들어가는구나. (퇴장)

출격 신호 울리며 프랑스와 잉글랜드 병사들이 싸우며 등장, 푸셀과 요크가 맞서 싸운다. 푸셀은 포로가 되고, 프랑스군은 도망친다.

**요크**  프랑스 계집아, 너는 이젠 도망칠 수 없다. 악령들에게 주문을 외어서 네 몸을 자유롭게 해달라고 빌어보려무나. 이 계집이야말로 악령의 총애를 받을 수 있는 훌륭한 노획물이로군! 보아라, 이 추한 마녀가 얼굴을 찌푸리는 꼴을. 옛날 그리스의 마녀 키르케처럼 내 모습을 바꾸기라도 할 것 같군!
**푸셀**  네놈 모습은 그보다 더 흉하게 바뀔 수는 없을걸.
**요크**  오, 샤를 세자는 미남이지! 그런 얼굴 아니면 바람기 가득한 네년 눈에 들 리가 없겠구나.

탤벗 경과 아들 존의 죽음   알렉산드르 비다. 19세기

**푸셀**   샤를도 네놈도, 모두 염병할 놈들이다! 잠자는 동안 살인자의 마수에
  걸려 즉사할 놈들!
**요크**   이 요망한 마녀야, 입 다물지 못하겠느냐?
**푸셀**   좀더 저주하게 해다오.
**요크**   이 사악한 년아, 네가 화형 기둥에 묶이면 그때나 저주를 하려무나. (모
  두 퇴장)

다급한 나팔 소리. 서퍽이 마거릿을 잡아 앞세우고 등장.

**서퍽**  누구인지는 모르나 이제 당신은 나의 포로요. (그 여자를 자세히 살펴본다) 오, 아름다운 여인이여, 두려워하지도 말고 달아나지도 마오. 공손히 그대의 손길만을 느끼겠소. 영원한 평화를 위해 그대 손가락에 입 맞추고, 다시 상냥하게 돌려드리오. 그대는 누구요? 경의를 표하고자 하니 말해 보오.

**마거릿**  내 이름은 마거릿이에요. 나폴리 왕의 딸입니다. 당신은 누구입니까?

**서퍽**  나는 서퍽 백작이라 부르오. 화내지 마시오. 자연의 신이 내린 기적, 그대 아름다운 공주여, 이렇게 내 포로가 된 것도 인연이오. 백조가 그 새끼를 보호할 때에도 그렇소. 그들은 새끼들을 자기 날개 밑에 포로로 가두는 것이오. 그러나 이 같은 노예 취급이 불쾌하다면, 자, 마음대로 자유롭게 행동하오. 서퍽의 친구로서 말이오. (마거릿 돌아서서 가려 한다) 아, 좀 기다리시오! (혼잣말로) 공주를 이대로 보낼 수는 없어. 이 손은 공주를 놓아주려 하나 이 가슴은 그럴 수가 없다. 유리 같은 시냇물 위로 햇빛이 쏟아질 때 거기에 또 다른 비슷한 빛이 반짝이는 것처럼 이 아름다운 여인의 얼굴이 눈에 어리는구나. 이 여자에게 사랑을 구하고자 하나, 말이 나오지를 않는다. 펜과 잉크로 이 마음을 써서 알릴까? 쳇! 드 라 폴, 바보짓하지 마라. 넌 혀가 없느냐? 그 여자는 포로가 아닌가? 여자를 보면 두려운가? 그렇다, 여왕과 같이 기품 있는 아름다움이 내 혀를 굳게 하고, 내 감각을 어지럽히는구나.

**마거릿**  여보세요, 서퍽 백작, 당신 이름이 그렇다 했죠…… 말해 주세요. 나는 당신의 포로이니, 집에 돌아가려면 몸값을 얼마나 내야 합니까?

**서퍽**  (혼잣말로) 이 여인의 사랑을 시험해 보기도 전에, 나를 거절하리라고 어찌 단정지을 수가 있겠는가?

**마거릿**  왜 대답을 안 하시죠? 몸값은 얼마나 치르면 될까요?

**서퍽**  (혼잣말로) 공주는 아름다우니 수많은 남자들이 그녀에게 사랑을 구하겠지. 공주도 여자이니 어쩌면 설득될지도 몰라.

**마거릿**  몸값을 받아주시겠어요? 받아주실 건지, 아닌지 대답해 주세요.

**서퍽**  (혼잣말로) 미친 놈아, 넌 마누라가 있지 않느냐? 그렇다면 어떻게 해야 저 공주를 내 연인으로 만들 수 있을까?

**마거릿**  내 말을 듣지 않으니, 그냥 가는 게 좋겠어.

**서퍽** (혼잣말로) 모든 것이 헛일이로구나. 이젠 다 틀렸어!

**마거릿** 뭘 중얼거리네. 제정신이 아닌가 보군.

**서퍽** (혼잣말로) 하지만 예외적인 법 조항도 있을 법한데.

**마거릿** 대답해 주셨으면 좋겠습니다.

**서퍽** (혼잣말로) 어쨌든 마거릿 공주를 손에 넣자. 하지만 누구를 위해서지? 그렇다면 왕을 위해서지. 쳇, 이거야 나뭇조각 다루는 것에 불과하군.

**마거릿** (무심히 듣고) 나무 이야길 하시네. 목수인가 보다.

**서퍽** (혼잣말로) 나의 환상은 이걸로 만족할 수 있을지도 몰라. 그리고 두 나라의 평화도 이루어지는 거야. 그런데 하나 의심스러운 게 있어. 이 여자의 아버지가 나폴리의 왕이며 앙주와 멘의 공작이라지만, 돈이 없단 말이지. 그러니 우리나라 귀족들이 이 결혼을 경멸할 거라고.

**마거릿** 장군님, 바쁘신가요?

**서퍽** (혼잣말로) 그렇게 해야지. 귀족들이야 뭐라고 하든 상관없어. 헨리 왕은 아직 젊으니 이 말을 곧 들어주실 거야. 공주, 조용히 할 말이 있습니다.

**마거릿** (혼잣말로) 내가 포로가 된다 해도 상관은 없어. 그는 훌륭한 기사처럼 보이니까 결코 나를 모욕하지 않을 거야.

**서퍽** 공주, 부디 내 말을 들어주시오.

**마거릿** (혼잣말로) 어쩌면 프랑스 군대가 와서 나를 구원해 줄지도 모르지. 그러니 내가 그에게 간청할 필요가 없어.

**서퍽** 공주, 내 말을 좀…….

**마거릿** (혼잣말로) 흥, 이제까지 많은 여자가 포로가 되었겠지.

**서퍽** 공주, 왜 그렇게 혼잣말을 하죠?

**마거릿** 죄송합니다만, 오는 말에 가는 말이죠.

**서퍽** 상냥한 공주, 만일 왕비가 된다면 포로로 잡힌 것을 기쁘게 생각하겠지요?

**마거릿** 노예로서 왕비가 된다는 것은, 노예로서 천하게 사는 것보다 더 몸서리쳐지는 일입니다. 왕비는 자유로워야 하기 때문이에요.

**서퍽** 행복한 잉글랜드 왕께서 자유스럽다면 공주도 그렇게 되겠지요.

**마거릿** 잉글랜드 왕의 자유가 나와 무슨 관계가 있어요?

**서퍽** 당신을 헨리 왕의 아내로 추대하여 그 손에 왕권의 상징인 황금 홀을 쥐게 하고, 또 머리엔 귀한 관을 씌어드릴까 생각하고 있습니다. 만일 공주가 받아주신다면 나의…….

**마거릿** 뭐요?

**서퍽** 전하의 사랑을 받아들이신다면.

**마거릿** 나는 헨리 왕의 아내가 될 자격이 없어요.

**서퍽** 천만에요, 겸손하신 공주. 이 사람이야말로 이렇게 아름다운 공주를 왕비로 세우도록 아뢸 가치도 없으며, 이 같은 선택을 하는 게 나로서는 분수를 모르는 행동인 것만 같습니다. 어떠신지요, 공주, 승낙하겠습니까?

**마거릿** 내 아버지가 좋다고 하시면 나도 받아들이겠어요.

**서퍽** (부하에게) 부대장들을 부르고 군기(軍旗)를 가져오너라! 공주, 아버지가 계신 성으로 갑시다. 거기서 그와 담판을 하겠습니다.


회담을 요청하는 나팔 소리. 성벽 위로 레니에 등장.


**서퍽** 보시오, 레니에 공, 당신 딸은 포로가 되었습니다!

**레니에** 누구에게?

**서퍽** 나에게 말이오.

**레니에** 서퍽 백작, 구제 방법은 무엇이오? 나는 군인의 한 사람, 운명의 변덕스러움을 탄식하며 눈물 흘리지 않겠소.

**서퍽** 예, 구제 방법은 충분히 있습니다. 당신의 명예를 위해서 승낙해 주십시오. 따님을 잉글랜드 왕과 혼인시키려 합니다. 본인에게는 겨우 허락을 받았습니다. 공주는 붙잡힌 몸이었으나 얽매여 있지는 않으며, 이제 자유의 몸으로 한 나라의 왕비가 되려는 겁니다.

**레니에** 서퍽 백작, 그게 진심이오?

**서퍽** 공주는 이 서퍽이 아첨을 하거나 가면을 쓰고 속이는 게 아님을 잘 알고 있습니다.

**레니에** 왕과 같으신 백작의 말씀을 들었으니, 성벽에서 내려가 백작의 정당한 요구에 답변을 해야겠군요. (성벽에서 퇴장)

**서퍽** 그러면 여기서 기다리겠습니다.

나팔 소리 들린다. 아랫무대로 레니에 등장.

**레니에** 용감한 백작, 나의 영지에 오신 것을 환영합니다. 앙주에서는 백작이 바라시는 대로 무엇이든 분부해 주시오.

**서퍽** 감사합니다, 레니에 공작. 왕의 배우자로서 어울리는, 이렇게 아름다운 따님을 두신 것을 매우 기쁘게 생각합니다. 나의 간청에 공작께서는 어떠한 대답을 해주시겠습니까?

**레니에** 보잘것없는 내 딸을 그렇게 훌륭한 분의 아내로 삼아주신다니 감사할 따름입니다. 이 멘과 앙주 영지가 앞으로 압제나 전쟁의 화를 입지 않고 나의 영토로서 평화롭게 다스리게 해주신다면 내 딸을 왕비로 바치겠습니다.

**서퍽** 그러면 그 말씀을 공주의 몸값으로 하고, 공주를 넘겨드리겠습니다. 또한 공작께서 이 두 영토를 평화롭게 다스릴 수 있게 하겠습니다.

**레니에** 그러면 고귀하신 헨리 왕의 이름으로, 또 왕의 대리인인 백작에게 이 약혼의 표시로서 내 딸의 손을 건네드리겠습니다.

**서퍽** 프랑스의 레니에 공작, 나는 왕과 같이 감사의 인사를 드립니다. 이것은 어디까지나 왕으로서의 거래이니까요. (혼잣말로) 하지만 내가 왕이고 나 자신을 대리하는 거라면 얼마나 좋을까. 나는 이 소식을 가지고 잉글랜드에 가서 결혼식 올릴 준비를 하겠습니다. 그러면 안녕히 계십시오, 레니에 공작. 그리고 이 다이아몬드는 황금 궁전에 잘 모셔두세요.

**레니에** 여기에 계신 분이 기독교 신자이신 헨리 왕인 것같이, 백작을 포옹합니다.

**마거릿** 안녕히 계십시오, 백작. 이 마거릿은 호의와 찬미와 기도를, 언제나 서퍽 백작에게 바칩니다. (아버지 옆으로 간다)

**서퍽** 안녕히 계세요, 다정한 공주. 그런데 마거릿 공주, 공주로서 왕께 전할 말씀은 없습니까?

**마거릿** 딸로서, 처녀로서, 그리고 그의 종으로서 알맞은 인사를 전해 주세요.

**서퍽** 상냥하고도 겸손한 말씀입니다. 실례가 될지 모르나 또 한 가지 묻겠습니다. 전하께 사랑의 정표로서 드릴 선물은 없나요?

**마거릿** 예, 있습니다. 나의 이 정결한 마음, 아직 사랑에 물들지 않은 이 마음을 보내드립니다.

**서퍽**  그리고 이것도 함께요. (공주에게 키스한다)

**마거릿**  이것은 백작에게 드립니다. 이런 하찮은 정표를 전하께 보낼 수는 없지요. (레니에와 함께 퇴장)

**서퍽**  오, 당신이 내 것이라면! 하지만 서퍽, 그만둬라. 너는 그 같은 미궁 속을 헤매면 안 돼. 거기에는 괴물 미노타우로스와 흉한 반역이 숨어 있다. 그 여자의 어여쁨을 찬미해 헨리 왕의 마음을 움직여야 한다. 그 여자의 탁월한 미덕과, 인간의 재주를 뛰어넘는 자연의 우아함을 잘 생각해 두어라. 헨리 왕 발 앞에 무릎 꿇고 아뢸 때 왕이 놀라 정신을 잃도록, 귀항하는 배 위에서 그 아름다운 모습을 몇 번이고 머릿속에 그려보아라. (퇴장)

〔제5막 제4장〕

앙주에 있는 요크 공작의 진영.
요크 공작, 워릭 백작, 그 밖의 다른 사람들 등장.

**요크**  화형 선고를 받은 저 마녀를 데려오라.

존 라 푸셀, 경비병에게 끌려서 등장. 뒤따라 한 양치기 등장.

**양치기**  아, 잔, 네 모습을 보니 이 아비의 심장은 터져 죽을 것만 같다! 여기저기 너를 헤집고 찾아다니다 이제야 만나게 되었는데, 때아닌 너의 잔인한 죽음을 내 눈으로 보아야 한단 말이냐? 아, 잔, 사랑스러운 내 딸아, 나도 너와 함께 죽고만 싶구나.

**푸셀**  늙어빠진 수전노! 천하고 비열한 악마 같으니! 나는 더 고귀한 혈통의 자손이다. 당신은 내 아버지도 친구도 아니야.

**양치기**  어떻게 그런 말을! 여러분, 저 아이가 말한 것은 거짓말이올시다. 내가 저 아이 아비라는 것은 우리 마을 사람들이 다 알고 있습니다. 그리고 저 아이 어미도 아직 살아 있으니, 그 애가 내 첫딸이라는 사실도 증명할 수 있죠.

**워릭**  이 불효자식! 네 부모를 부인하려느냐?

**요크**  이게 바로 저 여자의 과거 생활을 증명해 주지. 못되고 고약한 년이로군.

마땅히 사형감이다.

**양치기** 애, 잔, 너는 어찌 그리 고집을 부리냐! 네가 내 살의 한 조각이라는 걸 하느님도 아신단다. 너 때문에 내가 얼마나 눈물을 흘렸는지 아느냐. 아비를 부인하지 말아라, 착한 잔.

**푸셀** 촌놈아, 물러가라! 당신들이 나의 귀족(noble) 신분을 덮어 감추려고 이 농부를 부추긴 거죠?

**양치기** 그렇습니다. 내가 저 아이 어미와 결혼하던 날 아침에, 신부님께 금화 한 잎(a noble)을 드렸답니다. 애야, 내 딸아, 머리를 숙이고 나의 축복을 받아라. 어서 무릎 꿇지 못하겠니? 빌어먹을 계집애가 이 세상에 태어나다니! 이럴 바엔 어미에게서 빨던 그 젖이 너를 위해 차라리 쥐약이었더라면 좋았을 걸. 아니면 네년이 들에서 양을 지키고 있을 때에 늑대 밥이 됐더라면 좋았을 텐데! 이래도 네 아비를 부인하려느냐? 이 저주받을 매춘부 같은 년아! 오, 저걸 태워 죽이십시오. 태워 죽여요! 교수형은 저년에게는 과분하죠. (퇴장)

**요크** 저 계집을 끌어내라! 이 세상에 악의 씨를 퍼뜨린 년, 너무 오래 살았구나.

**푸셀** 너희들이 화형을 선고한 내가 누구인지 밝히겠다. 나는 비천한 양치기의 딸이 아니라 왕의 자손으로 태어났다. 나는 덕이 있고 신성한 몸이다. 나는 이 세상에 내려가 큰 기적을 행하도록 신의 영감을 받고 하늘에서 선택된 자이다. 나는 악령과는 아무 관계도 없다. 그러나 너희들은 음욕에 물들어 있을 뿐만 아니라, 죄 없는 자들의 깨끗한 피로 몸을 더럽혔으며, 수많은 죄악으로 썩어가고 있다. 너희들은 다른 사람들이 가지고 있는 신의 은총을 받지 못했기 때문에 악령들의 도움 말고는 놀라운 일들을 행하는 게 불가능하다고 생각할 것이다. 그러나 그것은 잘못된 생각이다. 잔 다르크는 순진한 어린 시절을 그대로 지니고 있는, 영혼이 순결한 여자이다. 이러한 처녀의 피를 이같이 무참히 흘리게 한다면, 천국 문 앞에서 원수를 갚아 달라 외치겠다.

**요크** 그만하면 됐다! 곧 형장으로 끌고 가라!

**워릭** 들어라. 아직 저 여자가 처녀라고 하니, 장작을 아끼지 말고 화형 기둥에는 기름을 듬뿍 바르거라. 저 여자의 고통을 그만큼 짧게 해주는 거다.

**푸셀** 너희들의 잔인한 마음을 돌이킬 수는 없는가? 그러면 잔, 너의 약점을 밝히고 법률이 보호하는 여인의 특권에 호소하려무나. 이 피에 굶주린 자들아, 나는 임신 중이다. 나를 아무리 잔인한 죽음으로 몰고 가더라도, 내 배 속에 있는 어린아이는 죽이지 마라.

**요크** 맙소사, 성녀가 임신을 했다고?

**워릭** 이건 네가 행한 최고의 기적이구나. 엄숙하게 계율을 지켜온 결과가 고작 이거란 말이냐?

**요크** 저년이 프랑스 세자와 함께 요술을 부렸나 보군. 저런 핑계로 모면하려 할 줄 알았지.

**워릭** 그래, 어쨌든 사생아를 살려둘 수는 없지. 특히 샤를이 아버지가 된다면.

**푸셀** 너희들은 속았어. 내 아기는 샤를의 아이가 아니야. 나의 사랑을 받은 사람은 알랑송이다.

**요크** 알랑송! 저 악명 높은 마키아벨리라고! 그놈의 아이라면 목숨이 천 개라도 살려둘 수 없지.

**푸셀** 오, 잠깐만, 내가 너희들을 속였다. 샤를도 아니고, 방금 말한 공작도 아니며, 그는 나폴리의 왕 레니에이다.

**워릭** 마누라가 있는 놈하고! 이건 더더욱 용서할 수 없군.

**요크** 허, 이 계집은 상대가 너무 많아 어느 놈에게 뒤집어씌워야 할지 모르는 모양이지.

**워릭** 그게 저년이 음탕했다는 증거요.

**요크** 그러고도 정결한 처녀라고! 이 매춘부 같은 년아, 지금 말하는 걸 들으니 네 애새끼고 너고 살려둘 수 없다. 애원해도 소용없어.

**푸셀** 자, 그러면 날 끌고 가라. 저주를 선물로 주겠다. 네놈들이 사는 곳에는 결코 찬란한 햇빛이 비치지 않으리라. 어둠과 죽음의 두려운 그림자만이 네놈들 곁을 지키고 있으리라. 틀림없이 네놈들은 불행과 절망으로 목이 부러지거나 목매어 죽게 될 것이다! (경비병에게 끌려 퇴장)

**요크** 네년이야말로 산산이 부서져 재나 돼버려라. 이 저주받을 지옥의 사자야!

보퍼트 추기경(윈체스터 주교)이 수행원을 이끌고 등장.

잔 다르크의 죽음  헤르만 안톤 스틸케. 1843.

**추기경**  섭정 공께 인사드리오. 나는 왕의 위임장을 가지고 왔습니다. 경들도
　　아시다시피 이번에 기독교 국가들이 포악한 전쟁을 안타깝게 생각하여, 우
　　리나라와 저 야심만만한 프랑스 사이의 평화 협정을 간절히 청해 온 결과,
　　프랑스 세자와 그 일행이 이 문제를 협의하고자 이미 가까운 곳에 와 있다
　　고 합니다.

**요크** 이제까지 우리가 겪어온 모든 고초가 이런 결과를 맺고 끝나버린다는 말씀이오? 많은 귀족과 장군과 병사들이 이 전쟁에서 나라를 위해 몸을 바쳤음에도 이처럼 대장부답지 않게 평화 협정을 맺어야 하오? 또 우리 조상들이 차지한 도시들은 오늘날 대부분 반역과 기만과 배신으로 말미암아 이미 잃어버리지 않았소? 오! 워릭, 워릭! 프랑스의 모든 영토는 앞으로 완전히 사라지고 말 거요.

**워릭** 요크 공작, 참으십시오. 평화 협정이 이루어진다 해도 프랑스 사람들이 큰 이득을 보지 못하게 매우 엄격하고 가혹한 조약을 체결하면 될 것입니다.

샤를 세자, 알랑송, 오를레앙의 서자, 레니에 등 등장.

**샤를** 잉글랜드 귀족 여러분, 프랑스에 평화 협정을 선언하기로 합의를 보았으므로, 조약의 조건이 어떠한 것인지 알고자 왔소.

**요크** 추기경이 말씀하시오. 나는 저 악랄한 적들을 보고 있자니 화가 치밀어 오르고 숨통이 막혀서, 말도 나오지 않습니다.

**추기경** 샤를 세자, 그리고 여러분, 다음과 같이 체결되었소. 헨리 왕께서 협정을 허락해 주신 것은, 오직 여러분에 대한 깊은 동정과 자비로운 마음에서 귀국을 전쟁의 불안으로부터 구하여 평화롭고 풍요로운 삶을 살아가게 하자는 뜻이므로, 여러분은 전하의 충성된 신하가 되어야겠소. 그리고 샤를 세자는 조공을 바치어 복종하기로 서약하는 조건 아래, 부왕(副王)으로서 종전과 같이 프랑스를 계속 통치해 달라는 것입니다.

**알랑송** 그렇다면 세자께서는 자신의 그림자처럼 계셔야만 하겠군요. 이마를 왕관으로 장식하고 계신다 해도, 실권에 있어서는 평범한 시민이 가지고 있는 특권보다 더 나은 게 없지 않소. 이 제안이야말로 터무니없고 부조리한 것입니다.

**샤를** 프랑스 영토 절반 이상을 이미 내가 소유했고, 또 합법적인 왕으로서 인정받고 있다는 사실은 모두가 다 알고 있소. 내가 아직 정복하지 못한 나머지 영토를 얻기 위해, 이미 얻은 특권을 내던지고 부왕으로 불릴 수야 있겠소? 안 됩니다, 특사. 나는 이것저것 욕심을 부리다 모두 잃어버리기보다는 차라리 내가 가지고 있는 것이나 지키겠소.

드라마 〈헨리 6세 제1부〉 헨리 6세와 마가릿   에드리언 던바·미카엘 쳄본 출연. 2016.

**요크**   샤를! 잉글랜드를 모욕하시는 거요? 당신은 비밀리에 다른 나라들에게 협정을 맺게 해달라고 청해 놓고, 타협 단계에서 이것저것 비교하며 머뭇거리는 거요? 당신이 사칭하는 그 이름은 우리 전하께서 은혜를 베풀어 주신 것이니, 마땅한 권리로 주장해서는 안 되오. 만일 여기에 불응한다면 끊임없이 전쟁을 일으켜 고통받게 하겠소.

**레니에**   세자께서 이 협정에 대해서 완고하게 이의를 내거는 것은 좋지 않다고 생각합니다. 이 기회를 놓치시면, 앞으로 이 같은 좋은 기회는 다시 얻지 못하게 됩니다.

**알랑송**   (샤를에게만 들리게) 솔직히 말씀드리면, 이처럼 날마다 계속되는 무자비한 살상으로부터 신하들을 구하시는 게 지혜로운 정책이라고 생각합니다. 그러니 필요할 때에 협정을 깨뜨리시더라도, 먼저 이 평화 협정을 승낙하소서.

**워릭**   샤를 세자, 어떻게 대답하시겠습니까? 우리의 조건을 따르시겠습니까?

**샤를**   오늘 우리 군대가 주둔하고 있는 도시들을 그대로 우리에게 맡기기만 한다면, 이의는 없소.

**요크**   그러면 헨리 전하께 충성을 서약하소서. 또한 작위를 받은 기사 신분으로서, 당신뿐만 아니라 귀족들까지도 잉글랜드 왕관에 충성할 것이며 반역하지 않겠다고 맹세하십시오. (샤를과 귀족들 충성할 것을 서약한다) 그럼 편리한 대로 군대를 해산하고, 군기를 거두고 북소리도 멈추게 하시오. 이제부터는 엄숙한 평화가 시작되는 것입니다. (모두 퇴장)

〔제5막 제5장〕

런던. 왕궁.
왕과 서퍽, 이야기하며 등장. 그 뒤로 글로스터 공과 엑서터 공, 시종들 등장.

**헨리 왕**　백작, 아름다운 마거릿 공주를 칭송하는 경의 말을 들으니 넋이 나갈 것만 같군요. 아름다운 용모에 덕까지 갖추고 있다 하니, 내 가슴에 사랑의 불꽃이 일어나오. 거대한 폭풍이 파도를 거슬러 큰 배를 밀어올리는 것처럼 만일 이 사랑이 결실을 맺지 못한다면 난 공주에 대한 이야기에 마음이 설레 부서져 버릴 것만 같소.

**서퍽**　전하, 이 피상적인 이야기는 공주를 찬미하기 위한 시작에 지나지 않습니다. 저 아름다운 공주의 완전무결한 미덕들을 제가 모두 표현할 수만 있다면, 아무리 우둔한 자의 마음이라도 황홀케 할 만한 매혹적인 시집 한 권쯤은 만들 수 있겠지요. 더욱이 공주는 지나치게 고상하지도, 환락에 빠져 있지도 않기 때문에 더없이 겸손한 마음으로 전하의 명령을 따를 것입니다. 제가 말하는 명령이라는 것은, 전하를 부군으로서 존경하고 떠받들라는 정숙한 취지의 것입니다.

**헨리 왕**　나도 그 이상은 생각지 않소. 그러니 섭정이신 숙부, 마거릿 공주를 잉글랜드 왕비로 삼아줄 것을 승낙하시오.

**글로스터**　만일 승낙한다면 죄악에 아첨하는 것이 됩니다. 전하께서는 이미 다른 고귀한 여인과 약혼을 하셨습니다. 그 선약을 어떻게 할 작정이십니까? 약속을 깨뜨리신다면 비난을 받아 불명예스럽게 되지 않겠습니까?

**서퍽**　그렇지 않습니다. 군주는 불법적인 선언이면 파기할 수도 있고, 또 승부를 겨루기로 맹세했어도 상대가 어울리지 않는다는 이유로 그 시합을 거절할 수도 있습니다. 가난한 백작 딸은 왕비에는 어울리지 않습니다. 그러니 파약을 하셔도 됩니다.

**글로스터**　뭐라고? 마거릿 공주가 더 낫다는 말인가요? 그 공주의 아버지도 백작보다 더 나을 것은 없을 텐데요. 물론 칭호에 있어서는 더 높을지 모르지만.

**서퍽**　그렇습니다, 공작. 공주의 아버지는 왕이지요. 나폴리와 예루살렘의 왕입니다. 또한 프랑스에서 큰 권력을 쥐고 있으므로, 그와의 결연은 두 나라 사이의 평화를 공고히 하며 프랑스 백성으로 하여금 전하께 충성을 다하게 할 것입니다.

**글로스터**　그런 거라면 아르마냐크 백작도 할 수 있소. 그는 샤를 세자의 가까운 친척이니까요.

**엑서터**　게다가 그 백작의 재산은 많은 지참금을 보증할 수 있으니까요. 하지만 레니에는 주려 하기보다는 도리어 받으려고만 할 뿐입니다.

**서퍽**　지참금이라고요? 경들, 전하를 욕되게 하지 마십시오! 순수한 사랑이 아니라 돈을 보고 왕비를 구하신다면, 전하를 천하고 비열하게 만들 겁니다. 헨리 전하께서는 왕비를 부유하게 만드실 수 있습니다. 그리고 자신이 부유해지기 위해서 왕비를 선택해서는 안 됩니다. 그 같은 짓은 소나 말이나 양을 팔러 시장에 온 장사꾼과 같이 돈 없는 농부들이나 하는 일입니다. 결혼이라는 것은 매우 중요한 일이므로, 대리인 마음대로 해서는 안 됩니다. 우리가 바라는 분이 아니라, 전하께서 사랑하는 분이 배우자가 되셔야만 합니다. 전하께서는 마거릿 공주를 가장 사랑하시므로, 무엇보다도 그것이 공주를 추천하는 첫째 이유가 된다고 생각합니다. 강제 결혼은 지옥일 따름이며, 끊임없는 갈등과 불화의 연속이 아니고 무엇이겠습니까? 하지만 그 반대의 경우에 결혼은 축복을 가져오며 하늘에서 누리는 평화의 본보기가 되는 것입니다. 헨리 전하의 배우자가 마거릿 공주 말고 또 누가 될 수 있겠습니까? 공주의 둘도 없는 아름다운 자태는, 그 혈통으로 말미암아 왕 아니신 어떠한 사람에게도 결코 어울리지 않습니다. 또한 공주의 용기와 담력은, 평범한 여인들에게서는 찾아볼 수도 없는 그러한 담력은 왕의 자손을 바라는 우리의 소망에 응답해 줄 것입니다. 위대한 정복자의 아들이신 헨리 왕께서, 아름다운 마거릿 공주처럼 의지가 강한 여인과 결혼하신다면 더 많은 정복자들을 낳으시리라 생각됩니다. 그러니 경들은 양보해 주십시오. 그리고 마거릿 공주만을 왕비로 삼는다는 의견에 찬성해 주십시오.

**헨리 왕**  서퍽 백작, 경이 전하는 이야기의 힘 때문인지, 내가 나이가 어려 아직 열렬한 사랑을 경험하지 못해서인지 이 마음속에 거센 갈등을 느끼오. 또 마음이 뒤숭숭해 고통스러울 만큼 희망과 공포의 무서운 경고를 느끼오. 그러니 경은 빨리 배를 타고 프랑스에 가서 어떠한 언약이라도 승낙하고, 마거릿 공주로 하여금 바다를 건너 잉글랜드에 와서 헨리 왕의 성실하고도 신성한 왕비가 되도록 힘써주오. 경의 여비와 충분한 재정을 위해서 백성들에게 십일조를 걷도록 하시오. 자, 그러면 곧 출발하시오. 그대가 돌아올 때까지 나는 많은 걱정으로 괴로울 것이오. 그리고 숙부, 화내지 마시오. 숙부는 지금 이 기분이 아닌 예전의 마음으로 돌아가 판단하신다면, 이같이 조급히 뜻을 이루려는 나를 마땅히 용서하시리라 생각합니다. (시종들에게) 자, 이제 나를 안내해 다오. 나 홀로 이 고통을 되씹으며 생각에 잠기고 싶다. (퇴장)

**글로스터**  아, 그렇습니다. 이것은 처음부터 끝까지 고통거리가 되겠지요. (엑서터와 함께 퇴장)

**서퍽**  자, 이러고 보니 서퍽이 승리했군. 이제 나는 프랑스에 가는 거야. 그 옛날 젊은 파리스가 이 같은 연애 사건으로 그리스에 간 것처럼. 그러나 그 트로이 사람보다도 내가 더 성공하겠지. 앞으로 마거릿 공주는 왕비가 되어 왕을 다스리게 될 거야. 그러나 나는 왕비뿐만 아니라 왕과 왕국까지도 다스리리라. (퇴장)

# The Second Part Of King Henry VI
# 헨리 6세 제2부

[등장인물]

〈랭커스터가〉

**헨리 6세**  헨리 5세의 아들

**마거릿 왕비**  헨리 6세의 아내, 나폴리 왕 레니에의 딸

**글로스터 공작**  왕의 숙부, 1427~29년까지 섭정

**엘리너 공작부인**  글로스터 공작의 아내

**보퍼트 추기경**  윈체스터 주교, 왕의 작은할아버지

**서머싯 공작**  존 보퍼트, 추기경의 조카

**서퍽 후작**  윌리엄 드 라 폴, 뒤에 공작

**버킹엄 공작**

**토머스 클리퍼드 경**

**존 클리퍼드**  토머스 클리퍼드의 아들


〈요크가〉

**요크 공작**  리처드 플랜태저넷

**에드워드**  마치 백작, 요크 공작의 아들

**리처드**  요크 공작의 아들

**솔즈베리 백작**  리처드 네빌

**워릭 백작**  리처드 네빌, 솔즈베리 백작의 아들


**존 흄, 존 사우스웰**  사제들

**마저리 조데인**  마녀

**볼링브룩**  마법사

**혼령**

**토머스 호너**  갑옷 제작자

**피터**  호너의 제자

**심콕스**  사기꾼

**심콕스의 아내**

**세인트 올번스 시장**

교구 관리

**기사 존 스탠리** 맨섬의 총독

**런던의 주장관**

**대장** 함선의 지휘관

**선장**

**조수**

**월터 휘트모어**

**두 신사**

**잭 케이드** 반란자들 우두머리

**조지 베비스**

**존 홀랜드**

**딕** 백정 반란자들

**스미스** 직공

**마이클**

**채텀의 서기** 에마뉘엘

**험프리 스태퍼드 경** 기사

**윌리엄 스태퍼드** 험프리 스태퍼드의 동생

**세이 경**

**스케일스 경** 런던 탑 관리자

**매튜 고프**

**알렉산더 아이든** 켄트의 신사

**복스**

**전령관**

그 밖에 수행원들, 관리들, 병사들, 전령들, 고수, 시민들, 소송인들, 이웃사람들, 자객들, 매부리들, 도제들, 하인들


[장소]

잉글랜드

# 헨리 6세 제2부

〔제1막 제1장〕

런던. 왕궁.

화려한 나팔 소리. 이어서 오보에가 연주된다.

헨리 6세, 글로스터 공작, 솔즈베리 백작, 워릭 백작, 보퍼트 추기경이 한쪽에서 등장. 다른 쪽에서 서퍽 후작의 안내를 받으며 마거릿 왕비와 요크 공작, 서머싯 공작, 버킹엄 공작, 그 밖에 여럿 등장.

**서퍽**  황공하옵게도 전하의 어명을 받들어 저는 마거릿 공주와의 혼례 대리인으로서 프랑스를 출발하여, 저 유서 깊은 고대 도시 투르에서 프랑스 왕, 시칠리아 왕, 오를레앙 공작, 칼라베르 공작, 브르타뉴 공작, 알랑송 공작, 그 밖에 백작 일곱 명, 남작 열둘, 주교 스무 명이 참석한 가운데 분부를 수행하여 의식을 마치고 왔습니다. 지금 저는 공손히 무릎 꿇고 잉글랜드와 귀족 여러분 앞에서 전하의 인자하신 손에, 왕비에 관한 저의 대리권을 인도합니다. 전하야말로 이 혼례의 실체이시며, 저는 황공하옵게도 그 큰 그림자의 소임을 이제 마치옵니다. 이처럼 기쁨으로 가득한 선물을 올린 후작도 일찍이 없었으며, 이처럼 아름다운 왕비를 맞이하신 왕도 없었나이다.

**헨리 왕**  서퍽, 일어나오. 환영하오, 마거릿 왕비. 이 사랑의 키스보다 더 자연스러운 사랑의 표시는 없소. 오, 나에게 생명을 빌려주신 주여, 나에게 감사로 벅차오르는 심장도 빌려주소서! 이처럼 아름다운 얼굴을 주시니, 사랑의 감정이 두 사람을 하나로 결합시킬 수 있다면, 주님은 이 영혼에게 세상의 모든 축복을 내려주실 겁니다.

**왕비**  잉글랜드 왕이시며 저의 인자하신 주인이시여, 낮이나 밤이나, 깨어 있을 때나 꿈속에서나, 궁중의 연회에서나 기도할 때나 제가 그리워하는 분으로 제 마음속에 전하를 품어왔나이다. 저의 지혜가 허락하고 이 기쁨에 들뜬 마음이 지시하는 대로 감히 무례한 말로 인사드립니다.

**헨리 왕**  아리따운 모습만 보고도 넋을 잃었는데, 그 기품 있는 인사말과 지혜로움과 위엄을 갖춘 말들을 들으니 기뻐서 눈물이 나려 하오. 내 가슴은 이토록 만족으로 벅차오르고 있소. 경들이여, 활기찬 목소리로 다 함께 왕비를 맞이해 주오.

**모두**  (무릎을 꿇는다) 잉글랜드의 행운 마거릿 왕비님 만세! (화려한 나팔 소리)

**왕비**  모두에게 고맙습니다.

**서퍽**  섭정이신 글로스터 공, 실례지만 이것이 전하와 프랑스 왕 샤를 사이에 체결된 18개월 동안의 평화 협정 조항들입니다.

**글로스터**  (읽는다)

제1조, 프랑스 왕 샤를과 잉글랜드 왕 헨리의 대사 서퍽 후작, 윌리엄 드 라 폴 사이에 협정이 승인됨에 따라, 위에 말한 헨리는 오는 5월 30일까지 나폴리, 시칠리아, 예루살렘 왕 레니에의 딸 마거릿 공주와 결혼하여 잉글랜드 왕비로 삼을 것을 약속함. 제1항, 앙주의 공작령(領)과 멘의 백작령(領)을 해방시켜 주고, 그 영토를 공주의 아버지인 왕에게 인도하며……. (문서를 떨어뜨린다)

**헨리 왕**  숙부, 왜 그러시오?

**글로스터**  전하, 용서하소서. 갑자기 가슴이 울렁거리고 눈앞이 흐려져 더는 읽을 수가 없나이다.

**헨리 왕**  윈체스터 종조부가 이어서 읽어주세요.

**추기경**  (읽는다)

제1항, 앙주의 공작령과 멘의 백작령을 해방시켜 주고, 그 영토를 공주의 아버지인 왕에게 인도하며, 지참금 없이 혼례 비용은 모두 잉글랜드 왕이 부담하기로 한다.

**헨리 왕**  모두 좋소. (서퍽에게) 서퍽 후작, 무릎을 꿇으오. 나는 그대를 서퍽의 첫 번째 공작으로 서작하고, 이 검을 내리오. 요크 공, 나는 이제 18개월간

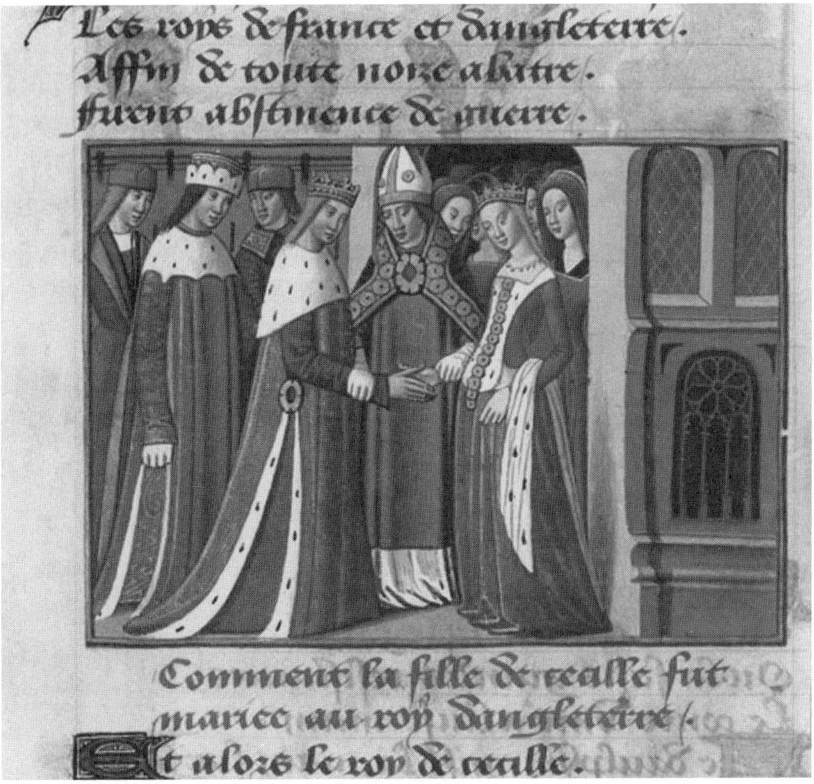

잉글랜드의 헨리 6세와 앙주의 마거릿 결혼식 〈샤를 7세의 기도서〉 오베르뉴의 마르샬. 1484.

그대의 프랑스 영토 섭정 임무를 해임하겠소. 윈체스터 종조부, 글로스터 숙부, 요크 공, 버킹엄 공, 서머싯 공, 솔즈베리 백작, 그리고 워릭 백작, 나는 경들이 이같이 큰 호의로 왕비를 맞이해 주어 감사하오. 자, 들어가서 대관식 준비를 서두릅시다. (왕비, 서퍽과 함께 퇴장)

**글로스터** 잉글랜드의 기둥인 정의롭고 용감한 귀족 여러분, 이 험프리 공작이 왜 이토록 슬퍼하는지 들어주시오. 이 슬픔은 여러분의 슬픔이며, 온 나라의 슬픔입니다. 어찌 이럴 수가 있습니까! 나의 형, 헨리 5세께서는 전쟁터에서 그 젊음을, 용기를, 재물과 백성들의 목숨을 바치지 않으셨습니까? 또한 우리 조국의 정당한 유산인 프랑스를 정복하기 위해 한겨울 칼바람과 타는 듯한 한여름 무더위를 견디며 전쟁터에서 수없이 많은 밤을 지새우지 않았나요? 또 나의 형 베드퍼드 공도, 헨리 왕께서 얻은 것을 지키기 위해 온갖 지혜를 짜내며 고심하지 않았습니까? 또한 여러분 자신도, 서머싯 공도, 버킹엄 공도, 용감한 요크 공도, 솔즈베리 백작도, 승리를 거둔 워릭 백작도 프랑스와 노르망디에서 크게 부상을 당하지 않았습니까? 또한 보퍼트 숙부와 나 자신도, 어떻게 하면 프랑스와 프랑스 사람들을 언제나 두려움에 떨며 우리에게 복종하게 만들 수 있을까, 학식이 높은 국내 추밀원(樞密院) 고문관들과 함께 오랫동안 연구해 오며, 이른 아침부터 밤늦게까지 의사당에 모여 이것저것 논의하지 않았습니까? 전하께서도 그 어린 몸으로 적의 영토 파리에서 왕위에 오르시지 않았나요? 그렇다면 이 같은 노고를, 이러한 명예를 모두 잃게 내버려 두어야만 합니까? 선왕의 승리도, 베드퍼드 공의 경계도, 여러분의 무공도, 우리의 논의도 모두 바라보고 있어야만 합니까? 잉글랜드의 귀족들이여, 이 협정은 부끄러운 것입니다! 이 결혼이야말로 여러분의 명예를 떨어뜨려 그 이름을 기억의 장부에서 깨끗이 사라지게 하고, 명예로운 기록을 지우며, 프랑스 정복의 기념물들을 없애, 모든 것을 마치 아무 일도 없었던 것처럼 파괴해 버리는 치명적인 사건이 아니고 무엇이란 말입니까!

**추기경** 조카, 그처럼 실례를 들어 열변을 토하는 까닭이 무엇이오? 프랑스는 우리 것이오. 우리가 계속해서 소유하게 될 거란 말이오.

**글로스터** 아, 숙부, 우리가 소유할 수만 있다면 얼마나 좋겠습니까! 하지만 이제는 불가능해졌습니다. 새로 작위를 받아 권력을 손에 넣은 서퍽 공작이 앙주와 멘 두 공작령을, 주머니가 텅 빈 저 가난한 왕 레니에에게 주어버렸으니까요.

**솔즈베리** 이 두 공작 영토는 인류를 위해 희생하신 예수의 죽음에 걸고 맹세하건대, 노르망디의 가장 주요한 땅입니다. 아니 워릭, 내 용감한 아들아, 왜 우느냐?

**워릭** 그 모든 땅을 잃게 될까봐 슬퍼합니다. 또다시 정복의 희망이 생긴다면, 그때는 제 눈이 눈물을 흘리는 대신 제 칼이 뜨거운 피를 흘리게 하겠습니다. 앙주, 멘 이 두 영토는 모두 제가 싸워 빼앗은 것입니다. 저의 이 두 팔이 그 영토들을 정복했었지요. 그런데 제가 상처를 입어가며 손에 넣은 도시들이, 평화란 말로 반환됐단 말입니까? 아, 어찌 이럴 수 있단 말입니까!

**요크** 저 서퍽 공작 같은 건 죽어버려야 해. 이 용감한 섬의 명예를 떨어뜨린

드라마 〈헨리 6세 제2부〉 워릭 백작(스탠리 타운센드). 2016.

저놈은! 내가 이 협정에 굴복하기 전에 먼저 프랑스는 내 심장을 갈기갈기 찢어놓아야 할 것이오. 나는 이제까지 잉글랜드 왕들이 거액의 지참금을 가지고 오지 않은 왕비를 맞아들였다는 기록을 읽은 적이 없소. 그런데도 헨리 왕은 자기 돈을 써가며 아무 이익도 되지 않는 여자와 결혼을 하시다니요.

**글로스터** 아, 그거참 적절한 말이군요. 저 서퍽이 그 여자를 데려오는 조건으로 조세의 15분의 1을 요구한다니 이는 전례가 없는 일이오! 차라리 그 여자는 프랑스에 내버려 두고 전처럼 굶주리게 하는 편이 좋았을걸…….

**추기경** 글로스터 공작, 너무 화만 내는 것 같소. 모든 것이 전하의 뜻이니 기쁘게 받아들이시오.

**글로스터** 윈체스터 경, 당신 속마음을 알고 있소. 당신이 싫어하는 것은 내 말이 아니라 당신에게 눈엣가시가 되는 나의 존재란 말이오. 원한이라는 감정은 숨길 수가 없지요. 자만심에 빠져 있는 사제여, 당신의 분노가 얼굴에 드러났소. 내가 여기에 더 머무르게 되면 지난날 싸움이 되풀이될 거요. 경들, 안녕히 계시오. 내가 떠나거든, 프랑스란 나라는 얼마 지나지 않아 사라지리라 예언을 했다고 사람들에게 전하시오. (퇴장)

**추기경**  섭정공은 저렇게 화내고 가버렸소. 그자가 나의 적이라는 건 누구나 알고 있는 사실이지만, 여러분에게야말로 진정한 적이지요. 아마 전하께도 그다지 좋은 벗은 되지 못할 것 같군요. 하지만 여러분 저 사람은 전하와는 가장 가까운 친척이며, 잉글랜드 왕위 계승자라는 점을 생각하시오. 헨리 왕이 정략결혼으로 프랑스를 손에 넣고, 또 서쪽의 부유한 왕국들을 모두 손에 넣는다 해도 그 사람이 좋아할 리는 없지요. 이점을 주의하시오. 그자의 달콤한 말에 넋을 빼앗기면 안 됩니다. 지혜롭고 신중하게 판단하세요. 저자를 따르는 백성들이 손뼉을 치면서 "글로스터의 훌륭한 공작 험프리" "예수여, 우리 왕실을 지켜주시옵소서!" 또는 "주여, 훌륭한 험프리 공작을 지켜주시옵소서!" 외치며 그에게 아첨하고 있으니, 저 섭정직이야말로 위험하기 짝이 없는 존재가 될 것이오.

**버킹엄**  그러면 어째서 그를 섭정으로 두는 걸까요? 전하께서도 혼자 나라를 다스릴 만한 나이가 되셨잖습니까? 서머싯 공, 나와 같은 편이 되어주시오. 서퍽 공과 함께 힘을 모아 저 험프리 공작을 그 자리에서 내쫓아 버립시다.

**추기경**  이 중대한 일을 잠시도 미루어서는 안 되오. 내가 곧 서퍽한테 가겠소. (퇴장)

**서머싯**  버킹엄 공, 험프리가 높은 자리에서 거만하게 구는 걸 보면 내 가슴이 너무 아프오. 하지만 저 교만한 추기경도 경계해야 하오. 그의 무례한 태도는 이 나라의 다른 제후들과는 비교도 안 될 만큼 참을 수가 없소. 만일 글로스터가 그 자리를 물러나게 되면 저자가 섭정직에 임명되겠지요.

**버킹엄**  서머싯, 섭정직은 당신이나 내가 합시다. 험프리 공작이나 추기경은 전혀 문제될 게 없소. (서머싯과 함께 퇴장)

**솔즈베리**  교만이 앞에 가고, 야심이 뒤따라 가는구나. 저자들은 모두 자기 한 사람의 출세만을 위해서 일하고 있으나, 우리는 이 나라를 위해 일하는 것이 마땅하다. 나는 이제까지 저 글로스터 공작 험프리가 귀족답지 않게 행동하는 것을 본 적이 없다. 그런데 저 거만한 추기경은 사제라기보다는, 오히려 군인 같다고 느낀 적이 여러 번 있었지. 자기가 군주나 된 듯이 나서서 깡패들이나 하는 저속한 말씨로 함부로 행동하니, 도무지 한 나라를 다스리는 위인으로는 보이지 않았어. 워릭, 나이 든 아비에게 위안을 주는 내 아들아, 너의 장한 행적과 솔직함과 손님을 맞이하는 태도는 험프리 공작 말고는 누구보다도, 백성들로부터 많은 사랑을 받아왔다. 그리고 요크 공, 당신은 아일랜드는 물론 요사이 프랑스에서 왕의 섭정으로 계시면서 많은 공적들을 이루셨기에, 이제까지 백성들의 흠모와 존경을 한몸에 받아왔습니다. 그러나 우리 이 나라의 이익을 위해, 서로 힘을 모아 서퍽과 추기경의 교만을, 그리고 서머싯과 버킹엄의 야심을 누르고 억제토록 합시다. 험프리 공작의 행동이 나라에 이익이 되는 한, 우리는 그 뜻을 받들어 힘껏 그를 도웁시다.

**워릭** 주여, 나라와 백성들을 사랑하는 이 워릭을 도와주소서!

**요크** (혼잣말로) 요크도 똑같이 기원합니다. 요크는 가장 위대한 뜻을 품고 있으니까요.

**솔즈베리** 자, 그럼 서두릅시다. 주요한 것(the main)을 잡아야.

**워릭** 주요한 것이라고요? 오, 아버지, 그 멘(Maine)은 이미 잃어버렸습니다! 이 워릭이 힘껏 싸워 얻은, 죽을 때까지 소유하기를 바랐던 그 멘 땅을 말입니다. 아버지는 주요한 기회(Main chance) 말씀하셨지만, 저는 주요한 멘(Maine) 땅을 생각했습니다. 저는 그 멘 땅을 목숨을 걸고서라도 프랑스로부터 다시 찾겠습니다. (요크만 남고 모두 퇴장)

**요크** 앙주와 멘은 프랑스로 돌아가고, 파리 또한 잃어버렸으니, 노르망디 또한 불안하기 그지없구나. 서퍽이 그러한 협정을 체결하고, 귀족들도 이에 찬성했으며, 헨리 왕은 두 공작 영토와 저 아름다운 공작 딸을 바꾸게 된 것에 너무나 기뻐하고 있지. 하지만 나는 이 모든 일을 비난하지는 않겠다. 이 사실들이 그들과 무슨 상관인가? 그들이 내버린 것은 그대의 것이지 그들 것은 아니다. 해적들은 노략질한 물건들을 싸게 팔아서 친구들을 매수하고 창녀들을 사서 몽땅 써버릴 때까지는 귀족처럼 흥청거리며 논다. 그때 그 물건들을 빼앗긴 불쌍한 주인은 그저 울며 불운한 손만 쥐어짜고 고개를 저으며 홀로 떨고 서서, 모든 물건이 나뉘어져 실려가는 것을 그저 바라보기만 할 뿐, 굶어 죽게 되었으나 자기 물건에 감히 손도 대지 못한다. 이 요크도 그와 마찬가지로 조국이 팔려갈 때, 그저 주저앉아서 화를 내며 혀를 깨물고 바라보기만 해야 하는가. 생각해 보니 잉글랜드, 프랑스, 아일랜드 이 모든 땅과 내 혈육과의 관계는, 마치 알타이아가 칼리돈의 왕자인 자기 아들의 심장을 구우려고 피워놓은 저 불길하게 타오르는 장작더미 같구나. 앙주와 멘 두 땅이, 프랑스인들 손에 다시 들어가고야 마는구나! 아, 내 마음을 서늘케 하는 소식이군. 나는 기름진 이 잉글랜드 땅과 더불어 저 프랑스의 영토까지도 갖겠다는 희망을 늘 품어왔는데 말이야. 이 요크에게도 자기 권리를 주장할 때가 반드시 오리라. 그러니 나는 네빌 부자를 편들어, 험프리 공작에게 존경을 표시해야겠다. 이렇게 해서 기회를 잡은 뒤에는 왕관을 요구해야지. 이 왕관이야말로 내가 그토록 열망하던 거니까. 저 교만한 랭커스터에게 나의 권리를 빼앗길 순 없어. 그 홀(笏)을 어린애 같은 손에 쥐어주고 왕관을 그놈 머리에 씌워줄 수는 없지. 그의 사제 같은 기질에는 왕관이 어울리지 않아. 자, 그러면 요크, 때가 올 때까지 조금 더 기다려보자. 딴 놈들이 쿨쿨 잠자고 있을 때 난 언제나 깨어 지켜보며 국가의 비밀들을 살펴보기로 하자. 헨리가 그의 새 신부, 저 잉글랜드가 비싸게 사들인 왕비와 더불어 싫증 날 정도로 사랑의 기쁨에 흠뻑 빠져 있고, 험프리가 귀족들과 맞서 다투고 있을 때, 나는 저 달콤한 향내 나는 뽀얀 흰 장미꽃을 하늘 높이 띄워 올리며, 요크 집안의 문장을 내 깃발에 달고 랭커스터 가문과 싸우게 되겠지. 이렇게 하면 나는 힘으로 왕관을 뺏을 수 있어. 이게 다 책에 나온 대로 따라 하는 정치가 이 아름다운 잉글랜드를 망쳐놓았기 때문이야. (퇴장)

〔제1막 제2장〕

글로스터 공작의 저택.
글로스터 공작과 공작부인 등장.

**공작부인** 어째서 머리를 숙이고 계시나요? 마치 케레스 여신의 축복으로 고개 숙인 무르익은 곡식과도 같이 말이에요. 어째서 험프리 대공은 세상의 은총이 언짢은 듯 눈살을 찌푸리고 계십니까? 어째서 당신은 눈을 어둡게 할 것 같은, 그 음침한 땅만을 내려다보고 계신가요? 거기에 무엇이 있나요? 이 세상 모든 명예가 아로새겨진 헨리의 왕관이 있어요? 그렇다면 꼭 내려다보고 기원하세요. 당신 머리에 그 왕관이 씌워질 때까지요. 손을 내밀어 그 눈부시게 아름다운 금관을 붙잡으십시오. 뭐라고요? 손이 닿지 않는다고요? 그러면 내 손을 이어드릴까요? 우리 함께 고개를 들어 하늘을 바라봅시다. 한 눈이라도 땅을 내려다보게 할 굴욕적인 짓은 하지 맙시다.

**글로스터**  오, 넬, 사랑하는 넬, 당신이 나를 사랑한다면 야심이라는 벌레를 마음속에서 없애버리오. 내가 만일 이 나라 왕이시며 나의 조카인 덕망 있는 헨리 왕에게 반역의 뜻을 품게 된다면, 그때에는 내게서 마지막 숨을 거두어 가소서! 나는 지난밤 악몽으로 이렇게 슬픔에 잠겨 있소.

**공작부인**  어떤 꿈이에요? 말씀해 주세요. 내가 오늘 아침에 꾼 달콤한 꿈으로 보답해 드리지요.

**글로스터**  궁정에서 나의 직권을 말해 주는 이 지휘봉이, 내 생각엔 부러져 두 동강이 났던 것 같소. 누가 부러뜨렸는지는 잊어버렸는데, 아마도 저 추기경이었다고 생각하오. 그리고 그 부러진 막대기들 위에, 서머싯 공작 에드먼드의 머리와 서퍽의 첫 공작인 윌리엄 드 라 폴의 머리가 하나씩 꽂혀 있는 꿈이었소. 이게 무엇을 뜻하는지는 오로지 하느님만이 아실 거요.

**공작부인**  체, 그야 글로스터 집안 지휘봉을 하나라도 부러뜨리는 놈은, 그 주제넘은 행동 때문에 목이 부러진다는 사실을 증명해 주는 게 아니고 뭐겠어요. 그런데 험프리, 내 사랑하는 당신, 내 말 좀 들어보세요. 나는 웨스트민스터 대성당에서 왕과 왕비가 대관식할 때 앉는 그 자리에 앉아 있는 꿈을 꾸었다고요. 거기에 헨리와 마거릿이 내 앞으로 다가와서 무릎을 꿇고, 내 머리 위에 왕관을 씌워주지 않겠어요?

**글로스터**  아니 뭐라고, 엘리너? 그렇다면 이제는 정말 당신을 꾸짖어야겠소. 이 주제넘은 여인, 못된 엘리너, 당신은 이 섭정의 아내로서 이 왕국에서 왕비 다음가는 여자가 아니오? 또 상상할 수 없을 만큼 이 세상 부귀영화를 마음껏 누리고 있지 않소? 그런데도 반역을 꾀한단 말이오? 이렇게 해서 남편과 자신을 가장 명예로운 자리에서 가장 치욕스러운 곳으로 굴러떨어지게 할 작정이오? 내 앞에 다가오지 마시오. 더는 아무 말도 듣지 않겠소!

**공작부인**  아니, 뭐라고요? 꿈 이야기를 했을 뿐인데 이 엘리너한테 그렇게 화를 내세요? 다음부터는 꿈꾼 건 나만 간직하고 있겠어요. 그러면 비난을 듣지 않겠죠.

**글로스터**  아니, 화내지 마오. 나는 다시 기분이 좋아졌소.

전령 등장.

**전령**  섭정공께 아룁니다. 전하께서 왕비님과 함께 세인트 올번스로 매사냥을 나가시므로, 수행 준비를 하라는 분부이십니다.

**글로스터**  알겠네. 넬, 말을 타고 함께 가지 않겠소?

**공작부인**  네, 곧 뒤따라 가겠어요. (글로스터와 전령 퇴장) 나는 뒤따라 가야만 하겠지. 글로스터가 저런 비굴하고 변변치 않은 생각을 하고 있으니 나는 앞장설 수가 없어. 내가 남자이고 공작이며 두 번째 왕위 계승자라면, 귀찮게 내 앞을 가로막는 저 머리들을 모두 단칼에 베어버리고 목 위를 거리낌 없이 편히 걸어갈 텐데! 그러나 여자라고 해서 운명의 신이 이끄는 행렬에 되는 대로 참석하진 않겠어. 존, 거기 있어요? 걱정 마세요, 여기엔 아무도 없어요. 당신과 나, 우리 둘뿐이라고요.

사제 흄 등장.

**흄**  주여, 왕비님을 지켜주시옵소서!

**공작부인**  뭐라고요? 왕비라고요? 나는 공작부인일 따름이오.

**흄**  아닙니다. 하느님의 은총과 이 흄의 충고로, 공작부인의 칭호는 더욱 높아질 것입니다.

**공작부인**  뭐라고요? 당신은 저 교활한 마녀 마저리 조데인과 마법사 로저 볼링브룩과 만나 상의라도 했소? 그자들이 나를 위해 뭐라도 하겠다고 하던가요?

**흄**  이들은 지하 깊은 곳에서 혼령을 불러내어, 부인께서 하시는 질문에 미리 대답을 해드리겠다고 저와 약속을 했습니다.

**공작부인**  좋소, 그럼 내가 미리 생각해 놓겠소. 세인트 올번스에서 돌아오면, 이 모든 일을 충분히 실행해 보겠소. 흄, 수고값이니 받아둬요. 자, 가서 이 중대한 일을 함께할 그대의 무리와 술이나 마시며 즐겨요. (퇴장)

**흄**  공작부인이 이 돈으로 술 먹고 즐겁게 놀아지? 그래 좋아, 놀아보지! 어떤가, 존 흄! 입을 꼭 다물고 절대 말하면 안 돼. 이 일은 최고의 비밀이야. 엘리너 부인이 마녀를 불러달라고 돈을 주는 거야. 그게 악마라 해도 돈만 받으면 돼. 하지만 나는 또 다른 데서도 돈이 날아온단 말이야. 그것은 감히 말할 수는 없지만, 바로 저 돈 많은 추기경한테서지. 또 새로 오신 저 훌륭한 서퍽 공작한테서도 오고. 이건 사실이야. 솔직히 이야기하자면 그 어른들이 엘리너 부인의 야심을 알아차리고는, 그 공작부인을 해치려고 나를 시켜서 그 여자 귀에다가 이러한 주문을 속삭이게 한 거야. 세상에는 "교활한 놈은 중개인이 필요없다" 이런 말도 있지만, 나는 지금 서퍽과 추기경의 중개인인 셈이야. 흄, 네가 조심하지 않으면 너는 쓸모없는 놈이 되고 말아. 그러면 그 어른들을 교활한 2인조라고 부르게 될 거야. 자, 사태가 이러니 마침내 흄의 못된 꾀로 공작부인은 파멸하게 되겠군. 이렇게 해서 부인의 명예는 땅에 떨어지고 험프리 집안도 무너지게 될 거라고. 그 결과야 어떻든 나는 돈을 벌게 되지. (퇴장)

〔제1막 제3장〕

왕궁.
소송인 서너 명 등장. 그 가운데 갑옷 제작자의 제자 피터가 있다.

**소송인 1** 여러분, 서로 가까이 서 계시오. 섭정공께서 곧 이곳에 도착하십니다. 그때 모두 우리의 탄원을 올려봅시다.

**소송인 2** 진실로 바라오니, 주께서 그를 보호하소서. 그는 훌륭한 분입니다! 주여, 그를 축복해 주시옵소서!

서퍽과 왕비 등장.

**피터** 자, 오신다. 왕비님도 함께 오시는걸. 내가 먼저 하겠다.

**소송인 2** 가만있어, 이 바보 같은 놈아. 저건 서퍽 공작이야, 섭정공이 아니라고.

**서퍽** 자네들 왜 그러고 있지? 나에게 무슨 볼일이라도 있나?

**소송인 1**  용서해 주십시오, 공작님. 섭정공이신 줄 알았습니다.

**왕비**  (소송장 겉봉을 쳐다보며) '섭정공 각하!'라…… 너희들은 그분에게 무슨 소송할 게 있느냐? 보여다오, 네 것은 어떤 거지?

**소송인 1**  제 것은 죄송합니다만, 존 굿맨이란 나쁜 놈이, 그 녀석은 추기경 각하의 부하이온데 제 집과 땅과 마누라와 모든 것을 가로챈 데 대한 소송입니다.

**서퍽**  네 아내도? 참으로 괘씸하군. 네 건 어떤 거지? 이건 뭔가? (읽는다)

멜포드 공유지를 서퍽 공작이 울타리를 둘러 사용한 데에 대한 소송.

이건 뭐지, 이 나쁜 놈아!

**소송인 2**  저는 시민 전체를 대표하는 소송인일 따름입니다.

**피터**  (소송장을 올린다) 제 주인 토머스 호너가, 요크 공작이 왕위 정통 계승자라고 말한 데 대해서 소송합니다.

**왕비**  그건 무슨 말이냐? 요크 공작이, 그가 왕위 정통 계승자라 말했다고?

**피터**  제 주인이 그렇다고요? 아녜요, 제 주인이 그분이 그렇다고 말씀하셨어요. 또 왕이 찬탈자라고 말했어요.

**서퍽**  거기 누구 없느냐?

하인 등장.

**서퍽**  이자를 끌어내라. 그리고 지금 바로 전령에게 명하여, 이자의 주인을 불러오너라. 이제 전하 앞에서, 너의 소송 사건에 대해 자세히 들어보겠다. (하인, 피터를 데리고 퇴장)

**왕비**  섭정의 날개 아래서 보호를 받으려거든, 소송장을 다시 작성해서 직접 그에게 소송장을 올려라. (소송장을 찢는다) 이 천한 놈들아! 썩 물러가라! 서퍽 공, 저놈들을 끌고 가시오.

**모두**  자, 어서 가자. (퇴장)

**왕비**  서퍽 경, 이게 잉글랜드 왕실의 관습입니까? 이게 브리튼섬의 정치입니

초대 슈루즈버리 백작인 존 탤벗이 헨리 6세의 아내인 앙주의 마거릿에게 《로망스 소설(전기소설)》을 선물로 증정하는 장면  15세기 프랑스 사본.

까? 그리고 앨비언*¹ 왕의 권력입니까? 어찌하여 헨리 왕께선 아직도 저 심술궂은 글로스터의 피보호인으로 남아 있어야 합니까? 어찌하여 나는 칭호만 왕비일 뿐, 실제로는 공작의 아랫사람으로 살아가야만 합니까? 폴, 들

---

*1 Albion. 잉글랜드의 옛 이름.

어보세요, 당신이 투르 시에서 나의 사랑을 얻기 위해 창시합에 도전했을 때, 프랑스 여인들은 감동받았습니다. 그때 나는 헨리 왕도, 용기와 사랑과 태도에 있어 당신과 비슷한 사람이리라 생각했습니다. 그러나 그분의 마음은 너무도 종교적이어서 언제나 묵주를 가지고 다니며 마리아만 찾고 있답니다. 그분을 지켜주는 전사들은 예언자와 사도들뿐이며, 그분의 무기는 성경 말씀뿐이지요. 그분의 시합장은 서재이고, 그분의 애인은 성인으로 모셔진 청동 성자상입니다. 나는 로마교회의 추기경 고문회가, 그분을 교황으로 추대해 로마로 모시고 가서 그 머리 위에 삼중관을 씌워드렸으면 합니다. 그 자리야말로 그 성자에게는 가장 잘 어울리니까요.

**서퍽** 진정하십시오. 제가 왕비님을 잉글랜드에 모셔왔으니, 이곳에서 충분히 만족하시도록 받들겠습니다.

**왕비** 저 교만한 섭정 말고도, 당당한 사제 보퍼트 추기경과 서머싯, 버킹엄, 그리고 불평꾼 요크 같은 자들이 있지요. 이들 가운데 가장 못난 자도, 잉글랜드 왕보다 더 많은 권세를 휘두르고 있더군요.

**서퍽** 그러나 이들 가운데 저 네빌 집안만큼 못되게 구는 자들은 없습니다. 솔즈베리나 워릭은 단순한 귀족들이 아닙니다.

**왕비** 이 귀족들도 섭정공의 아내인 저 거만한 여자만큼 나를 화나고 불쾌하게 하지는 않았습니다. 그 여자는 험프리 공작의 아내이라기보다는, 왕비처럼 귀부인들을 이끌고 이리저리 궁을 휩쓸고 다닙니다. 아마 궁중에 온 바깥 손님들은 그 여자를 왕비로 착각할 것입니다. 그 여자는 공작의 수입을 모두 등에 짊어지고서, 마음속으로 우리와 같은 가난한 자를 멸시하겠지요. 언젠가는 그 여자에게 꼭 복수하고야 말겠어요. 자신이야말로 가장 천하고 비열한 매춘부인 주제에, 얼마 전에는 자기를 시중드는 아랫사람들을 모아놓고 이렇게 우쭐거렸다더군요. 그 여자의 가장 닳아빠진 옷자락도, 당신이 두 공작령을 바치기 전에 나의 아버지가 가지고 계시던 땅보다 더 가치가 있다고 말이에요.

**서퍽** 왕비님, 그 여자를 잡기 위해 제가 이미 풀숲에 끈끈이를 발라두었으며, 그 여자가 노랫소리를 듣기 위해 내려오도록 목소리가 아름다운 새를 매어놓았으니, 이제 왕비님을 괴롭히려고 더는 날아오르지 못할 것입니다. 그러니 그 여자 일은 잊으시고 이제부터 제 말을 잘 들어주십시오. 이 문제

드라마 〈헨리 6세 제2부〉 서퍽과 서머싯. 2016.

에 대해, 감히 왕비님에게 충고를 하나 해드리겠습니다. 그것은 저 추기경을
우리가 좋게 생각하지 않더라도, 험프리 공의 명예를 떨어뜨리게 될 때까지
는, 그자뿐 아니라 다른 귀족들과도 힘을 합쳐야 한다는 겁니다. 요크 공작
에 대해선 좀 전에 보았던 소송이 그에게 불리하게 작용할 겁니다. 이렇게
하나하나 처리해 나가면, 마침내 저 세력들을 모두 뿌리 뽑게 될 겁니다. 그
러니 왕비님은 잡고 계신 키(舵)를 기쁜 마음으로 잘 조종해 주시기를 부탁
드립니다.

나팔 소리. 헨리 왕, 요크 공, 서머싯 공, 글로스터 공작과 그의 부인, 보퍼트 추기경,
버킹엄 공, 솔즈베리 백작, 워릭 백작 등장.

**헨리 왕**  경들, 나는 어느 쪽이라도 좋소. 서머싯이든지, 요크이든지, 나에게는
한 사람과 같소.
**요크**  만일 요크가 프랑스에서 한 행동이 부당한 것이었다면, 섭정직에서 물

러나게 해주십시오.

**서머싯** 만일 서머싯이 그 자리에 오를 자격이 없다면, 요크 공을 섭정직에 임명해 주십시오. 저는 양보하겠습니다.

**워릭** 공작께선 자격이 있다 없다 말씀하시지 않아도 됩니다. 요크 공작이 보다 적임자라고 생각하니까요.

**추기경** 야심에 찬 워릭 백작, 지위 높은 분이 먼저 말씀하시도록 가만히 계시오.

**워릭** 추기경께서도 전쟁터에 나가시면 저의 윗사람은 아니지요.

**버킹엄** 이 자리에 계신 모든 분이 그대보다 지위가 높은 분들이오, 워릭 백작.

**워릭** 그렇다면 이 워릭은 앞으로 여기에 있는 어느 분보다도 지위가 높은 사람이 되겠습니다.

**솔즈베리** 애, 그만하거라. 버킹엄 공작께서는 무슨 이유로 이 일에 서머싯 공을 추천하시는지 말씀해 주십시오.

**왕비** 전하께서 그렇게 하려고 하시기 때문입니다.

**글로스터** 왕비님, 전하께서는 이미 성년이 되셨으니 스스로 의견을 말씀하실 겁니다. 이 문제는 부인들 문제가 아닙니다.

**왕비** 전하께서 성년이라면, 무엇 때문에 아직도 전하의 섭정으로 계시는지요?

**글로스터** 왕비님, 저는 이 나라의 섭정입니다. 또한 왕께서 바라시면 저는 언제든지 물러나겠습니다.

**서퍽** 자, 그러면 어서 물러나셔서, 그 거만한 행동을 그만두시오. 공께서 왕이 되신 뒤로…… 공이야말로 왕이 아니고 누구이겠습니까? 이 나라는 차츰 힘을 잃어가고 있습니다. 나라 밖에서는 프랑스 세자가 승리를 거두었으며, 나라 안에서는 귀족들이 모두 당신이라는 군주의 노예가 되고 말았으니까요.

**추기경** 공은 백성들을 괴롭혔으며, 공의 착취로 성직자들도 주머니가 텅 비어버렸소.

**서머싯** 공의 호화로운 저택들을 꾸리고 부인의 사치스러운 옷들을 마련하느라 국고가 엄청나게 낭비되고 있습니다.

**버킹엄** 공이 죄인을 벌하는 방법 또한 법률 이상으로 가혹했소. 이제는 공 자신이 법에다 자비를 호소해야 할 것입니다.

**왕비** 프랑스 영토의 도시들과 관직들을 팔아먹었다는 혐의를 한 몸에 받고 있으므로, 만일 이것이 사실로 드러나게 되면 당신은 곧 머리 없는 몸뚱이로 뛰어다니게 될 겁니다. *(글로스터 퇴장. 왕비는 일부러 부채를 떨어뜨린다)* 부채를 집어다오! 이 못된 것, 부채를 집지 못해? *(공작부인의 뺨을 때린다)* 어머, 용서해 주세요. 죄송합니다. 공작부인이셨군요.

**공작부인** 나였느냐고요? 그래, 나였소. 이 거만한 프랑스 여자야! 내 손톱이 당신의 고운 얼굴 가까이 닿을 수만 있다면, 이 열 손가락으로 십계명을 새겨주겠소.

**헨리 왕** 숙모, 참으세요. 일부러 그렇게 한 게 아니니까요.

**공작부인** 일부러 한 게 아니라고요? 전하, 조심하십시오. 아마 저 여인은 전하가 하시는 일들을 가로막으며, 어린애 다루듯 전하를 어르고 달랠 것입니다. 오늘 이 자리에서는 전하께서 왕비한테 꼼짝 못하셨지만, 이 엘리너 부인이 당한 모욕을 그대로 두고 보게 하지는 않겠습니다. *(퇴장)*

**버킹엄** 추기경 각하, 내가 공작부인 뒤를 따라가서 험프리가 무엇을 하고 있는지 살펴보고 오겠습니다. 부인이 크게 흥분했으니, 더 자극할 필요는 없을 겁니다. 곧장 파멸로 줄달음질하겠죠. *(퇴장)*


글로스터 다시 등장.


**글로스터** 경들, 뜰을 한 바퀴 산책하고 나니 나의 분함이 풀어져서, 나랏일을 다시 의논하러 왔소. 여러분이 원한을 품고 말씀하시는 나의 이 억울한 죄는, 그 증거를 보여주신다면 마땅히 법의 제재를 받겠소. 하지만 주여, 저의 마음에 많은 축복을 부어주소서. 저는 전하와 이 나라를 위해 충성을 다하고 있습니다. 그러나 지금 처리할 문제로 전하께 아뢰옵건대, 요크가 프랑스 영토의 섭정으로서 가장 적임자라고 생각합니다.

**서퍽** 우리가 선출하기 전에, 요크는 섭정직으로서 가장 부적절하다는, 대단히 유력한 이유를 말씀드리도록 허락해 주십시오.

**요크** 서퍽, 내가 부적당하다는 이유를 말하죠. 첫째로 나는 자존심 때문에 당신에게 아첨할 수 없다는 사실이오. 둘째로 내가 그 자리에 임명되면 서머싯 공이 직무 이행도 하지 않을뿐더러, 돈과 무기가 없음에도 나를 이 자리에 머물러 있게 하겠지요. 그러는 동안에 프랑스 영토는 프랑스 세자의 손에 들어가고 말 것입니다. 전에도 나는 이분의 결정만 기다리다가, 파리가 포위되고 군사들이 굶주려 적에게 모든 것을 내주고 말았소.

**워릭** 거기에 대해선 내가 증인이 되죠. 어떠한 반역자라도 이렇게까지 부정한 짓을 저지른 적은 없습니다.

**서퍽** 가만히 계시오, 고집불통 워릭!

**워릭** 교만하신 분이여, 내가 어째서 가만히 있어야 하지요?


서퍽의 하인들이 호너와 피터를 데리고 등장.


**서퍽** 여기에 반역죄로 고발된 자가 있소. 요크 공작은 자신의 결백을 증명할 수 있도록 하느님께 기도나 드리시오!

**요크** 누가 이 요크를 반역자라고 고발했단 말이오?

**헨리 왕** 서퍽, 무슨 말이오? 그리고 이자들은 누구요?

**서퍽** 황공하오나 이자는 자기 주인을 반역죄로 고발했습니다. 이자의 주인은 "요크의 공작 리처드가 잉글랜드 왕위의 정당한 계승자이며, 전하께서는 찬탈자이시다" 이렇게 말했다 하옵니다.

**헨리 왕** 네 말이 틀림없느냐?

**호너** 황공합니다만, 저는 결코 그러한 말을 한 적이 없으며 그런 생각조차 하지 않았나이다. 하느님이 저의 증인이십니다. 저는 이 나쁜 놈한테 허위로 고발당한 것이옵니다.

**피터** 저의 이 열 손가락에 걸고 말씀드리옵건대, 여러 어른들이시여, 이 주인이 어느 날 밤 다락방에서 저에게 그렇게 말했습니다. 저희들은 요크 공작 나리의 갑옷을 문질러 닦고 있었지요.

**요크** 비열하고 추잡한 악당 같은 직공 놈아! 네가 그러한 반역의 말을 입 밖에 냈다면, 내가 네놈의 목을 치겠다. 이자를 엄벌에 처해 주시기를 전하께 간청드립니다.

**호너** 아, 제가 이런 말을 했다면 마땅히 처벌해 주옵소서! 저를 고소한 자는 저의 제자입니다. 얼마 전에도 저는 이놈이 그런 말을 하기에 꾸짖었더니, 무릎을 꿇고 용서를 빌었습니다. 이에 대해서는 확고한 증거가 있나이다. 그러하오니 전하께선 이 나쁜 놈의 고소로, 이 죄 없는 사람을 처벌하시지 않기를 엎드려 비옵나이다.

**헨리 왕**  숙부, 이 일을 법적으로는 어떻게 처리하는 게 알맞겠소?

**글로스터**  전하, 제 생각으로는, 이와 같이 판결했으면 합니다. 이 소송에 따르면 요크 공작에게 혐의가 있으므로, 서머싯 공작을 프랑스의 섭정으로 임명하시는 게 좋겠습니다. 그런 다음에 이 두 놈에게는 적당한 날을 받아 편리한 장소에서 결투를 명하옵소서. 왜냐하면 그 하인이 악의를 품고 있다는 증거를 주인이 가지고 있기 때문입니다. 이게 법률이며, 또한 험프리 공의 선고입니다.

**헨리 왕**  그럼, 그렇게 하시오.

**서머싯**  전하께 감사드립니다.

**호너**  저도 결투하라는 분부대로 따르겠사옵니다.

**피터**  아, 전하, 저는 싸울 수 없사옵니다! 오, 주여 저를 불쌍히 여겨주소서! 저 나쁜 놈이 저를 이겼습니다. 오, 주여 저에게 자비를 베풀어 주소서! 저는 칼싸움을 할 줄 모릅니다. 오, 주여 살려주소서!

**글로스터**  이놈아, 싸우지 않으면 교수형이야.

**헨리 왕**  자, 저놈들을 옥에 가두어라! 결투 날짜는 다음 달 마지막 날로 하는 게 좋겠소. 자, 그럼 서머싯, 곧 프랑스로 떠나시오. (퇴장)

〔제1막 제4장〕

런던. 글로스터 저택 정원.
마저리 조데인, 흄, 사우스웰, 그리고 볼링브룩 등장.

**흄**  자, 마법사님들, 공작부인께서는 여러분이 약속한 대로 마술을 행하기를 기대하고 계시오.

**볼링브룩**  흄 선생, 우리는 다 준비해 왔소. 부인께서는 우리가 혼령을 불러내는 것을 직접 보고 들으시겠단 말씀입니까?

**흄**   아, 물론이지요! 부인의 담력은 걱정하지 마시오.

**볼링브룩**   글쎄, 소문으로는 담력이 크신 분이라고 들었지만…… 하지만 흄, 우리가 마법을 행하는 동안 당신은 부인을 모시고 높은 곳으로 올라가 계시는 게 좋겠소. 제발 저쪽으로 가주시오. (흄 퇴장) 조데인 아주머니, 땅에 엎드리세요. 존 사우스웰, 주문을 읽으시오. 자, 이제 의식을 시작합시다.

공작부인, 흄과 함께 무대 위층에 등장.

**공작부인**   아, 여러분, 수고가 많으시오. 이 일은 빠르게 진행될수록 좋소.

**볼링브룩**   좀 기다려 주십시오, 마님. 마법사는 마법을 거는 때가 따로 있으니까요. 깊은 밤이나 어두운 밤, 조용한 밤이나 트로이성이 불탄 것 같은 한밤중, 부엉이가 울 때나 줄에 묶인 사나운 개가 짖을 때, 귀신들이 돌아다닐 때나 유령들이 무덤에서 나올 때—이런 때가 저희가 일을 하기엔 가장 알맞죠. 마님, 앉으시죠. 무서워하지 마세요. 저희가 불러내는 이 혼령은 마법을 거는 범위 밖으로는 나가지 못하니까요.

그들은 마법을 거는 의식을 올리고 나서, 땅 위에 원을 그린다. 볼링브룩과 사우스웰이 "콘주로 테"*² 주문을 왼다. 천둥소리가 무섭게 울리고 번개가 불꽃을 일으키더니 혼령 하나가 솟아오른다.

**귀신**   아드숨*³.

**조데인**   아스모데우스*⁴, 그대가 그 이름만 들어도 두려워 벌벌 떨게 하는 전지전능하시며 영원하신 하느님 앞에 맹세하고, 이제부터 내가 묻는 질문에 대답하라. 우리 물음에 대답할 때까지 그대는 이곳을 떠나지 못하리라.

**혼령**   무엇이든지. 아, 빨리 말해 버렸으면!

**볼링브룩**   (종이를 꺼내 읽는다)

---

*2 라틴어로 "내가 너를 부른다"는 뜻.

*3 라틴어로 "이 자리에 있다"는 뜻.

*4 〈토비트서〉에 나오는 악령의 이름.

첫째, 왕에 대해서. 왕은 앞으로 어떻게 되는가?

**혼령** 공작이 아직 살아 있을 때, 헨리 왕은 물러나게 된다. 하지만 그보다 오래 살되 비명에 죽게 되리라. (사우스웰은 받아 적는다)

**볼링브룩** 서퍽 공작의 운명은?

**혼령** 그는 물에서 죽음으로 삶을 마치리라.

**볼링브룩** 서머싯 공작은?

**혼령** 성(城)을 피하라 이르게. 높은 성에 있는 것보다는 모래밭이 안전하리라. 이제 그만하자. 더는 못 참겠어.

**볼링브룩** 암흑으로, 불타는 호수로 내려가라! 이 거짓말쟁이 악령아, 어서 가거라!

다시 천둥소리가 크게 울리고 번개가 불꽃을 일으키더니, 혼령이 사라진다. 요크 공작과 버킹엄 공작이 호위병을 데리고 서둘러 등장.

**요크** 이 반역자들과 그 나부랭이들을 잡아라! 이 더러운 마귀할멈, 네가 하는 짓을 가까이서 다 보았다. 아니, 부인께서도 여기에 계셨습니까? 전하와 이 나라가 부인의 이러한 노고에 대해서 감사드릴 것입니다. 아마, 섭정공께서는 부인에게 후한 상을 내려주실 것으로 믿습니다.

**공작부인** 이 무례한 공작 같으니, 왕에 대한 당신의 공로에 비하면 그 절반도 나쁘지 않소. 아무 이유도 없이 협박을 하시다니요.

**버킹엄** 사실이지요, 부인. 아무 이유도 없죠. 그런데 이건 무엇이오? (종이쪽을 부인에게 보인다) 이놈들을 끌고 나가라! 그리고 따로따로 가두어라. 부인, 부인께서도 우리와 함께 갑시다. 스태퍼드, 이 부인은 자네가 맡게. (부인과 흄이 호위를 받으며 위층 무대에서 퇴장) 이 자질구레한 증거품들을 조사해 봐야겠다. 자, 모두 비켜라. (조데인과 사우스웰도 호위당하며 퇴장)

**요크** 버킹엄 공, 공작께서 그 부인을 잘 감시하신 것 같군요. 아주 훌륭한 계략이었습니다! 그 마귀들이 뭐라고 썼는지 봅시다. 이건 뭐죠? (읽는다)

공작이 아직 살아 있을 때, 헨리 왕은 물러나게 된다. 하지만 그보다 오래 살되 비명에 죽게 되리라.

흥, 이것은 마치 "아이오 테, 아이아키다, 로마노스 빈체레 포세"*5로군. 그
리고 나머지도 읽어보자.

서퍽 공작의 운명은? 그는 물에서 죽음으로 삶을 마치리라. 서머싯 공작
은? 성을 피하라. 높은 성에 있는 것보다는 모래밭이 안전하리라.

자, 가십시다. 이 예언은 맞을 것 같지도 않고, 이해도 안 되는군요. 전하께
서는 이미 세인트 올번스 쪽으로 떠나셨습니다. 이 불쌍한 부인의 남편도
전하를 모시고 갔을 겁니다. 말이 달릴 수 있는 한 빨리 이 소식을 전합시
다. 이거야말로 섭정공에게는 슬픈 아침 식사가 되겠군요.

**버킹엄** 요크 공, 나를 전령으로 보내주시오. 그에게 보답받고 싶으니까요.

**요크** 좋을 대로 하시오. 거기에 누구 없느냐?

하인 등장.

**요크** 솔즈베리 백작과 워릭 백작을 내일 저녁 식사에 오시도록 초대해라. 어
서 가서 전하거라. (나팔 소리. 모두 퇴장)

〔제2막 제1장〕

세인트 올번스.
헨리 6세와 그의 왕비, 글로스터 공작, 보퍼트 추기경, 서퍽 공작, 소리를 지르며 매
들에게 신호를 보내는 매부리들을 데리고 등장.

**왕비** 경들이여, 나는 정말로 지난 7년 동안, 못가에서 매사냥을 하는 것이

---

*5 그리스 장군 피로스가 도도나에서 받은 애매모호한 신탁. "오, 너희, 아이아코스의 후손이
며, 로마인들 정복할 수 있을 것이다." 이렇게도 저렇게도 해석된다.

이토록 즐거웠던 적은 없었어요. 하지만 바람이 너무 강해서 늙은 존은 거의 날질 못했죠.

**헨리 왕** 그러나 숙부의 매는 확실한 표적을 겨누고 다른 어느 매보다도 가장 높이 올라갔소! 이걸 보니 모든 생물에까지 하느님의 손길이 미치고 있음을 알 수 있소! 그래요, 인간이나 새나 모두가 높은 곳으로 오르고 싶어 하오.

**서퍽** 전하께 황송한 말씀이오나, 섭정공의 매가 가장 높이 올라가는 것은 마땅한 일입니다. 아마도 그 매들은 자신들이 높이 날아오르는 것 이상으로 그 주인이 높은 자리에 오르고 싶어한다는 사실을 알고 있기 때문이겠죠.

**글로스터** 새보다 높이 올라갈 수 없다고 생각하는 자는 비굴한 자일 것입니다.

**추기경** 나도 그렇게 생각했습니다. 글로스터 경은 구름 위까지도 올라가려 하겠죠.

**글로스터** 추기경, 그게 무슨 말씀입니까? 추기경도 하늘나라에 올라갈 수 있다면야 좋지 않겠습니까?

**헨리 왕** 그거야 하늘나라는 영원한 기쁨을 누리는 곳이니까요.

**추기경** 그대의 하늘나라는 속세에 있소. 그대의 눈이나 마음은 언제나 왕관을 노리고 있으니까요. 그 왕관이야말로 그대 마음의 보물창고겠죠. 왕이나 국가에 대해서 아첨을 떠는 간교한 섭정직이요, 위험하기 짝이 없는 귀족이란 말이오!

**글로스터** 뭐라고요, 추기경! 당신은 사제이면서도 어찌 그리 독선적인 말씀을 하십니까? 신성한 사제 마음속에 그 같은 분노가 있을 수 있나요? 사제이면서 어찌 그리 성급하단 말이오? 숙부, 성스러운 옷을 입고도 그러한 악의를 감추시지 못한단 말입니까!

**서퍽** 악의라고요? 천만에요. 이런 논쟁이나 이같이 나쁜 귀족에 대해서는 그야말로 격에 맞는 분노이지요.

**글로스터** 나쁜 귀족이라는 것은 누구를 말하오?

**서퍽** 대단히 죄송스러운 말씀이오나, 당당하기 그지없는 섭정공 각하와 같은 분을 말하죠.

**글로스터** 서퍽, 당신이 거만한 것은 온 나라가 다 알고 있소.

**왕비** 글로스터, 당신의 야망도요.

**헨리 왕** 아니, 좀 가만있어요, 왕비. 이렇게 화가 난 귀족들을 자극하면 안 되오. 이 세상에서는 화해하는 자들이 복을 받는 것이오.

**추기경** 내가 이 칼로써, 저 거만한 섭정과 화해하게 된다면 축복을 받을 겁니다!

**글로스터** (추기경에게만 들리게) 나도 제발 그렇게 할 수 있다면 좋겠소!

**추기경** (글로스터에게만 들리게) 네가 감히 그럴 용기가 있다면 언제든지 좋아.

**글로스터** (추기경에게만 들리게) 이 일로 작당할 생각은 그만두고, 당신이 당한 모욕에는 혼자서 대답하시오.

**추기경** (글로스터에게만 들리게) 네가 감히 기웃거릴 수도 없는 장소에서 대결하겠다. 만일 네가 감히 나온다면, 오늘 저녁 저 숲 동쪽에서······.

**헨리 왕** 어떻게 된 일이오? 경들!

**추기경** 글로스터, 그대의 매부리가 그렇게 갑자기 새를 쫓아내지 않았더라면 우리는 틀림없이 더 많이 잡았을 거요. (글로스터에게만 들리게) 싸우러 올 때 긴 칼을 가지고 오게.

**글로스터** 물론이죠.

**추기경** (글로스터에게만 들리게) 잘 알았지? 동쪽 숲이다.

**글로스터** (추기경에게만 들리게) 추기경, 내가 상대해 주겠소.

**헨리 왕** 어찌 된 일이오? 글로스터 숙부.

**글로스터** 매사냥 이야기를 나누고 있습니다. 특별한 건 아니지요. (추기경에게만 들리게) 성모 마리아의 이름을 걸고 맹세하건대, 이제 당신의 성스러운 머리를 깨끗이 잘라버리겠소. 그걸 못한다면 내 검술은 다 된 거요.

**추기경** (글로스터에게만 들리게) "의사여, 너 자신의 병부터 고쳐라." 섭정, 주위를 잘 살펴서 자신을 보호하길 바라오.

**헨리 왕** 바람이 세어지오······ 그리고 경들의 분노도요. 아, 이러한 음악을 들으니 이 마음도 지루해지오. 이 두 줄이 이같이 삐걱거리니 어떻게 조화를 기대하리오. 바라건대 경들이여, 내가 이 다툼을 해결토록 해주오.

한 시민이 "기적이다!" 외치며 등장.

**글로스터** 왜 이렇게 시끄럽지? 너는 무엇을 기적이라 말하느냐?

**시민** 기적입니다! 기적입니다!

**서퍽** 전하께 다가와 어서 아뢰어라.

**시민** 세인트 올번스 성당에서 한 맹인이 반 시간 전에 눈을 떴답니다. 날 때부터 눈먼 사람이 말입니다.

**헨리 왕** 믿는 자에게 어둠 가운데 빛을 주시고, 절망 가운데 위안을 주시는 주여, 찬양받으소서.

세인트 올번스 시의 시장이, 심콕스를 태운 가마를 멘 신도 두 사람과 등장. 심콕스의 아내와 시민들이 그 뒤를 따르며 등장.

**추기경** 그 눈뜬 사람을 전하께 보이기 위해서, 시민들이 열을 지어 오고 있습니다.

**헨리 왕** 그자는 눈을 떴으니 이 세상에서 저지르게 될 죄가 곱절이 될 것이나, 어쨌든 이 세상에서 그자의 위안은 클지어다.

**글로스터** 자, 좀 비켜라. 그자를 전하 앞으로 데려오너라. 전하께서 친히 말씀하실 거다.

**헨리 왕** 선한 백성이여, 너에게 일어난 일들을 모두 말하여 주를 영화롭게 하라. 너는 오랫동안 맹인이었다가 다시 보게 되었느냐?

**심콕스** 황송하오나, 날 때부터 맹인이었습니다.

**심콕스의 아내** 그의 말은 사실입니다.

**서퍽** 이 여인은 누구인가?

**심콕스의 아내** 황송하오나, 저 사람의 아내입니다.

**글로스터** 네가 그의 어머니였다면 좀더 자세히 들을 수 있었을 텐데.

**헨리 왕** 태어난 곳은 어딘가?

**심콕스** 황송하오나, 저 북쪽에 있는 베릭이라는 곳입니다.

**헨리 왕** 가엾은 영혼이여, 하느님께서 너에게 큰 은총을 베푸셨도다! 이제부터는 낮이나 밤이나 주님께 감사하며 죄를 짓지 말고 살아가거라. 절대로 주님의 은총을 잊어서는 안 되느니라.

**왕비** 말해 보아라, 착한 자야. 너는 우연히 그 성당에 가게 되었느냐, 그렇지 않으면 신앙심 때문에 가게 되었느냐?

**심콕스** 하느님께서도 아실 것입니다. 거기엔 신앙심으로 갔습니다. 사실은 꿈에서 여러 번 올번스 성자의 부르심을 받았기 때문이었나이다. "심콕스, 내 성당에 와서 제물을 올리면 도와주겠다" 말씀하셨습니다.

**심콕스의 아내** 사실입니다. 저도 여러 번 그를 부르는 소리를 들었나이다.

**추기경** 아니, 너는 절름발이로구나?

**심콕스** 하느님 아버지, 저를 도와주시옵소서!

**서퍽** 어떻게 해서 절름발이가 되었느냐?

**심콕스** 나무에서 떨어졌습죠.

**심콕스의 아내** 어르신들, 자두나무에서 떨어졌답니다.

**글로스터** 맹인이 된 지 얼마나 되었느냐?

**심콕스** 날 때부터입니다.

**글로스터** 아니, 뭐라고? 날 때부터 맹인이었는데 나무에 올라가려 했다고?

**심콕스** 그 나무 하나만 올라갔습죠. 그건 제가 어렸을 때였습니다.

**심콕스의 아내** 사실입니다. 그놈의 나무에 올라가다가 비싼 대가를 치렀습죠.

**글로스터** 맹인이 그런 짓을 하려고 했다니, 네놈은 아마 자두를 무척이나 좋아하는 모양이지.

**심콕스** 아닙니다. 제 마누라가 자두를 먹고 싶다면서, 제 목숨을 걸고 올라가게 했습죠.

**글로스터** 이 교활한 놈! 그런 거짓말을 해봐야 소용없다. 네놈의 눈을 좀 들여다보자…… 눈을 감아라…… 자, 떠라. 아직도 잘 보이지 않는 것 같군.

**심콕스** 나리, 낮처럼 아주 잘 보입니다. 하느님과 올번스 성자께서 은총을 내려주신 덕분이죠.

**글로스터** 정말이냐? 자, 이 외투는 어떤 빛깔이냐?

**심콕스** 빨간 빛깔입죠. 피처럼 빨갛군요.

**글로스터** 맞았다. 나의 덧옷은 어떤 빛깔이냐?

**심콕스** 검은빛입니다. 흑옥처럼 새까맣습니다.

**헨리 왕** 그렇다면 네놈은 흑옥 빛깔을 알고 있느냐?

**서퍽** 저놈이 어떻게 흑옥을 봤겠습니까?

**글로스터** 그러나 외투나 덧옷은 이전에 여러 번 봤겠지.

**심콕스의 아내** 절대로요, 평생 그런 것을 본 적은 없습니다.

**글로스터** 네 이놈, 내 이름이 무엇인지 말해 봐라.

**심콕스** 나리, 모르겠습니다.

**글로스터** 저기 저 사람 이름은 무엇인가?

**심콕스** 모르겠습니다.

**글로스터** 그럼 저기 저분 이름도 모르느냐?

**심콕스** 예, 정말 모릅니다.

**글로스터** 너의 이름은 무엇이냐?

**심콕스** 황송하오나 제 이름은 손더 심콕스입니다.

**글로스터** 그렇다면 손더, 거기에 앉아라. 이 그리스도교 세상에서 가장 흉악한 거짓말쟁이로군. 날 때부터 눈이 멀었다는 네놈이 눈을 뜨자마자 우리가 입고 있는 옷의 빛깔을 말할 수 있다면, 우리 이름도 벌써 다 알고 있어야 하는 것 아니냐. 갑자기 눈을 뜨면 빛깔이야 구별할 수 있겠지만, 그 빛깔이 무슨 색인지 바로 말하는 것은 불가능하지 않느냐 말이다. 경들, 올번스 성자가 이 같은 기적을 행했습니다. 그러나 이 절름발이를 다시 걷게 할 수 있는 능력이야말로 위대한 것이라 생각하지 않으십니까?

**심콕스** 오 나리, 나리께서 고쳐주실 수 있다면!

**글로스터** 세인트 올번스의 신도들이여, 이 마을에는 교구 관리가 없소? 그리고 회초리라 부르는 물건도 없소?

**시장** 네, 있습니다.

**글로스터** 그럼, 곧 불러오시오.

**시장** 이보게, 어서 가서 관리를 불러오게. (수행원 한 사람 퇴장)

**글로스터** 자, 의자를 이리 곧 가져오너라.


수행원이 등받이 없는 의자를 가지고 온다.


**글로스터** 이놈아, 매 맞고 싶지 않으면 이 의자를 뛰어넘어 도망쳐라.

**심콕스** 아, 나리, 저는 혼자서 일어설 수가 없습니다. 아무리 때리신다 해도 소용없습죠.

교구 관리 한 사람이 회초리를 들고 등장.

**글로스터**　자, 이제 너의 다리를 찾아주겠다. 여봐라 관리, 저놈이 의자를 뛰어넘을 때까지 매질을 해라.

**관리**　분부대로 하겠습니다. 어서 윗옷을 벗어라.

**심콕스**　아, 관리 양반, 어떡하죠? 설 수도 없는걸요. (관리가 회초리로 한 대 때리자 그는 의자 위를 뛰어넘어 달아난다. 시민들은 "기적이다" 외치며 그를 뒤쫓아 간다)

**헨리 왕**　오, 주여, 주께서는 이걸 보시고 언제까지 참으시렵니까?

**왕비**　그놈 도망치는 꼴을 보니 웃음이 나오네요.

**글로스터**　저놈을 쫓아라. 그리고 이 못된 계집도 붙잡아라.

**심콕스의 아내**　아, 어르신들, 어쩔 수 없어서 이런 짓을 했습니다.

**글로스터**　여봐라, 저놈들이 장터를 지날 때마다 매질해서, 둘 다 베릭으로 돌려보내라. (시장과 관리, 심콕스의 아내 등 퇴장)

**추기경**　험프리 공작은 오늘 기적을 보여주었소.

**서퍽**　그렇습니다, 절름발이를 뛰어 달아나게 했으니까요.

**글로스터**　내 기적보다는 그대들이 행한 기적이 더 훌륭하오. 그대들은 하루만에 저자로 하여금 프랑스 모든 도시를 떠나게 했으니까요.


버킹엄 공작 등장.


**헨리 왕**　버킹엄 공작, 무슨 소식이오?

**버킹엄**　가슴이 떨려 차마 말이 나오지 않습니다. 악한 무리가 섭정직 부인 엘리너의 세력을 등에 업고, 그 부인을 앞장세워 마녀와 마법사들까지 끌어들이며 전하께 해를 끼치려는 음모를 꾸몄나이다. 이들은 모두 현장에서 체포되었습니다. 그들은 땅속으로부터 악한 혼령을 불러내어, 전하와 추밀원 고관들의 생사에 대해서 물어보고 있었습니다. 앞으로 이 사건을 상세하게 아뢰겠습니다.

**추기경**　음, 그렇다면 섭정공, 부인께서는 런던 법원에 이 사건으로 재판을 받으러 출두하셔야겠습니다. 이 소식을 들었으니, 공작의 칼날도 무뎌지겠지요. 아마도 당신에게 주어진 시간도 지키내지 못하겠군요.

**글로스터** 이 야심만만한 성직자, 나를 괴롭히지 마오. 슬픔과 분함으로 나는 힘이 다 빠졌소. 그러니 당신한테 항복하오. 아니, 가장 천한 놈한테라도 항복한단 말이오.

**헨리 왕** 아, 주여, 사악한 자들은 왜 나쁜 짓만 일삼으며 자신들 머리 위에 파멸의 흙더미를 쌓아 올립니까!

**왕비** 글로스터 공작, 자, 이걸로 당신 오명을 아셨겠지요. 당신 자신도 더럽혀지지 않도록 조심하시는 게 좋을 겁니다.

**글로스터** 왕비님, 하늘에 두고 맹세하나이다. 저는 전하와 이 나라를 진심으로 사랑합니다. 제 아내에 대해선 잘 알지 못하나, 이제 그 같은 보고를 듣고 보니 너무나 죄송합니다. 아내는 본디 고귀한 여인이지만, 만일 명예와 덕을 잊어버리고 기름 찌꺼기 같은 흉악한 무리들과 어울려 그 고결함을 더럽혔다면, 제 침실에서는 물론 저의 집안에서도 내쫓을 것이며, 글로스터 집안의 명예를 더럽힌 죄로 법에 따라 치욕을 받게 하겠나이다.

**헨리 왕** 오늘 저녁은 여기서 쉬고, 내일 아침 런던에 돌아가서 이 사건을 철저히 조사하겠소. 이 흉악한 범인들의 진술을 듣고 나서 정의의 공정한 저울대 위에 올려놓으면 어느 편이 정당한지 가려줄 것이오. (화려한 나팔 소리. 모두 퇴장)

〔제2막 제2장〕

런던. 요크 공작의 정원.
요크, 솔즈베리 그리고 워릭 등장.

**요크** 솔즈베리, 워릭 두 분, 간단한 식사를 마치고 이렇게 우리끼리 정원을 거닐면서, 잉글랜드 왕위에 대한 나의 절대적으로 확실한 권리에 대해 두 분의 의견을 들어봅시다.

**솔즈베리** 공작, 그 점에 대해서 충분한 이야기를 먼저 듣고 싶습니다.

**워릭** 요크 공, 어서 말해 주십시오. 만일 당신의 주장이 정당하다면 네빌 집안은 신하로서 복종하겠습니다.

**요크** 그것은 다음과 같습니다. 에드워드 3세에게는 왕자가 일곱 명 있었습니다. 그 첫째는 웨일스 공인 흑태자 에드워드였으며, 둘째는 햇필드의 윌리엄, 셋째는 클래런스의 공작 라이오넬, 그다음이 랭커스터의 공작 곤트의 존이며, 다섯째가 요크의 공작 에드먼드 랭글리, 여섯째는 글로스터의 공작 우드스톡의 토머스, 일곱째인 막내가 윈저의 윌리엄이었습니다. 흑태자 에드워드는 부왕에 앞서 세상을 떠났으므로, 그의 외아들이 에드워드 3세가 돌아가신 뒤 리처드 2세 왕이 되었죠. 그 뒤 곤트의 존의 맏아들인 랭커스터 공작 헨리 볼링브룩이 영토를 빼앗아, 정통을 이은 왕을 퇴위시키고 헨리 4세라는 이름으로 왕위에 올랐으며, 리처드 왕을 폼프렛성에 가두고 그 불행한 왕비를 프랑스에 돌려보냈소. 바로 그곳에서 죄 없는 리처드 왕이 반역자의 칼에 맞아 죽은 것은 모두가 잘 아는 바입니다.

**워릭** (솔즈베리에게) 아버지, 지금 공작께서는 진실을 말씀하셨습니다. 랭커스터 집안은 이 같은 반역으로 왕관을 빼앗은 것입니다.

**요크** 그들은 왕관을 정당성 없이 힘으로 거머쥐고 있습니다. 첫째 아들의 상속자인 리처드가 죽었으니, 마땅히 둘째 아들 자손이 왕위를 계승해야 하기 때문입니다.

**솔즈베리** 하지만 햇필드의 윌리엄은 후손 없이 돌아가셨죠.

**요크** 그러나 셋째 아들 클래런스 공작—사실 이 혈통에 따라 내가 왕관을 주장하는 것이지만—바로 이 공작에게는 필리파란 딸이 있었습니다. 그녀는 마치의 백작 에드먼드 모티머와 결혼해서, 마치의 백작 로저를 낳은 것입니다. 로저는 에드먼드, 앤, 그리고 엘리너를 낳았습니다.

**솔즈베리** 내가 책에서 읽은 바에 따르면, 그 에드먼드께서 볼링브룩의 통치 아래서 왕권을 주장하셨는데, 오웬 글렌다워만 아니었다면 왕이 되셨을지도 몰랐으나 그에게 잡혀 돌아가시고 말았지요. 자, 그다음에는 어떻게 되었는지 말씀해 주시오.

**요크** 그 큰딸 앤이 바로 우리 어머니시며, 왕관의 계승자였지요. 그런데 이 앤은 에드워드 3세의 다섯째 아들 에드먼드 랭글리가 낳은 아들 케임브리지의 백작 리처드와 결혼하셨던 겁니다. 이 앤으로 말미암아 내가 이 왕국을 요구하는 것입니다. 그분은 클래런스의 공작 라이오넬의 외딸 필리파가 에드먼드 모티머와 결혼하여 낳은 아들인 마치의 백작, 즉 로저의 계승자였습니다. 그러므로 형의 후손이 동생의 후손보다 앞선다면, 마땅히 내가 왕이 되는 것입니다.

**워릭**　이보다 더 명백한 계보가 어디 있겠습니까? 헨리는 넷째 왕자 곤트의 존의 후손으로서, 요크 공은 셋째 왕자의 후손으로서 두 분 모두 자신의 왕권을 요구하는 것이지요. 그러고 보니 라이오넬의 후손이 없어지지 않는 한 헨리는 왕권을 장악할 수가 없는 것입니다. 그러나 오늘날 라이오넬의 후손, 바로 공작과 그 줄기의 아름다운 가지인 공작의 아들들이 번성하고 있습니다. 그렇다면 아버지, 우리 둘이 무릎을 꿇고 아무도 없는 이 자리에서 정당한 왕위 계승권을 가지신 군주 앞에 예를 올리는 게 좋겠습니다.

**두 백작**　잉글랜드의 군주 리처드 전하 만세!

**요크**　경들, 고맙습니다. 그러나 나는 아직 왕이 아니오. 내가 왕관을 머리에 쓸 때까지는, 그리고 나의 이 칼이 랭커스터 집안 사람들 심장에서 피를 흘리게 하기 전에는요…… 그러나 이 같은 일은 하루아침에 되는 건 아니니, 신중하게 비밀리에 이루어져야만 할 것입니다. 이 위험한 시기를 맞아서 여러분이나 나나 서퍽 공작의 무례한 행동, 보퍼트의 거만함과 서머싯의 야심, 그리고 버킹엄과 그 패거리들을 보고도 못 본 체합시다. 틀림없이 그놈들이 양치기와도 같은 저 덕망 있는 험프리 공작에게 올가미를 씌우게 될 테니, 그때까지 기다려 봅시다. 이 요크의 예상대로라면, 그놈들은 못된 짓들을 하다가 스스로 파멸을 부르게 될 것이오.

**솔즈베리**　이젠 가보겠습니다. 경의 뜻을 잘 알았습니다.

**워릭**　언젠가는 요크 공작을 반드시 왕위에 오르게 할 것을 마음으로 맹세합니다.

**요크**　네빌, 나도 맹세하오. 이 리처드 후손이 살아 있는 한 워릭 백작을 잉글랜드 왕 다음가는 가장 큰 권력자가 되게 해주리다. (모두 퇴장)

〔제2막 제3장〕

런던. 법정.

나팔 소리. 왕, 왕비, 글로스터, 요크, 서퍽, 솔즈베리 등장. 이어 글로스터 공작부인, 마저리 조데인, 사우스웰, 흄, 볼링브룩이 호위를 받으며 등장.

**헨리 왕**  앞으로 나오라, 글로스터의 아내 엘리너 코범. 하느님과 인간 앞에서, 그대의 죄는 지극히 크도다. 성경에 죽어 마땅하다고 선언된 죄악이니만큼, 법의 처벌을 받아라. 너희 네 사람은 감옥으로 다시 돌아가 거기서 형장으로 가거라. 마녀, 너는 스미스필드에서 화형에 처할 것이며, 나머지 셋은 교수형에 처하리라. 그리고 부인은 고귀한 집안 사람이므로 평생 그 명예를 박탈하며, 사흘 동안 백성들 앞에서 참회의 고행을 한 뒤에, 맨섬(島)으로 유배 가서 기사 존 스탠리와 더불어 남은 삶을 마치도록 하라.

**공작부인**  사형이라도 감수했을 텐데, 유형을 내리시니 기쁘게 받아들이나이다!

**글로스터**  엘리너, 법률로써 유죄 판결을 한 것이니 내 힘으로는 변호할 수 없소. (공작부인과 다른 죄수들 호위되어 퇴장) 나의 눈은 눈물로, 내 마음은 슬픔으로 가득하다. 아, 험프리는 이 늙은 나이에 모욕을 겪고 슬픔으로 고개를 숙이는구나. 전하, 간청하오니 이 자리를 물러나게 해주십시오. 슬픈 마음은 위로를 원하고, 늙은 몸은 휴식을 바라옵니다.

**헨리 왕**  글로스터 공작 험프리, 잠깐만 기다리시오. 이 자리를 떠나기 전에, 섭정의 지팡이를 나에게 주시오. 앞으로는 헨리 스스로 나라를 다스리겠소. 그리고 주께서 나의 소망, 나의 기둥, 나의 인도자, 내 발을 비추어 주는 등대가 되실 것입니다. 험프리 공작, 편히 돌아가시오. 나의 애정은 공작이 섭정이었을 때와 조금도 변함이 없소.

**왕비**  성년이 되신 전하께서 어린아이처럼 섭정을 필요로 할 까닭이 없다고 생각합니다. 하느님과 헨리 왕께서 잉글랜드를 다스리소서! 당신의 지팡이를 내놓으시고, 전하의 영토를 돌려주십시오.

**글로스터**  이 지팡이요? 전하, 받아주소서. 지난날 전하의 부왕이신 헨리 5세로부터 받았을 때처럼 기쁘게 돌려드립니다. 또한 야심을 가진 자가 이것을 받을 때처럼 기쁘게 전하의 발아래에 돌려드립니다. 전하, 만수무강을 비옵니다. 이 몸이 죽어 없어지더라도, 전하의 옥좌에 명예로운 평화가 깃드시기를! (퇴장)

**왕비**  아, 이제야 헨리는 왕이 되고, 마거릿은 왕비가 되었습니다. 글로스터 공작 험프리는 이제 아무것도 아닙니다. 단번에 두 팔을 꺾였으니까요…… 그 부인이 추방당해 팔다리가 끊어진 셈이며, 게다가 명예의 지팡이까지 빼앗겼으니까요. 이제 이 지팡이는 마땅히 있어야 할 곳인 헨리 전하의 손에 쥐어드리기로 합시다.

**서퍽**  이렇듯 하늘 높이 솟은 소나무도 시들면 그 가지를 축 늘어뜨립니다. 이것으로 저 엘리너의 교만도 한창 젊은 날에 시들어 버리는군요.

**요크**  그 이야기는 그만합시다. 황공하오나 전하, 오늘이 결투하기로 한 날입니다. 그러므로 소송인인 도제와 피고인 갑옷 제작자는 전하께서 관람을 위해 들어오시는 대로 경기장에 들어갈 준비를 마쳤나이다.

**왕비**  전하, 그러면 가시지요. 저는 이 결투의 승부를 보기 위해 일부러 궁궐에서 왔으니까요.

**헨리 왕**  경기장에 모든 준비를 갖추고, 그들을 결투로써 판결하시오. 주여, 정의로운 자를 지켜주소서.

**요크**  경들, 나는 이제까지 저 소송인인 갑옷 제작자의 제자보다 더 불쌍하고, 더 싸우기를 무서워하는 놈은 본 적이 없소.


이때 한쪽 문에서 호너와 그의 이웃사람들 등장. 그들은 호너에게 승리를 빌며 술을 계속 권한다. 호너는 술에 흠뻑 취한 상태로, 모래주머니가 달린 긴 지팡이를 가지고 있다. 그리고 그의 앞에 북치는 사람 등장. 한편 다른 쪽에서는 피터가 모래주머니를 가지고 북치는 사람과 등장. 그리고 도제들이 그의 승리를 빌며 술을 권한다.


**이웃사람 1**  여봐, 호너, 나는 자네의 승리를 위해서 셰리주 한 잔 마시겠네. 겁내지 마. 틀림없이 이길 테니.

**이웃사람 2**  이 달콤한 포도주 한 잔도 자네의 승리를 위한 것이네.

**이웃사람 3**  자, 여기 독한 맥주 한 잔 받게나. 그깟 도제 녀석 무서워할 필요 없네.

**호너**  자, 술잔을 돌리세. 내가 모두에게 한 잔씩 건네지. 피터, 이거나 받아라! (두 손가락 사이로 엄지손가락을 내민다)

**도제 1**  자, 피터, 자넬 위해서 한 잔 마시네. 두려워하지 말게.

**도제 2**  힘내, 피터, 스승 같은 건 두려워하지 말고. 자네는 도제들의 명예를 위해서 싸워야 하네.

**피터**  모두들 고맙네. 어서 마시게, 그리고 제발 날 위해서 기도해 주게. 이 술잔이 내가 이 세상에서 마시는 마지막 잔이 될 거야. 이봐, 로빈, 내가 죽으면 내 앞치마는 자네가 갖게나. 그리고 윌, 자넨 내 망치를 갖고. 톰, 자네는 내 돈을 모두 갖게. 주여, 축복해 주소서. 저는 검술을 잘하는 스승과는 도저히 상대가 될 수 없으니, 하느님께 비옵니다.

**솔즈베리**  자, 이제 그만들 마시고 시합을 하게. 이봐, 자네는 이름이 뭐지?

**피터**  피터입니다.

**솔즈베리**  피터하고 또 뭐라고 부르지?

**피터**  섬프입니다.

**솔즈베리**  섬프(Thump, 쿵!)라고? 자, 그렇다면 네놈의 스승을 세게 쿵쿵 치려무나.

**호너**  이봐, 친구들, 나는 말이야, 제자란 놈한테 부추김당해 여기까지 온 거라고. 나는 지금 그놈이 나쁜 놈이고, 내가 정직한 사람이라는 것을 증명해야만 해. 그리고 요크 공작에 대해 나는 절대로 목숨을 걸고 이야기하겠는데, 나쁜 마음을 갖고 있는 게 아냐. 왕에 대해서도 그렇고, 왕비에 대해서도 마찬가지야. 그러니 피터, 단 한 대로 너를 쓰러뜨리겠다.

**요크**  빨리 해라, 이놈. 혀가 꼬부라지기 시작하는구나. 자, 나팔을 불어 결투를 알려라. (나팔 소리. 둘이 싸운다. 피터가 자기 스승을 쳐서 쓰러뜨린다)

**호너**  그만해, 피터, 그만! 자, 고백한다. 반역을 고백한다! (죽는다)

**요크**  저놈의 무기를 빼앗아라. 네놈은 하느님께 감사하고, 또 네 스승을 물리쳐 준 술에게도 감사해라.

**피터**  오, 신이여, 이렇게 사람들 앞에서 제가 원수를 이겼나이까? 오, 피터, 네가 이겨서 드디어 정직한 놈이 되었구나.

**헨리 왕**  저 반역자의 시체를 치워라! 저자가 죽은 걸 보니 그에게 죄가 있다. 정의로우신 하느님은, 그놈이 부정하게도 죽이려 했던 이 불쌍한 자의 무죄함을 보여주셨다. 자, 따라오너라. 너에게 상을 내리겠다. (나팔 소리가 화려하게 울려 퍼진다. 모두 퇴장)

런던. 거리.
글로스터와 하인들, 상복을 입고 등장.

**글로스터** 가장 맑은 날에도 때로는 구름이 끼고, 여름이 지나가면 늘 그렇듯 살을 에는 추운 겨울이 오게 되지. 그렇게 계절이 지나는 동안, 걱정과 기쁨도 쉬임 없이 왔다가는 사라진다네. 이보게, 지금 몇 시인가?

**하인** 10시입니다.

**글로스터** 10시라면, 형을 선고받은 부인을 보러 가야 할 시각이구나. 이 자갈 길을 저 부드러운 맨발로 밟고 지나가는 것은 참으로 견디기 어렵겠지. 아, 넬! 그대가 그 옛날 의기양양하게 수레를 타고 거리를 지날 때 그대의 자랑스러운 수레바퀴를 쫓아오던 그 천한 백성들이, 이제는 그대의 부끄러운 모습을 손가락질하며 짓궂은 얼굴로 바라보겠지. 그대의 고귀한 마음이 어찌 잘 견딜 수 있으리오. 쉿, 왔나 보다. 내 눈물어린 눈으로 처량한 그대의 모습을 보아야겠다.

글로스터 공작부인이 흰옷을 입고, 등에 종이를 달고, 손에는 촛불을 든 채로 맨발로 등장. 그 밖에 존 스탠리, 주장관 관리들 등장.

**하인** 제발, 저희들이 마님을 저 주장관 손에서 빼내 오도록 허락해 주십시오.

**글로스터** 안 돼, 손대지 마라. 네 목숨이 위험하다! 그대로 지나치게 해라.

**공작부인** 여보, 당신은 나의 이 부끄러운 모습을 보러 오셨습니까? 그렇다면 당신도 참회의 고행을 하시는 게 됩니다. 저놈들의 눈초리를 보십시오. 저 경솔한 군중이 당신을 바라보며 손가락질하고 머리를 끄덕이고 있습니다. 아, 글로스터, 저 증오에 가득 찬 얼굴들을 피하세요. 그리고 홀로 독방에 앉아, 나의 수치를 슬퍼하고 원수들을 저주하십시오. 나와 당신의 원수들을요.

**글로스터** 여보, 넬, 참으오. 이 슬픔을 잊어버려요.

**공작부인**  아, 글로스터, 나 자신을 잊도록 방법을 가르쳐 주세요. 나는 아직도 당신의 아내이며, 당신은 왕족으로서 이 나라의 섭정입니다. 그런 내가 이렇게 등에 종이를 달고, 수치로 몸을 감싼 채, 이 흐르는 눈물과 깊은 신음 소리에 기뻐하는 무리들을 뒤따르게 하며 거리를 끌려다닐 수만은 없습니다. 무정한 돌길이 내 부드러운 발을 상처내서 고통으로 움츠러들 때마다, 심술궂은 놈들은 비웃으며 조심해서 걸으라고 외칩니다. 아, 험프리, 이 부끄러운 멍에를 견딜 수 있을까요? 내가 이 세상에 다시 얼굴을 내밀 수 있을까요? 또 햇빛을 즐기는 사람들을 바라보며 행복하다고 여길 수 있을까요? 아니지요. 이제부터 어둠은 나의 빛이 되며, 밤이 나의 낮이고…… 지난날 부귀영화도 지옥처럼 여겨질 것입니다. 때때로 나는 이렇게 말하겠지요. 나는 험프리 공작의 부인이며, 남편은 왕족으로서 이 나라의 통치자라고. 하지만 남편은 통치자이며 왕족이면서도 자신의 버림받은 아내가 천한 백성들의 놀림감이 되었을 때 그저 우두커니 서서 바라보고만 있었다고. 당신은 가만히 계세요. 내 수치를 보고 얼굴을 붉히지 말고, 죽음의 도끼가 당신의 목 가까이 올 때까지 어떠한 일에든지 상관 마세요. 아마 죽음의 도끼는 당신에게 반드시 오고 말 것입니다. 당신을 미워하고, 아니 우리 집안 사람들을 모두 미워하는 왕비와 한통속이 되어 무엇이든 하려 하는 서퍽을 비롯해 요크, 그리고 저 신앙심 없는 못된 사제 보퍼트 등이 모두 당신을 잡으려고 수풀 나뭇가지에 끈끈이를 발라놓았으니까요. 그러니 당신은 아무리 날갯짓을 해도 반드시 걸려들 것입니다. 그러나 두려워 마세요. 당신 발이 올가미에 걸릴 때까지는 원수를 미리 막으려고 하지도 마세요.

**글로스터**  아, 넬, 참아요! 당신 생각은 모두 옳지 않소. 죄를 져야만 죄인의 판결을 받게 되는 법이오. 원수가 지금보다 이십 배나 더 많고, 또 그들 하나하나가 이십 배나 더 많은 권력을 가졌다 해도, 내가 왕께 충성하고 진실하며 죄가 없는 이상 나를 해칠 수는 없을 것이오. 당신은 나보고 이 치욕에서 구해 달라는 것이오? 하지만 당신의 이 오명은 씻을 수 없는 것이며, 나는 국법을 위반해서는 안 되는 사람이오! 당신에게 가장 큰 도움이 되는 것은 조용히 있는 것이오. 넬, 제발 인내심을 갖고 당신의 심장을 잘 달래 주오. 이 같은 구경거리는 며칠 지나면 끝날 거요.

전령관 등장.

**전령관** 전하께서는 다음 달 초하루 베리에서 열리는 의회에 공작이 출석하시도록 명령하셨습니다.

**글로스터** 이에 대해 사전에 아무 승낙도 없었는데! 이건 무슨 음모가 있나보군. 알았다, 출석하겠다. (전령관 퇴장) 넬, 이제 작별합시다. 주장관, 전하의 명령 이상의 처벌은 삼가주오.

**주장관** 황송하오나 저의 임무는 이것으로 끝났습니다. 이제 기사 존 스탠리가 명을 받들어 부인을 맨섬으로 모시고 갈 것입니다.

**글로스터** 존, 이 부인을 그대가 지키도록 명을 받았소?

**스탠리** 황송하옵게도 그 같은 분부를 받았습니다.

**글로스터** 부인을 잘 부탁하오. 내가 부탁한다고 해서 부인을 함부로 대해서는 아니 되오. 좋은 세상이 다시 오게 될지도 모르니, 만일 잘 모신다면 그 은공은 내가 갚으리라. 자, 그러면 잘 가시오, 존.

**공작부인** 아, 여보, 가시면서 내게는 작별 인사도 안 하시나요?

**글로스터** 내 눈물을 보오. 더는 말을 잇지 못하겠소. (하인들과 함께 퇴장)

**공작부인** 당신도 가버리셨나요? 내 모든 위안도 당신과 더불어 사라졌습니다! 이제 나에게는 아무것도 없어. 내게 남은 기쁨이란 죽음뿐. 이 세상이 영원하기를 원했기에, 때로 그 이름만 듣고도 놀랐던 죽음만이 나의 기쁨이지. 스탠리, 제발 나를 여기서 떠나게 해주세요. 어디라도 좋아요. 당신의 호의도 구하지 않겠어요. 그저 당신이 명령받은 곳으로 나를 데려가 주세요.

**스탠리** 부인, 가실 곳은 맨섬입니다. 거기서 부인의 신분에 알맞은 대접을 받게 됩니다.

**공작부인** 아주 혹독한 대접이겠죠. 내가 욕된 몸이니…… 아마도 거기서 모욕을 당하게 되겠죠?

**스탠리** 공작부인에 알맞은, 즉 험프리 공작부인 신분에 어울리는 대접을 받으시게 됩니다.

**공작부인** 주장관, 안녕히 가시오. 당신은 나를 치욕스럽게 했으나, 나보다 행복하게 사시길 바라오.

**주장관** 제가 맡은 직책을 수행했을 따름이니, 부디 용서해 주십시오.

**공작부인** 아, 알겠어요. 안녕히 가시오. 당신의 직무는 끝났군요. 자, 스탠리, 이제 갑시다.

**스탠리** 부인, 부인의 참회는 끝났으니 그 종이를 떼시고 여장을 꾸리시지요.

**공작부인** 이 종이를 떼어버린다 해서, 내가 받은 치욕이 사라지지는 않겠죠. 내가 아무리 좋은 옷을 입는다 해도, 이 수치와 모욕은 나의 화려한 옷에 언제나 붙어다니겠죠. 자, 길을 안내해요. 나의 감옥을 어서 보고 싶군요. (모두 퇴장)


〔제3막 제1장〕


베리에 있는 세인트 에드먼드 대성당.
나팔 소리가 울려 퍼진다. 왕, 왕비, 보퍼트 추기경, 서픽, 요크, 버킹엄, 솔즈베리, 워릭 등이 의회에 등장.


**헨리 왕** 글로스터 경이 아직 나타나지 않으니 어찌 된 일인가? 경은 어떠한 사정이 생기더라도, 절대로 늦게 오는 법이 없었는데.

**왕비** 전하께서는 그의 태도가 이상하게 변한 것을 알아차리지 못하셨는지요? 요즈음 그는 왕처럼 당당한 자세로, 자만심에 가득 차서 거만하게 굴며, 이전과 다르게 행동하는 것 같지 않습니까? 전에는 온화하고 친절한 분이었습니다. 멀리서 슬쩍 보기만 해도 곧 무릎을 굽히고 예를 올렸기에 궁중에서는 모두들 그의 공손한 모습을 칭송했습니다. 하지만 요즘에는 모든 사람이 아침 인사를 드릴 때에도, 이마를 찌푸리고 화난 눈길로 무릎도 굽히지 않고 전하 곁을 그대로 지나치고는 합니다. 강아지는 이빨을 드러내도 사람들이 무서워하지 않으나, 사자가 으르렁대면 어른도 소스라치게 놀라 떠는 법입니다. 저 험프리는 잉글랜드에서 작은 인물이 아닙니다. 첫째로, 그 혈통으로 보아 전하와 가장 가까운 만큼, 전하께 무슨 일이 생긴다면 그가 그 자리를 이을 것입니다. 따라서 그의 악한 마음과 전하께서 세상을 떠나신 뒤에 그가 얻게 될 이득을 생각해 볼 때, 그를 전하 가까이 오게 하거나 회의에 참석하게 한다는 것은 지혜롭지 못한 일 같습니다. 그는

추방 선고를 받은 글로스터 공작부인이 흰옷 차림으로 양초를 들고 런던 거리를 돌아다니는 장면　알렉상드르 비다. 19세기.

백성들에게 아첨해 이들의 마음을 얻었으니, 만일 그가 반란을 일으킨다면 백성들이 그를 따를까 두렵습니다. 지금은 봄입니다. 봄에는 잡초의 뿌리가 깊지 못하나 그대로 놓아두면 뜰 전체에 퍼져, 심어놓은 화초가 시들게 될 것입니다. 전하를 경애하는 제 마음이, 공작이 잡초라는 사실을 깨닫게 했습니다. 이 같은 생각을 어리석다 여기신다면, 이를 그저 여자들이 갖는 걱정이라고 웃어버리소서. 만일 저의 이러한 걱정을 떨쳐버릴 수 있는 훌륭한 이유들이 있다면, 저의 주장을 포기하고 공작에게 잘못했다고 사과하겠습니다. 서퍽, 버킹엄, 요크…… 여러 경들이여, 내 주장이 틀렸다면 나무라 주시고 그게 아니라면 나의 말이 옳다고 찬성해 주시오.

**서퍽** 왕비님께서는 공작을 옳게 판단하셨습니다. 만일 저에게 먼저 의견을 말하라고 분부하셨다면, 왕비님께서 말씀하신 그대로 아뢰었을 것입니다. 그 공작부인은 틀림없이 공작이 시켜서 그처럼 사악한 짓을 저지른 것으로 생각됩니다. 만일 그분이 그 범죄에 대해서는 잘 알지 못했다 해도 전하 다음가는 왕위 계승자라는 자신의 고귀한 혈통과 훌륭한 가문을 지나치게 내세우며, 저 광증의 공작부인을 부추겨 전하의 몰락을 꾀하도록 계책을 꾸민 것으로 생각됩니다. 냇물이 깊으면 물살은 잔잔한 법입니다. 공작은 충직한 겉모습 뒤에 반역의 뜻을 품고 있는 것입니다. 여우는 어린 양을 훔칠 때 소리를 내지 않는 법이지요. 그렇습니다, 전하. 글로스터는 마음을 헤아려 볼 수 없는, 기만으로 가득 찬 인물입니다.

**추기경** 그는 국법을 어겨 가며 하찮은 범죄에 대해서 전례 없는 사형을 내리지 않았습니까?

**요크** 그렇습니다. 그가 섭정직으로 있을 때, 프랑스에 출정한 병사들의 봉급을 준다며 국내에서 거액의 세금을 징수하고는 병사들에게 보내지 않아 모든 도시에서 날마다 반란이 일어나지 않았습니까?

**버킹엄** 쳇, 그러한 것들은 험프리 공작의 아직 드러나지 않은 죄악들에 비하면 보잘것없는 거지요.

**헨리 왕** 경들, 솔직히 말해서…… 나를 걱정하여 내 발을 상하게 하는 악한 가시를 없애려는 경들의 충성된 마음이야말로 칭찬할 바이나, 내 생각을 말하자면 글로스터 숙부는 나에게 반역의 뜻을 품지 못할 만큼, 젖먹는 양이나 온순한 비둘기와도 같이 선하신 분이오. 공작은 덕이 있고 온화하며 성품이 고결해 꿈에도 나쁜 일을 생각지 못하며, 나의 몰락을 꾀하지도 못할 것이오.

**왕비** 아, 그 같은 어리석은 마음보다 더 위험한 것은 없습니다. 그가 비둘기 같이 보인다고요? 그렇다면 그 날개는 빌려서 온 것이겠죠. 그의 성품은 아주 흉악한 까마귀와 같습니다. 또 그가 양과 같다고요? 그렇다면 그 가죽도 틀림없이 빌려 온 것입니다. 그 천성이 잔인한 늑대와 같으니까요. 사람을 속이려는 자로서 겉모습을 훔치지 않는 자가 어디 있겠습니까? 전하, 경계하십시오. 앞으로 이 나라의 번영은 모두 저 사기꾼을 제거하는 데에 달려 있습니다.

서머싯 등장.

**서머싯**  전하의 건강을 비옵니다.

**헨리 왕**  서머싯 공작, 잘 오셨소. 프랑스는 어찌 되었소?

**서머싯**  프랑스령 전하의 영토들을 빼앗겼나이다. 모든 영토를 잃어버렸습니다.

**헨리 왕**  언짢은 소식이군요, 서머싯! 그러나 하느님의 뜻이겠죠!

**요크**  (혼잣말로) 내게도 언짢은 소식이야. 나는 이 기름진 잉글랜드는 물론, 프랑스에 대해서도 굳건한 희망을 가지고 있었는데 말이야. 아, 이제 내 희망의 꽃은 봉오리째 시들고, 벌레가 잎사귀를 갉아먹고 있구나. 하지만 나는 머지않아 이 일을 바로잡겠어. 그렇게 하지 못하면 나의 권리를 영광스러운 무덤과 맞바꾸겠다.

글로스터 등장.

**글로스터**  전하께 모든 행운이 함께하소서! 너무 늦어서 죄송합니다.

**서퍽**  글로스터, 천만의 말씀. 당신이 보기보다 충성스럽지 않은 분이라면, 지금도 너무 빨리 오신 거지요. 당신을 대역죄로 체포하겠소.

**글로스터**  음, 서퍽, 체포된다 해서 나는 얼굴을 붉히거나 낯빛을 바꾸지는 않겠소. 양심에 거리낄 게 없는 자는 쉽게 두려워하지 않는 법. 맑은 샘물은 진흙으로 더럽혀지지 않지만, 조금도 반역을 생각지 않은 이 깨끗한 마음보다 더 깨끗할 수는 없을 것이오. 누가 나를 고발한단 말이오? 내게 무슨 죄가 있소?

**요크**  당신은 프랑스에서 뇌물을 받았고, 섭정직으로 있으면서 병사들의 봉급을 횡령했기 때문에, 전하께서 프랑스 영토를 잃게 된 것이라고들 생각하고 있습니다.

**글로스터**  그렇게 생각하고 있다고? 도대체 그렇게 생각하는 자가 누구요? 나는 군사들의 봉급을 횡령한 적도 없으며 프랑스에서 단 한 푼도 뇌물을 받은 적이 없소. 주여, 도와주소서. 나는 밤에도 잠들지 않고 잉글랜드의 복리를 위해 지혜를 짜내며 고심해 왔소. 전하의 재산에서 단 한 푼이라도 내 욕심을 채우기 위해 쌓아둔 적이 없소. 만일 있다면 그 증거를 대시오! 나는 오히려 가난한 백성에게 물게 하고 싶지 않았기에, 나의 많은 재산을 주둔군에게 지불한 뒤 그 배상을 나라에 요구한 적도 없소.

**추기경**  그만큼 말하면 큰 도움이 되겠군요.

**글로스터**  나는 진실을 말한 것뿐이오. 주여, 도와주소서.

**요크**  공이 섭정직에 있을 때, 죄인에 대해 전례 없는 가혹한 법을 만들어 잉글랜드는 폭정을 일삼는 나라라는 오명을 쓰게 되었소.

**글로스터**  자, 내가 섭정직으로 있을 때 잘못이 있었다면, 그것은 백성을 불쌍히 여겼다는 것뿐일 거요. 이는 세상이 모두 알고 있소. 나는 죄인이 눈물을 흘리면 곧 마음이 풀어져서, 그들이 엎드려 뉘우치는 말들을 속죄의 몸값으로 생각했기 때문이오. 죄인이 잔인한 살인범이나 힘없는 나그네를 약탈한 흉악한 도둑이 아니라면, 그들에게 마땅한 처벌을 내리지 못했던 것이오. 그러나 잔악무도한 살인죄만은 그 어느 중죄보다 가혹한 처벌을 했소.

**서퍽**  그 같은 죄는 가벼우니 쉽게 변명할 수도 있으나, 공에게는 더 무거운 죄가 있소. 따라서 전하의 이름으로 당신을 체포하여 재판이 열릴 때까지 추기경 각하에게 맡기겠소.

**헨리 왕**  글로스터 경, 나는 그대가 이 모든 혐의에서 풀려나기를 간절히 바라오. 나의 양심에 두고 경이 무죄임을 믿고 있소.

**글로스터**  아, 인자하신 전하, 지금은 위험한 시기입니다. 미덕은 사악한 야심으로 숨이 막히고 자비는 원한 품은 자에게 쫓기고 있습니다. 부정한 위증이 날뛰고, 공정함은 전하의 나라에서 추방되고 말았습니다. 이들은 제 목숨을 빼앗으려고 흉계를 꾸미는 것입니다. 만일 제가 죽어서 이 나라가 행복하게 되고 이들의 폭력이 끝난다면, 기꺼이 제 목숨을 바치겠나이다. 그러나 저의 죽음은 이들 연극의 서곡에 지나지 않을 것입니다. 지금은 아무 위

드라마 〈헨리 6세 제2부〉 글로스터 공(베네딕트 컴버배치). 2016.

험도 느끼지 않는 사람들이 앞으로 수없이 죽어간다 해도, 이 같은 계획적인 비극을 끝내지는 못할 겁니다. 보퍼트의 저 핏발 선 눈빛이 그의 사악한 마음을 말해 주며, 서퍽의 저 음울한 얼굴은 폭풍 같은 증오심을 보여줍니다. 버킹엄의 독설은 마음속에 품은 악의들을 혀를 움직여 풀어놓는 것이지요. 또 오만한 요크는 달이라도 딸 기세로 내미는 그 야심에 찬 팔을 제가 잡아 비틀어 놓았더니, 저를 허위로 고발해 제 목숨까지 빼앗으려 하는 것입니다. 그리고 왕비님께서도 저자들과 더불어 이유 없이 저를 모욕하고, 온 힘을 다해 전하를 부추겨서 제 원수로 만들려 하시는군요. 그렇습니다. 여러분은 함께 머리를 맞댔지요. 나는 이 죄 없는 목숨을 없애버리려는 여러분의 비밀회의를 이미 눈치채고 있었습니다. 물론 나를 죄인으로 내세울 위증이나, 나의 죄를 무겁게 할 여러 죄명쯤이야 많이 만들어 낼 수 있겠지요. "개를 때릴 막대기는 어디에나 있다" 이런 옛말이 실현되려나 봅니다.

**추기경**   전하, 저자의 독설은 참을 수가 없습니다. 만일 전하를 반역자들의 칼날에서, 그리고 폭도들의 폭거에서 지키려고 노심초사하는 충신들이 이처럼 꾸지람과 비난을 당할 때 그 꾸짖는 자에게 마음대로 독설의 자유를 주신다면, 전하에 대한 충성스런 마음이 식을까 염려됩니다.

**서퍽**  이자는 학자 같은 교묘한 말솜씨로 왕비님을 무례하게 꼬집었습니다. 왕비께서 자신을 몰락시키고자 위증을 하도록 시키셨다니요!

**왕비**  그러나 나는 패자에게 마음대로 비난하게 내버려 두겠소.

**글로스터**  그것은 사실입니다. 그렇게 생각하여 말씀하신 게 아니겠지마는, 저는 참으로 패자가 되었군요! 나에게 승리한 자들에게 저주가 있기를! 비겁한 방법으로 나를 이겼으니 그러한 패자들은 말할 자유가 있는 것입니다.

**버킹엄**  저 사람은 온갖 지혜를 짜내어 변명을 하는군요. 이러다가 오늘 하루가 다 가버리겠소. 추기경 각하, 이 죄인을 맡아주십시오.

**추기경**  (시종들에게) 여봐라, 이 공작을 모셔다가 잘 감시해라.

**글로스터**  아, 이렇게 되니, 헨리 왕께서는 그 다리가 옥체를 받치지 못하는데 지팡이를 버리시는구나. 그리하여 이 양치기는 전하 곁에서 쫓겨나고, 전하를 먼저 물어뜯으려는 늑대들만 남아 으르렁거리는구나. 아, 나의 두려움이 쓸데없는 걱정이기를! 아, 그렇게 될 수만 있다면! 선량한 헨리 왕이시여, 저는 당신이 파멸당할까 두렵습니다. (호위되어 퇴장)

**헨리 왕**  경들, 내가 여기에 있다 생각하고, (일어서며) 지혜를 모아 가장 훌륭한 판단을 내리시오.

**왕비**  아, 전하께선 의회를 퇴장하시렵니까?

**헨리 왕**  그렇소, 왕비. 내 가슴은 슬픔으로 가득 찼소. 그 슬픔이 두 눈 가득 넘쳐흐르며, 이 몸은 불행에 휩싸여 버렸다오. 슬픔으로 가슴이 메는 것보다 더 비참한 일이 어디 있겠소? 아, 험프리 숙부! 당신 얼굴은 꿋꿋한 절개와 진실과 충성심을 그려놓은 듯합니다. 이제까지 당신에게서 거짓됨의 증거를 본 일도, 성실함을 의심한 일도 없었습니다. 어떤 험악한 운명의 별이 짓궂게 괴롭히기에 저 힘센 귀족들과 마거릿 왕비가 당신의 죄 없는 목숨을 앗아가려 하나요? 당신은 그들에게도, 그 누구에게도 해를 끼친 일이 없습니다! 그런데 그들은 마치 백정이 송아지를 끌어내어 그 가련한 것을 묶어서는, 도망치려고 하면 매질을 하면서 피비린내 나는 도살장으로 끌고 가듯이, 인정사정없이 그를 끌고 나갔구나. 그래서 나는 죄 없는 송아지가 끌려간 길만 바라보며 슬피 우는 어미 소처럼, 속절없는 눈물만 흘리며 흐려진 눈으로 당신 가신 길만 바라보고 있구나! 숙부를 해치려 맹세한 원수들은 그토록 힘이 강대하니, 아, 나는 그의 운명 앞에 흐느껴 운다. 슬픔으로 신음할 때마다 나는 말하리라. "누가 반역자인가? 글로스터는 아니다."

(버킹엄, 솔즈베리, 워릭과 함께 퇴장)

**왕비** 경들, 차가운 눈도 뜨거운 햇볕에는 녹는 법이지요. 헨리 왕께서는 나라의 큰일에는 관심을 두지 않으시고, 어리석게도 죄인을 불쌍히 여기고 계십니다. 글로스터의 겉모습이 전하를 속인 것이죠. 악어가 슬픈 울음으로 나그네를 이끌어 함정에 빠뜨리는 것과 같습니다. 또한 꽃이 핀 둑길에 서리고 있는 뱀이 알록달록 빛나는 무늬를 예쁘다고 생각하는 어린아이를 꾀어서 무는 것과 같습니다. 여러분, 내 생각이 옳다면—나는 진실로 내 생각이 옳다고 여깁니다만—저 글로스터는 하루빨리 이 세상에서 없어져야만 해요. 그로 인한 뒷날 근심거리를 없애기 위해서라도 말이오.

**추기경** 그를 죽이는 것은 마땅하오나, 그 명분이 필요합니다. 법률에 따라서 사형에 처함이 옳다고 봅니다.

**서퍽** 아니, 내 생각에 그건 최선책이 아닙니다. 전하께서는 언제나 그의 목숨을 구하려 하실 것이며, 백성들도 그의 목숨을 구하기 위해 반란을 일으킬지도 모르오. 게다가 사소한 혐의만 가지고 있을 뿐이지, 마땅히 사형에 처할 만한 충분하고도 믿을 수 있는 증거가 없잖습니까.

**요크** 그렇다면, 그를 죽이기 싫다는 말씀입니까?

**서퍽** 아니, 요크, 나만큼 그를 죽이고 싶은 사람도 없을 거요.

**요크** 이 요크야말로 그를 죽여야 할 더 많은 이유들이 있소. 그러나 추기경 각하, 그리고 서퍽 공작이 솔직하게 의견을 말해 보십시오. 저 험프리 공작을 왕의 섭정으로 두는 것은 굶주린 솔개로부터 병아리를 지키기 위해 배고픈 독수리를 놓아두는 것과 무엇이 다르겠소?

**왕비** 그렇게 한다면 그 불쌍한 병아리는 틀림없이 죽고 말겠지요.

**서퍽** 옳은 말씀입니다. 여우에게 양 우리를 지키게 하는 건 미친 짓이 아닐까요? 또한 교활한 살인자로 고발된 자를, 미수에 그쳤다는 이유로 그 죄악을 경솔히 덮어둘 수는 없습니다! 그자는 여우니까 죽여야만 합니다. 여우가 본디 양떼들의 적인 것처럼 험프리도 전하의 적으로 밝혀졌으니, 그놈의 턱이 진홍색 피로 물들 때까지 기다릴 필요는 없지요. 그러므로 어떻게 그를 죽일까 까다롭게 따질 필요도 없습니다. 독이 든 술이든, 올가미든, 계략이든, 잠잘 때든, 깨어 있을 때든 문제가 안 됩니다. 잔꾀를 부리려던 놈을 미리 손을 써서 실패하게 만드는 것은 마땅한 계략이지요.

**왕비**  훌륭한 서픽 공, 용기 있는 말씀이군요.

**서픽**  말한 대로 행하지 못하면, 어찌 용기라 말할 수 있겠습니까. 사람들은 말만 하고 실행에 옮기려는 생각은 잘 하지 않으니까요. 그러나 그 일이 가치 있는 것이요, 전하를 원수의 손에서 지킬 수 있다면 저의 혀와 마음을 일치시키겠습니다. 한 마디 명령만 내려주십시오. 그러면 그자의 마지막을 지켜주는 신부(神父)가 되겠습니다.

**추기경**  서픽 경, 당신이 그를 죽이는 절차를 밟기 전에, 내가 그를 죽였으면 하오. 경들이 잘 생각하시고 찬성하신다면 그를 죽일 사람을 찾아보겠소. 전하의 안전이 매우 염려되오.

**서픽**  자, 악수합시다. 참으로 가치 있는 일입니다.

**왕비**  나도 찬성이에요.

**요크**  나도 그렇소. 우리 셋이 뜻을 모았으니, 이 죽음을 누가 비난하든 문제될 게 없습니다.


역참 전령 등장.


**전령**  아뢰옵니다. 저는 아일랜드에서 급히 달려와 보고드립니다. 아일랜드에서 반란이 일어나 수많은 잉글랜드 사람들이 살해당하고 있습니다. 급히 구원병을 보내 상처에 손을 대기 어렵기 전에, 폭동을 멈추어 주십시오. 이제 시작이므로 아직 희망은 충분히 있습니다.

**추기경**  그 상처를 어서 막아야 하오! 이 중대한 사태에 대해 경들의 의견은 어떻소?

**요크**  서머싯 공을 섭정으로 보내는 게 좋겠소. 운이 좋은 통치자를 임명하는 게 마땅하지요. 공은 프랑스에서 누렸던 행운을 생각해 보시오.

**서머싯**  권모술수의 대가이신 요크 공이 그 나라의 섭정이 되었다면, 나처럼 오랫동안 프랑스에 머물러 있지는 못했겠지요.

**요크**  그야 당신처럼 송두리째 잃지는 않았겠죠. 모든 것을 잃어버릴 때까지 오랫동안 머무르다가 불명예만 등에 지고 귀국하느니, 나 같으면 차라리 그 전에 죽어버렸을 거요. 만일 당신 살갗에 조그만 흉터라도 있으면 보여주시오. 상처를 입지 않은 사내가 전쟁에서 이긴 법은 없었으니 말이오.

**왕비** 이제 그만들 하세요. 이 같은 불꽃이 큰불이 되는 법입니다. 만일 바람과 기름만 더해진다면…… 요크, 서머싯, 두 분 모두 참으세요! 요크 경, 당신이 만일 그곳 섭정이었다면 아마 서머싯보다 더 운이 나빴을지도 모릅니다.

**요크** 무슨 말씀이십니까? 송두리째 뺏긴 것보다 더 운이 나쁘다니요! 그렇다면 모든 사람에게 망신이나 당하게 내버려 두라지요!

**서머싯** 그렇게도 수치를 바라신다니 당신도 한몫 끼시오!

**추기경** 요크 경, 당신의 행운을 시험해 보시오. 아일랜드의 저 난폭한 보병들이 들고일어나, 잉글랜드 사람들의 피로 땅을 물들이고 있소. 각 주에서 뽑은 정예병을 이끌고, 아일랜드 정벌에 나아가 자신의 운명을 시험해 보시오.

**요크** 전하의 명이라면 가겠습니다.

**서퍽** 그야 우리의 승인이 곧 전하의 뜻이지요. 우리가 결정한 것을 전하께서는 승인만 할 뿐이니까요. 자, 요크 공, 이 일을 맡아주시오.

**요크** 좋소, 경들, 군대를 준비하시오. 그동안 나는 주변 일들을 정리하겠소.

**서퍽** 요크 공, 그 일은 내가 맡겠소. 자, 그건 그렇고, 저 가증스런 험프리 공 말인데요…….

**추기경** 그 사람 이야기는 그만합시다. 그가 다시 우리를 괴롭히지 않도록 앞으로는 내가 처리하겠소. 자, 이제 회의를 끝냅시다. 날도 이미 저물었소. 이 일은 서퍽 경과 상의하겠소.

**요크** 서퍽 공작, 보름 안에 군대를 브리스틀로 보내주시오. 나는 거기서 아일랜드로 떠나겠소.

**서퍽** 틀림없이 보내드리죠, 요크 공. (요크만 남고 모두 퇴장)

**요크** 자, 요크, 두려움을 강철 같은 용기로, 의심을 확신으로 바꾸어라. 네가 꿈꾸어 온 것을 이루어라. 그렇게 하지 못할 바에는 차라리 죽어버려라. 이 세상에서 더는 즐거움을 누리며 살아갈 가치가 없다. 창백한 죽음의 공포는 천한 자들이나 갖는 것이며, 왕자의 마음에는 깃들 수 없다. 아, 오직 왕이 되기를 꿈꾸며, 봄비보다 더 바삐 이 생각 저 생각 넘나드는구나. 그 모두가 왕위에 관한 공상이다. 나의 머리는 내 원수를 잡기 위해 거미보다 더 바삐 하나하나 올가미를 엮고 있구나. 아, 그렇다. 그래, 귀족들이여, 나에게 군대를 주어 나서게 한 것은 훌륭한 계책이다. 이는 굶주린 뱀을 불쌍히 여겨 가슴에 품었다가, 도리어 뱀한테 가슴을 물리게 되는 격이로구나. 내가 갖지 못한 것이 있다면, 그것은 병력이었다. 그런데 당신들은 이제 나에게 그것을 주니 감사히 받겠다. 그러나 그대들이 미친놈 손에 날카로운 무기를 건네주었음을 명심하라. 아일랜드에서 강력한 군대를 훈련시키며, 나는 천국이든 지옥이든 수많은 사람을 날려 보낼 무서운 폭풍을 잉글랜드에 일으킬 것이다. 이 잔인한 태풍은 내가 저 찬란한 햇빛 같은 황금 왕관을 이 머리 위에 쓰고, 이 같은 거센 바람을 가라앉힐 때까지 그치지 않으리라. 그리고 이 계획의 하수인으로, 켄트 태생인 고집 센 애쉬포드의 잭 케이드로 하여금 모티머라는 이름으로 온 힘을 다해 폭풍을 일으키도록 부추겨 놓았지. 전에 아일랜드에서 저 굽힐 줄 모르는 케이드가 아일랜드 보병들을 상대로 오랫동안 싸우다가, 그의 넓적다리가 수많은 화살에 찔려서 마치 고슴도치같이 된 것을 보았다. 마침내 구출되자 그는 피가 뚝뚝 떨어지는 화살들을 방울처럼 흔들면서, 거친 모리스댄스 무희와도 같이 높이 뛰며 신나게 달려가는 것을 보았지. 또 그는 더벅머리의 교활한 아일랜드 보병으로 변장하고 적진을 돌아다니다가 몰래 돌아와 나에게 그들의 계략을 가르쳐 준 적이 한두 번이 아니었어. 이처럼 무서운 놈을 나를 대신해 보내리라. 그자는 또한 돌아가신 존 모티머와 얼굴과 행동과 말이 똑같으니, 이것으로 나는 백성들이 요크 가문의 권리에 대해 어떻게 생각하는지 알아보리라. 만일 그자가 잡혀 고문을 당한다고 상상해 보자. 그래도 나는 믿는다. 그자는 아무리 큰 고통을 당해도, 그 폭동의 주동자가 나임을 고백하지 않을 거라고. 그리고 그자가 성공했다고 하자—이 일은 틀림없이 성공하리라—그렇다면 그즈음 아일랜드에서 나의 강력한 병력을 이끌고 돌아와, 저자가 뿌려 놓은 씨를 대신 내가 거두리라. 험프리가 죽고—물론 죽겠지—헨리도 쫓겨나면 그다음에는 내 세상이 오리라! (퇴장)

베리에 있는 세인트 에드먼드. 한 접견실.
자객 두셋, 급히 등장.

**자객 1**  서퍽 공께 달려가, 분부대로 험프리 공작을 해치웠다고 말씀드리게.
**자객 2**  아, 그런 짓을 하다니! 지금 우리가 무슨 짓을 한 거지? 그처럼 죄를
뉘우치는 분을 누가 들어본 적이 있을까?

서퍽 등장.

**자객 1**  저기 오신다.
**서퍽**  자, 해치웠나?
**자객 1**  예, 죽었습니다.
**서퍽**  아주 잘했다. 내 집에 가 있어라. 이 대담한 일을 해냈으니 상을 주겠다.
전하와 모든 귀족들이 곧 이리로 오신다. 침대는 잘 정돈해 두었느냐? 모든
것을 내 지시대로 했느냐?
**자객 1**  예, 잘되었습니다.
**서퍽**  자! 어서 가보아라. (자객들 퇴장)

나팔 소리. 왕, 왕비, 보퍼트 추기경, 서머싯, 수행원들 등장.

**헨리 왕**  자, 숙부를 곧 이리로 불러오시오. 오늘 나는 공고된 대로, 공작이
유죄인지 아닌지 사실을 심문한다고 전하시오.
**서퍽**  전하, 곧 데려오겠습니다. (퇴장)
**헨리 왕**  경들, 앉으시오. 나의 바람이니, 글로스터 숙부에게 반역을 꾀했다는
확증이 없는 이상, 가혹하게 대하지 말아주시오.
**왕비**  하느님, 사사로운 원한으로 죄 없는 분이 억울한 일을 당하지 않도록
도와주소서! 바라옵건대 그분을 모든 의혹에서 자유롭게 해주소서.
**헨리 왕**  고맙소, 왕비. 그 말을 들으니 내 마음이 너무나 기쁘오.

서픽 다시 등장.

**헨리 왕**  어찌 된 일이오? 왜 얼굴이 그토록 창백하오? 왜 떨고 있소? 숙부는
어디 계시오? 무슨 일이 일어났소, 서픽?

**서픽**  침대에 죽어 있습니다. 전하! 글로스터 공이 세상을 떠났습니다.

**왕비**  오, 하느님!

**추기경**  하느님께서 비밀리에 심판하신 것입니다! 어젯밤 꿈에 공작을 보았는
데, 그는 벙어리처럼 말 한마디 못했습니다. (헨리 왕 기절한다)

**왕비**  어찌 된 일입니까, 전하! 경들 도와주세요. 전하께서 돌아가셨습니다.

**서머싯**  몸을 일으켜 코를 비트소서.

**왕비**  자, 어서요, 어서 도와주세요! 오, 헨리, 눈을 뜨세요!

**서픽**  다시 깨어나십니다. 왕비님, 진정하소서.

**헨리 왕**  오, 주여!

**왕비**  이제 괜찮으세요?

**서픽**  전하, 마음을 가라앉히십시오! 진정하세요.

**헨리 왕**  뭐라고? 나보고 진정하라고? 위로하는 자가 서픽 경인가? 그대는 나
에게 까마귀 노래를 불러주려 온 것인가? 그 음울한 노랫소리가 나를 실
신케 했네. 또한 그대는 마음에도 없는 위로의 말들로 굴뚝새처럼 재잘거
리면, 이미 받은 흉한 인상을 떨쳐버릴 수 있다고 믿는가? 독을 품은 마음
을 사탕발림으로 감추지 말게. 내게 손도 대지 마라. 그만두라니까! 그 손
이 몸에 닿으니 꼭 뱀이 무는 것 같구나. 그대는 악의에 찬 소식을 가져왔으
니, 어서 내 앞에서 물러가라! 그대 눈동자에는 살인적인 폭군이 무서운 위
엄을 갖추고 앉아 있어, 이 세상 사람을 놀라게 하는군. 나를 보지 마라. 그
두 눈이 날 아프게 한다. 그러나 이 자리를 물러가지 마라. 가까이 오라. 괴
물 바실리스크의 눈초리로 죄 없는 이 사람을 죽여라. 차라리 죽음의 골짜
기에서 기쁨을 찾으련다. 글로스터 숙부가 죽었으니 살아 있음이 두 번 죽
는 것과 같구나.

**왕비**  어째서 이같이 서픽 경을 꾸짖으십니까? 공작은 그에게 적이었지만, 그
는 기독교 신자답게 공작의 죽음을 애도합니다. 공작은 저에게도 원수였지
만, 만일 흐르는 눈물이나 가슴 아픈 신음이나 또는 피를 짜내는 이 한숨

이 공을 다시 살릴 수가 있다면, 눈물로 앞이 보이지 않을 때까지, 또 슬픔으로 이 가슴이 찢어질 때까지, 피를 말리는 한숨으로 앵초처럼 이 얼굴이 창백해질 때까지 공작을 다시 살려보려 서럽게 울 것입니다. 세상 사람들이 저를 어떻게 생각할까요? 공작과 제가 사이가 좋지 않다고 소문이 났으니, 제가 공작을 죽인 것으로 그들은 생각하겠죠. 저의 이름은 비방하는 자들의 혀로 상처받을 것이며, 온 나라에 저를 비난하는 소리로 가득 찰 것입니다. 공작의 죽음으로 이러한 오명을 얻게 됩니다. 아, 불행도 하지! 왕비가 되어 이러한 불명예를 얻게 되다니!

**헨리 왕**  오, 가련한 숙부를 생각하니 비통하구나!

**왕비**  그분보다 더 서글프게 된 저를 가엾게 여겨주세요. 아, 고개를 돌려 얼굴을 가리십니까? 저는 더러운 문둥병자가 아닙니다. 저를 바라보세요. 아, 전하께서는 독사와도 같이 귀가 들리지 않으시나요? 그 독으로 이 버림받은 왕비를 죽여주소서. 전하의 모든 위안은 글로스터의 무덤 속에 묻혀 버렸나요? 그렇다면 이 마거릿은 전하의 기쁨이 되지 못했군요. 공작의 동상을 세워 절을 하소서. 그리고 제 초상화는 술집 간판이나 되게 하소서. 이러한 꼴을 당하려고 배가 부서지면서까지, 심술궂은 바람으로 두 번이나 잉글랜드 해안에서 고향 쪽으로 밀려가면서까지 다시 이곳에 왔던가요? 앞날을 예고하듯 바람은 "전갈자리 별을 찾지 마시오. 이 무정한 해안에 발을 내딛지 마시오" 말해 주는 것 같았습니다. 그런데도 저는 이 순한 바람을 저주하고 놋쇠 동굴에서 해방시킨 바람의 신만을 탓하면서 잉글랜드의 축복받은 해안 쪽으로 불라고 명령했으며, 그렇지 않으면 배를 무서운 암초에 부딪치게 하라고 소리쳤지요. 그러나 바람의 신 아이올로스는 저를 죽이려고는 하지 않고 그 언짢은 일을 전하께 남겨놓았지요. 파도를 일으키는 바다도 저를 빠뜨리지 않았습니다. 그것은 뭍에 오르면 전하께서 마음으로, 바닷물보다 짠 눈물 속에 저를 빠뜨릴 것을 알았기 때문이겠죠. 배를 쪼개는 무서운 암초도 모래 속에 움츠리며 그 거친 모서리로 제 몸을 찢으려 하지 않았습니다. 그것은 암초보다 더 단단한 전하의 돌 같은 마음이, 마거릿를 죽이리라는 것을 알았기 때문이죠. 폭풍으로 잉글랜드 해안에서 멀리 밀려갔을 때에도 저는 잉글랜드의 하얀 절벽이 보일 때까지 폭풍 속에서 배의 갑판 위에 서 있었습니다. 하늘이 어두워져서 전하가 계신 곳만을 열렬히 바라보던 저의 눈을 아무리 비비고 다시 보아도 이 나라의 땅이 점점 보이지 않게 되자 저는 목에 걸었던 값비싼 보석을 끌러서—그건 금강석으로 테두리를 두른 심장 모양의 것이었는데—잉글랜드 쪽으로 내던졌습니다. 바다는 그것을 받아들였죠. 저는 전하의 몸이 제 마음을 그처럼 받아주시기를 원했습니다. 그리고 아름다운 이 나라의 모습이 보이지 않게 되자 제 눈도 지금 바다에 던진 심장과 함께 사라지라고 외쳤으며, 그리운 앨비언 해안을 놓쳐버리다니, 눈먼 사람처럼 어둡고 침침하다고 호통쳤습니다. 저는 성실치 못하고 변덕스런 전하의 대리인인 서퍽의 혀를 부추겨, 재미있는 이야기 속에 빠져들곤 했습니다. 옛날 아스카니오스가 사랑에 빠진 디도에게, 트로이성을 불사르는 데에서 시작해 그의 아버지 행적을 말해 준 것과도 같이 말입니다. 제가 디도처럼 매혹적이지 않나요? 아니면 전하가 그의 아버지 아이네이아스와도 같이 성실하지 못한가요? 아, 나는 이제 끝났어! 마거릿, 죽어버려라! 헨리는 네가 오래 살고 있는 게 싫어서 울고 있으니.

이때 시끄러운 소리가 들리며 워릭과 솔즈베리 등장. 시민들이 몰려든다.

**워릭** 전하께 아룁니다. 충신 험프리 공작이 서퍽과 보퍼트 추기경의 간계로 하수인에게 살해당하셨다는 소문이 떠돕니다. 백성들은 여왕벌을 잃은 성난 벌떼처럼 곳곳으로 흩어져서 아무나 찔러 복수를 하려 합니다. 저는 공작의 죽음에 대한 자세한 내용을 들을 때까지 기다리라고 타일러 이들의 분노를 가라앉혔습니다.

**헨리 왕** 워릭, 공이 죽은 것은 사실이오. 그러나 그 죽음의 원인에 대해선 하느님이 아실 뿐 나도 모르오. 그의 방에 들어가 시신을 살펴보고 공이 갑자기 죽은 이유를 알아내도록 하오.

**워릭** 전하, 분부대로 하겠습니다. 아버지, 제가 올 때까지 난폭한 군중을 진정시키고 계십시오. (워릭은 안으로 들어간다. 솔즈베리는 군중과 함께 퇴장)

**헨리 왕** 오, 만물을 주재하시는 하느님! 저의 이 생각들을 멈추어 주소서. 어떤 난폭한 자의 손이 험프리 공의 생명을 빼앗아 갔다고, 제 영혼을 설득시키려는 이 생각을! 저의 의심이 잘못된 것이라면, 주여, 용서해 주소서! 심판은 오로지 당신의 것이옵니다. 나는 숙부의 창백한 입술에 수없이 입맞춤하여 따뜻하게 만들고, 또한 그의 메마른 얼굴을 눈물의 짠 바닷물로 적시고 싶다. 그리고 듣지도 못하고 말도 못하는 숙부의 몸에 나의 사랑을 전하며, 감각 없는 그 손을 나의 손으로 느껴보고 싶다. 그러나 이러한 하찮은 의례들이 무슨 소용이 있으랴. 죽어서 흙으로 돌아간 숙부의 모습을 보는 것은 내 슬픔만 더해 주는 게 아닐까?

워릭이 커튼을 젖히자, 침대에 눕혀진 글로스터의 시신이 보인다.

**워릭**   전하, 이리 오셔서 이 시신을 봐주십시오.

**헨리 왕**   (그의 시선을 피하며) 그것을 보는 것은 나의 무덤 깊이를 보는 것과 같소. 내가 가진 이 세상의 모든 위안은 숙부의 영혼과 더불어 사라져 버렸으니, 그를 보는 것은 죽은 내 모습을 보는 것과 같소.

**워릭**   하느님 아버지의 성난 저주로부터 우리를 구원하시려 인간의 모습으로 세상에 오신, 우리의 왕 되시는 우리 주 예수 그리스도와 더불어 저의 영혼이 영원히 산다고 꼭 믿는 것과 같이, 지극히 덕망 높으신 공작이 어느 난폭한 손에 암살되었다고 저는 믿고 있나이다.

**서퍽**   엄숙한 말투로 두려운 맹세를 하는군요. 그러한 맹세를 하는 데 무슨 증거나 있소, 워릭 경?

**워릭**   자, 보십시오. 얼굴에 피가 엉겨 있어요. 나는 이제까지 자연사한 사람들을 여러 번 보았지요. 그들의 얼굴은 재와 같이 메마르고 창백하여 핏기가 없었습니다. 피가 모두 고동치는 심장에 모였기 때문이죠. 그 심장은 죽음과 맞서는 원군으로서 모든 피를 심장에 불러들여 심장에서 함께 식어버리므로, 다시 얼굴로 돌아가 볼을 아름답게 물들이지는 못하지요. 그런데 보십시오. 공작의 얼굴은 검붉게 충혈되어 있으며, 살아 있을 때보다 튀어나온 눈알은 마치 살해당한 사람처럼 무섭게 노려보고 있습니다. 머리털도 곤두서 있으며, 콧구멍도 몸부림 때문에 열려 있고, 그의 손은 생명을 쥐고 놓지 않으려 했으나 강한 힘에 굴복된 듯 쫙 펴져 있습니다. 이 요를 보십시오. 머리카락이 붙어 있습니다. 그리고 보기 좋던 수염도 폭풍에 쓰러진 여름 곡식처럼 흩어져 있습니다. 공작은 틀림없이 이곳에서 살해당하신 것입니다. 이런 사소한 흔적들도 충분한 증거가 되지요.

**서퍽** 워릭, 그렇다면 누가 공작을 죽였다는 거죠? 나와 보퍼트 공이 공작을 보호하고 있었소. 우리가 그를 살해했다는 건 아니겠죠.

**워릭** 그러나 두 분 모두 공작의 적이라고 맹세해 왔소. 그리고 두 분이 공작을 보호하고 있었으니 친구처럼 대접하지는 않았을 거요. 공작이 적과 맞닥뜨렸다고 보는 게 마땅하지 않을까요?

**왕비** 그렇다면 경은 험프리 공의 때아닌 죽음에 대한 혐의가, 이 고귀한 두 분에게 있다고 생각하는 것 같군요.

**워릭** 어린 암소가 싱싱한 피를 흘리며 죽어 있고, 그 옆에 백정이 도끼를 들고 서 있는 걸 본 사람이면, 그 백정이 암소를 죽였다고 의심하지 않겠습니까? 또 자고새가 솔개 둥지 안에 죽어 있는 것을 본 자는, 그 솔개 부리에 피가 묻지 않았어도 그 자고새가 어떻게 죽었는지 상상할 수가 없을까요? 이 비극은 그와 같이 의심스러운 것입니다.

**왕비** 서퍽, 당신은 백정이오? 칼은 어디 두었소? 보퍼트 경은 솔개라고요? 그렇다면 발톱은 어디 있소?

**서퍽** 저는 잠든 사람을 죽이기 위한 칼은 갖고 있지 않습니다. 하지만 복수의 칼은 여기에 있습니다. 이 칼은 쓰지 않아 녹이 슬었으니, 살인자라는 피로 얼룩진 누명을 씌워 이 몸을 중상하는 자의 악의에 찬 심장으로 이 칼을 갈겠습니다. 워릭 경, 용기가 있으면 험프리 공작을 죽인 사람이 바로 나라고 말해 보오. (추기경, 서머싯, 그 밖에 여럿 퇴장)

**워릭** 거짓말쟁이 서퍽이 감히 단언한다면, 이 워릭이 감히 무엇을 말하지 못하리오.

**왕비** 서퍽 공이 수만 번 말한다 해도, 워릭은 그 오만불손한 태도와 무례한 비방을 그치려 하지 않을 거요.

**워릭** 왕비님, 말씀을 삼가시기 바랍니다. 황공하오나 서퍽을 위하시는 말씀 한마디 한마디가 왕비님의 위엄을 해칠까 저어되옵니다.

**서퍽** 우둔하고 비천한 귀족! 지난날 남편에게 큰 치욕을 준 여자가 있다면 바로 네 어머니지. 네 어머니가 어느 거칠고 교양 없는 시골 놈을 끌어들여 고귀한 나무에 돌능금 가지를 접붙여 열린 열매가 바로 너야. 너야말로 고귀한 네빌 혈통이 결코 아니다.

**워릭**  살인죄가 너를 보호하지 않는데 내가 너를 죽인다면 너의 수만 가지
치욕은 사라지고 나는 저 망나니의 수고비를 빼앗는 게 된다. 여기는 전하
가 계신 곳이므로 부드럽게 처리하리라. 나는 허위로 가득 찬 비겁한 살인
자를 무릎 꿇게 하여, 지금 내뱉은 말에 대해 용서를 빌게 하며, 이것이 네
어머니의 이야기이고, 너 자신이 사생아라 말하게 하겠다. 그리고 이같이
굽실거리며 복종케 한 뒤에, 나는 그 보답으로 너의 영혼을 지옥으로 보내
주겠다. 잠자는 이의 피를 빨아먹는 극악무도한 살인자!

**서퍽**  네가 나와 함께 이곳에서 나갈 용기가 있다면.

**워릭**  지금 바로 나가자. 안 나가면 내가 끌고 가겠다. 상대할 만한 가치도 없
지만 상대해 주지. 그리고 험프리 공작의 영혼을 위로하리라. (서퍽과 함께 퇴
장)

**헨리 왕**  결백한 마음보다 튼튼한 가슴받이는 세상에 없다! 정의로운 싸움을
하는 자는 삼중으로 무장됐으나, 그 양심이 부정으로 썩은 자는 비록 철갑
을 둘렀다 해도 벌거벗은 자와 같구나. (시끄러운 소리가 들려온다)

**왕비**  이건 무슨 소리죠?

서퍽과 워릭이 칼을 뽑아 들고 등장.

**헨리 왕**  경들, 내 앞에서 분노의 칼을 뽑다니, 이 무슨 짓이오? 무엄하오. 저
시끄러운 소리는 또 무엇이냐?

**서퍽**  전하, 반역자 워릭이 베리 시민들을 부추겨서 저를 습격했습니다.

솔즈베리 다시 등장.

**솔즈베리**  (왕궁으로 들어오는 시민들에게) 모두들 물러가 있거라. 너희들의 뜻
을 전하께 아뢰겠다. 전하, 황송한 말씀이오나, 시민들이 전하께 호소합니다.
저 거짓말쟁이 서퍽을 지금 바로 사형에 처하시든지 정의로운 이 나라 밖
으로 추방하지 않는다면, 시민들 스스로 그자를 조정에서 잡아내어 고문
하며 오랫동안 괴롭히다 죽이겠답니다. 그들은 그자가 선량한 험프리 공작
을 죽였다고 말하며, 그를 살려두면 전하의 목숨도 위태로워질 거라고 합니

다. 전하의 뜻을 거역하려는 마음은 전혀 없으며 오직 충성된 마음으로 그 자를 추방하도록 요청드리는 것이라 합니다. 그들은 전하의 옥체를 걱정한 나머지 이렇게 말합니다. 전하께서 주무시려 할 때 편안한 휴식을 방해하는 자는 전하의 노여움을 사거나 사형에 처해지리라는 엄명에도 불구하고, 갈라진 혀를 가진 독사가 전하 곁으로 미끄러져 들어가는 것을 본다면, 위험한 잠자리에서 독사에 물려 영원한 잠에 드실지도 모르니 전하를 깨우는 것이 마땅하다 생각했다고요. 그래서 서퍽 같은 독사로부터 전하의 뜻이든 아니든 옥체를 보호하기 위해서, 소동을 일으켜 어명을 거스른다 합니다. 그자의 독니가 그자와 비교할 수 없는 고귀하신 전하의 숙부를 물어, 고약하게도 목숨을 빼앗아 갔다고 백성들은 말하고 있습니다.

**시민들** (안에서) 솔즈베리 백작님, 전하의 답변을 알려주십시오.

**서퍽** 그런 무례한 진언을 하다니, 천한 평민들이 배우지 못한 탓입니다. 하지만 솔즈베리 백작, 당신은 스스로 대단한 웅변가임을 과시하며 기꺼이 이러한 일을 하시는군요. 그러나 당신이 얻는 명예는 땜장이들이 전하께 파견한 대사(大使) 나리에 지나지 않소.

**시민들** (안에서) 전하께서 답해 주시지 않으면 부수고 들어가겠습니다.

**헨리 왕** 솔즈베리, 내 답변을 전해 주오. 나는 백성들의 진심어린 마음에 감사하오. 백성들의 호소가 없었다 해도 나는 그처럼 했을 것이오. 서퍽의 간교로 나에게 불행한 일이 일어나지나 않을까 늘 염려해 왔었소. 따라서 내가 비록 보잘것없는 대리인이지만 이 임무를 맡기신 하느님께 걸고 선언하노니, 서퍽은 앞으로 사흘 이상 이 나라에 머물며 공기를 더럽히지 말 것이며, 만일 이를 어기면 사형에 처하리라. (솔즈베리 퇴장)

**왕비** 전하, 점잖은 서퍽을 변호하고자 합니다.

**헨리 왕** 왕비, 그를 점잖다고 부르다니! 그만두오. 왕비가 그를 변호한다면 나의 분노를 더욱 돋울 따름이오. 나는 내가 한 말을 반드시 지키는 사람이며, 선언한 이상 취소할 수 없소. (서퍽에게) 만일 사흘 뒤에도 내가 지배하는 영토 어디에라도 있다면, 온 세상을 가지고도 네 목숨을 구하지 못하리라. 워릭, 함께 갑시다. 백작에게 이야기할 중대한 일이 있소. (왕비와 서퍽만 남고 모두 퇴장)

**왕비** 불행과 슬픔만이 따라다녀라! 불평과 쓰라린 고통만이 친구가 되어 따라다니라! 여기에 마귀까지 당신의 친구가 되어 가는 곳마다 삼중의 저주가 내려라!

**서퍽**　왕비님, 그러한 저주는 그만두십시오. 이 서퍽은 작별 인사를 올리겠습니다.

**왕비**　아니, 여자 같은 겁쟁이에다 의지가 약한 불쌍한 사람이군요! 당신은 원수를 저주할 용기도 없나요?

**서퍽**　염병할 인간들! 그놈들을 저주해서 뭐하겠습니까? 독풀 맨드레이크의 뿌리를 뽑을 때 나는 신음 소리처럼 저주가 사람을 죽일 수 있다면, 듣기에도 무서운 혹독한 말들을 만들어 파리한 얼굴을 한 원한 맺힌 혼령이 몸서리치는 동굴에서 울부짖듯이, 온갖 증오를 품고 이를 갈며 맹렬히 독설을 퍼부어 주리라. 이 혀는 열변을 뱉어내다 스스로 지쳐 더듬게 되고, 이 눈은 부싯돌처럼 불꽃이 튈 것이며, 머리털은 미친 사람처럼 곤두서고, 내 모든 뼈마디가 저주를 말할 것이다. 그리고 지금이라도 내가 그들을 저주할 수 없다면, 이 무거운 심장은 찢어지고 말리라. 그들이 마시는 건 독이 되어라! 그들이 먹는 진수성찬은 담즙보다 더 쓴 것이 되어라! 그들이 즐거이 쉬는 그늘은, 무덤가를 지키는 측백나무 그늘이 되어라! 그들이 보는 것은, 보는 것만으로도 사람을 죽이는 바실리스크의 독사가 되어라! 그들이 닿는 가장 부드러운 촉각은, 도마뱀의 독침이 되어라! 그들에게 들려오는 음악소리는 큰 뱀의 울음소리가 되고, 불길한 것을 예고하는 부엉이 떼가 그들의 악사가 되어라! 암흑의 지옥에 있는 모든 흉한 공포들이…….

**왕비**　자, 이제 그만해요, 서퍽. 당신은 자신을 괴롭히는군요. 이 무서운 저주는 거울에 반사되는 햇빛처럼, 또는 화약을 너무 많이 넣은 대포처럼 그 모든 힘이 당신 자신에게 되돌아오는 것이에요.

**서퍽**　저주하라 명하시고 이젠 그만두라 하십니까? 내가 추방된 이 땅에 맹세하건대, 나는 겨울밤 살을 에는 추위로 풀도 나지 않는 산봉우리에서 옷도 입지 않은 맨몸으로 서서 밤새 저주하며, 그 밤을 잠시 놀며 보낸 1분처럼 짧게 생각할 것입니다.

**왕비**　오, 제발 그만둬요! 나에게 손을 내미세요. 이 슬픈 눈물로 적시겠어요. 하늘에서 내리는 비로 나의 슬픔을 기념하는 이 눈물을 씻지 않겠어요. 아, 이 키스가 그대 손에 새겨질 수 있다면…… (서퍽의 손에 키스한다) 그대를 위해 수없이 한숨 쉬었던 이 입술을 기억할 수 있게요! 자, 떠나세요. 내가 나의 슬픔을 알 수 있도록…… 그대가 이곳에 있으면 나의 슬픔은 하나의 상상일 따름이겠죠. 배부른 자가 배고픈 자를 생각하는 것처럼 말이에요. 나는 반드시 그대를 다시 불러들이겠어요. 그렇지 못하면 나 스스로 추방당할 일을 꼭 저지르고 말겠어요. 그대와 떨어져 있으면 나는 쫓겨난 것과 같아요. 자, 가세요. 내게 아무 말도 하지 마세요. 지금 떠나세요. 더 말하지 말고 어서 가세요. 아, 아직 떠나시면 안 돼요. 유죄 선고를 받은 두 연인은 이렇게 껴안고 입맞추며 수없이 작별 인사를 한답니다. 헤어짐은 죽음보다 몇 배나 더 괴로운 것. 하지만 이젠 헤어지기로 해요. 그대와 헤어지면 이 세상과도 끝이지요. 아아!

**서퍽** 아! 이 가련한 서퍽은 열 번이나 추방되는 것입니다. 한 번은 전하께서 추방했고, 셋의 세 배인 아홉 번은 당신이 추방한 것이지요. 당신이 없다면 나는 이 나라를 그리워하지도 않겠지요. 이 서퍽은 천사 같은 당신과 함께라면, 황량한 들판도 사람으로 가득한 도시와 같습니다. 당신이 있는 곳은 세계 그 자체만으로 온갖 기쁨이 함께하지만 당신이 없는 곳은 쓸쓸할 따름이지요. 더는 말하지 못하겠습니다…… 부디 즐겁게 살아가세요. 이젠 당신이 살아 있다는 사실만이 나의 기쁨이니까요.


복스 등장.


**왕비** 복스, 어디를 그리 바삐 가지? 무슨 소식이라도 있느냐?

**복스** 보퍼트 추기경이 위독하시어, 전하께 아뢰러 가는 길입니다. 추기경은 갑자기 중태에 빠져 숨을 가쁘게 몰아쉬며 무언가를 노려보고 허공을 잡으며 하느님을 모독하고 인간을 저주하고 있습니다. 때로는 험프리 공작 유령이 눈앞에 나타난 것처럼 헛소리를 하며, 때로는 전하를 부르시며 전하께 말씀하시는 것처럼, 말하지 않으면 안 될 마음의 비밀이 있는 듯 베개에 대고 속삭입니다. 큰 소리로 전하를 부르고 있어서 이 소식을 전하께 전하러 명을 받고 온 것입니다.

**왕비** 자, 어서 가서 전하께 비보를 전하게. (복스 퇴장) 아! 세상이 왜 이럴까! 아, 이게 대체 어떻게 된 거지? 그러나 어찌 내 마음의 보배이신 서퍽 경의 추방 사실을 잊고, 살날도 얼마 남지 않은 사람의 죽음에 슬퍼하리오. 서픽, 어째서 나는 이 눈물이 저 남쪽의 비구름과 다툴 정도로 그대만을 위해서 울지 못할까요? 물론 남쪽 비구름들은 땅을 기름지게 하고, 나의 눈물은 슬픔을 뿜어낼 따름이지만요. 자, 이제 떠나세요. 전하께서 곧 이 자리에 오십니다. 만일 그대가 나와 함께 있는 것을 보시게 되면 그대 목숨도 사라질 거예요.

**서픽** 당신과 떨어져서 나는 살 수 없습니다. 당신 곁에서 죽을 수 있다면, 당신의 무릎을 베고 편히 잠자는 것과 같지요. 내 영혼이 이곳을 떠다니며 숨 쉴 수 있다면, 어머니 젖가슴에 얼굴을 묻고 죽는 요람의 아기처럼 편안히 숨을 거둘 것입니다. 그러나 당신이 없는 곳에서 죽는다면, 나는 미친 듯이 당신 이름을 부르면서, 당신 입술로 나의 말들을 멈추어 주고 내 눈을 감게 해달라 외치겠지요. 그때 입맞춤으로 (왕비에게 입맞춤한다) 당신의 몸속에 불어넣어 준다면 내 영혼은 향기로운 낙원이며 그 영혼은 천국에 들어가겠지요. 아! 당신 곁에서 죽는 것은 기쁘게 죽는 것이지만, 당신을 떠나 죽는 것은 죽음보다 더 고통스러울 것입니다. 오, 여기 있게 해주십시오. 무슨 일이 일어나도 난 상관없으니까요.

**왕비** 가세요. 작별은 쓰라린 치료약이나, 위급한 상처에는 좋은 처방이 되지요. 프랑스로 가세요. 내 소중한 서픽, 그곳에 가서 소식을 전해 주세요. 당신이 이 세상 어디에 가더라도, 나는 전령의 여신 이리스를 시켜 당신 있는 곳을 꼭 찾아내겠어요.

**서픽** 그럼 가겠습니다.

**왕비** 내 마음을 가지고 가세요. (서픽에게 입맞춘다)

**서픽** 당신의 마음은 나의 보석, 그 보석을 내 가슴의 상자 안에 소중히 간직하겠습니다. 이제 우리는 두 조각으로 나뉜 배와도 같이 헤어집시다. 나는 이쪽, 죽음으로.

**왕비** 나는 이쪽으로. (따로따로 퇴장)

〔제3막 제3장〕

런던. 보퍼트 추기경의 침실.

왕, 솔즈베리 백작, 워릭 백작 등장. 추기경은 침대 위에 누워 있고, 시중드는 사람이 옆에 서 있다.

**헨리 왕**  좀, 어떻소? 보퍼트 경, 당신 군주에게 어서 말해 보오.

**추기경**  당신이 죽음의 신이라면 잉글랜드의 모든 보배를, 이 같은 나라를 또하나 살 수 있을 만큼 많은 보배를 내어줄 테니 제발 나를 살려주시오. 내게 고통을 주지 말아요.

**헨리 왕**  아, 죽음이 다가오는 것을 이렇게 두려워하다니, 악한 삶을 살아온 증거로다!

**워릭**  보퍼트 공작, 당신에게 말씀하시는 분은 전하이십니다.

**추기경**  언제든지 나를 심문하시오. 그는 침대에서 죽지 않았소? 어디서 죽어야 한다는 거죠? 원하든 원치 않든 사람을 살릴 수 있을까요? 더 이상 고문을 하지 마시오. 자, 자백합니다. 살아났다고요? 그럼 어디 있는지 보여주시오. 1천 파운드를 내겠으니 보여주오. 아, 그는 눈이 보이지 않는구나. 먼지가 눈에 들어가 보이지 않는 거야. 그의 머리털을 빗질하시오. 보라고! 머리가 꼿꼿이 서 있네. 날개가 돋친 나의 영혼을 잡으려 끈끈이를 발라 놓은 나뭇가지 같군. 아, 마실 것 좀 주오. 아, 그 약재상에게 내가 사놓은 강력한 독약을 가져오라고 해요.

**헨리 왕**  오, 천체의 움직임을 영원히 주관하시는 하느님! 불쌍한 이 죄인을 자비로운 눈으로 살펴주소서! 이 죄인의 영혼을 굳게 에워싸고 쓸데없이 괴롭히는 마귀를 쫓아주소서. 그리고 그의 가슴에서 이 어두운 절망을 떨쳐 버려 주소서!

**워릭**  보십시오, 죽음의 고통으로 험상궂은 얼굴을 하고 있습니다!

**솔즈베리**  그를 방해하지 마라. 편안히 가시게 하라.

**헨리 왕**  그의 영혼을 편안히 쉬게 해주소서! 이게 주의 뜻이라면, 추기경 당신이 하늘나라의 기쁨을 생각한다면 손을 들고 그곳에 가기를 희망한다는 표시를 하시오. (추기경 죽는다) 아, 표시를 하지 않고 죽었소. 오, 주여, 그의 죄를 용서해 주십시오!

**워릭**  이렇게 흉한 죽음은 악하게 살아왔음을 증명하나이다.

**헨리 왕**  비판을 삼가오. 우리는 모두가 죄인이오. 그의 눈을 감겨드리고 휘장

을 쳐라. 우리 모두 묵념합시다. (모두 퇴장)


〔제4막 제1장〕

켄트주(州). 도버 해협 근처.
대포 소리. 함대 대장, 선장, 선장의 조수, 월터 휘트모어 등 등장. 이어서 변장한 서
픽과 포로(두 신사)들 등장.


**대장** 찬란하게 빛나며 모든 비밀을 밝혀주는 동정심 많은 해님이 바다의 품
속으로 들어가 버리니, 큰 소리로 울부짖는 늑대들이 음산한 밤 수레를 끄
는 용들을 깨워, 저 졸린 듯 축 늘어진 날개로 서서히, 죽은 이의 무덤을 둘
러싸며 안개가 피어오르는 턱끝으로부터 컴컴하고 더러운 독기를 품은 어
둠을 내뿜게 하는구나. 그러니 포로들을 이 자리로 끌어내라. 다운스에서
우리 배가 정박하는 동안, 놈들의 몸값을 이 모래 위에 놓게 하자. 내어놓
지 않으면 놈들의 피로 이 흰 해안을 붉게 물들이자. 선장, 이 포로는 당신
몫이오. 그리고 조수, 저놈은 네 거다. 월터 휘트모어, (서픽을 가리키며) 저기
저놈은 네 몫이야.
**신사 1** 선장님, 내 몸값은 얼마입니까? 말해 주시오.
**선장** 1천 크라운. 그게 싫다면 목을 내놓아라.
**조수** 네놈도 같은 액수야. 그게 싫으면 네 모가지가 달아날 줄 알아라.
**대장** 뭐야, 2천 크라운도 많다고 생각하나? 그러고도 신사라고 말할 수 있겠
나? 이 두 놈의 모가지를 베어라! 죽여버리겠다! 우리가 전쟁에서 잃은 많
은 생명을, 이렇게 작은 금액으로 보상할 수 있단 말인가!
**신사 1** 예, 내놓겠습니다. 제발 목숨만 살려주시오.
**신사 2** 저도 드리겠습니다. 곧 집으로 편지하겠습니다.
**휘트모어** 나는 배 위에서 이놈과 싸우다가 내 눈 하나를 잃어버렸어. (서픽에
게) 그러니 그 복수로 네놈을 죽이겠다. 내 멋대로 한다면 저놈들도 죽이고
싶은데.
**대장** 경솔하게 굴지 말고, 몸값을 받고 살려줘라.

**서퍽**  나의 조지 훈장을 봐라. 나는 신사다. 원하는 대로 몸값을 지불하겠다.

**휘트모어**  나도 신사다. 내 이름은 월터 휘트모어야. 아니, 왜 놀라지? 죽는
게 두려운가?

**서퍽**  당신의 월터(Walter)라는 이름이 나를 놀라게 하는군. 그 이름만 들어도
죽음의 소리가 나는군. 그것은 말이지, 어떤 점쟁이가 내 생일을 계산한 결
과, 물(water)에서 죽는다고 예언을 했기 때문이지. 그렇다고 그대가 잔인한
마음을 갖지는 마라. 그대 이름은 월터가 아니라 정확히 발음하면 고티에
(Gaultier)겠지.

**휘트모어**  고티에 건 월터 건 상관없어. 불명예가 내 이름을 더럽힐 때마다,
언제나 이 칼로 그 오점을 씻어버렸지. 그러니 만일 내가 장사꾼처럼 복수
대신 돈을 받는다면 이 칼은 부러지고, 내 이 문장은 찢겨 지워지게 되고,
또 세상에선 날 비겁한 놈이라 떠들어대겠지! (서퍽을 붙잡는다)

**서퍽**  아, 기다려라, 휘트모어. 당신의 포로가 된 나는 왕족이다. 서퍽의 공작
윌리엄 드 라 폴이다.

**휘트모어**  서퍽 공작이 이런 누더기를 입고 있나?

**서퍽**  그렇다. 이 누더기는 공작과는 상관이 없다. 유피테르도 때론 변장을
했는데, 나라고 못 한단 말인가?

**대장**  유피테르는 아무에게도 살해되지 않았지만, 너는 달라.

**서퍽**  이 시커멓고 천한 놈들아, 헨리 왕의 혈통인 랭커스터 집안의 고귀한
피를 너희 같은 비천한 놈들에게 흘리게 할 수는 없다. 네놈은 내 손에 입
을 맞추고, 내 말 안장에 등자를 붙들어 준 일이 있지 않았느냐? 그리고 장
식용 천을 걸친 나귀 곁을 모자도 쓰지 않고 따라다니다가, 내가 고개만 흔
들어도 기뻐하지 않았느냐? 또 내가 마거릿 왕비와 함께 식사하고 있을 때
이따금 내 술잔을 날라주고, 나무접시에 남은 음식을 먹으며, 식탁 옆에 무
릎 꿇고 앉아 있지 않았느냐? 이러한 일들을 기억하거든 머리를 조아려라.
그리고 너의 어울리지 않는 교만을 꺾어라. 너는 언제나 텅 빈 복도에 서서
내가 나오는 것을 기다리지 않았느냐? 또 내 손으로 너를 위해 추천장도 써
주었지. 그러니 이 손은 너의 난폭한 혀를 그냥 두지 않겠다.

**휘트모어**  대장님, 이 못된 놈을 찔러버릴까요?

**대장**  먼저 말로 찔러봐라. 저놈이 나에게 지껄인 것처럼.

보퍼트 추기경의 죽음   헨리 퓌젤리. 1770~78.

**서퍽**   이 천한 노예야, 네 말은 참 무례하구나. 네놈도 그렇고.

**대장**   저놈을 큰 배로 끌고 가서 목을 쳐라.

**서퍽**   네놈들 목이 아까울 텐데, 감히 내 목을 칠 수 있겠나!

**대장**   물론 할 수 있다, 폴(Pole).

**서퍽**   폴이라고?

**대장**   풀(Pool)! 풀 경! 각하! 하수구, 웅덩이, 수채통 나리. 거기서 더러운 찌꺼기가 흘러나와 잉글랜드 사람이 마시는 은빛 샘물을 더럽히고 있지. 이제 네놈의 그 주둥이를 막아줄 테다. 이 나라의 물을 네놈이 들이마시지 못하게 말이다. 왕비 입을 맞춘 네놈의 입술로 땅바닥을 쓸어주겠다. 덕망 높은 험프리 공작님이 돌아가신 것을 보고 비웃는 놈, 이제는 이를 드러내어 바람을 보고 비웃게 하겠다. 바람을 보고 비웃어도 소용없지. 바람은 네놈을 무시하고 세차게 불어줄 거야. 신하도 없고 재산도 없고 왕관도 없는 가난뱅이 왕의 딸을 대담하게도 전하께 중매한 네놈은, 그 죗값으로 지옥의 마녀에게나 장가들어라. 흉악한 계책으로 세력을 손에 넣은 저 로마의 야심만만한 술라와도 같이, 조국의 피 흘리는 심장의 살점을 게걸스럽게 뜯어먹은 놈이다. 앙주와 멘도 네놈이 프랑스에 팔아치웠고, 노르망디 사람들도 너 때문에 반란을 일으키며, 우리를 멸시하고 신하의 도리를 저버리게 된 거야. 피카르디 놈들이 지사들을 살해하고 우리 요새를 습격했고, 기력이 바닥난 병사들은 부상당한 몸으로 도망쳐 왔지. 결코 헛되이 칼을 뽑아들지 않는 귀공자 워릭과 네빌 집안이 네놈을 증오하여 일어났다. 그리고 죄 없는 리처드 2세 왕이 불명예스럽게 암살당하신 뒤로, 오만불손하게 잠식해 들어오는 폭정으로 왕좌에서 밀려났던 요크 일가도 복수에 불타고 있다. 그들의 희망찬 군기에는 찬란하게 비추기 시작하는 반쪽 얼굴의 태양이 그려져 있다. 그 아래에는 '구름은 끼어 있어도' 이렇게 씌어 있지. 이 켄트 백성들도 무기를 들고일어났다. 이로써 우리 왕실에 치욕과 궁핍이 기어들어간 거지. 그게 모두 네놈 때문이야. 자, 이놈을 저리 끌고 가라.

**서퍽**  오, 내가 신이 되어서 이 보잘것없는 비열한 놈들을 벼락으로 쳐 죽일 수 있다면! 하찮은 일에 거만하게 구는 건 천한 놈들이나 하는 짓이지. 이 나쁜 놈아, 너는 기껏해야 작은 배의 선장이면서 저 일리리아의 강한 해적 바굴루스보다 더 으스대는구나. 수벌은 독수리 피를 빨지 않고, 대신 벌집을 강탈하는 법이다. 너희 같은 천한 놈들에게 죽을 수는 없다. 네가 아무리 지껄여도 내 화만 돋울 뿐, 양심의 가책은 받지 않아. 나는 지금 왕비의 명령으로 프랑스에 사절로 가는 거야. 내가 안전하게 이 해협을 건너게 하라!

**대장**  월터…….

**휘트모어**  이리 와, 서퍽, 내가 저승길이나 가게 해주마.

**서퍽**  아, 두려움으로 팔다리가 거의 마비되는구나. 내가 두려운 것은 너뿐이다.

**휘트모어**  내가 너를 보내기 전에, 네가 두려워하는 이유를 알게 해주지. 어때 기가 죽었나? 어디 허리도 굽힐 텐가?

**신사 1**  공작, 애원하십시오. 정중하게 말입니다.

**서퍽**  서퍽의 군주 같은 혀는 단호하고 엄격하다네. 명령에는 익숙하지만 은혜를 구하는 데는 미숙하지. 이런 비열한 놈들에게 어찌 비굴하게 목숨을 구하겠는가. 하느님이나 왕 말고 다른 사람에게 이 허리를 굽힐 바엔 차라리 이 머리를 단두대에 숙이겠다. 그리고 이런 천한 놈에게 모자를 벗을 바엔 차라리 내 머리를 피비린내 나는 장대 위에서 춤추게 하겠다. 진정한 귀족은 두려움을 모른다. 네놈 하고 싶은 대로 해라. 나는 그보다 더한 일도 견딜 수 있다.

**대장** 그놈을 끌어내서 더는 지껄이지 못하게 하라.

**서퍽** 병졸들아, 어떤 잔인한 짓이라도 어디 해볼 테면 해봐라. 나의 죽음이 영원히 남도록! 위대한 이들은 때때로 비천한 놈들의 손에 죽는다. 고귀한 키케로가 저 로마의 어떤 검투사 노예에게 죽었지. 또 율리우스 카이사르는 사생아 브루투스의 손에, 위대한 폼페이우스 장군은 섬나라 야만족들에게 죽었다. 이제 서퍽은 해적들한테 죽는구나. (휘트모어와 병사들에게 끌려 퇴장)

**대장** 몸값을 정해 놓은 놈들 가운데, 하나만 보내겠다. 저놈을 보내기로 하고, 넌 우리를 따라와. (신사 1만 남고 모두 퇴장)


휘트모어, 서퍽의 시체를 가지고 다시 등장.


**휘트모어** 여기다 그놈 머리와 몸뚱이를 놔두자. 녀석의 정부인 왕비가 와서 묻어주겠지. (퇴장)

**신사 1** 아, 야만적이고 참혹한 광경이군! 이 시체를 국왕에게 가져가야지. 전하가 복수를 안 하면 그의 친구들이 하겠지. 또 살아 있을 때 그를 그렇게도 아끼던 왕비가 하겠지. (시체를 가지고 퇴장)


〔제4막 제2장〕


블랙히스.
조지 베비스와, 장대를 들고 존 홀랜드 등장.


**베비스** 여보게, 칼을 지니고 있게. 없으면 긴 막대기라도 말이야. 그놈들이 들고일어난 지가 이틀이나 된대.

**홀랜드**   그럼 지금쯤 놈들은 지쳐서 잠이 쏟아지겠군.

**베비스**   그런데 말이야, 저 재단사, 잭 케이드가 이 나라를 뜯어고친다지? 글쎄 몽땅 뒤집어 새 보물을 일으킨다던데.

**홀랜드**   그야 마땅하지, 너무 낡아서 올이 다 드러났으니까. 신사인지 뭔지 하는 놈들이 으스대는 세상이니, 잉글랜드라는 나라도 살기 어렵게 되어버렸지.

**베비스**   아, 비참한 시대야! 우리 직공들은 덕 본다는 것은 바랄 수도 없으니 말야.

**홀랜드**   귀족 나리들은 가죽 앞치마 두르는 것을 부끄럽게 생각한다지.

**베비스**   그뿐인가, 추밀원 나리들도 절대 좋은 일꾼들은 아냐.

**홀랜드**   그래, 네 말이 맞아. 그런 주제에 "직장에서 열심히 일하라" 말을 한다지. 이는 장관들한테 일꾼이 되라고 하는 것과 꼭 같아. 그러니까 우리 일꾼들이 장관이 되는 것도 마땅한 일이야.

**베비스**   네 말대로야. 단단한 손만큼 용감한 마음을 잘 표시해 주는 것은 없으니까.

**홀랜드**   저기 그자들이 온다! 저기 와! 베스트의 아들이군, 윙엄의 무두장이 말이야.

**베비스**   허, 저놈은 적들의 껍질을 벗겨서 개가죽 대신 쓰게 하면 좋겠군.

**홀랜드**   아, 백정 딕도 온다.

**베비스**   저놈이 오면, 죄악 같은 것들은 소를 잡듯이 쳐서 쓰러뜨릴 거야. 그리고 부정한 놈들의 목을 송아지같이 따게 될 거야.

**홀랜드**   그리고 직물공 스미스도……

**베비스**   저자는 원수들의 명줄을 마음대로 늘렸다 줄였다 할 거야.

**홀랜드**   자, 그들과 한패가 되자.


북소리. 잭 케이드, 백정 딕, 직공 스미스, 톱질꾼 등이 수많은 사람들과 함께 등장.


**케이드**   (군중을 바라보며) 내 이름이 잭 케이드(Cade)인 것은, 나의 가짜 아버지가 그렇게 불렀기 때문이다.

**딕**   (혼잣말로) 아니 그보다는 생선가게에서 청어 한 통(cade)을 훔쳤기 때문이겠지.

**케이드**  이제 우리 원수들은 왕과 귀족들을 때려잡겠다는 이 기운에 질려서, 우리 앞에 항복할 것이다…… 자, 조용히 해.

**딕**  조용히 해라!

**케이드**  나의 아버지는 모티머였고…….

**딕**  (혼잣말로) 아, 그는 정직한 벽돌공이었지.

**케이드**  나의 어머니는 플랜태저넷 집안이고…….

**딕**  (혼잣말로) 내가 잘 알지. 산파였어.

**케이드**  내 아내는 레이시 집안 자손이고…….

**딕**  (혼잣말로) 맞아, 그 여자는 행상인의 딸이었지. 레이스 옷감도 아주 잘 팔았어.

**스미스**  (혼잣말로) 하지만 요즘은 이름이 알려져서 털가죽 가방을 짊어지고 팔러 다니지도 못하고, 집에서 빨래나 하고 있지.

**케이드**  그러니까 나는 명예로운 집안 자손이지.

**딕**  (혼잣말로) 그렇고말고. 들판이야말로 명예로운 곳이지…… 이 사람은 산울타리 아래에서 태어났어. 그 아비는 집도 없이 감옥 신세만 졌지.

**케이드**  나는 아주 용감하다.

**스미스**  (혼잣말로) 마땅히 그래야 하지. 구걸하려면 용기가 필요하니까.

**케이드**  나는 참을성도 강하다.

**딕**  (혼잣말로) 그야 의심할 것도 없지. 장터에서 사흘 동안이나 매 맞는 꼴을 봤다니까.

**케이드**  나는 칼도 불도 무서울 게 없어.

**스미스**  (혼잣말로) 칼이야 무서워하지 않겠지. 갈기갈기 찢어진 옷이 말해 주는군.

**딕**  (혼잣말로) 그러나 불은 무서워할걸. 양을 훔치려다 손에 불도장이 찍혔으니까.

**케이드**  그러니 모두들 용감하게 나아가라. 너희들의 용맹스런 대장은 개혁을 선언한다. 앞으로는 이 나라에서 한 푼에 하나짜리 빵을 세 개 이상 살수 있게 되고, 서 말들이 술동이가 열 말들이 술동이가 될 것이다. 약한 맥주 따위나 마시는 자는 중죄로 다스리며, 온 나라의 토지는 공유지로 하고,

치프사이드 장터에서는 내 말이 풀을 뜯어먹게 하겠다. 내가 왕이 된다면. 물론 왕이 되지마는…….

**모두** 국왕 전하 만세!

**케이드** 착한 백성들아, 고맙다. 앞으로 돈 같은 건 필요 없으며, 누가 먹든 마시든 계산은 모두 내가 하겠다. 그리고 여러분에게 똑같은 제복을 입힐 테니. 여러분 모두 형제처럼 사이좋게 지내며, 날 국왕으로 존경하게 될 거다.

**딕** 우리가 첫 번째로 할 일은 모든 법률가를 죽이는 것입니다.

**케이드** 나도 그렇게 생각해. 그놈들은 죄 없는 어린 양의 가죽으로 양피지를 만들고, 거기에다가 무엇인가 끄적거리면 사람이 죽거든. 어찌 이게 슬픈 일이 아니겠나. 글쎄 벌에는 독침이 있다고 하는데, 독이 있는 것은 벌이 아니라 벌의 밀랍이라는 거지. 왜냐고? 그 밀랍에 도장만 누르면 나는 다시는 나 자신의 것이 되지 못하기 때문이야. 뭔가? 저기 오는 건 누구지?

폭도 몇 명이 채텀의 서기를 끌고 등장.

**스미스** 채텀의 서기입니다. 저놈은 읽고, 쓰고, 계산도 할 수 있지요.

**케이드** 괘씸한 놈이군!

**스미스** 이놈이 아이들의 글씨본 쓰고 있는 것을 잡아 왔습니다.

**케이드** 이 나쁜 놈아.

**스미스** 이놈은 주머니에 빨간 글씨로 쓴 책을 가지고 다닙니다.

**케이드** 그러면 마법사로군.

**딕** 그뿐만 아니라, 이놈은 증서도 작성하며 법정 양식대로 글도 제법 쓸 줄 압니다.

**케이드** 불쌍한 놈이군. 겉보기에는 괜찮은 놈 같아 보이는데. 죄만 없다면 살려주겠다. 자, 이리 오너라. 내가 조사하겠다. 이름은 뭐지?

**서기** 에마뉘엘입니다.

**딕** 놈들은 언제나 서류 꼭대기에 그렇게 쓴다니까. 그건 당신에게 불리해.

**케이드** 내게 다 맡겨. 너는 이름을 글씨로 쓰느냐? 그렇지 않으면 정직한 놈처럼 부호로 표시하느냐?

**서기** 하느님 은총으로 교육을 잘 받았기 때문에 내 이름을 글씨로 씁니다.

**모두**  고백했다. 그놈을 끌어내라. 악당이다. 반역자다!

**케이드**  끌어내라! 펜과 잉크통을 목에 매단 채로 죽여라! (한 사람이 서기를 데리고 퇴장)


마이클 등장.


**마이클**  대장은 어디 계시지?

**케이드**  여기에 있다, 졸병아.

**마이클**  도망가세요. 어서 도망쳐요! 험프리와 윌리엄 형제가 국왕의 군대를 거느리고 가까이 왔습니다.

**케이드**  거기 서라, 이 나쁜 놈아. 도망치면 가만두지 않겠다. 그놈만큼 훌륭한 사람이 상대하겠다. 그놈은 기껏해야 기사겠지?

**마이클**  그렇습니다.

**케이드**  그놈과 똑같이 되기 위해 이제 곧 나에게 스스로 기사 작위를 주겠다. (무릎을 꿇는다) 일어서라, 존 모티머 기사. (일어선다) 자, 이젠 언제든지 덤벼라!


험프리 스태퍼드 경과 그의 아우 윌리엄 스태퍼드 경이 북치는 고수(전령관)와 병사들을 이끌고 등장.


**험프리**  이 반역자들아, 켄트의 쓰레기들아, 교수형감 얼굴을 지닌 놈들아! 무기를 버려라. 그리고 집으로 돌아가. 이놈을 따르지 마라. 너희들 집으로 돌아가면 전하께서 자비를 베푸실 거다.

**윌리엄**  그러나 너희들이 무기를 버리지 않고 나아간다면, 전하의 노여움을 사서 사형당하고 말 거다. 그러니 항복해라. 그렇지 않으면 죽여버리겠다.

**케이드**  이따위 비단옷 입은 놈들은 상대하지 않겠다. 착한 백성들아, 내가 여러분에게 할 말이 있다. 이제 나는 여러분의 왕이 되어 이 나라를 다스리겠다. 나야말로 진정한 왕의 계승자이기 때문이다.

**험프리**  이 악당! 네놈 아비는 미장이였고, 네놈은 재단사가 아니냐?

**케이드**  아담은 정원사였지.

**윌리엄** 그게 어쨌다는 거야?

**케이드** 어쨌다는 거냐고? 마치의 백작이신 에드먼드 모티머 경은 클래런스 공작의 따님과 결혼하시지 않았나?

**험프리** 그래서?

**케이드** 그 부인이 쌍둥이를 낳았지.

**윌리엄** 그건 거짓말이다.

**케이드** 그야, 문제는 있지만 사실이다. 그건 참말이야. 들어봐. 그 쌍둥이 형을 유모에게 맡겼는데, 어느 거지 여자가 훔쳐 가고 말았지. 그래서 그 아기는 혈통도 부모도 알지 못하고 컸다. 그리고 자라서 벽돌장이가 되었지. 그 벽돌장이의 아들이 바로 나야. 그렇지 않다면 어디 말해 봐.

**딕** 아무렴! 사실이고말고요. 그러므로 그가 왕이 되어야 합니다.

**스미스** 그분이 우리 아버지 집의 굴뚝을 만들었죠. 그리고 그 벽돌이 오늘까지 남아 있다는 게 증거이지요. 그러므로 그 사실을 부정하지는 못할 겁니다.

**험프리** 자네들은 스스로 무엇을 지껄이는지도 모르고 횡설수설하는 이 자식의 말을 믿는가?

**모두** 아, 우리는 기꺼이 그렇게 알고 있소. 그러니 당신들은 그만 가보시오.

**윌리엄** 잭 케이드, 요크 공작이 네게 이것을 가르쳐 줬지?

**케이드** (혼잣말로) 거짓말을 하는군. 이건 내가 스스로 꾸민 거라고. 여보시오, 전하에게 가서 전하시오. "네 아버지 헨리 5세 때 우리 어린아이들이 프랑스 금화를 따려고 구슬치기를 하며 놀았으니, 부왕을 봐서 당신을 그대로 왕위에 앉아 있게 하지만, 대신 내가 섭정을 하겠다" 이렇게 말이오.

**딕** 그리고 그 세이 경인가 하는 자의 목을 베어야겠소. 그놈이 멘의 공작령을 팔아먹은 벌로 말이오.

**케이드** 그래야 마땅하지. 글쎄, 그놈 때문에 잉글랜드가 절름발이 신세거든. 이제는 지팡이가 없으면 걸어다니지 못할 정도가 되었으니, 내 힘으로 부축해 주어야지. 동료 제왕들, 저 세이라는 놈은 이 잉글랜드를 거세해 내시로 만들어 버렸네. 아니, 그뿐만이 아니야. 그놈은 프랑스 말을 하거든. 그러니 반역자야.

**험프리** 오, 어쩌면 이렇게도 무지할 수가 있단 말인가!

**케이드** 어디 대답해 보란 말이다. 프랑스 놈들은 우리 원수야. 알았나? 그러면 내가 하나 묻겠다. 원수 말을 하는 자가 우리의 훌륭한 고문이 될 수 있는가?

**모두** 천만에요! 그러니 저놈의 목을 베어버립시다.

**윌리엄** 곱게 말해 봤자 들을 것 같지 않으니 왕의 군대로 저놈들을 칩시다.

**험프리** 전령관, 모든 고을을 다니며 어서 전하라. 케이드의 반란에 가담한 놈들은 역적으로 단정할 것이며, 전쟁이 끝나기 전에 도망치는 놈들은 본보기로서, 그 아내와 자식들이 보는 앞에서 대문 앞에 목을 달아 죽일 거라고 포고하라. 전하의 편이 될 사람들은 나를 따르오. (윌리엄, 병사들과 함께 퇴장)

**케이드** 백성을 사랑하는 자는 나를 따르라. 이제부터는 대장부답게 행동하라! 자유를 위해서 싸워라! 귀족이나 신사 따위는 단 한 사람도 살려두지 않겠다. 들일하는 신발을 신고 다니는 자들을 해치지 마라. 그들은 검소하고 정직한 자들이다. 그들은 용기만 있다면 우리 편이 되려고 하지.

**딕** 적군들이 열을 지어서 이쪽으로 오고 있습니다.

**케이드** 그러나 우리는 열을 지어 있지 않을 때가 열을 지은 때다. 자, 용사들이여, 앞으로 나아가라! 나아가! (모두 퇴장)

〔제4막 제3장〕

블랙히스의 다른 곳.
전투를 알리는 나팔 소리. 양쪽 군대가 등장하여 싸운다. 스태퍼드 형제는 전사한다.

**케이드** 애쉬포드의 백정, 딕은 어디 있나?

**딕** 여기 있습니다.

**케이드** 놈들은 네 앞에서 양과 소처럼 거꾸러졌구나. 너는 도살장에서 일하는 것과 같았다. 그 공로로 너에게 상을 내리겠다. 사순절에는 본디 짐승을 죽일 수 없는 것이나, 너에게만은 일주일에 백 사람의 주문에 응하여 소를 잡도록 특혜를 내리겠다.

**딕**   더 바랄 게 없습니다.

**케이드**   사실, 그 정도는 아주 작은 거지. 승리의 기념물인 이 갑옷은 내가 입겠다. (죽은 험프리의 갑옷을 벗겨서 입는다) 그리고 이놈 시체는 말 뒷굽에 묶어서, 내가 런던까지 끌고 가겠다. 런던에서는 시장이 칼을 들고 우리 행렬을 앞장서게 하겠다.

**딕**   우리가 성공하려면 감옥을 부수고 죄수들을 풀어주어야 합니다.

**케이드**   걱정 마라. 그렇게 하겠다. 자, 런던으로 진군하자. (모두 퇴장)

〔제4막 제4장〕

런던. 왕궁.

왕이 청원서를 쥐고 버킹엄 공작, 세이 경을 거느리고 등장. 좀 떨어진 곳에 왕비 마거릿이 서퍽의 머리를 쥐고 슬퍼한다.

**왕비**   슬픔은 마음을 연약하게 하고, 두려움에 떨게 하며, 무력하게 만든다고 한다. 그러니 울음을 그치고 복수만을 생각하자. 그러나 이것을 보고 누가 울지 않을 수 있을까? 나의 뛰는 가슴에 그 사람 얼굴만 있으니, 내가 끌어안을 몸뚱이는 어디 있단 말인가?

**버킹엄**   반란자들의 청원에 전하께서는 어떻게 답변하시겠습니까?

**헨리 왕**   덕망 높은 주교를 보내어 타이르겠소. 그토록 많은 어리석은 영혼들을 칼로 살육함은 신께서 허락하지 않으실 테니! 나는 잔인한 전쟁으로 그들의 생명을 끊는 것보다, 그들의 우두머리 잭 케이드와 담판을 지으려 하오. 조금 기다려 주오. 다시 한 번 읽어보겠소.

**왕비**   야, 이 야만스런 악당들! 이 아름다운 얼굴은 하늘을 가로지르는 저 별똥별처럼 내 마음을 사로잡았었지. 아, 이 아름다운 얼굴이, 이를 감히 바라볼 가치도 없는 놈들을 매혹하여, 그 잔인한 마음을 누그러뜨리게 할 수도 없었단 말인가?

**헨리 왕**   세이 경, 잭 케이드가 반드시 그대의 목만 베겠다고 하오.

**세이**   아, 그러나 저는 전하께서 그놈의 목을 베시리라 생각합니다.

**헨리 왕**   왕비, 어찌 된 일이오? 아직도 서퍽의 죽음을 애통해하고 있소? 아마 그대는 내가 죽었다 해도 나를 위해 그만큼 슬퍼하지는 않겠지.

**왕비** 예, 슬퍼하지 않겠습니다. 저도 전하 뒤를 따라서 죽겠습니다.


전령 등장.


**헨리 왕** 무슨 소식인가? 어찌 그리 급히 오는가?

**전령** 반란군이 서더크에 와 있습니다. 전하께선 어서 피하소서! 잭 케이드는 자신을 클래런스의 공작 혈통인 모티머 경이라 주장하며, 전하를 왕위 찬탈자라 부르면서, 웨스트민스터 성당에서 즉위하겠다 선언하고 있나이다. 그의 군대는 모두 무례하고 무자비한 시골 농사꾼들로 이루어진 거지 떼입니다. 험프리 스태퍼드 경을 죽이고 나서, 그들은 크게 용기를 얻어 진격해 오고 있습니다. 학자나 법률가나 관리나 신사들을 독충이라 부르며, 이들을 모두 죽여버리겠다고 합니다.

**헨리 왕** 아, 신에게 버림받은 자들이군! 그놈들은 자신들이 무슨 짓을 하는지도 모르는구나.

**버킹엄** 전하, 킬링워스로 피하소서. 군사들을 모아 반란자들을 진압할 때까지요.

**왕비** 아, 서픽 공이 살아 있다면, 이런 켄트의 반란군쯤은 바로 진압할 텐데.

**헨리 왕** 세이 경, 폭도들은 그대를 미워하오. 그러니 함께 킬링워스로 갑시다.

**세이** 그들이 저를 보면 미운 마음이 생겨 전하께 화가 미칠까 염려됩니다. 그러니 저는 이곳에 혼자 숨어 있겠습니다.


다른 전령 등장.


**전령** 잭 케이드가 런던교를 차지했습니다. 시민들은 집을 버리고 달아나고 있으며, 파렴치한 인간들은 약탈물이 탐나 반역자들 편에 가담했고, 시내와 왕궁을 약탈하겠다 큰소리치고 있습니다.

**버킹엄** 전하, 지체하지 마시고 어서 말에 오르소서.

**헨리 왕** 갑시다, 마거릿. 우리의 희망이신 하느님께서 도와주실 것이오.

**왕비** (혼잣말로) 서픽이 죽고 나서 나의 희망도 사라졌다.

**헨리 왕** (세이에게) 잘 있어요, 경. 켄트의 폭도들을 믿지 마시오.

**버킹엄** 배신당하지 않으려면 누구도 믿어서는 안 되오.

**세이** 제가 믿을 수 있는 거라곤, 저의 결백뿐입니다. 그래서 저는 떳떳하며 두려워하지도 않습니다. (모두 퇴장)

〔제4막 제5장〕

같은 곳. 런던 탑.
스케일스 경이 탑 위를 걸으며 등장. 탑 아래에는 시민들 두세 명 등장.

**스케일스** 어떻게 되었느냐? 잭 케이드는 죽었느냐?

**시민 1** 아닙니다. 살해될 것 같지도 않습니다. 폭도들은 런던교를 점령하고는, 저항하는 자들은 모두 죽이고 있습니다. 시장님은 경께서 런던 탑으로부터 원병을 보내시어 도시를 반란군의 손에서 지켜주시도록 간청합니다.

**스케일스** 보낼 수 있는 원병이 있다면 명령대로 하지. 하지만 나 자신도 곤경에 빠져 있다네. 폭도들이 이 탑을 빼앗으려 하고 있으니 말이야. 어쨌든 그대들은 스미스필드에 가서 군대를 모아주게. 그러면 내가 매튜 고프를 그곳으로 보내겠네. 전하를 위해, 나라를 위해, 그대들의 목숨을 구하기 위해 싸워주게. 그럼 잘 가게. 나는 또 저쪽에 가봐야겠다. (모두 퇴장)

〔제4막 제6장〕

런던. 캐논 거리.
잭 케이드와 그 부하들 등장. 잭 케이드는 몽둥이로 런던 표석(標石)을 친다.

**케이드** 이젠 모티머가 이 도시의 지배자이다. 나는 이 런던의 표석 위에 앉아 명령한다. 이 샘물은 내가 통치하는 첫해엔 클라레 포도주*⁶만 흐르게 하라. 물론 이 도시의 비용으로. 그리고 이제부터 나를 모티머 경이라 부르

---

*6 프랑스 보르도 지방에서 나는 포도주로, 영국에서는 클라레(claret)라고 한다.

지 않는 놈은 반역죄로 처벌한다.

병사 하나가 달려온다.

**병사** 잭 케이드! 잭 케이드!
**케이드** 저놈을 때려죽여라!

폭도들이 병사를 죽인다.

**스미스** 이놈이 현명하다면, 경을 더 이상 잭 케이드라고 부르지 않겠지요. 단단히 혼이 났을 거라 생각합니다.
**딕** 모티머 경, 스미스필드에 군대가 진을 치고 있답니다.
**케이드** 자, 가서 싸우자. 하지만 먼저 런던 다리에 불을 지르고, 될 수 있다면 런던 탑도 태워버려라. 자, 가자. (모두 퇴장)

〔제4막 제7장〕

런던. 스미스필드.
전투를 알리는 나팔 소리. 매튜 고프와 그 부하들 모두 살해된다. 잭 케이드가 부대를 이끌고 등장.

**케이드** 자, 몇 사람이 가서 사보이 궁전을 때려부숴라. 다른 사람들은 법학원에 가서 있는 대로 다 때려 부숴라.
**딕** 각하, 청원이 있습니다.
**케이드** 그래 각하라고 불러라. 그 보상으로 청원을 들어주마.
**딕** 이제부터 잉글랜드 법률은 오로지 각하의 입에서 나오는 것뿐이라고 말씀해 주십시오.
**홀랜드** (혼잣말로) 쳇, 그렇다면 그놈의 법은 꽤나 아픈 법이겠군. 대장은 요전에 창으로 입을 찔리고, 아직 그 상처가 다 낫지 않았으니 말이야.
**스미스** (혼잣말로) 아냐, 존, 구린내 나는 법률이겠지. 구운 치즈를 먹어 입에서 구린내가 나니 말야.

**케이드** (딕에게) 나도 그렇게 생각해 왔다. 그렇게 하기로 한다. 자, 가자. 이 나라 문서들을 다 태워라. 이제부터는 나의 입이 잉글랜드 의회가 된다.

**존** (혼잣말로) 저자의 이를 뽑아버리지 않는다면 물어뜯는 법령이 나오겠군.

**케이드** 이제부터 모든 재산은 공유재산으로 한다.

전령 등장.

**전령** 각하, 포획물입니다, 포획물이요. 프랑스 도시들을 팔아먹은 세이 경이란 놈입니다. 또 백성에게 세금으로 15분의 1조를 스물한 번이나 바치게 하고, 1파운드에 1실링씩 특별과세까지 물게 한 놈입니다.

조지 베비스, 세이 경을 끌고 등장.

**케이드** 네, 이놈, 네놈 목을 열 번 베게 하겠다. 이놈아, 네가 서지(serge, 튼튼한 모직 천)냐! 아니지, 빳빳한 아마포 버크럼 귀족이지! 너는 마침내 나의 재판을 받게 되었다. 노르망디를, 저 프랑스 세자에게 준 데 대해 이 전하께 뭐라고 변명할 테냐? 잘 들어라. 여기 여러 나리들, 그리고 이 모티머 경까지 계시는 이곳에서 공포한다. 나는 너 같은 더러운 쓰레기들을 왕궁에서 싹 쓸어내 버릴 빗자루님이시다. 네놈은 문법학교를 세워 이 나라 젊은이들을 타락시킨 역적이다. 우리 조상들은 책 같은 건 가지고 있지 않았다. 하지만 나뭇가지에 금줄을 새겨 별 탈 없이 살았는데, 네놈이 인쇄라는 것을 시작했다. 그뿐만 아니라 왕이나 왕관이나 권위에 어긋나는 저 종이공장까지 세웠겠다. 또한 네놈은 네 아래에 많은 사람을 두고 있는데 그놈들은 늘 명사니, 동사니 하며 기독교인이라도 참기 어려운 흉악한 말들을 하는 놈들이다. 네놈은 또 치안재판관을 두고, 가난한 사람들을 불러 답변할 수도 없는 말을 묻게 한 놈이다. 그러고는 그 불쌍한 사람들을 감옥에 처넣고, 글을 읽지 못한다는 이유로 목매달아 죽인 놈이다. 실은 글을 읽지 못해도 잘살 수 있었는데 말이야. 그리고 네놈은 말에 화려한 장식을 해서 타고 다녔지. 그렇지 않느냐?

**세이**  그게 뭐 어때서?

**케이드**  아니 이런 놈이 있나, 말에다 외투를 입히다니. 너보다 훨씬 정직한 사람들은 바지와 윗옷만 입는단 말이다.

**딕**  셔츠만 입고 일하는 사람도 있는데…… 이를테면 나 같은 백정 말이다.

**세이**  너희들은 켄트 사람이군…….

**딕**  켄트가 어떻다는 거냐?

**세이**  그냥 이렇다는 거지. 보나 테라, 말라 겐스(땅은 좋은데, 인심이 나쁘군).

**케이드**  이놈을 끌어내라, 어서 끌어내! 라틴어를 하고 있다.

**세이**  자, 내가 하는 말이나 듣고 나서 어디든 끌고 가고 싶은 데로 끌고 가라. 카이사르가 쓴 비평록을 보면, 켄트라는 마을은 이 나라에서 가장 문명화된 곳으로, 땅이 기름지고 풍요로워서 사람들은 너그럽고 용감하며 활발하고 부유하다고 했다. 그래서 나는 그대들에게 자비심이 없다고 생각하지 않는다. 나는 멘 영토를 팔지도 않았고, 노르망디를 잃지도 않았다. 만일 그 땅을 다시 찾기 위해서라면 내 목숨이라도 버릴 생각이다. 나는 늘 정의로운 판결을 내렸다. 기도와 눈물은 내 마음을 움직였으나 뇌물은 결코 나를 어떻게 할 수 없었다. 백성들에게 세금을 거두었지만 이는 전하를 위한 일이고, 나라를 위한 것이며, 그대들을 위한 일이었다. 또한 지식인을 우대했는데, 이는 학문이 나 자신을 관직으로 이끌어 주었고, 무지는 하느님의 저주이며, 지식은 천국으로 날아가는 날개라고 생각했기 때문이다. 그대들이 마귀에 사로잡힌 게 아니라면 결코 나를 죽이지 못할 것이다. 나의 혀가 외국 왕들과 담판한 것은 모두 그대들을 위해서…….

**케이드**  쳇, 네놈은 전쟁에서 한 번이라도 적을 쓰러뜨린 일이 있느냐?

**세이**  위대한 사람의 손은 먼 데까지 닿을 수 있지. 그 손으로 내가 본 적도 없는 적들을 쓰러뜨려 죽게 했다.

**베비스**  아주 비겁한 놈이로군! 뭐? 뒤에서 죽였다고?

**세이**  그대들을 돌보느라, 내 얼굴은 이렇게 파리해지고 말았다.

**케이드**  저놈 빰을 한 대 쳐주어라. 그러면 얼굴이 다시 붉어지겠지.

**세이**  불쌍한 사람들의 사정을 들어주기 위해 법정에 오래 앉아 있다 보니, 온갖 병에 걸렸단 말이다.

**케이드**  그렇다면 교수형 밧줄이 약이 되겠군. 아니면 이 도끼 신세를 지게 되는 거다.

**딕**　이 자식, 왜 그렇게 떠느냐?

**세이**　중풍 탓이지, 두려워 떠는 게 아니다.

**케이드**　이놈이 자기가 우리와 동등하다고 말하려는 듯이 우리에게 고개를 끄덕이는구나. 이놈 머리가 장대 위에 꽂혀도 가만히 있을지 봐야겠다. 자, 끌어내다 목을 쳐라.

**세이**　내가 무슨 죄를 지었는지 가장 큰 죄목을 이야기해라. 내가 재산을 탐냈느냐? 명예를 탐냈느냐? 말해라. 내가 돈을 갈취해서 내 금고를 채웠느냐? 아니면 사치스러운 옷을 입고 다녔느냐? 내가 죽어야 할 만큼 누군가를 해쳤느냐? 나의 이 손으로, 한 번도 죄 없는 자의 피를 흘리게 한 일이 없으며, 이 마음이 누군가를 속이려 한 적도 없다. 오, 나를 살려다오!

**케이드**　(혼잣말로) 이놈 말을 들으니 불쌍하지만, 참아야지. 아무리 살려달라 애원하더라도 죽일 수밖에 없어. 이놈을 끌고 가라! 이놈 혓바닥에는 시중 드는 마귀가 붙어 있는 거야. 하느님의 이름은 부르지도 않으니까. 자, 빨리 끌어내 목을 쳐라. 그리고 이놈의 사위 제임스 크로머 집에 가서 그놈 목도 베어 가지고 두 장대에 꽂아 이리 가져와라.

**모두**　분부대로 따르겠습니다.

**세이**　아, 동포들이여! 만일 너희들이 하느님께 기도할 때 하느님이 그대들처럼 냉정하다면, 그대들의 사라지는 영혼은 어떻게 되겠는가? 그러니 너그러운 마음으로 부디 날 살려주게.

**케이드**　어서 끌고 가라! 명령대로 하란 말이다! (폭도 몇 사람이 세이 경을 끌고 나간다) 이 나라에서 아무리 잘난 귀족이라도, 나에게 공물을 바치지 않으면 머리를 어깨 위에 달고 다니지 못하게 하겠다. 그리고 어떤 처녀든지 내게 처녀성을 바치지 않고서는 시집가지 못하게 하겠다. 사내들은 먼저 나를 대장으로 모셔야 한다. 자, 그리고 아낙네들은 자기 마음이 내키는 대로, 자기 혀가 내뱉는 대로 마음껏 자유를 누리도록 명령한다.

**딕**　각하, 우리는 언제 치프사이드에 가서 우리 힘을 보여준 다음, 그년들의 물건을 빼앗을까요?

**케이드**　그래, 지금 바로 가자.

**모두**　와아, 신난다!

폭도들, 세이와 그 사위의 머리를 들고 다시 등장.

**케이드**  하지만 이게 훨씬 신나는 일인걸! 저 두 대가리를 서로 키스하게 해
주어라. 저놈들이 살아 있을 때 서로 좋아했으니까. 자, 다시 떼어놓아라. 그
놈들이 더 많은 프랑스 도시를 팔아 치우려고 서로 의논하면 안 되니까. 병
사들아, 도시를 약탈하는 것은 저녁으로 미루겠다. 먼저 이놈들의 대가리
를 장대에 꽂아 앞세우고 거리를 돌아다니겠다. 그리고 모퉁이를 돌 때마다
놈들을 키스하게 하겠다. 자, 가자. (모두 퇴장)

〔제4막 제8장〕

런던. 서더크.
나팔 소리. 케이드와 폭도들 등장.

**케이드**  피쉬 거리로 올라가라! 세인트 매그너스 모퉁이로 내려가라! 죽여라!
때려눕혀라! 템스강에 집어던져! (회담을 알리는 나팔 소리 들려온다) 이게 무슨
소리냐? 퇴각 나팔? 아니 휴전 나팔? 내가 죽이라고 명령했는데 감히 어떤
놈이 저런 나팔을 불지?

버킹엄 공작과 클리퍼드 경, 군대를 거느리고 등장.

**버킹엄**  감히 나팔을 불어 네놈의 일을 방해한 건 우리다. 야, 케이드, 우리는
국왕 전하의 사절로 왔다. 네가 꾀어낸 평민들에게 하시는 말씀이니 잘 들
어라. 너를 버리고 조용히 집으로 돌아가는 자들은 전하께서 사면하신다는
명령을 공포한다.
**클리퍼드**  백성들이여! 어떻게 하겠는가? 왕께서 자비를 베푸실 때에 복종
하겠는가? 그렇지 않으면 폭도 노릇을 하다가 죽음을 맞이하겠는가? 전하
를 경애하고, 전하의 사면을 받기를 원한다면 모자를 벗어 던지며 "국왕 전
하 만세"를 외쳐라. 그러나 전하를 미워하고, 전하의 부왕이시며 프랑스를
떨게 한 헨리 5세를 존경하지 않는 자들은 우리에게 무기를 흔들어 보이며

가라.

**모두** 국왕 전하 만세! 국왕 전하 만세!

**케이드** 이것 봐라. 버킹엄, 클리퍼드, 당신들이 그렇게도 용감했나? 그리고 이 비겁한 백성들아, 네놈들은 저 말을 믿느냐? 너희들 목에 사면장(赦免狀)을 걸고 교수형을 받고 싶나? 내가 런던 성문을 이 칼로 부수고 서더크의 화이트 하트까지 왔는데 여기서 버리고 가겠단 말이냐? 네놈들이 옛날의 자유를 다시 찾을 때까지는 무기를 절대로 버리지 않을 거라고 믿었는데, 너희들은 모두 비겁한 놈들이고 겁쟁이들이구나. 귀족의 노예가 되어 살기를 바라는구나. 저놈들 짐만 지고 다니다가 허리나 부러져 버려라. 네놈들 집이나 뺏기고, 눈앞에서 너희 마누라와 딸들이 능욕이나 당해라…… 나야 혼자서도 어떻게 해나갈 수 있지. 하느님, 이놈들을 저주해 주십시오!

**모두** 케이드를 따르겠다! 케이드를!

**클리퍼드** 너희들이 케이드를 따라간다고 소리치는 걸 보니, 그놈이 헨리 5세의 왕자라도 되는 줄 아느냐? 그놈이 너희들을 프랑스 한복판까지 데리고 가서, 너희들 가운데 가장 천한 놈까지도 백작이나 공작이라도 시켜줄 줄 아느냐? 멍청한 놈들, 저 케이드란 놈은 집도 없고 도망칠 곳도 없어. 이렇게 강탈하든지, 너희 친구들이나 우리 같은 귀족들한테서 훔치지 않으면 어떻게 살아야 할지도 모르는 놈이야. 생각해 봐라. 너희들이 이렇게 우리와 맞서서 싸우고 있을 때, 얼마 전 정복당했던 저 겁쟁이 프랑스 놈들이 바다를 건너와서 너희들을 정복한다면 이 무슨 수치란 말이냐? 내란이 일어난 사실을 안 프랑스 놈들이 런던 거리를 으쓱대고 다니면서, 만나는 사람마다 나쁜 놈들이라고 소리치겠지. 프랑스 놈들한테 허리를 굽히고 자비를 구하느니, 저 천한 케이드 같은 놈을 만 명이라도 죽여버리는 게 낫다. 자, 프랑스로 가라, 프랑스로. 잃은 것을 되찾아라! 그리고 너희가 태어난 이 잉글랜드를 아껴라. 헨리 왕은 부자이시고 너희들은 강한 대장부들이다. 하느님이 우리 편에 계시니 승리는 문제없다.

**모두** 클리퍼드, 클리퍼드, 우리는 전하와 클리퍼드를 따르겠다!

**케이드** (혼잣말로) 새털이라도 이놈들만큼 가볍게 날지는 못할 거다. 헨리 5세라는 이름을 듣더니 온갖 해악을 상상하며, 나만 이렇게 버리고 가는구나. 놈들이 이마를 맞대고 있으니, 아마도 날 잡으려는 거겠지. 여기 있다가는 큰일을 당하겠는걸. 이 칼을 가지고 뚫고 나가야지. 귀신이든 지옥이든 상 관없다. 네놈들 속이라도 뚫고 나가지! 하늘의 신들과 명예가 증인이 되어 주리니, 나는 용기가 없는 게 아니다. 내 부하가 비겁하고 치사하게 배반해 서, 이제 나는 도망치는 거다! (퇴장)

**버킹엄** 뭐, 도망쳤다고? 자, 빨리 뒤쫓아라. 그놈 목을 전하께 바치는 자에게 는 보상으로 1천 크라운을 주겠다. (몇 사람 퇴장) 병사들이여, 따라오라. 너희 들 모두를 왕과 화해시킬 수 있도록 좋은 방법을 찾아내겠다. (모두 퇴장)

〔제4막 제9장〕

케닐워스성(城).
나팔 소리. 왕, 왕비, 서머싯이 성벽 위에 등장.

**헨리 왕** 이 세상 왕좌를 차지한 왕들 가운데, 나보다 더 만족하지 못한 왕이 또 있을까? 나는 요람에서 기어나와, 태어난 지 아홉 달 만에 왕위에 올랐 다. 왕이 되기를 갈망하는 신하가 있다 하더라도, 신하가 되기를 갈망하는 이 마음을 앞서지는 못하리라.

버킹엄과 클리퍼드 등장.

**버킹엄** 전하의 건강을 비옵니다! 기쁜 소식이 있습니다.
**헨리 왕** 버킹엄 공작, 역적 케이드는 잡혔소? 아니면 원병을 구하려고 후퇴 한 것이오?

아래쪽에 폭도들이 목에 밧줄을 매고 등장.

**클리퍼드** 전하, 케이드라는 놈은 달아났습니다. 그러나 그의 병사들은 항복 하여, 이처럼 목에 밧줄을 매고 생사의 선고를 기다리고 있나이다.
**헨리 왕** 주여, 당신의 영원한 하늘 문을 여시고, 감사와 찬양을 받으소서! 병 사들이여, 너희들은 목숨을 구했느니라. 오늘 너희들은 왕과 이 나라에 대한 사랑의 마음을 잘 보여주었다. 이 선한 마음을 변함없이 간직하라. 이 헨리는 불운한 처지에 있으나 결코 너희들을 외면하지 않으리라. 너희들의 뜻을 기특하게 여겨 용서해 줄 테니, 모두 고향으로 돌아가라.

**모두** 국왕 전하 만세! 국왕 전하 만세!

*전령 등장.*

**전령** 황송하오나 보고드립니다. 요크 공작이 최근 아일랜드로부터 장비를 갖춘 강력한 기병과 칼과 투창만을 가진 용감한 보병 부대들을 이끌고, 당당하게 대열을 맞춰 지금 이곳으로 진군해 오고 있나이다. 그리고 되풀이하여 성명을 발표하고 있으며 이 거병의 목적은, 자신이 역적이라 부르는 서머싯 공작을 제거하는 데 있다고 합니다.

**헨리 왕** 이처럼 나는 케이드와 요크 사이에서 고통받으니, 폭풍을 피해 마음을 놓는 순간 바로 해적을 만난 배와도 같구나. 이제 케이드는 쫓겨나고 폭도들도 흩어졌으나, 그 뒤를 이어 요크가 반란을 일으키다니. 버킹엄 공작, 원컨대 가서 그를 만나 거병한 이유를 물어보시오. 그리고 에드먼드 공작을 런던 탑에 보낸다고 전하시오. 서머싯, 공작은 요크의 군대가 해산할 때까지 런던 탑에 들어가 주어야겠소.

**서머싯** 전하, 이 나라를 위해서라면 감옥 안에도 들어가겠으며, 죽음도 기꺼이 받아들이겠나이다.

**헨리 왕** 어떠한 경우에도 거친 말들은 삼가시오. 공작은 성질이 과격해 폭언을 참지 못하니까요.

**버킹엄** 전하, 황송하옵니다. 모든 것이 전하께 이롭도록 처리하겠습니다.

**헨리 왕** 왕비, 들어가서 백성들을 더 잘 다스리는 방법을 배웁시다. 아직 백성들은 나의 잘못된 통치를 저주하는지도 모르오. (모두 퇴장)

〔제4막 제10장〕

켄트주(州). 아이든의 정원.
케이드 등장.

**케이드**  쳇, 망할 놈의 야심! 칼을 쥐고도 굶어 죽게 되다니! 닷새 동안이나 이 숲속에 숨어 바깥 구경도 하지 못하고 죽을 맛이군. 온 나라에서 날 잡겠다 뒤지고 있으니. 아, 이제는 배가 너무 고파서 목숨이 천 년이나 늘어난다 하더라도 이대로 있을 순 없어. 그래서 저 벽돌담을 뛰어넘어, 이 정원으로 들어온 거다. 풀이라도 먹게, 샐리트(sallet, 샐러드 또는 투구)라도 따볼까 해서. 이렇게 더운 날에는 이것들은 위장을 시원하게 하는 데 효과가 그만이라지. 그리고 샐리트라는 말은 나를 위해서 만들어진 단어인가 봐. 왜냐고? 그야, 샐리트라는 투구가 없었다면, 나의 이 대가리는 창에 찔려 쪼개졌을 테니까. 그뿐인가? 내가 용감하게 행진하다 목이 마르면 세 홉짜리 술병을 대신해 주었지. 이제는 샐리트만이 나를 먹고 살게 해줄 거야.

아이든이 하인을 거느리고 등장.

**아이든**  아, 조정 일로 뒤얽혀 살아가는 자들이 어찌 이처럼 고요하게 산책을 즐길 수 있으리오? 아버지가 유산으로 남겨준 이 조그마한 정원이 나를 기쁘게 하는구나. 하나의 왕국과도 같이 말야. 나는 다른 사람들을 마르게 하여 나를 살찌우지는 않으리라. 더욱이 나쁜 마음으로 재산을 모을 생각도 없다. 내가 가진 것으로 이 지위를 유지해 가며, 가난한 자들이 기쁘게 인사하며 내 문 앞을 떠날 수 있다면 충분하다.

**케이드**  아, 지주가 오셨군. 자기가 물려받은 땅에 허락 없이 들어왔다 해서 날 잡으러 온 거겠지. 이 나쁜 놈, 네가 내 머리를 왕에게 바쳐서 1천 크라운을 받아 처먹을 생각이로구나. 그러나 네놈에게 타조처럼 쇳덩이를 먹여주지. 우리가 헤어지기 전에, 커다란 핀 같은 내 이 칼을 삼키게 해주겠단 말이다.

**아이든**  뭐라고? 누군지는 모르나 참으로 무례하군. 얼굴조차 모르는 널 내가 어떻게 배신한단 말이냐? 주인이 있는데도 담을 뛰어넘어 멋대로 정원에 들어와 도둑놈처럼 훔치러 온 것도 모자라서, 이러한 건방진 말로 대든단 말이냐?

**케이드**  대든다고? 내 목숨을 걸고 너에게 도전하는 거다! 이놈, 나를 잘 봐라. 나는 닷새나 굶었다만 너와 네 하인 다섯이 한꺼번에 덤벼라. 네놈들을

문짝에 박힌 대갈못처럼 다 때려 죽여버리겠다. 그렇게 못한다면 내가 다시
는 풀 한쪽도 못 먹게 해달라고 하느님께 기도하겠다.

**아이든** 이 나라가 망하지 않는 한 켄트의 귀족 알렉산더 아이든이, 불쌍하
고 굶주린 놈을 상대로 싸우는데 다른 사람들을 부른다는 것은 있을 수
없는 일이다. 너의 부릅뜬 눈으로 내 눈을 노려보며, 너의 눈길로 나를 맞
서 물리칠 수 있는지 가늠해 보아라. 팔다리를 비교해 보자. 네놈 게 훨씬
빈약하구나. 너의 손은 내 주먹에 비하면 손가락밖에 안 된다. 너의 다리는
이 몽둥이 같은 다리에 비하면 지팡이밖에 안 된다. 네가 온 힘으로 싸워
도 나는 발 하나로 너를 이길 수 있다. 하나만 들어올리면 너는 이미 이 땅
에 무덤을 파놓은 것이나 다름없지. 더 큰소리칠 것도 없이, 못다 한 말들은
이 칼이 해줄 것이다.

**케이드** 진실로, 내가 이제까지 듣도 보도 못한 대단한 놈인걸! 이 칼아, 네가
칼집 속에 다시 들어가기 전에 네 칼날이 휘거나, 고기 저미듯이 저 억센
놈의 살점을 베지 못한다면, 신께 무릎 꿇고 빌어서 네까짓 건 구두 징이나
만들어 버리겠다. (아이든과 싸우다가 쓰러진다) 오! 찔렸구나! 내가 찔린 것은
굶주렸기 때문이야. 마귀란 놈들이 몇만 명 달려들어도 내가 거른 열 끼니
만 먹었다면, 내가 네놈들을 모두 물리쳤을 거다. 이놈의 정원, 시들어 버려
라. 그리고 이 집에 사는 모든 놈들의 묘지나 돼버려라. 이 케이드의 정복되
지 않는 영혼을 날려 보냈으니 말이다.

**아이든** 아, 내가 죽인 놈이 저 괴물 같은 역적 케이드란 말인가? 칼이여! 너
의 훌륭한 업적을 기리어 내가 죽으면 묘지 위에 걸어놓겠다. 네 칼끝에 묻
은 피는 씻지 않고 그대로, 네 주인이 얻은 명예를 기리는 문장(紋章)과도
같이 네 몸에 남겨놓으리라.

**케이드** 아이든, 잘 있어라. 그리고 너의 승리를 뽐내라! 켄트 사람들에게, 켄
트는 가장 잘난 자를 잃어버렸다고, 또 세상 사람들에게 겁쟁이로 살아가
라고 전해라. 왜냐하면 아무도 두려워하지 않는 내가 이렇게 된 것은 용기
가 없어서가 아니라 굶주림 때문이니까. (죽는다)

**아이든** 네가 아무리 나를 모욕해도 하느님이 아실 거다. 죽어라, 이 망할 놈,
너를 낳은 네 어미의 치욕아! 내가 이 칼로 네 몸뚱이를 찌른 것처럼, 네 영
혼을 지옥으로 밀어넣을 수 있으면 좋을 텐데! 이제 너를 거꾸로 매달아 끌

고 가서 거름 더미를 네 무덤으로 만들어 주겠다. 거기서 너의 더러운 목을 베어서, 자랑스럽게 전하께 바치겠다. 그리고 너의 몸뚱이는 까마귀밥으로 남겨두겠다. (시체를 끌고 퇴장)

〔제5막 제1장〕

켄트주. 다트퍼드와 블랙히스 중간에 있는 벌판.
한쪽에 왕의 진영이 있고, 반대 쪽에서 요크가 군대를 이끌고 군기를 휘날리며 등장.

**요크**  요크가 아일랜드에서 돌아온 것은 자신의 왕권을 주장하고, 나약한 헨리 머리 위에 놓인 왕관을 벗기기 위해서이다. 종을 크게 울려라. 그리고 횃불을 찬란하게 밝히며, 잉글랜드의 정당한 왕을 맞이하라. 아, 신성한 왕권이여! 어느 누가 너를 얻기 위해 대가를 치르지 않으리오? 다스릴 줄 모르는 자들은 신하가 되어 따르라. 나의 이 손은 황금을 쥐도록 만들어졌다. 나의 칼과 홀(笏)이 균형을 잡지 못한다면, 나의 말을 정당하게 실행할 수가 없다. 나는 칼을 잡았으니 맹세코 홀을 손에 넣으리라. 그리고 칼끝에는 프랑스의 백합꽃 문장을 꽂아 올리리라.

버킹엄 등장.

**요크**  (혼잣말로) 누구지? 나를 방해하는 사람이 버킹엄인가? 왕이 보냈나 보다. 시치미 떼고 있어야지.
**버킹엄**  요크 공, 별 악의가 없으시다면 환영하겠소.
**요크**  버킹엄의 험프리 공작, 잘 오셨습니다. 당신은 왕의 사신으로 오셨나요, 아니면 스스로 원해서 오셨나요?
**버킹엄**  헨리 전하의 사신으로 왔습니다. 나는 국왕 전하의 뜻을 받들어, 평화 시에 공이 대군을 거느리고 오신 이유를 알고자 합니다. 당신은 나와 같이 신하로서 전하께 충성을 다하기로 서약했음에도, 전하의 허락 없이 이같이 대군을 이끌고 왕궁 가까이 진군하심은 무슨 이유인가요?

**요크** (혼잣말로) 화가 치밀어 말이 나오지 않는구나. 아, 바위를 깨서 그 돌로 혼을 내주고 싶구나. 이 무례한 말을 들으니 분통이 터진다. 이제 나는 텔라 몬의 아들 아이아스처럼, 양이든 소든 때려잡아야 나의 이 화가 풀어질 것 같다. 나는 왕보다도 훨씬 훌륭한 태생으로, 기품으로 보나 생각하는 바로 보나 더 왕답다. 그러나 헨리가 더 약해지고, 내가 더 강해질 때까지 한동안 그 흐름대로 따라야겠다. (큰 소리로) 버킹엄 공작, 잠시 대답하지 못한 것을 용서하시오. 내 마음이 번민으로 괴로워서 그렇게 되었소. 내가 이번에 군사를 이끌고 여기에 온 것은, 저 거만한 서머싯을 전하 옆에서 제거하려는 것이오. 그자야말로 전하께나 이 나라에 위험한 인물입니다.

**버킹엄** 그것은 공의 지나친 억측일 따름이오. 그러나 거병의 이유가 그것이라면, 전하께서는 이미 공의 요구를 들어주셨소. 서머싯 공은 지금 탑에 갇혀 있소.

**요크** 공의 명예를 걸고 말해 주오. 그는 정말 감금되었소?

**버킹엄** 나의 명예를 걸고 말하오. 그는 정말 감금되었소.

**요크** 그렇다면 군대를 해산하겠소. 병사들, 노고에 감사한다. 이제부터 해산하라. 내일 세인트 조지 평야에서 만나자. 급료는 물론, 너희들이 바라는 것을 들어주겠다. (병사들 퇴장) 자비로우신 헨리 전하께 나의 큰아들뿐만 아니라 내 모든 아들까지도 나의 충성과 경애의 보증으로 기꺼이 바치겠소. 서머싯만 죽는다면 땅과 재산과 말들과 갑옷, 그 밖에 내가 가진 모든 것을 전하께 바치겠습니다.

**버킹엄** 요크 공, 공손한 말씀 고맙소. 전하의 진영으로 함께 갑시다.

헨리 왕, 수행원을 거느리고 등장.

**헨리 왕** 버킹엄 공작, 두 사람이 서로 손을 잡고 오다니, 요크 공작은 나를 해할 의도가 없다는 것이오?

**요크** 겸허히 복종하는 마음으로 요크는 전하께 이 몸을 바치겠나이다.

**헨리 왕** 경은 무슨 이유로 군사를 이끌고 왔소?

**요크** 반역자 서머싯을 궁중에서 제거하고, 이미 패배했다고 들었습니다만,

흉악한 폭도 케이드를 토벌하고자 이끌고 왔나이다.

아이든이 케이드의 머리를 들고 등장.

**아이든**  황송하오나 제가 천한 몸으로 어전에 나오는 것을 허락하신다면 역적의 머리를 바치고자 하나이다. 이것은 제가 싸워 죽인 역적 케이드의 머리입니다.

**헨리 왕**  케이드의 머리! 아, 공정하신 주여! 살아 있는 동안 나에게 큰 괴로움을 준 그 역적의 얼굴을 보여다오. 바로 네가 그자를 죽였느냐?

**아이든**  황송하오나 그러합니다.

**헨리 왕**  네 이름은 무엇이냐? 그리고 신분은?

**아이든**  저는 알렉산더 아이든이라 하오며, 켄트 태생으로, 전하를 경애하는 가난한 시골 귀족입니다.

**버킹엄**  전하, 황공하오나, 이 공로로 이자에게 기사 작위를 내리심이 마땅한 줄로 아룁니다.

**헨리 왕**  아이든, 무릎을 꿇어라. (아이든이 무릎을 꿇는다) 이제 기사로서 일어서라. 너에게 상금 1천 마르크를 주겠다. 앞으로 나를 보필하라.

**아이든**  이 아이든은 살아 있는 동안 이 은혜에 보답하며, 전하께 충성을 다하겠나이다.

**헨리 왕**  버킹엄 공, 서머싯이 왕비와 함께 오고 있소. 어서 가서 왕비에게 요크 공이 보지 못하게 그를 숨기라 이르시오.

왕비와 서머싯 등장.

**왕비**  1천 명의 요크가 온다 해도, 그는 숨지 않고 용감히 맞설 것입니다.

**요크**  (혼잣말로) 어떻게 된 거지, 서머싯이 자유의 몸이라니? 그렇다면 요크, 네가 오래도록 가슴에 품어왔던 생각들을 풀어놓고 네 혀가 마음껏 말하게 두어라. 내가 서머싯을 보고도 가만히 있을 줄 알고? 거짓말쟁이 왕! 당신은 내가 모욕을 참지 못한다는 것을 알면서도 나를 속이셨군요. 내가 너를 왕이라 불렀지? 하지만 너는 왕이 아니야. 너는 백성을 다스리고 이끌어갈 자격이 없고, 역적 하나도 다스릴 용기도 능력도 없지. 너의 머리에는 왕관이 어울리지 않아. 너의 손에는 순례자의 지팡이나 어울리지, 위엄 있는 왕의 홀을 쥐는 것은 어울리지 않아. 저 황금 왕관은 한 번 웃거나 찌푸릴 때마다 마치 아킬레우스의 창과도 같이, 마음대로 죽이고 살릴 수 있는 내 이마에 씌워져야 한다. 홀을 잡고 법령을 시행할 손은 여기에 있다. 물러나라. 하늘에 맹세코 너는 나를 지배하지 못하리라. 나는 너를 지배하도록 하늘의 명령을 받은 자이다.

**서머싯** 오, 흉악한 역적 같으니. 요크, 나는 너를 전하와 왕권에 대한 반역죄로 체포하겠다. 거만한 반역자야, 무릎을 꿇고 전하께 자비를 구하라.

**요크** 나를 무릎 꿇게 하겠다고? 먼저 내 아들들에게 물어보도록 하자. 내가 인간 앞에서 무릎 꿇는 것을 그대로 두고 볼 수 있는지 없는지를. 보아라, 나의 아들들을 보증인 자격으로 불러오너라. (수행원 한 명 퇴장) 나의 아들들은 내가 감금되는 것을 보느니 차라리 나의 자유를 위해 자신들의 칼을 걸 것이다.

**왕비** 클리퍼드를 이리 불러오시오. 급히 이곳으로 와서, 요크의 사생아들이 반역자인 자기 아버지의 보증인이 될 수 있는지 답변하라고 하시오. (버킹엄 퇴장)

**요크** 이 잔인한 나폴리 여인이여! 나폴리의 방랑자여! 너는 잉글랜드에 피로 얼룩진 재앙을 부르는구나! 요크의 아들들은 너의 혈통보다 좋으며, 그 아버지의 보증인이 될 거다. 나의 보증인이 될 수 없다고 거절하는 놈들은 죽여버리겠다!


에드워드와 리처드, 병사들을 거느리고 등장.


**요크** 아, 마침내 왔구나. 나의 아들들이 잘 싸워줄 거다.


클리퍼드와 그의 아들이 병사들을 거느리고 등장.


**왕비** 그들의 보증을 거부하려고 여기 클리퍼드 경이 왔군요.

**클리퍼드** (무릎을 꿇으며) 전하의 만수무강을 비옵니다.

**요크**  클리퍼드 경, 와주어서 고맙소. 그런데 무슨 소식이라도 있소? 아니 그런 성난 얼굴로 위협하지 마오. 나는, 클리퍼드, 그대의 군주요. 그러니 다시 무릎을 꿇으시오. 지금 저지른 실수는 용서하겠소.

**클리퍼드**  요크, 이분이 우리의 전하이시다. 나는 실수한 게 아니다. 내가 실수했다고 생각한다면 너야말로 실수한 거지. 정신병원으로 가야겠군! 미친 놈이 아닌가?

**헨리 왕**  옳소, 클리퍼드 경, 저놈은 야심 때문에 미쳐서 왕에게 반역하는 거라오.

**클리퍼드**  역적입니다. 런던 탑으로 보내어 파벌을 부추기는 저 역적의 목을 치소서.

**왕비**  체포되었으나 어명을 거스르고 아들들을 시켜 해명하겠다 하오.

**요크**  아들들아, 해명해 주겠느냐?

**에드워드**  예, 아버지, 저희들 이야기가 도움이 된다면요.

**리처드**  말로써 안 되면 칼로 해결하겠습니다.

**클리퍼드**  이놈들은 모두 반역자의 새끼들이로구나!

**요크**  거울에 비친 너 자신을 보고 그렇게 불러라. 나는 너의 왕이다. 너야말로 거짓 마음을 품은 반역자다. 나의 용감한 두 곰을 불러 말뚝에 매어라. 곰들이 쇠사슬을 흔들기만 해도 이 흉악한 똥개들이 놀라 자빠지도록. 솔즈베리와 워릭을 불러오라.

북소리. 워릭과 솔즈베리, 병사들을 이끌고 등장.

**클리퍼드**  이것들이 너의 곰인가? 네놈이 저놈들을 곰 부리는 곳까지 끌고 간다면, 개들을 부추겨 네놈의 곰들을 죽여버리고, 그 곰의 주인도 쇠사슬로 묶어버리겠다.

**리처드**  나는 전에 흥분한 똥개가 명령을 받고 곰에게 달려들어 물었으나, 곰의 앞발에 한 대 차이더니 꼬리를 내리고 낑낑거리는 걸 여러 번 보았다. 만일 너희가 워릭 백작을 상대로 맞선다면, 똥개 신세가 되고 말 거다.

**클리퍼드**  닥쳐라. 분노로 가득 찬 더러운 쓰레기들아. 네놈들 생긴 모양대로 하는 짓도 비뚤어졌구나!

**요크**　너를 곧 불덩이로 태워 주겠다.

**클리퍼드**　조심해, 네 화통에 네가 타는 수가 있으니.

**헨리 왕**　워릭 백작, 그대는 어찌하여 무릎 꿇는 것을 잊었소? 솔즈베리 백작, 백발이 부끄럽지도 않소? 정신 나간 아들을 올바로 이끌지도 않고 이 무슨 미친 짓인가! 당신은 죽음의 침상 앞에서 악당 짓을 하다가 스스로 슬픔을 맞이하려는 것이오? 오, 맹세는 어디 갔소? 충성심은 어디 있소? 서리 내린 머리에 그 같은 마음이 사라졌다면, 이 세상 어디에서 찾겠소? 전쟁을 일으켜 무덤을 파려 하오? 그리고 그대의 명예로운 노년을 피로 더럽히려 하오? 당신은 그 나이에도 경험이 없단 말이오? 그렇지 않고 경험이 있다면 어찌 그것을 악용하려 하오? 부끄러운 줄 아오! 그 많은 나이로 무덤 속에 굽혀야 할 무릎을, 충성된 마음으로 내 앞에서 굽히시오.

**솔즈베리**　전하, 저는 이 명망 높은 공작이 주장하는 권리를 숙고한 뒤에, 공이 잉글랜드 왕위의 정당한 계승자임을 인정하게 되었습니다.

**헨리 왕**　그대는 나에게 신하로서의 의무를 맹세하지 않았소?

**솔즈베리**　그러합니다.

**헨리 왕**　그러한 맹세를 어기면 하늘이 용서하겠소?

**솔즈베리**　죄악을 범하겠다고 서약함은 큰 죄악이나, 죄악과 같은 서약을 지키는 것은 더 큰 죄악입니다. 그 누가 엄숙한 맹세를 했다 해서 살인을 하고, 도둑질을 하며, 처녀의 정절을 빼앗고, 고아의 유산을 빼앗으며, 과부의 관습적 권리를 박탈해야만 하겠습니까? 또 이것이 잘못된 것이라도 엄숙하게 맹세를 했다 해서 반드시 지켜야만 하겠습니까?

**왕비**　교활한 반역자에게는 궤변가가 필요없겠지.

**헨리 왕**　버킹엄 공을 불러 무장을 하라고 명하라.

**요크**　버킹엄이든 그대의 친구들이든 모두 불러라. 나는 왕위를 얻든지, 죽든지 하겠다.

**클리퍼드**　나의 꿈이 맞는다면 너는 죽음을 피할 수 없을 거다.

**워릭**　전쟁의 태풍을 피하고 싶다면 넌 잠자리로 돌아가 다시 꿈을 꾸는 게 좋겠다.

**클리퍼드**　네놈들이 오늘 불러낼 수 있는 태풍보다 더 무서운 태풍도 견딜 각오가 되어 있다. 그리고 이 각오를 너의 투구에 새겨주지. 네놈을 알아볼

세인트 올번스 전투(1455) 장미전쟁의 일부

수 있게 네 집안 문장(紋章)이나 달고 있어라.

**워릭**   내 아버지의 문장과 유서 깊은 네빌 가문의 투구 장식에 걸고, 또한 거친 말뚝에 매여 있는 성난 곰에 걸고 맹세하지. 오늘 나는 투구를 높이 쓰고 너희들을 꼼짝 못하게 해주겠다. 어떠한 폭풍을 만나도 잎을 떨구지 않고, 산봉우리에 우뚝 선 참나무같이 말이다.

**클리퍼드**   그렇다면 네놈의 투구에서 곰의 문장을 뜯어내, 그 곰의 주인 앞에서 그것을 짓밟으며 온갖 모욕을 주마.

**클리퍼드의 아들**   그러면 승리하실 아버지, 무장합시다. 그리고 반역자와 그 무리들을 죽여버립시다!

**리처드**   이놈들아! 부끄러운 줄 알아라. 앙심을 품고 말하지 말고, 자비로운 마음을 가져봐라. 이제 저녁이 되면 예수와 만찬을 함께하게 될 테니까!

**클리퍼드의 아들**   이 낙인찍힌 악당아, 그런 말은 네놈에겐 지나치게 과분하다.

**리처드**  천국에서 먹지 않으면 지옥에서 먹겠지. (따로따로 퇴장)

〔제5막 제2장〕

세인트 올번스.
전투를 알리는 다급한 나팔 소리. 워릭 등장.

**워릭**  컴벌랜드의 클리퍼드, 워릭이 너를 찾는다! 곰을 피해 숨는 게 아니라
면 나와라. 성난 나팔 소리가 울리고 죽은 자들의 울음소리가 울려퍼지니,
어서 나와서 승부를 겨루자. 북쪽의 오만한 귀족 컴벌랜드 클리퍼드, 이 워
릭은 너를 싸움터로 불러내느라 목이 쉴 지경이다.

요크 등장.

**워릭**  공작님, 어떻게 된 일이십니까? 왜 걸어서 오시지요?
**요크**  사람 잡는 손을 가진 클리퍼드가 내 말을 죽였소. 그래서 나도 똑같이
맞서서 그놈이 가장 사랑하던 살진 말을 솔개와 까마귀의 밥으로 만들어
주었소.

클리퍼드 등장.

**워릭**  혼자서 하든, 둘이서 하든, 지금이 바로 그때입니다.
**요크**  잠깐, 워릭. 다른 사냥감을 찾아주오. 저놈의 노루는 반드시 내가 잡아
죽이겠소.
**워릭**  그러면 요크 공! 왕관을 위해 훌륭하게 싸우십시오. 클리퍼드, 오늘이
야말로 공을 세워 보려 했는데 싸우지 않고 보내다니 유감이다. (퇴장)
**클리퍼드**  요크, 무엇을 보고 있느냐? 왜 주저하지?
**요크**  네가 그토록 뼛속 깊은 원수만 아니라면, 너의 용감한 태도를 내가 사
랑했을 거다.
**클리퍼드**  네 용기야말로 비천한 반역의 몸짓을 보여주지 않는다면 찬미와

존경을 받을 수 있었을 거다.

**요크**  나의 용기는 정의와 진실 안에서 드러나고 있으니, 이 용기로써 너의 칼을 상대해 주겠다!

**클리퍼드**  내 영혼과 육체 모두 이 싸움에 걸겠다!

**요크**  대단한 대가를 치르겠군! 어서 덤벼라. (클리퍼드와 싸운다)

**클리퍼드**  (쓰러지며) 모든 일은 끝까지 가봐야 알 수 있다. (죽는다)

**요크**  이렇게 되니 싸움은 너에게 평화를 안겨주는구나. 너는 이제 고요하게 누워 있으니까. 하느님 뜻이라면 그의 영혼에 평화를 내려주소서. (퇴장)


클리퍼드의 아들 등장.


**클리퍼드의 아들**  수치와 낭패! 아, 모든 것이 패배를 말해 주는구나. 공포가 혼란을 일으키고 혼란은 지켜야 할 자리에 상처를 내고야 마는구나. 오, 전쟁이여, 성난 하늘의 신들이 보낸 지옥의 아들이여, 우리의 얼어붙은 가슴에, 뜨거운 숯불 같은 복수심을 던져라! 한 사람의 병사도 달아나지 못하게 하라. 진실로 전쟁에 몸 바치는 자는 자기를 사랑하지 않는다. 또 자기를 사랑하는 자는, 용기라는 이름을 날 때부터가 아니라 필요에 의해 우연히 얻게 되리라. (아버지의 시신을 바라본다) 오, 이 비열한 세상이여, 멸망해라! 최후의 심판 날 예정된 불기둥이여, 하늘과 땅을 하나로 합쳐버려라! 최후의 심판을 힘차게 알리는 나팔 소리여, 이 세상의 온갖 쓸데없는 소리들을 그치게 하라! 아, 사랑하는 아버지, 이것이 아버지의 운명인가요? 젊은 시절을 귀족으로서 편히 보내시더니, 백발이 무성한 노년에 이르러 존경을 받으며 안락의자에 앉아 계실 분이, 이처럼 잔인무도한 전쟁터에서 돌아가시다니요. 이 모습을 보니 나의 마음은 돌처럼 변하는구나…… 이게 내 마음이라면 이대로 돌같이 두겠다. 요크란 놈은 노인을 죽였다. 나는 그놈들의 어린 애까지도 죽여버리겠다. 처녀의 눈물도 나에겐 불 앞의 이슬과 같고, 폭군의 마음도 녹일 수 있다는 미인도 나의 이 불꽃같은 분노에는 기름과 아마포 같은 것이다. 이제부터 나에겐 자비란 없다. 요크 집안의 갓난아기만 보면 조각조각 난도질하겠다. 사나운 메데이아가 자기 동생 압시르토스를 죽인 것처럼, 이제 나는 잔인함으로 이름을 떨치겠다. 자, 이제 우리 클리퍼드 집안의 새로운 파멸이여, (아버지의 시체를 안아 일으키며) 그 옛날 아이네이아스가 늙은 아버지 안키세스를 메고 갔듯이, 나도 이 대장부의 어깨에 당신을 메고 갑니다. 아, 아이네이아스는 살아 있는 짐을 메었으니 이 슬픈 마음보다 더 무겁진 않았으리라. (시체를 메고 퇴장)

리처드와 서머싯이 싸우면서 등장. 서머싯, 죽는다.

**리처드** 그래, 여기에 누워 있어라! 서머싯, 네가 이곳 선술집 간판 '세인트 올번스성' 아래서 죽었으니 그 성 아래에서 죽는다고 예언한 마법사의 이름을 빛내겠구나. 칼이여, 무디어지지 말라. 심장이여, 언제나 분노로 가득하라. 성직자는 원수를 위해 기도하지만 왕자는 원수를 죽이겠다. (퇴장)

전투가 벌어지고 왕, 왕비, 그 밖에 여러 사람들이 쫓기며 등장.

**왕비** 전하, 어서 피하십시오! 치욕스러운 일입니다. 어서요!
**헨리 왕** 어찌 우리가 하늘의 뜻을 거스를 수 있겠소. 왕비, 가만히 있으시오.
**왕비** 전하는 어찌 싸우지도 피하지도 않으십니까? 이제는 적에게 내어주고, 어떻게든 신변의 안전을 꾀함이 남자답고 지혜롭게 우리를 지키는 방법입니다. 지금은 도망쳐셔야 합니다. (멀리서 다급한 나팔 소리 울린다) 전하가 잡히시면 우리 모두의 운명도 끝이 납니다. 그러나 도망칠 수만 있다면—전하께서 지체하시지 않으면 가능합니다—런던에 가시면 거기서는 시민들이 전하를 경애하오니 우리 운명의 거친 파도를 곧 멈출 수 있게 됩니다.

클리퍼드의 아들 등장.

**클리퍼드의 아들** 제 마음이 앞으로 화를 입지만 않는다면, 전하께 피하시라고 말씀드리기 전에, 신을 모독하는 말씀을 드리겠습니다. 지금은 피하셔야 합니다. 아군은 회복할 수 없을 만큼 크게 패배하고 있습니다. 피하십시오! 살아 계시면 그들의 운이 다하고 우리가 영광을 되찾을 날이 오게 될 것입니다. 피하십시오. 전하, 어서요! (모두 퇴장)

드라마 〈헨리 6세 제2부〉 마거릿 왕비(소피 오코네도), 2016.

〔제5막 제3장〕

세인트 올번스 부근 벌판.
다급한 나팔 소리. 국왕 군대 후퇴. 요크, 리처드, 위릭과 군대가 북을 치고 깃발을
날리며 등장.

**요크**  솔즈베리 백작의 소식을 아는 자는 없는가? 저 겨울 사자는 분노하여
늙고 다친 몸도 돌보지 않고, 혈기왕성한 사나이처럼 힘차게 기운을 북돋아
가며 쉬임 없이 싸우셨지. 만일 백작을 잃는다면 오늘의 이 승리도 승리가
아니며, 우리는 무엇 하나 얻은 것이 없게 된다.
**리처드**  아버지, 오늘 저는, 세 번이나 그분이 말에 타는 것을 도와드렸고, 또
세 번 쓰러질 때마다 그분을 부축하여 적진에서 구출하며, 더는 싸우시지
말도록 설득했지만, 그분은 언제나 위험한 곳에 가 계셨습니다. 소박한 집에
걸려 있는 화려한 벽걸이처럼, 그분의 늙고 연약한 몸에는 강한 의지가 깃
들어 있었습니다. 그러나 아, 저기 훌륭하신 백작이 오십니다!

솔즈베리 등장.

**솔즈베리** 지금 이 칼에 걸고 말하건대, 너는 오늘 잘 싸웠다! 그리고 여러분들 모두 아주 잘 싸웠습니다. 리처드, 고맙소. 나의 수명은 하느님만 아시겠지만, 오늘 그대가 세 번이나 나를 절박한 죽음의 순간에 구해 준 것을 하느님께서도 기뻐하셨을 거요. 여러분, 우리가 싸움에서 이겼다고는 하지만, 완전히 다 이룬 것은 아니오. 적은 이번에는 도망쳤으나 다시 힘을 회복해 쳐들어올 수 있으니 안심해서는 안 되오.

**요크** 우리의 안전을 위해서는 그들을 추격해야 합니다. 왕이 런던으로 도망쳐서 의회를 소집한다고 합니다. 소집장이 나가기 전에 추격합시다. 워릭, 어떻게 생각하오? 추격하는 게 어떻겠소?

**워릭** 추격합시다. 아니, 할 수만 있다면 앞질러 갑시다! 여러분, 오늘은 참으로 영광스러운 날이었소. 오늘 명장 요크 공이 승리하신 세인트 올번스 전투는 앞으로 영원히 자손에게 전해질 것입니다. 북을 치고 나팔을 불어라. 모두 런던으로 나아갑시다. 앞으로도 오늘 같은 승리의 날들이 이어지기를! (모두들 행진하며 퇴장)

# The Third Part Of King Henry VI
## 헨리 6세 제3부

[등장인물]

**헨리 6세**  헨리 5세의 아들, 태어난 지 9개월 만에 왕위에 오름.

**마거릿 왕비**  헨리 6세의 왕비

**에드워드**  왕자 헨리 6세와 마거릿의 아들

**서머싯 공작**

**엑서터 공작**

**옥스퍼드 백작**

**노섬벌랜드 백작**

**웨스트모어랜드 백작**

**클리퍼드 경**

**기사 존 서머빌**

**헨리**  리치먼드의 백작, 뒷날 헨리 7세


**요크 공작**  리처드 플랜태저넷

**에드워드**  마치 백작, 뒤에 에드워드 4세

**에드먼드**  러틀랜드 백작

**조지**  뒤에 클래런스 공작                    요크 공의 아들들

**리처드**  뒤에 글로스터 공작

**러틀랜드의 가정교사**

**노퍽 공작**

**몬터규 후작**

**워릭 백작**

**펨브룩 백작**

**헤이스팅스 경**

**스태퍼드 경**

**기사 존 모티머**  요크 공의 숙부

**기사 휴 모티머**  요크 공의 숙부

**기사 윌리엄 스탠리**

**기사 존 몽고메리**

**그레이 부인**  뒤에 에드워드 4세의 아내, 엘리자베스 왕비

**리버스 경**  그레이 부인의 남동생

**에드워드 왕자**  엘리자베스와 에드워드 4세의 아기

**프랑스 왕**  루이 11세

**보나**  프랑스 왕비의 여동생

**부르봉 공**

**요크**  시장

**런던탑 감독관**

**귀족**

**산지기**  두 사람

**사냥꾼**

그 밖에 병사들, 시종들, 전령들, 보초들, 전쟁에서 아버지를 죽인 아들과 아들을 죽인 아버지


**[장소]**

잉글랜드와 프랑스

# 헨리 6세 제3부

〔제1막 제1장〕

런던. 의사당.

다급한 나팔 소리. 요크 공, 에드워드, 리처드, 노퍽 공작, 몬터규 후작, 워릭 백작 등이 모자에 흰 장미를 달고 병사들과 함께 등장.

**워릭**  왕이 어떻게 우리 손아귀에서 빠져나갔을까요?

**요크**  우리가 저 북쪽 기병들을 쫓는 동안, 왕은 교활하게도 부하들을 버려 두고 살그머니 달아나 버렸소. 하지만 저 용감한 노섬벌랜드 경은 퇴각 나 팔 소리에도 아랑곳하지 않았소. 그는 사기가 떨어진 병사들을 격려하며 클리퍼드 경, 스태퍼드 경과 함께 열을 지어 아군 전방을 재빨리 뚫고 들어 왔으나 우리 병사들 칼에 세 사람 다 죽고 말았소.

**에드워드**  스태퍼드 경의 아버지 버킹엄 공작도 죽었거나 심각한 부상을 당 했을 겁니다. 제가 그의 투구 턱받이를 쳐서 두 동강을 내버렸거든요. 사실 이에요, 아버지, 이 피를 보세요. (피 묻은 칼을 보여준다)

**몬터규**  형님, 이건 월트셔 백작의 피랍니다. 싸움이 시작되면서 나는 그놈과 맞붙어 싸우게 됐죠. (자기 칼을 요크에게 보여준다)

**리처드**  날 대신해서 모두에게 나의 공적을 말해라. (서머싯 공작의 머리를 내던 진다)

**요크**  아들들 가운데 리처드가 가장 큰 공을 세웠다. (서머싯의 머리를 보며) 서 머싯 경, 그대도 죽고 말았는가.

**노퍽**  곤트의 존 자손들은 모두 이런 꼴을 당해야 합니다!

**리처드**  저 헨리 왕의 머리도 이렇게 흔들어 버렸으면!

**워릭**  나도 그렇게 바라는 바입니다. 승리에 빛나는 요크 공, 공께서 저 랭커스터 집안 놈들이 빼앗은 왕좌에 다시 앉는 것을 보기 전에는, 맹세코 이 두 눈을 감지 않겠습니다. 지금 이곳은 저 겁쟁이 헨리 왕의 궁전이지요. 이게 그의 옥좌고요. 요크 공, 이 옥좌를 차지하십시오. 이건 공의 것이지 절대로 헨리 왕 자손의 것은 아닙니다.

**요크** 그렇다면 워릭 경, 날 도와주오. 그대 말대로 하겠소. 어차피 여기까지 힘으로 밀고 들어왔으니 말이오.

**노퍽** 우리 모두 도와드리겠습니다. 도망가는 자에겐 죽음만이 있을 따름이죠.

**요크** 노퍽 공, 고맙소. 경들, 내 옆에 있어주오. 그리고 병사들은 오늘 밤 내 옆에서 머물러라.

**워릭** 왕이 나타나도 억지로 공을 쫓아내려 하지 않으면 폭력은 삼가시기 바랍니다. (병사들 퇴장)

**요크** 왕비가 오늘 여기서 의회를 연다죠? 하지만 우리가 그 의원들이라고는 꿈에도 모를 거요. 말로 하든 칼로 하든 우리의 권리를 찾읍시다.

**리처드** 무장한 채로 이 의사당에서 때를 기다립시다.

**워릭** 이번 의회야말로 '피의 의회'로 불리게 될 겁니다. 만일 저 나약한 헨리가 폐위되고 대신 요크 공께서 왕위에 오르지 못한다면 말이오. 그자의 비겁함은 우리를 여전히 원수의 조롱거리로 만들고 있지요.

**요크** 그러면 경들, 날 버리지 않겠다고 결심을 단단히 해주오. 나는 꼭 내 권리를 차지하고야 말겠소.

**워릭** 이 워릭이 방울만 흔들어대면, 왕이든 왕을 끔찍이 따르며 랭커스터를 지지하는 어느 거만한 놈이든 꼼짝 못하게 될 겁니다. 자, 이제 나는 플랜태저넷(Plantagenet) 꽃을 여기에 심어두겠소(plant). 감히 누구도 그 뿌리를 뽑지 못할 것이오. 리처드, 무슨 일이 있어도 잉글랜드의 왕관을 요구하시오. (요크 공을 왕좌로 이끈다. 요크, 왕좌에 앉는다)

화려한 나팔 소리. 헨리 왕 , 클리퍼드 경, 노섬벌랜드 백작, 웨스트모어랜드 백작, 엑서터 공작 등이 모자에 붉은 장미를 꽂고 등장.

**왕** 경들, 저 꼴 좀 보시오. 파렴치한 반역자가 감히 내 옥좌에 앉아 있소! 반역 귀족 워릭의 힘만 믿고 야심에 차서, 왕으로 군림할 작정인가 보오. 노섬 벌랜드 백작, 바로 저자가 백작의 아버지를 살해했소. 클리퍼드 경, 그대 아버지도 바로 저자가 죽였소. 그대들은 이미 맹세했지요. 그와 그의 자손들, 그 추종자들과 친구들에게 복수하겠다고.

**노섬벌랜드**  복수하지 못한다면 하늘이여, 저에게 복수하소서.

**클리퍼드**  복수만을 꿈꾸며, 강철 갑옷을 상복으로 입고 있습니다.

**웨스트모어랜드**  이런 꼴을 보고 있다니요? 어서 끌어냅시다. 분노로 가슴이 타오릅니다. 더는 못참겠어요!

**왕**  참으시오, 웨스트모어랜드 백작.

**클리퍼드**  참는 건 저놈 같은 겁쟁이나 하라고 해주십시오. 선왕께서 살아 계셨다면 어찌 감히 저놈이 저런 곳에 앉아 있겠습니까? 전하, 이 의사당 안에서 저 요크 집안 놈들을 몰아내소서.

**노섬벌랜드**  말씀 잘하셨소. 그렇게 합시다.

**왕**  아, 경들은 시민들이 저들을 편들고 있다는 걸 아실 텐데요. 저들 뒤에는 군대가 있단 말이오.

**엑서터**  요크만 죽인다면 다들 순식간에 뿔뿔이 흩어질 겁니다.

**왕**  아, 이 헨리의 생각과는 너무나 다르오. 의사당을 도살장으로 만들려 하다니! 엑서터 공, 나 헨리가 사용하려는 무기는 찌푸린 얼굴과 말과 그리고 위협이라오. (그들, 요크 앞으로 다가간다) 역모를 꾀하는 요크 공, 어서 옥좌에서 내려오라. 그리고 이 발아래 엎드려 은총과 자비를 빌어라. 나는 너의 군주이니라.

**요크**  내가 너의 군주다.

**엑서터**  이런 염치없는 놈! 어서 내려와. 전하께선 널 공작이 되게 해주셨지 않느냐.

**요크**  요크의 공작은 내가 조상에게서 물려받은 유산이다. 너의 백작 지위처럼 말이다.

**엑서터**  너의 아비는 왕좌를 빼앗은 역적이었다.

**워릭**  엑서터, 이 찬탈자 헨리를 따라다니는 너야말로 역적이다.

**클리퍼드**  정통을 계승한 왕을 따르지 않고 대체 누구를 따르겠다는 거지?

**워릭**  네 말이 옳다, 클리퍼드. 그러나 정통을 계승한 왕은 요크 공 리처드다.

**왕**  그래서 나를 이렇게 서 있게 하고, 너는 나의 옥좌에 앉아 있는 건가?

**요크**  그렇게 해야 하는 것이므로 그렇게 하는 거다. 넌 단념하고 물러나라.

**워릭**  그대야말로 왕위는 물리고 랭커스터 공작이나 하시지.

**웨스트모어랜드**  전하께서는 왕이시며, 랭커스터 공작이시다. 그 사실을 이 웨스트모어랜드가 주장한다.

**워릭**  이 워릭이 그것을 반박한다. 우리가 전쟁터에서 너희와 싸워 이겨, 너희들 아비를 죽이고 군기를 휘날리며 시내를 행진하여 이 성에 이르렀다는 사실을 잊었는가?

**노섬벌랜드**  그야 가슴 아프게 기억하고 있지, 워릭. 돌아가신 아버지 영혼에 걸고, 너와 네 집안이 곧 후회하게 해주겠다.

**웨스트모어랜드**  잘 들어라, 플랜태저넷. 너와 너의 아들들, 그리고 너의 친척과 친구들에게 나는 세상 떠난 내 아버지가 흘린 피보다 더 많은 피를 흘리게 해주겠다.

**클리퍼드**  그만 떠들어라, 워릭. 나는 말싸움 대신 전령을 보내 이 자리에서 먼저 내 아버지의 복수를 하겠다.

**워릭**  불쌍한 클리퍼드! 네 하찮은 위협에 그저 웃음만 나오는구나.

**요크**  나의 정당한 왕권을 증명해 보이라는 건가? 그것도 아니라면 밖으로 나가 칼로 대신 말해 주지.

**왕**  이 반역자! 물려받을 무슨 권리가 너에게 있단 말이냐? 네 아버지는 너처럼 요크의 공작이었고, 네 할아버지 로저 모티머는 마치의 백작이었다. 나는 프랑스 세자와 프랑스 국민들을 무릎 꿇게 하고 그 도시와 지방들을 다스린 헨리 5세의 아들이다.

**워릭**  프랑스 이야기는 그만 꺼내시지. 당신이야말로 그 모두를 잃어버린 사람 아닌가.

**왕**  섭정공이 잃었지, 내가 잃은 게 아니다. 나는 태어난 지 고작 9개월 만에 왕위에 올랐다.

**리처드**  어른이 된 지금도 잃어버릴 것만 같은 자로군. 아버지, 이 찬탈자 머리에서 왕관을 벗기세요.

**에드워드**  아버지, 그렇게 하시지요. 아버지 머리에 쓰십시오.

**몬터규**  (요크에게) 형님은 무용담을 사랑하고 귀히 여기는 분이시죠. 시시콜

콜 따지지 말고 싸워서 승부를 겨룹시다.

**리처드** 북을 치고 나팔을 불어라. 그러면 왕은 놀라 도망칠 거다.

**요크** 애들아, 조용히 하거라!

**왕** 요크, 너도 조용히 하라! 헨리 왕이 말하겠다.

**워릭** 플랜태저넷께서 먼저 말씀하실 거다. 경들, 그분 말씀을 잘 들으시오. 가로막는 자는 살아남지 못하리다.

**왕** 내가 왕위에서 쉽게 물러날 줄로 아느냐? 이 자리는 내 할아버지와 아버지께서 앉으셨던 자리다. 어림도 없지. 그렇게 되면 이 나라는 전쟁으로 무인도가 되고 말 거다. 이미 프랑스에서 여러 번 휘날렸으며, 이제는 가슴 아프게도 잉글랜드에서 휘날리는 조상들의 깃발이 나의 수의가 될 것이다. 경들은 어째서 겁을 먹고 있소? 나는 저놈보다 훨씬 나은 자격을 갖추고 있소.

**워릭** 헨리, 증명해 보인다면 당신을 왕으로 세우지.

**왕** 할아버지 헨리 4세께서 정복으로 왕관을 손에 넣으셨다.

**요크** 그것은 왕에 대한 반역이었다.

**왕** (혼잣말로) 뭐라고 말하면 좋지? 나의 권리가 미약하기만 하구나…… (큰 소리로) 왕은 후계자를 양자로 할 수 없단 말인가?

**요크** 그렇게 할 수 있다면 어떻다는 거지?

**왕** 그렇다면 내가 정당한 왕이지. 그것은 돌아가신 리처드 2세께서 수많은 귀족들 앞에서 헨리 4세께 왕관을 물려주셨기 때문이다. 그 헨리 4세의 후손이 바로 선왕이시고, 나는 그의 후손이다.

**요크** 헨리 4세는 군주 리처드 2세에 반역하여 군대를 일으켜 강제로 왕위를 물려주도록 한 것이다.

**워릭** 경들, 만일 강제적이지만 않으면 그러한 양도는 합법적인 것이라 생각하오?

**엑서터** 그렇지 않소. 왕위 계승은 마땅히 다음 후계자에게 넘어가야죠.

**왕** 그대도 반역하려는 거요, 엑서터?

**엑서터** 저 사람 말이 맞습니다. 그러니 용서해 주십시오.

**요크** 경들, 어째서 귓속말만 하고 대답하지 않소?

**엑서터** 나의 양심은 그가 합법적인 왕이라 말하고 있소.

**왕** (혼잣말로) 모두가 나를 배반하고 그에게로 가는구나.

**노섬벌랜드** 플랜태저넷, 그대가 권리를 주장한다고 전하께서 물러나시지는 않는다.

**워릭** 누가 뭐라 해도 물러나게 될 거다.

**노섬벌랜드** 어림도 없다. 에식스, 노폭, 서픽, 켄트 등 남쪽 병력을 믿고 네가 주제넘은 소리를 하나 본데, 내가 반대하면 요크를 왕위에 앉힐 수 없다.

**클리퍼드** 헨리 전하의 권리가 옳건 그르건, 이 클리퍼드는 전하를 위해 싸울 것을 맹세합니다. 아버지를 죽인 저놈 앞에서 무릎을 꿇는다면 대지여, 그 자리에서 입을 벌리어 저를 산 채로 삼키옵소서!

**왕** 오, 클리퍼드 경, 그대 말을 들으니 나의 심장이 되살아나오!

**요크** 랭커스터의 헨리, 너의 왕관을 넘겨라. 경들! 그대들은 왜 속삭이고 있소? 무엇을 꾸미려는 거요?

**워릭** 왕이 되실 요크 공의 권리를 인정하시오. 그렇지 않으면 이 의사당을 무장한 병사들로 가득 채워, 지금 공이 앉아 있는 옥좌 위에 찬탈자의 피로써 공의 정당한 권리를 써넣으리다.


워릭이 발을 구르자 병사들 등장.


**왕** 워릭 경, 한마디만 하리다. 내가 살아 있는 동안은 왕으로서 나라를 다스리게 해주오.

**요크** 나와 나의 후계자에게 왕관을 넘기겠다고 하면 그대가 살아 있는 동안 편히 다스리게 해주리다.

**왕** 좋소. 리처드 플랜태저넷, 내가 죽은 뒤에 이 나라는 당신 거요.

**클리퍼드** 이건 전하의 아들 왕자에게 크게 잘못을 저지르는 일입니다!

**워릭** 이것은 잉글랜드와 그를 위해 아주 잘된 일이오!

**웨스트모어랜드** 비굴하고 겁 많고 자포자기한 헨리!

**클리퍼드** 자신은 물론 우리에게까지 상처를 입히는구나!

**웨스트모어랜드** 이런 협정들은 들을 가치도 없소.

**노섬벌랜드** 나도 그렇게 생각하오. 이 사실을 왕비께 보고합시다.

**웨스트모어랜드** 나약하고 타락한 왕, 그 차가운 피 속에 명예의 불꽃이라고는 찾아볼 수 없는 왕이여, 나는 가겠소.

**노섬벌랜드** 요크 집안의 먹잇감이나 되시오. 그렇게 붙잡혀 살다가 삶을 마치시오. 사나이답지 못한 행동의 대가로!

**클리퍼드** 끔찍한 전쟁에서 패하여 죽든지, 버려져 멸시당하며 편히 사시오. (노섬벌랜드, 웨스트모어랜드와 함께 퇴장)

**워릭** 헨리, 이쪽으로 오시고 저들은 상관 마시오.

**엑서터** 저들은 복수할 생각만 하고 있으니, 항복하지 않을 거요.

**왕** 아! 엑서터!

**워릭** 어째서 그리 탄식하시오?

**왕** 워릭 경, 나 자신을 생각해서가 아니라 부당하게 상속권을 빼앗긴 내 아들 때문이오. 그러나 어떻게든 될 대로 되라지. (요크에게) 나는 공과 공의 후손에게 영원히 왕관을 물려주겠소. 그 조건으로 공은 이 내란을 멈추고, 내가 살아 있는 동안 공의 왕으로서 또 군주로서 받들며, 반역이나 적대 행위로 나를 하야시키거나 스스로 통치하려는 짓은 하지 않겠다는 서약을 하시오.

**요크** 기꺼이 서약을 하고 따르겠나이다. (왕좌에서 내려온다)

**워릭** 헨리 왕 만세! 플랜태저넷, 전하를 포옹하십시오.

**왕** 경과 그대 자손들을 위해 만세!

**요크** 이로써 요크와 랭커스터 두 집안은 화해한 것이오.

**엑서터** 이들을 원수로 만들려는 자에게 천벌을 내리소서! (화려한 나팔 소리. 요크와 그를 따르는 귀족들 앞으로 나온다)

**요크** 전하, 안녕히 계십시오. 저의 성으로 돌아가겠습니다. (아들들을 데리고 퇴장)

**워릭** 저는 병사들을 이끌고 런던을 지키겠습니다.

**노픽** 저는 병사들을 이끌고 노픽으로 돌아가겠습니다.

**몬터규** 저는 제가 왔던 바다로 돌아가겠습니다. (세 사람 병사들과 함께 퇴장)

**왕** 나는 슬픔을 안고 궁궐로 가리다.


마거릿 왕비와 에드워드 왕자 등장.

**엑서터**  왕비께서 오십니다. 화가 단단히 나신 것 같군요. 저는 살며시 빠져나가야겠습니다. (숨는다)

**왕**  엑서터, 나도 그리하겠소. (숨으려 한다)

**왕비**  안 됩니다, 저를 두고 가시다니요. 저도 따르겠습니다.

**왕**  화내지 마오, 왕비. 나는 여기 있으리다.

**왕비**  이렇게 큰일을 당하면 누가 참을 수 있을까요? 아, 딱하신 분! 제가 차라리 처녀로 늙어 죽었더라면 당신을 만나지도 당신의 아들을 낳지도 않았을 텐데, 당신은 아버지답지 못한 행동을 하시는군요. 그 아이가 타고난 권리를 이렇게 잃어야 하나요? 당신이 저의 반만큼이라도 왕자를 사랑했다면, 또 저만큼 이 아이를 낳을 때 산고를 느꼈다면, 나처럼 피를 쏟아내듯 온 마음을 다해 왕자를 키웠다면 저 야만적인 공작을 후계자로 하고 하나밖에 없는 아들을 폐적시키느니 차라리 그 고귀한 심장의 피를 그곳에 쏟아 놓았을 겁니다!

**왕자**  아버지, 저를 폐적할 수는 없습니다. 아버지께서 왕이신데, 왜 제가 왕위를 이을 수 없죠?

**왕**  날 용서하오, 마거릿. 날 용서해 다오, 사랑하는 아들아. 워릭 백작과 요크 공작이 강요한 것이오.

**왕비**  강요했다고요! 당신이 왕이신데 강요를 당하시다니요? 그렇게 말씀하시니 너무도 치욕스럽군요. 아, 겁이 많은 분! 당신 자신은 물론, 왕자도 왕비도 다 망쳐버리시는군요. 요크 집안 놈들에게 고삐를 내어주었으니 당신은 그들이 시키는 대로 따라야 하는 것입니다. 그놈과 그놈 자손에게 왕관을 주는 것은, 당신이 살아서 무덤 속으로 기어들어가는 것과 무엇이 다릅니까? 워릭은 법관이며 칼레의 영주입니다. 가혹한 펠컨브리지는 도버 해협을 다스리고 있지요. 또 요크 공작은 이 나라의 섭정이 되었으니, 그러고도 당신이 무사할까요? 늑대들에 둘러싸여 떨고 있는 어린 양과 똑같은 신세이지요. 저처럼 어리석은 여자도 거기에 있었다면, 저들의 행동을 인정하느니 병사들 창끝에 이 몸을 던졌을 것입니다. 그러나 당신은 명예보다 목숨을 더 귀하게 여기시는군요. 이렇게 되었으니 왕자를 폐적시킨 의회 결의가 취소될 때까지 식탁에서나 침실에서나 당신과 인연을 끊겠어요. 당신의 깃발을 등지고 떠난 북방 귀족들도 제 깃발이 휘날리는 것을 보고 따라올 것입니다. 반드시 휘날리게 하겠습니다. 그것은 당신에게는 씻을 수 없는 치욕이요, 요크 집안에게는 파멸을 뜻하게 될 것입니다. 이제 당신을 떠나렵니다. 자, 아들아, 어서 떠나자. 군대는 준비되어 있다. 그들을 따라가자.

**왕**  기다려요, 마거릿. 내 말 좀 들어봐요.

**왕비**  이미 충분히 들었습니다. 어서 돌아가십시오.

**왕**  내 착한 아들 에드워드, 아버지와 함께 머물지 않겠니?

**왕비**  예, 원수 놈들한테 죽고 싶다면요.

**왕자**  전쟁에서 이기고 돌아오면, 문안드리겠습니다. 그때까지는 어머니를 따르겠습니다.

**왕비**  어서 떠나자. 이렇게 꾸물거리면 안 돼. (왕자와 함께 퇴장)

**왕**  가엾은 왕비! 나와 왕자를 너무나 아끼는 마음에 저토록 화를 내고 있구나. 왕비가 저 가증스런 공작에게 복수할 수 있다면 좋으련만. 저 거만한 영혼이 야망의 날개를 퍼덕이며 나의 왕관을 빼앗고, 굶주린 독수리와도 같이 나와 내 아들의 살점을 뜯어먹으려고 한다! 귀족 셋을 잃어버리니 이 가슴이 메어진다. 세 사람에게 편지를 쓸 테니 그들을 잘 설득해 주오 자, 그대가 전령이 돼주시오.

**엑서터**  아마 그들의 마음도 풀어지겠지요. (모두 퇴장)

〔제1막 제2장〕

요크셔의 웨이크필드 가까이 위치한 샌들성.
마치의 백작 에드워드, 리처드 및 몬터규 후작 등장.

**리처드**  형님, 나이는 가장 어리지만 나에게 맡겨줘요.

**에드워드**  안 돼, 말은 내가 너보다 잘해.

**몬터규**  하지만 내 이유들이 더 설득력이 있소.

요크 등장.

**요크**  아들들아, 왜들 다투고 있지? 어찌 된 일이냐?

**에드워드**  다투는 게 아닙니다. 가벼운 논쟁을 하는 거지요.

**요크**  무슨 논쟁을 한다는 거지?

**리처드**  아버지와 우리가 관계된 일입니다. 이제는 아버지 것이 된 잉글랜드의 왕관에 대해서지요.

**요크**  얘, 내 것이라고? 헨리 왕이 살아 있는 동안은 내 것이 아니란다.

**리처드**  아버지의 권리가 헨리의 생사와 무슨 상관이 있나요?

**에드워드**  왕위 계승자이시니, 지금 왕관을 차지하세요. 아버지, 랭커스터 집안 사람들에게 숨 쉴 틈을 주게 두면 왕관은 멀리 달아나 버리고 말 거예요.

**요크**  이 나라를 편히 다스리게 해주겠다고 헨리에게 서약했단다.

**에드워드**  왕국을 차지하려면 서약쯤은 깨뜨릴 수도 있죠. 저 같으면 1년만 왕좌에 앉아 있는다 해도, 서약쯤은 천 번이라도 깨뜨리겠습니다.

**리처드**  안 됩니다. 서약을 깨뜨리시는 건 말도 안 되죠.

**요크**  내가 공공연히 전쟁을 선포한다면 그렇게 돼버리는 거야.

**리처드**  제 이야기를 들어주신다면 그렇지도 않다는 걸 증명해 드리지요.

**요크**  아들아, 네가 증명한다는 건 불가능한 일이다.

**리처드**  서약이라는 것은 서약하는 사람을 지배할 권위가 있는 정당하고 합법적인 재판관 앞에서 이루어진 게 아니라면 아무 가치도 없는 거랍니다. 헨리는 권위도 가지고 있지 않을 뿐더러, 왕위를 빼앗은 자입니다. 아버지를 퇴위시킨 자가 그 헨리였다면, 아버지가 한 서약은 무효가 됩니다. 그러니 전쟁을 하세요, 아버지. 왕관을 쓴다는 게 얼마나 멋진 일인지 상상해 보세요. 저 왕관의 테두리 안에는 낙원이 있습니다. 그리고 시인들이 말하는 모든 행복과 기쁨이 깃들어 있어요. 어째서 우리는 이렇게 망설이는 거죠? 제가 달고 있는 흰 장미가 헨리 심장에서 뿜어져 나오는 미지근한 피로 물들기 전에는, 저는 참을 수가 없습니다.

**요크**  리처드, 알았다. 나는 왕이 되든지 죽든지 하겠다. (몬터규에게) 너는 곧바로 런던으로 가서 워릭 백작에게 이 일에 가담하라고 해라. 리처드, 너는 노퍽 공작에게 가서 비밀리에 우리 뜻을 전해라. 그리고 에드워드, 너는 코범 경에게 가거라. 그가 거사를 일으키면, 켄트 사람들은 기꺼이 호응해 줄 거다. 나는 그들을 믿는다. 왜냐하면 켄트 병사들은 재치 있고 예의 바르며 관대하고 용맹하니까. 너희들이 이러한 일을 하는 동안 나는 기회를 노리겠다. 왕이나 랭커스터 집안 놈들이 눈치채지 못하게 반드시 비밀을 지켜야 한다. 알겠느냐?

전령 등장.

**요크** 잠깐 기다려라. 무슨 일인가? 어째서 그렇게 급히 달려오지?

**전령** 왕비가 북쪽의 귀족 제후들과 함께, 공작님의 성을 포위하기 위해 2만 대군을 이끌고 가까이 왔습니다. 성의 수비를 견고히 하십시오.

**요크** 그래, 알았다, 나의 이 칼로…… 뭐라고! 너희들은 내가 그놈들을 두려 워하는 줄로 아느냐? 에드워드와 리처드는 여기 나와 함께 있어라. 몬터규, 너는 어서 런던으로 가서, 왕을 감시하라고 남겨놓은 워릭 백작과 코범 경 등 다른 귀족들에게 강력한 계략을 짜서 자신들을 단단히 지키라고 전해라. 그리고 저 어리석은 헨리나 그 서약을 믿지 말라고 해라.

**몬터규** 형님, 다녀오겠습니다. 꼭 해낼 테니 염려하지 마십시오. 황송하게도 이만 떠나겠나이다. (퇴장)

기사 존 모티머와 휴 모티머 등장.

**요크** 존과 휴, 두 모티머 숙부님들, 이 샌들 성에 마침 잘 오셨습니다. 왕비의 군대가 이 성을 포위하러 오고 있습니다.

**존** 포위하러 오게 할 필요가 있나, 우리가 나가 싸워주면 되지.

**요크** 뭐라고요, 5천뿐인 병력으로요?

**리처드** 아버지, 때에 따라서는 5백 명도 좋습니다. 적장이 여자인데 뭘 두려 워하시죠? (멀리서 행진곡 소리)

**에드워드** 아, 북소리가 들립니다. 대열을 갖추고 나아가 곧 싸웁시다.

**요크** 20명에 다섯 사람 꼴이군. 수적 차이는 크지만 숙부, 우리의 승리를 의심하지는 않아요. 나는 일찍이 프랑스에서도 적과 10 대 1로 싸워 이긴 적이 있습니다. 그러한 승리를 어찌 오늘 거두지 못하겠습니까? (나팔 소리. 모두 퇴장)

샌들성과 웨이크필드 사이의 전장.
다급한 나팔 소리. 러틀랜드와 그의 가정교사 등장.

**러틀랜드**  아, 어디로 피해 달아나야 하지? 오, 선생님, 저기 잔인한 클리퍼드
가 옵니다.

클리퍼드와 병사들 등장.

**클리퍼드**  성직자는 저리 가라! 사제니까 살려준다. 가증스런 공작의 새끼는
죽여야 해. 그놈 아버지가 내 아버지를 죽였으니까.

**가정교사**  아닙니다. 나도 그와 함께 가겠소.

**클리퍼드**  병사들아! 저놈을 끌고 가라!

**가정교사**  아, 클리퍼드 경, 제발 이 죄 없는 어린아이는 죽이지 마시오. 죄
없는 생명을 죽이면 하느님과 인간의 증오를 살 것이오. (병사들에게 이끌려
퇴장)

**클리퍼드**  어찌 됐는가? 죽었는가? 그렇지 않으면 두려워서 눈을 감고 있는
것인가? 내가 눈을 뜨게 해주지.

**러틀랜드**  아, 당신의 그 무서운 얼굴은, 우리에 갇힌 배고픈 사자가 그 발아
래 떨고 있는 불쌍한 먹이를 지켜보는 것 같아요. 그 사자는 먹잇감에게 겁
을 주다가, 마침내 걸어와서는 다리를 갈기갈기 찢어버리지요. 아, 클리퍼드
장군, 저를 칼로 찔러 죽이세요. 그런 잔인하고 무서운 얼굴로 죽이지 말고!
죽기 전에 한마디 하게 해주세요. 저는 아직 당신의 노여움을 살 수조차 없
는 어린아이입니다. 복수는 어른에게 하시고 제발 저를 살려주세요.

**클리퍼드**  이 가련한 놈! 애원해도 소용없다! 네가 아무리 떠들어도, 그 말이
가슴으로 가는 길이 내 아버지 피로 막혀버렸다.

**러틀랜드**  그렇다면 저의 아버지 피로 그것을 다시 열면 돼요. 제 아버지는
어른이니, 아버지와 싸우세요.

**클리퍼드**  네놈 형제들이 여기에 있고 너와 형들을 모조리 죽인다 해도 내

원수를 다 갚을 순 없다. 아니, 네 조상들 무덤을 파헤쳐 그 썩어버린 관들을 사슬로 매달아 둔다 해도 내 분노는 가라앉지 않으며 내 마음도 즐겁게할 수 없다. 요크 집안 어느 놈을 보아도 복수의 여신처럼 내 영혼을 괴롭히지. 네놈들의 흉한 혈통을 뿌리 뽑아 하나도 남김없이 죽이기 전에는, 내삶은 지옥이다. 그러니…… (손을 든다)

**러틀랜드** 아, 죽기 전에 기도하게 해주세요! (무릎을 꿇는다) 당신을 위해 기도합니다. 자비로우신 클리퍼드 장군님, 저를 불쌍히 여겨주세요!

**클리퍼드** 그러한 동정은 내 칼끝에나 빌렴!

**러틀랜드** 당신에게 나쁜 짓을 하지 않았는데 왜 절 죽이려고 하죠?

**클리퍼드** 너의 아비가 했기 때문이다.

**러틀랜드** 그건 제가 태어나기 전 일이잖아요. 장군님에게도 아들이 있으니그 아들을 생각해서 절 불쌍히 여겨주세요! 하느님께서는 공평한 분이세요. 이러한 복수로 아드님도 저처럼 비참하게 죽으면 안 되잖아요. 아, 평생저를 감옥에 가두셔도 좋아요. 제가 노여움 사는 일을 한다면 그때 저를죽이세요. 오늘은 당신께서 저를 죽일 이유가 없으니까요.

**클리퍼드** 이유가 없다고? 네 아비가 나의 아버지를 죽였단 말이다. 그러니너도 죽어라. (그를 찌른다)

**러틀랜드** 아, 이것이 당신 운명의 절정이 될 거다! (죽는다)

**클리퍼드** 플랜태저넷! 각오해라, 플랜태저넷! 내 칼에 묻은 네 아들 피는, 이칼날에 네놈 피가 엉겨붙어 한꺼번에 씻어버리게 될 그날까지 여기서 녹슬고 있을 거다. (러틀랜드의 시체를 끌고 퇴장)

〔제1막 제4장〕

다른 전쟁터.
다급한 나팔 소리. 요크 등장.

**요크** 왕비의 군대가 승리했구나. 나의 숙부들은 나를 구하려다 모두 죽었다.나의 병사들도 거센 적의 기세에 놀라 달아나기 바쁘니, 나는 바람 앞에 놓인 배, 굶주린 늑대에 쫓기는 어린 양과 같다. 나의 아들들이 어떻게 되었는지 하느님만 아시겠지. 그러나 내가 아는 것은, 아들들이 살든 죽든 명예를 위해 태어난 용사답게 훌륭하게 싸웠다는 거야. 리처드는 세 번이나 나의 갈 길을 열어주며 "아버지, 용감하게 싸우세요. 모두 무찔러 버려요" 세 번 이나 외쳤지. 에드워드도 때때로 내 곁으로 달려와 적의 피로 물든 칼자루 를 보여주었지. 그리고 가장 용감한 우리 병사들이 후퇴했을 때에도 리처드 는 "앞으로 나아가라. 한 걸음도 물러서지 마라" 소리치며 "왕관이냐 명예로 운 죽음이냐! 왕의 홀이냐 땅속 무덤이냐!" 외쳤지. 그 소리에 아군이 다시 진격했으나, 슬프게도 또다시 후퇴하고 말았다! 한 마리 백조가 물살을 거 슬러 헤엄쳐 오르려다, 그 노력의 대가도 없이 저항할 수 없는 큰 물결에 휩 쓸려 밀려가는 것을 보는 듯하구나. (짧은 나팔 소리) 아, 들어보아라! 죽음의 신처럼 적군이 쫓아오는구나. 나는 이제 힘이 빠져 놈들의 분노를 피해 달 아날 수도 없다. 내게 힘이 남아 있다면 놈들의 광폭함을 피하지도 않을 텐 데…… 내 생명의 모래알들도 이제 셀 수 있을 만큼 남았다. 나는 여기에서 삶을 마치려나 보다.

마거릿 왕비, 클리퍼드, 노섬벌랜드, 에드워드 왕자, 병사들 등장.

**요크**  어디 덤벼보아라, 이 잔인한 클리퍼드, 너 난폭한 노섬벌랜드. 네놈들의 억누를 수 없는 분노를 더 활활 타오르게 해주지. 내가 네놈들의 표적이구 나. 네놈들의 공격을 받아들이겠다.

**노섬벌랜드**  오만한 플랜태저넷, 항복하고 우리에게 자비를 빌어라.

**클리퍼드**  그렇다, 그 잔인한 팔로 내 아버지를 사정없이 내리쳤던 그런 자비 를 말이다. 태양신 헬리오스의 아들 파에톤이 아버지 마차에서 굴러떨어져 한낮에 날이 지고 말았구나.

**요크**  내가 죽어도, 그 잿더미에서 불사조처럼 한 마리 새로 태어나 너희들 모두에게 복수를 하겠다. 그러한 희망을 품고 하늘을 우러르며 너희들이 날 어떻게 괴롭혀도 난 비웃을 따름이다. 왜 덤비지 못하느냐? 아니, 떼를 지어 있으면서도 그렇게 두려운가?

**클리퍼드**  더 이상 도망칠 수 없게 되면 겁쟁이들도 너처럼 덤벼들지. 그래서 쫓기던 비둘기는 매의 날카로운 발톱을 쪼고, 궁지에 몰린 도둑도 삶의 희망을 잃고 자포자기한 채 관리에게 독설을 퍼붓는 거다.

**요크** 오, 클리퍼드, 다시 한 번 잘 생각해 보아라. 네 마음속에서 지난날의 이 요크를 떠올려 보아라. 네 낯이 뜨겁겠지만, 이번엔 이 내 얼굴을 보아라. 전엔 찌푸린 내 얼굴을 보면 크게 놀라서 달아났었지. 이제 와서 나를 겁쟁이라고 모욕하다니, 네놈의 혀나 깨물어 버려라.

**클리퍼드** 너와 말다툼하고 싶지 않다. 차라리 칼로 겨뤄 보자. 한 대 쳐오면 네 배로 갚아주지. (칼을 꺼낸다)

**왕비** 멈추시오, 용감한 클리퍼드 경! 천 가지 이유로 저 역적놈 목숨을 잠시 연장하려 하오. 화가 치밀어 들리지 않나 보군. 노섬벌랜드 경, 말 좀 해주시오.

**노섬벌랜드** 참으시오, 클리퍼드! 저놈 심장을 찌른다 해도, 경의 손가락을 다치게 한다면 그에겐 지나친 명예라오. 들개가 이를 들이대어 물려고 할 때 그 이빨 사이에 손을 집어넣는 것은 참다운 용기라 할 수 없지요. 발로 걷어차 버리면 되지 않소? 모든 이점을 취하는 게 전쟁의 특권이지요. 한 사람에게 열 명이 달려든다 해서 용기에 허물이 되진 않소. (그들, 요크에게 덤벼든다. 요크, 몸부림친다)

**클리퍼드** 그래, 그래, 덫에 걸려 몸부림치는 도요새 같구나.

**노섬벌랜드** 토끼가 망에 걸려 몸부림치는 모습도 이러하지. (요크, 힘에 눌린다)

**요크** 이처럼 약탈품 앞에서 도둑들은 우쭐거리며, 강도 떼 앞에서는 올바른 사람도 감히 맞서지 못하는 거다.

**노섬벌랜드** 왕비께서는 저놈을 어떻게 하시려는지요?

**왕비** 용맹하신 클리퍼드와 노섬벌랜드 경, 그자를 이 두더지 흙 두둑에 세우시오. 그는 손을 뻗쳐 산까지 닿으려 했으나, 그의 손안에 들어온 건 고작 그 그림자일 따름이지요. 그래, 잉글랜드 왕이 되려고 꾀한 놈이 바로 너였더냐? 그리고 의사당에 으스대며 쳐들어와 스스로 왕위 계승자라고 떠들어댄 게 바로 너란 말이지? 네놈 지팡이가 되어주던 사고뭉치 자식 넷은 모두 어디 갔느냐? 그 버릇없는 에드워드와 바람둥이 조지는 어디 있지? 그리고 아비가 반란을 일으키도록 언제나 부추기던 그 용감무쌍한 애물단지 꼽추 리처드는? 네놈이 그토록 애지중지하던 러틀랜드는? 보아라,

요크! 이 수건에 묻은 피는 저 용감한 클리퍼드가 칼끝으로 어린 러틀랜드의 가슴을 찔러 용솟음치게 한 피다. 네놈의 눈이 그 죽은 자식 때문에 슬퍼하며 눈물을 흘린다면, 이 수건을 줄 테니 그 뺨을 닦아라. (그에게 수건을 던진다) 아, 가련한 요크, 내가 널 죽도록 미워하지만 않는다면 너의 처량한 신세를 슬퍼했겠지. 요크, 슬퍼해 다오. 그것은 나를 기쁘게 하리라. 아, 너의 불같은 마음이 네 오장육부를 모두 태워버려, 러틀랜드가 죽었어도 눈물 한 방울 나오지 않는 것이냐? 너는 왜 참고만 있지? 어디 한번 날뛰어 보아라. 너를 미치게 하려고 이렇게 널 비웃고 있는 거다. 발을 굴러라. 미친 듯이 울부짖으며 화를 내라. 그러면 나는 그 장단에 맞춰 노래하고 춤을 추련다. 나를 즐겁게 해주려면 공짜로는 안 되나 보군…… 요크는 왕관을 쓰지 않으면 말을 할 수 없나 보다. 자, 요크에게 왕관을 드리세요! 경들, 엎드려 절하시오. 내가 왕관을 씌우는 동안 요크의 손을 꼭 잡아요. (요크의 머리에 종이 왕관을 씌운다) 어머나, 정말 왕처럼 보이는구나! 이자가 바로 헨리 왕의 옥좌를 빼앗은 자다. 이자가 바로 자기가 왕위 계승권자라고 주장한 자다. 그런데 이 위대한 플랜태저넷께서 왜 이렇게 서둘러 맹세를 깨뜨리면서까지 왕관을 쓰시게 되었지? 헨리 왕께서 죽음의 신과 악수를 하시기 전에는 왕이 되시지 못할 줄 알았는데. 왕이 살아 계신데도 신께 맹세한 서약들을 배반하고, 그분 관자놀이에서 왕관을 훔쳐 헨리 왕의 영광을 그 머리에 장식하려 했나? 오, 이것은 용서할 수 없는 너무나 큰 죄! 저 왕관을 벗겨라. 그리고 왕관과 함께 그자의 목도 베어라! 우리가 한 번 숨쉴 동안 죽여버려라.

**클리퍼드**  그 일은 제가 하겠습니다. 아버지의 한을 풀어드려야 하니까요.

**왕비**  잠깐 기다려요. 저자의 기도를 들어봅시다.

**요크**  프랑스의 암늑대야, 프랑스의 어느 늑대보다 흉악하며, 독사의 이빨보다 더 독한 혀를 가졌구나! 불운으로 포로가 된 자의 슬픔 앞에서 아마존의 매춘부처럼 기뻐 날뛰다니! 악한 짓에 익숙해진 너의 얼굴은 가면을 쓴 것처럼 얼굴색 하나 바뀌지 않는다마는, 이제 내가 너의 얼굴을 붉게 물들여 주마. 아무리 수치를 모르는 인간이라 해도 내가 너의 출생과 혈통을 이야기하면 너는 창피해서 쥐구멍을 찾게 될 거다. 네 아비는 나폴리와 시칠리아 그리고 예루살렘의 왕이라고는 하지만, 가지고 있는 재산이라고는 잉글랜드의 시골 귀족만도 못했지. 그런 비렁뱅이 왕이 사람을 모욕하라고 가르치더냐? 옛말에 "거지를 말에 태우면 말이 지쳐 죽을 때까지 달린다" 하지만, 이 가르침이 사실로 증명되기 전에는 너처럼 교만한 계집에게는 아무런 소용이 없을 거다. 아름다움은 때로 여자를 교만하게 만든다지만, 넌 누가 보아도 아름다움이라곤 털끝만큼도 찾아볼 수 없구나. 그리고 여자가 칭찬받는 것은 정숙하기 때문인데, 너는 그 반대이니 놀랍기만 하다. 또 여자들이 성스러워 보이는 건 몸가짐 때문인데 너는 그런 게 없어 혐오스러울 따름이다. 넌 모든 선과는 반대이니, 지구의 서로 반대쪽에 있는 두 지점과 같고, 남과 북이 반대인 것과 같구나. 아, 여자의 가죽을 쓴 호랑이 마음! 너는 어찌 어린아이의 생피를 뽑아 그 피로써 그 아비의 눈을 닦으라고 하느냐? 그리고도 어찌 여자의 얼굴을 하고 있느냐? 여자란 부드럽고 상냥하며, 인정 있고 유순해야 하는 것이다. 그러나 너는 완고하고 고집세며 냉혹하고 사나우며 무자비하기 그지없다. 나더러 미쳐 날뛰라고? 그래, 네 소원대로 해주마. 나더러 울라고? 자, 네 소원대로 되었구나. 광풍은 하늘에 한없는 비바람을 불러일으키지만, 화가 가라앉으면 곧 비가 쏟아지기 시작한다. 아, 나의 이 눈물은 내 사랑하는 아들을 위해 아버지로서 흘리는 눈물이다. 이 눈물 한 방울 한 방울이 죽음의 복수를 부르짖는구나. 흉악한 클리퍼드와 못된 프랑스 여자에게 복수해 달라고!

**노섬벌랜드** 빌어먹을! 저놈의 슬픔이 내 마음을 움직여, 흐르는 이 눈물을 어찌할 수가 없구나.

**요크** 그 어린아이의 얼굴을 보면 굶주린 식인종이라도 건드리지 못하여, 피로 얼룩지게 하지도 못했을 것이다. 그러나 네놈들은 저 히르카니아의 잔인한 호랑이보다 훨씬 더 냉혹하고 잔인하구나! 보아라, 이 냉혹한 왕비야, 불행한 아비의 눈물을. 수건에 묻은 사랑하는 아들의 피를 이 아비의 눈물로 씻어주겠다. 이 수건을 잘 간직하여 자랑하고 다녀라. (수건을 돌려준다) 이 슬픈 이야기를 사실대로 전한다면 듣는 이들은 틀림없이 눈물을 흘리리라. 나의 적이라 해도 쉼 없이 눈물을 떨구며 "아, 가엾기도 해라!" 말할 것이다. 자, 이 왕관을 가져가라. 이 왕관과 함께 나의 저주까지 받아라. 지금 네 잔인한 손에서 내가 찾는 위안들을 너 또한 때가 되면 필요로 하리라! 이 냉혹한 클리퍼드, 이 세상에서 날 쫓아내라. 나의 영혼은 하늘로, 나의 피는 네 머리 위로 되돌아가리라!

**노섬벌랜드**  저자가 내 친척들을 다 죽였다 해도, 그의 슬픔이 영혼을 뒤흔드는 것을 보니 울지 않을 수가 없구나.

**왕비**  아, 노섬벌랜드 경, 울려는 것이오? 저놈이 우리에게 한 짓들을 생각해 보시오. 그러면 당신의 감상적인 눈물도 곧 말라버릴 것이오.

**클리퍼드**  이것은 나의 맹세 때문이며, 돌아가신 아버지 때문이다! (요크를 찌른다)

**왕비**  이것은 선량하신 헨리 왕의 권리를 바로 찾기 위해서다! (요크를 찌른다)

**요크**  자비로우신 하느님, 그 자비의 문을 열어주소서! 제 영혼은 이 상처투성이 몸을 벗어나 아버지 곁으로 날아갑니다. (죽는다)

**왕비**  이자의 목을 베어 요크 시 성문에 걸어두어라, 요크가 요크 성안을 잘 내려다볼 수 있도록. (화려한 나팔 소리. 모두 퇴장)


〔제2막 제1장〕


헤리퍼드셔에 있는, 모티머스 크로스 근처 들판.
행진곡. 에드워드와 리처드 형제가 병사들을 이끌고 등장.


**에드워드**  아버지께선 어떻게 피하셨는지, 아니 클리퍼드와 노섬벌랜드의 추격을 피하셨는지 궁금하군. 포로가 되셨든 전사하셨든 무슨 소식이 있을 텐데. 그렇지 않고 다행히 피하셨다면 그 기쁜 소식을 전해 왔을 텐데 말이야. 어떻게 된 거지? 얘, 왜 그리 침울하게 있니?

**리처드**  용감하신 아버지께서 어디 계신지 알 수 없으니 마음이 편치 않아요. 전쟁터에서 이리저리 말을 타고 달리시는 것도, 클리퍼드와 맞서 싸우시는 것도 보았죠. 생각해 보니, 아버지께서 병사들 한가운데서 용감히 싸우시는 모습은, 소 무리 속에 뛰어든 사자나 개들에게 둘러싸인 곰과 같았어요. 곰이 개 몇 마리를 물어뜯자 개들이 깽깽거리며 울부짖고 나머지 개들은 멀리 떨어져 짖어대기만 하는 것처럼, 적들이 아버지의 용감한 모습을 보고 질린 것처럼 보였죠. 적들은 용감히 싸우시는 아버지를 피해 달아났거든요.

내가 그러한 아버지의 아들이라는 게 자랑스러워요! 저것 보오, 아침이 황금의 문을 한껏 열어젖히고는, 찬란히 빛나는 해를 맞아들이고 있어요! 그 모습이 화사하게 차려입고 애인에게 달려가는 젊은이 같군요! (세 개의 태양이 하늘에 나타난다)

**에드워드**　내 눈이 부셔서 그런 걸까, 왜 해가 세 개로 보이지?

**리처드**　세 개의 해가 밝게 빛나고 있어요. 하나하나가 모두 완전한 모습으로. 조각구름 때문에 갈라져 보이는 게 아니라, 새파란 맑은 하늘에 따로따로 떨어져 있는걸. 아, 저것 보오, 깨서는 안 될 약속이라도 하는 듯 세 개의 해가 하나가 되어 서로 포옹하고 입을 맞추는 것 같군요. 아, 이제 하나의 등불, 하나의 빛, 하나의 태양이 되었어요. 아마도 하늘이 우리에게 무엇을 말해 주려는 것 같은데요.

**에드워드**　신기하고 놀라운걸. 이런 일은 들어본 적도 없어. 이건 우리를 전쟁에 부르는 게 아닐까? 무공에 빛나는 우리 용감한 플랜태저넷의 아들들(sons)이 앞으로 우리의 빛을 한데 모아, 저 태양들(suns)이 온 누리를 비추듯 이 땅을 밝게 비추라는 뜻일 거야. 그게 무엇을 상징하든, 앞으로 내 방패 위에는 아름답게 빛나는 세 개의 태양을 그려두기로 하지.

**리처드**　아니, 세 딸이 좋겠어요. 미안한 소리지만, 형님은 남자보다 여자를 더 좋아하니까 말이오.


숨을 헐떡이며 전령 등장.


**리처드**　넌 누구지? 슬픈 낯빛을 보니, 무언가 무서운 소식이라도 내뱉을 것 같구나.

**전령**　예, 두 분의 부친이시며 제 주인 되시는, 고귀하신 요크 공작님이 살해당하시는 모습을 지켜본 사람입니다.

**에드워드**　더 이상 말하지 마라. 그걸로 충분하니.

**리처드**　어떻게 돌아가셨는지 말해 봐. 낱낱이 들어야겠다.

**전령**　공작님께서는 수많은 적들에게 둘러싸인 채 용감히 싸우셨습니다. 트로이 성을 쳐들어가려는 그리스군과 맞서 싸운, 저 트로이의 희망의 별 헥토르처럼 말입니다. 그러나 헤라클레스 같은 용사라도 많은 사람들에겐 대적할 수 없으며, 단단함을 자랑하는 참나무라도 작은 도끼로 여러 번 찍으면 넘어지는 것입니다. 공작님께서도 어제 수많은 적들의 손에 쓰러지고 말았습니다. 그러나 그분을 살해한 것은 저 잔인한 클리퍼드와 왕비의 성난 손이었습니다. 왕비는 공작님에게 종이 왕관을 씌우고는 그분의 얼굴을 비웃었습니다. 공작님께서 비통한 눈물을 흘리시자, 냉혹한 왕비는 저 잔인한 클리퍼드가 죽인 막내아드님 러틀랜드의 죄 없는 피를 적신 수건으로 얼굴을 닦으라며 던져주고, 온갖 모욕과 조롱을 하더니 마침내 공작님의 목을 베어 요크 성문에 걸어놓았습니다. 아직도 거기에 매달려 있지요. 저는 그러한 처참한 광경은 처음 보았습니다.

**에드워드**  인자하신 아버지, 우리를 떠받쳐 주시던 당신께서 돌아가셨으니, 우리는 이제 기댈 지팡이도 기둥도 없습니다! 오, 클리퍼드, 포악한 클리퍼드, 넌 유럽 기사도의 꽃을 꺾어버렸다! 넌 비열한 방법으로 이겼구나. 일대일로 맞섰다면 아버지께서 네놈을 이겼을 텐데! 이제 내 영혼의 궁전은 감옥이 되고 말았다. 아, 내 영혼이 이 감옥을 부수고 나가주었으면! 그러면 이 몸은 땅속에 묻혀 쉴 수 있겠지! 이제 다시 나에겐 기쁨이 없을 거야. 절대로, 오, 절대로, 기쁜 날은 다시는 오지 않을 거야!

**리처드**  나는 울 수도 없구나. 온몸의 물기를 다 그러모아도 용광로처럼 타오르는 이 가슴의 불길을 끌 수가 없으니. 나의 혀로도 이 심장의 무거운 짐을 내려놓을 수 없다. 내가 말할 때 나오는 그 숨결이 내 가슴의 불길에 다시 불을 댕겨, 눈물로 끄려 해도 또 이 몸을 태워버리고 마니까. 울면 슬픔의 깊이만 낮아질 뿐. 눈물은 어린아이나 흘리는 것. 나에겐 칼과 복수만이 있다! 아버지, 당신의 이름과 똑같은 이 리처드가 원수를 갚겠습니다. 아니면 원수를 갚으려다 죽었다는 명예라도 얻겠습니다.

**에드워드**  용감한 공작의 이름은 네가 물려받았으나, 공작령과 그 작위는 내가 물려받았다.

**리처드**  아니, 형님이 새들의 왕 독수리의 새끼라면, 태양을 쏘아보는 왕자다운 기질을 보여주십시오! 공작 작위와 공작령이라고 말할 게 아니라 왕좌와 왕국이라고 말하세요. 그 자리에 앉지 못한다면, 형님은 아버지의 자식이라고 말할 수 없어요.

행진곡. 워릭 백작과 몬터규 후작이 군대를 거느리고 등장.

**워릭** 경들, 어찌 된 거죠? 무슨 나쁜 소식이라도 있나요?

**리처드** 워릭 경, 우리가 슬픈 소식을 또 한 번 되풀이 말한다면, 한마디 한 마디가 모두 비수가 되어 우리의 살을 찌르며, 그 말들은 상처보다도 더 큰 고통을 주게 될 겁니다. 오, 용감한 백작, 요크 공께서 살해당했어요!

**에드워드** 오, 백작님, 워릭 백작님! 당신을 영혼의 구원자처럼 아끼고 사랑하던 저의 아버지 플랜태저넷께서 잔인한 클리퍼드의 손에 돌아가셨습니다.

**워릭** 그 소식을 듣고 눈물을 흘린 게 바로 열흘 전이지요. 오늘은 그 뒤에 일어난 일들을 말하여 슬픔을 더하고자 이 자리에 왔습니다. 다름이 아니라, 그대들의 용감한 부친께서 마지막 숨을 거두신 웨이크필드의 혈전 뒤에 전령들이 달려와 이쪽의 패배와 공작님의 전사 소식을 전해 왔소. 그때 런던에서 헨리 왕을 감시하고 있던 나는 곧바로 군대를 소집하고 동지들을 불러모아 군비를 충분히 갖춘 뒤, 왕비의 세력을 막기 위해 세인트 올번스 쪽으로 나아갔답니다. 그때 우리 편에 이롭도록 헨리 왕도 동반했지요. 그것은 척후병의 보고에 의해, 왕비가 헨리 왕의 서약과 당신의 왕위 상속에 대한 의회 결의를 파기하기 위해 진군해 오고 있다는 정보를 받았기 때문이었소. 간단히 말하면, 우리는 세인트 올번스에서 서로 부딪치게 되어 격전이 벌어졌던 것입니다. 하지만 매우 용맹하게 싸우는 왕비를 매우 공손하게 바라보는 왕의 냉담함 때문이었는지, 아니면 왕비가 승리했다는 소문 때문이었는지, 천둥 같은 소리로 포로들을 위협하며 잔인하게 죽인다는 클리퍼드에 대한 두려움 때문이었는지 잘 모르겠으나, 솔직히 말해 원수들의 무기는 번갯불처럼 날쌔게 움직인 것과는 달리 아군의 무기는 밤에 한가로이 날아가는 부엉이나 게으른 농부의 도리깨질처럼 친구들에게 대하듯 힘이 없었소. 그래서 난 정의가 우리 편에 있다고 격려하며 충분한 보수와 상금을 약속했지만, 모두가 헛일이었소. 싸울 의욕이 없는 병사들에게서 그날의 승리를 기대할 수는 없었습니다. 마침내 우리는 패배하고 왕은 왕비 쪽으로 달려가 버렸소. 당신 아우인 조지 경과 노퍽 공작과 나는, 당신들과 힘을 모으려고 서둘러 이곳에 온 겁니다. 이 웨일스 국경에서 당신들이 다시 싸우기 위해 병사를 모으고 있다는 소문을 들었기 때문이오.

**에드워드** 고마우신 워릭 경, 그런데 노퍽 공작은 어디 계시나요? 조지는 언제 부르고뉴에서 잉글랜드로 왔습니까?

**워릭** 공작은 군대를 이끌고 6마일 떨어진 지점에 지금 와 계시오. 당신 아우는 숙모인 부르고뉴 공작부인의 부름을 받아, 병력이 부족한 이곳에 원병을 끌고 온 것이오.

**리처드** 용감한 워릭 경께서 후퇴하신 걸 보니, 저쪽 병력 수가 꽤 우세했었나 봅니다. 워릭 백작이 추격했다는 칭찬은 들어봤어도 후퇴했다는 추문은 이제까지 들어본 적이 없습니다.

**워릭** 리처드, 앞으로 다시는 이런 추문을 듣지 않을 것이오. 나의 이 강한 오른팔이 저 나약한 헨리의 머리에서 왕관을 낚아채고, 그 움켜쥔 손에서 왕의 홀(笏)을 빼앗아 오리다. 헨리가 성질이 온화하고 평화를 사랑하며 기도를 잘한다고 알려졌듯이 싸움에서도 이름난 용사라 하더라도 말이오.

**리처드** 워릭 경, 저도 그건 잘 알고 있으니 그리 노여워 마십시오. 제가 백작님의 명예를 소중하게 생각하기 때문에 말씀드린 겁니다. 그러나 이처럼 어려움에 처해서는 어떻게 해야 할까요? 강철로 된 갑옷 대신 검은 상복을 걸치고, 묵주를 세면서 아베 마리아를 불러야 할까요? 그렇지 않으면 복수의 팔로 적의 투구를 내리쳐서, 우리의 신앙심을 보여줘야 합니까? 만일 싸우는 데 찬성한다면 말씀해 주세요, 경들. 그렇게 하겠습니다!

**워릭** 물론 그렇게 하려고 여기까지 찾아왔소. 그래서 나의 형 몬터규도 온 거고요. 경들, 내 말을 들어보오. 저 오만불손한 왕비는, 클리퍼드와 노섬벌랜드 같은 거만한 새 떼들을 거느리고서 저 녹아버리기 쉬운 왕을 밀랍처럼 주무르고 있답니다. 왕은 당신의 상속을 승낙하셨고, 그 서약은 의사당에 그대로 기록되어 있소. 이제 그 무리들은 런던으로 가서 왕의 서약뿐만 아니라 랭커스터 집안에 불리한 것은 무엇이든 없애려 할 것이오. 그들의 병력은 3만의 대군으로 예측되며, 우리 쪽은 노퍽과 나의 원병과 더불어 용감한 마치의 백작 에드워드가 웨일스 사람 가운데 충성스런 자를 모을 수 있다면 2만 5천의 병력은 될 것입니다. 그러니 어서 나아갑시다. 런던으로 힘차게 진격합시다. 거품을 뿜어내는 준마 위에 다시 뛰어올라 "적을 공격하라" 다시 외칩시다. 그러나 돌아서서 달아나는 일은 다시 하지 않겠소.

**리처드** 아아, 훌륭하신 워릭 백작다운 말씀입니다. 워릭 경께서 "머물러 있으라" 명령할 때 "후퇴"를 부르짖는 놈은 살아서 다시 해를 보지 못할 것입니다!

**에드워드** 워릭 경, 나의 운명은 바로 당신의 어깨에 달려 있습니다. 만일 당신이 쓰러진다면—신이여, 그런 일이 일어나지 않게 해주소서!

—에드워드도 쓰러질 것입니다.

**워릭** 당신은 이제 마치의 백작이 아니라 요크의 공작이시오. 그다음엔 잉글랜드의 옥좌에 오르시게 됩니다. 이제부터 마을을 지날 때마다 당신을 잉글랜드의 국왕이라고 선포하겠습니다. 그때 기뻐하며 모자를 던지지 않는 자는, 그 죄로 목을 치겠소. 에드워드 왕이시여, 용감한 리처드, 그리고 몬터규, 명예를 꿈꾸는 이상 우리는 이대로 머물러선 안 됩니다. 나팔을 불고 우리의 일을 시작합시다.

**리처드** 자, 클리퍼드! 강철같이 단단한 네놈의 심장을, 이제 나의 칼로 꿰뚫어 네가 한 그대로 갚아주리라. 그렇지 못할 바엔 차라리 내 심장을 너에게 주리라.

**에드워드** 어서 북을 쳐라! 신이시여, 그리고 조지 성인이여 우리를 지켜주소서!

전령 등장.

**워릭** 어찌 되었지? 무슨 소식을 가져왔느냐?

**전령** 노퍽 공작 말씀을 전하러 왔습니다. 왕비가 대군을 이끌고 오고 있다 합니다. 긴급히 회의를 열고자 하니 어서 모여주십시오.

**워릭** 마침 잘됐군. 용감한 전사들이여, 갑시다. (모두 퇴장)

〔제2막 제2장〕

요크 성문 앞.
행진곡. 헨리 왕, 마거릿 왕비, 에드워드 왕자, 클리퍼드, 노섬벌랜드, 고수(鼓手)와 나팔수를 거느리고 등장.

**왕비** 전하, 이 용감한 요크 성에 오신 것을 환영합니다. 저기 걸려 있는 것이, 전하의 왕관을 빼앗으려 한 역적의 머리입니다. 저것을 보시니, 마음이 기쁘시지 않은지요?

**왕** 아, 배가 부서질까 두려워하는 자가 암초를 보고 힘을 내듯이, 저걸 보니 내 가슴이 아프오. 자비로운 신이여, 복수를 멈춰 주소서! 이건 제 잘못이 아니며, 저는 결코 고의로 서약을 깨뜨린 적이 없습니다.

**클리퍼드** 인자하신 전하, 지나친 연민과 해로운 동정은 버려야 합니다. 사자가 어찌 부드러운 눈길을 보내겠나이까? 자기 굴을 빼앗은 짐승에게는 아니지요. 숲 속에 사는 곰이 누구의 손을 부드럽게 핥겠나이까? 자기 눈앞에서 새끼 곰을 빼앗아 가는 자에게는 아니지요. 풀숲에 숨어 있는 독사가 누구를 물지 않고 그대로 두겠습니까? 자기 등을 짓밟는 자에게는 아니지요. 아무리 작은 벌레도 밟으면 꿈틀거리는 법입니다. 비둘기도 자기 새끼를 지키기 위해서 쪼아댈 것입니다. 야심에 찬 요크는 전하의 왕관을 노렸습니다. 그자가 노기로 가득 차 눈살을 찌푸릴 때 전하께서는 웃고 계셨지요. 그자는 공작의 신분에 불과하나 자기 아들을 왕으로 내세워 자손의 번영을 꿈꿨던 사랑 많은 아버지였습니다. 그런데 전하께서는 국왕이시며 훌륭한 아들을 둔 축복 받은 분이었음에도 폐적에 동의하셨습니다. 이것은 사랑이 없는 아버지임을 말해 주는 것입니다. 이성이 없는 동물도 그 어린 새끼를 거두어 줍니다. 인간의 얼굴이 그들 눈에는 두렵게 보일 텐데도 새끼들을 지키기 위해서라면, 이전에 두려움으로 도망치는 데 쓰던 그 날개로 목숨을 걸고 그들 집에 올라오는 인간과 싸우지 않는 어미 새가 어디 있겠습니까? 전하! 부끄러운 일이오나, 그들을 본보기로 삼아주소서! 이렇게 훌륭한 왕자가 아버지 실수로 왕위 계승권을 잃게 되어, 앞으로 몇 십년 뒤에 그 아들에게 "증조할아버지와 할아버지께서 얻으신 것을 부주의한 나의 아버지께서 어리석게도 잃어버렸다" 말한다면 어찌 서글픈 일이 아니겠습니까? 아, 이는 커다란 수치로 남을 것입니다! 왕자를 보소서. 행운을 약속하는 대장부의 씩씩한 얼굴을 보시고, 전하의 나약한 마음을 강철같이 굳세게 하시며, 전하의 권리를 지키고, 그것을 왕자에게 물려주심이 마땅하신 줄 아룁니다.

**왕** 클리퍼드는 아주 훌륭한 말을 해주었소. 그대의 주장들은 매우 설득력이 있소. 그러나 클리퍼드, "부정한 방법으로 얻은 것에는 언제나 나쁜 결과가 온다"는 말을 듣지 못했소? 또 "많은 재산을 모아 놓고 지옥에 간 아버지를 둔 아들은 언제나 행복했다"는 말도? 나는 왕자에게 덕을 물려주려 하오. 나의 부왕께서도 그 밖의 것들은 물려주시지 않았더라면 좋았을 거요! 덕이 아닌 것은 모두, 지켜 나가려 애쓰는 동안 소유의 기쁨보다 천 배가 더 많은 근심 걱정이 따르기 때문이오. 아, 요크, 그대 머리가 거기에 걸려 있는 것을 보고 내 마음이 얼마나 비통한지 공의 친구들이 알아줬으면!

**왕비**  전하, 용기를 내소서. 적들이 가까이 왔습니다. 이처럼 나약한 마음을 가지시면 부하들도 전의를 잃게 됩니다. 전하께서는 믿음직한 왕자에게 이미 약속하신 대로, 바로 칼을 뽑아 작위를 내려주소서. 에드워드, 무릎을 꿇어라.

**왕**  에드워드 플랜태저넷, 너에게 기사 작위를 내린다. 이제는 기사로서 일어서라. "정의를 위하여 칼을 뽑으라"는 교훈을 잊지 말아라.

**왕자**  아버지, 저는 부왕의 허락을 받고 왕위 계승자인 세자로서 칼을 뽑겠습니다. 그리고 왕관을 지키기 위해 목숨이 다할 때까지 이 칼을 휘두르겠습니다.

**클리퍼드**  왕자다운 훌륭한 말씀이십니다.


전령 등장.


**전령**  왕군의 장군님들께 말씀 전합니다. 전투 준비를 하십시오. 워릭이 요크 공을 지지하여 3만 대군을 이끌고 들어오고 있습니다. 그는 행군 도중 마을마다 요크 공을 왕이라 선포하고 있으므로, 수많은 사람들이 그에게 가담했습니다. 전열을 갖추십시오. 적들이 가까이 오고 있습니다.

**클리퍼드**  전하께선 전쟁터를 떠나시는 게 좋겠습니다. 그러시는 편이 왕비께서 승리하시는 데 더 유리할 것입니다.

**왕비**  전하, 이 싸움을 저희에게 맡겨주십시오.

**왕**  아니오, 나와도 관계된 것이니 여기에 남아 있겠소.

**노섬벌랜드**  그러시다면 싸우실 각오를 단단히 해주십시오.

**왕자**  아버지, 여기 계신 귀족들을 격려해 주시고, 왕을 지키기 위해 싸우는 자들에게 용기를 주소서. 칼을 뽑으시고 "조지 성인의 이름으로!"를 큰 소리로 외쳐주소서!

행진곡. 마치의 백작 에드워드, 조지, 리처드, 워릭, 노퍽, 몬터규 그리고 병사들 등장.

**에드워드**  자, 서약을 깬 헨리! 이제 무릎 꿇고 자비를 빌며 내 머리 위에 너의 왕관을 씌우겠느냐, 아니면 전쟁터에서 죽음을 기다리겠느냐?

**왕비**  이 무엄한 놈, 가서 네 부하들이나 그렇게 꾸짖어라. 너의 군주이시며 합법적인 왕 앞에서, 어찌 그 같은 오만불손한 말들을 감히 내뱉느냐?

**에드워드**  내가 그의 왕이다. 그러니 그자가 무릎을 꿇어야 한다. 나는 그의 동의로 왕위 계승자가 됐기 때문이다. 그런데 얼마 뒤에 그는 서약을 깨뜨려 버렸다. 들자 하니 왕관은 헨리가 쓰고 있으나 실제로 왕 노릇을 하는 네가 의회에 새로운 법을 통과시켜 나의 이름을 지우고, 대신 자기 아들을 써넣게 했다는군.

**클리퍼드**  그 또한 마땅한 일이다! 아버지를 계승할 자가 아들 말고 또 누가 있단 말이냐?

**리처드**  거기 있었느냐, 이 백정 놈아! 기가 막혀 말이 안 나오는군!

**클리퍼드**  그래, 이 꼽추 놈아! 언제라도 상대해 주지. 네놈들 가운데서 가장 우쭐대는 놈이라도 좋다.

**리처드**  어린 러틀랜드를 죽인 게 바로 네놈이더냐?

**클리퍼드**  어린 러틀랜드뿐이더냐, 늙은 요크도 내가 죽였다. 하지만 아직 만족할 수 없다.

**리처드**  경들, 어서 전투 개시 신호를 해주시오.

**워릭**  헨리, 어서 말하라. 왕관을 내놓을 건가?

**왕비**  워릭, 말이 많구나. 감히 입을 열다니! 지난번 세인트 올번스에서는 손보다 발이 더 빠르더군.

**워릭**  그때는 내가 도망칠 차례였으나, 오늘은 너의 차례다.

**클리퍼드**  네놈은 요전에도 그렇게 지껄이기만 하고 도망쳤지.

**워릭**  내가 그 자리를 피한 건 네가 용감해서가 아니야, 클리퍼드.

**노섬벌랜드**  네놈이 남아 있었다 해도 용감해서가 아니다.

**리처드**  노섬벌랜드, 그대에게 경의를 표하오. 담판은 이제 그만합시다. 난 화가 나서 가슴이 터져버릴 것만 같소. 어린아이를 죽인 저 잔인한 클리퍼드에게 말이오.

**클리퍼드**  나는 네 아비를 죽였는데, 그가 어린아이라고?

**리처드**  이 비열하고 음흉한 겁쟁이, 넌 순진한 내 동생 러틀랜드를 죽였다. 하지만 각오해라. 해가 지기 전에 네놈이 그 일을 후회하고 저주하게 해 주마.

**왕**  경들, 말다툼은 그만하고 내 말을 들어보오.

**왕비**  놈들에게 도전하세요. 그게 아니라면 차라리 침묵을 지키십시오.

**왕**  왕비, 내 말을 가로막지 말아요. 나는 왕이니, 말할 수 있는 특권이 있소.

**클리퍼드**  전하, 이 자리에서 서로 만나게 된 상처는 말로는 고칠 수 없습니다. 그러니 침묵해 주시기 바랍니다.

**리처드**  자, 이 살인자야, 칼을 뽑아라. 우리를 창조하신 하느님께 맹세하건대, 클리퍼드의 용기는 혀끝에만 있을 뿐이다.

**에드워드**  헨리, 네가 나의 권리를 인정할 것인지 아닌지 말하라. 병사 천 명이 오늘 단식 투쟁에 들어갔다. 네가 왕관을 넘길 때까지 단식을 계속할 것이다.

**워릭**  네가 거부한다면, 그들의 피가 네 머리 위에 뿌려질 것이다! 왜냐하면 요크 공은 정의를 위해 갑옷을 입으셨기 때문이다.

**왕자**  워릭이 정의라고 말한 것이 옳다면, 이 세상에는 부정은 없고 모든 것이 정의로운 것뿐이겠구나.

**리처드**  네 아비가 누군지는 모르겠으나 저기 서 있는 게 네놈 어미로구나. 너처럼 혀를 놀리는 것을 보니.

**왕비**  하지만 네놈은 아비도 어미도 닮지 않았구나. 독을 품은 두꺼비나 도마뱀처럼 사람들이 두려워 피하도록 운명의 여신에게 낙인찍힌 역겨운 놈.

**리처드**  잉글랜드 왕비로 금박을 입혀 놓았으나, 속은 무쇠 부스러기에 불과한 나폴리 계집아! 하기는 네 아비도 왕이라는 칭호를 갖고는 있지. 그러나 그것은 도랑을 바다라고 부르는 것과 다름없다. 너는 그것을 잘 알고 있으면서도 부끄럽지 않느냐? 너의 천한 태생이 말투로 나타나지 않느냐?

**에드워드**　이렇게 부끄러움도 모르는 매춘부에게 자기 자신을 알게 하려면 천 개의 금관보다는 한 다발 짚이 가치가 있으리라. 네 남편이 저 스파르타의 왕 메넬라오스라 해도 그의 그리스인 아내 헬레네가 너보다는 훨씬 예뻤다. 아가멤논의 동생 메넬라오스가 부정한 아내에게서 받은 치욕도, 헨리가 너에게서 받은 치욕보다는 못했으리라. 그의 아버지 헨리 5세는 프랑스에서 마음껏 흥청거리며, 왕을 길들이고 세자를 굴복시켰다. 헨리가 자기 신분에 맞는 결혼을 했더라면 그 명예를 오늘날까지 지켜올 수 있었을 텐데. 그가 거지를 침실로 끌어들여 그 가난뱅이 아비에게 장인의 명예를 준 뒤부터 날이 흐려지더니 소나기가 퍼붓고, 죽은 아버지의 유산은 프랑스로 쓸려갔으며, 국내에서는 왕관을 서로 빼앗으려는 당파 싸움이 끊이지 않았다. 이 같은 전란을 일으킨 것은 바로 네 교만이 아니고 무엇이겠느냐? 너만 온순했더라면 우리도 온화한 왕을 가엾이 여기는 마음에서 다음 대까지 자신의 권리를 주장하지 않고 그대로 두었으리라.

**조지**　우리의 찬란한 햇빛이 너희에게 화려한 봄을 가져다주었는데, 너희의 여름은 우리에게 아무런 결실도 가져오지 않았다. 그래서 우리는 너희들의 뻗어가는 뿌리를 도끼로 찍게 된 것이다. 그 도끼날에 우리도 어느 정도 상처를 입었다만 잘 알아둬라. 우리가 이 일을 시작한 만큼, 다시는 자라나지 못하게 너희들을 찍어 넘어뜨리든가 그 위에 우리의 뜨거운 피를 쏟아붓겠다.

**에드워드**　이러한 결심으로 나는 너에게 도전하겠다. 온화한 왕에게 말도 못하게 하니, 더는 논쟁할 것도 없다. 자, 나팔을 불어라! 피의 깃발을 휘날려라! 승리가 아니면 무덤이다!

**왕비**　에드워드, 기다려라.

**에드워드**　천만에! 이 시끄러운 계집아, 더는 기다릴 수 없다. 네가 한 이 말들로 오늘 만 명의 목숨이 사라질 것이다. (모두 퇴장)

〔제2막 제3장〕

요크셔. 타우턴과 색스턴 사이의 전쟁터.
다급한 나팔 소리. 출격. 워릭 등장.

**워릭**  달리기 선수처럼 지쳐버렸으니, 여기에 잠시 누워 숨 좀 돌려야겠다. 저들과 치고받는 동안 나의 튼튼한 근육도 힘이 빠졌구나. 어찌 되었든 잠시 쉬어야지.

에드워드, 뛰어들어온다.

**에드워드**  아, 자비로운 하늘이여, 미소를 보내주소서! 아니면 무자비한 죽음이여, 이 몸을 쓰러뜨려라! 온 세상이 찌푸리고 있구나. 에드워드의 태양에도 구름이 끼었다.

**워릭**  어떻게 됐소, 공? 아군은 이길 가망이 있습니까?

조지 등장.

**조지**  우리의 운은 불길합니다. 희망은 슬픔뿐인 절망으로 돌아갔어요. 아군은 대열이 무너지고 멸망이 우리를 쫓고 있습니다. 무슨 좋은 수가 없을까요? 어디로 달아나야 할까요?

**에드워드**  도망쳐도 소용 없어. 원수들은 날 듯이 뒤쫓아 올 테니까. 그리고 아군은 힘이 없으니 추격을 피할 도리가 없지.

리처드 등장.

**리처드**  아, 워릭 백작, 백작께서는 어찌 후퇴하십니까? 당신의 아우는 저 클리퍼드의 창끝에 찔려, 메마른 땅이 그의 피를 빨아들이지 않았나요? 그리고 참을 수 없는 죽음의 고통 가운데 멀리서 불길하게 울리는 쇳소리와도 같이 "워릭, 원수를 갚아주오! 형님, 내 죽음에 앙갚음을!" 이렇게 외쳤답니다. 그러고는 적의 발아래 쓰러져 연기처럼 내뿜는 피로 말발굽을 붉게 물들이며, 그 훌륭한 분은 세상을 떠나셨습니다.

**워릭**  그렇다면 이 땅에 우리 피를 마음껏 흘려줍시다! 도망가지 않기로 했으니, 말을 죽여버려야겠소. 적군이 날뛰고 있는데, 어찌 마음 약한 여자들처럼 우리의 패배를 슬퍼하고만 있겠소? 흉내쟁이 배우들이 꾸미는 비극을 보듯이, 이렇게 구경만 하고 있으니 말이오. 이제 무릎 꿇고 하느님 앞에서 맹세하건대, 나는 두 번 다시 멈추어 쉬지 않을 것이며, 죽음이 내 눈을 감게 하든가 또는 운명이 나에게 복수를 하게 할 때까지 그저 우두커니 바라보고만 있지 않겠소.

**에드워드**  오, 워릭 백작, 나도 함께 무릎 꿇고 이같이 맹세하여 두 사람의 영혼을 굳게 묶겠소! 그리고 이 차가운 땅의 얼굴에서 내 무릎을 일으키기 전에 나는 이 손과 이 눈과 이 심장을, 제왕을 세우기도 하시고 끌어내리기도 하시는 하느님 아버지께 바치겠습니다. 바라옵건대 하느님, 이 몸이 원수의 밥이 되어야 한다고 생각하신다면 천국에 있는 영생의 문을 여시어, 죄 많은 이 영혼을 따뜻이 맞아주소서! 자, 경들, 다시 만날 때까지 이제 그만 작별합시다. 그곳이 천국이 되었든 이 땅이 되었든 말이오.

**리처드**  형님, 손을 건네주시오. 그리고 친절하신 워릭 경, 나의 이 지친 팔로 당신을 껴안게 해주세요. 찬 겨울이 나의 젊음을 시들게 한다고 생각하니, 결코 울지 않았던 내가 서글퍼져서 눈물이 납니다.

**워릭**  자, 갑시다! 경들, 안녕히 계시오.

**조지**  우리 함께 병사들 있는 곳으로 갑시다. 도망치고 싶은 놈들은 도망치게 내버려 두고, 우리와 함께하는 자들을 우리의 기둥이라 불러줍시다. 그리고 우리가 성공하면, 올림피아 경기의 승리자가 받는 만큼의 대가를 주겠다고 그들에게 약속합시다. 이렇게 하면 그들의 풀 죽은 가슴속에 용기를 심어줄 것입니다. 아직 살아갈 희망도 승리할 희망도 있으니, 더는 머뭇거리지 말고 서둘러 떠납시다. (모두 퇴장)

〔제2막 제4장〕

다른 전쟁터.
출격. 리처드와 클리퍼드 등장.

**리처드**  자, 클리퍼드, 이제 네놈과 단둘이 만나게 되었구나. 이 팔은 아버지 요크 공작을 위한 것이고, 또 이 팔은 어린 동생 러틀랜드를 위한 것이다. 네놈이 철벽으로 몸을 감싸고 있다 해도, 이 두 팔은 반드시 복수하고 말겠다.

**클리퍼드** 이봐, 리처드, 둘이 참 잘 만났다. 이것은 네 아비 요크를 죽인 손이며, 또 이것은 네 동생 러틀랜드를 죽인 손이다. 여기 이 심장은 놈들의 죽음을 자랑스러워하며, 네놈도 그렇게 죽이라고 말하는구나. 자, 내 칼을 받아라.

둘이 싸움을 시작하자 워릭이 등장하고 클리퍼드는 달아난다.

**리처드** 워릭 경, 안 됩니다. 다른 사냥감을 찾으십시오. 이 늑대 놈은 나 혼자 죽이겠소. (모두 퇴장)

〔제2막 제5장〕

또 다른 전쟁터.
나팔 소리. 헨리 왕 등장.

**왕** (혼잣말로) 이 전투는 아침결의 싸움과도 같구나. 양치기가 손톱을 입김으로 불어가며, 아침이라고도 밤이라고도 분명히 말할 수 없는 때에 사라져 가는 구름과 밝아오는 새벽빛이 서로 다투고 있으니. 이제 조수에 밀린 큰 바다는 바람과 싸움이라도 하려는 듯 이쪽으로 밀려오다가, 다시 거센 바람 결에 떠밀려 후퇴하듯 저쪽으로 밀려가는구나. 한때는 물결이 이기고, 다음에는 바람이 이기는구나. 지금 이편이 이긴다고 생각하면, 다음에는 저편이 우세하다. 양쪽은 가슴을 맞대고 승리자가 되려 애써 분투하나, 아직 승자와 패자는 가려지지 않고 있다. 이렇게 사나운 전쟁은 서로 균형을 이루고 있구나. 이제 나는 잠시 이 언덕에 앉겠다. 하느님의 뜻에 따라, 승리를 안겨 주소서! 마거릿 왕비뿐만 아니라 클리퍼드마저 이 전쟁터에서 물러가라고 날 꾸짖었겠다. 둘 다 내가 이곳에서 물러서는 게 가장 좋을 거라고 단언했지. 아, 이게 주님의 뜻이라면 차라리 죽고 싶다! 이 세상에 고통과 슬픔 말고 또 무엇이 있겠는가? 오, 주여, 천한 양치기로 살아가는 게 더 행복할 것 같습니다. 그렇게 된다면 지금 나처럼 언덕 위에 걸터앉아, 해시계에 한 점 한 점 솜씨 좋게 새겨 놓고, 일 분 일 분이 어떻게 지나는지 바라보며, 몇 개가 지나면 한 시간이 되고, 몇 시간이 지나면 하루가 되고, 몇 날이 지나면 일 년이 되고, 또 몇 년이 지나면 일생을 마치게 되는지를 알게 될 테니 말이야. 그러면 시간을 나누어서 몇 시간은 양을 치고, 몇 시간은 쉬고, 몇 시간 생각하고, 몇 시간 놀고, 또 며칠 만에 암양이 새끼를 배고, 몇 주일이 지나면 새끼를 낳고, 몇 달이 지나면 내가 그 양의 털을 깎고, 이처럼 분, 시, 날, 주, 달, 해—이것들이 창조된 삶의 끝까지 다가가면 머리털이 하얗게 세서 마침내 고요한 무덤 속으로 들어가게 되는 거야. 아, 이 얼마나 즐겁고 멋진 생활인가! 순진한 양 떼를 바라보는 양치기에게 산사나무숲이 시원한 그늘을 드리워 주는구나. 이 그늘은 신하의 반역을 두려워하는 왕들의, 아름답게 수놓은 화려한 닫집보다 더 아름답구나! 오! 그렇고말고! 1천 배는 더 시원한 그늘을 만들어 줄 거야! 그러니 양치기의 검소한 치즈나, 가죽 포대에서 따라 마시는 차고 맑은 술이나, 푸른 나무 그늘 아래 낮잠 등 이 모든 것을 느긋하고 편하게 즐기니, 근심과 의심과 반역에 둘러싸인 왕의 진수성찬보다, 금잔 안에 반짝이는 술보다, 화려한 침대보다 양치기의 삶이 더욱 낫구나!

나팔 소리. 아버지를 죽인 아들이 시체를 끌고 등장.

**아들**  바람이 불면 누구엔들 덕이 될까. 내가 일대일로 맞붙어 싸워 죽인 이 자가 돈 좀 가지고 있는지 모르겠다. 하지만 이놈에게서 그 돈을 빼앗은 내가, 밤이 되기 전에 이자와 똑같이 다른 놈에게 내 목숨과 돈을 주게 될지도 몰라. 아, 이게 누구지? 아이코! 아버지로군! 누군지도 모르고 싸우다가 죽였군! 아, 슬픈 시대구나, 이런 변이 생기다니! 나는 왕의 징집으로 런던에서 왔는데, 아버지는 워릭 백작의 부하니까 그 주인에게 징집되어 요크 편이 되어 오신 거로구나. 아버지에게서 생명을 이어받은 내가, 내 손으로 아버지의 생명을 빼앗다니. 하느님 아버지시여, 용서해 주시옵소서! 저도 모르고 저지른 죄입니다. 아버지, 용서해 주세요. 아버지인 줄 몰랐습니다. 나의 이 눈물로 피 묻은 상처를 씻어내겠습니다. 눈물을 다 흘려낼 때까지 아무 말도 하지 않으리라.

**왕** 오, 참으로 비참한 광경이군! 오, 잔인한 시대로구나! 사자들이 서로 굴을 빼앗으려고 싸우는 동안, 죄 없는 가엾은 어린 양이 그 화를 입는구나. 울어라, 불쌍한 자야! 나도 눈물을 보태주마. 이제부터 두 사람의 마음과 눈이 내란이 일어난 것과 같이 눈물로 눈을 멀게 하고, 슬픔으로 가슴을 터뜨려 보자꾸나.

아들을 죽인 아버지가 시체를 팔에 안고 다른 문으로 등장.

**아버지** 억세게도 나한테 덤벼들었겠다. 돈이 있으면 가져가야지. 내가 백 번은 쳐서 너를 손에 넣었지. 어디 얼굴 좀 보자. 이게 내 원수의 얼굴인가? 아, 아니! 이건 내 외아들이 아닌가? 얘야, 살아 있다면 눈을 떠보아라! 어서, 떠보란 말이야. 내 눈과 내 가슴을 적시는, 너의 상처에 퍼붓는 이 빗줄기를 보려무나! 아, 주여! 이 비참한 시대를 불쌍히 여겨주소서. 얼마나 잔인하고 참혹하며 무도하고 폭동적이며, 천리에 어긋나는 이러한 일들이 끔찍한 전쟁으로 날마다 일어나고 있는가! 아, 내 아들아! 내가 널 너무 일찍 낳았고, 너무 늦게 죽였구나.

**왕** 불행을 넘는 불행, 슬픔보다 더한 슬픔이로구나! 아, 내가 죽어서 이러한 슬픈 일들이 그친다면…… 오, 불쌍하구나. 하느님, 이 아이를 불쌍히 여겨주소서! 저자의 얼굴에는 목숨 걸고 싸우는 두 가문의 치명적인 빛이 깃들어 있구나. 그 검붉은 피는 붉은 장미와 같고, 창백한 얼굴은 흰 장미와 같다. 두 장미 가운데 하나는 시들어 버리고 하나만 번창하여라! 너희 둘이 싸우면 1천 명의 생명이 시들어야 하니.

**아들** 아버지를 죽인 걸 어머니가 아시면 얼마나 화를 내실까! 절대로 용서하지 않으실 거야.

**아버지** 아들을 죽인 걸 아내가 알면 얼마나 눈물을 쏟을 것인가! 절대로 용서하지 않겠지.

**왕** 나의 백성들이 이 슬픈 일을 알게 되면 얼마나 왕을 나쁘게 생각할까! 절대로 마음이 풀어지지 않겠지.

**아들** 아버지의 죽음을 이같이 뉘우친 아들이 있었을까?

**아버지** 아들의 죽음을 이같이 슬퍼한 아버지가 있었을까?

**왕**  백성들의 불행을 이같이 슬퍼한 왕이 있었을까? 너희들의 슬픔도 크지만 나의 슬픔은 10배나 더하다.

**아들**  아버지의 시신을 옮기어 그곳에서 마음껏 울겠다. (시체를 안고 퇴장)

**아버지**  아들아, 나의 두 팔은 널 영원히 감쌀 수의가 되고, 이 가슴은 너의 무덤이 될 것이다. 내 가슴에서 너의 모습은 사라지지 않을 테니까. 나의 한숨은 너의 죽음을 슬퍼하는 장례의 종소리가 될 것이다. 그리고 외아들인 널 위해, 저 트로이의 왕 프리아모스가 그의 용맹한 아들들을 위해 한 것과 같은 훌륭한 장례식을 치러주마. 내 너를 이곳에서 옮기리라. 싸우고 싶은 놈이나 싸우라지. 나는 죽여서는 안 될 사람을 죽이고 말았으니. (시체를 안고 퇴장)

**왕**  슬픔으로 괴로워하는 자들아, 너희보다 더 슬퍼하는 왕이 여기 있다.


다급한 나팔 소리. 출격. 마거릿 왕비, 에드워드 왕자, 엑서터 공작 등장.


**왕자**  도망가세요, 아버지, 어서요! 아군은 모두 달아났습니다. 워릭은 미친 황소처럼 날뛰고 있어요. 어서 도망치세요! 죽음이 우리를 쫓고 있습니다.

**마거릿**  전하, 어서 말을 타시고 베릭 쪽으로 달아나십시오. 에드워드와 리처드는 무서워서 도망치는 토끼를 본 한 쌍의 사냥개처럼, 분노로 타오르는 불꽃같은 눈으로, 분노의 손에 피 묻은 칼을 쥐고 우리를 쫓고 있어요. 그러니 어서 달아나십시오.

**엑서터**  어서 피하십시오! 놈들은 복수심에 불타서 오고 있습니다. 이야기할 시간이 없습니다. 어서 가십시오! 아니면 뒤에 오시지요. 저는 먼저 가겠습니다.

**왕**  아니오, 함께 가겠소. 엑서터 공작, 여기 머물러 있는 게 두려워서가 아니라, 왕비가 가는 곳으로 가고 싶소. 어서 갑시다! (모두 퇴장)

〔제2막 제6장〕


같은 곳.
다급함을 알리는 요란한 나팔 소리. 클리퍼드, 목에 화살이 꽂힌 채 등장.

**클리퍼드**   나의 촛불은 이제 다 타버렸나 보다. 그래, 내 생명의 불꽃은 여기서 꺼지고 말리라. 타오르는 동안은 헨리 왕께 빛을 드렸지. 오, 랭커스터 가문이여! 내 영혼이 이 육체를 떠나는 것보다는 그대의 파멸이 두렵구나. 나에 대한 사랑과 두려움에서 많은 아군이 그대를 따랐으나, 이제 내가 죽으면 그 단단한 결속도 무너져 헨리 왕의 힘은 약해지고 거만한 요크가 강해지겠지. 군중은 여름철 파리 떼와도 같이 그쪽으로 모여들 것이다. 하루살이는 햇빛 비치는 쪽으로 날아가게 마련이 아닌가? 이제 헨리의 원수들이 아니면 누가 빛을 내겠는가? 오, 태양의 신 포이보스여, 당신이 아들 파에톤에게 성마른 말을 타지 못하게 했더라면, 당신의 불수레가 이 땅을 불바다로 태우진 않았을 텐데! 헨리 왕이여, 당신도 제왕들처럼 또는 당신 아버지나 할아버지처럼, 요크 일가가 정권을 차지하지 못하게 했다면 그놈들은 결코 여름날 파리 떼처럼 일어나지는 못했을 것입니다. 그러면 나나 이 불행한 나라의 수많은 남자들의 죽음 앞에 울부짖는 과부가 생기지 않았을 것이며, 전하도 오늘 편안히 옥좌를 지키고 있었을 테죠. 잡초가 무성한 것은 바람이 부드럽기 때문이며, 도둑들이 날뛰는 것은 다스림이 너무 인자한 탓이다. 아, 탄식해도 소용없고, 나의 상처도 고칠 수 없구나. 도망칠 수도 없고, 달아날 힘도 없구나. 적들은 잔인하여 인정사정없겠지. 내가 놈들의 동정을 받을 처지도 아니니. 내 깊은 상처로 바람이 들어오는구나. 피를 많이 흘려 정신도 흐려진다. 요크도 리처드도 워릭도, 나머지 놈들도 모두 오너라. 내가 네 아비의 가슴을 찔렀으니, 내 가슴을 찔러라. (기절한다)

다급한 나팔 소리. 후퇴. 에드워드, 조지, 리처드, 몬터규, 워릭, 병사들 등장.

**에드워드**   행운이 휴식을 명하니, 경들, 좀 쉽시다. 그리고 전쟁의 어두운 낯빛을 평화롭게 바꾸어 봅시다. 자, 너희들 몇 명은 잔인한 왕비를 추격해라. 그 왕비는 온순한 헨리를 자기 마음대로 움직여 온 자이다. 휘몰아치는 거센 바람을 가득 안은 돛이, 거친 파도를 거슬러 나아가도록 상선을 지배하는 것과 같다. 그런데 경들, 클리퍼드도 그들과 함께 도망쳤다고 생각하시오?
**워릭**   천만에요! 도망치지 못했을 겁니다. 본인 앞에서 말하기는 안됐지만, 리처드 공이 그자에게 치명적인 부상을 입혔으니, 지금쯤 어디선가 틀림없이 죽었을 겁니다. (클리퍼드가 신음하며 죽는다) 고통스럽게 육신을 떠나려는 저 영혼은 누구일까?

**리처드** 아, 무서운 신음 소리를 들으니, 삶과 죽음이 서로 작별하는 것 같군요.

**에드워드** 누군가 보아라. 이제 전쟁이 끝났으니, 아군이든 적군이든 관대하게 대해야지.

**리처드** 그 관대한 선고는 취소하세요. 이놈은 클리퍼드입니다. 잎이 돋아나는 어린 가지 러틀랜드를 죽이고도 만족하지 않고, 그 연약한 가지를 나오게 한 뿌리에까지 잔인무도한 칼을 들이댄 놈입니다. 우리 아버지, 요크 공작 말씀입니다.

**워릭** 클리퍼드가 걸어둔 당신 아버지의 머리를 요크 성문에서 내리고, 그 자리에 클리퍼드의 목을 걸어 놓읍시다. 이에는 이로, 눈에는 눈으로 갚아야겠소.

**에드워드** 우리 집안의 멸망만을 노래하던 저 흉측한 부엉이를 끌고 가시오. 이제 죽음이 놈의 기분 나쁜 위협의 소리를 막아줄 테니, 그 불길한 혀가 다시는 흉한 소리를 못할 거요. (병사가 시체를 끌어온다)

**워릭** 이놈은 이제 아무것도 모르는 것 같군. 클리퍼드, 말해 봐라. 너에게 말하는 사람이 누구인지 알겠느냐? 죽음의 먹구름이 네 생명의 빛을 덮고 있으니, 보지도 듣지도 못하는구나.

**리처드** 오, 그놈이 보고 들을 수 있다면 좋으련만! 어쩌면 알고 있으면서 죽은 체하는지도 모릅니다. 아버지가 돌아가실 때 이놈이 조롱하던 소리를 똑같이 듣지 않으려고 말이오.

**조지** 그렇게 생각한다면 호된 말로 이놈을 괴롭혀 줍시다.

**리처드** 클리퍼드, 자비를 빌어라. 그러나 자비는 줄 수 없다.

**에드워드** 클리퍼드, 뉘우쳐라. 그래도 소용없겠지만.

**워릭** 야, 클리퍼드, 너의 죄를 변명할 핑계나 찾아라.

**조지** 그동안 우리는 너의 죄를 잔인하게 고문할 방법을 생각하겠다.

**리처드** 고맙게도 네놈은 요크 공을 사랑해 주었지. 내가 그의 아들이다.

**에드워드** 네놈은 러틀랜드를 불쌍히 여겼지. 이제 내가 널 불쌍히 여기겠다.

**조지**  네놈을 지켜줄 마거릿 대장은 어디 갔느냐?

**워릭**  모두가 널 조롱하는구나. 클리퍼드, 예전처럼 욕이라도 하지그래.

**리처드**  아니, 욕설도 퍼붓지 못하느냐? 아, 세상이 각박해졌군. 클리퍼드가 친구들에게 욕 한번 못하다니. 그렇다면 죽은 게 확실하군. 나의 오른손이 이자에게 두 시간의 생명을 사들여 원한이 풀어지도록 이놈을 꾸짖고, 왼손으로는 이 목을 잘라 그 흐르는 피로 요크나 어린 러틀랜드의 피로도 탐욕스런 갈증을 만족시키지 못한, 이 피에 굶주린 악당 놈을 질식시켜 줄 텐데.

**워릭**  아, 그놈은 죽었소. 어서 이 반역자의 목을 끊어, 요크 공의 목이 달렸던 곳에 매달아 놓읍시다. 자, 이제 런던까지 승리의 진군을 합시다. 거기서 잉글랜드 왕으로 즉위하십시오. 그다음에 이 워릭은 프랑스로 가서, 보나 공주를 왕비로 모시도록 요청하겠습니다. 그러면 두 나라의 유대가 견고해질 것입니다. 먼저 프랑스가 우방이 된다면, 흩어진 적들이 다시 일어나려고 해도 걱정할 필요는 없습니다. 놈들이 벌처럼 찌른다 해도 큰 해는 끼치지 못할 것이나, 윙윙 소리를 내서 귀를 괴롭힐 테니 조심하십시오. 전하께서 허락해 주신다면 저는 대관식이 끝난 뒤에 먼저 브르타뉴로 건너가, 이 결혼을 성사시키도록 노력하겠습니다.

**에드워드**  워릭 백작, 좋으실 대로 하시오. 내 옥좌는 전적으로 백작의 어깨에 달려 있으니. 앞으로 무슨 일이든지 당신의 조언과 동의 없이는 하지 않겠소. 리처드, 너를 글로스터의 공작으로, 조지, 너를 클래런스의 공작으로 서작한다. 워릭, 당신도 우리처럼 가장 좋다고 생각하는 대로 자유롭게 처리하시오.

**리처드**  저를 클래런스의 공작으로 해주고, 조지를 글로스터의 공작으로 해주시면 좋겠습니다. 오, 글로스터의 공작령은 너무나도 불길합니다.

**워릭**  무슨 말이오. 어리석은 말씀을 하시는군요, 리처드, 글로스터의 공작이 되시오. 이제 런던으로 갑시다. 이러한 영예로운 모습들을 지켜봐야겠습니다. (모두 퇴장)

잉글랜드 북부의 사냥터.
두 산지기, 화살을 들고 등장.

**산지기 1** 이 무성한 덤불 아래 숨자. 이 숲 사이를 지나면 사슴들이 곧 올거야. 이 덤불 속에 자리잡고 있다가, 사슴들 우두머리를 쏘는 거야.
**산지기 2** 나는 저 언덕 위에 가 있을 테니, 우리 둘이 함께 쏘자.
**산지기 1** 그건, 안 돼. 네 활 소리를 듣고 사슴들이 놀라면 내가 쏜 게 헛일이 되니까. 여기 둘이 함께 있다가 겨냥을 잘 맞추는 게 좋겠어. 기다리기가 지루하면, 언젠가 바로 여기서 일어난 일을 이야기해 줄게.
**산지기 2** 누가 온다. 그가 지나갈 때까지 기다리자.

헨리 왕, 변장하고 기도서를 들고 등장.

**왕** 내가 스코틀랜드에서 이리로 빠져나온 건, 내 나라가 그리워서야. 나의 간절한 눈으로 내 땅을 보고 싶어서지. 아니다, 해리, 해리, 이건 이젠 네 땅이 아니야! 네 옥좌는 다른 자가 차지했다. 너의 홀은 빼앗기고, 네 머리에 부어진 향유는 씻겨져 버렸다. 이제는 아무도 무릎을 꿇고 너를 군주라 부르지 않는다. 올바른 판결을 바라며 밀려드는 청원자도 없다. 아니다, 너에게 구제를 받으러 오는 사람도 없다. 자기 자신도 구제하지 못하면서 어찌 남을 구제할 수 있으랴?
**산지기 1** 이놈의 가죽이면 한몫 단단히 잡겠는데! 이건 지난번 왕이군. 가서 붙잡자.
**왕** 쓰라린 불운이여, 널 포옹하리라. 현인들은 그렇게 하는 게 가장 현명하다고 말하니까.
**산지기 2** 왜 꾸물대? 어서 덮쳐버리자고.
**산지기 1** 잠깐만 참아. 좀더 들어보자.
**왕** 왕비와 아들은 프랑스에 지원군을 청하러 갔다. 적의 총사령관인 워릭은 프랑스 왕의 여동생을 에드워드의 아내로 데려오기 위해 그쪽에 갔다지. 이 소문이 틀림없다면 불쌍한 왕비여, 왕자여, 그대들의 노력은 헛수고로구나. 워릭은 교활한 웅변가이며, 프랑스 왕 루이는 마음을 감동시키는 말에는 곧잘 넘어가니까. 그러나 왕비는 너무나 가련한 처지에 있으므로 그를 설득할 수 있을지도 모른다. 그녀의 탄식은 그의 가슴을 폭탄같이 때릴 것이며, 그녀의 눈물은 대리석 같은 마음도 움직이리라. 그녀가 슬퍼 울면 호랑이도 온순해질 것이며, 그녀의 탄식을 듣고 넘쳐흐르는 눈물을 보게 되면 네로와 같은 폭군도 연민을 보내리라. 왕비는 구걸하러 간 것이요, 워릭은 바치려 간 것이다. 왕비가 왼편에서 헨리를 위해 도움을 요청하면 그자는 오른편에서 에드워드를 위해 왕비를 청할 것이다. 그녀는 울면서 헨리가 폐위되었다 말할 것이며, 그자는 웃으면서 에드워드가 즉위한 것을 말하겠지. 그녀가 처량하게도 슬픔으로 말을 잇지 못할 때, 워릭은 그의 권리를 주장하며 틀린 것도 옳은 것같이 꾸며내 힘 있는 논증을 끌어나가다, 끝내는 왕비를 물리치고 왕을 설득함으로써 왕의 여동생을 왕비로 맞이하도록 약속을 받아낼 것이며, 에드워드 왕을 후원하고 지지한다는 약속까지 받아내겠지. 오, 마거릿, 그렇게 될 것이오! 불쌍한 당신, 버림받으러 떠났고 또한 버림받은 신세가 되어 돌아오겠지.

**산지기 2**　왕과 왕비의 이야기를 하는 네놈은 누구냐?

**왕**　보기보다는 나은 신분이나, 날 때 신분보다는 못한 자다. 그러나 남자임에는 틀림없지. 세상 사람들이 왕에 대한 이야기를 하는데 어찌 나라고 못하리오.

**산지기 1**　하지만 너는 왕인 것처럼 이야기하지 않았느냐?

**왕**　그렇다, 나는 마음속으로 왕이다. 그걸로 충분하지.

**산지기 2**　네가 왕이라면 왕관은 어디 있느냐?

**왕**　내 왕관은 내 머리가 아니라 마음속에 있지. 그 왕관은 다이아몬드나 인도산 진주로도 장식되지 않았고, 눈으로도 볼 수 없지. 내 왕관의 이름은 만족이라는 것이다. 이러한 왕관은 왕들이 거의 갖지 못하는 거지.

**산지기 1**　그래? 네가 만족이라는 왕관을 쓴 왕이라면, 우리를 따라가는 것에 만족해야만 하지. 네가 에드워드 왕에게 퇴위당한 왕이라고 생각되니, 에드워드 왕에게 모든 충성을 맹세한 우리 신하들은 그분의 원수인 너를 체포하겠다.

**왕**  너희들은 맹세한 것을 깨뜨린 적이 없느냐?

**산지기 2**  없다, 결코. 앞으로도 없을 것이다.

**왕**  내가 왕이었을 때 너희들은 어디 살았었지?

**산지기 2**  지금 우리가 살고 있는 바로 여기에 살고 있었지.

**왕**  나는 태어나 9개월 만에 왕으로 기름 부어진 자다. 내 아버지와 할아버지
께서도 왕이셨지. 너희들은 나에게 충성된 신하로서 맹세한 것이다. 자, 그
렇다면 맹세를 깨뜨리지 않았다고 말할 수 있느냐?

**산지기 2**  천만에 말씀이다. 우리가 너의 신하였던 건, 네가 왕이었을 때뿐이
니까.

**왕**  아니, 내가 죽기라도 했단 말이냐? 내가 이렇게 살아 숨 쉬고 있지 않느
냐? 아, 어리석은 놈들이구나. 네놈들은 맹세한 것을 알지 못하는구나! 보
아라, 내가 이 새털을 불어 날리면 바람이 불어 다시 나에게로 오는 것이다.
내가 이 새털을 불 때에 이것은 나의 숨에 복종하고, 바람이 불 때에는 바
람에 복종하는구나. 언제나 더 큰 바람에 지배되는 것이다. 너희 줏대 없는
평민들의 행동도 이처럼 가벼운 것이다. 그러나 맹세한 것은 깨뜨리지 말아
라. 그 죄에 대해서는 나의 온후한 간청이 너희들을 죄인으로 만들지는 않
으리라. 자, 너희들이 가고 싶은 데로 가자. 왕은 명령대로 하리라. 지금은
너희들이 왕이니 명령해라. 나는 복종하겠다.

**산지기 1**  우리는 왕의 충성된 신하이다. 에드워드 왕 말이다.

**왕**  그와 같이 헨리에게도 또다시 충성된 신하가 되겠지. 에드워드가 앉았던
자리에 헨리가 앉게 되면.

**산지기 1**  하느님의 이름으로, 그리고 왕의 이름으로, 관청에 함께 갈 것을 명
령한다.

**왕**  하느님의 이름으로 안내하라. 너희들 왕의 이름에도 복종하겠다. 하느님
이 뜻하는 바를, 너희들 왕으로 하여금 행동하게 하라. 그리고 나는 하느님
의 뜻에 겸손한 마음으로 순종하리라. (모두 퇴장)

〔제3막 제2장〕

런던. 궁궐.

에드워드 왕(4세), 글로스터 공작(리처드), 클래런스 공작(조지), 그레이 부인 등장.

**에드워드 왕**  글로스터 동생, 이 부인의 남편이었던 기사 리처드 그레이는 세인트 올번스 전투에서 전사하고, 그 영토는 정복자에게 점령당했네. 이 부인은 잃어버린 땅을 다시 찾게 해달라 청원하고 있지. 그 남편이 요크 일가를 위해 충성스럽게도 목숨을 바쳤으니, 이 청원을 거절하면 정의롭지 못한 것이네.

**글로스터**  그 부인의 청원을 들어주심이 마땅하다고 생각합니다. 이를 거부하신다면 명예롭지 못한 일이 될 겁니다.

**에드워드 왕**  옳은 말이지만 좀더 생각해 봐야겠네.

**글로스터**  (클래런스에게만 들리게) 그래, 그렇겠죠? 부인이 먼저 허락해 드릴 것이 있나 보군요. 전하께서 그 천한 청원을 들어주시기 전에 말이오.

**클래런스**  (글로스터에게만 들리게) 왕은 사냥하는 법을 알고 있지. 냄새만 맡으면 끝까지 쫓아간단 말야!

**글로스터**  (클래런스에게만 들리게) 쉿!

**에드워드 왕**  과부여, 그대의 청원을 고려해 보리다. 나중에 결과를 들으러 오시오.

**그레이**  자비로우신 전하, 더는 기다릴 수 없나이다. 황공한 말씀이오나, 지금 곧 대답해 주시옵소서. 어떠한 뜻에도 이의는 없습니다.

**글로스터**  (혼잣말로) 뭐, 과부라고? 그렇다면 네 영토를 틀림없이 모두 찾을 수 있지. 만일 전하가 원하는 것에 그대만 이의가 없다면. 그러나 정신 차려야 해. 그렇지 않으면 정말로 한 대 얻어맞게 되지.

**클래런스**  (글로스터에게만 들리게) 그 과부가 자빠지지만 않는다면 안심이야.

**글로스터**  (클래런스에게만 들리게) 맙소사! 왕이야 언제나 유리한 위치에 있으니까요.

**에드워드 왕**  어린아이는 몇인가?

**클래런스**  (글로스터에게만 들리게) 아들 하나쯤 후견인으로서 차지하고 싶은 모양이지.

**글로스터**  (클래런스에게만 들리게) 내가 매를 맞아야겠군요. 내 생각이 틀렸으니까요. 나는 과부에게 아들 둘쯤은 더 주실 거라고 생각했죠.

**그레이**   셋이옵니다, 인자하신 전하.

**글로스터**   (혼잣말로) 왕의 뜻만 있으면 곧 넷이 될걸.

**에드워드 왕**   자식들이 아버지의 영토를 잃게 된다면 서글픈 일이겠지.

**그레이**   불쌍히 여겨주소서, 전하. 청원을 들어주소서.

**에드워드 왕**   경들, 자리를 비켜주게. 내가 이 과부의 지혜를 시험해 보겠네.

**글로스터**   예, 경들은 물러가겠습니다. (혼잣말로) 젊음이 사라지고, 지팡이 신
세가 될 때까지 멋대로 시험을 즐길 수 있겠군. (클래런스와 함께 뒤로 물러선
다)

**에드워드 왕**   부인, 자식들을 사랑하오?

**그레이**   제 자신을 사랑하는 것과 같이 사랑합니다.

**에드워드 왕**   자식들의 행복을 위해서라면 무엇이든지 하겠지?

**그레이**   자식들을 위해서라면 어떠한 고통이라도 받겠나이다.

**에드워드 왕**   그렇다면 자식들을 위해 남편의 영지를 찾으시오.

**그레이**   그래서 전하께 청원하러 온 것입니다.

**에드워드 왕**   자, 이제 그 영토를 찾는 법을 가르쳐 주겠소

**그레이**   그리하시면 전하께 충성된 일을 다 하겠나이다.

**에드워드 왕**   영토를 준다면 어떠한 충성된 일을 하겠는가?

**그레이**   제가 할 수 있는 일이라면 무엇이든 분부대로 하겠나이다.

**에드워드 왕**   그러나 내 부탁에 예외를 두지는 않을까?

**그레이**   전하, 제가 할 수 없는 것 말고 예외는 없습니다.

**에드워드 왕**   그야 물론 내가 바라는 일은 할 수 있는 일이지.

**그레이**   그렇다면 전하의 분부대로 무엇이든지 하겠나이다.

**글로스터**   (클래런스에게만 들리게) 악착같이 달라붙는군요. 떨어지는 빗방울에
대리석도 닳는 법이오.

**클래런스**   (글로스터에게만 들리게) 불같이 빨갛군! 저 여자의 초가 녹아버리
겠다.

**그레이**   전하께서는 어찌 분부하시지 않나이까? 분부를 받을 수 없습니까?

**에드워드 왕**   쉬운 일이오. 왕을 사랑하는 것뿐이오.

**그레이**   곧 분부대로 하겠나이다. 저는 신하이옵니다.

**에드워드 왕**   그렇다면 그대 남편의 영지를 무상으로 그대에게 주리다.

**그레이**   성은에 감사하옵니다, 이만 물러가겠나이다.

**글로스터**   (클래런스에게만 들리게) 협정이 끝났군요. 저렇게 몸을 숙여 인사하는 걸 보니.

**에드워드 왕**   기다리오. 내가 바라는 것은 사랑의 결실이오.

**그레이**   전하, 제가 뜻하는 것도 사랑의 결실이옵니다.

**에드워드 왕**   아무래도 다른 뜻으로 오해하고 있나 보군. 내가 그토록 원하는 사랑이 어떠한 것이라고 생각하오?

**그레이**   생명이 다할 때까지의 사랑, 겸허한 감사와 기도라고 생각하옵니다. 미덕이 구하고 미덕이 허락하는, 그런 사랑이라고 생각하옵니다.

**에드워드 왕**   아니오, 절대로 그런 사랑이 아니오.

**그레이**   그렇다면 제가 생각하던 것과는 다른가 봅니다.

**에드워드 왕**   자, 이제는 내 생각을 조금이라도 알았을 텐데.

**그레이**   제 생각이 맞다면, 전하께서 원하신다고 생각하는 것을 허락해 드릴 수 없겠나이다.

**에드워드 왕**   솔직히 말하면 당신과 함께 자고 싶소.

**그레이**   솔직히 말씀드리면 차라리 감옥에서 자고 싶나이다.

**에드워드 왕**   그렇다면 그대 남편의 영지를 줄 수는 없소.

**그레이**   그렇다면 저의 정조를 유산으로 하겠나이다. 정조를 팔아 가면서까지 영지를 사고 싶지는 않습니다.

**에드워드 왕**   그렇다면 그대 자식들에게 큰 손해를 끼치게 될 텐데.

**그레이**   그렇게 하신다면 전하께서는 제 자식들과 저를 모욕하시는 것입니다. 그렇지만 전하, 이 같은 농담은 저의 슬픈 청원에 맞지 않는 일입니다. 바라옵건대 영지를 주실 수 있는지 없는지를 정하여 주시고, 저를 물러나게 해 주소서.

**에드워드 왕**   내 요구에 응하면 줄 것이고 요구에 불응하면 줄 수 없소.

**그레이**   전하, 황송하오나 응할 수 없나이다. 이걸로 저의 청원도 끝났습니다.

**글로스터**   (클래런스에게만 들리게) 저 과부가 왕을 좋아하지 않나 보오. 이마를 찌푸리고 있는 걸 보니.

**클래런스**   (글로스터에게만 들리게) 저렇게 무디게 구애하는 사람이 어디 있담.

**에드워드 왕**   (혼잣말로) 이 여자의 표정에는 정숙함이 가득하구나. 말솜씨도 비교할 수 없을 만큼 재치가 있어 보인다. 이 여자의 교양도 군주에게 못지 않구나. 어쨌든 이 여자는 왕후가 될 만한 자격이 있어. 그러니 나의 애인으로 삼든지, 아니면 왕비로 맞으리라. 에드워드 왕이 그대를 왕비로 맞아들인다면 어떻게 하겠소?

**그레이**  전하, 말하기는 쉬우나 실행하기는 어려운 것입니다. 저는 한낱 신하로서 농담의 상대는 될지언정 왕비는 당치도 않습니다.

**에드워드 왕**  어여쁜 과부여, 그대에게 왕으로서 맹세하오. 나는 내 마음이 뜻하는 바를 말할 뿐이오. 그것은 그대를 나의 사랑으로 삼겠다는 거요.

**그레이**  그 뜻에는 순종할 수 없습니다. 저는 전하의 왕비가 되기에는 너무 천하며, 소실이 되기에는 너무 신분이 높은 줄로 압니다.

**에드워드 왕**  트집 잡지 마오. 왕비로 삼겠다는 뜻이오.

**그레이**  제 자식들이 전하를 아버지라 부른다면, 전하께서 크게 후회하실 겁니다.

**에드워드 왕**  그거야 내 딸들이 그대를 어머니라고 부르는 것과 무엇이 다르리오. 그대는 과부이니 자식이 있을 것이오. 솔직히 말해 나는 아직 미혼이지만 자식들이 있소. 아버지로서 많은 아들을 둔다는 게 어찌 기쁘지 않겠소. 더 이상 대답은 필요 없소. 나는 그대를 왕비로 삼으리다.

**글로스터**  (클래런스에게만 들리게) 신부님이 고해식을 끝내셨나 봅니다.

**클래런스**  (글로스터에게만 들리게) 왕이 고해신부가 되실 때에는 과부를 낚기 위한 계략이겠지.

**에드워드 왕**  동생들, 내가 저 과부와 무슨 말을 했는지 궁금한가 보군.

**글로스터**  과부의 표정이 심각한 걸 보니, 마음에 내키지 않나 보군요.

**에드워드 왕**  저 여자와 결혼을 한다면 놀라운 일인가?

**클래런스**  누구와 말씀입니까?

**에드워드 왕**  나하고 말이지.

**글로스터**  적어도 열흘은 놀랄 것입니다.

**클래런스**  그러면 세상 사람들이 보통 놀라는 9일보다 하루 더 많은 것입니다.

**에드워드 왕**  농담이 심하군. 어쨌든 저 여자의 남편 영지에 대한 청원을 들어 주기로 하겠다.

귀족 한 사람 등장

**귀족** 전하, 전하의 원수인 헨리를 붙잡아서 지금 궁전 문앞에 포로로 끌고
왔나이다.

**에드워드 왕** 탑에다 가두어라. 동생들, 그를 체포한 자에게 가서 경위를 물어
보라. 부인, 갑시다. 경들, 이 부인에게 정중히 대하게. (글로스터만 남고 모두 퇴
장)

**글로스터** 에드워드는 여자들을 정중하게 대할 거야! 그의 골수와 뼈와 모
든 기관이 쇠약해져서, 내가 바라는 황금시대를 방해할 유망한 가지가, 그
의 혈통에서 나오지 않으면 좋으련만! 아, 호색가인 에드워드의 권리가 파
묻혀 버린다 하더라도, 나의 소망과 내 몸 사이에는 클래런스도 있고, 헨리
도 있고, 헨리의 아들 에드워드도 있으며, 또한 생각하지도 않았던 싹들이
그들에게서 나와, 나보다도 먼저 그 자리를 이을지도 모르겠구나. 아, 그러
면 나의 계획은 희망이 없구나! 그렇다면 나는 곶 위에 서서 가고 싶어하는
저 머나먼 해안을 바라다보면서, 저절로 눈길이 그곳에 가듯이 이 발도 함
께 그곳에 가기를 간절히 바라며, 그리고 그 사이에 있는 바다를 꾸짖으며
스스로 이 물을 퍼서 바닷물을 마르게 한 뒤에 걸어가겠다고 말하는 사람
과도 같이 왕권을 꿈꾸고 있을 따름이구나. 그토록 멀리 떨어져서 왕관을
갈망하며 날 가로막는 모든 것을 꾸짖고, 그 방해물을 없애버리겠다 말하
고 있구나. 그리하여 불가능한 일이라고 나 자신을 위로하는 거로군. 내 손
과 힘이 함께 나아가지 못하니, 나의 눈은 너무나 민첩하고 마음은 너무나
자만에 빠져 있구나! 그렇다면 결국 리처드가 차지할 왕국은 없는 것인가.
그러면 이 세상에서 무슨 기쁨을 얻을 수 있을까? 미인의 무릎 위에 나의
천국을 만들 수도 있고, 아름다운 장식으로 몸을 치장할 수도 있겠지. 또한
아름다운 말과 얼굴로 미인들을 매혹할 수도 있겠지. 오, 이 모두가 얼마나
비참한 생각인지! 스무 개의 금관을 손에 넣는 것보다도 가능성이 없구나!
사랑의 여신은 내가 어머니 배 속에 있을 때부터 나와는 인연을 끊었지. 나
는 그녀의 부드러운 율법과는 관계가 없으므로 그녀는 연약한 자연을 뇌물
로 매수하여, 나의 팔을 메마른 나무처럼 오그라들게 하고, 내 등에 심술궂
은 언덕을 만들어 놓아, 기형이란 놈이 그 위에 앉아서 날 비웃는구나. 또

내 두 다리는 절름발이로, 모든 곳은 균형을 잃고 엉망이 되게 하여 천지창조 이전의 혼돈이나, 어미 곰마저 자기를 닮지 않은 못난 새끼 곰을 핥아주지 않는 이 꼴로 만들어 놓았구나. 이런 내가 여자에게 사랑받을 수 있는 남자라고 말할 수 있을까? 이런 생각만 해도 지겹고 끔찍하다! 이 세상은 나에게 아무 기쁨도 주지 못해. 그러니 나보다 잘난 놈들에게 명령하고 그들을 방해하며 억압하기 위해, 왕관을 꿈꾸는 것만으로 나의 천국을 만들어 가야겠다. 나는 이 흉한 몸뚱이 위에 달려 있는 머리에 잉글랜드의 왕관을 쓰기 전에는, 이 세상을 지옥이라고 생각하리라. 그러나 어떻게 왕관을 손에 넣을지 모르겠구나. 나와 내 희망 사이에는 많은 놈들이 가로막고 있으니 말야. 나는 가시덤불 속에서 길을 잃은 사람처럼 가시를 끊으려다 가시에 찢기면서, 길을 찾아 헤매다가 다시 길에서 멀어지며, 밝은 곳을 찾지도 못하면서 그곳을 찾으려고 죽을힘을 다해 노력하는 자와도 같이, 잉글랜드의 왕관을 얻겠다고 스스로 고통받고 있구나. 이 고통에서 벗어나고 싶다. 그러니 피비린내 나는 도끼를 휘둘러 나의 길을 헤쳐갈 수밖에 없지. 그래, 난 웃을 수 있다. 웃으면서 사람을 죽일 수 있지. 그리고 내 마음을 아프게 하는 자에게 "만족한다"고 외치게 되리라. 거짓 눈물로 나의 빰을 적시고, 때에 따라 낯빛을 바꿀 수도 있으며, 인어보다 더 많은 뱃사공을 물에 빠뜨릴 수도, 바실리스크 독사보다 더 많은 사람을 이 눈으로 죽일 수도 있다. 네스토르와 같이 웅변을 토할 수도, 오디세우스보다 더 교활하게 사람을 속일 수도 있으며, 시논과 같이 제2의 트로이 성을 무너뜨릴 수도 있지. 또 나는 카멜레온보다 더 자주 몸빛을 바꿀 수도 있고, 모습을 바꾸는 변신술에 뛰어난 프로테우스 이상이지. 나는 저 잔인한 마키아벨리도 가르칠 수 있어. 이러한데도 내가 왕관을 가질 수 없을까? 흥, 아무리 먼 곳에 있다 해도 꼭 손에 넣고야 말겠다! (퇴장)

〔제3막 제3장〕

프랑스. 궁궐.

화려한 나팔 소리. 프랑스 루이 왕, 왕의 여동생 보나, 부르봉 해군 제독, 잉글랜드 마거릿 왕비, 에드워드 왕자, 옥스퍼드 백작 등장. 루이 왕은 앉았다가 다시 일어난다.

**루이** 잉글랜드의 아름다우신 마거릿 왕비, 앉으십시오. 루이가 앉아 있는데 그렇게 서 계시다니요. 왕비의 신분에 어울리지 않습니다.

**마거릿** 천만의 말씀입니다, 프랑스 왕 전하. 이제 이 마거릿은 몸을 낮추어, 군주의 명령에 따르도록 배울까 합니다. 저는 옛날 황금 시절에는 위대한 잉글랜드의 왕비였습니다마는, 이제는 불행히도 저의 권리는 짓밟히고 치욕으로 얼굴을 들지 못하게 되었으니 제 운명에 알맞은 천한 자리에 앉는 게 마땅하다고 생각합니다.

**루이** 어찌하여 그토록 절망하시는지 그 이유를 말씀해 주십시오.

**마거릿** 그 이유라는 것은, 저의 눈을 눈물로 넘치게 하고 제 마음을 슬픔에 빠뜨려 제 입으로는 차마 말씀드리지 못할 그러한 것입니다.

**루이** 그 이유가 무엇이든 왕비의 위엄으로 내 곁에 앉으십시오. (자기 옆에 마거릿를 앉게 한다) 운명의 멍에에 굴복하지 마시고, 담대한 마음으로 모든 불행을 이겨내시길 바랍니다. 마거릿 왕비, 그 슬픔을 모두 털어놓아 보십시오. 프랑스 왕이 할 수 있는 일이라면 도와드리겠습니다.

**마거릿** 전하의 인자하신 말씀 덕분에 시들어 가는 저의 마음이 되살아나고, 슬픔으로 묶인 제 혀가 다시 말할 수 있게 되었습니다. 그러니 전하, 저의 이야기를 들어주시옵소서. 제 사랑의 유일한 소유자인 헨리는 옥좌에서 쫓겨나 스코틀랜드에서 고독한 생활을 하게 되었습니다. 교만한 야심가인 요크의 공작 에드워드는 잉글랜드 정통왕의 합법적인 왕호와 왕좌를 빼앗았습니다. 그러한 이유로 이 불쌍한 마거릿은 헨리의 후계자인 에드워드 왕자를 데리고, 정당하며 합법적인 후원을 요청하러 이곳에 오게 되었습니다. 전하께서 도와주시지 못한다면 절망만 있을 뿐이옵니다. 스코틀랜드 백성들은 도와주기를 바랍니다마는 힘이 없습니다. 잉글랜드 백성과 귀족들은 잘못 인도되었고, 재물은 빼앗겼으며, 군대는 뿔뿔이 흩어져 버렸고, 보시는 대로 저희들은 이렇게 비참한 처지에 놓여 있습니다.

**루이** 고귀하신 왕비, 비통한 마음을 가라앉히세요. 나도 해결책을 찾아보겠습니다.

**마거릿** 오래 지체하실수록 적군의 힘은 더 강해질 것입니다.

**루이**  내가 오래 지체하게 될수록 그만큼 더 도와드리지요.

**마거릿**  오, 조바심은 깊은 슬픔에 늘 따라다니는 것이지요. 아, 저기, 제 슬픔의 장본인이 옵니다!

워릭 등장.

**루이**  무엄하게도 내 앞으로 다가오는 자는 누구인가?

**마거릿**  에드워드의 가장 친한 친구, 워릭 백작입니다.

**루이**  어서 오시오, 워릭! 경을 환영합니다. 프랑스에는 무슨 일로 왔습니까?
  (왕좌에서 내려온다)

**마거릿**  (일어나서 혼잣말로) 또 다른 폭풍이 일기 시작하는구나. 저자야말로 바람과 물결을 움직이는 자이니.

**워릭**  제 주인이시자 전하의 친구이신 잉글랜드 왕 에드워드의 특사로서 인사드리러 왔습니다. 먼저 전하께 호의와 거짓 없는 충성심으로 인사드리며, 다음으로는 친선 동맹을 청원하나이다. 마지막으로 전하께서 허락만 하신다면, 친선 동맹을 혼인의 매듭으로 견고히 하고자 전하의 여동생이시며 덕이 높으신 보나 공주님을 잉글랜드 왕의 합법적인 왕비로서 맞이하고자 하오니 전하께서는 허락해 주시기 바랍니다.

**마거릿**  (혼잣말로) 저 일이 진행되면 헨리의 소망은 끝난 거다.

**워릭**  (보나에게) 인자하신 공주님, 전하의 명으로 덕이 높으신 공주님의 허락을 얻어, 비천한 이 몸이 그 손에 입을 맞추고 전하의 사랑을 전하도록 분부를 받고 왔나이다. 전하께선 공주님의 명성을 들으신 뒤로, 그 아름다우신 모습과 미덕을 마음속 깊이 간직하고 계십니다.

**마거릿**  루이 전하, 보나 공주님, 워릭에게 답하시기 전에 부디 제 말을 들어주십시오. 그의 요구는 에드워드의 거짓 없는 진실한 애정에서 나온 게 아니라, 필요에서 나온 하나의 계략일 따름입니다. 생각해 보십시오. 폭군들이 외국의 강력한 동맹을 얻지 못한다면, 어찌 안전하게 자기가 빼앗은 나라를 다스릴 수 있겠습니까? 그가 폭군임을 증명하는 데에는, 헨리가 아직 살아 있다는 이유 하나로 충분합니다. 또한 그가 죽었다 하더라도, 헨리의 아들 에드워드 왕자가 엄연히 여기에 있습니다. 그러니 이 동맹이나 결혼으로 위험하고 불명예스런 일이 일어나지 않도록 경계하소서. 찬탈자가 비록 잠시 정권을 잡는다 해도, 하늘은 공정하시므로 그 죄악을 쓰러뜨리는 것은 시간문제이기 때문입니다.

**워릭**　무례한 마거릿!

**왕자**　어째서 왕비마마라고 부르지 않소?

**워릭**　너의 아버지 헨리는 찬탈자이므로 네가 왕자가 아닌 것같이, 네 어머니도 왕비가 아니다.

**옥스퍼드**　그렇다면 워릭은 저 스페인 땅의 대부분을 정복하신 위대한 곤트의 존을 인정하지 않는 건가? 곤트의 존 후예가 헨리 4세이며, 그분의 지혜는 가장 지혜로운 자의 거울이 되셨다. 그리고 그 지혜로운 군주의 후예가 바로 헨리 5세이며, 그분의 무력에 의해 프랑스가 정복된 것이다. 그러한 분들의 혈통에서 오늘날의 헨리 왕이 나오신 거지.

**워릭**　옥스퍼드, 그러한 부드러운 설명 가운데 헨리 6세가 아버지 헨리 5세께서 획득한 모든 것을 잃어버렸다는 사실은 왜 말하지 않는 건가? 나는 여기에 계신 프랑스 귀족들께서 그 점을 비웃으시리라 생각하네. 또 당신은 62년간의 족보에 대해 말했지만, 그 기한은 왕국의 취득 시효권을 얻기에는 부족하다.

**옥스퍼드**　워릭, 넌 36년 동안이나 군주로 모셔온 폐하께 욕설을 하고도 얼굴조차 붉히지 않으니, 네놈의 반역을 드러내려는 것이냐?

**워릭**　옥스퍼드, 지난날 정의를 옹호하던 네가, 이제 와서 족보를 들춰내며 거짓을 옹호하려는 거냐? 수치스럽다! 헨리를 버리고 에드워드를 왕이라고 불러라.

**옥스퍼드**　그자를 왕이라 부르라고? 천만에. 그자의 부당한 선고로 내 형 오드리 비어 경이 사형에 처해지지 않았느냐? 또 그것도 모자라 죽음의 문턱에 이르신 늙고 노쇠한 내 아버지까지 죽이지 않았느냐? 절대로, 워릭, 절대로 안 돼! 나의 목숨이 이 두 팔을 받쳐주고 있는 한, 이 팔은 랭커스터 일가를 지지하겠다.

**워릭**　그렇다면 난 요크 일가를 지지하겠다.

**루이**　마거릿 왕비, 에드워드 왕자, 그리고 옥스퍼드 경, 워릭 백작과 좀더 이야기를 해야겠으니 자리를 비켜주시오. (그들, 물러선다)

**마거릿** 하늘이시여, 워릭의 말이 왕을 미혹하지 않게 해주소서!

**루이** 자, 워릭 백작, 에드워드가 합법적인 왕인지, 양심적으로 대답해 주시오. 나는 정당하게 자리에 오르지 않은 왕과는 동맹 관계를 맺고 싶지 않소.

**워릭** 그 점에 대해서는 저의 신용과 명예를 걸고 맹세하나이다.

**루이** 백성들은 그분을 인자하신 왕이라고 생각합니까?

**워릭** 헨리의 평판이 좋지 못하였으므로 더욱 그렇게 생각하나이다.

**루이** 그렇다면 모든 가식을 버리고, 보나 공주에 대한 그분의 사랑을 이야기해 보시오.

**워릭** 겉보기에도 전하께서는 참으로 군주다우신 분입니다. 저는 자주 그분께서 자신의 사랑은 미덕의 땅에 뿌리를 내리고 그 잎과 열매가 아름다운 태양에 의해 가꾸어지는 영원의 나무이며, 그 사랑에는 원망이 깃들어 있지는 않으나 보나 공주께서 자신의 고뇌를 씻어주지 않으면 다른 이들의 멸시를 받게 될 것이라고 말씀하시는 걸 들었나이다.

**루이** 그렇다면 보나 공주, 그대의 답변을 들어보리라.

**보나** 전하께서 허락하시든 거절하시든, 그 뜻을 따르겠나이다. (워릭에게) 전에 여러 번 당신의 왕에 대한 이야기를 들었을 때 제 귀가 저의 마음을 유혹하여, 훌륭하신 분이라고 생각한 적이 한두 번이 아니었음을 말씀드립니다.

**루이** 자, 그러면 워릭, 이렇게 하겠소. 내 여동생 보나는 에드워드에게 보내기로 하고, 이제 곧 당신 왕이 약속하실 유산과, 그에 어울리는 신부의 지참금에 대한 조약을 맺도록 하시오. 마거릿 왕비, 가까이 오시오. 보나가 잉글랜드 왕의 아내가 되는 것에 증인이 되어주시오.

**왕자** 에드워드의 아내가 되는 것이지 잉글랜드 왕의 아내는 아닙니다.

**마거릿** 이 기만적인 워릭, 이 혼사로 나의 청원을 헛되게 하려는 게 바로 너의 잔꾀겠지! 네가 이곳에 오기 전에 루이 국왕 전하는 헨리 전하의 친구셨다.

**루이** 언제나 변함없이 나는 헨리와 마거릿의 친구입니다. 그러나 에드워드가 크게 성공한 사실로 말미암아 왕권에 대한 여러분의 주장이 너무나 미약하므로, 나는 좀 전에 약속했던 도움을 포기해야겠습니다. 하지만 당신의 신분이 요구할 수 있고, 내 신분으로 베풀 수 있는 한 모든 호의를 제공하겠습니다.

**워릭** 헨리는 지금 스코틀랜드에서 그날그날을 편안히 잘 보내고 있소. 아무것도 가진 게 없으니, 무엇 하나 잃어버릴 것도 없겠지. 그러나 얼마 전까지 우리의 왕비였던 당신은, 당신 아버지의 도움을 받을 수 있을 것이오. 그러니 여기에 계신 프랑스의 국왕 전하를 괴롭히지 않는 게 마땅하다고 생각하오.

**마거릿** 닥치거라, 건방지고 파렴치한 워릭! 너는 네 멋대로 왕을 세웠다가 거꾸러뜨리기도 하는 교만한 자다. 나는 진실을 담은 나의 탄원과 눈물로써, 루이 왕께 너의 교활한 속임수와 네 주인의 거짓 사랑을 이해시킬 때까지 이 자리를 물러나지 않으리라. 너나 에드워드는 같은 족속이니까. (안에서 급한 소식이 왔음을 알리는 뿔피리 소리)

**루이** 워릭, 당신이나 나에게 무슨 소식이 왔나 보오.


긴급 전령 등장.


**급사** (워릭에게) 대사님, 이 편지들은 형님인 몬터규 후작께서 보내신 것입니다. (루이에게) 이 편지는 저희 국왕께서 보내신 것이옵니다. (마거릿에게) 이건 부인께 온 것입니다. 누가 보낸 건지는 모르겠습니다. (모두 편지를 읽는다)

**옥스퍼드** 왕비께서는 편지를 읽으시며 웃으시는데 워릭은 얼굴을 찌푸리는 걸 보니, 기분이 좋군.

**왕자** 루이 왕께서 쐐기풀에 찔리신 것처럼 발을 구르시는 걸 보니, 모든 게 우리에게 유리하게 돌아가나 보군.

**루이** 워릭, 당신이 받은 소식은 어떤 것이오? 그리고 왕비께 온 편지는?

**마거릿** 제게 온 소식은 뜻밖의 기쁨으로 가슴이 터질 것 같은, 그러한 것이옵니다.

**워릭** 저의 소식은 슬픔과 불만으로 가득 찬 것입니다.

**루이** 뭐라고? 당신의 왕이 그레이 부인과 결혼을 했다! 그리고 나서 당신과 그의 거짓말을 변명하고, 내 마음을 풀어주기 위해 이 편지를 보냈단 말이오? 이것이 바로 그가 프랑스 왕에게 구하는 동맹이란 말이오? 그는 이같이 대담하게도 나를 모욕하려는 거요?

**마거릿** 그것 보십시오. 제가 아까 말씀드린 것과 똑같지 않습니까? 이게 바로 에드워드의 사랑과 워릭의 정직함을 증명해 주는 건가 보죠.

**워릭** 루이 전하, 저는 여기서 하늘을 증인으로, 하늘의 축복을 소망하는 자로서 증언합니다. 저는 에드워드의 불미스런 행동과는 전혀 관련이 없으며, 그가 저를 부끄럽게 한 이상 앞으로는 왕이라고 부르지 않겠나이다. 만일 그가 자기의 수치를 깨닫게 된다 해도 그보다 나은 인간은 못 되는 것이지요. 잊었는가? 요크 집안을 위해 나의 아버지께서 때아닌 죽음을 당한 것을? 나는 나의 조카딸이 받았던 모욕도 모르는 척 묵인하지 않았던가? 그에게 왕관을 씌워 주고, 헨리로부터 세습권을 빼앗아 준 것도 바로 내가 아닌가? 그런데 그 대가로 나에게 이런 수치를 주다니, 부끄러운 줄 알아라! 나에 대한 보답은 명예여야 하리라…… 그자로 말미암아 잃어버린 저의 명예를 되찾기 위해, 저는 그자를 버리고 헨리 왕에게 돌아갑니다. 고귀하신 왕비마마, 지난날의 원한일랑 씻어주소서. 이제부터 당신의 충실한 종이 되겠나이다. 그리하여 보나 공주님에 대한 모욕을 앙갚음하고, 하루빨리 헨리 왕을 왕좌로 복귀시키겠나이다.

**마거릿** 워릭 백작, 그 말을 들으니 나의 증오는 사랑으로 바뀌었소. 지난날의 죄를 다 잊고 당신을 용서하리다. 백작께서 헨리 왕의 편이 되신 것을 기쁘게 받아들이겠소.

**워릭** 물론 진실한 친구가 되겠나이다. 그러니 루이 왕께서 우리에게 정예 부대 몇 대대만 제공해 주신다면, 저는 그들을 이끌고 잉글랜드 해안으로 들어가 싸워서 그 폭군을 퇴위시키겠습니다. 새 왕비는 그를 도울 힘도 없습니다! 그리고 그의 동생 클래런스는, 이 편지에 따르면 그에게서 이탈한 것 같습니다. 그것은 이번 결혼이 국력과 국가의 안전을 위한 게 아니라, 오직 음탕한 정욕을 만족시키기 위해 이루어졌기 때문이지요.

**보나** 전하, 이 보나를 위한 복수는, 이와 같이 슬퍼하시는 왕비님을 도와주심으로 충분하다고 생각합니다.

**마거릿** 전하, 전하께서 도와주시기 전에는 불쌍한 헨리가 절망 상태에서 구해질 길은 없음을 아뢰옵니다.

**보나** 저와 잉글랜드 왕비님의 불만은 같은 것입니다.

**워릭**   보나 공주님, 저의 불만도 여러분과 같습니다.

**루이**   내 불만도 그대들과 같은 것이오. 그러니 도와주겠소.

**마거릿**   여러분께 진심으로 감사드립니다.

**루이**   그렇다면 잉글랜드의 전령이여, 어서 돌아가 너의 가짜 왕인 거짓말쟁이 에드워드에게, 프랑스 왕 루이가 이번 결혼을 축하하여 왕과 왕비와 모두 함께 즐기도록 가면극 배우를 보내겠다고 전하라. 그리고 이제 이곳 형편을 네가 알았으니 그대로 전하고, 너의 왕을 놀라게 해주어라.

**보나**   그가 곧 홀아비가 될 것으로 생각하여, 그를 위해 지금부터 버드나무 관을 머리에 쓰고 있다고 전하라.

**마거릿**   나는 상복을 벗고 갑옷 입을 준비가 되어 있다고 전하라.

**워릭**   그가 나에게 큰 모욕을 주었으니, 머지않아 왕관을 벗겨주겠다고 전하라. 이건 네 심부름값이다. (돈을 준다) 어서 가거라. (전령 퇴장)

**루이**   워릭 경과 옥스퍼드 경은 병사 5천을 이끌고 바다를 건너, 거짓 왕 에드워드에게 선전 포고를 하시오. 왕비님과 왕자는 시기를 보아 지원군을 이끌고 뒤따르게 하겠소. 그러나 경이 떠나기 전에 내 의혹을 풀어주오. 당신의 굳은 충성심을 보증하는 어떠한 저당물을 내에게 줄 수 있소?

**워릭**   만일 왕비님과 젊은 왕자께서 허락하신다면, 제가 가장 사랑하는 큰딸과 왕자를 신성한 결혼으로 결합시켜 저의 변치 않는 충성심을 보증하겠나이다.

**마거릿**   찬성합니다. 백작의 제의에 감사하오. 에드워드, 백작의 딸은 아름다우며 덕을 갖춘 아가씨란다. 그러니 머뭇거리지 말고 어서 워릭 백작님과 악수를 나누렴. 백작님의 딸만을 아내로 받아들이겠다 굳게 맹세해라.

**왕자**   훌륭한 따님을 아내로 맞겠습니다. 나의 맹세를 증명하기 위해 이 손을 드립니다. (워릭과 악수한다)

**루이**   서두릅시다. 곧 군대를 모으시오. 해군 제독인 부르봉 경은 왕군을 이끌고 이들과 함께 바다를 건너시오. 나는 에드워드가 프랑스 귀족 딸을 상대로 결혼 문제를 가지고 조롱한 죄로, 전쟁에서 패하여 멸망하는 꼴을 어서 보고 싶소. (워릭만 남고 모두 퇴장)

**워릭**   에드워드의 특사로 이곳에 왔으나 이제는 불구대천의 원수가 되어 돌아가는구나. 그가 나에게 맡긴 일은 결혼 문제였으나 이제 그 요구에 대한 답변으로 무서운 전쟁을 가지고 가는 거다. 그가 조롱거리로 삼은 것은 오직 나 한 사람이었으니, 그 조롱을 슬픔으로 바꿔주는 것도 오직 내가 할 일이리라! 그자를 왕위에까지 오르게 한 사람도 바로 나였으니, 또한 그자를 왕위에서 끌어내리는 사람도 내가 되리라. 이것은 내가 헨리의 불행을 동정해서가 아니라 에드워드의 조롱을 복수하기 위해서다. (퇴장)


〔제4막 제1장〕


런던. 궁궐.
글로스터, 클래런스, 서머싯, 몬터규 등장.


**글로스터**  클래런스 형님, 그레이 부인과의 이번 신혼 생활을 어떻게 생각하십니까? 큰형님께서는 훌륭한 선택을 하신 거죠?

**클래런스**  너도 알다시피 여기서 프랑스까지 거리가 가깝다면 몰라도, 워릭이 돌아올 때까지 어찌 기다리겠느냐?

**서머싯**  경들, 이 이야기는 그만합시다. 전하께서 오십니다.


화려한 나팔 소리. 에드워드 왕이 수행원을 거느리고 등장. 이어서 엘리자베스 왕비가 된 그레이 부인, 펨브룩 백작, 헤이스팅스 경 그리고 스태퍼드 경 등 등장.


**글로스터**  그리고 훌륭히 선택된 그의 신부께서도요.

**클래런스**  나는 내 마음에 있는 것을 솔직히 말하겠다.

**에드워드 왕**  클래런스 동생, 이번 내 선택에 대해 어떻게 생각하는가? 뭔가 불만인 듯, 시름에 잠겨 있으니…….

**클래런스**  프랑스 루이 왕이나 워릭 백작과 같은 기분입니다. 하지만 그들은 용기도 없고 분별력도 약하니, 우리에게 모욕을 당한다 해도 분노하지는 않겠죠.

**에드워드 왕**  분노한다고 해도 그들은 루이와 워릭일 따름이지. 나는 에드워드야. 너의 왕이고 워릭의 왕이다. 그러니 내가 원하는 대로 할 수 있어.

**글로스터** 뜻대로 하시지요. 국왕 전하이시니까요. 그러나 서둘러 하는 결혼은 결과가 좋지 못한 법입니다.

**에드워드 왕** 리처드, 너도 화가 났단 말이냐?

**글로스터** 절대로 그렇지 않습니다. 적어도 하느님이 짝지어 주신 두 분을 헤어지게 한다는 것은 있을 수 없는 일이죠! 인연으로 만나신 두 분이 갈라지는 것은 가슴 아픈 일이니까요.

**에드워드 왕** 너희의 비웃음과 불만일랑 집어치우고, 그레이 부인이 내 배필로서, 또 잉글랜드의 왕비로서 부적당한 이유를 말하라. 그리고 서머싯, 몬터규, 두 사람도 생각하는 바를 서슴지 말고 말하시오.

**클래런스** 그렇다면 저의 의견을 말씀드립니다. 프랑스 루이 왕은 보나 공주와의 결혼 문제로 자신을 희롱했다는 이유로 전하와 원수가 될 겁니다. 글로스터뿐만 아니라, 전하의 분부를 받고 중매를 섰던 워릭도 이 결혼으로 모욕을 당한 겁니다.

**에드워드 왕** 그렇다면 루이 왕이나 워릭에게는 내가 묘안을 찾아내서 화를 풀어주면 되지 않느냐?

**몬터규** 그렇습니다만 결혼으로써 프랑스와 결연을 맺었다면, 외국의 침략으로부터 우리나라를 더 견고히 방어할 수 있었을 것입니다.

**헤이스팅스** 몬터규 후작은 우리 백성들이 모두 충성스럽다면 이 나라는 그 자체로 안전하다는 사실을 모르시는군요.

**몬터규** 그러나 프랑스의 후원이 있다면 더욱 안전하다는 것이지요.

**헤이스팅스** 프랑스를 믿기보다는 잘 이용하는 게 좋습니다. 우리는 하느님 아버지와, 난공불락의 성벽으로써 하느님께서 주신 사면의 바다에 의지하여 그 도움으로 우리를 방어합시다. 우리의 안전은 그들과 우리 자신에게 있는 것이오.

**클래런스** 헤이스팅스 경은 이 말 한마디로 충분히 헝거포드 경의 사위가 될 자격이 있소.

**에드워드 왕** 그게 어떻단 말이오? 그건 나의 뜻이며 내가 허락한 것이었소. 그 문제에 대해서만은 내 뜻이 법률이 될 것이오.

**글로스터** 그러하오나 스케일스 경의 따님을, 전하께서 사랑하시는 신부의 동생에게 주신 것은 마땅하신 일이라고는 생각할 수 없습니다. 그 따님이야말로 저나 클래런스 형님한테 더 어울렸을 겁니다. 어쨌든 신부를 위해서 전하께서는 동생들을 희생하신 겁니다.

**클래런스**  또한 봉빌 경의 따님을 신부의 아들에게 주시고, 동생들에게 다른 곳에 가서 배우자를 구하게 한 것은 부당한 처사이지요.

**에드워드 왕**  아, 클래런스! 네가 불평하는 것은 배우자 때문인가? 그렇다면 내가 주선하지.

**클래런스**  전하께서 배우자의 선택에 있어 그 분별력이 얕으심을 보여주셨으니, 이제는 제가 스스로 배우자를 고를 수 있게 허락해 주십시오. 그렇게 하기 위해 며칠 안에 저는 이곳을 떠날까 합니다.

**에드워드 왕**  네가 떠나든, 여기에 있든 에드워드가 왕이다. 내가 동생의 뜻에 얽매일 필요가 있느냐.

**엘리자베스 왕비**  이 몸이 전하의 눈에 들어 왕비 자리에까지 오르게 되었으나, 그 전에도 천한 혈통이 아니었다는 사실만은 인정해 주십시오. 그리고 나보다 천한 자들이 이 같은 행운을 가진 일도 있었습니다. 하지만 이러한 칭호는 나 자신은 물론 우리 집안의 명예인 만큼, 호감을 얻고 싶은 여러분들로부터 오히려 미움을 받게 된다면 나의 기쁨은 위험과 슬픔의 구름으로 가리어지고 말 것입니다.

**에드워드 왕**  왕비, 그들이 얼굴을 찌푸린다 해도 너무 신경 쓸 것 없소. 에드워드는 그대의 변치 않는 친구이며 그들이 복종해야 할 진정한 군주인데 왕비에게 어떠한 위험과 슬픔이 닥치겠소? 그들은 나의 말에 복종할 것이며 또한 그대를 경애할 것이오. 그들이 나의 증오를 사려는 게 아니라면 말이오. 그러나 만일 그렇다 하더라도 나는 그대를 안전히 지켜줄 것이며, 그들은 내 분노로 상처를 입게 될 것이오.

**글로스터**  (혼잣말로) 듣고는 있지만 말은 하지 않고 더 생각해 보겠다.

긴급 전령 등장.

**에드워드 왕**  아, 전령이로군. 프랑스로부터 무슨 편지나 소식을 가져왔느냐?

**전령**  전하, 편지는 없사오나 몇 마디 여쭐 게 있습니다. 하지만 전하의 특별하신 허락 없이는 감히 말씀드리기 어렵습니다.

**에드워드 왕**  말해 봐라, 허락하마. 그러나 생각나는 대로 간단히 말하거라. 내 편지에 대해 루이 왕이 어떤 회답을 주었느냐?

**전령**  제가 그 자리를 물러날 때 다음과 같이 말씀하셨나이다. "너의 가짜 왕인 거짓말쟁이 에드워드에게, 프랑스 왕인 루이가 이번 결혼을 축하하여 왕과 왕비와 모두 함께 즐기도록 가면극 배우를 보내겠다고 전하라."

**에드워드 왕**  루이는 그렇게도 대담한가? 그는 나를 헨리로 착각하는 모양이지. 보나는 내 결혼에 대해 뭐라고 하던가?

**전령**  보나 공주는 부드러우나 멸시하는 태도로 "그가 곧 홀아비가 될 것으로 생각하여, 그를 위해 지금부터 버드나무 관을 머리에 쓰고 있다고 전하라" 말씀했나이다.

**에드워드 왕**  그건 비난할 수 없는 말이다. 모욕을 당했으니 그쯤은 이야기하겠지, 그러나 헨리의 왕비는 뭐라고 하던가? 그 자리에 있었다고 들었는데.

**전령**  "나는 상복을 벗고 갑옷 입을 준비가 되어 있다고 전하라" 말했나이다.

**에드워드 왕**  아마존 여장부 역할을 할 모양이지. 그건 그렇다 치고, 워릭은 그 모욕에 대해서 뭐라고 하던가?

**전령**  그는 다른 사람들보다 더한층 전하게 격분했나이다. 그리고 "그가 나에게 큰 모욕을 주었으니, 머지않아 왕관을 벗겨주겠다고 전하라" 말하며, 곧 돌아가라고 명령했나이다.

**에드워드 왕**  뭐라고! 괘씸하군. 그 역적 놈이 그같이 교만한 말을 했다고? 좋다. 그렇게 미리 경고를 해주니 군비를 갖추겠다. 그들과 전쟁을 하여 그들의 무엄한 행동에 벌을 받게 하리라. 그런데 워릭과 마거릿이 서로 화해하더냐?

**전령**  전하, 그렇사옵니다. 그들은 화해하여 친구가 되었으며, 에드워드 왕자는 워릭의 딸과 결혼을 하겠다 하옵니다.

**클래런스**  아마, 큰딸이겠지. 클래런스는 둘째딸을 취하겠다. 자, 그렇다면 전하, 작별합니다. 자리를 지키십시오. 저는 워릭의 둘째딸에게 가보겠습니다. 비록 왕국은 없지만 결혼만은 형님 못지않게 하겠습니다. 나와 워릭을 사랑하는 자들은 나를 따르라! (퇴장. 서머싯이 뒤를 따른다)

**글로스터**  (혼잣말로) 나는 가지 않겠다. 나의 생각은 좀더 먼 데 있지. 나는 에드워드를 좋아해서 여기에 있는 게 아니라, 왕관이 탐나서 있는 거야.

**에드워드 왕**  클래런스와 서머싯은 워릭에게 가버렸군? 나는 어떠한 최악의 사태에도 대비하고 있다. 이처럼 긴급한 경우에는 서둘러야만 하는 거다. 펨브룩, 스태퍼드 두 사람은 나를 위해 징병하고, 전투 준비를 하시오. 적은 이미 상륙했거나 곧 상륙할 것이오. 나도 곧 경들을 따라가겠소. (펨브룩, 스태퍼드 퇴장) 그러나 가기 전에 헤이스팅스와 몬터규의 의심을 풀어주시오. 두 사람은 혈통으로나 인척 관계로 보아 누구보다도 워릭에 가깝소. 경들이 나보다 워릭을 더 사랑하는지 아닌지 말하시오. 만일 그를 사랑한다면 그 편으로 가시오. 나는 경들이 허울만 좋은 친구보다는, 차라리 적이 되기를 바라오. 하지만 경들이 진정으로 나에게 순종할 뜻이 있다면 내가 당신들을 의심하지 않도록 맹세해 주시오.

**몬터규**  몬터규는 충성을 다하겠으니, 하느님 도와주시옵소서!

**헤이스팅스**  이 헤이스팅스도 에드워드의 편이 되겠으니, 지켜주시옵소서!

**에드워드 왕**  나의 동생 리처드, 내 편이 되겠는가?

**글로스터**  예, 전하께 맞서는 자가 누구든지, 전하를 지지하겠습니다.

**에드워드 왕**  좋다! 그렇다면 내가 틀림없이 승리할 것이다. 이제부터 출진한다. 서둘러라. 워릭이 이끌고 오는 외국군과 싸우는 거다. (모두 퇴장)

〔제4막 제2장〕

워릭셔의 벌판.
워릭, 옥스퍼드, 프랑스 병사들을 거느리고 등장.

**워릭**  모든 형세가 양호하니 안심하시오. 백성들이 무리를 지어 우리 편으로 오고 있습니다.

클래런스와 서머싯 등장.

**워릭**  아, 저기 서머싯과 클래런스 두 분이 오시는군. 경들, 어서 대답하오. 우리 편이오?

**클래런스**  걱정 마시오.

**워릭** 그렇다면 클래런스 경, 환영합니다. 그리고 서머싯 백작, 환영합니다. 고귀한 마음이 두 팔을 벌려 사랑의 뜻을 전했을 때 의심을 품는다면 비겁한 것이라고 나는 생각하오. 클래런스 경은 에드워드의 동생인 만큼, 우리 일에 친구를 가장하고 가담하신 것으로 생각할지도 모르겠습니다마는, 클래런스 경, 환영합니다. 나의 딸을 당신께 드리겠습니다. 자, 우리가 먼저 할 일은 야간 습격입니다. 당신 형은 되는 대로 포진하고 있고, 그의 병사들도 성안 어딘가에 잠복해 있으나 보초가 충분치 못하니 어둠을 타고 기습한다면 뜻대로 그를 생포하게 되는 거지요. 우리 척후병들은 이 같은 모험이 아주 쉬운 것이라고 말합니다. 오디세우스와 디오메데스가 술책과 담력으로 레소스 왕의 진지에 잠입하여 트로이를 파멸로 치닫게 할 왕의 준마들을 도둑질해 낸 것처럼, 우리도 밤의 검은 외투로 몸을 감싸고 불시에 에드워드의 보초들을 습격하여 그를 포로로 잡읍시다. 내 말은 그를 죽이자는 뜻이 아닙니다. 다만 기습하자는 것입니다. 이 계획에 찬성하는 분들은 지휘관인 나와 함께 헨리의 이름을 크게 외칩시다. (그들 모두 "헨리" 하고 외친다) 자, 그러면 비밀리에 진군합시다. 워릭과 그 친구들을 위해서, 그리고 하느님과 조지 성인을 위해서! (모두 퇴장)

〔제4막 제3장〕

워릭셔 부근의 에드워드 진영.
왕의 군막을 호위하기 위해 보초 셋 등장.

**보초 1** 전우들, 저마다 위치에서 보초를 서라. 왕께서 잠자리에 드실 시간이다.

**보초 2** 뭐? 침대로 가시지 않나?

**보초 1** 그래, 왕께서는 엄숙히 맹세를 하셨지. 워릭이든 왕이든 한쪽이 망하기 전에는 결코 침대에서 편히 쉬시지 않겠다는군.

**보초 2** 워릭이 가까이 왔다는 소문이니, 아마 내일쯤은 시작될 거야.

**보초 3** 그런데 말야, 왕과 함께 군막에서 쉬시는 분은 누구지?

**보초 1** 그는 전하께서 가장 사랑하시는 헤이스팅스 경이야.

**보초 3** 그래? 그런데 어째서 전하께서는 중요한 부하들을 성안에 머물게 하시고 당신은 차가운 들판에 계신 거지?

**보초 2** 그야 위험이 큰 만큼 명예가 되는 일이니 그렇지.

**보초 3** 나 같으면 존경이나 받으며 편안히 있고 싶을 텐데. 위험한 명예보다는 그것이 낫지 않은가. 만일 워릭이 전하께서 이렇게 계신 걸 알게 된다면 전하를 깨우러 올지도 모르지.

**보초 1** 그거야 우리가 미늘창으로 그놈이 오는 길목을 막지 않을 대 일이지.

**보초 2** 물론이지! 밤에 기습해 오는 적을 막지 못한다면야, 어찌 왕의 군막을 지키는 보초라고 할 수 있겠나.

워릭, 클래런스, 옥스퍼드, 서머싯이 프랑스 병사들을 이끌고 소리 없이 등장.

**워릭** 이게 왕의 군막이다. 보초가 어디 서 있는가 봐두어라. 용기를 내라, 병사들이여! 지금 명예를 얻지 못하면 다시 기회는 없다! 자, 나를 따르라. 에드워드는 이제 독 안에 든 쥐다.

**보초 1** 누구냐?

**보초 2** 거기 서! 서지 않으면 죽인다!

워릭과 병사들, "워릭! 워릭!" 소리치며 보초들을 습격하자 보초들 "기습! 기습!" 외치면서 달아난다. 워릭과 병사들이 그들을 뒤쫓으며 퇴장했다가 북을 치고 나팔을 울리며 잠옷을 입은 왕 에드워드를 의자에 앉힌 채 끌고 나온다. 글로스터와 헤이스팅스는 무대를 가로질러 도망친다.

**서머싯** 저기 도망치는 놈들은 누구요?

**워릭** 리처드와 헤이스팅스요. 그대로 내버려 두시오. 공작이 여기에 있으니까.

**에드워드 왕** 공작이라고? 워릭, 지난번에 작별할 때에는 나를 전하라고 불렀지.

**워릭** 그랬지. 그러나 이젠 사정이 바뀌었다. 네가 나에게 특사의 사명을 주어 모욕했을 때 이미 널 왕위에서 떨어뜨렸고, 이제 요크의 공작으로 서작해 주려고 온 것이다. 아, 어처구니가 없구나. 특사를 대우할 줄도 모르고, 한 명의 여자로는 만족할 줄 모르며, 동생들을 동생으로 대우할 줄도 모르고, 백성의 복지를 위해서 연구할 줄도 모르며, 적으로부터 제 자신을 보호할 줄도 모르는 위인이 어떻게 한 나라를 다스릴 수 있단 말이냐!

**에드워드 왕** 오, 클래런스, 너까지 여기에 와 있니? 그렇다면 에드워드가 거꾸러져야 하는구나. 그러나 워릭, 어떠한 불행을 만나도 에드워드는 네놈이나 너의 일당에게는 언제든지 왕으로서 행세하겠다. 악랄한 운명이 날 왕위에서 떨어뜨린다 해도 내 마음은 운명의 수레바퀴를 넘어설 것이다.

**워릭** 그렇다면 마음속으로나 잉글랜드의 왕 에드워드가 돼라. (왕관을 벗긴다) 그러나 이제 이 왕관은 헨리가 쓰게 될 거다. 그리고 참다운 국왕이 되리니, 너는 그림자에 지나지 않는다. 자, 서머싯 공, 이제 에드워드 공작을 나의 형님이신 요크의 대주교에게 보내주시오. 나는 펨브룩과 그 동지들을 상대로 싸운 뒤에 뒤따라가서 루이 왕과 보나 공주께서 공작에게 뭐라고 대답하셨는지 알리겠소. 그러면 요크 공, 잠시 안녕히 계시오.

**에드워드 왕** 운명이 지워 주는 것을 인간은 받아들일 수밖에 없다. 바람과 파도에 저항해 봐야 소용없는 노릇이다. (서머싯과 함께 병사들에게 이끌려 퇴장)

**옥스퍼드** 여러분, 이제 우리가 할 일은 병사를 거느리고 런던으로 진군하는 것입니다.

**워릭** 그렇습니다. 그게 우리가 먼저 할 일입니다. 감금된 헨리 왕을 풀어주고 왕위에 앉히는 것입니다. (모두 퇴장)

〔제4막 제4장〕


런던. 궁궐.
엘리자베스 왕비와 리버스 등장.


**리버스** 누님, 어째서 이처럼 갑자기 신세가 바뀌었습니까?

**엘리자베스** 리버스, 에드워드 왕께서 최근에 어떠한 불행을 당하셨는지 아직도 모르는가?

**리버스**  뭐라고요! 그럼 워릭을 상대로 싸우시다가 패배하신 겁니까?

**엘리자베스**  그뿐만이 아니라, 몸까지 망치셨단다.

**리버스**  그렇다면 전사하셨나요?

**엘리자베스**  죽은 것과 다름없지, 포로가 되셨으니 말야. 성실치 못한 보초가 배신한 것인지, 그렇지 않으면 뜻밖에 적의 기습을 당하셨는지 모르겠다마는. 그 뒤에 듣자니, 전하께서는 요크의 대주교에게 인도되었단다. 그놈은 저 흉악한 워릭의 형이야. 그러니까 바로 우리의 원수란 말이지.

**리버스**  모두가 슬픈 소식뿐이군요. 그러나 누님, 참고 기다리세요. 워릭이 오늘은 이겼지만 결국 실패할 것입니다.

**엘리자베스**  그때까지 희망을 걸고, 목숨을 잃지 않도록 조심해야지. 내 배 속에 에드워드의 씨가 들어 있으니 절대로 절망해서는 안 된다. 나의 슬픔을 억제하고 이 불행을 조용히 참아 나가는 것도 다 그 때문이란다. 아, 나는 많은 눈물을 삼키며, 피 흘리는 탄식도 참아내리라. 행여나 이 탄식과 눈물이 잉글랜드 왕의 정당한 뒤를 이을 에드워드의 씨를 불어 날리든지, 물에 빠지게 할까 두렵구나.

**리버스**  그런데 누님, 워릭은 어디로 갔습니까?

**엘리자베스**  소식을 들으니, 헨리에게 다시 왕관을 씌우기 위해 런던으로 온다는구나. 그다음은 너 혼자 생각해 보아라. 에드워드 왕의 친구들은 모두 쫓겨날 신세가 되었다. 나는 폭군의 폭행을 피하기 위해 이제 성당에 가서 에드워드 왕권의 후계자만이라도 건져야겠구나. 약속을 깨뜨린 자는 더는 믿을 수 없기 때문이다. 그곳에 가면 폭력이나 불의로부터 안심하고 피할 수 있을 거다. 자, 피할 수 있을 때 피하자. 워릭에게 잡히면 목숨도 없겠지.
(모두 퇴장)

〔제4막 제5장〕

요크셔. 미들햄성 근처 사냥터.
글로스터 공, 헤이스팅스 경, 기사 윌리엄 스탠리 등장.

**글로스터**  자, 헤이스팅스 경, 그리고 기사 윌리엄 스탠리, 내가 경들을 이렇게 멀리 떨어진 사냥터로 데리고 온 것을 이상하게 여기지 마시오. 실은 사정이 이렇습니다. 아시다시피, 형님이신 국왕 전하께서는 포로로서 이곳 주교의 감시를 받고 있지만 후한 대접과 충분한 자유를 누리고 계십니다. 그래서 때때로 특별한 호위도 없이 기분 전환을 위해 이쪽으로 사냥을 나오시게 한답니다. 나는 비밀리에 형님께, 이때쯤 사냥놀이를 핑계로 이쪽으로 오신다면 형님을 구해 내기 위해 친구들이 말과 부하들을 준비하고 있을 것이라고 연락해 두었습니다.

에드워드 왕과 사냥꾼 한 사람 등장.

**사냥꾼**  전하, 이쪽입니다. 여기에 사냥감이 아주 많습니다.

**에드워드 왕**  아니, 이쪽이구나! 저기 사냥꾼들이 많이 있다. 아, 글로스터, 헤이스팅스 경, 그리고 여러분들, 무슨 일이오? 주교의 사슴이라도 훔쳐내려고 가까이 모여 있는 거요?

**글로스터**  형님, 때가 때이고 장소가 장소니 만큼, 어서 서두르시지요. 형님의 말이 사냥터 모퉁이에 대기하고 있습니다.

**에드워드 왕**  자, 그러면 어디로 갈까?

**헤이스팅스**  먼저 린으로 가신 뒤에, 배를 타고 플랑드르로 가시는 게 좋겠습니다.

**글로스터**  좋은 생각이오. 나도 그렇게 생각했었소.

**에드워드 왕**  스탠리, 나는 경의 뜨거운 충성심에 보답하리다.

**글로스터**  지체하지 마십시오. 이야기할 여유가 없습니다.

**에드워드 왕**  사냥꾼, 너는 어떻게 하겠느냐? 우리와 함께 가지 않겠느냐?

**사냥꾼**  여기에 있다가 교수형을 당하느니, 저도 따라가겠습니다.

**글로스터**  자, 그러면 더는 꾸물대지 말고 갑시다.

**에드워드 왕**  주교, 잘 있으오. 부디 워릭의 분노를 사지 않게 되길 바라오. 그리고 내가 다시 왕관을 쓸 수 있게 기도해 주오. (모두 퇴장)

런던. 런던탑 안의 한 방.

화려한 나팔 소리. 헨리 6세, 클래런스 공작, 워릭 백작, 서머싯 공작, 헨리 리치먼드, 옥스퍼드 백작, 몬터규 후작, 런던탑의 감독관과 수행원들 등장.

**헨리 왕**  감독관, 하느님과 친구들 덕택으로 에드워드가 왕좌에서 밀려나고, 잡혀 있던 이 몸이 다시 자유를 얻게 되니 내 근심은 희망으로, 슬픔은 기쁨으로 바뀌었네. 내가 어떻게 보답하면 되겠는가?

**감독관**  신하들이 군주께 무엇을 요구하겠나이까? 그러하오나 소원을 말씀드릴 수 있다면 너그러우신 전하의 용서를 바랍니다.

**헨리 왕**  아, 무엇을 용서하라는 건가? 나를 극진히 모신 일을? 그대의 호의에 대해서는 충분히 보답하리라. 내 감금 생활을 즐겁게 해주었으니 말이다. 새장에 갇힌 새가 처음에는 우울하고 슬픈 기분이었으나, 나중에는 자유가 없다는 사실도 잊은 채 아름다운 노랫소리로 온 집안을 가득 채우듯 즐거웠느니라. 그런데 워릭 경, 나를 이렇게 자유의 몸이 되게 해준 데 대해, 나는 하느님 다음으로 누구보다도 당신에게 감사를 드리오. 하느님께서는 내 자유를 원하셨으며 당신을 도구로 쓰신 것이오. 그러니 나는 운명의 신이 날 해칠 수 없도록 낮은 곳에 머물러 악랄한 운명을 이겨내고, 이 축복받은 나라 백성들이 나의 불행한 운명으로 벌을 받지 않도록 이 머리에 왕관은 쓰겠으나 이 나라의 통치권은 경에게 넘기겠소. 당신은 모든 일에 행운아이니까 말이오.

**워릭**  전하의 성덕은 언제나 백성의 드높은 칭송을 받고 있으나 운명의 악의를 내다보시고 이를 피하시려는 모습을 보니, 전하께서는 덕이 있으신 것 못지않게 매우 지혜로우신 분으로 생각됩니다. 운명의 별에 바르게 순응하는 자는 매우 드물기 때문입니다. 그러나 클래런스 공이 계심에도 저를 그 자리에 추대하신다면, 이는 전하로서 그릇된 처사인 줄로 아뢰옵니다.

**클래런스**  아닙니다, 워릭, 백작은 통치자로서 알맞은 분입니다. 백작이 이 세상에 태어났을 때 하늘은 감람나무 가지와 월계관을 보내어, 평화로운 때나 전쟁이 있는 때나 모두 축복받도록 해주셨다지요. 그러므로 나는 충심으로 백작을 추대합니다.

**워릭** 나는 클래런스 공을 섭정으로 추대합니다.

**헨리 왕** 워릭, 클래런스, 두 사람의 손을 이리 주오. 자, 이렇게 손을 잡고 이와 같이 마음도 하나가 되게 합시다. 그리하여 불화가 정치에 방해가 되지 않도록, 두 사람을 이 나라의 섭정으로 임명하겠소. 나는 재야로 물러나 죄를 뉘우치고 하느님을 찬미하며, 남은 삶을 신앙 생활로 보내겠소.

**워릭** 클래런스 공은 전하의 뜻을 어떻게 생각하시오?

**클래런스** 워릭 백작이 승낙하신다면 나도 승낙하겠습니다. 이 몸은 백작의 행운에 모든 것을 맡기겠습니다.

**워릭** 그렇다면 내키지는 않지만 승낙해야겠군요. 우리 둘은 힘을 합쳐 헨리 전하의 두 그림자가 되어, 전하의 직분을 대행하겠나이다. 그러니 나라를 다스리는 무거운 짐은 우리 두 사람에게 맡기시고, 전하께서는 그 명예와 안락함을 누리소서. 클래런스 공작, 우리가 가장 먼저 해야 할 일은 에드워드를 역적으로 공포하고 그의 영지와 재산을 몰수하는 것입니다.

**클래런스** 좋습니다. 그리고 왕위 계승을 결정해야겠습니다.

**워릭** 그렇소. 거기에 대해서는 클래런스 공작이 맡아주셔야겠습니다.

**헨리 왕** 그리고 경들의 주된 업무에 덧붙여 내가 부탁하는 것은—이제부터 명령하지는 않겠지만—마거릿 왕비와 에드워드 왕자를 프랑스에서 불러와 주시오. 그들을 볼 때까지 나는 마음을 놓을 수가 없으니, 이 자유의 기쁨마저 반으로 줄었소.

**클래런스** 전하, 급히 모셔오도록 하겠나이다.

**헨리 왕** 서머싯 경, 그대가 매우 아끼고 사랑하는 저 소년은 누구요?

**서머싯** 전하, 그 소년은 리치먼드의 백작인 헨리입니다.

**헨리 왕** 가까이 오너라, 잉글랜드의 희망이여. (그의 머리를 쓰다듬는다) 나의 신비한 예감이 들어맞는다면, 이 귀여운 아이는 앞으로 이 나라의 축복이 되리라. 이 아이의 얼굴은 평화로우며 위엄이 있고, 머리는 나면서부터 왕관을 쓰기에 알맞게 되어 있구나. 그 손에 왕의 홀을 쥐고, 가까운 미래에 왕좌를 빛내게 되리라. 경들, 이 소년을 귀히 여기시오. 그는 앞으로 내가 여러분을 괴롭힌 것 이상으로 여러분을 도와줄 것이오.

긴급 전령 등장.

**워릭** 무슨 일인가?

**전령** 에드워드가 경의 형님에게서 도망쳤습니다. 그 뒤로 소문을 들으니 부르고뉴로 달아났다 합니다.

**워릭** 좋지 못한 소식이군! 어떻게 해서 도망쳤는가?

**전령** 글로스터의 공작 리처드와 헤이스팅스 경이, 그가 날마다 사냥하는 것을 알고서 사냥터 한구석에 숨어 있다가 주교님의 사냥꾼으로부터 그를 빼앗아 달아났다고 합니다.

**워릭** 형님께서 임무를 너무 소홀히 하셨군. 자, 전하, 이곳을 떠납시다. 이 일로 해서 일어날지 모를 어떠한 상처에 미리 대비해야 합니다. (헨리 왕, 워릭, 클래런스, 감독관 퇴장)

**서머싯** 각하, 에드워드가 그렇게 도망쳤다니, 매우 언짢습니다. 왜냐하면 부르고뉴에서 틀림없이 지원군을 얻을 테니까요. 그러면 또 전쟁을 하게 될 겁니다. 헨리 왕께서 예언하신, 이 어린 리치먼드의 미래를 듣고 너무 기뻐했습니다마는, 앞으로 오는 전쟁에서 이 어린아이뿐만 아니라 우리까지 어떠한 불행을 당하게 될지 매우 걱정이 됩니다. 그러니 옥스퍼드 경, 최악의 경우를 피하기 위해 이 아이를 브르타뉴로 보내기로 합시다. 이 내란의 풍파가 지날 때까지 말입니다.

**옥스퍼드** 좋습니다. 만일 에드워드가 왕관을 다시 찾게 되면 리치먼드는 물론 우리까지 죽여버릴 것입니다.

**서머싯** 그럴 것입니다. 리치먼드를 브르타뉴로 보냅시다. 자, 어서 서두릅시다. (모두 퇴장)

〔제4막 제7장〕

요크 시 앞.
에드워드 왕, 글로스터 공작, 헤이스팅스 경, 그리고 병사들 등장.

**에드워드 왕** 자, 리처드, 헤이스팅스 경, 그리고 여러분, 멀어졌던 운명의 신은 다시 우리의 운을 회복시켜 주었으며, 나의 기울어 가던 지위를 다시 한 번 헨리의 왕관과 바꾸겠다 말하고 있소. 우리는 바다 건너 부르고뉴에 가서 지원군을 얻어 이끌고 무사히 돌아왔소. 우리는 레이븐스퍼그 항구로부터 이곳 요크의 성문 앞에 이르렀으니, 이제 남은 것은 내 공작령에 들어가는 것 같은 기분으로 이 성에 들어가는 일뿐이오.

**글로스터**　성문이 굳게 닫혀 있군요. 형님, 기분이 좋지 않습니다. 문턱에서 걸려 넘어지면 위험이 그 속에 숨어 있다는 징조이니까요.

**에드워드 왕**　아니, 이 사람아, 그깟 징조를 보고 놀라다니! 안에 있는 사람들 가운데 우리 편으로 오는 사람들을 모을 수 있도록 무슨 수단을 쓰더라도 들어가야만 하네.

**헤이스팅스**　전하, 다시 문을 두드려 불러낼까요?

성 위에 요크 시장과 그 부하들 등장.

**시장**　경들, 여러분이 오신다는 걸 미리 알고 있었기 때문에 이곳의 안전을 위해서 문을 닫았습니다. 이제 우리는 헨리 왕께 충성을 다해야만 합니다.

**에드워드 왕**　하지만 시장, 헨리가 그쪽 왕이라 해도, 이 에드워드는 적어도 요크의 공작이오.

**시장**　그렇습니다. 공작님, 잘 알고 있습니다.

**에드워드 왕**　나는 나의 공작령 말고는 요구하지 않소. 그것만으로도 만족하오.

**글로스터**　(혼잣말로) 여우가 코를 구멍 안에 들이밀면, 어떻게 하든지 몸뚱이까지 들여놓게 되는 법이지.

**헤이스팅스**　시장, 어찌 의심하오? 문을 여시오. 우리는 헨리 왕의 친구라오.

**시장**　그러시다면 문을 열어드리겠습니다. (부하들과 퇴장)

**글로스터**　현명하고 용맹하신 대장께서 잘도 설득되는구나!

**헤이스팅스**　저 선량한 노인은 모든 게 잘 처리되어 자기 책임이 되지 않기만을 바라며 이 일에는 관여하고 싶지 않나 봅니다. 그러나 들어가기만 가면 그와 그의 부하들을 곧 설득할 수 있으리라 믿습니다.

시장, 시의원 두 명과 함께 아래로 등장.

**에드워드 왕**  시장, 이 성문은 밤이나 전쟁 때 말고는 닫혀 있어서는 안 되오. 아니, 두려워하지 마오. 열쇠를 나에게 주오. (그의 열쇠를 받는다) 에드워드는 이 성뿐만 아니라 그대, 그리고 나를 따르는 동지들을 모두 지켜주겠소.

행진곡. 기사 존 몽고메리가 고수(鼓手)와 군대들을 이끌고 등장.

**글로스터**  형님, 제가 잘못 본 게 아니라면, 이분은 우리의 믿음직한 동지인 기사 존 몽고메리일 것입니다.
**에드워드 왕**  환영하오, 기사 존. 그런데 어찌 무장을 하고 왔소?
**몽고메리**  폭풍같이 험악한 이 시대에, 에드워드 전하를 도와드리려고 왔습니다. 충성을 맹세한 신하로서 마땅히 이렇게 하는 게 도리라고 생각합니다.
**에드워드 왕**  고맙소. 그러나 나는 이제 왕관에 대한 권리를 잃고, 공작령만을 요구하고 있소. 그 나머지는 하느님 뜻에 맡길 뿐이오.
**몽고메리**  그렇다면 저는 물러가겠나이다. 안녕히 계십시오. 저는 국왕 전하께 충성을 다하기 위해서 온 거지, 공작을 위해서 일하러 온 것은 아니니까요. 고수, 북을 쳐라. 돌아가자. (북소리)
**에드워드 왕**  존, 좀 기다리오. 왕관을 안전하게 되찾는 방법에 대해 의논합시다.
**몽고메리**  무엇을 의논하자는 것입니까? 이 자리에서 국왕 전하임을 선언하시지 않으면, 저는 당신의 일을 운에 맡겨두고 돌아가겠습니다. 그리고 당신을 도우러 오는 자들도 돌려보내겠습니다. 당신께서 왕권을 주장하시지 않는데 제가 무슨 이유로 싸워야 합니까?
**글로스터**  형님, 어째서 이것저것 따지고만 계십니까?
**에드워드 왕**  우리의 힘이 더 강해지면 왕권을 주장해도 되지만, 그때까지는 우리 뜻을 감추는 게 지혜로운 것이다.
**헤이스팅스**  세심한 지혜는 필요없습니다. 무기로 다스려야 합니다.
**글로스터**  그리고 대담한 자가 누구보다도 빨리 왕좌를 차지하게 되는 법입니다. 형님, 우리는 곧바로 형님을 왕으로 선포하겠습니다. 그 소문을 들으면 많은 동지들이 모여들 겁니다.

**에드워드 왕**  마음대로 해라. 왕권은 본디 나의 것이다. 헨리야말로 왕관을 빼앗은 자에 지나지 않아.

**몽고메리**  지금 전하께서는 군주와 같은 말씀을 하셨습니다. 저는 에드워드 국왕 전하를 위해 싸우는 전사가 되겠습니다.

**헤이스팅스**  나팔을 불어라. 에드워드 전하께서 국왕임을 선언하시는 거다. 병사, 이 선언문을 읽어라. (종이를 그에게 준다)

**병사**  (화려한 나팔 소리) 에드워드 4세, 하느님의 은총으로 잉글랜드와 프랑스의 왕이시며 아일랜드의 주권자 되시고.

**몽고메리**  이 장갑에 걸어 맹세하건대, 누구든지 에드워드 왕의 권리에 이의를 말하는 자에게는 내가 일대일로 맞서주리라. (자신의 장갑을 던진다)

**모두**  에드워드 4세 만세!

**에드워드 왕**  용감한 몽고메리, 그리고 여러분 고맙소. 운 좋게 모든 것이 이루어지기만 하면 이 호의에 꼭 보답하리라. 오늘 저녁은 이 요크 시에서 머물기로 합시다. 그리고 아침 해가 그의 수레를 지평선 위로 끌어올릴 때에―나는 헨리가 무사가 아님을 잘 알고 있으니―아군은 워릭과 그 무리가 있는 곳으로 진격해 나아갑시다. 아, 심술궂은 클래런스! 형을 버리고 헨리에게 아첨을 하다니, 괘씸하기 짝이 없구나! 아마 네놈이나 워릭을 곧 만나게 되겠지. 자, 용사들, 승리를 의심치 말라! 승리하게 되면 충분한 보수를 주겠다. (모두 퇴장)

〔제4막 제8장〕

런던. 궁궐.
화려한 나팔 소리. 헨리 왕, 워릭 백작, 클래런스 공작, 몬터규 후작, 엑서터 공작, 그리고 옥스퍼드 백작 등장.

**워릭**  경들, 어떻게 생각하십니까? 에드워드가 벨기에로부터 성급한 게르만 사람들과 난폭한 네덜란드 사람들로 이루어진 군대를 이끌고 무사히 해협을 건너, 지금 쏜살같이 런던을 향해서 진군하고 있으며, 많은 줏대 없는 백성들이 그에게 합세한다 하오.

**옥스퍼드** 어서 군대를 모집해 물리칩시다.

**클래런스** 작은 불은 곧 밟아 끌 수 있지만, 그대로 두면 강물로도 끌 수 없게 됩니다.

**워릭** 워릭셔에는 충성을 맹세한 동지들이 많이 있소. 그들은 평화로울 때에는 온순하나, 전쟁터에서는 용감하지요. 난 그들을 불러모으겠소. 사위 클래런스는 서퍽 지방과 노퍽, 그리고 켄트 지방에 가서 그곳 기사와 귀족들을 격려하여 이끌고 오라. 그리고 몬터규 형님은 버킹엄과 노샘프턴, 그리고 레스터셔로 가세요. 형님이 명령하시면 따르는 자들이 많을 것입니다. 그리고 용감한 옥스퍼드 경도 옥스퍼드셔에서 모든 존경을 한 몸에 받고 계시니만큼, 동지들을 모을 수 있을 겁니다. 전하께서는 바다로 둘러싸인 이 섬과도 같이, 님프들에게 둘러싸인 디아나 여신과도 같이, 충성을 맹세하는 시민들과 더불어 저희가 다시 올 때까지 런던에 계십시오. 경들, 전하께 작별 인사를 드리시오. 답변을 드릴 여유는 없소. 전하, 안녕히 계십시오.

**헨리 왕** 나의 헥토르, 내 트로이의 희망이여, 안녕히.

**클래런스** 충성의 표시로 전하의 손에 입을 맞춥니다.

**헨리 왕** 충성된 클래런스, 행운이 있기를!

**몬터규** 전하, 안심하십시오. 저는 이만 물러가옵니다.

**옥스퍼드** (왕의 손에 입을 맞추며) 이와 같이 저의 충성된 마음을 증명하옵니다. 안녕히 계십시오.

**헨리 왕** 친절한 옥스퍼드 경, 몬터규 경, 그리고 여러분 다시 한 번 행운을 비오.

**워릭** 경들, 안녕히. 그러면 코번트리에서 만납시다. (헨리 왕과 엑서터 공작만 남고 모두 퇴장)

**헨리 왕** 나는 이 궁전에 잠시 머물러 있겠소. 엑서터, 어떻게 생각하십니까? 내 생각엔, 에드워드가 이끌고 있는 병력이 아군에게 대항하지 못할 것 같소.

**엑서터** 그자가 다른 사람들을 끌어들이지나 않을까 걱정이 됩니다.

**헨리 왕** 그거야 걱정할 필요는 없겠지요. 나는 덕행으로 명성을 얻었으니까요. 그들의 요구에 귀 기울이지 않은 적이 없었으며, 그들의 청원을 미룬 적도 없었소. 나의 동정심은 그들의 상처를 치료하는 향기로운 연고가 되었으며, 나의 온화함은 그들의 샘솟는 슬픔을 덜어주었고, 나의 자비로움은 빗물 같은 눈물도 마르게 했소. 또 그들의 재산을 탐내거나 특별과세를 부과하여 괴롭히지도 않았으며, 그들이 도리에 어긋나는 행동을 했을 때 엄벌로 다스리지도 않았소. 이렇게까지 했는데, 어째서 그들이 나보다 에드워드를 더 사랑할 수 있단 말입니까? 절대로 그런 일은 없을 것입니다. 엑서터 경, 이와 같은 은혜는 은혜를 요구하는 법입니다. 전령이 어린 양에게 아양을 떨면 어린 양은 그 전령을 따라다니는 법이지요. (안에서 "랭커스터! 랭커스터!" 외치는 소리 들린다)

**엑서터**  들어보소서, 전하! 저건 무슨 소립니까?


에드워드 왕, 글로스터 공작, 병사들 등장.


**에드워드 왕**  저 파렴치한 헨리를 끌고 가라. 그리고 다시 한 번 나를 잉글랜드 왕으로 선포하라. 넌 작은 샘물이 흘러나오는 우물에 지나지 않아. 그 우물도 이젠 막혀버렸다. '나'라고 하는 이 너른 바다가 그 샘물을 마셔서 말려버렸다. 샘물이 말라버린 만큼 바닷물은 더욱더 불어나는구나. 이자를 탑으로 끌고 가라. 말하지 못하게 하라. (몇몇 병사들, 헨리를 끌고 나간다) 경들, 이제 거만한 워릭이 있는 코번트리로 갑시다. 태양이 뜨겁게 내리쬐고 있소. 만일 머뭇거리고 지체하게 되면 우리가 기대했던 마른풀을 거두기도 전에, 살을 에는 추운 겨울이 와서 모든 걸 망쳐버릴 것이오.

**글로스터**  그놈들이 힘을 모으기 전에 어서 갑시다. 그리고 세력이 커진 저 반역자를 기습합시다. 용감한 병사들이여, 코번트리로 진군해 나아가라. (모두 퇴장)


〔제5막 제1장〕


코번트리.
성벽 위에 워릭 백작, 코번트리 시장, 전령 둘 그리고 몇몇 사람들 등장.

**워릭**　용감한 옥스퍼드 백작으로부터 온 전령은 어디 있느냐? 너의 주인은 지금 어디쯤 와 계시지?

**전령 1**　지금쯤은 던스모어를 지나 이리로 오고 계실 것입니다.

**워릭**　몬터규 형님은 어디까지 와 계시느냐? 몬터규 후작의 전령은 어디 있지?

**전령 2**　지금쯤 강력한 군대를 이끌고 데인트리에 와 계실 겁니다.

　기사 존 서머빌 등장.

**워릭**　서머빌, 내 사랑스런 아들이 뭐라고 말하던가요? 그리고 클래런스 공작은 어디쯤 온 것 같소?

**서머빌**　제가 사우샘에서 그분과 그 병사들과 헤어졌는데, 앞으로 두 시간쯤 있으면 여기에 도착하실 겁니다. (북소리)

**워릭**　클래런스가 가까이 왔나 보군요. 북소리가 들리오.

**서머빌**　그분의 북소리가 아닙니다. 사우샘은 이쪽입니다. 지금 저 북소리는 워릭셔 쪽에서 들려옵니다.

**워릭**　그러면 누굴까? 예기치 않은 우리 동지들인 모양이오.

**서머빌**　아, 가까이 왔습니다. 곧 알게 되겠죠.

　에드워드 왕, 글로스터 공작 및 병사들 등장.

**에드워드 왕**　나팔수, 성벽 가까이 가서 회담 나팔을 불어라.

**글로스터**　저걸 보십시오. 거만한 워릭이 성벽을 방어하고 있습니다.

**워릭**　이런, 성가시게 됐다! 저 색골 에드워드가 왔구나. 척후병들은 어디서 잠을 자고 있거나, 적에게 매수를 당했나? 도대체 저놈들이 온다는 보고를 듣지도 못했으니.

**에드워드 왕**　이봐, 워릭, 성문을 열고 공손히 무릎을 꿇지 못할까? 그리고 에드워드를 왕이라 부르고, 자비를 구하거라. 그러면 너의 무모한 짓을 용서하겠다.

**워릭**　뭐라고? 네놈이야말로 군대를 철수해라. 그리고 누가 너를 왕으로 세웠으며, 또 왕좌에서 끌어내렸는지 자백하지 못할까! 워릭을 보호자라고 부르고, 너의 죄를 뉘우쳐라. 그러면 전처럼 널 요크의 공작으로 놔두겠다.

**글로스터** 적어도 왕이라고 부를 줄 알았는데. 아니면 마음에도 없는 농담을 하는 것인가?

**워릭** 공작령으로 충분치 않으냐?

**글로스터** 아, 그야 가난한 백작의 선물로서는 훌륭한 거지! 그러한 훌륭한 선물을 받았으니 보답하겠다.

**워릭** 네 형에게 왕국을 준 것도 나였지.

**에드워드 왕** 자, 그렇다면 왕국은 내 것이로군. 워릭의 선물이라고는 하지만.

**워릭** 너는 그러한 무거운 짐을 질 만한 아틀라스 같은 거인은 못 돼. 이 한심한 약골아, 그래서 워릭이 그 선물을 다시 찾겠다. 이제 헨리가 우리 왕이시며, 워릭은 그의 신하이다.

**에드워드 왕** 그러나 워릭의 왕은 지금 에드워드의 포로가 되었다. 자, 용감한 워릭, 내 물음에 대답해 봐라. 머리가 떨어지면 몸뚱이는 어떻게 되지?

**글로스터** 워릭에게 선견지명이 없다니 불쌍하구나. 넌 열 끗짜리 트럼프를 훔치려고 하는 동안, 가장 중요한 '왕' 카드를 도둑맞고 말았다! 저 가련한 헨리를 주교관에 두고 왔으니, 네놈은 아마 탑에서 그를 만나게 될 거다.

**에드워드 왕** 그렇고말고. 그렇지만 너는 아직도 워릭일 따름이다.

**글로스터** 이봐, 워릭, 기회를 놓치지 말아라. 무릎을 꿇어라! 꿇어! 어서! 지금 두드리지 않으면 쇠가 식어버릴 테니.

**워릭** 네놈에게 돛을 내려 항복할 바에는, 단숨에 나의 한 팔을 끊어 다른 한 팔로 그것을 네 얼굴에다 내던지겠다.

**에드워드 왕** 네놈이 아무리 순풍에 돛을 올리고 파도를 벗삼아 간다 해도, 너의 목을 끊어 아직 따뜻할 때 이 손에 너의 검은 머리채를 움켜 쥐고, 네 피로 이 땅 위에 이렇게 쓰겠다. "바람 같은 워릭도 이제 다시는 변하지 못하리라"고.


옥스퍼드와 그의 병사들이 북을 치고 깃발을 날리며 등장.


**워릭** 오, 힘찬 깃발이군! 옥스퍼드가 오는구나!

**옥스퍼드**  옥스퍼드입니다, 옥스퍼드라고요. 랭커스터 편이오! (병사들과 성안으로 들어간다)

**글로스터**  문이 열렸소. 우리도 들어갑시다.

**에드워드 왕**  그러다가 적의 다른 부대에게 아군의 후방을 습격당할 수도 있소. 대열을 갖춥시다. 놈들은 틀림없이 치고 나와 도전할 것이오. 만일 놈들이 나오지 않으면 성안 경비가 매우 약한 것이니, 우리가 먼저 반역 무리들을 습격해 버립시다.

**워릭**  오, 잘 오셨소. 옥스퍼드 백작! 우리는 백작의 지원군을 기다렸소.

몬터규와 그의 병사들이 북을 치고 깃발을 날리며 등장.

**몬터규**  몬터규, 몬터규, 랭커스터의 편이다. (병사들과 성안으로 들어간다)

**글로스터**  보아라, 너와 너의 동생 워릭은 너희 몸속에 흐르고 있는 귀한 피로 반역의 대가를 치르게 될 것이다.

**에드워드 왕**  적이 강하면 강할수록, 우리의 승리는 그만큼 더 값진 것이 되리라! 나의 마음은 기쁜 승리를 예고하는구나.

서머싯과 그의 병사들이 북을 치고 깃발을 날리며 등장.

**서머싯**  서머싯이오, 서머싯, 랭커스터 편이오. (병사들과 성안으로 들어온다)

**글로스터**  네놈과 같은 이름의 서머싯의 두 공작도 요크 일가에 의해 목숨을 잃었는데, 만일 나의 이 칼이 같은 구실만 하게 된다면 네가 세 번째가 되겠구나.

클래런스와 그의 병사들이 북을 치고 깃발을 날리며 등장.

**워릭**  보아라, 저기에 클래런스의 조지가 쏜살같이 달려오는구나. 자기 형에게 당당히 도전할 군대를 이끌고, 타고난 형제간의 우애도 끊고 고결하고도 열렬한 정의감에 불타오르고 있다! 자, 클래런스, 어서 오라! 이 워릭이 부르면 곧 오겠지.

**클래런스**  워릭, 장인어른, 이게 무슨 뜻인지 아시겠죠? (자기 모자에서 붉은 장미를 떼어낸다) 보아라, 나의 치욕을 당신에게 던지겠다. 나는 내 아버지의 가문을 망칠 수 없다. 랭커스터 집안은 그분이 쏟은 피로 돌같이 굳게 뭉쳐져 세워진 것이다. 워릭, 당신은 이 클래런스가 자기 형이며 합법적인 왕에게 흉기를 들, 그러한 인정 머리 없고 어리석으며 천륜에 어긋난 인간이라고 생각하는가? 아마 당신은 내가 신성한 맹세를 깨어버렸다고 비난하겠지만, 그 맹세를 지키는 것은 자기 외딸을 제물로 바친 이스라엘 사람 입다보다도 경건치 못한 일일 것이다. 나는 스스로 저지른 죄를 후회하고 있다 그러니 형님께 대한 나의 도리로서, 나는 이제 당신을 불구대천의 원수로 선포하겠다. 그리고 앞으로 어디서 만나더라도―당신이 성 밖에 나오면 만나게 되겠지만―날 그릇된 길로 꾄 데 대해 당신을 단호히 벌하겠다. 이 교만한 워릭, 이제 당신에게 도전하며, 부끄러운 낯으로 나의 형에게 돌아가겠다. 에드워드 형님! 용서해 주십시오. 이에 대해 충분히 보상해 드리겠습니다. 그리고 리처드, 내 잘못에 눈살을 찌푸리지 마라. 이제 다시는 마음을 바꾸지 않을 테니까.

**에드워드 왕**  더욱더 환영하겠다. 한때 널 증오하기도 했지만, 이제는 그때보다 열 배나 더 사랑하리라.

**글로스터**  환영합니다, 클래런스 형! 이제야 형제들 같군요.

**워릭**  흉악한 반역자! 위증자, 의리 없는 놈!

**에드워드 왕**  워릭, 이 성을 떠나서 싸워 보겠느냐? 아니면 네놈의 귓구멍을 짓이겨 줄까?

**워릭**  아니, 내가 방어나 하겠다고 여기에 들어와 있는 줄 아는가 보군! 이제 곧 바넷으로 가겠다. 에드워드, 감히 맞서겠다면 상대해 주지.

**에드워드 왕**  워릭, 상대하겠다. 안내해라. 경들, 전쟁터로 갑시다! 조지 성인이여! 승리여! (진군하며 모두 퇴장)

〔제5막 제2장〕

바넷 부근의 전장.
다급한 나팔 소리. 출격. 에드워드 왕이 다친 워릭을 끌고 등장.

**에드워드 왕** 거기에 쓰러져 있어라! 네놈이 죽으면 우리의 공포도 끝이 난다! 워릭은 우리를 두려움에 떨게 한 도깨비였으니까. 그리고 몬터규, 꼼짝 말고 있거라. 네놈을 찾아내어 워릭과 너의 뼈가 저승 가는 길에 길동무가 되게 해주리라. (퇴장)

**워릭** 아, 누구 옆에 없는가? 동지든 적이든 가까이 와서 승리자가 요크인지 워릭인지 말해 다오. 내가 왜 그런 것을 묻지? 나의 찢겨진 몸과 흐르는 피는, 또 나의 무기력과 아픈 마음은 이 몸을 땅속에 묻어야 할 때가 왔으며, 나의 죽음으로써 승리는 나의 원수에게 가야만 하리라는 것을 말해 주지 않는가. 아, 이같이 저 삼나무도 한때는 새의 왕인 독수리에게 안식처를 주고, 그 그늘 아래 용맹한 사자가 쉬며, 그 높은 가지는 제우스의 참나무보다 더 높이 솟아 한겨울 찬바람으로부터 떨기나무들을 보호해 주었건만 마침내 날카로운 도끼날에 굴복하게 되는 것이다. 이제 죽음의 검은 베일에 가려져 희미하게 된 두 눈은, 한때는 정오의 태양과도 같이 꿰뚫어 보아 이 세상 모든 비밀의 반역이라도 찾아낼 수 있었지. 오늘 내 이마에 가득한 주름살은 때로 왕들의 무덤에 비유되었지. 이 시대를 살았던 왕들 가운데 내가 그 무덤을 파주지 않은 왕이 어디 있었으며, 워릭이 얼굴을 찡그렸을 때 누가 감히 웃을 수 있었던가? 아, 그런데 이제 나의 영광은 티끌과 피로써 더럽혀졌구나! 나의 사냥터도, 나의 산책길도, 나의 영지도 이제는 모두 날 버린 것인가? 내가 소유하는 모든 토지 가운데 이제는 내 몸 길이만큼의 땅밖에 남아 있지 않구나! 그렇다. 화려한 행렬도, 통치도, 왕권도 모두 흙과 먼지에 지나지 않는 게로구나! 우리가 어떻게 살아왔든지 언젠가는 죽어야만 하는구나!

옥스퍼드와 서머싯 등장.

**서머싯** 아, 워릭, 워릭, 당신이 우리와 같다면 잃었던 것을 모두 되찾을 수 있을 텐데! 왕비께서 프랑스로부터 강력한 군대를 이끌고 오셨소. 이제 막 그 소식을 들었습니다. 도망치실 수 있다면 좋으련만!

**워릭** 이제 난 도망치고 싶지 않소. 아, 몬터규, 형님이 거기에 계시다면 내 손을 잡고, 형의 입술로 잠시 이 영혼을 잡아두십시오! 형님은 날 아끼지 않았습니까? 형님이 동생을 사랑한다면 내 입술 위에 그 눈물을 떨구어, 이 싸늘하게 얼어붙은 피를 씻어주실 텐데. 몬터규, 어서 와주세요, 그렇지 않으면 나는 죽고 말 거예요.

**서머싯**  아, 워릭, 몬터규는 돌아가셨소. 그는 마지막 숨을 몰아쉬며 워릭을 불렀답니다. 그리고 "용감한 동생한테 인사 전해 달라" 말했다오. 할 말이 더 있는 듯했고 또 몇 마디 덧붙였지만 동굴에서 울리는 소리와도 같아 잘 알아들을 수 없었습니다. 그러나 "워릭! 잘 있거라!" 신음하면서 외친 소리만은 똑똑히 들었습니다.

**워릭**  형님의 영혼이여, 평안하소서! 경들, 어서 피해 목숨을 구하시오. 워릭은 여러분께 작별 인사를 드립니다. 천국에서 다시 만납시다. (죽는다)

**옥스퍼드**  자, 어서 가서 왕비님의 대군을 맞이합시다! (워릭의 시체를 끌고 모두 퇴장)

〔제5막 제3장〕

다른 전쟁터.
화려한 나팔 소리. 에드워드 왕이 의기양양하게 등장. 이어서 클래런스 공작, 글로스터 공작 그리고 병사들 등장.

**에드워드 왕**  이제까지 아군의 행운은 하늘 높이 치솟아, 모두가 승리의 꽃다발로 우리의 명예를 아름답게 지켜왔소. 그러나 이처럼 맑은 날 수상쩍고 험악한 먹구름 한 점이, 우리의 찬란한 태양이 평화롭게 서쪽 하늘로 기울어 가는 것을 가로막으려 하오. 경들, 이는 다름이 아니라 마거릿 왕비가 갈리아에서 모집한 군대를 이끌고 우리 해안에 도착하여, 들리는 바에 따르면 우리와 접전하기 위해 진군하고 있다 하오.

**클래런스**  그러한 구름쯤이야 강풍이 한번 몰아치면, 흩어져 왔던 자리로 곧 돌아가게 될 것입니다. 형님의 햇빛이 그 정도 수증기쯤은 말려버릴 것입니다. 구름이 낀다고 반드시 폭풍이 일어나지는 않으니까요.

**글로스터**  왕비의 병력은 3만 대군으로 추산됩니다. 거기에다 서머싯과 옥스퍼드까지 도망쳐 가담했습니다. 왕비에게 숨 쉴 틈을 준다면 적군은 아군처럼 강해질 것입니다.

**에드워드 왕** 그들이 턱스베리 쪽으로 진군하고 있다는 정보를 충신들로부터
들었소. 우리는 이 바넷에 최강의 군대를 거느리고 있으니, 이제 곧 그리로
갑시다. 즐겁게 가는 길은 멀게 느껴지지 않는 법. 나아가는 마을마다 우리
병력을 보강합시다. 북을 쳐라. "용기"를 외쳐라. 자, 나아가자. (화려한 나팔 소
리. 모두 퇴장)

〔제5막 제4장〕

턱스베리 근처의 벌판.
행진곡. 마거릿 왕비, 에드워드 왕자, 서머싯, 옥스퍼드 그리고 병사들 등장.

**마거릿** 경들, 지혜로운 자는 주저앉아 손실을 한탄하지 않고, 밝은 낯빛으
로 그 손실을 회복할 방법을 찾는 법이오. 돛대가 바람에 부러져 바닷속으
로 떨어져 버렸다 한들, 닻줄이 끊어지고 닻이 사라져 버렸다 한들, 우리의
병사가 반이나 바닷속에 빠져버렸다 한들 무엇이 두렵단 말이오? 수로 안
내인이 아직 살아 있지 않습니까. 그런데 그가 키를 버리고, 겁 많은 아이와
도 같이 이미 넘쳐흐르는 바닷물을 눈물로 더욱 불어나게 하고, 용기를 내
어 분투하면 구할 수 있었던 그 배를 슬퍼하기만 하다가 암초에 걸려 부서
지게 만드는 것은 마땅한 일일까요? 아, 이게 무슨 수치란 말입니까! 아마
도 이건 큰 잘못이겠죠. 자, 워릭이 우리의 닻이었다고 합시다! 그게 어쨌단
말이오? 몬터규가 우리의 중간 돛대였다고 합시다. 그게 어쨌다는 거요? 전
사한 전우들이 밧줄이었다고 합시다. 그게 모두 어쨌다는 거지요? 여기 있
는 옥스퍼드가 제2의 닻이 아니란 말이오? 서머싯이 제2의 훌륭한 돛대가
아니란 말인가요? 프랑스 병사들이 우리의 밧줄이며 쇠사슬이 아니란 말입
니까? 그리고 아직 익숙지는 못하나, 네드와 내가 이번에 노련한 수로 안내
인 역할을 해내면 되지 않을까요? 우리는 키를 버리고 앉아서 울고 있지만
은 않을 것이며, 어떠한 강풍이 분다 해도 모래톱과 암초를 피하여 배를 몰
고 갈 것입니다. 성난 파도는 좋은 말로 대하나 나쁜 말로 대하나, 똑같은
것입니다. 저 에드워드가 성난 파도가 아니고 무엇일까요? 클래런스는 사람

을 속이는 모래지옥이 아니고 무엇일까요? 그리고 리처드는 생명을 앗아가는 뾰죽뾰죽 튀어나온 암초가 아니고 무엇일까요? 이 모든 것이 우리 배의 원수입니다. 여러분은 헤엄을 칠 수 있다고 말합니다. 그러나 그것은 잠시뿐이지요! 모래 위에 발을 내딛자마자 곧 빠지고 말 것이오! 바위에 올라선다 해도 파도가 밀어낼 것이며, 그렇지 않으면 굶주려 죽게 될 것이오! 이거야말로 세 번 죽는 셈입니다. 경들, 내가 이렇게 이야기하는 것은, 만일 여러분 가운데 하나라도 도망쳐 간다면 저 잔인한 바다와 모래톱과 암초보다 더한 에드워드 형제들한테 자비를 기대할 순 없으리라는 것을 알려드리고자 함이오. 자, 용기를 내시오! 피할 수 없는 일을 탄식하거나 두려워하는 것은 어린아이나 하는 어리석은 일이지요.

**왕자**  이 용감한 부인의 말을 듣는다면 비겁한 자일지라도 마음속에 용기가 샘솟을 것입니다. 그리하여 맨주먹으로라도 무장한 자를 때려눕히려 하겠지요. 나는 그러한 비겁자가 이 자리에 있다고 의심하여 이야기하는 것은 아니오. 하지만 그러한 자가 한 사람이라도 있다면, 바로 이 자리를 떠나도록 명령하겠소. 우리에게 용기가 필요한 때에 그자의 공포심이 다른 사람들까지 겁쟁이로 만들어서는 안 되기 때문입니다. 만일 있다면 어서 이곳을 떠나시오.

**옥스퍼드**  부인과 어린아이도 이처럼 용기를 내는데 병사들이 용기를 내지 않는다면, 그야말로 부끄러워해야겠지요. 아, 용감한 젊은 왕자님! 왕자님의 저 이름 높은 할아버지께서 당신 모습을 받아 다시 살아나신 것입니다. 부디 오래 사시어 지난날 그분 모습을 드러내시고 그 영광을 되찾아 주소서!

**서머싯**  우리의 희망이 되시는 분을 위해 싸우기를 원치 않는 자가 있다면, 집으로 돌아가 잠이나 자라. 잠에서 깨어나면 한낮의 부엉이와도 같이 웃음거리나 되어라.

**왕비**  감사하오, 서머싯 경. 옥스퍼드 경, 고맙소.

**왕자**  나의 감사도 받아주시오. 드릴 거라곤 이것밖에 없군요.


　전령 등장.


**전령**  경들께 아룁니다. 에드워드가 전투 준비를 갖추고 가까이 와 있습니다.

용기를 내십시오.

**옥스퍼드** 과연 생각한 대로군요. 급습하여 상대의 허점을 찌르는 게 바로 그의 술책이죠.

**서머싯** 그러나 이번에는 그놈이 속았소. 우리는 준비가 되어 있으니까요.

**마거릿** 여러분의 용감한 모습을 보니 내 마음이 너무나 기쁩니다.

**옥스퍼드** 이곳에 진을 칩시다. 여기서 한 발짝도 물러나지 않겠소.

화려한 나팔 소리. 행진. 좀 떨어진 곳에 에드워드 왕, 클래런스 공작, 글로스터 공작과 병사들 등장.

**에드워드 왕** 용감한 동지들이여, 저기에 가시덤불이 있소. 그것을 하늘의 도움과 여러분의 힘으로, 어두워지기 전에 뿌리째 뽑아버려야만 하오. 여러분의 불과 같은 용기에 더는 기름을 부을 필요가 없다고 생각하오. 여러분의 불꽃이 그들을 활활 태워 없앨 테니 말이오. 경들! 전투 신호를 보내고 싸우시오.

**마거릿** 경들, 기사들, 신사들이여, 눈물이 가로막아 말이 나오지 않는군요. 보시는 대로 내 말 한마디 한마디가 눈물을 삼킵니다. 그러니 이 말 한마디만 하겠습니다. 여러분의 군주이신 헨리 전하께서는 적의 포로가 되셨으며, 그의 왕권은 빼앗겼고, 그의 영지는 도살장으로 바뀌고, 그의 백성들은 살해당하고, 그의 법령은 취소되고, 그의 재산은 탕진되었습니다. 이 같은 노략질을 하는 늑대가 바로 저기에 와 있습니다. 여러분, 정의를 위해 싸우는 것입니다. 경들, 하느님의 이름으로 용사가 되어 전투 신호를 보내주시오. (전투 경보. 후퇴. 모두 퇴장)

〔제5막 제5장〕

다른 전쟁터.
나팔 소리. 출격. 퇴각. 에드워드 왕, 클래런스, 글로스터 그리고 병사들이 마거릿 왕비와 옥스퍼드, 서머싯을 포로로 끌고 등장.

**에드워드 왕** 이제 시끄러운 내란도 끝이 났다! 옥스퍼드를 헤임스 성으로 끌고 가라. 그리고 이 서머싯의 죄 많은 목을 잘라라! 자, 어서 끌고 가라. 그 놈들 말은 듣기도 싫다.

**옥스퍼드** 나도 네놈과 말하고 싶지 않다.

**서머싯** 나도 그렇다. 그저 인내로써 나의 운명에 고개 숙일 따름이다. (옥스퍼드와 함께 끌려 나가며 퇴장)

**마거릿** 이 어지러운 세상에서는 이처럼 슬프게 작별하지만, 저 평화로운 예루살렘에서 기쁘게 다시 만납시다.

**에드워드 왕** 에드워드를 찾는 자에게는 크게 상을 내릴 것이며, 원수라 해도 살려주겠다는 포고령을 내렸는가?

**글로스터** 했습니다. 아, 저기 젊은 에드워드가 옵니다!


병사들이 에드워드 왕자를 데리고 등장.


**에드워드 왕** 저 용감한 녀석을 이리 끌고 오너라. 뭐라고 말하는지 들어보겠다. 아니, 이렇게 어린 가시가 벌써 사람을 찌르기 시작하다니? 에드워드, 너는 무기를 들고 나의 신하들을 부추긴 데 대해서, 또 나에게 저지른 괘씸한 행동들에 대해서 어떠한 보상을 하겠느냐?

**왕자** 신하답게 말하라, 교만하고 야심에 찬 요크! 이제 내가 아버지를 대신해서 말하겠다. 왕좌를 내놓고, 내 앞에 무릎을 꿇어라. 반역자인 네가 나에게 답변을 요구한 것과 똑같은 말을, 이제 너에게 묻겠다.

**마거릿** 아아, 너의 아버지께서 너처럼 용기가 있으셨더라면!

**글로스터** 그렇다면 네가 랭커스터 집안에서 바지를 도둑질하지도 않고, 치마나 두르고 있었겠지.

**왕자** 이솝 같은 이야기는 겨울밤에나 해라, 이 꼽추야. 그 들개 같은 비유는 이 자리에서는 맞지 않아.

**글로스터** 이 버릇없는 놈! 맹세코 지금 네놈이 한 말에 대해서 저주를 퍼붓겠다.

**마거릿** 네놈이야말로 저주받은 놈으로 태어났지.

**글로스터** 이 욕쟁이 포로 년을 끌고 가라!

**왕자**　천만에! 이놈의 욕쟁이 꼼추나 끌고 가라.

**에드워드 왕**　입 다물어라, 고집센 놈아. 그렇지 않으면 네 혀를 뽑아버리겠다.

**클래런스**　교육도 제대로 못 받았군, 이 뻔뻔스러운 자식.

**왕자**　나는 내 도리를 알고 있다. 네놈들이야말로 도리를 모르는구나. 너 색골 에드워드, 너 위증자 조지, 너 불구자 리처드, 모두 잘 들어라. 나는 너희들의 윗사람이며, 너희들은 반역자다. 내 아버지의 권리와 나의 권리를 너희들이 빼앗았다.

**에드워드 왕**　받아라, 욕쟁이 어미를 그대로 닮았구나! (에드워드 왕자를 찌른다)

**글로스터**　버둥거리는군! 이걸 받아라, 고통을 끝내주마. (또 찌른다)

**클래런스**　맹세를 깼다고 날 비웃은 데 대해서 받아라! (그를 또 찌른다)

**마거릿**　오, 나도 죽여다오!

**글로스터**　그래, 죽여주지! (죽이려 한다)

**에드워드 왕**　참아라, 리처드. 우리가 너무 지나쳤구나.

**글로스터**　어째서 살려두십니까? 살려두면 온 세상이 떠들썩하게 우리를 욕하고 다닐 텐데요. (마거릿, 기절한다)

**에드워드 왕**　아, 기절했나? 정신 들게 하라.

**글로스터**　(클래런스를 옆으로 데리고 간다) 클래런스 형님, 전하께 말씀드려 주시오. 나는 중대한 일로 런던에 가야 합니다. 형님들이 오시기 전에 꼭 좋은 소식을 들려드리지요.

**클래런스**　뭐, 뭐라고?

**글로스터**　런던탑. 런던탑 말입니다! (퇴장)

**마거릿**　아아, 가엾은 내 아들 네드, 네 어미에게 말 좀 해보렴. 말도 할 수 없느냐? 오, 이 역적들! 살인마들아! 카이사르를 죽인 놈들은 피를 흘렸다고도 하지 못하겠지. 악행이 이와 똑같을 수 없으리니, 크게 비난받지도 않았겠지. 만일 이 같은 만행이 그들 옆에서 일어나 서로 비교할 수 있었다면. 카이사르는 어른이었다. 거기에 비하면 네드는 어린아이일 따름이다. 어른들이 어린아이에게 화풀이를 한단 말이냐? 살인자보다도 더 흉악한 놈들, 뭐라고 말해야 하지? 아, 말을 하면 이 가슴이 터질 것 같다! 그러나 말하겠다. 내 이 가슴이 터지도록. 백정 놈들, 악당들, 잔인한 식인종 놈들아, 나의 사랑스런 어린 나무가 자라기도 전에 너희들이 꺾어버렸단 말이다! 백정들아, 네놈들은 자식들이 없지. 만일 있었다면 너희 어린아이를 생각하고 가엾게 여겼겠지. 너희들이 앞으로 자식을 갖게 되면, 그 아이가 이같이 어린 나이에 꺾일 것을 각오하거라. 살인귀인 네놈들이 이 귀여운 어린 왕자를 죽인 것처럼 말이다!

**에드워드 왕**  저 여자를 끌고 가라! 어서!

**마거릿**  날 끌어내지 말아라! 여기서 죽여라! 칼을 뽑아라. 날 죽인 죄는 용서해 주겠다. 에이, 뽑지 못하느냐? 그렇다면 클래런스, 네가 죽여라.

**클래런스**  네년을 그렇게 편안하게 죽일 순 없지.

**마거릿**  클래런스, 부탁이다! 클래런스, 날 죽여다오!

**클래런스**  내가 죽이지 않겠다고 맹세한 것을 듣지 못했느냐?

**마거릿**  하지만 넌 언제나 너의 맹세를 어기지 않았느냐. 이전에 어긴 것은 죄가 되었지만, 지금 어기면 자선이다. 죽이지 않겠다고? 저 악마의 도살자 리처드는 어디 있느냐? 저 흉한 얼굴의 리처드는? 리처드, 너는 어디 있느냐? 여기에는 없구나. 살인이야말로 네놈이 베풀어 주는 자선 행위인데 말이다. 네놈은 피의 청원자를 거절한 법이 없었지.

**에드워드 왕**  자, 끌어내라, 명령이다.

**마거릿**  네놈과 네 자식들이, 이 왕자와 같이 되려무나. (강제로 끌려 나간다)

**에드워드 왕**  리처드는 어디 갔느냐?

**클래런스**  급히 런던으로 갔습니다. 아마 런던탑에서 피의 만찬을 하겠지요.

**에드워드 왕**  리처드는 생각만 나면 재빨리 해치우는군. 자, 이제 그쪽으로 진군해 가자. 백성들에게 급료를 지불하고 해산시켜라. 그리고 런던에 가서 나의 착한 왕비가 어떤지 좀 보자. 지금쯤은 왕자를 낳았을 것 같구나. (모두 퇴장)


〔제5막 제6장〕


런던. 런던탑 안의 한 방.
  헨리 왕이 책을 들고 앉아 있고, 런던탑 감독관이 시중들고 있다. 글로스터 등장.


**글로스터**  안녕하십니까? 아니, 그토록 책을 열심히 보고 있소?

**헨리 왕**　그렇네, 선량한 공작…… 아니 공작이라고만 말할걸. 아첨을 하는 것은 죄이니까. '선량'하다는 말은 아첨일 따름이니. '선량한 글로스터' 이렇게 말하는 것은 '선량한 마귀'라고 하는 것과 같으니 도리어 맞지 않아. 그러므로 '선량한 공작'이라는 말은 좋지 못해.

**글로스터**　이봐라, 너는 가 있거라. 우리끼리 조용히 이야기할 것이 있으니.

(감독관 퇴장)

**헨리 왕**　이와 같이 어리석은 양치기는 늑대를 보고 도망치는구나. 거기서 죄 없는 양은 그의 털을, 그리고 다음엔 그의 목을 백정의 칼에 바치게 된다. 명배우 로스키우스는 이제 어떠한 살인 장면을 연출하려는 것일까?

**글로스터**　의심은 언제나 죄 지은 마음에 따라다니는 법, 도둑놈은 숲을 볼 때마다 순경인 줄 알고 놀라는 법이지.

**헨리 왕**　숲속에서 끈끈이에 걸려본 새는, 날개를 떨며 어떠한 숲이든 두려워하는 법이다. 나는 끈끈이에 걸려 죽게 된 가엾은 어린 새의 불행한 아비로, 그 어린 것이 죽게 된 무서운 숲을 이제 내 눈앞에 보는구나.

**글로스터**　자식에게 새의 역할을 가르쳐 준 저 크레타 사람은 얼마나 어리석었던가! 날개가 있어도 그 바보는 물에 빠져 죽었지.

**헨리 왕**　내가 그 다이달로스이며, 내 불쌍한 자식이 이카로스이다. 너의 아버지는 우리 부자의 가는 길을 막은 미노스 왕이다. 너의 형 에드워드는 내 자식의 날개를 태운 태양, 너는 그 생명을 삼킨 심술궂은 바다인 것이다. 아, 말로 나를 죽이지 말고 네 칼로 죽여라! 나의 귀가 그 비참한 이야기를 듣느니, 차라리 네 칼끝으로 이 가슴을 찔리는 편이 훨씬 낫다. 네가 여기 온 이유는 뭐지? 내 목숨을 빼앗으러 왔느냐?

**글로스터**　그대는 나를 사형집행자로 생각하는가?

**헨리 왕**　너는 박해자임에 틀림없다. 죄 없는 자를 죽이는 것이 사형집행이라면 너야말로 사형집행자가 아닌가?

**글로스터**　네 아들을 죽인 것은 건방졌기 때문이다.

**헨리 왕**　네가 처음에 무례하게 굴었을 때 죽여버렸다면, 내 아들의 목숨을 앗아가지 못했으리라. 그러나 나는 이렇게 예언한다. 내가 느끼는 이러한 공포를 지금은 조금도 믿지 못하는 수많은 사람들이—노인들이 탄식하며 과부들이 한숨 쉬고 고아들이 눈물 흘리며, 남자들은 아들의, 아내들은 남편의, 고아들은 부모의 때아닌 죽음 앞에서—언젠가는 네가 태어난 날을 원망하고 저주하리라. 네가 태어났을 때 부엉이가 울었던 건 흉조였지. 또 밤까마귀가 울어 불행한 때를 예언했다. 개도 짖고, 무서운 폭풍이 나무들을 흔들어 넘어뜨렸다. 까마귀가 굴뚝 위에 웅크리고 앉아 있었고, 수다쟁이 까치가 불길한 소리로 지저귀었다. 네 어미도 여느 때보다 더한 끔찍한 산고를 겪었으며, 너를 낳아보니 훌륭한 나무의 열매로는 보이지 않는 흉한 불구의 고깃덩이였지. 네가 태어났을 때 넌 이미 이를 가지고 있었으니, 그것은 이 세상 사람들을 물어뜯어 죽이려고 태어났다는 증거였다. 내가 들은 이 나머지 이야기도 진실이라면 네가 이 세상에 온 것은……

**글로스터** 더는 들을 것도 없다. 이 예언자 놈아, 지껄이다 죽어라. (그를 찌른다) 무엇보다도 이 일을 위해서 이 세상에 태어난 거다.

**헨리 왕** 그렇다, 이 뒤에도 더 많은 사람을 죽이기 위해…… 오, 주여 저의 죄를 사하여 주시고 이자도 용서해 주소서. (죽는다)

**글로스터** 랭커스터의 큰 뜻을 품은 피도 땅속으로 스며들어가는 것인가? 나는 그것이 높이 솟아오를 줄 알았는데. 보라, 내 이 칼이 가엾은 왕의 죽음 앞에서 울고 있구나! 아, 이 같은 붉은 눈물이, 우리 집안의 멸망을 바라는 자의 몸에서 언제든지 흘러내리기를! 생명의 불꽃이 아직 남아 있다면 지옥으로나 떨어져 버려라! 그리고 내가 널 지옥으로 보냈다고 말해라! (그를 또 찌른다) 동정도, 사랑도, 두려움도 없는 나는…… 헨리가 나에게 이야기한 것은 분명한 사실이다. 내가 거꾸로 나왔다고 어머니가 말씀하시는 걸 여러 번 들었으니, 내가 급히 서둘러 나온 게 이유 없는 일이었던가? 나는 우리의 권리를 빼앗은 자를 파멸시키려고 한 것이었다. 산파는 놀랐고 여인들은 외쳤다지. "오, 주여, 도와주소서! 아기가 나면서부터 이가 있어요!" 바로 그렇다, 나는 이가 났다. 그것은 내가 개와 같이 으르렁거리며 사람을 물려고 하는 것을 뜻하는 거였지. 하늘이 나의 몸을 이렇게 괴물처럼 만들어 주었으니, 지옥이여, 내 마음을 내 몸에 맞도록 비틀어지게 해다오. 나는 형제도 없다. 나를 닮은 형제가 없단 말이다. 그리고 백발 노인들이 신성하다 일컫는 '사랑'도, 서로 비슷한 인간들 사이에나 존재하고, 나에게는 있지도 말아라! 난 외톨이다. 클래런스, 조심해라. 너는 나의 빛을 가로막는구나. 그러나 내가 너를 위해 암흑의 날을 골라주리라. 에드워드의 목숨이 위태롭다는 예언을 퍼뜨리겠다. 그다음에 이 위험을 없앤다는 핑계로 널 죽이 겠다. 헨리 왕과 그의 아들 왕자는 죽었으니, 클래런스, 다음은 네 차례다. 그다음에는 또 한 사람씩…… 나는 내가 최고 자리에 오를 때까지 나 자신 을 악으로 여기겠다. 헨리, 네 시체를 다른 방에 던져 놓을 테니 최후의 날 에 승리를 빌어라. (시체를 끌고 퇴장)

〔제5막 제7장〕

같은 곳. 궁궐.
화려한 나팔 소리. 에드워드 왕은 왕좌에 앉아 있고, 엘리자베스 왕비, 클래런스 공 작, 글로스터 공작, 헤이스팅스 경, 아기 왕자를 안은 유모, 그리고 수행원들 왕 곁 에 서 있다.

**에드워드 왕**　또다시 나는 원수의 피로 사들인 왕좌에 앉게 되었다. 우리는 용맹한 적들을 가을 곡식을 베어내듯, 그들이 가장 자부심에 들떠 있을 때 에 쓰러뜨린 것이다! 용감하고 대담한 맹장으로 3대째 이름을 떨친 서머싯 의 세 공작도, 클리퍼드 부자도, 그리고 나팔 소리와 더불어 말을 달려 감 히 따를 자가 없었다는 두 용사인 노섬벌랜드의 두 백작도 베어버렸다. 그 밖에 쇠사슬로 동물의 왕인 사자를 묶어 놓고 그 울부짖음에 산천초목도 떨게 했다는 두 마리 용감한 곰 워릭과 몬터규도 모두 베어버렸구나. 이처 럼 나는 모든 후환을 쓸어버렸고, 왕좌를 굳건히 했다. 베스, 가까이 오시 오. 나의 아들에게 입 맞추게 해주오. 어린 네드, 너를 위해서 너의 세 숙부 도 나도 갑옷으로 몸을 두르고, 겨울밤에도 잠들지 않고, 여름날 뜨거운 햇 볕 속을 걸어다녔단다. 이 모두 네가 평온하게 이 왕관을 쓰게 하기 위한 거란다. 그러니 너는 커서 우리의 수고에 따른 열매를 거두어야 한다.
**글로스터**　(혼잣말로) 형의 머리가 무덤에서 잠들게 되면, 저 아이의 수확물을 내가 날려 보내겠다. 난 아직 세상 사람들에게 인정받고 있지 못하니 말이 야. 나의 단단한 두 어깨는 무거운 것을 짊어지라는 뜻이지. 그러니 무거운 짐을 짊어지든 이 등뼈가 부러지든 둘 중에 하나다. 자, 그러면 방법을 생각 해 내자. 그리고 바로 실행에 옮기는 거야.

**에드워드 왕**   클래런스, 글로스터, 나의 사랑하는 왕비에게 경애를 표시하거라. 그리고 경들의 조카가 되는 왕자에게 입을 맞추어라.

**클래런스**   전하께 바치는 저의 충성심을, 이 귀여운 아기의 입술에 보증하겠나이다.

**에드워드 왕**   고맙네, 클래런스 경.

**글로스터**   새싹을 틔우는 나무 되시는 전하를 경애하는 증거로, 내가 그 열매에 사랑하는 마음으로 키스를 보냅니다. (혼잣말로) 진실을 말하자면, 이렇게 가룟 유다도 예수님께 키스하고 "만세"를 불렀지. 그를 해칠 마음을 품고서도 말야.

**에드워드 왕**   이제 나는 이 나라의 평화와 동생들의 우애를 바라보면서 기쁜 마음으로 왕좌에 앉아 있게 되었구나.

**클래런스**   전하께서는 마거릿을 어떻게 하시겠습니까? 그 여자의 아버지 레니에는 프랑스 왕에게 시칠리아와 예루살렘을 저당 잡혀 얻은 돈으로 그 여자의 몸값을 보내왔습니다.

**에드워드 왕**   그 여자를 배편으로 프랑스에 돌려보내라! 자, 이제부터는 궁정의 즐거움에 알맞는 장엄한 축하연과 즐거운 놀이들로 시간을 보내도록 하라. 북을 쳐라, 나팔을 불어라! 쓰라린 괴로움이여, 잘 가라! 우리의 기쁨이 영원하기를! (화려한 나팔 연주 소리. 모두 퇴장)

# Richard Ⅲ
# 리처드 3세

## [등장인물]

**에드워드 4세**  잉글랜드 왕

**에드워드 왕자**  에드워드 4세의 맏아들, 뒤에 에드워드 5세

**어린 요크 공작**  리처드. 에드워드 4세의 막내아들

**클래런스 공작**  조지. 에드워드 4세 동생

**글로스터 공작**  리처드. 에드워드 4세의 동생, 뒤에 리처드 3세

**소년**
**소녀** } 클래런스 공의 아이들

**리치먼드 백작**  헨리 6세의 조카, 뒤에 헨리 7세

**버킹엄 공작**

**노퍽 공작**

**서리 백작**  노퍽 공작의 아들

**리버스 백작**  앤서니 우드빌. 엘리자베스 왕비의 동생

**도싯 후작**
**리처드 그레이 경** } 엘리자베스 여왕의 전남편 아들

**옥스퍼드 백작**

**헤이스팅스 경**  시종장(궁내장관)

**스탠리 경**  더비 백작

**러벨 경**

**기사 토머스 본**

**기사 리처드 랫클리프**

**기사 윌리엄 케이츠비**

**기사 제임스 티렐**

**기사 제임스 블런트**

**기사 월터 허버트**

**기사 로버트 브래큰버리**  런던 탑 책임자

**기사 윌리엄 브랜던**

**기사 크리스토퍼**  스탠리 집안 담당 사제

**트레슬**
**버클리** } 앤의 시종들

런던 시장

주장관

**엘리자베스 왕비** 에드워드 4세의 아내

**마거릿 왕비** 헨리 6세의 아내

**요크 공작부인** 에드워드 4세, 글로스터·클래런스 공작의 어머니

**앤 네빌** 헨리 6세 아들인 에드워드의 아내, 뒤에 리처드 3세의 아내

**요크 대주교**

일리 주교

추기경


그 밖에 여러 유령들, 귀족들, 시종들, 하인들, 시동, 사제, 공증인, 시민들, 자객들, 전령들, 병사들


[장소]

잉글랜드

# 리처드 3세

〔제1막 제1장〕

런던. 어느 거리.
글로스터 공작 리처드 등장.

**글로스터**  이제야 견디기 어렵던 겨울은 가고, 이렇듯 태양도 요크 집안 편이 되어 가득히 여름 기운으로 넘쳐나는구나. 우리 집안 위에 내리덮였던 구름도 이제 바다 밑 깊숙이 묻혀버렸다. 머리에는 승리의 화환이 빛나고 만신창이 갑옷은 자랑스러운 기념품인 양 걸려 있으며, 요란한 나팔 소리는 즐거운 연회의 음악으로, 괴로운 진군의 발걸음은 유쾌한 춤으로 변했다. 성난 병사들도 얼굴의 주름을 폈구나. 얼마 전까지도 무장한 군마에 걸터앉아 비겁한 적병들의 간담을 위협하던 사람이, 이제는 여인의 방에서 음란한 류트 가락에 맞추어 춤추고 뛰놀며 희롱하고 있구나. 그런데 나는 본디 이런 장난과는 인연이 없을 뿐더러 거울을 들여다보고 황홀해질 만큼 생겨먹지도 않았거든. 아, 조물주의 장난이라고나 할까. 이 몸은 요염하니 새침하게 거니는 님프 앞을 활보할 만한 위엄도 지니고 있지 못하다. 게다가 아름다운 몸의 균형을 갖고 있기는커녕 사기꾼 같은 자연에 속아서, 불구에 땅딸보 같은 작은 키에 꼴불견인 모습으로 이 세상에 아무렇게나 내던져졌단 말이다. 이렇게 절름발이에 멋없이 생겨서 내가 곁을 지나갈 때면 개까지도 짖어대니까. 그렇지, 이러한 내가 피리 소리 요란한 이 맥빠진 태평 세월에 대체 무엇을 즐거움으로 삼아 지내야 좋단 말인가. 햇빛 아래에서 내 그림자나 들여다보고, 내 몰골을 즉흥시로 읊어보기나 할 수밖에. 그러니 나는 말로만 근사한 이 허식의 세대를 멋지게 지낼 애인이 될 만한 자격도 없으니, 기필코 악당이 되어 세상의 부질없는 쾌락에 저주나 퍼부어 주자꾸

나. 주정꾼의 예언이니, 중상이니, 해몽 따위로 클래런스와 왕의 사이를 서로 원수같이 증오하도록 만들어 놓는 거다. 나야 엉뚱한 반역자지만, 에드워드 왕이 정직하고 공정한 사람이라면 클래런스는 오늘로 투옥되고 말 게 아닌가? 이름 첫머리가 G인 놈이 왕위 계승자를 몰살하고 말 거라는 그 예언으로 해서 말이야. 그런데 가만있자. 이런 음모는 마음속에 숨어 있어라. 마침 클래런스가 오는구나.

호위를 받으며 클래런스 등장. 그 뒤에 런던 탑 책임자 브래큰버리 등장.

**글로스터**  형님, 안녕하십니까? 그런데 이런 무장 경계병은 어쩐 일입니까?

**클래런스**  전하께서 이 몸의 안전을 위해 이렇게 호위를 시켜 런던 탑으로 나를 호송케 하신 거란다.

**글로스터**  왜 그렇죠?

**클래런스**  내 이름이 조지이기 때문이지.

**글로스터**  원, 그건 형님 죄가 아니질 않습니까. 그 점이라면 이름을 지어준 분이 처벌되어야 할 일이지요. 아마 전하께서는 탑 속에서 개명시킬 모양이군요. 대체 무슨 영문인지 사정이나 좀 들려줄 수 없겠습니까?

**클래런스**  리처드, 나도 이야기해 줬으면 좋겠지만 정말이지 전혀 영문을 모르겠어. 소문에 의하면 전하께서는 예언이나 해몽 따위를 곧이들으신 모양이더군. 글쎄 점쟁이가 알파벳 중에서 하필이면 G자를 지적하여, 이 G를 이름 첫머리에 갖고 있는 사람이 왕의 혈통을 끊고 말 거라고 했다는 거야. 내 이름 조지가 G로 시작되기 때문에, 내가 바로 그 혐의를 받게 된 거다. 나는 이것밖에 모르지만 그런 허무맹랑한 소리를 곧이듣고 이렇게 날 투옥하려는 거란다.

**글로스터**  참, 여자가 날뛰면 이 지경이라니까요. 형님을 런던 탑으로 보내는 건 왕이 아니라 그레이 경의 아내이자 지금은 왕비인 엘리자베스가 왕을 부추겨서 하는 짓이오. 지금은 고관대작이 되어 있는 자기 동생 앤서니 우드빌과 결탁하여, 오늘 출옥하게 되는 헤이스팅스 경을 런던 탑으로 보냈던 것도 바로 그 여자가 아니었습니까? 안심하고 있을 수 없어요, 형님…… 안심할 수 없습니다.

**클래런스**  정말이야. 아무도 안심하고 있을 수는 없을 것 같다. 왕비의 일가와 왕의 애첩 쇼어 부인과 왕 사이를 주선하고 다니는 밤의 심부름꾼만 빼고 말야. 헤이스팅스 경도 이번에 사면되기 위해서 자존심을 꺾고 애원했다더군.

**글로스터**  그렇습니다. 그 시종장도 이번에 석방되기 위해서 왕비한테 자존심을 꺾고 애원했다나 봅니다. 그런데 왕의 총애를 얻으려면 왕비의 하인이 되어 하인 제복을 입는 수밖에 없을 것 같습니다. 저 의심쟁이 늙은 과부댁과 왕의 애첩은 우리 큰형 덕분에 귀부인이 되어서는, 이 왕국에서 발언권이 대단합니다.

**브래큰버리**  실례합니다만, 전하의 엄명으로 신분을 막론하고 클래런스 공과의 사담은 일체 금지돼 있습니다.

**글로스터**  딴은 그렇죠. 브래큰버리 님, 뭣하신다면 우리 이야기에 끼어보시구려. 역적 모의를 하고 있는 것이 아니라 왕의 총명과 덕행을 이야기하고 있을 뿐이오. 더구나 훌륭한 왕비께서는 연로하심에도 여전히 아름답고 남을 의심하는 분이 아니지요. 게다가 쇼어 부인으로 말하면, 귀엽게 생긴 발목에 입술은 앵두 같고 아름다운 눈에 말씨는 참으로 재치 있는 임기응변이란 말이오. 그리고 왕비 일가는 모두 귀족으로 승격을 했소. 당신 생각은 어떻소? 이런 사실에 이의라도 있소?

**브래큰버리**  천만에요, 조금도 이의는 없습니다.

**글로스터**  없을 수밖에. 상대는 쇼어 부인이니까! 내 분명히 말해 두지만 그 부인에게 이의가 있으면 남몰래 살그머니 해야 하는 거요. 한 사람만은 제외하고 말이오.

**브래큰버리**  한 사람만이라뇨?

**글로스터**  아, 그 서방님 말이오. 뻔하지 않소이까. 아니, 당신은 날 떠보려는 속셈이요?

**브래큰버리**  죄송합니다. 용서해 주십시오. 다만 클래런스 공과의 사담은 삼가 주시기 바랍니다.

**클래런스**  나도 당신 직책은 알고 있소, 그렇게 하리다.

**글로스터**  우린 왕비의 미천한 하인들이니 모든 일에 복종해야 하고말고요. 그럼 형님, 안녕히 가십시오. 나는 전하께 가겠습니다. 부탁할 일이 있거든

말씀하세요. 형님을 구해 낼 수 있는 일이라면 나는 왕비를 형수라고 불러
도 좋습니다. 그런데 형제간의 이런 반목은 형님이 상상하지 못할 만큼 내
게는 심적 타격이 큽니다.

**클래런스** 정말이지 우리 둘 다 불쾌한 노릇이다.

**글로스터** 아무튼 형님이 오래도록 감옥 안에 있게 하진 않겠습니다. 어떻게
해서든지 석방되도록 애써볼게요. 그러니 그동안만 참고 계십시오.

**클래런스** 참고 있을 수밖에. 그럼 잘 있거라. (브래큰버리, 호위병들과 함께 퇴장)

**글로스터** 자, 다시는 되돌아오지 못할 길을 걸어가려무나. 멍청하고 순진한
클래런스, 난 당신을 어찌나 사랑하고 있는지 당신의 영혼을 곧 천국으로
보낼 계획이야. 하늘이 이 선물을 받아주신다면 말이지. 그런데 가만있자,
저게 누구냐? 감옥에서 갓 풀려나온 헤이스팅스 아닌가?


헤이스팅스 경 등장.


**헤이스팅스** 그간 안녕하십니까?

**글로스터** 시종장도 안녕하십니까! 바깥바람을 쐬게 되셔서 반갑습니다. 옥
중에서 어떻게 지내셨습니까?

**헤이스팅스** 죄수로 체념하고 지내왔지요. 하지만 오래오래 살아서 저를 투옥
하게 한 분들께 보답할 생각입니다.

**글로스터** 그러시고말고요. 클래런스 공도 그렇게 생각하고 있을 겁니다. 당
신의 적이 또한 그분의 적으로, 바로 그 적의 손이 그분에게도 뻗쳐 있으니
까요.

**헤이스팅스** 무엇보다도 한심한 것은 독수리는 갇히게 되고, 솔개와 매 같은
것들이 판을 치는 점이오.

**글로스터** 세간에 널리 퍼진 소식은 없나요?

**헤이스팅스** 저 흉한 소식 말고는 세간에 널리 퍼진 소식이라곤 없습니다. 글
쎄 전하께서 몹시 쇠약하여 우울해지시고, 의사들도 대단히 염려하고 있는
모양입니다.

**글로스터** 거참, 좋지 못한 소식이군요. 오랫동안 절제를 하지 않으시더니, 이
제는 완전히 건강을 해치신 모양이구려. 참으로 한탄할 노릇이오. 대체 전

**장미전쟁**(1455~1485)  영국에서 왕위 계승권을 둘러싸고 붉은 장미 문장의 랭커스터가 흰 장미 문장의 요크가 사이에서 벌어진 전쟁. 리처드가 태어난 때(1455)부터 시작된 이 전쟁은 1485년 보즈워스 전투에서 전사한 해에야 끝이 났다.

하는 어떤 형편이신가요, 누워 계시나요?

**헤이스팅스**  누워 계신답니다.

**글로스터**  먼저 가보시오. 나도 뒤따라 가리다. (헤이스팅스 퇴장) 왕은 오래가진 못하겠군. 그러나 조지를 급행 마차로 천국에 보내기 전에는 죽게 해선 안 되지. 아무튼 입궐하여 조지에 대한 왕의 증오심을 더한층 부채질하는 거다. 그러기 위해서는 그럴싸한 증거를 꾸며내어 거짓말을 늘어놔야지. 이 가슴속의 음모가 실패하지 않는 날엔 클래런스는 내일을 보지 못할 것이다. 그 일이 끝나면 하느님, 제발 은총을 베푸시어 에드워드 왕을 데려가시고 천하를 이 사람의 독무대로 놔둬 주십시오! 그러고 나서 나는 워릭의 막내딸과 결혼하는 거다. 그녀의 남편과 아비는 내 손에 죽었지만 그게 무슨 상관이냐? 그녀에게 보상하는 가장 빠른 길은 그녀의 남편이자 아버지가 돼주는 것밖에 없다. 그 역을 내가 맡겠다는 거다. 이건 사랑에 빠져서라기보다 그녀와 결혼하여 조금씩 이루어야 할 또 하나의 음모가 있기 때문이지. 그런데 이건 김칫국부터 마시는 셈이군. 클래런스는 아직도 숨을 쉬고 있고, 왕도 멀쩡하게 정권을 쥐고 있잖은가. 그것들이 없어지고 나면, 그때 내 소득을 차분히 계산해 봐야겠다. (퇴장)

〔제1막 제2장〕

런던. 또 다른 거리.
헨리 6세의 관이 미늘창을 든 시종들의 호위 속에서 등장. 그 뒤에 상주인 앤이 시종들과 함께 등장.

**앤** 내려놓아요, 그 존엄한 영구를 내려놓아요. 유해로서 관에 들어 있을망정 존엄함에 변함은 없으니까요. 여기서 잠시 애도해야겠어요. 고결한 랭커스터 가문의 때아닌 몰락을. (병사들이 관을 내려놓는다) 성스러운 옥체는 가엾게도 쇠같이 차디차네! 전통 왕가의 핏기 없는 이 유해 좀 보게! 이 불쌍한 앤이 시아버님의 혼령을 불러내는 것을 노여워하지 마시고 저의 비탄을 들어주세요. 옥체를 찌른 바로 그 손목에 살해당한 아드님 에드워드의 아내 앤이옵니다! 자 보십시오. 옥체에서 생명이 날아가 버린 창문에 대고 흘려봐도 소용없는 눈물의 향유를 이렇게 쏟고 있습니다. 아, 이런 상처를 내놓은 손목들은 저주를 받아라! 이 피를 흘리게 한 놈의 피는 저주를 받아라! 옥체를 시해하고 우리를 궁지에 몰아넣은 그 지긋지긋한 악당에게 무서운 화가 떨어져라! 독사나 거미나 두꺼비나, 이 땅을 기어다니는 그 어떤 독충보다도 더 욕을 봐라. 그놈의 자식은 괴물같이 징글맞고, 미처 달도 못 채우고 튀어나와 그 흉악망측한 꼴에 자식을 고대하던 어미조차 한눈에 질겁하여라! 그리고 아비의 고약한 성미를 모두 그대로 타고나라! 그놈이 아내를 얻거들랑, 그 아내는 평생 욕을 보려무나! 젊은 남편과 사별하고 시아버지를 잃은 나보다 더 비참한 꼴을 당하려무나! 자, 그럼 영구를 처트시로 나르시오. 그곳에 묻으려고 세인트 폴 대성당에서 옮겨 왔어요. (병사들이 관을 들어올린다) 하지만 무거워서 지쳤거든 얼마든지 쉬세요. 그동안 나는 헨리 왕의 유해를 애도하고 있겠어요.

글로스터 공작 등장.

**글로스터**   거기 있거라. 그 영구를 내려놔.

**앤**   대체 어떤 해괴망측한 요술쟁이가 이런 마귀를 불러내어 이렇게 신성한 장례식에 훼방을 놓게 하는 걸까?

**글로스터**   이놈들, 시체를 썩 내려놓지 못하겠느냐. 오냐, 좋다. 거역하는 놈은 송장을 만들어 놓을 테다.

**시종**   각하, 비켜주십시오. 영구를 지나가게 해주십시오.

**글로스터**   개놈 같으니, 무엄하게! 물러서지 못해! 명령이다. 그 미늘창을 높이 들어올려라. 그렇게 하지 않으면 널 때려눕혀서 발길로 차버릴 테다. 이 무례한 거지야! (시종들이 관을 내려놓는다)

**앤**   (시종들에게) 아니, 그대들은 떨고 있소? 겁을 내고 있소? 아, 딴은 그럴 테지. 그대들은 인간이니까. 그야 인간의 눈으로는 이 악마를 마주 볼 수는 없을 테지. 썩 없어져, 지옥의 무서운 전령 같으니! 살아 계실 땐 저 옥체에 감히 손을 댔지만 영혼까지 손아귀에 넣을 수는 없어. 그러니 썩 꺼져버려!

**글로스터**   아름다운 성녀여, 제발 그렇게 저주하지 마시오.

**앤**   이 더러운 악마 같으니, 제발 꺼져버리고 더 이상 우리를 괴롭히지 마라. 너는 이 지상의 낙원을 지옥으로 만들어 놓지 않았는가. 자신의 악행을 보고 싶거든 자, 이 살육의 실례를 좀 봐라. 오, 다들 봐요, 봐! 헨리 왕의 아문 상처가 다시 입을 열고 새로 피를 쏟고 있잖소. 이 더러운 불구자 같으니, 얼굴이나 붉혀. 네가 나타남으로써 피가 있을 리 없는 차디찬 빈 혈관에서 이렇게 피가 쏟아져 나오는 것을 좀 봐. 너의 무참하고 비인간적인 악행 때문에 이렇게도 기이하게 피의 홍수가 벌어지지 않는가. 오, 이 피를 만드신 신이시여, 복수로 저자를 죽여주소서! 오, 이 피를 들이마시는 대지여, 복수로 저자를 죽여주소서! 오, 대지여, 입을 꼭 벌리고 저자를 냉큼 삼켜버리소서. 지옥의 마수에 쓰러진 이 왕의 피를 들이마시듯이!

**글로스터**   부인, 부인은 자비의 법칙을 모르시는 모양입니다. 악에는 선으로 대하고, 저주에는 축복으로 대해야 한다는 것을.

**앤**   신의 법칙도 인간의 도리도 알지 못하는 악당 주제에. 아무리 사나운 맹수라도 조금은 인정을 알고 있는 법이다.

**글로스터**   그러나 내가 어떻게 그런 걸 알겠소. 난 맹수가 아닌데.

**앤**   어머, 놀랍군. 악마가 실토를 하는구먼!

**글로스터**  더욱 놀랍게도 천사도 화를 내는구려. 성스러운 천사에게 부탁이 있소. 내게 씌워진 온갖 죄목을 스스로 낱낱이 해명하여 무고함을 밝힐 수 있도록 해주오.

**앤**  세상이 다 아는 악의 화신이여, 제발 내가 세상이 다 아는 죄상을 낱낱이 들어 저주할 수 있도록 해주오.

**글로스터**  입으로 다 표현하지 못할 만큼 아름다운 여인이여, 좀 참으시고 내게 변명할 기회를 좀 주시오.

**앤**  상상도 못할 만큼 더러운 악인 같으니, 목매달아 죽는 것 말고 무슨 변명을 하겠다는 거냐?

**글로스터**  그런 때 자포자기해서는 자신이 스스로 죄인이 되는 격이오.

**앤**  그와 같은 자포자기가 아니고서는 죄과에 대한 변명은 되지 않는 법이야. 네가 스스로에게 받아 마땅한 중벌을 내려야만 부정한 학살의 죄가 씻기는 거다.

**글로스터**  그 학살자가 내가 아니라고 한다면?

**앤**  그렇다면 아무도 학살당하지 않았을 테지. 그러나 모두 죽었어. 악마의 하수인 네 손에 말이야.

**글로스터**  당신 남편은 내가 죽이지 않았소.

**앤**  그렇다면 그이는 살아 있겠군.

**글로스터**  아니오, 죽었소. 에드워드 왕의 손에.

**앤**  그 더러운 혓바닥으로 거짓말을 하는구나. 마거릿 왕비도 목격하셨어. 살기 등등한 너의 칼이 내 남편의 피로 김을 뿜는 것을. 그리고 너는 그 칼을 마거릿 왕비의 가슴에 갖다 댔지. 그러나 그 칼끝을 당신 형제들이 쳐주는 바람에 아슬아슬하게 위기를 면하기는 했지만.

**글로스터**  그건 그 왕비의 독설에 내가 분개한 탓이었소. 그것도 죄 없는 자에게 억울한 죄를 씌웠으니 말이오.

**앤**  본디 마음이 잔악하니 학살밖엔 생각하지 않는 주제에. 그래도 이 헨리 왕을 자신이 죽이지 않았단 말인가?

**글로스터**  그건 시인하지요.

**앤**  시인한다고? 이 무자비한 고슴도치 같으니. 그런 가증할 행위의 대가로 지옥에 떨어져 버려. 하나님도 이 저주에 대해서는 나무라지 않으실 거다!

아, 너무나 인자하고 상냥하며 고결한 왕이셨는데!

**글로스터**  오히려 지금 가 있는 천국의 왕으로서 어울리는 분이었지요.

**앤**  그야 천국에 계시고말고. 너 따위는 영영 가보지도 못할 천국에.

**글로스터**  그건 내게 감사해야지요. 그곳으로 내가 보내준 것이니까. 그분에
　게는 이 지상보다는 그곳이 더 알맞으니까요.

**앤**  너에게 알맞은 곳은 지옥밖에 없어!

**글로스터**  아니, 또 한 군데 있소. 내가 말할 테니 들어보겠소?

**앤**  지하 감옥일 테지.

**글로스터**  당신의 침실이오.

**앤**  눕는 곳엔 어디고 불안이 쌓여라!

**글로스터**  과연 그렇소. 내가 당신과 같이 눕게 되기까진.

**앤**  흥, 해보라지.

**글로스터**  하고말고. 그런데 이봐요, 앤. 서로 싸움은 그만두고 좀더 차분히
　이야기를 나누어 봅시다. 플랜태저넷 가문의 헨리 왕과 에드워드 왕자를 불
　의의 죽음으로 몰아넣은 장본인이야말로 그 하수인 못잖게 비난을 받아야
　할 게 아니겠소?

**앤**  네가 바로 가장 악랄한 결과의 원인이야.

**글로스터**  당신의 아름다움이 바로 이 일의 원인이었소. 자나깨나 당신의 그
　아름다움을 잊지 못하여, 단 한 시간만이라도 좋으니 당신의 그 포근한 가
　슴에 안겨볼 수만 있다면 세상 모든 남자들을 죽일 궁리까지 해봤다오.

**앤**  아, 살인자, 그런 줄 알았다면 이 손톱으로 내 얼굴을 할퀴어 놓을 것을.

**글로스터**  당신의 아름다움이 망가지는 것을 이 눈이 그냥 보고만 있지는 않
　을 거요. 내가 곁에 있는 이상 아름다움을 해치게 놔두진 않겠소. 온 세계
　는 태양 덕분에 빛나고 있듯이 나도 그 얼굴 덕분에 빛나오. 그 얼굴은 나
　의 태양, 나의 생명이오.

**앤**  너의 그 태양 위엔 시커먼 밤이 내리덮이고, 그 생명 위엔 죽음이 내려라!

**글로스터**  이봐요, 아름다운 앤. 그렇게 자기 자신을 저주하지 말아요. 당신
　이 바로 나의 그 태양이며 생명이니까.

**앤**  그렇게 됐으면 좋겠다. 원수를 갚을 수 있게.

**글로스터**  그건 전혀 이치에 닿지 않는 소리요. 사랑해 주는 사람에게 원수

를 갚다니.

**앤** 그건 정당하고 이치에 닿는 말이다. 남편을 죽인 자에게 복수를 하겠다는 건.

**글로스터** 이봐요, 당신의 남편을 죽인 것은 더 좋은 남편을 주기 위해서였소.

**앤** 더 좋은 남편이 이 세상에 있을 리 없어.

**글로스터** 죽은 남편보다도 당신을 더욱 사랑하는 남자가 살아 있소.

**앤** 이름을 말해 봐.

**글로스터** 플랜태저넷.

**앤** 아니, 그건 죽은 남편 이름이잖아.

**글로스터** 같은 이름이오. 하지만 훨씬 뛰어난 인물이오.

**앤** 그래, 그가 어디 있지?

**글로스터** 바로 여기 있소. (앤이 그에게 침을 뱉는다) 아니, 침은 왜 뱉는 거요?

**앤** 제발 그 침이 독이었으면 좋겠구나!

**글로스터** 그런 예쁜 입에서 독이 나올 리가 있겠소.

**앤** 두꺼비는 독을 가지고 있다지만, 이렇게 더러운 두꺼비는 처음 봤어. 썩 꺼져! 내 눈이 더러워지겠으니.

**글로스터** 이봐요, 당신의 눈이 내 눈을 사로잡아 놨소.

**앤** 이 눈이 차라리 도마뱀 눈이 되어 너를 한 번 쏘아보고 죽일 수 있다면!

**글로스터** 나도 차라리 당장에 죽는 편이 낫겠소. 지금은 반죽음을 당하고 있는 형편이니까. 당신 눈이 내 눈에서 짜릿한 눈물을 짜내고, 아이같이 억수 같은 눈물을 쏟게 하여 창피를 주었소. 내 눈은 연민의 눈물은 한 번도 쏟아본 적이 없었소. 험악한 얼굴을 하고 클리퍼드가 긴 칼로 러틀랜드를 내려칠 때, 그 비통한 신음을 듣고 나의 아버지 요크와 형 에드워드는 울었지만 나는 눈물 한 방울도 비치지 않았소. 그렇지, 용맹하신 당신 아버지가 내 아버지의 비참한 죽음을 아이같이 흐느껴 울며 이야기했소. 줄곧 말문이 막히고 곁에 서 있는 사람들도 비에 흠뻑 젖은 나무처럼 볼을 적시고 있었소…… 그처럼 비통한 때에도 이 대장부의 눈은 비굴한 눈물은 무시했다오. 그만한 슬픔도 끌어내지 못한 눈물을 당신의 아름다움이 끌어내어, 울음으로 이렇게 눈을 멀게 해놨소. 나는 친구한테나 적한테나 애원이라곤

영화 〈리처드 3세〉
로렌스 올리비에 각
색·감독·주연, 클레
어 블룸 출연. 영국,
1955.

리처드가 앤에게 그
녀의 시아버지 헨리
6세 장례식에서 애
정을 고백한다.

해본 일이 없는 인간이오. 이 혀도 달콤한 아첨은 배우지 못했소. 그것이 이제는 당신의 아름다움에 완전히 반하여, 이 거만한 마음도 이렇게 굴복하고 혀는 이렇게 애원하는 것이오. (앤이 경멸하는 눈초리로 바라본다) 입술에 그와 같은 경멸을 보이지 마시오. 그 입술은 키스하기 위해 있는 것이지 그렇게 멸시하라고 있는 것은 아니니까요. 당신의 그 복수심이 진정 용서하지 못하겠다면 자, 이 예리한 칼을 줄 테니 소원대로 이 진실한 가슴을 찔러서 당신을 사모하는 영혼을 하늘로 날려보내 주오. 그 칼 앞에 이렇게 가슴을 드러내 놓고, 무릎 꿇고 겸손하게 처형을 바라오. (가슴을 풀어헤친다. 앤은 칼 끝을 그의 가슴에 갖다 댄다) 망설일 건 없소. 헨리 왕은 내가 죽였소. 그러나 그렇게 시킨 것은 당신의 아름다움이었소. 자, 어서, 에드워드 왕자를 찔러 죽인 것도 확실히 나요. 하나 당신의 그 천사 같은 얼굴이 나를 그렇게 시킨 것이오. (앤은 칼을 떨어뜨린다) 자, 그 칼을, 아니면 나를.

**앤** 일어서요, 위선자 같으니. 죽이고 싶지만 하수인이 되고 싶지는 않으니까요.

**글로스터** 그럼 죽으라고 명령하시오. 깨끗이 죽어 보이리다.

**앤** 벌써 그렇게 말했잖아요.

**글로스터** 그건 홧김에 한 말이오. 한 번 더 말을 해요. 말만 떨어지면 바로 이 손으로, 당신을 사랑하는 나머지 당신 연인을 죽인 바로 이 손으로 그 연인보다 더할 수 없이 진실한 사랑을 바친 날 죽여 보이리다. 당신을 사랑하는 까닭에 말이오. 그러나 당신은 두 죽음에 다 공범자요.

**앤** 당신 마음속을 알고 싶군요.

**글로스터** 내 입으로 말한 그대로요.

**앤** 당신의 마음도, 입도 믿을 수 없어요.

**글로스터** 그렇다면 뭇 남자들이 다 거짓말쟁이라는 것이 되오.

**앤** 글쎄요, 그 칼이나 칼집에 넣으세요.

**글로스터** 그렇다면 마음은 풀어진 것입니까?

**앤** 아직은 몰라요.

**글로스터** 하지만 기대해도 좋소?

**앤** 누구나 기대를 갖고 사는 것이죠.

**글로스터** 그럼, 이 반지를 끼어주오.

**앤**  받긴 해도 내 건 주지 않겠어요. (반지를 낀다)

**글로스터**  자, 보시오. 내 반지가 당신 손을 감싸고 있구려. 그와 같이 당신의 가슴도 나의 가엾은 마음을 감싸고 있소. 마음과 반지를 둘 다 그렇게 끼고 있어주오. 둘 다 당신의 것이니까요. 게다가 가엾은 이 사나이의 숭배자인 당신이 그 인자한 손에 애원을 하나만 받아준다면, 내 행복은 영원히 변함이 없을 것이오.

**앤**  뭔데요?

**글로스터**  다른 문제가 없다면 이 장례식은 마땅히 상주 노릇을 해야 할 이 사람에게 맡기고, 이 길로 곧 크로스비 댁으로 가주지 않겠습니까? 왕의 유해를 정중히 처트시 수도원에 모시고 그 무덤을 참회의 눈물로 적신 다음 바로 당신을 찾아가리다. 여러 가지 은밀한 이유가 있어 그러니 부디 은혜를 베풀어 주오.

**앤**  기꺼이 그렇게 하겠어요. 당신이 이렇게 뉘우치는 것을 보니 정말로 기뻐요. 그럼, 트레슬과 버클리는 나와 같이 가요.

**글로스터**  내게 작별 인사를 해주오.

**앤**  그건 아직 안 돼요. 하지만 남에게 아첨하는 것을 지금 비로소 익혔어요. 그러니 작별 인사는 벌써 받으셨다고 생각해 두세요. (미늘창을 든 시종들과 함께 퇴장)

**글로스터**  여봐라, 그 영구를 들어라.

**병사**  처트시로 갑니까?

**글로스터**  아니다, 화이트프라이어즈로 가는 거다. 그곳에서 나를 기다려라. (모두 영구를 들고 퇴장) 대체 이러한 때에 구혼을 받아들인 여자가 있을까? 저 여잔 이젠 내 것이다. 하지만 곁에 오래 잡아둘 생각은 없어. 원! 나에게 남편과 시아버지를 잃어 마음은 증오심에 불타며, 입에는 저주를, 눈에는 눈물을 담고 있으며, 더구나 나의 증오에 피를 쏟고 있는 시체를 눈앞에 두고도 내 손아귀에 들어오고 말다니! 게다가 그쪽은 신이니 양심이니 여러 가지 방패를 가지고 있으나 이쪽에는 설득을 도와줄 친구라곤 한 명도 없고, 다만 악마와 가면밖에 없잖은가. 그러한 내가 그녀를 정복하다니! 이건 맨주먹으로 천하를 손에 넣은 격이지! 허, 벌써 잊어버렸단 말인가! 저 용감한 남편 에드워드 왕자를? 겨우 석 달 전에 툭스베리 전투에서 마구 휘두른 내 칼에 쓰러진 제 남편을, 그렇게도 미남이고 훌륭한 남자를? 아낌없이 받은 자연의 혜택, 그 젊음, 그 아름다움, 그 총명, 게다가 왕자다운 천품, 그만한 인물은 넓은 세상에 다시는 태어나지 못할 게 아닌가. 그런데도 천하게 내게 눈길을 던져오다니? 그 훌륭한 왕자의 황금 같은 청춘을 내 손에 잘린 채 자기는 독수공방의 한 많은 과부가 됐으면서. 모든 자질을 다 합쳐도 에드워드의 한 조각만큼도 못한 내게? 이런 절름발이 병신에게? 이제 보니 내 공작령을 단돈 서 푼짜리같이 생각해선 안 되겠군. 난 여태껏 나 자신을 너무나 과소평가해 온 모양이야. 그렇지만 분명히 그녀 눈에는 내가 이만저만한 미남이 아닌 모양이군. 내 눈에는 그렇게 안 보이지만. 그래, 거울을 하나 사야겠구나. 그리고 재봉사도 수십 명 불러 몸단장하는 법도 배워야겠군. 이제 나는 나 자신과 화해했으니, 돈이 들더라도 지속해 나가야지. 먼저 저 시체를 무덤에 처치한 다음 내 애인 곁으로 돌아와서 애도의 눈물을 쏟아야겠다. 아름다운 태양아, 내가 거울을 살 때까지 잘 비춰 다오. 내가 지나가면서 자신의 그림자를 볼 수 있도록. (퇴장)

〔제1막 제3장〕

런던, 궁전 안의 한 방.
엘리자베스 왕비, 왕비의 동생 리버스 경, 왕비의 아들 그레이 경 등장.

**리버스** 진정하십시오, 왕비님. 전하께서는 곧 회복하실 것입니다.

**그레이** 그렇게 염려만 하고 계시면 전하의 환후에 도리어 해롭습니다. 그러니 부디 기운을 내십시오. 그리고 생기 있고 쾌활한 눈으로 전하를 위로해 드리십시오.

**엘리자베스** 만약에 돌아가시기라도 하는 날엔, 이 몸은 어떻게 되겠니?

**그레이** 그와 같은 어른을 한 분 잃는 것, 그것뿐입니다.

**엘리자베스** 그와 같은 어른을 한 분 잃는 것은 모든 화근이 된다.

**그레이** 하늘의 덕택으로 훌륭한 왕자님이 있으니, 전하께서 돌아가시더라도 어머니께는 위로가 되어줄 것입니다.

**엘리자베스** 아, 왕자는 아직 어리다. 성년이 될 때까진 글로스터 공 리처드 후견에 맡겨질 거야. 그런데 그는 나나 그대들을 다 싫어하지.

**리버스** 벌써 섭정으로 결정됐습니까?

**엘리자베스** 내정이 되어 있네. 확정된 건 아니지만. 하지만 만약에 전하가 돌아가시는 날엔 그렇게 되고 말 테지.

버킹엄 경과 더비 백작인 스탠리 경 등장.

**그레이** 버킹엄 경과 더비 경이 오셨습니다.

**버킹엄** (엘리자베스 왕비에게) 마마, 옥체 강녕하시옵니까?

**스탠리** 변함없는 모습을 뵈오니 기쁘기 그지없습니다!

**엘리자베스** 더비 경, 리치먼드 백작의 부인은 경의 인사말에 아마 동의하진 않을 것이오. 그러나 더비 경, 그 부인이 지금은 그대의 아내가 되어 나를 싫어하고 있지만 안심하오. 그녀가 교만하다 해서 내가 그대를 미워하지는 않으니까요.

**스탠리** 나쁜 중상자들의 악의에 찬 모략을 믿지 마십시오. 설사 실제로 모략을 하고 있다 하더라도, 그것은 몸이 허약한 탓이라고 용서해 주시기 바랍니다. 그것은 아마 그녀의 고질병에서 온 것이지, 근거 있는 악의에서 온 것은 아니니까요.

**엘리자베스** 더비 경, 오늘 전하를 만나 뵈었소?

**스탠리** 바로 지금 버킹엄 경과 함께 뵙고 나오는 길입니다.

**엘리자베스** 그래, 회복할 가망이 있나요? 두 분에게는 어떻게 보이던가요?

**버킹엄** 안심하십시오. 전하께서는 쾌활하게 말씀하셨습니다.

**엘리자베스** 부디 쾌유하시기를! 전하와 이야기를 하셨다고요?

**버킹엄** 예, 전하께서는 글로스터 공과 왕비님의 동생들 사이, 또 그 동생들과 시종장 사이를 화해시키고자 전령을 보내 입궐하도록 하셨습니다.

**엘리자베스** 모든 것이 잘 해결되길! 하지만 그렇게 돼지는 않을 겁니다. 내 행복은 지금이 절정인 것 같소.

글로스터 공, 헤이스팅스 경, 왕비의 아들 도싯 후작 등장.

**글로스터**　모두가 나를 모함하고 있소. 이젠 더 이상 가만있지 않겠소. 전하께 이 사람을 모함한 자가 누구요? 허, 나더러 냉혹하다는 둥, 자기네를 좋아하지 않는다는 둥, 맹세하지만 그런 괴상한 유언비어를 전하의 귀에 불어넣은 이야말로 전하를 진실로 사랑하지 않는 자들이요. 나는 아첨이나 가면을 못 쓰는 사람이오. 남 앞에서 미소를 짓거나, 상냥한 표정을 하거나, 상대방에게 사기를 쳐서 속이거나 하지 못하오. 물론 프랑스식으로 굽실대거나 원숭이같이 아양을 떨거나 하지도 못하오. 그렇다고 나를 원한을 품고 있는 적으로 대하다니. 소박한 한 남자가 남의 신세를 지지 않고 살아가고 싶은데, 그 솔직한 진실이 엉큼하고 교활한 아첨꾼들 등쌀에 모략당해야만 한단 말이오?

**리버스**　대체 누구한테 하시는 말씀이시오?

**글로스터**　그대한테요. 염치도 덕도 없는 당신한테요. 언제 내가 그대를 해쳤단 말이오? 언제 그대를 모함했단 말이오? (스탠리를 보고) 아니면 그대를? (도싯을 보고) 아니면 그대를? 아니 그대들 중에 누구를? 염병할! 전하는, 전하에 대한 일이라면 당신들보다 이 몸이 훨씬 더 걱정하고 있소. 전하는 잠시도 편안치 못하시단 말이오. 당신들이 야비한 중상을 하며 전하를 괴롭히고 있기 때문이요.

**엘리자베스**　글로스터 공, 그건 오해십니다. 전하께서는 다른 사람에게서 들은 것이 아니라 전하의 판단으로 당신의 평소 행동에 자연스레 나타나 보이는 내부의 증오심, 나의 자식들과 친척들, 또 왕비인 나에 대한 증오심을 아마 눈치채시고, 그 적개심의 근거를 알아보실 생각으로 전령을 보내신 겁니다.

**글로스터**　글쎄요. 워낙 말세가 돼서, 독수리도 감히 내려앉지 못하는 높은 곳에서 굴뚝새 따위가 먹이를 찾고 있군요. 노예들이 모두 귀족이 되고, 귀족들이 수없이 노예로 전락하는 판입니다.

**엘리자베스**　진정하십시오, 글로스터 공, 말씀 안 하셔도 잘 알아요. 이 몸의 출세를, 그리고 내 가문의 출세를 질투하고 계시는군요. 정말이지 공작의 신세만은 제발 지고 싶지 않아요.

**글로스터**　그런데 묘하게 이 사람은 당신의 신세를 지고 있군요. 형 클래런스는 당신 덕분에 투옥당하고, 나는 전하께 치욕을 당하고, 귀족들은 무시를

**엘리자베스 우드빌**(1437~1492)  에드워드 4세의 왕비이자 에드워드 5세의 어머니.

당하고 있소. 그런데 한편으론 매일같이 벼락귀족들이 태어나는 판이오. 며칠 전만 해도 보잘것없던 이들 중에서 말이오.

**엘리자베스**  만족스런 삶에서 이렇게 근심 많은 높은 지위로 올려주신 하느님께 맹세하지만, 전하께 클래런스 공을 모함한 것은 절대로 내가 아닙니다. 오히려 나는 그분을 열심히 옹호했습니다. 그런 나를 당신은 염치도 없이 모욕하고 계십니다. 그런 비열한 혐의를 부당하게도 이 몸에 두시다니요.

**글로스터**　그럼 요전번 헤이스팅스 경의 투옥과도 무관하시단 말씀이시오?

**리버스**　물론, 그건……

**글로스터**　물론 전혀 관계가 없다는 말씀이군요, 리버스 경! 대체 그걸 누가 압니까? 무관하시기는커녕 왕비께서 당신들을 차례차례 좋은 자리에 올려 놓고서도 자신은 상관없는 일이라며 시치미를 떼시고, 그 영예를 모두 당신 들의 공덕으로 돌리고 계시잖소. 그 솜씨로 무엇을 못하시겠소? 그 수단으로라면 말이오.

**리버스**　아니, 그 수단으로 무엇을 했다는 거요?

**글로스터**　아니, 그 수단으로 무엇을 했느냐고요? 솔직히 그 수단으로 왕과 결혼하시잖았소. 손아래 독신자인 잘생긴 왕과 말이오. 여기에 비하면 당신 의 할머니는 남편 복이 좀 없었죠.

**엘리자베스**　글로스터 공, 공작의 노골적인 욕설과 신랄한 조롱을 오래도록 참아왔지만, 이제까지 참고 받아온 끔찍한 모욕을 이제는 전하께 알려드려야겠어요. 한 나라의 왕후이면서 이와 같이 골탕먹고 조롱당하고 욕을 보느니 차라리 시골에 틀어박혀 부엌데기가 되는 게 낫겠어요.


헨리 왕의 아내인 마거릿이 뒤쪽에서 등장.


**엘리자베스**　잉글랜드의 왕비이면서 쥐꼬리만 한 기쁨밖에는 누리지 못하다니.

**마거릿**　(혼잣말로) 신이여, 그 쥐꼬리만 한 기쁨조차 더욱더 줄어들게 해주시옵소서! 너의 그 영예도, 신분도, 지위도 다 내 것이었지.

**글로스터**　아니! 전하께 아뢰겠다고 저를 위협하시는 겁니까? 제발 아뢰시구려. 사양할 건 없습니다. 아까 한 말을 나는 전하 앞에서도 공개적으로 아뢸 테니 두고 보시오. 런던 탑에 갇혀도 좋소. 이제는 나도 할 말이 있소. 내 공로는 싹 잊히고 말 모양이군.

**마거릿**　(혼잣말로) 없어져라, 악마 같으니! 네 공로는 잊히기는커녕 너무도 잘 기억하고 있다. 너는 내 남편 헨리 왕을 런던 탑에서 죽였다. 그리고 불쌍한 내 아들 에드워드를 툭스베리에서 죽였고.

**글로스터**  그렇소! 왕후가 되기까지, 아니 당신 남편이 왕이 되기까지 난 왕의 큰일들을 위해서 짐말같이 몸을 아끼지 않았소. 오만한 적들을 잡초같이 뽑아내고, 우군에겐 아낌없이 상을 준 사람이오. 형을 왕의 혈통으로 만들기 위해서 나의 피를 쏟아부었소.

**마거릿**  (혼잣말로) 그래. 네놈은 네 형이나 네 피보다 더 고귀한 피를 흘리게 했다.

**글로스터**  그때 당신과 당신의 전남편 그레이 경은 랭커스터 가문의 개 노릇에 충실했소. 리버스 경, 그대도 한패였소. 그리고 전남편 그레이 경은 마거릿 지휘 아래 세인트 올번스에서 전사하지 않았소? 잊었다면 돌이켜 생각하게 해드릴까요? 당신의 이전 신분과 지금의 신분, 아울러 나의 이전 신분과 지금의 신분을.

**마거릿**  (혼잣말로) 살인자 악당이었다. 너는 지금도 그렇다.

**글로스터**  가엾게도 형 클래런스는 자기 장인 워릭까지 배신했소. 그래서 자기 맹세를 깨뜨리게 됐던 거요…… 신이시여, 그 점을 용서해 주옵소서!

**마거릿**  (혼잣말로) 신이시여, 복수해 주소서.

**글로스터**  왕위 쟁탈전에서 에드워드 편에 섰지만 그 대가로, 불쌍한 클래런스는 갇힌 몸이 되었소. 내 마음도 에드워드와 마찬가지로 부싯돌처럼 딱딱해지거나, 그렇지 않으면 비록 나는 세상을 살아가기에는 너무 나약하고 어리석지만, 에드워드가 나처럼 부드럽고 여리면 좋겠소.

**마거릿**  (혼잣말로) 이 뻔뻔스런 악당 같으니! 이 세상을 떠나 어서 지옥으로 줄달음치려무나! 그곳이 네 왕국이니까.

**리버스**  글로스터 공작, 우리 모두를 적으로 몰아세우려고 하시지만, 그 난세에 우리는 그때의 왕을 따랐을 뿐이오. 만약 공작께서 왕이라면 공작을 따랐을 것이오.

**글로스터**  만약 내가 왕이라면! 차라리 행상인 팔자가 낫소. 천부당만부당하여 생각조차 미치지 못한 일이오.

**엘리자베스**  이 나라의 왕이 되더라도 기쁨이 별로 없을 것이라고 생각하시는 모양이군요. 마찬가지로 왕비이지만 기쁨은 별로 누리지 못하는 내 처지를 짐작하실 수 있을 거요.

**마거릿**  (혼잣말로) 왕비라도 기쁨은 별로 누리지 못하지. 나도 그 왕비이지만 기쁨은 전혀 없어. 이젠 듣고만 있을 수 없군. (큰 소리로 말하면서 앞으로 나온다) 좀 들어봐라, 이 해적 같은 자들아. 나한테서 약탈한 것을 놓고 이젠 분배 싸움을 하고 있구나! 너희들 중에 나를 보고 떨지 않을 사람이 누구냐? 만약 그것이 아니라면 내가 왕비니까 신하답게 절을 하든지, 그게 아니라면 나를 폐위시켰기 때문에 역도들처럼 떨고 있느냐? 아, 점잖은 악당아, 고개돌리지 마라!

**글로스터**  주름살투성이의 더러운 마녀 같으니, 뭣하러 내 눈앞에 나타났는가?

**마거릿**  네놈이 저질러 놓은 일들을 되풀이해서 들추어 내려고. 다 들추기 전에는 자리를 뜨지 못하게 할 테다.

**글로스터**  추방당한 신분이 아닌가? 발각되면 사형이라는 걸 모르는가?

**마거릿**  그렇다. 하지만 추방되어서 고생살이를 하느니보다는 이곳에서 발각되어 죽는 편이 낫지. 너는 내게 내 남편과 내 아들을 빚지고 있어. 그리고 너는 하나의 왕국을, 그리고 너희들 모두 충성을 내게 빚지고 있어. 내가 지닌 이 슬픔은 본디 너희들 것, 그리고 너희들이 약탈해 간 온갖 기쁨은 나의 것이다.

**글로스터**  너에게는 우리 아버지의 저주가 내린 거다. 너는 그 어른의 늠름한 이마에 종이 왕관을 씌워 놓고 욕지거리를 퍼부어, 그 어른 눈에서 피눈물을 쏟게 했지. 그리고 그 눈물을 씻으라고 귀여운 러틀랜드의 순진무구한 피가 묻은 헝겊을 내주었다. 네 뼛속에 사무친 그 어른의 저주는 모두 너에게 떨어졌어. 우리가 아니라 신이 너의 잔인한 행위를 벌한 것이다.

**엘리자베스**  신은 공정하시며 언제나 정의의 편이십니다.

**헤이스팅스**  아, 너무나도 잔인한 일이었습니다. 그 어린애를 죽이다니. 그렇게도 무자비한 행위는 일찍이 없던 일이었습니다.

**리버스**  그 소식엔 세상없이 잔인한 인간도 눈물을 쏟았지요.

**도싯**  그 일의 복수를 예상하지 않는 사람이 없었습니다.

**버킹엄**  때마침 곁에 있던 노섬벌랜드 경도 그 참혹한 광경에 눈물을 쏟았소.

**마거릿**  흥! 내가 나타나기 전까지는 다들 으르렁대고 당장에 서로 목을 물어뜯을 기세더니, 이젠 뭉쳐서 나에게 증오를 돌리겠단 말이냐? 네 아버지 요크의 무시무시한 저주가 하늘에서 그렇게도 효험이 있단 말이냐? 그래서 헨리 왕의 죽음이며, 귀여운 내 에드워드의 죽음, 왕국의 상실, 비탄할 이 내 몸이 현재 처한 추방의 신세 등이 모두 그 바보 같은 아이 녀석의 목숨에 대한 대가란 말이냐? 그래, 저주가 구름을 뚫고 하늘에 이를 수 있단 말이냐? 아, 그렇다면 자욱한 구름들아! 나의 살아 있는 저주 앞에 흩어져 사라져 다오! 너희들 왕도 급살을 당해라. 그놈을 왕위에 앉히기 위하여 나의 왕은 살해당한 거다! 왕세자가 된 네 자식 에드워드도 왕세자였던 내 아들 에드워드처럼, 느닷없이 마수에 걸려 명도 다 못한 때에 죽어버려라! 왕비인 너도 왕비였던 나처럼 비참하게 몰락해 오래도록 살아남아라! 오래 살아남아서 자식들의 죽음을 비탄하고, 내 왕관을 빼앗아 쓴 너를 내가 눈앞에 보듯 네 권리를 빼앗아 장식하는 새 왕비를 보아라! 죽기 전에 벌써 행복한 날은 사라지고 오랜 한탄의 세월을 보낸 다음 어미도, 아내도, 잉글랜드 왕비도 아닌 처지로 죽어 없어져라! 리버스와 도싯! 네놈들은 보고도 못 본 체했지. 헤이스팅스, 너도 그랬었지. 내 아들이 잔인한 비수에 찔려 죽는 장면을. 제발 너희들은 한 놈도 제명대로 죽지 못하고, 불의의 재난으로 다들 죽어버려라!

**글로스터**  쓸데없는 주문은 관둬. 이 빌어먹을 말라빠진 마녀 같으니!

**마거릿**  네 몫의 저주는 아직 남아 있다. 거기 있어, 요 개 같은 놈아. 네 몫을 들려주마. 네게 떨어지라고 내가 바랄 수 있는 이상의 지독한 재앙이 하늘에 있다면 아, 하느님, 죄악이 다 익을 때까지 간직되어 있다가 저놈의 죄가 한창 무르익을 때 분노를 넘치도록 쏟아주옵소서. 이 세계의 평화를 휘저은 교란자에게! 그날까지 자나 깨나 양심의 벌레한테 영혼을 갉아먹혀라! 친구를 평생 반역자로 의심하고, 지독한 반역자를 친한 친구로 생각하라! 네 그 지독한 눈을 어떠한 잠도 닫지 못하게 하라! 일단 닫히면 그때는 지옥의 무시무시한 악마들이 나타나서 악몽에 시달려 녹초가 되게 하라! 아귀의 낙인이 찍힌 불구자, 흙을 파헤치는 산돼지 같으니! 지옥의 아들 놈! 너를 밴 어미의 배때기에 욕을 보이고, 너를 만든 아비한테도 미움받을 놈 같으니! 귀족의 이름을 더럽히는 헝겊 같은 것! 이 빌어먹을⋯⋯.

**글로스터**  마거릿!

**마거릿**  리처드!

**글로스터**  왜?

**마거릿**　누가 널 부른 줄 알아?

**글로스터**　그럼, 실례했네. 아까부터 늘어놓은 욕설은 모두 나를 두고 한 줄 알았다.

**마거릿**　물론 너를 두고 한 거다. 그러나 네 대답은 필요없다. 오, 끝으로 내 저주를 마무리해야겠다!

**글로스터**　그건 벌써 내가 했다. 방금 마거릿이라고 소리친 것이 그 마무리지.

**엘리자베스**　결국 자기 자신을 저주한 셈이군요.

**마거릿**　불쌍한 그림의 왕비, 내 신세의 허망한 그림자 같으니! 독으로 등이 부푼 저 거미에게 어쩌자고 사랑을 뿌려주는가. 무서운 거미줄이 너를 옭아매고 있는 줄도 모르고? 바보, 바보 같으니! 제 자신을 죽일 칼을 제 손으로 갈고 있는 셈이구나. 두고 봐라. 등에 독이 든 이 두꺼비 놈을 같이 저주해 달라고 내게 애원할 그날이 기어이 오고 말 테니.

**헤이스팅스**　엉터리 예언자 노파 같으니, 그 미치광이 같은 저주는 그만둬. 괜히 우리의 화를 돋우어 혼나지 말고.

**마거릿**　몰염치한 것들 같으니! 네놈들이 내 부아를 터뜨려 놨지 뭐냐.

**리버스**　적당한 대우를 받기가 소원이라면 그것이 어떤 것인지를 가르쳐 드리죠.

**마거릿**　제대로 된 알맞은 대우로 말하면, 너희들은 다 내 앞에 엎드려야 마땅하지. 나는 너희들의 왕비가 아니냐. 그리고 너희들은 내 신하가 아니냐. 오, 정당히 시중들어라. 그리고 너희들은 신하의 본분을 지켜라!

**도싯**　(리버스에게) 정신줄 놓은 저 여자와 논쟁하지 마세요.

**마거릿**　그 입 다물라, 후작, 뻔뻔하군. 갓 주조된 금화 같은 벼락귀족이, 그래 세상에 간단히 통용될 줄 아는가? 작위를 잃는 것이 얼마나 비참한 일인지를 너희들 벼락귀족들도 생각해 보려무나! 높이 솟은 나무는 바람을 거세게 타기 마련. 한 번 쓰러지면 박살이 나는 걸 알아두려무나.

**글로스터**　훌륭한 충고군. 명심하시오, 후작. 명심하시오.

**도싯**　저에게뿐 아니라 공작께도 훌륭한 충고입니다.

**글로스터**　물론 내겐 한층 더 훌륭한 충고요…… 하지만 나는 높디높은 신분인데 우리 독수리 형제들은 삼나무 꼭대기에 집을 짓고, 바람과 희롱하며 태양을 비웃고 있지요.

**마거릿** 그리고 태양을 가리고 있단 말이지. 아! 아! 죽음의 그늘 속에 묻힌 내 아들을 좀 봐라. 태양보다 더 빛나는 내 아들의 빛줄기는 네놈 증오의 구름 속 영원한 어둠에 파묻히고 말았다. 그리고 네놈의 독수리 형제는 우리 쪽의 독수리 둥지 속에 집을 짓고 있다. 오, 하느님이 굽어보고 계시니 그냥 두실까 보냐. 피로 얻은 것은 피로 잃고 말리라!

**글로스터** 자비는커녕 부끄러움을 안다면 그 입 다물라.

**마거릿** 나에게 자비니 부끄러움이 다 무엇이냐. (다른 사람들에게 연설하듯이) 너야말로 나를 무자비하게 대우하고, 몰염치하게 나의 희망을 밟아버리지 않았느냐. 포학이 내가 받은 자비다. 그리고 치욕이 내 인생이다. 그 치욕 속에 내 애통한 분노는 지금도 불타고 있다!

**버밍엄** 그만, 그만해요.

**마거릿** 오, 버킹엄 경, 경의 손에 입맞추게 해주오. 동류라는 의식과 우정의 표시로. 그대 가문에 행운이 깃들기를! 그대 옷에는 우리 집안의 피가 묻어 있지 않습니다. 그리고 그대만은 내 저주의 대상이 아닙니다.

**버킹엄** 여기 계신 분들도 다 마찬가지요. 입에서 나오는 저주는 호흡처럼 자기 입으로 도로 들어가니까요.

**마거릿** 그럴 리가요. 내 저주는 하늘로 올라가서 하느님의 평화스런 잠을 깨우고 말 것이오. (버킹엄에게만 들리게) 오 버킹엄, 저 개를 조심하오. 저놈은 꼬리를 치면서 물어뜯는 놈이오. 그 독 이빨에 한 번 물리면 치명상을 입고 마오. 저놈과는 손을 끊고 조심하시오. 죄와 죽음과 지옥이 저놈의 이마에 찍혀 있고, 저놈의 부하들이 뒤에 대기하고 있으니까요.

**글로스터** 버킹엄 경, 저 노파가 뭐라고 합니까?

**버킹엄** 아무것도 아닙니다, 공작님.

**마거릿** 아니, 내 충고를 무시할 참이오? 조심하라는데, 저 악마한테 아첨할 생각이오? 오, 두고 보시오. 저놈이 그대 심장을 비탄의 칼로 찢어 놓는 날이 오고 말 테니. 그때는 이 불쌍한 마거릿을 예언자라고 말하게 될 것이오. 너희들은 저놈의 증오에 희생이 되고, 저놈은 너희들의 증오에 희생이 되겠지. 그리고 너희들 모두는 신의 증오에 희생이 될 것이다! (퇴장)

**버킹엄** 그 저주엔 온몸의 털이 곤두설 지경이군요.

**리버스** 나도 그렇습니다. 그런데 왜 저 여자를 내버려 두는지 모르겠군요.

**글로스터** 그 여자만을 탓할 수도 없는 노릇이오. 정말이지 너무나도 곤경을 당한 여자요. 나도 한몫 끼었었지만 내가 한 일이 후회가 되오.

**엘리자베스** 나로서는 그 여자에게 아무것도 한 기억이 없습니다.

**글로스터** 하지만 당신들은 다 그 여자를 욕보이고 이득을 취하고 있소. 나는 그 어떤 분의 이익을 위하여 지나칠 정도로 열성을 다했는데, 워낙 냉정한 그쪽에서는 요사이 그것을 싹 잊어버린 모양입니다. 글쎄, 클래런스를 좀 보시오. 근사한 보수를 받고 있잖소. 애쓴 보람으로 돼지 우리 속에 처넣어져 살을 찌우게 되었소. 하지만 신이여, 형님을 이런 궁지로 몰아넣은 자들을 용서하옵소서!

**리버스** 참으로 군자답고 기독교인다운 말씀입니다. 자기 쪽을 해친 원수를 위해서 기도하시다니!

**글로스터** 나는 언제나 그렇소…… (혼잣말로) 그거야 속셈이 있어서 한 일이지. 지금 저주한다면 나 자신을 저주하는 것이 되겠지.

케이츠비 등장.

**케이츠비** 왕비님, 전하께서 부르십니다. 글로스터 공작님도, 그리고 여러분들도요.

**엘리자베스** 아, 곧 가리다. 자, 같이들 가시지요.

**리버스** 제가 모시겠습니다. (글로스터만 남고 모두 퇴장)

**글로스터** 이렇게 선수를 써서 먼저 시비를 거는 거다. 내가 도화선을 터뜨려 놓은 비밀의 죄악을 슬쩍 다른 사람에게 뒤집어씌우는 거지. 클래런스로 말하면, 사실 내 손으로 암흑 속에 던져 놓고도 눈물을 쏟아 여러 바보들을 속이거든. 더비와 헤이스팅스, 버킹엄 등의 바보들을 말이야. 그리고 형 클래런스 공작을 왕께 고자질한 건 왕비와 그 일당이라고 뒤집어씌우면 되는 거야. 그러면 그치들도 그 말을 곧이듣고 나를 선동하여 리버스, 도싯, 그레이 무리에게 복수를 하라고 할 게 아닌가. 그러나 나는 한숨을 몰아쉬고, 성경 구절을 인용하여 신의 명령대로 악에는 선으로 보답해야 한다고 말해 주는 거다. 이렇게 알몸의 악당에게 옷을 입히는 거다. 성경의 낡아빠진 헝겊 같은 문구를 훔쳐다가 성자인 체하는 거야. 그때야말로 내가 마귀

역을 하고 있는 최고의 순간이지.

자객 두 사람 등장.

**글로스터** 가만있자. 내가 부리는 사형집행인들이 나타났군. 웬일들인가, 대담하고 믿음직한 친구들! 그래, 지금 그 일을 하러 가는 중인가?

**자객 1** 예, 그렇습니다. 그런데 영장(令狀)이 있어야 그분이 있는 곳에 들어갈 수 있습니다.

**글로스터** 참 그렇군. 자, 여기 있다. (영장을 내준다) 해치우거든 크로스비 저택으로 와라. 냉큼 해치워야 한다. 독한 마음을 먹고 애원엔 귀를 기울이지 말아야 해. 클래런스는 말재주가 여간이 아니니, 듣고 있다간 동정심을 느낄 수도 있어..

**자객 1** 염려 마십시오. 쓸데없는 소리는 하지 않을 테니까요. 입심이 센 놈은 실천력이 없는 법입니다. 안심하십시오. 저희들은 혀가 아니라 손을 쓰러 가니까요.

**글로스터** 세상의 바보들 눈이 눈물을 쏟을 때, 자네들 눈은 맷돌을 쏟을 게야. 난 자네들이 마음에 들었어. 자, 어서 시작하게. 어서 가서 처치하게.

**자객 1** 예, 알겠습니다. (모두 퇴장)

〔제1막 제4장〕


런던 탑.
클래런스와 브래큰버리 등장.


**브래큰버리** 오늘은 왜 이렇게 우울하십니까?

**클래런스** 오, 간밤은 비참한 하룻밤이었소. 무서운 꿈, 소름이 끼치는 장면뿐이었소. 충실한 그리스도교 신자인 이상, 두 번 다시 그런 밤을 지새우고 싶진 않구려. 설사 그 대신 매일같이 행복한 낮의 세계를 얻는다 하더라도 말이오. 정말 무시무시한 하룻밤이었소!

**브래큰버리** 대체 무슨 꿈이었습니까? 좀 이야기해 주십시오.

**클래런스**  내가 이 탑을 탈출하여 부르고뉴로 건너가려던 참이었는데, 내 아우 글로스터가 동행하고 있었소. 그런데 아우는 선실로 내려와서 나에게 갑판을 산책하자고 했소. 갑판 위에서 우린 잉글랜드 쪽을 바라보며, 요크가와 랭커스터가의 전쟁 통에 우리에게 떨어질 수많은 고난을 이야기하고 있었소. 마침 위험한 갑판 위를 걷고 있을 때 글로스터가 발을 헛디딘 것 같기에 나는 그를 붙들려고 했소. 하지만 그 순간 파도가 부딪쳐 와서, 그만 나는 성난 파도가 으르렁거리는 바닷속에 떨어지고 말았지요. 아! 물에 빠져 몹시 고생한 기억이 나는 것 같소! 무서운 물소리를 이 귀로 들었소! 무의미한 죽음의 모습들을 이 눈으로 봤소! 그리고 난파선의 무서운 잔해와 고기에 뜯어먹히는 수많은 시체들을 본 것 같소. 그리고 금괴와 거대한 닻, 진주 더미와 그 밖에 가치도 추측하지 못할 정도의 보석들이 바닷물 속에 온통 흩어져 있었소. 어떤 보석은 해골 속에 박혀 있었소. 이전에 두 눈알이 자리잡고 있던 구멍에 그 눈알을 비웃는 것처럼 보석이 박혀서 번쩍이며, 바닷속 미끈미끈한 바닥에 추파를 던지고 근처에 흩어진 뼈들을 조롱하고 있는 듯싶었소.

**브래큰버리**  죽어가는 순간에도 바닷속의 그런 비밀을 살펴볼 겨를이 다 있었습니까?

**클래런스**  글쎄 말이오. 차라리 귀신의 밥이 되려고도 몇 차례 애써봤지요. 그러나 심술궂은 파도는 내 영혼을 꽉 틀어막고 있어서 아무리 버둥대며 발길질을 해봐도 대기가 흐르고 있는 망망대해의 수면 위로 내보내 주질 않으니. 그 질식할 것 같은 영혼을 안고 내 가슴은 고통으로 허덕이며, 당장이라도 그 영혼을 바다에 토해 버릴 것만 같았소.

**브래큰버리**  그런 심한 괴로움에도 잠을 깨지 않으셨습니까?

**클래런스**  그렇소. 아니, 꿈은 죽은 뒤까지도 계속되었소. 아, 그때부터 내 영혼에 폭풍이 엄습했소. 나는 저 우울한 망각의 강을, 시인들이 말하는 저 음침한 나룻배 사공의 안내를 받아 영원한 밤의 왕국에 다다른 모양이었소. 그곳에서 떠돌아다니는 내 영혼을 가장 먼저 맞은 분이 나의 장인 워릭 경이었소. 그분은 큰 소리로 말했소. "배신자 클래런스 같으니. 네가 저지른 그 거짓 맹세에 대하여 이 영겁의 어둠 세계가 어떤 벌을 줄 수 있을 것인가?" 그리고 그분은 사라졌소. 다음엔 피에 젖은 밝은 머리칼의 천사 같은 그림자가 휠휠 나타나서 소리를 질렀소. "클래런스가 왔구나. 턱스베리 전쟁터에서 네가 날 찔러 죽였지. 복수의 여신들이여, 저놈을 잡아다가 고민의 구렁 속에 처넣어 주옵소서!" 이 말이 끝나자 무시무시한 마귀 떼들이 나를 둘러싼 듯싶었는데, 어찌나 무섭게 내 귀에 대고 외치던지 그 소리에 그만 온몸이 떨려 잠을 깼소. 그러나 잠을 깬 뒤에도 한참 동안은 그냥 지옥에 있는 것만 같았소. 그렇게도 무시무시한 꿈이었소.

**브래큰버리**  놀라신 것도 무리가 아닙니다. 이야기만 들어도 소름이 끼치는 것 같습니다.

**클래런스**  아, 브래큰버리, 이렇게 내 영혼에 뚜렷하게 상처를 남겨놓은 죄악도 모두 국왕 에드워드를 위해서 저지른 것이었소. 그런데 좀 보시오. 그 답례로 이 꼴이구려! 아, 하느님! 나의 깊은 기도를 들으시고도 노여움이 가라앉지 않아 끝내 벌을 내리시겠다면 그 노여움을 저 혼자에게만 행사하시고, 죄 없는 아내와 불쌍한 자식들은 용서해 주옵소서! 브래큰버리, 제발 내 곁에 잠깐 있어주오. 마음이 무겁소. 좀 자야겠군요.

**브래큰버리**  예, 대령하고 있겠습니다. 부디 편히 쉬십시오! (클래런스, 잠이 든다) 슬픔은 시간의 흐름을 어지럽히고, 고요한 잠을 깨뜨리는군. 그리고 밤을 아침으로, 대낮을 밤으로 만드는군. 왕후 귀족은 영예를 누리며 빛나지만, 겉치레의 영예도 마음속 괴로움을 치러야 하는군. 그리고 상상도 못할 쾌락을 바라다가 도리어 근심 걱정의 세계를 짊어지게 마련이지. 그렇다면 고관대작과 평민 사이의 차이란 겉치레만의 명성 차이밖에 무엇이 있겠는가.

두 자객 등장.

**자객 1**  여! 거기 누구요?

**브래큰버리**  대체 누구이며 무슨 일로, 어떻게 여길 왔소?

**자객 1**  클래런스 공과 할 이야기가 있소. 물론 내 발로 걸어왔소.

**브래큰버리**  아니, 그 말뿐이오?

**자객 2**  지루한 이야기보다는 낫잖소. 문답은 치우고 영장을 보여줘야겠군요.

**브래큰버리**  (영장을 받아 읽고 나서) 이 영장엔 클래런스 공작님을 당신들 손에 인도하라고 돼 있군요. 이게 무슨 뜻인지 따지진 않겠소. 그 일에서 나는 발을 빼고 싶으니까. 공작님은 저기 자고 있소. 열쇠는 여기 있소이다. 나는 이 길로 전하를 뵙고 아뢰야겠소. 내 책임을 당신들에게 넘겼다고 말이오.

**자객 1**  그렇게 하구려. 약은 생각이오. 그럼 잘 가시오. (브래큰버리 퇴장)

**자객 2**  그런데 저렇게 자고 있는 사이에 찔러 죽이나?

**자객 1**  그래서는 안 되지. 깨어나면 우리를 비겁하다고 말할 거야.

**자객 2**  깨어난다고? 이 멍청아, 최후의 심판 날까지는 깨어나진 못할 거야.

**자객 1**  글쎄, 그때 말할 거란 말이야. 자고 있는 틈에 우리가 찔러 죽였다고.

**자객 2**  최후의 심판에 대한 소리를 듣고 나니 어쩐지 좀 마음에 걸리는구먼.

**자객 1**  아니, 자넨 두려운가?

**자객 2**  죽이는 건 두렵지 않아. 영장을 가지고 있으니까. 하지만 죽인 죄로 지옥에 떨어지는 것을 막아줄 영장은 없지 않은가.

**자객 1**  뭐야, 자넨 결심이 돼 있는 줄 알았지.

**자객 2**  살려주기로 결심이야 돼 있지.

**자객 1**  당장 글로스터 공작님께 되돌아가서 그렇게 보고할까?

**자객 2**  아냐, 제발 잠깐만 기다려 주게나. 동정심 많은 내 변덕은 아마 곧 변할 거야. 내 변덕은 언제나 그렇지만 스물을 셀 때까지밖에 계속하지 않으니까.

**자객 1**  어때, 이젠 변했나?

**자객 2**  참말이지, 그래도 양심 찌꺼기가 조금은 남아 있는걸.

**자객 1**  처치해 버린 뒤에 받을 보수를 생각해 보게나. ·

**자객 2**  제기, 처치해 버리자고. 보수를 깜박 잊고 있었군그래.

**자객 1**  이제 양심이 어디 갔는가?

**자객 2**  그거야, 글로스터 공작님의 돈지갑 속에 가 있지.

**자객 1**  공작님이 돈지갑을 열고 우리에게 보수를 주려고 하면, 자네 양심은 날아가 버린단 말이지.

**자객 2**  그까짓 것 날아가 버려도 문제없어. 그까짓 양심을 가질 사람은 거의, 아니 전혀 없을 거야.

**자객 1**  하지만 되돌아오면 어떡할 텐가?

**자객 2**  그까짓 것 상관하지 않을 테야. 양심은 사람을 비겁하게 만들거든.

도둑질을 하려고 들면 가책이 들게 하고, 욕을 하려고 들면 비난을 하고, 이웃집 여편네와 자려고 하면 냄새를 맡아내거든. 글쎄 양심은 당장 홍당무가 되는 수줍음쟁이로 가슴속에선 늘 반항을 하고 있단 말야. 그것참 장애덩어리지. 언젠가 우연히 금화가 든 돈지갑을 주운 일이 있었는데, 양심 덕분에 돌려주고 말았지. 양심을 기르고 있다간 누구나 다 거지가 된다니까. 그러기에 마을에서나 도시에서나 양심은 위험한 것으로 인식되어서 쫓겨나고 있지 않는가 말야. 누구나 잘 살아보고 싶은 사람은 양심에는 구애받지 말고 제 자신만을 믿고 살아가도록 힘을 써야 하는 거야.

**자객 1** 제기랄, 지금 내 팔꿈치에 나타나서 공작을 죽이지 말라고 날 졸라대고 있군.

**자객 2** 악마의 마음이 되어 양심일랑 아예 믿지 말게나. 양심은 어느새 살그머니 들어와서 고작해야 한숨이나 몰아쉬게 해줄 뿐이니까.

**자객 1** 이래 뵈도 억센 나야. 양심 따위는 나한테는 상대도 안 되지.

**자객 2** 거참, 명예를 숭상하는 대장부의 말일세. 자 그럼, 시작해 볼까?

**자객 1** 먼저 정수리를 칼자루로 내리갈긴 다음, 옆방 포도주 통에 처넣자고.

**자객 2** 거, 좋은 생각인걸! 술에 담근 과자 꼴을 만들잔 말이지.

**자객 1** 쉿, 잠을 깨겠네.

**자객 2** 내리치게.

**자객 1** 아냐, 좀 얘길 해보세.

**클래런스** 어디 있소, 브래큰버리? 포도주를 한 잔 주시오.

**자객 2** 이제 곧 실컷 드립죠.

**클래런스** 대체 너는 누구냐?

**자객 1** 당신과 같은 인간입죠.

**클래런스** 천만에. 나같이 몸 안에 왕족의 피가 흐르진 않잖나.

**자객 2** 물론, 당신같이 왕족의 피를 흘리려고 하진 않는 사람들이오.

**클래런스** 목소리는 천둥 같지만 얼굴은 비천하구나.

**자객 1** 내 목소리는 국왕의 대신이오. 얼굴은 내 얼굴이지만.

**클래런스** 참으로 불길하고 끔찍한 말투구먼! 그대들의 눈초리가 무섭구나. 왜들 그렇게 파랗게 질려 있느냐? 누가 보내서 왔지? 무슨 일로?

**자객 2** 저, 예, 실은.

**클래런스**  날 죽이려고?

**자객들**  그렇습니다.

**클래런스**  변변히 대답도 잘 못하는 걸 보니 실행할 용기는 없는 것 같군. 대체 내가 너희들에게 무슨 잘못을 했단 말이냐?

**자객 1**  우리에게가 아니라 국왕께 잘못을 했지요.

**클래런스**  국왕과는 화해할 참이다.

**자객 2**  안 될 말이오. 그러니까 죽을 각오를 하시오.

**클래런스**  너희들은 하고많은 사람 중에서 하필이면 죄 없는 사람을 죽이러 왔단 말인가? 대체 내 죄가 뭐냐? 죄의 증거는 어디 있느냐? 배심원들의 정식 평의를 거쳐서 엄정한 법정이 그걸 받아들였단 말인가? 이 불쌍한 클래런스에게 가혹한 사형 선고를 누가 내렸단 말인가? 법에 의한 유죄 선고도 있기 전에 죽음으로 날 위협하는 건 이만저만한 불법이 아니다. 여봐라, 인간의 극악무도한 죄를 위해 피를 흘리신 그리스도의 구원을 받으려거든 썩 물러가고 내게 손대지 말라. 손을 대는 날이면 지옥행인 줄 알아라.

**자객 1**  우리가 무엇을 하든, 명령에 따라 하는 것이오.

**자객 2**  그리고 그 명령의 주인공은 국왕이오.

**클래런스**  불충한 신하 같으니! 왕 중의 왕은 그 법규 안에서 살인하지 말라고 엄명해 놓았다. 그런데 그 법규를 무시하고 인간의 법규를 실행하겠단 말이냐? 조심해야 해. 신은 복수를 손에 쥐고 있어. 신의 율법을 깨뜨린 놈들을 머리 위에 내던지려고 말이다.

**자객 2**  바로 그 천벌이 당신 머리 위에도 떨어지려는 거요. 거짓 맹세와 살인죄로. 당신은 랭커스터 집안을 위하여 싸우겠다고 선서까지 했던 사람이오.

**자객 1**  그러고서도 신의 이름을 더럽히는 반역자답게 그 맹세를 깨뜨리고, 배신의 칼로 국왕 아드님의 배를 가른 사람이오.

**자객 2**  더구나 보호하며 키워 주기로 맹세한 왕자를.

**자객 1**  그런 사람이 무슨 낯으로 신의 무서운 율법을 우리에게 강요하겠다는 거요? 자기는 완전히 맹세를 깨뜨린 주제에!

**클래런스**  아! 나의 그 악행이 누굴 위해서 행해진 것인지 아느냐? 에드워드를 위하여, 형님 바로 그분을 위하여 행해진 것이었다. 그 일 때문에 왕이 날 죽이고자 그대들을 보낼 리는 없어. 그 죄로 말하면 왕이나 나나 마찬가지니까. 만약 천벌이라고 한다면 공공연하게 내려질 게 아니냐? 신의 권한을 대신할 생각은 아예 하지 말아라. 신은 전능하신 권한을 남의 손을 빌려서, 또는 불법의 수단으로 쓰실 리가 없다.

**자객 1**   그렇다면 당신은 무엇 때문에 잔인한 앞잡이 노릇을 했지요? 플랜태저넷의 당당한 새싹, 그 늠름한 왕자는 당신 손에 죽었으니 말이오.

**클래런스**   형을 위하는 마음, 그리고 악마와 분노 때문이었다.

**자객 1**   우리 역시 당신네 형님을 위하는 마음, 그리고 충성심과 당신의 죄 때문에 이렇게 당신을 죽이러 온 것이오.

**클래런스**   정말 내 형님을 위하는 마음이 있거든 날 증오하지 말아라. 난 그분의 아우야. 정말 그분을 위하고 있다. 너희들이 돈에 팔려 하는 일이라면, 이 길로 발길을 돌려 내 아우 글로스터 공작한테 가보려무나. 날 살려준 공으로 그가 보수를 줄 것이다. 내 죽음의 소식에 에드워드 왕이 내릴 보수보다 더 많은 보수를.

**자객 2**   당신은 속고 있소. 당신의 동생 글로스터 공작님은 당신을 미워하고 있소.

**클래런스**   그럴 리 없다. 그는 날 사랑하고 소중히 여기고 있어. 어서 그리로 가봐라.

**자객 1**   암, 그렇게 하죠.

**클래런스**   가서 이렇게 좀 전해 주게. 아버지 요크 공이 우리 삼형제를 승리의 팔에 안고 축복하시며 서로 사랑하라고 진심으로 당부하셨을 땐, 이렇게 서로 미워하게 되리라곤 꿈에도 생각지 않으셨을 거라고. 그때 일을 생각해 보라고 글로스터 공에게 전해 줘. 들으면 그도 눈물을 쏟을 게다.

**자객 1**   암, 눈에서 맷돌을 쏟으시고말고요. 그걸 내 눈에 쏟으라고 당부하셨으니까.

**클래런스**   아, 그렇게 헐뜯지 마라. 그는 마음씨가 따뜻한 사람이니까.

**자객 1**   그렇구먼, 인정머리라곤 눈꼽만큼도 없는 작자니까. 이런, 당신은 스스로를 속이고 있소. 이렇게 당신을 죽이라고 우릴 보낸 게 바로 그분이오.

**클래런스**   그럴 리가 없다. 공작은 내 불운을 비탄하며 나를 팔에 안고 흐느끼며 맹세했다. 어떻게든 석방되도록 애써 주겠다고 말이다.

**자객 1**   물론이죠. 이 지상의 노예와 같은 속박에서 천국의 기쁨으로 석방시켜 주실 테니까요.

**자객 2** 그럼 하느님과 화해를 하시오. 이젠 죽는 도리밖에 없으니까.

**클래런스** 하느님과 화해하라고 권할 만큼 경건한 마음을 가지고 있으면서, 자신의 영혼에 대해선 눈을 감고 감히 하느님께 대항하여 나를 죽이려고 하는가? 아, 생각 좀 해봐라. 너희들을 충동해서 이 짓을 하게 만든 당사자도 이것 때문에 결국은 너희들을 증오하게 될 것이다.

**자객 2** 어떡할까요?

**클래런스** 참회하고 영혼의 구원을 받도록 해라. 너희도 만약 왕족의 아들로 태어나서 지금 나같이 자유를 박탈당하여 옥에 갇혀 있는 처지라면, 그리고 이렇게 두 자객한테 습격받게 되는 날이면 목숨을 애걸하지 않을 수 없을 것이다. 그렇다, 나는 생명을 애걸한다. 이 같은 궁지에 빠진다면 너희들도 애걸하지 않을 수 없을 거다.

**자객 1** 참회를 하라고요? 천만에. 비겁하고 계집애 같은 짓이오.

**클래런스** 참회를 모르는 자는 야수, 야만인, 악마다. (자객 2에게) 여보게, 자네 얼굴엔 동정의 빛이 보이는군. 오, 그 눈초리가 거짓이 아니라면 내 편이되어 나 대신 생명을 좀 애걸해 주게. 이렇게 애걸해 주게. 이렇게 애걸하는 왕족에겐 거지라도 동정을 해줄 거네.

**자객 2** 뒤쪽을 조심해요!

**자객 1** 이거나 받아라. (클래런스를 찔러 죽인다) 한 대 더 받아라. 이래도 부족하다면 포도주 통 속에 담가놔야지. (시체를 끌고 나간다)

**자객 2** 무참한 짓이다. 무모한 일이지! 예수님을 처형한 빌라도는 아니지만 나도 이렇게 잔인무도한 살인에선 손을 씻고 싶구나!


자객 1 다시 등장.


**자객 1** 도대체 어떻게 된 거야! 날 도우려고 하지 않으니? 자네가 얼마나 미지근하게 굴었는지 공작님께 일러바치고 말 테야!

**자객 2** 공작님이 알아주길 차라리 바랄 정도일세. 그분의 형을 내가 살려주려고 한 사실을. 보수는 자네나 받게. 그리고 내가 한 말을 전해 주게. 난 클래런스 공을 죽인 것을 후회하고 있으니까. (퇴장)

**자객 1**　나는 후회 따위는 하지 않는다. 가버리려무나, 비겁한 자 같으니. 그런데 시체는 당분간 어디 땅속에 감춰놔야겠다. 지시가 내릴 때까지. 그리고 보수를 받으면 어디로 몸을 피해야겠다. 어차피 일은 탄로 나고 말 거다. 그렇게 되면 난 눌러앉아 있진 못할 테니 말이야. (퇴장)


〔제2막 제1장〕

런던. 궁전.
나팔 소리. 병중의 에드워드 왕이 의자에 앉은 채 운반되어 나온다. 엘리자베스 왕비, 도싯, 리버스, 헤이스팅스, 버킹엄, 그레이, 그 밖의 사람들 등장.

**에드워드 왕**　자, 됐소. 이걸로 나도 하루의 임무는 다한 셈이오. 경들은 모두 이 화목을 깨는 일 없이 단결해서 계속해 나가도록 하오. 나는 하느님의 부름을 매일같이 고대하고 있는 몸이오. 이제는 영혼도 편안히 천국으로 떠날 수 있겠소. 이렇게 지상에서 그대들의 화목을 이루어 놨으니까. 헤이스팅스와 리버스, 둘이서 악수하오. 증오를 배 속에 숨기지 말고 서로의 우의를 맹세하오.

**리버스**　진심으로 원한을 씻겠습니다. 그리고 이 손으로 진정한 화해를 맹세합니다.

**헤이스팅스**　저 또한 목숨을 걸고 진심으로 맹세합니다.

**에드워드 왕**　국왕 앞에서 함부로 연극을 해선 안 되오. 왕 중의 왕인 하느님의 눈에는 아무리 숨겨도 허위는 탄로 나게 마련이니, 그 벌로 서로 멸망당하는 일이 없도록 하오.

**헤이스팅스**　제 생애를 걸어 변함없는 우의를 맹세합니다!

**리버스**　헤이스팅스 경에 대한 저의 진정한 우의에 거짓은 없습니다!

**에드워드 왕**　(엘리자베스 왕비에게) 왕비도 이것을 남의 일같이 생각하지 마오. 그리고 도싯과 버킹엄도. 그대들은 오늘까지 밤낮 파벌 싸움만 해왔소. 왕비, 헤이스팅스 경을 아껴주고, 손에 그의 키스를 받으시오. 그리고 앞으로는 거짓 없이 행동해 주오.

**엘리자베스**  헤이스팅스 경, 이제는 지난날의 원한을 영영 잊어버리겠어요. 이 몸과 우리 가문을 걸고 맹세합니다.

**에드워드 왕**  도싯, 헤이스팅스 경을 껴안도록. 헤이스팅스 경, 도싯 후작을 껴안아 주오.

**도싯**  맹세코 이 화의의 맹약을 깨지 않겠습니다.

**헤이스팅스**  저도 맹세합니다. (도싯과 껴안는다)

**에드워드 왕**  그럼 버킹엄 공, 왕비 일족을 안아주시오. 그리고 이 맹약에 도장을 찍어주오. 그것만 보면 나도 안심하겠소.

**버킹엄**  (왕비에게) 이 버킹엄이 왕비께 원한을 품다니요. 왕비와 왕비의 일족에게 충성과 사랑을 다하지 않는 날엔 당장에 신의 벌이 내리기를! 가장 신뢰하는 우정이 배반당하고 증오가 내리기를! 그리고 친구의 힘이 가장 절실할 때, 가장 믿던 친구가 음험하고 간사한 배신자가 되기를! 이렇게 되기를 신 앞에 빌겠습니다. 왕비님 일족에 대한 충성심이 식는 날엔. (모두 포옹한다)

**에드워드 왕**  버킹엄 공, 그 맹세는 병중의 내 마음을 즐겁게 하는 단비요. 이제 아우 글로스터만 있으면, 이 화목은 완전무결한 것이 되는 거요.

**버킹엄**  마침 공작께서 오시는군요.

글로스터 등장.

**글로스터**  전하와 왕비님 심기가 좋으시니 반갑습니다. 여러분도 얼굴빛이 좋군요!

**에드워드 왕**  아, 오늘은 참 행복한 날이었다. 글로스터, 나는 좋은 일을 했어. 서로 으르렁대는 귀족들의 적의와 증오를 화목과 친의로 돌려놨으니까.

**글로스터**  축복받으실 일이옵니다, 전하. 그런데 여기 모인 귀족 가운데 터무니없는 소문이나 그릇된 억측으로 저를 적대시하는 분이 있다면, 아니 제가 만약 저도 모르는 사이에 어느 분께 실례를 했다면 아까 그 깊은 화목에 두고 관용을 바랍니다. 적의의 대상이 되는 것을 나는 죽음같이 증오합니다. 그러나 선한 사람의 우정이라면 누구한테서나 받고 싶습니다. 먼저 왕비마마, 진정한 화해를 바랍니다. 그러기 위해서는 충성을 다하겠습니다. 저와는 사촌 사이인 버킹엄 공, 우리 둘 사이에 어떤 원한이 도사리고 있다면 이제는 씻어버립시다. 그리고 리버스 경과 도싯 경, 근거도 없이 저를 불쾌한 눈초리로 봐온 여러분, 공작, 백작, 귀족을 막론하고 모든 여러분, 간밤에 갓 태어난 아이와 마찬가지로 아무 적의도 없는 영혼을 갖고 있는 저는 현재 잉글랜드인 누구와도 반목하고 있지는 않습니다. 저는 이런 저의 겸손한 성질에 대하여 신에게 감사하고 있습니다.

**엘리자베스**  앞으로는 오늘이 신성한 추억이 되고 모든 갈등은 잘 화해되기를 하느님께 빕니다. 그런데 전하, 이제는 아우님 클래런스 공을 용서해 주시기 바랍니다.

**글로스터**  왕비마마, 제가 지금 제안한 화목이 국왕 앞에서 이렇게 조롱당해야 합니까? 그 공작이 사형당한 것은 누구나 알고 있지 않습니까? (모두 깜짝 놀란다) 그야말로 시체에 매질하여 그분을 모욕하는 격이십니다.

**리버스**  사형당한 것을 누구나 알고 있다니! 대체 누가 그걸 알고 있단 말입니까?

**엘리자베스**  아, 하늘이시여! 세상에 이런 일이 있을 수가!

**버킹엄**  내 얼굴도 다른 분같이 창백하오, 도싯 경?

**도싯**  예, 그렇습니다. 이 자리에 볼에서 붉은빛이 가시지 않은 분은 한 사람도 없군요.

**에드워드 왕**  클래런스가 처형됐다고? 명령은 취소되었는데?

**글로스터**  그러나 불쌍하게도 공은 첫 명령으로 처형됐습니다. 첫 명령은 날개 돋친 사신 메르쿠리우스가 전달해 온 거죠. 그런데 취소 명령은 느림보 같은 절름발이가 어찌나 늦게 전해 왔던지, 와서 보니 벌써 매장되어 버린 뒤였습니다. 하느님은 그보다 더 비열하고 더 불충한 놈한테는 관대하신가 봅니다. 왕족의 혈통과는 멀면서도, 훨씬 더 피비린내 나는 생각을 품고 있는 놈들이 클래런스 공처럼 벌을 받기는커녕 의심도 받지 않고 활개치고 다니는 판이거든요!


더비 백작 스탠리 경 등장.


**스탠리**  관대하신 전하, 제 평소의 충성을 고려하시어 은혜를 허락해 주십시오.

**에드워드 왕** 제발 조용히들. 나의 마음은 슬픔으로 가득 차 있소.

**스탠리** 윤허해 주시기 전에는 일어서지 않겠습니다.

**에드워드 왕** 그럼 그대의 청이 무엇인지 말해 보오.

**스탠리** 전하, 저의 하인 목숨을 살려주십시오. 그놈이 오늘 사람을 죽였습니다. 상대는 최근까지 노퍽 공 신하로 있던 사람입니다.

**에드워드 왕** 아우의 사형을 선고한 이 혀, 바로 이 혀로 하인 놈의 사면을 명하란 말이오? 아우는 아무도 죽이지 않았소. 죄가 있다면 생각한 것뿐이었소. 그런데도 가혹한 사형으로 처벌됐소. 그의 구명을 누가 청이나 해봤는가? 분노한 내 앞에 무릎을 꿇고 간청한 자가 한 사람이라도 있었는가? 형제간의 의리와 애정을 누가 간청해 봤는가? 아우가 늠름한 자기 장인 워릭을 배반하고서까지 나를 위해 싸워준 공적을 누가 떠올려 봤는가? 그리고 아우와 같이 툭스베리 전장에서 얼어 죽을 뻔했을 때, 아우는 옷을 벗어 나를 덮어주고 자기는 살이 얼어붙는 추운 밤에 거의 벌거숭이가 되다시피 했는데, 그때 일을 누가 이야기나 해줘 봤는가? 횡포한 분노에, 이 온갖 일을 저버린 배은망덕을 깨우쳐 주는 사람은 아무도 없지 않았는가. 그러면서 자기네 마부나 하인이 취중에 사람을 죽이고 구세주의 화신같이 귀중한 인간을 부숴 놓으면, 당장에 찾아와서 무릎을 꿇고 사면을, 사면을, 하며 탄원하다니. 그리고 나는 그것이 부당함을 뻔히 알면서 허락할 수밖에. (스탠리 일어선다) 그러나 아우를 위해선 아무도 변명해 주질 않았소. 나 또한 무정하게도 다시 생각해 보지 않았구려. 경들 가운데 영예의 절정에 있는 사람치고 그의 은혜를 입지 않은 사람이 어디 있소. 그러면서 단 한 번만이라도 그의 구명을 탄원한 사람은 아무도 없었소. 아, 반드시 신의 정의의 벌이 내 위에, 경들 위에, 그리고 내 집안이나 경들 집안 위에 내리고 말 것이오! 아, 헤이스팅스 경, 나를 안으로 데려다주오. 아, 가엾은 클래런스! (헤이스팅스, 왕비, 몇몇 귀족과 함께, 운반되어 퇴장)

**글로스터** 이것도 경솔한 탓이지 뭐요. 그런데 못 보셨소? 클래런스의 처형을 듣고 왕비 일족들은 마음이 저리는지 창백해졌는데? 아, 왕을 늘 부추긴 것은 그들이 틀림없소! 신의 복수를 받을 거요. 자, 같이 가서 에드워드 왕을 위로해 드립시다.

**버킹엄**  기꺼이 그리하겠습니다. (모두 퇴장)

〔제2막 제2장〕

런던. 궁전.
에드워드 왕과 형제들 어머니인 요크 공작부인이 클래런스 공의 아이들(소년과 소녀)을 데리고 등장.

**소년**  할머니, 말씀해 주세요. 아버지가 죽었어요, 네?

**요크 공작부인**  아니다, 아가.

**소녀**  그럼, 왜 그렇게 울고, 왜 가슴을 치면서 "아, 클래런스, 불쌍한 것!" 하고 외치세요?

**소년**  또 왜 저희들을 바라보고 머리를 흔들며, 저희들한테 고아라는 둥, 가없다는 둥, 버림받았다는 둥 하세요? 아버지가 살아 계시다면 말이에요?

**요크 공작부인**  귀여운 손주들아, 그게 아니다. 나는 왕의 병을 슬퍼하고 있는 거야. 왕이 돌아가시지나 않을까 하고 두려워서이지, 너희들 아버지의 죽음 때문은 아니다. 이미 간 사람을 슬퍼해 봐야 그건 소용없는 한탄이 아니겠느냐.

**소년**  그럼 아버지는 돌아가셨군요. 큰아버지인 전하 때문이군요. 복수는 하느님이 해주실 거예요. 꼭 복수가 내리도록, 저는 열심히 기도하겠어요.

**소녀**  저도요.

**요크 공작부인**  시끄럽다 애들아, 조용히 해라! 왕은 너희들을 사랑하신다. 아무것도 모르는 철없는 너희로서는 너희들 아버지를 누가 죽게 했는지 알 수가 없다.

**소년**  할머니, 다 알아요. 글로스터 삼촌이 이야기해 주셨어요. 왕이 왕비의 말을 곧이듣고, 죄를 씌워 투옥했다는데요. 글로스터 삼촌은 그 이야기를 하시면서 우셨어요. 그리고 불쌍하다고 하시면서 내 볼에 다정하게 키스해 주셨어요. 그리고 자기를 친아버지같이 의지하라고 하셨어요. 친자식처럼 귀여워해 주시겠다고 말예요.

**요크 공작부인**  아, 거짓이 인정의 탈을 쓰고 살그머니 찾아와서, 가면의 덕으

리처드 3세 337

로 마음속 흉계를 감추는군! 그도 내 자식, 이 무슨 창피냐. 하지만 그런 거짓은 내 젖을 먹고 자라면서 배운 것은 아니다.

**소년** 그럼 할머니는 삼촌이 저희를 속이고 있다고 생각하세요?

**요크 공작부인** 그렇다, 아가.

**소녀** 그럴 리가 없어요. 아! 저 소리는?

왕비가 머리를 풀어 헤치고 등장. 그 뒤에 리버스와 도싯 등장.

**엘리자베스** 이 터져나오는 울음, 가련한 신세, 한탄하고 자신을 고문하는 것을 누가 막아줄 것인가? 영혼과는 등을 지고 시커먼 절망과 합세하여, 이 몸을 원수로 삼아야겠구나.

**요크 공작부인** 참지 못하고 이렇게 울부짖다니 무슨 일인가?

**엘리자베스** 포악한 비극의 일막을 끝내기 위해서입니다. 남편이, 아드님 에드워드가, 전하께서 돌아가셨어요. 뿌리는 죽었는데 어떻게 가지가 성하겠어요? 수액이 없어졌는데 어찌 잎사귀가 마르지 않겠어요? 당신도 살아 계시다면 슬퍼하세요. 죽으시려거든 어서 죽으시고. 지금이라면 우리의 영혼을 빠른 날개에 싣고 왕의 영혼을 쫓아서 충실한 신하답게 영겁의 밤인 새 왕국까지 따라갈 수 있을 테니까요.

**요크 공작부인** 그 슬픔은 내 것이나 다름없지. 그대 남편은 내 자식이니까. 훌륭한 남편을 여의고 나로서는 훌륭한 그분의 산 모습이라 할 자식들을 바라보며 살아왔는데. 이제는 왕의 산 모습이라 할 두 개의 거울은 심술궂은 죽음의 손에 박살이 나고 겨우 위안으로 남은 것이 비뚤어진 거울뿐이군. 그 거울을 들여다볼 때마다 이 몸의 수치가 비쳐 보여 슬퍼지는군. 그대도 홀몸이 됐지만, 그래도 어머니로서 위안이 될 자식들은 남아 있지 않은가. 그러나 죽음은 내 품에서 남편을 앗아가고, 그러고는 가냘픈 이 손에서 두 개의 지팡이를, 클래런스와 에드워드를 빼앗아 갔어. 아, 이 무슨 기구한 팔자인고! 내 것에 비하면 그대 슬픔은 아무것도 아니지. 내 비탄은 그대의 비탄보다 훨씬 크고 내 울부짖음은 그대의 울부짖음을 압도하고 있지!

**소년** 아, 큰어머니! 저희 아버지가 죽었을 때 큰어머닌 울지 않으셨어요. 그러니 큰어머닐 위해서 같이 울어드릴 순 없잖아요?

클래런스 공작의 두 아이

**소녀**  아버지를 잃은 저희들의 고통을 아무도 슬퍼해 주진 않았어요. 그러니 홀몸이 되신 슬픔을 울어드릴 순 없어요!

**엘리자베스**  우는 것을 도와줄 필요는 없어. 슬픔을 자아내지 못할 만큼 이 가슴이 메말라 있지 않으니까. 모든 샘물아, 내 눈으로 흘러들어와 다오. 조수를 좌우하는 달님의 지배를 받아 억수 같은 눈물을 쏟아내어 이 세상을 물바다로 만들어 놓게나 됐으면! 아, 내 남편, 소중한 에드워드를 위해서!

**소년, 소녀**  아, 소중한 아버지, 클래런스 경을 위해서!

**요크 공작부인**  그 두 사람, 다 같이 내 자식인 에드워드와 클래런스를 위해서!

**엘리자베스**  에드워드 말고 이제는 누구에게 의지해야 한단 말인가. 그분은 가버렸어.

**소년, 소녀**  아버지 말고 누구에게 의지해야 한단 말이에요? 그분은 가버리셨어.

**요크 공작부인**  그 두 사람 말고는 누구에게 의지해야 좋단 말인가? 그들은 가버렸어.

**엘리자베스**  이렇게 불행한 과부도 있었을까?

**소년, 소녀**  이렇게 불행한 고아들도 있었을까?

**요크 공작부인**  이렇게 불행한 어미도 있었을까? 아, 나는 이 슬픔들의 어머니이다. 아이들의 고통은 조각이 나 있지만 내 고통은 온통 하나로구나. 엘리자베스는 에드워드 때문에 울고 있지만 나도 울고 있지. 나는 클래런스 때문에 울고 있지만 왕비는 울지 않아. 저 애들은 클래런스 때문에 울고, 나도 울고 있지. 나는 에드워드 때문에 울고 있지만 저 애들은 울고 있지 않아. 아, 너희들 세 사람은 괴로움을 세 겹으로 받는 이 몸 위에 너희들의 눈물을 모두 쏟아다오! 나는 그 슬픔의 유모, 슬픔에게 눈물의 젖이나 실컷 먹여주겠다.

**도싯**  (왕비에게) 어머니, 신의 뜻을 그렇게 불평하시면 신의 노여움을 사시게 됩니다. 이 세상에서도 너그러운 손이 친절하게 빌려준 채무를 이행하기 싫어하면 배은망덕하다는 소리를 듣게 마련입니다. 하물며 그렇게 하늘에 대하여 반항하는 경우는 말할 나위도 없습니다. 잠시 빌려주신 왕의 수명을 하늘이 갚으라고 요구하신 것이니까요.

**리버스**   자, 이제는 정성스런 어머니로서, 나이 어린 왕자님을 생각하십시오. 곧 사람을 보내 모셔다가 왕위에 오르게 하십시오. 누님은 왕자를 믿고 사십시오. 그리고 절망적인 비탄은 돌아가신 에드워드 왕의 무덤 속에 묻고, 살아 있는 에드워드의 왕좌 안에 기쁨의 꽃을 심으십시오.

글로스터, 버킹엄, 더비, 헤이스팅스, 랫클리프 등장.

**글로스터**   (왕비에게) 형수님, 기운을 내세요. 희망이, 샛별이 빛을 잃은 슬픔은 누구에게나 같습니다. 그러나 울어봤자 아무도 이 재앙을 어떻게 할 순 없습니다. 아, 어머니, 용서하십시오. 거기 계시는 것을 그만 못 알아보고 실례했습니다. (무릎을 꿇는다) 이렇게 겸손하게 무릎을 꿇고, 축복해 주시길 바라겠습니다.

**요크 공작부인**   부디 신의 축복을 내려주시옵소서! 그리고 가슴에는 애정과 자비의 순종과 충절이 깃들게 해주시옵소서!

**글로스터**   아멘! (혼잣말로) 그리고 "천수를 다하게 해주시옵소서!" 이것이 어머니의 축복의 끝말이어야 할 게 아닌가. 이 말을 빼버리시다니 이상한 노릇이군.

**버킹엄**   침울하고 비탄에 잠긴 여러분! 슬픔의 무거운 짐을 다 같이 짊어진 귀족 여러분, 서로 의좋게 격려해 나갑시다. 선대의 전성기는 이미 지나갔으니 이제는 왕세자에게 새 수확을 기대합시다. 여러분은 서로 간의 증오 때문에 당장에라도 부러질 것 같은 한 그루의 나무와도 같았으나, 그것도 얼마 전에 덧대를 대어 단단히 맞춰졌으니 이제는 건드리지 말고 조용히 소중히 간직해야 합니다. 그건 그렇고, 내 생각에는 소수의 인원만을 러들로에 보내서 젊은 왕자를 런던에 모셔 왕으로 추대함이 좋을 것 같습니다.

**리버스**   소수의 인원만을 파견하자는 까닭은 무엇입니까, 버킹엄 경?

**버킹엄**   많은 사람이 움직이면 갓 아문 상처가 다시 터지지나 않을까 염려돼서 그렇습니다. 세워진 지 얼마 안 된 국토이고 더구나 주인도 아직 정해지지 않고 보니, 그만큼 위험은 크잖겠습니까. 말을 다스려야 할 고삐를 말 자신이 쥐고 제멋대로 달려갈 판이니, 뚜렷한 재앙은 물론 재앙의 징조 같은 것도 미리 피하는 것이 최선일 듯합니다.

**글로스터**  선왕께서는 우리 모두가 화해할 수 있는 자리를 만들어 주셨기를 바라오. 적어도 내게 이 맹약은 견고하고 진실하오.

**리버스**  저도 그렇습니다. 그리고 여러분도 물론 그러실 것입니다. 그러나 세워진 지 얼마 안 된 국토이고 보니, 일어날는지도 모르는 소란은 미리 피하는 것이 좋을 것 같습니다. 많은 인원이 이동하게 되면 소란이 일어날 우려도 더할 테니까요. 이 점 저도 버킹엄 경의 의견에 찬성합니다. 그러니 역시 소수의 인원만으로 왕자를 뫼셔오게 하는 것이 좋겠습니다.

**헤이스팅스**  저도 같은 의견이오.

**글로스터**  그럼 그렇게 합시다. 그리고 러들로에 누구누구를 곧바로 보낼 것인지 자리를 옮겨 결정합시다. 어머니, 그리고 형수님, 같이 오셔서 이 일에 관해 의견을 좀 들려주지 않으시겠습니까?

**엘리자베스, 요크 공작부인**  물론 기꺼이. (버킹엄과 글로스터만 남고 모두 퇴장)

**버킹엄**  공작 왕자를 맞으러 누가 가게 되건 우리 두 사람은 뒤처져 있지 않기로 합시다. 이 기회에 요전번 상의한 이야기, 먼저 그 서막으로서 왕비의 오만한 일족을 왕자로부터 떼어놔야겠으니까요.

**글로스터**  그러기에 경은 나의 한쪽 팔이자 심복의 상담역, 내 한 몸을 맡길 만한 신탁 예언자란 말이오. 좋소. 나는 아이처럼 순순히 그대의 지시를 따르겠소. 그럼 곧 러들로로 갑시다. 뒤처져 있어서는 안 되니까요. (모두 퇴장)

〔제2막 제3장〕

런던. 어느 거리.
시민 두 사람이 등장하여 만난다.


**시민 1**  안녕하시오. 어딜 그렇게 바삐 가오?

**시민 2**  실은 그건 나도 잘 모르겠소. 바깥 소문은 들었소?

**시민 1**  아, 왕이 세상을 떠나셨다더군.

**시민 2**  정말 흉한 소식이구려. 좋은 소식이라곤 좀처럼 없군요. 아마 앞으로 세상이 어지러울 것 같아요.

또 다른 시민 등장.

**시민 3**  안녕들 하시오!

**시민 1**  아, 안녕하시오.

**시민 3**  에드워드 왕께서 돌아가셨다는 소문이 있던데 정말인가요?

**시민 2**  아, 예, 정말이랍니다. 원 참!

**시민 3**  그렇다면 세상이 좀 시끄럽겠군요.

**시민 1**  설마 그럴라고요. 신의 가호로 왕자가 왕위에 오르겠지요.

**시민 3**  어린 왕이 다스리는 나라에는 재난이 따르게 마련이지요.

**시민 2**  잘 통치되어 가겠지요. 성년이 될 때까지는 높은 중신들이 보필할 것이고, 충분히 성장하면 손수 잘 다스려 나가게 될 것이오.

**시민 1**  그렇소. 헨리 6세 왕이 파리에서 즉위하신 것은 태어난 지 겨우 9개월만이었죠.

**시민 3**  아, 그랬던가요? 하지만 그때에는 이 나라가 어진 신하들이 많기로 이름나고, 게다가 훌륭한 삼촌들이 보호하고 있었소.

**시민 1**  이번에도 그 점은 같죠. 삼촌은 아버지 쪽에도 어머니 쪽에도 있습니다.

**시민 3**  그게 탈이란 말이오. 차라리 그 모두가 아버지 쪽이라든가, 아버지 쪽은 한 명도 없다든가 그랬으면 좋았을 것을. 결국 누가 왕위에 가장 가까운가의 경쟁으로 마침내는 우리한테까지 재앙이 떨어질 것 같소. 신이 막아주신다면 몰라도. 아, 글쎄, 글로스터 공이 아주 위험인물이거든요! 게다가 왕비의 아들과 동생들도 오만불손한 사람들이고요. 그들이 다 지배를 받는 쪽이 되고 지배하는 쪽이 되어주지만 않는다면, 이 병든 나라도 종전 같이 태평할 수 있을 텐데요.

**시민 1**  걱정도 팔자구려. 만사 잘되어 갈 일을 가지고.

**시민 3**  먹구름이 나타나면 약은 사람은 비옷을 입는 법이오. 그리고 큰 잎들이 떨어지면 겨울이 다가온 증거요. 해가 지면 밤을 안 기다리는 사람이 누가 있겠소? 느닷없는 폭풍은 흉작을 예상케 하오. 하기야 모든 일이 잘되어 갈는지도 모르지요. 그러나 하느님이 뜻하시는 일이라면 인과응보의 법칙을 넘어 큰 재앙이 내릴는지도 모르오.

**시민 2** 사실 모두 다 전전긍긍하고 있소. 누구와 이야기해 봐도 침울한 얼굴에 공포의 빛을 띠고 있지 않은 사람은 없소.

**시민 3** 변고가 일어나기 직전에는 반드시 그런 법이오. 신으로부터 받은 본능이랄까, 사람의 마음은 닥쳐오는 위험을 알아차리게 마련이오. 폭풍에 앞서 파도가 심해지는 사실을 우리는 경험으로 알고 있소. 그러니 모든 일을 신께 맡깁시다. 그런데 대체 어디를 가시는 중이오?

**시민 1** 실은 법정에 호출을 받았습니다.

**시민 3** 아, 나도 그렇소. 같이 갑시다. (모두 퇴장)


〔제2막 제4장〕


런던. 궁전.
요크의 대주교, 어린 요크 공작, 엘리자베스 왕비, 요크 공작부인 등장.


**대주교** 간밤에는 스토니 스트랫퍼드에서 묵으셨나 봅니다. 오늘 밤에는 노샘프턴에서 쉴 예정으로, 내일 아니면 늦어도 모레는 도착하실 것입니다.

**요크 공작부인** 어서 왕자를 만나보고 싶구려. 요전에 만났을 때보다 아마 많이 자랐을 거요.

**엘리자베스** 그러나 안 그렇다나 봅니다. 동생인 요크가 오히려 더 크다고 하더군요.

**요크** 그렇습니다, 어머니. 하지만 전 그건 싫습니다.

**요크 공작부인** 무슨 소릴 하는 거냐? 키가 커야 좋지.

**요크** 하지만 할머니, 언젠가 같이 저녁을 먹고 있을 때 리버스 외삼촌이 저한테 형보다 더 크다고 하시니까, 글로스터 삼촌이 이렇게 말씀하셨어요. "음, 화초는 작아도 품위가 있지만 잡초는 그저 무성하기만 하거든." 그 뒤로는 너무 빨리 자라는 것이 싫어진 것 같아요. 예쁜 꽃은 천천히 자라는데 잡초는 마구 자라니까요.

**요크 공작부인** 딴은 옳은 말이다. 그러나 그 말을 네게 한 그 사람한테는 어울리지 않는구나. 글쎄, 그는 어린 시절엔 허약하여 성장이 아주 늦고 더디었단다. 그런데 아까 그 이론 같으면, 그 사람은 품위가 있어야 할 게 아니냐.

**대주교** 예, 물론 그 어른은 훌륭하십니다, 공작 부인.

**요크 공작부인** 그건 나도 바라지만, 어머니로서는 염려될 수밖에요.

**요크** 아 참, 그때 그 일만 생각났다면 글로스터 삼촌을 좀 놀려줄 수 있었을 것을. 글쎄 저보다도 삼촌이 큰 게 이상하지 않으냐고 말예요.

**요크 공작부인** 아니, 그 일이라니? 애야, 무슨 말이냐?

**요크** 글쎄, 삼촌은 어찌나 빨리 자랐던지, 태어나서 두 시간도 안 돼서 빵 껍질도 씹을 수 있었다나요. 전 두 살이 되어서야 이가 났어요. 할머니, 그런 말을 해주고 놀려줄 것을 그랬어요.

**요크 공작부인** 애, 아가, 누가 그 얘길 해주던?

**요크** 삼촌 유모가요.

**요크 공작부인** 삼촌 유모가! 원, 그 유모는 네가 태어나기 전에 죽었는데?

**요크** 그 유모한테가 아니라면 누구한테 들었는지 잊어버렸나?

**엘리자베스** 애가 여간 아니군. 버릇없게 그러면 안 돼.

**대주교** 왕비님, 아이한테 그렇게 화내지 마십시오.

**엘리자베스** 담벼락에도 귀가 있다잖아요.


전령 등장.


**대주교** 여기 전령이 오는군요. 무슨 소식이오?

**전령** 아뢰기 거북한 소식입니다.

**엘리자베스** 왕자는?

**전령** 예, 무사하십니다.

**요크 공작부인** 소식이란?

**전령** 리버스 경과 그레이 경이 폼프렛 감옥으로 압송됐습니다. 기사 토머스 본도 두 사람과 함께 죄수로 잡혀갔습니다.

**요크 공작부인** 누구의 명으로?

**전령** 글로스터 공과 버킹엄 공 두 분의 명령입니다.

**대주교** 무슨 죄목으로?

**전령** 아까 말씀드린 것이 제가 아는 전부입니다. 어째서, 무엇 때문에 그 세

분이 투옥당했는지 저로서는 전혀 모르겠습니다.

**엘리자베스** 아, 집안이 쓰러지는 꼴이 눈에 선하구나! 호랑이가 온순한 암사 슴을 발톱으로 때려 잡았구나. 위엄 없는 아이의 왕좌로 무례하게도 포악 한 손이 침해하기 시작하는구나. 어서 오라, 파괴여! 유혈이여! 학살이여! 도 면을 들여다보는 것같이 끝이 환히 보이는구나.

**요크 공작부인** 저주할 세월, 불안하고 시끄러운 세월을 무던히도 오랫동안 이 눈으로 지켜봐 왔지! 내 남편은 왕관을 얻으려다 목숨을 잃었고, 자식들 은 운명의 조수에 떴다 가라앉았다 했지. 그때마다 나는 울고 웃었다. 그 런데 안정이 돼 나라 안의 싸움이 말끔히 진압되고 승리자가 되더니, 골육 상쟁과 형제간의 피로 피를 씻는 소동이로구나. 패륜의 광란 사태여, 그 지 독한 악의를 멈춰 주든가, 나를 잡아가 주든가 해다오. 더 이상 죽는 꼴을 보기는 지긋지긋하니까!

**엘리자베스** 자, 아가, 우린 성당으로 피신하자. 그럼 어머님, 안녕히 계세요.

**요크 공작부인** 거기 있거라, 나도 같이 가겠으니.

**엘리자베스** 어머님은 그럴 필요 없으세요.

**대주교** (엘리자베스에게) 왕비님, 어서 보물과 일용품 등을 싸 가지고 가십시 오. 저도 맡아둔 옥새를 왕비님께 돌려드리겠습니다. 온 힘을 다해 왕비님 께 돌려드리겠습니다. 전력을 다해 왕비님과 왕실을 보호하겠습니다. 자, 성 당으로 안내해 드리겠습니다. (모두 퇴장)

〔제3막 제1장〕

런던. 어느 거리.
나팔 소리. 어린 왕자 에드워드, 글로스터 공, 버킹엄 공, 추기경, 케이츠비, 그 밖의 사람들 등장.

**버킹엄** 런던으로 잘 돌아오셨습니다. 왕자님, 여기는 왕자님의 궁전입니다.

**글로스터** 잘 돌아오셨소, 조카이자 나의 왕. 여행길에 지쳤는지 우울해 보입 니다.

**왕자** 아니오, 삼촌. 그러나 도중의 사건 때문에 모처럼의 여행길이 지루하고 고달프고 고단해진 것뿐이오. 이곳에 환영 나온 삼촌들이 더 많았더라면 좋았을 것요.

**글로스터** 왕자님, 아직 어린 나이의 순결한 마음을 가지고서는 세상의 거짓을 간파하지 못하시오. 사람을 보셔도 겉모습과 속마음을 구별하지 못하지요. 하느님은 알고 계시지만 겉모습이란 좀처럼, 아니 절대로 속마음과 보조를 같이하지 않는 법이오. 지금 환영을 나와 주었으면 하고 바라시는 외삼촌들은 사실 위험하죠. 왕자님은 그들의 달콤한 말에 속으시고 가슴속의 독을 알아보지 못하시오. 그들로부터, 그리고 그 사람들 같은 역적들로부터 신이여, 왕자를 보호해 주시옵소서!

**왕자** 부디 보호해 주옵소서! 그러나 외삼촌들은 그런 역적이 아니에요.

**글로스터** 아, 런던 시장이 인사를 드리러 오는군요.

시장이 하인들을 거느리고 등장.

**시장** 왕자님의 건강과 행복을 축복하나이다.

**왕자** 감사하오, 시장. 그리고 여러분도. 어머니와 아우 요크가 도중에 진작 환영 나와 줄 것으로 알았는데요. 아, 느림보 헤이스팅스 같으니. 어머니 일행이 환영하러 나오는지 어쩐지를 보고하러 오지도 않다니!

헤이스팅스 경 등장.

**버킹엄** 마침 그가 허겁지겁 옵니다.

**왕자** 마침 잘 오셨소. 그런데 내 어머니는 어떻게 되셨소?

**헤이스팅스** 신이 아니라 이유는 모르겠습니다만, 왕비님과 아우이신 요크 공은 성당으로 피신하셨습니다. 그런데 아우님은 저와 함께 왕자님을 맞으러 나오고 싶어하셨으나 어머님께서 도저히 승낙을 안 하셨습니다.

**버킹엄** 쯧, 어리석게시리, 대체 이게 무슨 영문이람! 추기경, 가서 왕비를 설득하여 요크 공을 형 전하께 당장 보내도록 하시오. 그래도 거절한다면, 헤이스팅스 경이 같이 가서 의심의 눈길을 던지는 어머니 팔에서 강제로 빼앗아 오시오.

**추기경**  버킹엄 공, 내 무력한 설득으로 요크 공을 어머니 손에서 빼앗아 내게 된다면 곧 데리고 오죠. 하지만 점잖게 호소하는데 완강히 거부하실 경우, 신성한 지역의 거룩한 특권을 침해할 수는 없습니다. 이 나라를 통째로 주신대도 이 사람은 그렇게 깊은 죄는 범할 수 없으니까요.

**버킹엄**  추기경은 까닭없이 완고하시오. 그리고 너무나 형식과 전통에 얽매어 계십니다. 세태의 난맥상을 좀 생각해 보시오. 요크 공을 데리고 온다 해서 성당이 침해될 건 아무것도 없습니다. 본디 그 특권은 범죄를 저지르고 그곳으로 피신하면 안전하다는 것을 알고 있는 자들에게만 허락돼 온 은혜요. 그러나 이번 왕자로 말하면 그렇게 궁지에 빠진 것도 아니며, 범죄를 저지른 것도 아니잖소. 그러니 아무리 생각해 봐도 그곳으로 피신할 필요는 없는 것 같소. 그러고 보면 그곳에 있을 권리가 없는 사람을 데리고 나온다고 해서, 성역의 특권이나 율법에 대한 침해가 되는 건 아닙니다. 성당에 어른이 피신했다는 이야기는 나도 많이 들었소만, 아이가 피신했다는 이야기는 처음 듣는군요.

**추기경**  아무튼 이번만은 분부대로 하겠습니다. 그럼 헤이스팅스 경, 같이 가 보실까요?

**헤이스팅스**  예, 그렇게 하지요.

**왕자**  되도록 서둘러 주시오. (추기경과 헤이스팅스 퇴장) 그런데 글로스터 삼촌, 아우가 오면 대관식 날까지 어디서 머물까요?

**글로스터**  왕이 되실 몸에 가장 알맞은 곳에서이지요. 뭣하시면 2, 3일 런던 탑에서 쉬시는 것이 좋을 것 같습니다. 그다음에는 건강과 휴식에 가장 적합한 곳을 고르시오.

**왕자**  런던 탑만은 싫어요. 그곳은 율리우스 카이사르가 지었다죠?

**버킹엄**  예, 카이사르가 처음 기초를 닦고, 후세 대대로 개축해 왔답니다.

**왕자**  카이사르가 집을 지었다는 이야기, 기록에 남아 있습니까? 아니면 말로 전해져 내려온 것입니까?

**버킹엄**  기록에 남아 있습니다.

**왕자**  하지만 버킹엄 공, 설사 기록에 남아 있지 않더라도 진실이란 건 대대손손 이어받아 최후 심판의 날까지 전해 내려오지 않을까요?

**글로스터** (혼잣말로) 옛말에 어린 것이 너무 총명하면 오래 못 산다고 했겠다.

**왕자** 네, 뭐라고요, 글로스터 삼촌?

**글로스터** 예, 기록이 없어도 명성만은 길이 남게 마련입니다. (혼잣말로) 물론 악인의 명성도 그렇고. 이렇게 나는 도덕극에 등장하는 악인처럼 한 가지 말에 두 가지 뜻을 포함시키거든.

**왕자** 카이사르는 퍽 유명한 분이었지요. 그분의 용맹이 지혜를 한결 더 빛낸 탓도 있겠지만, 그 지혜 때문에 용맹도 후세까지 살아남은 것입니다. 죽음도 이 정복자를 정복하지는 못합니다. 카이사르의 이름은 영원히 살아남아 있으니까요. 비록 몸은 죽었어도. 그런데 버킹엄 경…….

**버킹엄** 예, 전하?

**왕자** 내가 성장하면 프랑스에 대한 옛 권리를 도로 찾아내야겠소. 그렇게 못한다면 왕으로 살아 있는 것보다는 차라리 일개 병사로서 죽는 편이 낫겠소.

**글로스터** (혼잣말로) 봄철이 빨리 오면 여름철은 짧게 마련이지.


헤이스팅스 경과 추기경이 어린 요크 공을 데리고 등장.


**버킹엄** 아, 마침 요크 공이 오십니다.

**왕자** 아, 리처드! 그래 잘 있었니?

**요크** 황공하옵니다, 전하. 이제는 이렇게 불러야만 되겠죠.

**왕자** 아 그렇구나, 우리 둘 모두에게 슬픈 일이지만. 부왕 전하께서는 아직도 살아 계시는 것만 같구나. 그분이 떠나시고 나니 그 이름의 위엄은 땅에 떨어지고 말았구나.

**글로스터** 아, 조카 요크 공, 잘 있었소?

**요크** 고맙습니다, 삼촌. 아, 삼촌, 언젠가 말씀하셨지요. 잡초는 빨리 자란다고? 자 보세요, 형님이 저보다 훨씬 더 자라셨잖아요.

**글로스터** 글쎄 말이오.

**요크** 그럼 형님은 잡초인가요?

**글로스터** 원 천만에. 어디 그럴 리가요.

**요크** 그럼 삼촌은 저보다 형님을 더 소중히 하시는 모양이군요.

**글로스터** 형님께선 국왕으로서 이 삼촌에게 명령할 수 있으시지만, 요크 공과는 다만 친척이니까요.

**요크** 삼촌, 그 단검을 저한테 주시겠어요?

**글로스터** 저의 단검을? 기꺼이 드리죠.

**왕자** 네가 거지냐, 리처드?

**요크** 친절한 삼촌이니까 꼭 주실 거예요. 더구나 하찮은 물건이니까, 조금도 아까워하지 않고 주실 거예요.

**글로스터** 그보다 더한 선물이라도 드리죠.

**요크** 더한 선물을! 아, 그럼 장검을 주시겠어요?

**글로스터** 아, 물론. 좀더 가볍기만 하다면요.

**요크** 아, 그럼 가벼운 선물만 주실 생각이고 무거운 물건을 청하면 거절하실 모양이군요.

**글로스터** 이 장검은 요크 공이 차기엔 너무나 무거운데요.

**요크** 더 무거운 물건이라도 나는 괜찮아요.

**글로스터** 허허, 이 장검을 갖고 싶소? 조그만 공작!

**요크** 예, 갖고 싶어요. 감사의 말을 해볼 수 있게요. 지금 삼촌이 절 부른 것 처럼.

**글로스터** 어떻게요?

**요크** 조그만 공작, 고마워요, 이렇게요.

**왕자** 요크는 언제나 말버릇이 고약하구나. 삼촌, 요크를 참을 줄 아시죠.

**요크** 그럼 절 참지 말고 등에 업으란 말씀이군요. 삼촌, 형님은 삼촌과 절 다 같이 놀리고 계시는군요. 제가 조그마니까 원숭이같이 삼촌 등에 업힐 줄 아는 모양이지요, 형님 생각엔?

**버킹엄** (혼잣말로) 따지는 재치가 대단하군! 삼촌을 조롱하면서, 역정을 덜기 위해서 알맞게 적당히 제 욕을 하는 솜씨 좀 보게. 어린것이 참 놀랍게도 교활하군.

**글로스터** 그럼 전하, 먼저 가보시지 않으려오? 나는 버킹엄과 함께 어머님한 테 가서 런던 탑으로 전하를 맞으러 나오시도록 권해 보겠소.

**요크** 아니, 형님은 런던 탑으로 가시는 겁니까?

**왕자** 섭정인 삼촌 의향이 꼭 그래야만 되겠다는 거다.

글로스터를 연기하는 윌리엄 찰스 머크리디  사무엘 드 와일드. 1820.

**요크** 저 런던 탑에서는 편히 잠들지 못할 것 같아요.

**왕자** 왜? 뭐가 무서워서?

**요크** 글쎄, 클래런스 삼촌의 성난 유령이 나오지 않을까요. 할머니가 이야기해 주셨어요. 클래런스 삼촌이 그곳에서 암살당했대요.

**왕자** 나는 죽은 삼촌쯤은 무섭지 않아.

**글로스터** 뭐, 살아 있는 삼촌도 무서워하실 필요는 없소.

**왕자** 삼촌들만 다 살아 계시다면 물론 아무것도 무서울 게 없으련만. 자, 그럼 런던 탑으로 갑시다. 무거운 마음으로 죽은 삼촌들을 생각하면서. (나팔 소리와 함께 글로스터, 버킹엄, 케이츠비 세 사람만 남고 모두 퇴장)

**버킹엄** (글로스터에게) 공작, 어떻게 생각하십니까? 꼬마 요크 공이 몹시 수다스러운데요. 교활한 어머니의 선동으로 그렇게 불손하게 공작을 조롱하고 비웃는 것이 아니겠습니까?

**글로스터** 물론 그렇소. 아이가 여간 아니오. 대담하고, 활발하며, 총명하고, 성숙하며, 재주가 많소. 머리 꼭대기부터 발끝까지 철두철미 어머니를 닮았구려.

**버킹엄** 그 형제쯤은 염려 없습니다. 그런데 케이츠비, 우리가 상의한 이야기를 극비로 할 것은 물론, 우리의 계획을 실행하겠다고 그대는 깊이 맹세했었지요. 오는 도중 이야기했으니까 잘 알고 있겠지만, 그 일을 어떻게 생각하시오? 쉬운 일은 아니겠지요? 글쎄, 글로스터 공을 이 잉글랜드 왕위에 앉히기 위하여 윌리엄 헤이스팅스 경을 설득하는 일 말이오.

**케이츠비** 그분은 선왕과의 인연도 있고 왕자를 무척 위하고 있으니, 왕자한테 불리한 일이라면 쉽게 가담하지 않을 것 같습니다.

**버킹엄** 그럼, 스탠리는 어떨 것 같소? 가망 없을 것 같소?

**케이츠비** 스탠리도 헤이스팅스와 똑같이 행동할 것입니다.

**버킹엄** 좋소, 그럼 이렇게 합시다. 케이츠비, 헤이스팅스 경을 찾아가서 넌지시 의향을 떠보시오. 우리의 계획을 어떻게 보는가를 말이오. 그리고 내일 대관식에 관한 회의가 런던 탑에서 열리니까 참석하라고 전하시오. 만약 응해 올 것 같으면 파고들어가서 이쪽 이유를 털어놓으시오. 반대로 상대방이 납같이 반응이 없고 냉담한 태도를 취하거든 그대도 같은 태도를 보이시오. 그리고 더 이상 그 이야기를 하지 말고 형편을 내게 보고해 주시오.

그런 경우엔 내일 회의는 두 파로 나누어야겠소. 그대가 많은 수고를 해줘야겠소.

**글로스터**  케이츠비, 헤이스팅스 경에게 안부 전해 주오. 그리고 그 사람이 무서워하면 적의 도당이 내일 폼프렛성에서 절개 수술을 당하게 된다고 전해 주오. 그리고 이 기쁜 소식을 축하하는 뜻으로 쇼어 부인께 다정한 키스를 하나 더 해드리라고 전해 주오.

**버킹엄**  케이츠비, 그럼 자, 가보시오. 잘 부탁하오.

**케이츠비**  예, 염려 마십시오. 잘해 보겠습니다.

**글로스터**  결과는 자기 전에 알려주시겠소?

**케이츠비**  네, 그러겠습니다.

**글로스터**  크로스비 저택으로 와주오. 그곳에서 기다릴 테니까. (케이츠비 퇴장)

**버킹엄**  그런데 헤이스팅스 경이 이쪽 음모에 동의하지 않는 경우엔 어떻게 할까요?

**글로스터**  목을 베어야죠. 이유는 나중에 꾸며대기로 하고. 그건 그렇고 내가 왕이 되면 경에게는 헤리퍼드 백작령과 선왕인 형이 소유했던 동산 모두를 함께 드리겠소.

**버킹엄**  지금 언약하신 것은 나중에 주십사 청하겠습니다.

**글로스터**  아, 쾌히 내어주리다. 자, 마침 식사 시간이니 저녁이나 먹고 나서 우리 계획을 잘 모의하여 구체화시킵시다. (모두 퇴장)

〔제3막 제2장〕

헤이스팅스 경 집 앞.
밤. 전령 등장.

**전령**  (문을 두드리며) 헤이스팅스 경, 헤이스팅스 경!

**헤이스팅스**  (안에서) 누구냐?

**전령**  스탠리 경이 보낸 전령입니다.

**헤이스팅스**  (안에서) 지금 몇 신데?

**전령** 막 4시를 쳤습니다.

헤이스팅스 등장.

**헤이스팅스** 스탠리 경은 요즈음 기나긴 밤에 잠을 이루지 못하시는가 보군?

**전령** 분부하신 일로 미루어 보면 그런 듯합니다. 먼저 시종장님께 안부 전하라 하시더군요.

**헤이스팅스** 그리고?

**전령** 그리고 간밤의 꿈에 산돼지에게 투구를 물어뜯겼답니다. 게다가 회의가 따로따로 열리게 되는 모양인데, 한쪽에서 의결되는 내용은 다른 쪽에 참석하시는 자신과 각하를 파멸로 몰아넣게 되는지도 모른다는 것입니다. 그래서 각하의 의향을 알아보라는 분부이신데, 영혼의 직감으로 위험이 닥쳐온 것만 같으니 당장 함께 말을 몰고 북녘으로 피하는 게 어떠시냐는 것입니다.

**헤이스팅스** 아, 잘 알았다. 돌아가서 너의 주인께 여쭈어라. 회의가 따로따로 열려도 두려워하실 필요는 없다고. 네 주인 나리와 나는 같은 쪽 회의에 참석하기로 돼 있으며, 다른 쪽 회의에는 우리의 동지 케이츠비가 참석하기로 돼 있다. 우리 신상에 관계되는 문제라면 반드시 우리도 알게 될 테니 다 쓸데없는 걱정이라고 가서 전해라. 그리고 꿈 말인데, 네 주인이 그런 악몽의 환상을 다 믿으시다니, 참 기가 막히는구나. 산돼지가 쫓아오지도 않는데 제풀에 달아나면, 괜히 자극해서 그럴 생각도 없는 놈을 쫓아오게 만드는 격이 아니겠느냐. 돌아가 네 주인께 여쭈어라. 어서 일어나서 내 집으로 와주시란다고. 같이 런던 탑으로 가봐야겠으니까. 가보면 아시겠지만 산돼지란 놈은 우리에게 친절히 대할 것이다.

**전령** 예, 돌아가서 그렇게 여쭙겠습니다. (퇴장)

케이츠비 등장.

**케이츠비** 각하, 안녕히 주무셨습니까?

**헤이스팅스** 아, 안녕하시오, 케이츠비. 일찍 일어나셨구려. 그래 불안한 이 나라 사정은 어떻소?

**케이츠비** 정말 어지러운 세상입니다, 각하. 리처드 공께서 왕국의 화관을 쓰셔야만 나라 꼴이 똑바로 서리라 믿습니다.

**헤이스팅스** 뭐, '왕국의 화관'을 쓰셔야 한다고요? 왕관 말인가요?

**케이츠비** 예, 그렇습니다.

**헤이스팅스** 원, 차라리 내 머리를 이 어깨에서 떼어버리고 말겠소. 엉뚱하게 왕관이 그렇게 더러운 곳에 씌워지는 꼴을 나는 못 보겠소. 하지만 당신 보기엔 그런 야욕을 품고 있는 것 같소?

**케이츠비** 예, 물론 그렇습니다. 뿐만 아니라 경 또한 나중을 위해 그 계획에 가담해 올 것으로 보고 계신 모양입니다. 그리고 이 기쁜 소식을 전해 드리라는 분부신데, 각하의 적인 왕비 친척들은 오늘 폼프렛에서 처형당하게 돼 있답니다.

**헤이스팅스** 사실, 나는 그들과 지금까지도 척을 지고 있으니 그 소식에 슬퍼할 생각은 없소. 그러나 그렇다고 해서 내가 뫼신 선왕의 아들이 참된 후계자가 되는 것을 가로막으려고 리처드의 역성을 들 생각 또한 없소. 설사 내가 죽더라도 그런 짓을 하지 않을 것이라는 점은 신은 아실 것이오.

**케이츠비** 그 맹세, 하느님이 지켜드리기를 바랍니다!

**헤이스팅스** 그건 그렇고, 아까 그 소식으로 앞으로 열두 달은 웃고 지내게 되겠소. 나를 일러바쳐 왕의 노여움을 사게 한 놈들의 비극을 이 눈으로 보게 됐으니 말이오. 케이츠비, 내 말 좀 들어보겠소?

**케이츠비** 무슨 말씀입니까?

**헤이스팅스** 두 주일도 되기 전에 아직까지 아무것도 모르는 몇 놈들을 처치해 버려야겠소.

**케이츠비** 각오도 예측도 하지 못하고 있을 때 죽게 되면 정말 기가 막힐 겁니다.

**헤이스팅스** 물론 지독한 일이지요! 하지만 리버스나 본이나 그레이가 다 그렇게 됐소. 그 밖에도 같은 운명에 떨어질 사람들이 더 있을 것이오. 더구나 자기만은 안전하다고 생각하는 사람, 아시다시피 그대나 나같이 리처드 공이나 버킹엄과 가까이 하고 있는 사람도 말이오.

**케이츠비** 그 두 공작님은 각하를 높이 평가하고 계십니다. (혼잣말로) 글쎄,

그 머리를 런던교에 높이 매달아 놓겠다는 생각이니까.

**헤이스팅스** 그건 나도 물론 잘 알고 있소. 당연한 일이죠.

스탠리 등장.

**헤이스팅스** 어서 오시오. 그런데 산돼지 잡을 창은 어떻게 하셨소? 그래 산돼지가 무서우시다면서 맨손으로 오시오?

**스탠리** 안녕하시오. 아, 케이츠비도 안녕하시오. 농담을 하셔도 괜찮습니다만 회의가 따로따로 열리는 건 나로서는 어쩐지 꺼림칙합니다.

**헤이스팅스** 나도 그대 못지않게 목숨을 소중히 생각하는 사람이오. 더구나 단언하지만, 오늘만큼 내 목숨을 소중하다고 생각해 본 적은 없소. 그러나 좀 생각해 보시오. 내 위치가 안전하다는 자신이 없으면, 내가 어떻게 이렇게 자신만만하겠습니까?

**스탠리** 하지만 지금 폼프렛성에 투옥된 귀족들도 런던을 떠날 때는 쾌활하고 자기네 지위가 안전하다고 생각했을 것이오. 사실 의심받을 이유란 전혀 없었지요. 그러던 것이 삽시간에 먹구름에 덮이고 말았잖소. 왜 그런지 그런 증오가 급습하는 일이 이 몸에도 있을 것만 같구려. 제발, 겁보가 쓸데없이 겁먹은 것이라면 좋겠구나! 그럼 런던 탑으로 가봅시다. 시간이 상당히 지났나 보오.

**헤이스팅스** 그럼, 같이 가봅시다. 아십니까? 아까 말씀하신 귀족들, 오늘 목이 달아나는 겁니다.

**스탠리** 실은 죄 없는 분들이죠. 오히려 고발한 이들 중에는 모자조차 쓰기에 과분한 사람도 있단 말이오. 그건 그렇고 자, 가봅시다.

시종 한 사람 등장.

**헤이스팅스** 먼저 가보시오. 난 저 사람과 이야기 좀 해야겠소. (스탠리와 케이츠비 퇴장) 여봐라, 그래 어떻게 지내고 있느냐?

**시종** 예, 각하. 덕분에 잘 지내고 있습니다.

**헤이스팅스** 실은 나도 형편이 좋아졌다. 요전 여기서 만났을 때보다는 말이다. 그때는 죄수로 런던 탑으로 호송되던 중이었다. 왕비 일당의 간언에 걸려서. 지금은 네게만 이야기지만, 오늘 그 적들은 사형이 된다. 그래서 내 처지는 그 어느 때보다도 좋단 말이다.

**시종** 부디 그 행운을 오래오래 흡족하게 누리시기를 빕니다!

**헤이스팅스** 고맙다. 자, 이건 술값이다. (돈지갑을 던져 준다)

**시종** 고맙습니다. (퇴장)

사제 한 사람 등장.

**사제** 마침 잘 만났습니다. 참 반갑습니다.

**헤이스팅스** 고맙소. 신부님, 그런데 지난번 미사, 아직 보답을 못해 드렸군요. 다음 안식일에 와주시오. 그때 답례해 드리리다. (사제 귀에 소곤댄다)

버킹엄 등장.

**버킹엄** 아니, 신부님과 이야기 중이시군요. 시종장, 폼프렛에 갇힌 친구들이라면 몰라도, 당신은 아무것도 참회하실 필요가 없으실 텐데요.

**헤이스팅스** 아닌 게 아니라 이 신부님을 만났더니 지금 말씀하신 그 사람들 생각이 문득 떠올랐습니다. 그런데 공작께서도 런던 탑으로 가시는 길입니까?

**버킹엄** 예, 그렇습니다. 하지만 그곳에 오래 있지는 않을 겁니다. 아마 나는 당신보다 먼저 돌아오게 될 것 같소.

**헤이스팅스** 아마 그렇게 될 것 같군요. 저는 그곳에서 점심을 먹게 될 테니까요.

**버킹엄** (혼잣말로) 그리고 저녁도 먹게 해주지. 당신은 아직 그것을 모르고 있지만. (큰 소리로) 자, 가보실까요?

**헤이스팅스** 그럼, 같이 갑시다. (모두 퇴장)

폼프렛성.
기사 리처드 랫클리프가 미늘창을 들고 등장. 뒤따라 병사들이 초주검이 된 리버스, 그레이, 본을 끌고 등장.

**랫클리프**  죄수들을 앞으로 데려와라.

**리버스**  여봐, 리처드 랫클리프, 이것만은 말해 두겠다. 지성과 충절을 다해 온 신하가 오늘 당신 눈앞에서 죽는 것이다.

**그레이**  하느님, 저 악당의 무리로부터 왕자를 보호해 주시옵소서! 저주받을 이 흡혈귀들아!

**본**  죽을 때까지 이날을 고통으로 생각하며 지내게 되리라.

**랫클리프**  어서 가요. 당신들 목숨도 다 됐으니까.

**리버스**  아, 폼프렛성, 폼프렛성! 아, 피비린내 나는 감옥, 왕후 귀족에게 불길한 파멸의 아가리. 이 죄 많은 성벽 안에서 리처드 2세는 난도질을 당했지. 그런데 그 악명을 더한층 높이고 싶단 말이냐. 이제 또 우리가 무고한 피를 뿌려 네게 마시게 해줘야 하는구나.

**그레이**  이제 보니 마거릿의 저주가 우리 머리 위에 내렸구려. 그 부인은 자기 아들을 리처드가 찔러 죽였을 때 보고도 못 본 체하고 있었다고 헤이스팅스와 우리를 저주하더니만.

**리버스**  그때 그 부인은 헤이스팅스를 저주했고, 버밍엄을 저주했으며, 리처드도 저주했소. 아, 하느님, 그들에게 내린 저주도 잊지 마시고 들어주시옵소서, 지금 우리에게처럼! 그리고 하느님, 내 누님과 왕자만은 용서해 주시옵소서! 굽어보고 계시다시피 죄 없이 쏟아야 하는 저희들의 성실한 피의 대가로!

**랫클리프**  자, 서두르시오. 집행할 시간이 지났으니까.

**리버스**  그레이, 본, 우리 안아나 보고 작별합시다. 그리고 천국에서 다시 만납시다. (모두 이끌려 퇴장)

런던 탑의 한 방.
버킹엄, 스탠리, 헤이스팅스, 일리의 주교, 랫클리프, 러벨, 그 밖의 사람들이 회의 탁자 앞에 앉아 있다.


**헤이스팅스** 그럼 여러분, 오늘 이렇게 모이게 된 까닭은 바로 대관식 절차를 정하자는 것입니다. 신의 이름으로 말씀을 하십시오. 대관식을 어느 날로 정하는 것이 좋을까요?

**버킹엄** 대관식 준비는 다 되어 있겠지요?

**스탠리** 물론이지요, 다만 날짜를 정하는 것만 남았습니다.

**주교** 그렇다면 내일이라도 곧 거행하도록 하시지요.

**버킹엄** 섭정공의 의향은 어떠신가요? 어떤 분이 글로스터 공과 가장 친밀하시오?

**주교** 그분의 뜻은 공께서 가장 잘 알고 계실 것 같습니다.

**버킹엄** 얼굴은 서로 잘 알고 있지만, 마음을 헤아려 보는 것이라면, 제가 여러분의 마음을 헤아릴 수 없듯이, 그분도 제 마음은 헤아리지 못하십니다. 그런데 헤이스팅스 경, 그분과는 당신이 가장 친밀하신 것 같은데요?

**헤이스팅스** 사실 저는 그분과 친밀한 사이입니다. 그 점을 감사하게 생각하고 있습니다. 하지만 대관식에 관해 상의해 본 적도 없거니와 그분 또한 이렇다 할 말씀이 없었습니다. 그러니 여러분, 날짜는 우리끼리 정합시다. 글로스터 공의 표는 제가 대신 던지겠습니다. 아마 공께서도 제 의견에 찬성하실 겁니다.


글로스터 등장.


**주교** 마침 공작께서 오셨습니다.

**글로스터** 아, 여러분, 밤새 안녕하시오. 그만 난 늦잠을 잤구려. 그렇지만 내가 참석해야만 결정될 중요 안건이 내 지각 때문에 설마 결정이 나지 않은 상태로 남아 있진 않을 테죠?

**버킹엄**  마침 잘 오셨습니다. 하마터면 헤이스팅스 경이 대관식에 관한 공작의 의견을 대신 말씀하실 뻔했습니다.

**글로스터**  암, 헤이스팅스 경 아니고는 아무도 그만한 자격이 없소. 그는 날 잘 알고 있을 뿐더러 나를 사랑하고 있소.

**헤이스팅스**  고맙습니다.

**글로스터**  그런데 일리 주교님!

**주교**  네, 공작님.

**글로스터**  내가 이전에 홀번에 갔을 때 댁의 정원에 근사한 딸기가 열려 있는 것을 봤소. 그걸 좀 가져오도록 해주시겠소?

**주교**  그거야 기꺼이, 당장에 사람을 보내겠습니다. (퇴장)

**글로스터**  버킹엄 경, 잠깐만. (버킹엄을 곁으로 불러 작은 소리로) 우리의 그 계획에 대해서 케이츠비가 헤이스팅스의 마음을 알아본 모양인데, 그 고집쟁이 친구는 대단히 흥분하여 선왕의 아들을—경건한 말투로 그렇게 칭하더라나—잉글랜드의 왕위로부터 폐위할 계획에 가담하느니 차라리 목이 달아나는 것이 낫다고 한 모양이오.

**버킹엄**  잠깐 저리 같이 가십시다. (글로스터와 함께 퇴장)

**스탠리**  그 영광의 날 말인데, 내일은 너무 다급한 것 같소. 날짜가 미루어진다면 모를까, 그렇지 않다면 나 자신도 준비가 제대로 되어 있지 않소.


일리의 주교가 돌아온다.


**주교**  글로스터 공작님은 어디 가셨습니까? 딸기를 가지러 사람을 보내놓고 왔습니다만.

**헤이스팅스**  오늘 아침 공작님은 대단히 기분이 좋으신 모양이오. 아까 그렇게도 명랑하게 아침 인사를 하시는 걸 보면 뭔지 퍽 마음에 드시는 일이 있으신 것 같소. 싫고 좋은 감정을 그분만큼 당장 얼굴에 나타내는 사람은 그리스도국 천지를 다 찾아봐도 없을 겁니다. 그분의 낯빛만 보면 누구나 당장 마음속을 알아낼 수 있으니까요.

**스탠리**  그럼, 오늘 그분의 명랑한 태도, 그 얼굴로 미루어 어떤 마음을 읽으셨소?

**헤이스팅스**  확실히 공작님은 이중 누구에게도 화를 내고 있지는 않으시오. 만약 화를 내고 계시다면 벌써 얼굴에 나타났을 테니까요.

**스탠리**  그분이 화내지 않으시기를 하느님께 빕니다.

글로스터와 버킹엄, 다시 돌아온다. 글로스터는 미간을 찌푸리며 입술을 깨물고, 아주 험상궂은 표정을 짓고 있다.

**글로스터**  여러분 모두에게 물어보겠는데, 만약 흉악한 요술로 내 생명을 노린 마귀가 있다면, 그리고 그 지옥의 주문으로 이 신체를 불구자로 해놓은 놈이 있다면 그 사람은 어떤 벌을 받아야 마땅하겠소?

**헤이스팅스**  평소 공작님에 대한 저의 사랑으로, 저는 여기 자리한 누구보다 앞서 당돌하나마 그런 사람이 있다면 단호한 처단을 주장하겠습니다. 그가 누구이든 마땅히 사형에 처해야 옳을 것입니다.

**글로스터**  그럼 그 죄의 증거를 실제 보여드리죠. 자, 보시오. 나는 이렇게 요술에 걸려 있소. 자, 내 팔을 좀 보시오. 시든 어린 나무같이 이렇게 말라 있소. 이건 바로 에드워드 형의 왕비, 그 흉악한 마녀가 저 매춘부 쇼어 부인과 공모해 이 몸에 이렇게 요술의 낙인을 찍어놓은 것이오.

**헤이스팅스**  만일 그렇다면 글로스터 공작님…….

**글로스터**  만일이라고! 더러운 매춘부를 옹호하겠다는 거요? 그래 감히 내게 '만일'이라고? 역적 같은…… 이놈의 목을 베어라! 내 맹세하지만 저놈의 떨어진 목을 보기 전에는 절대로 식사를 하지 않을 테다. 러벨과 랫클리프, 그대들 둘이 맡으시오. 그리고 나를 사랑하는 분들은 나를 따라오시오. (헤이스팅스, 랫클리프, 러벨만 남고 모두 퇴장)

**헤이스팅스**  아, 잉글랜드는 어떻게 되는가! 내 신세는 어떻게 되든 조금도 상관없지만. 아, 나는 바보였구나. 미리 막아낼 수 있었을 것을. 산돼지한테 투구를 빼앗겼다는 스탠리의 꿈을 나는 비웃기만 하고 피할 생각은 않았었지. 천을 둘러입힌 내 말은 오늘 아침 세 번씩이나 비트적거렸어. 런던 탑을 쳐다보더니 질겁했었지. 주인을 도살장으로 싣고 가는 것이 싫었던 모양이구나. 아, 아까 만났던 신부가 이제는 내게 필요하게 됐구나. 그 시종한테 오늘 원수들은 폼프렛성에서 무참하게 학살당하게 되지만 나는 총애 속에 안전하다고 자랑했던 일이 참으로 후회스럽다. 아, 마거릿, 마거릿, 당신의 지독한 저주가 이 불쌍한 헤이스팅스의 비참한 머리 위에 영락없이 내리고 말았구려!

**랫클리프**  자, 어서 하십시오. 공작님은 지금 식사를 기다리고 계시니까, 참회 같은 것도 더 짧게 하시오. 당신의 떨어진 머리를 그분이 기다리십니다.

**헤이스팅스**  아, 인간의 일시적인 총애를 신의 은총보다도 더 열심히 좇는 한심한 꼴이라니! 다른 사람의 웃음 띤 얼굴에 희망을 거는 자는 술 취해 돛대 꼭대기에 얹혀 있는 선원 같다고나 할까. 배가 흔들릴 때마다 언제 어느 때 내동댕이쳐져 죽음의 깊은 물속에 나가떨어질는지 모를 일이지.

**러벨**  자, 어서 하시오. 이제 와서 한탄해 봐도 소용없으니까.

**헤이스팅스**  아, 잔인무도한 리처드! 가련한 잉글랜드! 내 예언하지만, 아무리 비참했던 시대에도 아직껏 보지 못한 끔찍한 일이 반드시 너에게 일어나고야 말리라. 날 처형대로 안내하라. 내 머리를 그자에게 갖다 바쳐라. 내 신세를 보며 웃고 있는 놈들도 언젠가는 죽어야 할 게 아니냐. (모두 퇴장)

〔제3막 제5장〕

런던 탑 성벽.
글로스터와 버킹엄 등장. 두 사람 다 몸에 맞지 않는 낡은 갑옷을 입고 있다.

**글로스터**  버킹엄 경, 그런데 말이오, 이렇게 할 수 있겠소? 달달 떨며 낯빛이 달라지고, 한마디 하고는 숨을 죽이고, 다시 말을 이었다간 또 말을 끊고, 마치 공포 때문에 정신이라도 돌아버릴 것같이 말이오.

**버킹엄**  그런 비극배우 흉내쯤은 문제 없습니다. 글쎄, 말을 하다가 뒤를 돌아 보기도 하고, 좌우를 살펴보기도 하고, 지푸라기 하나만 달싹해도 깜짝 놀라 덜덜 떨고, 몹시 미심쩍어하는 따위 말씀이죠. 공포의 표정이나 억지 미소나 난 마음대로 할 수 있습니다. 필요할 땐 언제라도 솜씨를 보여드리겠습니다. 그런데 케이츠비는 갔습니까?

**글로스터**  어디 좀 나갔소. 마침 시장과 함께 오는군.

영화 〈리처드 3세〉 리처드 론크레인 연출, 이안 맥켈런(리처드 역)·아네트 베닝(엘리자베스 역) 출
연. 1995.


시장과 케이츠비 등장.


**버킹엄** 시장…….

**글로스터** 저 도개교(跳開橋) 쪽을 경계하시오.

**버밍엄** 아, 북소리가?

**글로스터** 케이츠비, 성벽 쪽을 경계하오.

**버킹엄** 시장, 이렇게 오시게 한 이유는…….

**글로스터** 뒤쪽을 경계하시오, 적이오!

**버킹엄** 하느님, 우리 무고한 사람들을 보호해 주시옵소서!

**글로스터** 진정해요, 우리 편이니까. 랫클리프와 러벨이오.


러벨과 랫클리프, 헤이스팅스의 머리를 들고 등장.


**러벨** 그 비열한 반역자의 머리입니다. 그렇게 위험한 인물인 줄을 누가 상상
인들 했겠습니까?

**글로스터**  내 이자를 무척 사랑했던 만큼 눈물을 쏟지 않을 수가 없구려. 이 땅의 그리스도교도 치고, 이자만큼 정직한 사람은 없다고 믿어왔소. 그래서 이자를 일기장 삼아 나는 영혼 속의 비밀을 그대로 적어왔던 거요. 마음속 악덕을 겉으로는 덕행으로 번지르르하게 감추고 있어서 누구나 다 아는 그 비행, 쇼어 부인과의 간통 말고는 조금도 의심받지 않던 자였소.

**버킹엄**  글쎄 말이오. 참으로 교묘하게 사람 눈을 속이던 반역자일 줄이야 누가 상상할 수 있겠습니까? 아니, 누가 곧이듣겠어요? 하늘이 도와 이렇게 살아서 이야기할 수 있기에 망정이지, 이 음험한 역적이 오늘 회의 석상에서 나와 글로스터 공작님을 살해할 음모를 꾸몄을 줄이야.

**시장**  아니, 그런 음모를요?

**글로스터**  아니, 시장은 우리가 터키인이나 이교도인 줄 아시오? 아니면 혼란한 틈을 타서 국법을 무시하고 경솔하게 처리한 줄 아시오? 이 악당을 처형한 것은 위기에 처한 잉글랜드의 평화와 나 자신의 안전을 고려하여 행한 부득이한 조치였소.

**시장**  잘 알았습니다! 행운을 빕니다! 헤이스팅스의 죄는 사형을 받아 마땅한 것입니다. 두 분께서 취하신 조처는 앞으로 반역자들에겐 좋은 경고가 될 것입니다. 저 사람이 쇼어 부인과 놀아난 뒤로는 저는 아무런 기대도 하지 않았습니다.

**글로스터**  실은 시장의 참관도 없이 처형할 생각은 아니었는데, 저 두 사람이 우리를 위한 나머지 우리 뜻에 어긋나게 너무 급히 서둘러 버렸군요. 나로서는 이 반역자가 모반의 목적과 과정을 기가 죽어 자백하는 것을 시장에게 들려줄 생각이었지요. 그래야만 시장도 진실을 시민들에게 설명할 수 있을 테고, 시민들도 우리를 오해하여 이자의 죽음을 슬퍼하는 일이 없을 것 아니겠소.

**시장**  아니, 말씀만 가지고도 제가 직접 보고 들은 거나 마찬가집니다. 두 분을 조금도 의심하진 않겠습니다. 그럼 이 일에 관한 정당한 조처의 진실을 선량한 시민들에게 알리겠습니다.

**글로스터**  그래서 시장을 일부러 오시게 한 것이었소. 헐뜯기 좋아하는 세상의 비난은 피해야 하니까요.

**버킹엄**  오신 것이 좀 늦어버리고 말았지만, 우리의 뜻을 들으신 바와 같이

증언해 주시오. 그럼 시장, 안녕히 가시오. (시장 퇴장)

**글로스터**  버킹엄 공, 어서 저 뒤를 쫓아가 보시오. 시장은 허겁지겁 시 회의실로 가는 눈치 같으니, 뒤쫓아가서 적당한 기회를 틈타 에드워드 왕의 자식들은 사생아라고 주장하시오. 그리고 에드워드 왕이 어떤 시민의 목을 벤 일도 폭로하시오. 글쎄, 그 시민이 자기 아들에게 왕관을 상속시키겠다고 말한 것뿐인데, 바로 그 왕관이란 것이 실은 그 집안의 혈통을 이른 것이었소. 그리고 그의 가증할 음욕이며, 자주 색다른 맛을 보고자 한 야수 같은 욕정 따위를 말하시오. 하녀이건 숫처녀건 유부녀건 닥치는 족족 색욕의 광란한 눈과 환장한 마음이 움직이는 대로 모조리 집어먹은 사람이었으니까. 그뿐인가, 필요하다면 내 신상의 창피한 부분까지 폭로해도 상관없소. 글쎄, 어머니가 이 음탕한 에드워드를 임신하고 있을 때, 아버지 요크 공은 프랑스에 출정 중이었소. 날수를 짚어봐도 알 수 있지만, 형은 아버지의 씨는 아니오. 용모가 전혀 다르고, 아버지의 고상한 풍채와는 전혀 딴판이었소. 하지만 그 점은 슬그머니 먼발치로만 언급하시오. 어머니가 아직도 살아 계시니까요.

**버킹엄**  아무 염려 마십시오. 연설가 역을 멋있게 해보일 테니까요. 내가 왕관을 노리기라도 하는 것처럼 말입니다. 그럼 가보겠습니다.

**글로스터**  뜻대로 진행되거든 다들 베이나드성으로 데리고 오시오. 내 그곳에 덕망 있는 신부들과 학식 많은 주교들에게 그럴싸하게 둘러싸여 있는 모습을 보여주겠소.

**버킹엄**  그럼, 가보겠습니다. 3시나 4시쯤 회의장 정보를 가지고 찾아뵙겠습니다. (퇴장)

**글로스터**  러벨, 어서 쇼 박사한테 좀 가주오. (케이츠비에게) 그리고 그대는 펭커 수사한테로 어서 가서 이렇게 전해 다오. 베이나드성에서 내가 곧 좀 만나고 싶다고 말이오. (두 사람 퇴장) 그럼 나는 가서 클래런스의 꼬마들을 쥐도 새도 모르게 처치해 버릴 궁리를 해야겠는데. 당분간 그 형제와는 아무도 만나지 못하게 해놔야지. (퇴장)

런던 거리.
공증인이 손에 서류를 들고서 등장.

**공증인** 이건 헤이스팅스 경의 기소장이라고 멋지게 쓰여 있군. 이것이 오늘 세인트 폴 사원에서 낭독될 모양인데, 내용만은 조리가 있어. 나는 이걸 쓰느라 열한 시간이나 걸렸지. 케이츠비가 이걸 내게 가져온 것은 어젯밤이었으니 말이야. 그자도 원고를 작성하는 데에 그만한 시간은 걸렸을 테지. 하지만 헤이스팅스 경은 다섯 시간 전만 해도 규탄이나 탄핵을 받기는커녕 맑은 하늘 아래 자유를 누리며 활개치고 있었지. 참, 별놈의 세상도 다 보겠군! 바보 천치라도 이렇게 얕은 수작쯤은 간파할 수 있을 텐데. 하지만 아무리 대담한 사람이라도 그것을 입 밖에 낼 수는 없지. 과연 말세야. 세상 꼴 다 됐군. 제기, 이런 음모를 잠자코 보고만 있어야 한다니. (퇴장)

〔제3막 제7장〕

베이나드성.
글로스터와 버킹엄, 좌우의 문에서 따로따로 등장.

**글로스터** 아, 어떻게 됐소. 시민들은 뭐라 말하고들 있소?
**버킹엄** 시민들은 입을 꼭 다물고 아무 소리도 하려고 들지를 않습니다.
**글로스터** 에드워드 왕의 아이들이 사생아라는 것도 이야기해 주었소?
**버킹엄** 예, 물론입니다. 그리고 루시 님과의 약혼이며 프랑스 왕의 누이와 약혼한 이야기도 했습니다. 또 만족할 줄 모르는 욕정으로 시내 유부녀들까지 겁탈한 사실과 사소한 잘못까지 엄벌하며 폭군 행세를 한 것 등, 이런저런 일들을 샅샅이 이야기했습니다. 그리고 왕 자신이 사생아라는 점, 그때 아버지 요크 공은 프랑스에 출정 중이었을 뿐 아니라 용모 또한 그 아버지와 전혀 닮지 않았다는 점도 이야기했습니다. 이와는 반대로 글로스터 공의 용모를 좀 보라고 말했습니다. 외모와 고상한 심성이 그 아버지와 꼭 닮지 않았느냐고 말입니다. 또 공께서 스코틀랜드에서 세운 공훈이며 전쟁에서의 전략, 평화 시의 치술, 관대하고 덕망 있고 인자하신 성품 등 사실 이번 일에 도움이 될 만한 점을 한 가지도 빼지 않고 낱낱이 설명해 주었습니다. 그리고 이야기 끝에, 조국을 사랑하는 사람은 "잉글랜드 왕, 리처드 만세!" 외치라고 명령했습니다.

**글로스터**  그래, 만세를 부르던가요?

**버킹엄**  아닙니다. 웬일인지 입을 달싹도 않고, 동상이나 돌처럼 말없이 서로 노려보면서 하얗게 질려 있을 뿐이었습니다. 그 모습을 본 저는 호령을 하고 이 고의적인 침묵이 웬일이냐고 시장에게 물었는데, 그의 대답이 시민들은 평소 기록관의 입을 통해 듣는 것이 관례라는 것이었습니다. 그래서 기록관에게 명하여 내 이야기를 한 번 더 들려주게 했지요. 공작님 말씀은 이러이러하고, 그 의견은 이러이러하시다고요. 그러나 그자는 자기 자신의 견해는 한마디도 보태지 않더군요. 그런데 그가 말을 맺자 회장 한쪽 구석에 진을 치고 있던 우리 쪽 사람들이 일제히 모자를 공중에 던졌고, 그 가운데 여남은 명은 "리처드 만세!" 하고 소리를 질렀습니다. 몇 사람 되지 않았지만 나는 이 기회를 놓칠세라 "고맙소, 친애하는 시민 여러분! 이런 열렬한 박수와 환호 소리는 여러분의 분별과 리처드 공작님에 대한 신뢰를 증명해 보여주고 있소"라고 말해 주고는 서둘러 돌아오는 길입니다.

**글로스터**  혓바닥도 없는 나무토막들! 아무 말도 하지 않더란 말이오?

**버킹엄**  예, 공작님.

**글로스터**  그럼, 시장과 의원들도 오지 않는단 말이오?

**버킹엄**  시장은 근방에 와 있습니다. 공작님은 무슨 근심이 있는 척하십시오. 그리고 특별한 간청이 있기 전에는 절대로 면담해 주지 마십시오. 또 손에 기도서를 들고 계시는 걸 잊지 마시고 양쪽에 신부 두 사람을 거느리고서 함께 등장하십시오. 그러면 그때에 맞추어 거룩한 성가가 울려나오도록 하겠습니다. 어떤 요구에도 쉽게 응하지 마십시오. 처녀 역을 하시라는 겁니다. 싫다 싫다 하면서 결국은 받아들이는 식으로요.

**글로스터**  그럼, 그대가 모든 사람들을 대신해 간청하면 나는 거절하란 말이군요. 그런 식으로 나가면 틀림없이 좋은 결과를 얻게 될 듯하오.

**버킹엄**  어서 옥상으로 가보시죠. 시장들이 문을 두드리고 있습니다. (글로스

터 퇴장)

시장과 시민들 등장.

**버킹엄**  어서 오시오, 시장. 난 아까부터 와 있는데, 공작님은 아무도 만나주지 않으실 모양이오.

케이츠비 등장.

**버킹엄**  아, 케이츠비, 공작께선 뭐라고 하시던가요?
**케이츠비**  제발 내일이나 모레 다시 와달라 부탁하십니다. 공작님은 지금 안에서 두 분의 훌륭한 신부님과 한창 묵상 중이시라, 속세의 요청 때문에 그 신성한 기도를 중단하지 않으실 것 같습니다.
**버킹엄**  이봐요, 케이츠비. 한 번 더 가서 공작님께 여쭈어 보시오. 나뿐 아니라 시장과 시의회 의원들이 공공의 이익에 관한 아주 중대한 문제를 진중하게 생각한 끝에 공작님께 아뢸 말씀이 있어 찾아왔노라고 전해 주시오.
**케이츠비**  곧 가서 그렇게 여쭙겠습니다. (퇴장)
**버킹엄**  자, 보시오, 시장. 이 공작님은 에드워드 왕과는 부류가 다릅니다! 음탕한 쾌락의 침대 위에서 매춘부들과 희롱하는 것이 아니라, 무릎을 꿇고 두 신부님과 함께 명상에 잠겨 계신다지 않습니까. 나태한 육체를 살찌우기 위해 잠을 자기는커녕 밤잠도 안 주무시고 영혼을 드높이시고자 기도를 드리신다잖소. 이렇게 덕이 높으신 분이 왕위에 오르시면 잉글랜드는 행복할 거요. 하지만 이분을 설득하긴 어려울 것 같습니다.
**시장**  정말이지 사양하지 않으셨으면 좋겠습니다!
**버킹엄**  좀 어려울 것 같소.

케이츠비 다시 등장.

**버킹엄**  아, 케이츠비, 뭐라고 말씀하시오?
**케이츠비**  공작님께서는 수상히 여기십니다. 아무 예고도 없이 이렇게 수많은 시민들을 불러온 목적을 알 수 없다고요. 버킹엄 경이 혹시 좋지 못한 일을 꾸미고 있지는 않는지 도리어 의심하고 계십니다.

**버킹엄** 원, 가까운 친척인데 좋지 못한 일을 꾸미는 게 아닌가 나를 의심하시다니 섭섭하군요. 하늘에 맹세하지만, 이렇게 찾아온 것은 오로지 공작님을 흠모하기 때문이오. 한 번 더 가서 이런 뜻을 여쭈어 주시오. (케이츠비 퇴장) 경건하게 묵주를 헤아리며 기도를 올리고 계시는 분을 억지로 끌어내기란 쉽지 않군요. 기도에 열중한다는 것은 과연 소중합니다.

글로스터가 좌우에 신부를 함께 거느리고 이층 무대에 등장. 케이츠비 아래층에 등장.

**시장** 저기 글로스터 공께서 신부를 거느리고 나오시는군요.

**버킹엄** 경건한 군자를 허영의 나락으로부터 수호하는 두 개의 훌륭한 버팀목이 되는 기둥이랄까요. 게다가 좀 보시오. 저렇게 손에는 기도서를 들고 계시잖습니까. 거룩한 인간이라는 좋은 증거요. 유명한 플랜태저넷 가문의 정통, 인자하신 글로스터 공이시여, 모든 이의 청원에 부디 귀를 기울여 주십시오. 진정한 그리스도교도로서의 열렬한 예배를 방해한 점은 죄송합니다.

**글로스터** 오, 버킹엄 공, 사과할 것까지는 없소. 나야말로 용서를 빌어야 할 처지요. 그만 예배에 열중한 나머지 이렇게도 일부러 찾아오신 것을 소홀히 하고 말았구려. 그런데 대체 무슨 일로 오셨습니까?

**버킹엄** 저희의 소원일 뿐 아니라 하늘의 신은 물론 주인 잃은 이 나라의 온 겨레도 같은 생각인 듯싶습니다.

**글로스터** 내가 시민들 눈에 불쾌하게 비치는 무슨 잘못이라도 저질렀나 보군요. 그래서 이렇게들 내 무지를 탓하러 오신 것 아니오?

**버킹엄** 확실히 그렇습니다. 그러니 부디 저희의 청을 들어주시고, 그 잘못을 고쳐주십시오.

**글로스터** 잘못을 고칠 생각이 없다면 그리스도 나라에서 살 자격도 없을 것이 아니겠소?

**버킹엄** 그럼 들어보십시오. 이것이 잘못이 아니고 무엇이겠습니까? 가장 높고 귀한 왕위와 조상 대대로 내려온 통치권, 그리고 타고난 권리와 계속 이어온 왕가의 영예를 포기하고 혈통을 더럽히게 내버려 두시다니. 조용히 명상에 잠겨 계시는 사이에, 아니 이렇게 방해하러 온 것도 사실은 나라를 생각하는 마음이지만, 이 섬나라는 제 팔다리를 꺾이고 얼굴에는 굴욕의 낙인이 찍히고, 왕가의 줄기에는 잡목이 접붙고, 지금 막 어둡고 깊은 망각의 심연 속에 떨어져 들어가고 있는 중입니다. 이것을 구하고자 이렇게 간청하오니 부디 왕위를 맡으시고, 이 나라를 다스려 주십시오. 섭정이니, 집사니, 대리, 또는 다른 사람을 위한 일꾼으로서가 아니고, 혈통으로 이어 내려온 권리인 자신의 왕국을 손수 맡으십시오. 이것을 간청하기 위하여 공작님을 흠모하는 시민들과 상의한 끝에, 모든 사람의 열의에 감동하여 정의의 이름 아래 공작님 마음을 움직여 보고자 이렇게 찾아뵌 것입니다.

**글로스터** 이대로 그냥 말없이 떠나야 할지, 또는 엄하게 나무라야 할지 내 지위나 여러분의 호의를 생각할 때 어떻게 해야 좋을지 모르겠구려. 대답을 안 하면 야심에 혀를 묶어서, 대답도 않고 멍에 같은 황금의 왕관을 받아들일 모양이라고 오해받게 될 테죠. 어리석게 이렇게 몰려와서 강요하는 왕관을요. 그렇다고 꾸짖으며 여러분의 청을 거절할 것 같으면, 나에 대한 호의임을 나도 알고 있는 만큼 내가 여러분을 비난하는 꼴이 되겠지요. 그러니 오해를 피하기 위하여, 우물쭈물하다가 여러분의 감정을 상하지 않도록 명확히 대답을 하리다. 호의는 감사합니다. 그렇지만 덕이 없는 나로선 그 청을 거절할 수밖에 없소. 첫째 모든 장애가 제거되고 타고난 권리로서 왕관을 향한 길은 평탄하다 하더라도, 나는 너무나도 무력하고 결점투성이이기 때문입니다. 나는 드넓은 바다를 견뎌낼 배는 못 되니 위대함을 탐내다가 영광의 연기에 질식당하느니 차라리 지존의 자리를 피하겠소. 그러나 하느님의 가호 덕분에 나까지 나설 필요는 없을 것이오. 설사 그럴 필요가 있다 하더라도 도저히 쓸모없는 이 사람입니다. 다행히도 왕가의 나무는 왕의 열매를 남겨놓았소. 어느덧 세월이 지나면 왕위에 적합하게 익어갈 테고, 그의 통치 아래 틀림없이 세상은 태평하게 될 것이오. 여러분이 내게 강요하는 왕관을 나는 왕자께 바치겠소. 그 행운의 별의 권리와 운수는 당연히 그분의 것이니까요. 하물며 그걸 내가 찬탈하다니. 하느님도 그것을 내게 명하지는 않으실 것이오!

**버킹엄**  공작님, 그것으로 양심을 증명하시는지 몰라도 주위 사정을 잘 헤아려 보면, 그 말씀은 사소하고 하찮은 것 같습니다. 에드워드 선왕의 아드님이라 말씀하시는데, 그렇긴 합니다만 그를 정당한 왕비의 아들이라고는 할 수 없습니다. 선왕께선 처음 루시 공주와 약혼하셨죠. 이는 당신 어머님이 산증인입니다. 그 후 다시 대사를 파견하여 프랑스 왕의 누이 보나 공주와 약혼하셨습니다. 이 둘을 다 파혼시키고 여러 자식들에 시달린 어머니, 한창 시절도 지나 향기도 가고 고민에 찬 과부가 결국 왕의 음탕한 마음을 사로잡아 지존의 지위를 타락의 구렁텅이로 끌어당겨 가증할 중혼(重婚) 죄를 저지르게 했던 것입니다. 그 부정한 자리에서 태어난 것이 곧 에드워드이므로, 저희는 다만 예의상 왕자라고 부를 뿐입니다. 이 밖에도 얼마든지 폭로할 수 있습니다만, 아직 살아 계신 몇 분께 관련되는 일이므로 입을 삼갈 수밖에 없습니다. 그러나 글로스터 공작, 부디 받아주십시오. 이렇게 눈앞에 바쳐지는 국왕의 대권이 겨레와 국토를 복되게 하는 것은 빼고서라도, 조상의 고귀한 혈통을 현재와 같은 부패로부터 구하여 정통으로 돌리기 위해서라도 말입니다.

**시장**  공작님, 부디 수락하십시오. 시민 모두의 간청입니다.

**버킹엄**  이런 흠모의 정을 사양하지 마십시오.

**케이츠비**  오, 저희 모두를 즐겁게 해주십시오. 그 정당한 청을 부디 허락해주십시오!

**글로스터**  아, 그런 근심의 씨를 왜 이렇게 내게 강요하오? 나랏일이나 왕위는 내겐 적합하지 않소. 제발 오해는 마시오. 나는 여러분의 청에 응할 자격도 없거니와 응할 생각도 없소.

**버킹엄**  기어이 사양하시겠다면…… 그야 형님의 아들에 대한 깊은 애정 때문에 차마 폐위시키지 못하시는 심정은 넉넉히 이해될 뿐 아니라 공작님의 관대한 마음씨와 친절하고 인자하신 인품, 친척들은 물론 지위 고하를 막론하고 온갖 계급에게 동등히 대하시는 태도 등은 직접 보아 잘 알고는 있습니다만…… 분명히 말씀드리는데, 공작께서 저희들 청을 수락하시든 안 하시든 형님 아들을 왕으로는 절대로 모시지 않겠으며, 공작님 가문의 불명예와 단절을 초래하게 되는 한이 있더라도 다른 적격자를 골라 왕위에 앉힐 수밖에 없습니다. 그럼, 이만 결의를 여쭙고 물러가겠습니다. 자, 시민 여러분, 물러갑시다. 맹세하지만 더 이상 절대로 애원을 하지 않을 테요!

**글로스터** 아, 맹세는 하지 마오, 버킹엄 공. (버킹엄과 시민들 퇴장)

**케이츠비** 공작님, 다시 불러들여서 사람들 청원을 수락해 주십시오. 사양하시는 날엔 온 국토가 비탄에 빠질 것만 같습니다.

**글로스터** 자넨 나보고 산더미 같은 근심을 껴안으란 말이오? 사람들을 다시 불러들이시오. 목석이 아닌 이상 모두의 친절한 청에 굴복할 수밖에 없군요. 양심과 진실에 어긋나는 일이기는 하지만 말이오.

버킹엄과 시민들 되돌아온다.

**글로스터** 버킹엄 공, 그리고 현명한 여러분, 운명의 짐을 지워 주시니 싫든 좋든 참고 짊어지리다. 그러나 이런 강요에는 음험한 추문과 악의의 중상이 따르게 마련이니, 그때는 억지로 강요한 책임을 그쪽에서 지고 그와 같은 오점은 씻어주기 바라오. 하느님은 물론이고 여러분도 대략 아시겠지만, 이렇게 된 것은 사실 전혀 내 뜻이 아니오.

**시장** 신의 축복을! 저희들도 물론 알고 있습니다. 시민들에게 그렇게 말하겠습니다.

**글로스터** 아, 그렇게 진실대로 말해 주시오.

**버킹엄** 그럼, 국왕의 칭호로 인사드리겠습니다. 잉글랜드 국왕 리처드 전하 만세!

**모두** 리처드 전하 만세!

**버킹엄** 그럼 대관식은 내일이라도 거행하도록 하는 것이 어떻겠습니까?

**글로스터** 좋을 대로 하구려. 모든 일을 그대에게 맡기겠소.

**버킹엄** 내일 다시 찾아뵙겠습니다. 그럼 기쁨에 넘쳐 저희들은 물러가겠습니다.

**글로스터** (사제들에게) 그럼, 예배를 다시 계속해 주시오. 잘 가시오, 버킹엄 공. 그리고 다른 여러분, 잘 가시오. (모두 퇴장)

런던 탑 앞.
엘리자베스 왕비, 요크 공작부인, 도싯 후작이 한쪽 입구에서 등장. 글로스터 공의
아내 앤, 죽은 클래런스 공의 딸 마거릿 플랜태저넷이, 다른 쪽 입구에서 등장.

**요크 공작부인** 이게 누구지? 손녀 플랜태저넷이 아니냐? 그 손을 끌고 오는
것은 글로스터의 아내? 아마 틀림없이 런던 탑으로 가는 중인가 보군. 착한
마음에서 왕자들에게 인사를 하러 가는구나. 앤, 잘 만났다.

**앤** 두 분께서 건강하시어 무엇보다도 반갑습니다!

**엘리자베스** 안녕하시오! 그래 어디를 가는 길이오?

**앤** 런던 탑으로 갑니다. 두 분도 그러실 것 같은데, 착한 두 왕자님에게 인사
를 드리고자 가는 길입니다.

**엘리자베스** 고마워요, 우리 모두 같이 가요.

브래큰버리가 탑에서 나온다.

**엘리자베스** 때마침 탑의 책임자가 오는군. 여봐요, 말 좀 묻겠소. 왕세자와
어린 요크 공은 어떻게 지내고 계시오?

**브래큰버리** 잘 지내십니다만 만나게 해드릴 순 없습니다. 왕의 엄한 명령이니
까요.

**엘리자베스** 왕이라니! 대체 누구 말이오?

**브래큰버리** 물론 섭정 각하 말입니다.

**엘리자베스** 말을 삼가오. 그분을 왕이라고 부르다니! 그분이 어머니와 아들
사이의 정을 가로막을 셈인가? 내가 그들의 어머니인데 누가 감히 방해하
겠단 말이오?

**요크 공작부인** 나는 그들 아버지의 어머니요. 기어이 만나봐야겠소.

**앤** 나는 숙모지만 애정으로는 어머니와 같아요. 그래서 이렇게 만나러 온 것
이오. 책임은 내가 지겠어요. 당신 직책은 내가 맡겠어요. 어떠한 처벌을 받
게 되더라도.

**브래큰버리**  안 됩니다. 하느님께 맹세한 직책이므로 불가능한 일입니다. 제발 용서하십시오. (탑으로 들어가 버린다)

스탠리 등장.

**스탠리**  세 분, 한 시간 뒤에 다시 찾아뵙겠습니다. 그리고 요크 공작부인, 부인께선 아름다운 두 왕비님의 시어머니로서 존경받을 위치에 서시게 되겠습니다. (앤에게) 곧 웨스트민스터 수도원으로 가보셔야겠습니다. 리처드 왕의 왕비로서 관을 쓰시기 위해서요.

**엘리자베스**  아, 이 가슴을 조이는 끈을 풀어다오. 갇힌 심장이 자유롭게 고동칠 수 있게. 아니면 이 참혹한 쇠에 갇혀 기절하고 말겠구나!

**앤**  끔찍한 소식을 다 듣겠네! 아, 달갑잖은 소식!

**도싯**  진정하십시오. 어머니, 왜 이러십니까?

**엘리자베스**  도싯, 그런 말을 하고 있을 때가 아니다. 어서 피해라! 죽음과 파멸의 재앙이 네 발꿈치에 다가오고 있구나. 이 어미의 이름이 자식들에게 재앙을 가져오고 있다. 죽음을 피하려거든 어서 바다를 건너 리치먼드한테 가서 살아라. 그곳에서라면 지옥의 손이 닿지 않을 거다. 자 어서, 이 도살장 같은 곳을 피해라. 괜히 송장의 수를 더하게 하지 말고. 나는 마거릿의 저주에 걸려 죽고 말 거다. 어미도, 아내도, 잉글랜드의 소중한 왕비도 아닌 채.

**스탠리**  그 충고, 참 현명한 배려이십니다. (도싯에게) 어서 빨리 떠나도록 하시오. 내 의붓아들 리치먼드에게 편지를 보내어 마중 나오게 하리다. 괜히 어물거리다가 늦지 마시고, 어서요.

**요크 공작부인**  아, 재앙을 흩뿌려 놓고 있는 악마의 바람! 아, 이 저주할 배 속, 죽음의 보금자리! 이 배 속에서 그 독사가 생겨났지. 보기만 하면 사람을 죽인다는 독사가.

**스탠리**  (앤에게) 자, 부인 가십시다. 서둘러 모셔 오라는 분부셨습니다.

**앤**  그럼 마음은 내키지 않지만 가보겠어요. 아 하느님, 이 이마에 써야 할 황금 면류관이 불에 달군 강철이 되어 뇌수를 태워 주소서! 성유 대신 무서운 독을 이 몸에 발라주시고, "왕비 만세!"를 듣기도 전에 죽게 해주소서!

연극 〈리처드 3세〉 베일리얼 할로웨이 연출. 낸시 프라이스(마거릿 역)·매지 컴프턴(앤 역) 출연.
런던, 뉴시어터 공연. 1930.

**엘리자베스**  자, 어서 가봐요. 가여운 이여, 그 영광이 조금도 부럽지 않아요.
내 마음을 생각해 준다고 자신의 재앙을 불러들일 필요는 없어요.

**앤**  저를 저주할 생각이 없으시다고요? 지금 남편인 리처드는 제가 돌아가신
헨리 왕의 영구 뒤를 울며 따라가고 있을 때, 천사 같은 전남편과 성자 같
은 헨리 왕의 피가 채 씻기지도 않은 손목을 갖고 제 곁으로 왔어요. 아, 그
때 저는 리처드의 얼굴을 마주 대고 이렇게 저주해 주었어요. "저주를 받아

라. 이렇게 젊은 나를 시든 과부로 만든 것은 네가 아닌가! 그리고 네 아내는—누가 되든—네가 살아 있는 한 불행하게 되라! 그리고 너로 인해 사별하게 된 나보다 더 불행하게 되라!"고. 아, 그런데 이 저주를 되풀이할 기운도 없는 약한 여자의 마음이랄까, 금방 꿀 같은 말에 사로잡혀 스스로 제 영혼의 저주의 밥이 되고 말았어요. 그 덕분에 이 눈은 영영 안식을 갖지 못하게 됐어요. 글쎄 그와 한 이불 속에서는 황금 같은 편한 잠의 이슬은 즐길 수 없고, 악몽에 몸부림치는 그의 잠꼬대 때문에 저는 늘 잠을 깨야만 하니까요. 더구나 남편은 장인 워릭과의 관계로 저를 더욱 미워해요. 그러니 머지않아 반드시 저를 없애고 말 거예요.

**엘리자베스** 가엾어라. 그럼 가봐요! 그 비탄을 진심으로 동정해요.

**앤** 저도 진심으로 당신의 슬픔을 동정하고 있어요.

**엘리자베스** 그럼 잘 가요. 비탄 속에 영광의 자리를 맞는 사람!

**앤** 그럼 안녕히. 그 영광의 자리를 떠나시는 가엾은 분!

**요크 공작부인** (도싯에게) 자, 리치먼드한테로 가. 행운을 비네. (앤에게) 리처드에게로 가봐. 천사의 보호를 받도록! (엘리자베스에게) 성당으로 가라. 그리고 온 마음을 다해 기도를 드려! 내가 갈 길은 무덤뿐, 거기에는 평화와 안식이 있을 테지! 팔십 평생 애통한 세월, 일시적인 기쁨은 다음에 오는 긴긴 세월의 슬픔으로 깨지는 그런 일생이었지.

**엘리자베스** 잠깐만 여기 서서 저와 같이 저 탑을 한 번 더 바라다 봅시다. 낡은 돌아, 연약한 내 아기들을 불쌍히 여겨다오. 악의로 성벽 안에 갇혀버린 내 아기들을! 그렇게도 연약한 아기들에게는 너무도 딱딱한 요람! 나이 어린 왕자들에겐 너무나도 거친 유모, 너무나도 음산한 늙은 동무! 제발 내 아기들에게 친절히 해다오! 이렇게 어리석은 슬픔을 인사말로 남기고, 그럼 탑의 돌들이여, 안녕! (모두 퇴장)

〔제4막 제2장〕

런던. 궁전의 한 방.
나팔 소리. 리처드 3세가 된 글로스터가 왕관을 쓰고 등장. 버킹엄, 케이츠비가 시동을 데리고 여러 귀족들과 등장.

**리처드 왕**  모두 물러서시오. 버킹엄!

**버킹엄**  예, 전하!

**리처드 왕**  손을 이리. (옥좌에 오른다. 나팔 소리) 경의 충언과 조력으로 리처드 왕은 이렇게 옥좌에 오르게 되었소. 그런데 이것은 단 하루뿐인 영광이오, 아니면 길이 누릴 수 있는 영광이오?

**버킹엄**  언제까지고 영원히 누리시길 빕니다!

**리처드 왕**  아, 버킹엄, 그럼 내 시금석 역을 맡아서 그대가 순금인지 아닌지 좀 시험해 봐야겠소. 왕자 에드워드는 아직 멀쩡히 살아 있소. 자, 이만하면 내 뜻을 알 수 있을 것 같은데.

**버킹엄**  말씀해 보십시오, 전하.

**리처드 왕**  버킹엄, 난 왕이 되고 싶단 말이오.

**버킹엄**  그야 벌써 왕이 되어 계십니다, 훌륭하신 전하.

**리처드 왕**  뭐? 내가 왕이라고? 그럴 테지. 하지만 에드워드가 살아 있소.

**버킹엄**  그렇습니다, 전하.

**리처드 왕**  아, 에드워드가 여태껏 살아 있다니, 입맛이 쓰구나. '그렇습니다, 전하!'라. 경이 그렇게도 눈치가 무디지는 않았을 텐데. 내가 간단하게 말해 줄까? 나는 그 사생아들이 죽기를 바랄 뿐만 아니라 전격적으로 이루어졌으면 하오. 경은 뭐라고 답을 할 것이오? 어서, 간단하게 답하시오.

**버킹엄**  전하 뜻대로 하십시오.

**리처드 왕**  쯧쯧, 온통 얼음같이 그대의 친절한 마음은 얼어 있구려. 자, 대답해 보오. 그것들을 죽이는 데 찬성하겠소?

**버킹엄**  잠깐 여유를 주십시오. 잘 생각해 본 뒤에 곧 결정하여 대답하겠습니다. (퇴장)

**케이츠비**  (옆 사람에게 혼잣말로) 왕이 화가 나셨군. 저봐, 입술을 깨물고 있어.

**리처드 왕**  차라리 신경이 둔한 바보나 철부지 애들과 의논하는 게 낫겠어. 수상쩍은 눈으로 내 눈치를 살피는 놈들은 소용없어. (옥좌에서 내려온다) 야심만만한 버킹엄이 몹시 신중해졌군. 시동!

**시동**  예?

**리처드 왕**  돈만 주면 비밀리에 살인을 맡아줄 사람을 혹시 모르느냐?

**시동**  예, 오만한 기질이지만 늘 궁색하여 불만 속에 지내고 있는 신사를 하나 알고 있습니다. 돈이면 스무 명의 설득보다도 효과적일 겁니다.

**리처드 왕**  이름은?

**시동**  티렐이라고 합니다.

**리처드 왕**  그 사람 같으면 나도 조금 알고 있다. 어서 가서 불러오너라. (시동 퇴장 뒤 혼잣말로) 버킹엄이 무슨 깊은 속셈이 있는 모양이군. 너 따위와는 이제 상의하지 않겠다. 오랫동안 지칠 줄 모르고 협력해 오더니, 이젠 멈추어서 쉴 모양인가? 좋아, 그래 봐라.

스탠리 등장.

**리처드 왕**  웬일이오, 스탠리 경!

**스탠리**  아룁니다. 도싯 후작이 리치먼드가 있는 해외로 도망쳤다고 합니다. (물러선다)

**리처드 왕**  여봐라, 케이츠비!

**케이츠비**  예, 전하.

**리처드 왕**  왕비 앤이 위독하다는 소문을 퍼뜨려 다오. 물론 앤을 감금하도록 조치하겠네. 그리고 거지 신사를 한 명 구해 오너라. 클래런스의 딸과 곧 결혼시켜야겠으니. 그 동생은 바보니까 염려 없다. 왕비 앤이 중병으로 반죽음 상태라고 퍼뜨려 놓는 거다. 자, 어서! 무엇보다 먼저 내 신변을 위협할 수 있는 것들은 모조리 뿌리를 뽑아야겠다. (케이츠비 뒤 혼잣말로) 그리고 나는 형 에드워드 왕의 딸과 결혼해야겠어. 그렇게 하지 않으면 내 왕국은 깨지기 쉬운 유리 위에 서 있는 꼴이 될 테니까. 왕자들을 처치하고 난 다음 그 누이와 결혼하는 거다. 앞으로의 일이 어떻게 되는지는 모르지만, 피투성이가 되어 여기까지 발을 들여놓은 이상, 앞으로는 죄악이 죄악을 불러오는 대로 맡겨둘 수밖에. 연민의 눈물 따윈 이 눈에 깃들지 않는다.

시동, 티렐을 데리고 등장.

**리처드 왕**  네 이름이 티렐인가?

**티렐**  예, 제임스 티렐, 진심으로 충성을 맹세합니다.

**리처드 왕**  정말인가?

**티렐**  예, 시험해 보십시오.

**리처드 왕**  내 친구를 한 명 죽일 각오가 되어 있는가?

**티렐**  원하신다면 기꺼이 하겠습니다. 적이라면 두 명도 죽여드릴 수 있습니다.

**리처드 왕**  아, 잘 말했네. 실은 두 명의 굉장한 적이 내 휴식과 달콤한 잠을 방해하고 있어서 그러는데, 좀 처치해 줘야겠어. 티렐, 런던 탑의 그 사생아들 말이야.

**티렐**  그들에게 접근할 방법만 마련해 주시면 바로 없애서 전하의 근심을 풀어드리겠습니다.

**리처드 왕**  그 말 참 달콤한 음악 같구나. 여봐 티렐, 이리 가까이 오게. (티렐이 리처드 앞으로 다가와서는 무릎을 꿇어 앉는다) 자, 이걸 증거로 하라. (반지를 빼서 준다) 일어서라, 귀를 이리 좀. (티렐이 일어나자 리처드가 그에게 속삭인다. 그러자 티렐이 뒷걸음질을 친다) 단지 그것뿐이야. 끝나거든 알려다오. 귀여워해 주마. 출세도 시켜주고.

**티렐**  당장 가서 처치하겠습니다. (퇴장)


버킹엄 다시 등장.


**버킹엄**  전하, 아까 물으신 건 잘 생각해 봤습니다.

**리처드 왕**  아, 그 얘긴 그만두오. 도싯이 리치먼드한테로 도망쳤소.

**버킹엄**  그건 저도 들었습니다.

**리처드 왕**  스탠리 경, 리치먼드는 그대 아내의 아들이오. 경계하오.

**버킹엄**  전하, 약속하신 상을 내려주시기 바랍니다. 명예와 신의에 두고 약속하신 상을 말입니다. 언약하신 헤리퍼드 백작령과 그 밖의 동산을요.

**리처드 왕**  스탠리 경, 부인을 경계하오. 리치먼드에게 편지를 보낼지도 모르오. 그 책임은 그대가 져야 하오.

**버킹엄**  저의 정당한 요청에 대답을 해주십시오, 전하.

**리처드 왕**  이제 생각났지만, 헨리 6세가 예언했었소. 리치먼드가 왕이 될 사람이라고! 그가 장난꾸러기 소년이었던 시절에 말이오. 왕이 된다고! 아마…….

**버킹엄** 전하!

**리처드 왕** 그 예언자가, 그때 왜 이렇게 말하지 못했을까? 이 리처드는 리치 먼드를 죽일 거라고. 그때 나도 거기 있었는데 말이오.

**버킹엄** 전하, 약속하신 백작령을…….

**리처드 왕** 리치먼드라! 지난번에 엑서터에 들렀을 때 시장이 경의를 표하는 마음에서 그곳 성으로 날 안내하여 리치먼드성이라고 설명했는데, 그 이름 에 난 깜짝 놀랐소. 아일랜드의 어떤 시인한테 언젠가 들은 얘긴데, 리치먼 드를 만나고 난 뒤에는 내가 오래 못 가 죽는다고 했다오.

**버킹엄** 전하!

**리처드 왕** 아, 지금 몇 시나 되었소?

**버킹엄** 황공하오나, 전에 약속하신 일을 돌이켜 생각해 주시기 바랍니다.

**리처드 왕** 글쎄, 지금 몇 시냔 말이오.

**버킹엄** 막 10시를 쳤습니다.

**리처드 왕** 그런가? 치도록 놔두시오.

**버킹엄** 치도록 놔두라뇨?

**리처드 왕** 괘종시계 추같이 그대는 구걸과 내 명상 사이를 계속 치고만 있으 니 말이오. 오늘은 무엇을 하사할 기분이 아니오.

**버킹엄** 그러시다면 내려주시겠다, 아니다 말씀이라도 해주소서.

**리처드 왕** 귀찮소, 오늘은 그런 기분이 아니오. (퇴장)

**버킹엄** 결과가 이거란 말인가? 충성을 다했는데 그 대가로 이렇게 비웃음을 당하다니. 이런 냉대를 받으려고 내가 리처드를 왕으로 만들었단 말인가? 아, 헤이스팅스가 좋은 본보기이다. 브레크녹으로 피하자꾸나. 꾸물거리고 있다간 이 목이 달아나겠다. (퇴장)

〔제4막 제3장〕


런던 탑 앞.
티렐 등장.

**티렐** 포악무도한 짓은 이제 끝났다. 이렇게 무참한 대학살이 이 나라에서 언제 또 있었던가. 다이튼과 포레스트, 내 이 두 사람을 꼬여서 이 잔인한 살육을 감행하게 했는데, 개같이 잔인한 악당들이지만 그래도 따뜻한 인정으로 연민이 일어났는지 왕자들의 슬픈 죽음 이야기에 이르자 애들처럼 둘이서 엉엉 울더군. "아, 이렇게" 하고 다이튼이 "두 아기는 얌전하게 자고 있었소" 말하자 포레스트는 "아 그래, 대리석같이 흰 팔로 서로 껴안고 있고, 입술은 줄기에 달린 네 송이 빨간 장미꽃이 여름철 아름다움을 자랑하는 양 입을 맞추고 있었소. 그리고 머리맡에는 기도책이 한 권 더 놓여 있지 않겠소. 그래서 난 하마터면" 하고 말을 계속하더군. "맘이 변할 뻔했죠. 하지만 제기, 이때 악마란 놈이……" 이 악당 여기서 입을 다물어 버리더군. 그러자 다이튼이 그 말을 받아서 "그거야말로 천지 조화의 최고 걸작, 세상에 둘도 없는 훌륭한 작품인 것을 둘이서 목을 졸라 죽여버렸죠" 했어. 여기서 이 녀석은 양심과 후회에 짓눌려 말문도 막히는 형편이었지. 그래서 할 수 없이 그치들은 그냥 놔두고 이 전말을 잔인한 왕께 전하러 온 거야. 마침 저기 오시는구나.

리처드 왕 등장.

**티렐** 만수무강하시옵니까, 전하!

**리처드 왕** 티렐, 수고했네. 좋은 소식일 테지.

**티렐** 명령하신 대로 일을 해결했습니다. 전하께서 기뻐하신다면 정말 기쁘겠습니다. 그대로 실행했으니까요.

**리처드 왕** 그런데 숨이 끊어진 것까지 확인했겠지?

**티렐** 예, 전하.

**리처드 왕** 그리고 묻는 일은?

**티렐** 런던 탑 사제가 했습니다. 그러나 묻은 곳은 모르겠습니다.

**리처드 왕** 좋아. 그럼 저녁 시간 후에 다시 와서, 그때 상황을 좀 이야기해 다오. 그때까지 보답으로 무엇이 소원인가 잘 생각해 둬라. 그만 물러가도 좋아.

**티렐** 그럼, 이만 물러가겠습니다. (퇴장)

**리처드 왕** 이제 클래런스의 아들 녀석은 가둬놨고, 딸은 천민과 결혼시켜 놓
았지. 그리고 에드워드의 아들들은 저승에서 아브라함의 가슴에 안겨 잠
을 자고 있고, 왕비 앤은 이 세상을 떠났다. 그런데 형의 딸 엘리자베스 말
인데, 알고 보니 브르타뉴의 리치먼드가 이 왕녀를 노리고 있다고? 이 연분
으로 감히 왕관을 써볼 속셈이겠지? 그러나 난 즐겁게 구애를 하러 앞질러
가서 성공을 해야겠다.

케이츠비 등장.

**케이츠비** 전하!
**리처드 왕** 좋은 소식이냐 나쁜 소식이냐, 왜 그렇게 당황하느냐?
**케이츠비** 나쁜 소식이옵니다, 전하. 일리의 주교가 리치먼드에게 달아났습니
다. 그뿐 아니라 버킹엄이 난폭한 웨일스인들에게 의지하여 전쟁을 일으켜
병력은 시시각각 증가하고 있다고 합니다.
**리처드 왕** 일리 주교와 리치먼드의 결탁은 심상찮은 일이군. 버킹엄의 오합지
졸은 대단치 않아. 겁낼 건 없다. 머뭇거리고 떨며 궁리만 하고 있다간 납같
이 발이 둔해질 뿐. 끝내는 무능한 달팽이 걸음의 구걸이나 하게 되는 법이
지. 그러니 내 날개는 불길처럼 재빨라져 다오! 유피테르의 사신 메르쿠리
우스여, 국왕의 전령이 되어다오! 자, 병력을 동원하라. 작전은 내 방패 안에
있다. 어서 행동해야겠다. 반역자들은 벌써 출동하고 있다지 않느냐. (모두
퇴장)

〔제4막 제4장〕

런던. 궁전 앞.
헨리 6세의 아내 마거릿 등장.

**마거릿** 자, 그렇게 피어오르던 영화도 다 익어 죽음의 입에 떨어지기 시작하
는구나. 나는 이 근처에 숨어서 원수들이 시들어 가는 꼴을 가만히 지켜봐
왔어. 무서운 서막을 목격했으니까 이제는 프랑스로 건너가야겠다. 결말은

참혹하고 비참한 비극으로 끝날 것이 뻔하지. 물러가자꾸나, 이 불쌍한 마거릿은! 누가 여기로 오는데? (옆으로 비켜선다)

엘리자베스 왕비와 요크 공작부인 등장.

**엘리자베스**  불쌍한 내 왕자들! 아, 가엾은 내 아기들! 겨우 싹이 움텄을 뿐, 꽃도 채 피우지 못하고! 아, 너희들의 가냘픈 영혼이 아직은 공중을 날아다니며 영겁의 저승에 갇혀 있지 않다면, 그 가벼운 날개를 타고 내 머리 위를 훨훨 날아 이 어미의 애통에 귀를 기울여 다오.

**마거릿**  (혼잣말로) 아무렴, 훨훨 날아주렴. 그리고 말해 주려무나. 너희들의 어린 아침의 인생이 늙은 밤에 묻힌 것도 다 인과응보라고.

**요크 공작부인**  어쩌나 불행들이 이 목소리를 쉬게 해버렸던지, 고통에 지친 이 혀는 완전히 벙어리가 되었다. 플랜태저넷 집안의 정통 에드워드야, 어쩌자고 죽어버렸는가?

**마거릿**  (혼잣말로) 그 플랜테저넷의 죽음은 내 플랜태저넷의 보복, 이름도 같은 에드워드의 죽음은 내 에드워드에게 치른 보상이지.

**엘리자베스**  아, 신이시여, 그렇게 온순한 어린양들을 늑대 배 속에 던져 넣을 셈입니까? 이토록 무서운 악행이 일어나고 있는데, 그래도 신께선 잠에서 깨지 않으신단 말씀인가요?

**마거릿**  (혼잣말로) 아, 성자 같은 내 남편 헨리 왕과 귀여운 내 아들이 죽던 때도 그랬지.

**요크 공작부인**  (엘리자베스에게) 죽은 것이나 마찬가지인 삶, 뜨고도 먼 눈, 가엾은 산 유령, 비극의 무대, 세상의 치욕적 삶을 가장한 무덤의 주인공, 끔찍한 대대의 역사를 오늘날까지 혼자 짊어진 이 몸, 휴식 없는 이 몸을 좀 앉혀 놓자꾸나. 부당하게도 죄 없는 피를 취한 잉글랜드의 흙 위에.

**엘리자베스**  (두 사람이 앉는다) 아, 흙이여, 내겐 차라리 무덤을 다오. 음침한 한구석을 줄 바에는! 그러면 이렇게 쉬는 대신 이 뼈나 묻힐 수 있을 것 아닌가. 아, 나만큼 슬픔의 씨를 가진 사람이 세상에 또 있을까?

**마거릿**  (앞으로 나가면서) 낡은 슬픔일수록 더 존중돼야 한다면, 내 슬픔이야말로 윗자리를 차지해야 할 것이다. 자, 내 슬픔을 윗자리에 앉게 해다오.

슬픔도 사교를 가질 수 있는 것이라면. (엘리자베스 곁에 와서 앉으며) 내 슬픔을 헤아려 보면서. 한 번 더 슬픔을 이야기해 보구려. 나에게는 에드워드라는 아들이 있었는데 리처드라는 작자가 죽였어. 나에게는 헨리라는 남편도 있었는데 리처드라는 작자가 죽였어. 너에게는 에드워드라는 아들이 있었는데 리처드라는 작자가 죽였어. 너에게는 리처드라는 아들이 있었는데 리처드라는 작자가 죽였어.

**요크 공작부인**  나에게도 리처드라는 남편이 있었는데 네가 죽였어. 나에게는 러틀랜드라는 아들도 있었는데 네가 사람을 써서 죽였어.

**마거릿**  너에게는 클래런스라는 자식도 있었는데 리처드가 죽였어. 그리고 네 배 속에서 기어나온 그 개란 놈이 우리를 개죽음으로 몰아넣었지. 눈보다 이가 먼저 생겨나서 양들을 물어뜯어 그 따뜻한 피를 핥는 잔인한 개, 신의 창조물을 마구 부수는 놈, 슬픔의 울음에 짓무른 눈들을 떨게 하는 지상의 대폭군—그놈을 낳은 것은 네 배다. 우리를 무덤에 몰아넣고자 말이다. 아, 신은 공평도 하시지! 고맙게도 이 잔인한 개란 놈이 한배에서 나온 씨를 잡아먹게 하여, 그 어미를 나와 같은 비탄 속에 빠뜨려 주시다니!

**요크 공작부인**  아, 헨리의 아내여, 나의 슬픔을 보고 좋아하다니! 신이 굽어보고 계시지만, 난 당신의 불행을 슬퍼했다오.

**마거릿**  참아줘야겠어. 복수에 굶주린 나, 이제 겨우 소원이 이루어져 속이 후련할 지경이야. 네 아들 에드워드는 죽었어. 내 아들 에드워드를 죽인 그놈은. 그리고 네 손자 에드워드는 내 에드워드를 죽인 대가로 죽었지. 그리고 어린 요크도 죽었지만 그건 덤밖에 못 돼. 형제 둘을 합쳐도 내가 잃은 훌륭한 보배에는 어림없으니까. 그리고 그대의 클래런스도 죽었지. 그가 내 에드워드를 찔러 죽였어. 그뿐인가, 이 광란의 비극을 방관한 놈들, 저 간통자 헤이스팅스와 리버스, 본, 그레이 등 모두 느닷없이 컴컴한 무덤 속에 질식당하고 말았잖은가. 하긴 리처드는 아직 살아 있으나 지옥의 흉악한 간첩이자 지옥에서 살아남은 유일한 하수인으로, 인간의 영혼을 사들여 차례차례 지옥으로 보내는 역할을 하고 있지만, 머지않아서 동정도 받지 못하고 비참하게 죽는 날은 오고 말지. 대지는 입을 벌리고, 지옥은 불타며, 악마는 울부짖고, 성자들은 기도를 하고 있다. 그놈이 어서 빨리 지옥으로 떨어지기를 고대하며 말이야. 하느님, 부디 그놈의 생명을 끊어주소서! 난 그때까지 살아남아 "개는 죽었다!"고 말해야겠어.

**엘리자베스** (선 채로) 아, 당신은 언젠가 예언했소. 이 내가 술병같이 튀어나온 그 독거미 놈을, 더러운 꼽추 같은 두꺼비 놈을 같이 저주해 달라고 애원할 때가 오고 말리라고!

**마거릿** 그때 내가 널보고 "내 행운의 허망한 장식물"이라고 하지 않았던가. 그리고 불쌍한 그림자, "이름뿐인 왕비", 이전의 내 꼭두각시라고 하지 않던가. 무시무시한 연극의 가장 달콤한 서막, 나중에 내던져지려고 높이 놓아진 것뿐이었지. 예쁜 두 아기를 가진 것도 쓸데없는 일이 되는 어미, 꿈의 왕비, 찬란한 깃발, 여기저기에서 총알받이가 되기 쉬운 위험한 목표, 겉치장만의 위엄, 꺼져드는 탄식과 잦아드는 물거품으로 등장을 기다리는 어릿광대 왕비란 말이다. 네 남편은 지금 어디 있는가? 형제는? 두 자식은? 너는 무얼 낙으로 삼고 있는가? 네 앞에 무릎을 꿇고 탄원하며 "왕비 만세!" 하고 누가 말하는가? 아첨하며 굽실대는 귀족들은 어디 있는가? 뒤를 줄줄 따라오는 군중은 어디 있는가? 하나하나 다 따져보려무나. 지금의 네 신세를 알게 될 테니. 행복했던 아내 대신 비참한 과부가, 즐거웠던 어미 대신 그 이름을 통곡하는 여자가, 왕비 대신 마음의 괴로움을 덧쓴 노예가 되지 않았는가. 그리고 애원을 하게 되고, 나를 경멸하던 여자가 도리어 내 경멸을 받는 신세가 되었다. 그뿐인가, 모든 이를 두렵게 하던 네가 이제는 누구든지 두려워하고, 모든 사람에게 명령하던 팔자가 이제는 아무도 복종해 오는 사람이 없잖은가. 이렇게 정의의 시곗바늘은 한 바퀴 빙 돌고, 넌 시간의 희생물로 버림받아 과거의 추억을 가슴에 안고 현재의 운명을 고민할 뿐이다. 내 지위를 찬탈한 네가 내 애통을 꼭 그만큼 가져가지 않고 견뎌낼 수 있겠느냐? 이제야말로 네 오만한 목덜미에 내가 짊어졌던 멍에의 반을 갈라 가졌구나. 이제 나는 지쳤던 머리를 홀가분하게 쳐들고, 너에게 온갖 짐을 맡기겠다. 그럼, 잘 있어. 요크의 마누라, 그리고 비운의 왕비. 이 잉글랜드의 비애를 나는 프랑스에 건너가서 고소하게 웃고 있을 테다.

**엘리자베스** 아, 저주의 명수, 잠깐 기다려요. 그리고 내 원수들을 어떻게 저주해야 할지, 좀 가르쳐 줘요.

**마거릿** '밤'에는 자지 말고, '낮'에는 먹지 말고, 지난날의 행복을 지금의 불행과 비교해 보는 거야. 그리고 네 자식들을 실제보다 귀엽게 생각하고, 그것

들을 죽인 자들을 실제보다 흉악하게 생각하는 거지. 잃은 아들들을 실제
보다 좋게만 생각하면 악의 장본인은 흉악하게만 보인다. 이렇게 반복해 가
면 저절로 저주를 습득하게 된다.

**엘리자베스** 내 입은 둔해요. 아, 당신의 혀로 생기를 좀 불어넣어 줘요.

**마거릿** 그대의 불행이 그 입에 생기를 넣어줄 거다. 내 입같이 매섭게. (퇴장)

**요크 공작부인** 불행에는 왜 말수가 많을까?

**엘리자베스** 마음속 고통을 공연히 토로하고, 흔적도 남아 있지 않은 기쁨을
허망하게 가슴에 안고, 지금의 비참한 신세를 불쌍하게 한탄하는 사람들!
서로의 불행을 마음대로 떠들게 내버려 두자. 그래 봐야 아무 소용도 없겠
지만 마음만은 홀가분해질 테니.

**요크 공작부인** 그렇다면 혀를 묶어둘 필요는 없다. 나와 같이 가서 지독한
독설로 숨통을 막아놓자. 네 귀여운 두 아들을 목졸라 죽인 내 자식의 숨
통을. 나팔 소리가 나는구나. 자, 실컷 저주해 주자.


리처드 왕과 그의 군대, 북과 나팔 소리와 더불어 등장.


**리처드 왕** 이 출전을 방해하는 자가 누구냐?

**요크 공작부인** 아, 누구라니, 마땅히 방해할 수 있는 여자이지 누구겠느냐.
차라리 너를 내 배 속에서 질식시켜 죽여버렸다면, 네가 저지른 참혹한 살
인을 예방할 수 있었을 것을!

**엘리자베스** (리처드 왕에게) 그 이마를 황금의 왕관으로 가리고 있을 셈이냐?
만약에 정의가 승리할 것 같으면, 그 이마에는 살인자란 낙인이 찍히게 될
게 아니냐. 그 왕관을 당연히 써야 할 왕자를, 그리고 내 아들들과 형제들
을 무서운 죽음으로 몰아넣은 살인자란 낙인이! 자, 말해 보라, 이 악당아.
내 아들들은 어디 있느냐?

**요크 공작부인** (리처드 왕에게) 아, 흉악한 두꺼비 같은 것, 네 형 클래런스는
어디 있느냐? 그리고 그 아들 에드워드는?

**엘리자베스** (리처드 왕에게) 그 점잖은 헤이스팅스와 리버스, 본과 그레이는 어
디 있느냐?

**리처드 왕** 나팔을 불어라, 나팔을! 북을 쳐라, 북을! 하느님의 성유를 바른

연극 〈리처드 3세〉 미국 배우 케빈 스페이시(리처드 역) 출연. 런던, 올드빅 시어터 공연. 2001.

왕관을 쓴 왕에게 함부로 지껄이는 여인들의 욕이 하늘까지 들리지 않게 하라. 어서 북을 치라니까! (나팔과 북소리) 공손히 애원한다면 모르되, 그런 비명은 우렁찬 북소리로 파묻어 버릴 테요.

**요크 공작부인** 네가 내 자식이냐?

**리처드 왕** 그렇소, 신 덕분에. 그리고 아버지와 어머니 덕분에.

**요크 공작부인** 그렇다면 어미의 분노를 조용히 좀 들어봐라.

**리처드 왕** 어머니, 저는 어머니의 기질을 타고나서 성격상 잔소리는 참고 듣지 못합니다.

**요크 공작부인** 나는 말 좀 해야겠다!

**리처드 왕** 그럼 그러시든지, 하지만 저는 귀를 틀어막겠습니다.

**요크 공작부인** 사리를 따져서 말하겠다.

**리처드 왕** 그리고 간단하게 해 주세요. 저는 바쁜 사람이니까요.

**요크 공작부인** 그렇게도 바쁜가? 나는 고뇌에 몸부림을 치면서 여기서 널 기다리고 있었다.

**리처드 왕** 그러기에 제가 이렇게 나타나지 않았습니까? 고뇌를 위로해 드리려고 말입니다.

**요크 공작부인**   천만에, 너도 알다시피 네가 이 세상에 나타난 것은 이 세상을 나의 지옥으로 만들어 주기 위해서였다. 너를 낳는 고통이란 이만저만이 아니었다. 너는 어릴 적에 성질이 고약한 고집쟁이였다. 학교에 다닐 땐 거칠고 제멋대로에다가 난폭했다. 성년이 돼서는 오만하고 뻔뻔스럽고 감히 못하는 짓이 없었지. 나이를 먹고 나더니 불손하고 교활하고도 잔인한 모사꾼이 되어, 겉으로는 유순해 보였으나 그 안의 증오심은 더한층 맹렬해졌다. 너와 같이 지내는 동안 이 어미가 과연 한시라도 편안하게 지내본 줄 아느냐?

**리처드 왕**   물론 안 그렇겠죠. 저를 떼어놓고 혼자서 아침 식사를 하러 갔을 때 단 한 번 말고는. 하지만 제가 그렇게 눈에 거슬리시거든 그냥 지나치게 해주시오. 괜히 화내시지 말고요. 자, 북을 쳐라!

**요크 공작부인**   제발 내 말 좀 들어봐라.

**리처드 왕**   따끔하게 말씀하셨습니다.

**요크 공작부인**   한마디만 들어봐라. 그러면 두 번 다시 너와는 이야기하지 않겠으니.

**리처드 왕**   그러죠.

**요크 공작부인**   신의 공정한 처단으로 너는 이번 전쟁에서 승리자로 살아 돌아오진 못할지도 모른다. 아니면 내가 슬픔과 늙은 나이에 지쳐 다시는 네 얼굴을 보지 못한 채 죽을지도 모른다. 그러니까 내 비통한 저주를 짊어지고 가라. 치열한 전투 때 이 저주는 네가 입고 있는 갑옷보다도 무겁게 널 구속하리라! 내 기도는 네 적에 가담하여 싸우리라. 그리고 에드워드의 조그만 영혼은 네 적군 한 사람 한 사람에게 속삭이며 성공과 승리를 약속하고 다니리라. 너는 잔혹한 인간이니, 최후도 무참하리라. 살아 있는 동안 치욕만 당해 온 너이니, 죽을 때도 치욕은 붙어다니리라. (퇴장)

**엘리자베스**   이것만으로 부족하지만, 저는 이제 저주할 기력이 없어요. 그러니 그렇게 되도록 오직 빌 수밖에요.

**리처드 왕**   잠깐만, 당신한테 할 이야기가 좀 있소. (왕비 곁으로 다가간다)

**엘리자베스**   내게는 이제 왕의 아들이 없어요. 당신이 죽일 딸들은 있지만. 그 애들은 수녀가 되어 기도로 생애를 보내기로 했어요. 왕비가 되어 눈물 속에 지내느니보다는. 그러니 딸애들의 생명을 노리진 마세요.

**리처드 왕**  엘리자베스라는 딸이 있지요. 얌전하고, 아름다우며, 왕녀답고, 품위를 지닌 딸 말입니다.

**엘리자베스**  그것 때문에 그 애가 죽어야 한단 말이오? 안 돼, 그애를 살려주세요. 정조라도 더럽혀 놓고 얼굴이라도 흉하게 만들어 놓겠으니. 그리고 저 스스로 에드워드의 침대에서 부정을 저질렀다는 중상을 퍼뜨려 불륜의 씨앗이라는 명예롭지 못한 멍에를 씌우겠어요. 그렇게 해서 피 흘리는 살육의 공포를 겪지 않고서도 살아남을 수 있다면, 그 아이가 에드워드의 딸이 아니라는 것을 고백하겠어요.

**리처드 왕**  출생을 모욕하지 마시오. 당신 딸은 훌륭한 왕녀니까.

**엘리자베스**  그애 생명의 안전을 위해서는 왕녀가 아니라고 주장하겠어요.

**리처드 왕**  왕녀로 태어났기 때문에 안전한 것이오.

**엘리자베스**  그와 같은 안전한 처지 때문에 그애 동생들은 죽었잖아요.

**리처드 왕**  아니오. 그들은 비운을 타고 태어났기 때문이오.

**엘리자베스**  그렇지 않아요. 흉악한 친척들이 그애들의 생명을 배반했기 때문이에요.

**리처드 왕**  아무도 운명의 손길을 피할 수는 없소.

**엘리자베스**  그래요, 신과 등진 자가 운명을 지배하고 있는 한은. 만약 당신이 신의 축복을 받아 좀더 좋은 인생을 지내고 있었던들, 내 아기들도 좀더 좋은 죽임을 당했을 것 아니오.

**리처드 왕**  그 말투는 내가 조카들을 죽인 것 같잖소!

**엘리자베스**  조카라고요? 행복과 왕국과 친척 관계와 자유와 생명까지 기만하여 빼앗아 갖고서 그런 말이 나와요? 그애들의 가냘픈 심장을 찌른 놈이 누구든 간에 뒤에서 조종한 것은 당신의 머리였소. 그 흉악한 단도도 틀림없이 무디고 둔했던 것이, 당신의 돌 같은 심장에 단련되어 마침내 내 어린양들의 내장을 갈갈이 찢어놓고 만 것이요. 평소 슬픔에 익숙해져 있어서 미쳐서 돌아버릴 것 같은 비통은 온순해졌지만, 그렇지만 않았다면 이 혀가 자식들의 이름을 당신 귀에 들려주고 있을 뿐만 아니라 이 손톱이 당신 두 눈에 달려들었을 것이요. 하지만 나는 죽음의 절망적인 바다에서 돛과 밧줄을 빼앗긴 하찮은 배처럼, 당신의 그 바위 같은 가슴에 부딪쳐서 박살이 나고 말 테죠.

**리처드 왕** 부인, 내 운명은 이 피비린내 나는 전쟁의 승패에 따라 결정될 것이오. 그 운명에 두고 맹세하지만, 나는 당신과 당신 딸을 위해서 호의를 베풀고자 하오. 지금까지 끼친 폐를 보상하기 위해서라도!

**엘리자베스** 호의라고요? 대체 내게 베풀 어떤 호의를 그 천사 같은 얼굴 뒤에 감추고 있단 말이오?

**리처드 왕** 딸들의 신분을 올려주겠단 말이오.

**엘리자베스** 단두대 위로 말이죠? 그곳에서 목을 베기 위해서?

**리처드 왕** 최고의 신분과 지위, 이 세상 영광 중에선 더없는 신분으로 말이오.

**엘리자베스** 내 슬픔을 그런 말로 달래려는 건가요? 자 말해 봐요, 내 딸애들에게 어떤 지위를, 어떤 신분을, 어떤 명예를 주시겠단 말예요?

**리처드 왕** 내가 가진 모든 것을. 그렇소, 이 몸과 함께 모든 것을 송두리째 당신 딸에게 주리다. 그래서 나한테 당했다고 억측하는 여러 모욕의 슬픈 기억을 분노한 영혼으로부터 없애 망각의 강에 내던져 버리시오.

**엘리자베스** 간단히 말해요, 친절한 설명만 길어지고 실속 없는 약속에 지나지 않으면 안 되니까요.

**리처드 왕** 그럼 말하겠는데, 나는 진정으로 당신 딸을 사랑하고 있소.

**엘리자베스** 그럴 것이오. 그 딸의 어미도 진정 그렇게 생각하고 있죠.

**리처드 왕** 그게 무슨 뜻이오?

**엘리자베스** 그거야, 딸애를 진정으로 사랑하고 있을 거란 말이죠. 그리고 당신은 그애 동생들 또한 진정으로 사랑했었죠. 그러니 나도 진정으로 감사를 드려야겠군요.

**리처드 왕** 그렇게 성급하게 오해하지 마시오. 나는 정말 진심으로 당신 딸을 사랑하고 있는 거요. 왕비로 앉힐 생각을 갖고 있소.

**엘리자베스** 아, 그렇다면 왕으론 누구를 앉힐 작정이오?

**리처드 왕** 그거야 물론 그녀를 왕비로 맞는 사람이지 누구겠소?

**엘리자베스** 아니, 그럼 당신이란 말예요?

**리처드 왕** 물론 그렇소. 어떻게 생각하시오?

**엘리자베스** 대체 그애를 어떻게 설득하시려고?

**리처드 왕**  그건 당신한테서 지혜를 얻어야겠소. 딸의 기질을 누구보다 잘 알고 있을 테니까.

**엘리자베스**  나한테서 얻겠다고요?

**리처드 왕**  진심이오.

**엘리자베스**  그럼 딸애의 동생들을 죽인 자를 시켜 피가 흐르는 두 개의 심장을 그애에게 보내세요. 그것에 각각 "에드워드"와 "요크"라는 글자를 새겨서 말이에요. 그걸 보면 딸애는 아마 눈물을 쏟을 테죠. 그러니 손수건도 보내구려. 언젠가 마거릿이 당신 아버지께 러틀랜드의 피에 젖은 손수건을 내민 일이 있었듯이 그렇게요. 그리고 이것은 동생들 몸에서 흘러나온 자줏빛 피가 스며든 것이니, 이것으로 울고 있는 눈을 닦으라고 전하세요. 그걸로도 그애 맘을 유혹하지 못하시거든 당신의 훌륭한 업적을 적어 보내세요. 그애의 삼촌 클래런스와 외삼촌 리버스를 처치한 사람은, 그리고 그애를 위해 숙모인 앤을 이 세상에서 떠나게 한 사람은 바로 리처드 왕이라는 사연도 같이 적어서.

**리처드 왕**  사람을 놀리지 마시오. 그건 그녀를 설득시키는 길이 아니잖소.

**엘리자베스**  달리 길은 없지요. 하긴 다른 인두겁을 빌려 쓰고 리처드 아닌 인물로 변한다면 몰라도요. 온갖 악업을 저지른 그 리처드가 아닌 인물로 말이죠.

**리처드 왕**  이것도 다 그녀를 사랑한 나머지 그랬다고 하면.

**엘리자베스**  그렇다면 그애는 더욱더 증오할 수밖에. 그렇게 잔인한 학살을 미끼로 사랑을 사려고 했으니까요.

**리처드 왕**  한번 벌어진 일은 구제할 길이 없소. 인간이란 가끔 무모한 짓을 저질러 놓고 나서 나중에 후회하게 마련이오. 예컨대 당신 아들들로부터 왕국을 강탈했다고 말하면, 그 보상으로 당신 딸에게 되돌려 주겠소. 그리고 당신 배 속에서 나온 씨들을 죽였다고 말한다면, 당신 딸 몸에서 내 씨를 낳게 하면 당신 혈통이 되살아 나오게 되는 거요. 할머니란 이름은 어머니란 정다운 이름이나 다를 것 없지요. 자식은 자식이고 다만 촌수가 하나 아래일 뿐, 바로 당신의 기질이자 당신의 혈통이오. 진통도 똑같고, 다만 딸을 낳을 때 하룻밤의 진통을 이번엔 그 딸이 겪는 것이 다를 뿐이오. 젊어서는 자식들이 두통거리였지만, 이 리처드의 자식들은 노후의 위안이 될 것입니다. 당신이 잃은 것이라곤 아들의 왕위뿐인데, 그 대신 딸이 왕비가 되는 거요. 물론 보상하고 싶어도 어찌할 도리가 없는 노릇이니, 가능한 한 내 마음의 친절만이라도 받아주시오. 전남편한테서 태어난 아들 도싯 후작은 겁을 먹은 나머지 외국 땅에 가서 생활하고 있지만, 이번 혼사만 이루어지면 불러들여 높은 지위로 올려주겠소. 당신의 아름다운 딸을 아내라고 부를 이 왕은, 아들 도싯을 친히 아우라고 친밀하게 부르겠소. 그리고 당신은 국왕의 장모가 되고, 비참한 과거의 모든 상처들은 이 이중의 행복으로 모두 보상하는 겁니다. 아! 앞으로 좋은 일을 얼마든지 볼 수 있소. 지금까지 흘린 눈물방울들은 빛나는 진주로 변하여 되돌아 올 것이오. 쏟은 슬픔이 20배의 행복을 이자로 붙여서 말이오. 그러니 자, 장모, 어서 딸한테 가보시오. 아직 수줍어하는 나이이니, 그 점은 당신의 경험을 살려 잘 달래어 구애자의 이야기를 들어도 놀라지 않도록 마음속에 영광스런 왕비의 모습을 동경하는 야심을 불질러 놓고, 결혼의 달콤하고 고요한 기쁨을 이야기해주시오. 그리고 내가 이 팔로 하찮은 반역자이며 미련한 버킹엄을 응징하여 개선의 화환을 쓰고 돌아오는 날에는, 그녀를 승리자의 신방으로 맞아들이겠소. 그리고 그 승리의 영광을 그녀에게 바치겠소. 그러니 당신 딸은 유일한 승리자, 카이사르의 카이사르가 되는 거요.

**엘리자베스**  그럼, 가서 뭐라고 이야기해야 좋을까요? 아버지의 동생과 결혼해야 한다고? 아니면 삼촌과? 아니면 동생과 삼촌들을 죽인 남자와? 대체 어떤 이름으로 이야기해야, 신과 법과 내 명예와 그 애의 애정에 위배되지 않고 나이 어린 그 애 마음에 들게 될까요?

**리처드 왕**  이 결혼으로 잉글랜드의 평화가 이룩된다고 이야기하시오.

**엘리자베스**  그 대신 영원히 부부간에 싸움이 계속될 것이라 이야기하겠어요.

**리처드 왕**  세상을 통치하는 국왕이 애원한다고 전하시오.

**엘리자베스**  왕 중의 왕께서 그걸 수락하지 말라고 금하신다 하셨는데.

**리처드 왕**  세상에 둘도 없는 영광의 자리에 오른다고 이야기하시오.

**엘리자베스**  이 어미같이 그 지위에서 쫓겨날 테고.

**리처드 왕**  그녀를 사랑하는 마음은 영원히 변치 않는다고 얘기하시오.

**엘리자베스**  하지만 그 "영원"이 언제까지 계속되는지?

**리처드 왕**　그녀의 생명이 있는 날까지.

**엘리자베스**　하지만 그 생명은 얼마나 부지될까요?

**리처드 왕**　하늘이 주신 생명을 다하는 날까지.

**엘리자베스**　지옥의 전령 같은 리처드가 허락하는 날까지이겠죠.

**리처드 왕**　왕인 내가 그녀에게는 신하의 충절을 바치겠노라고 얘기하시오.

**엘리자베스**　하지만 신하인 그 애는 당신 같은 왕은 싫다고 할걸요.

**리처드 왕**　나를 위하여 딸한테 변호 좀 해주시오.

**엘리자베스**　정직한 얘긴 솔직히 전하는 게 제일이죠.

**리처드 왕**　그렇다면 내 사랑의 이야기를 솔직하게 전해 주시오.

**엘리자베스**　정직하지 않은 얘길 솔직히 말하기란 참 어려운 문제죠.

**리처드 왕**　당신 논법은 너무나 천박하고 성급하오.

**엘리자베스**　천만에, 내 논법은 너무도 깊이 묻혀서 달싹도 안 하오. 그렇지, 내 어린 자식들은 죽어서 너무도 깊이 무덤 속에 파묻혀 있소.

**리처드 왕**　그 일은 건드리지 마시오, 이미 지나간 이야기니.

**엘리자베스**　아니, 언제까지나 건드리지 않고는 못 배겨요. 이 가슴의 심장이 끊어질 때까지.

**리처드 왕**　자, 그럼, 성 조지와 이 훈장, 왕관에 맹세하지만……

**엘리자베스**　성자를 모독하고, 훈장의 명예를 더럽히고, 왕관을 찬탈했죠.

**리처드 왕**　내 맹세하지만…….

**엘리자베스**　무엇에 두고 맹세할 것이라곤 없소. 그런 건 맹세가 되지 않아요. 모욕을 당한 성 조지는 이미 명예를 잃고 말았으니까. 더럽혀진 훈장은 기사의 덕을 상실했어요. 그리고 찬탈당한 왕관에 국왕다운 영광이 있을 리는 없지요. 그러니 만약 남이 믿어줄 만한 맹세를 하고 싶거든, 당신이 아직 모독하지 않은 물건에 두고 맹세하란 말이오.

**리처드 왕**　그럼, 나 자신에 두고…….

**엘리자베스**　당신 자신은 스스로를 망쳐놓았소.

**리처드 왕**　그럼, 온 세상에 두고…….

**엘리자베스**　그것도 당신이 태어난 일로 더럽혀져 있소.

**리처드 왕**　아, 그렇다면 신에 두고…….

**엘리자베스**　무엇보다도 그 신을 모독했죠. 신께 한 맹세를 두려워서 깨뜨리지 않았던들 내 남편 에드워드 왕이 나와 맺은 백년가약은 감히 끊기지 않았을 것이며, 내 동생들도 살해당하진 않았을 것이오. 하느님께 한 맹세를 감히 깨뜨리지 않았던들, 지금 그대 머리에 놓인 황금 왕관은 내 아들의 부드러운 이마를 장식하고 있었을 것이며, 두 왕자는 내 곁에서 숨을 쉬고 있을 것이오. 그러나 지금은 흙 속에 나란히 머리를 맞대고 잠들어 있지요. 그 맹세를 깨뜨린 덕분에 구더기밥이 되고 있단 말이오. 자, 다음엔 무엇에 두고 맹세를 하죠?

**리처드 왕** 미래에 두고…….

**엘리자베스** 미래 또한 과거에 저지른 죄악으로 가득 차 있어요. 당신한테 모욕받은 과거 때문에 난 두고두고 눈물을 흘려야만 하니까. 그대가 살육한 아버지들의 자식들은 제대로 된 가르침 없이 자라나서, 노후에는 무식함을 한탄하게 될 거요. 그대가 학살한 남의 자식들의 부모들 또한 열매 없는 고목처럼 그 노후를 한탄하게 될 테고. 그러니 미래에 두고도 맹세하지 말아요. 과거에 저지른 죄악 때문에 미래가 벌써 더럽혀져 있으니까.

**리처드 왕** 내 맹세하지만 이번에는 모든 일을 잘 처리하여 과거의 일을 보상하고 참회할 생각이오. 그래서 무기를 들고 위험한 전쟁에 나가는 것이오! 나 자신이 나를 파멸해도 좋소! 하늘과 운명이 내게 행운을 허락지 않아도 좋소! 낮은 햇빛, 밤은 휴식을 내게 주지 않아도 좋소! 행운의 온갖 떠돌이별들이 내 앞길을 가로막아도 좋소! 만약 정성어린 애정을, 깨끗한 헌신을, 경건한 사랑을, 아름다운 왕녀인 당신 딸에게 내가 바치지 않는 날엔 말이오! 그녀를 얻지 못하는 날엔 나나 당신이나, 아니 바로 그녀, 이 나라, 그리고 수많은 기독교인들이나 할 것 없이 죽음과 황폐, 파멸과 쇠퇴의 운명에 처할 수밖에 없을 거요. 이를 피하는 길은 오직 하나, 그 밖엔 피할 길이 없소. 그러니 장모님—이렇게 불러야 하겠습니다만—나를 대신하여 그녀를 설득해 주시오. 내 과거가 아니라 미래를 가지고 변호해 주시오. 과거의 행적은 묻지도 따지지도 말고, 미래의 보람을 내세워서 말이오. 그리고 현재의 나라의 형편을 들어서 그 필요성을 주장하고 사소한 감정으로 대업을 그르치지 않게 해주시오.

**엘리자베스** 이렇게 나는 악마한테 유혹당해야 하는가?

**리처드 왕** 그럼요. 그 악마가 당신에게 선행을 권하는 거라면.

**엘리자베스**   내 과거를 잊으면서까지?

**리처드 왕**   그럼요. 과거의 기억이 고통거리라면 잊어야죠.

**엘리자베스**   하지만 내 자식들을 죽인 건 그대요.

**리처드 왕**   하지만 그것을 당신 딸의 배 속에 묻어주겠다고 하지 않소. 그렇게 하면 불사조같이 보금자리 속에서 다시 살아나 당신에게 위안이 될 것이오.

**엘리자베스**   그럼 당신 뜻대로 가서 내가 딸을 설득해야 하오?

**리처드 왕**   그렇게 함으로써 행복한 어머니가 되시는 거요.

**엘리자베스**   그럼, 가보겠어요. 곧 편지를 줘요. 그 애 마음은 내가 알려드릴 테니까요.

**리처드 왕**   그럼, 나의 진정한 키스를 그녀에게 보내오. (엘리자베스에게 키스한다) 그럼 잘 가시오. (엘리자베스 퇴장) 바보 같으니, 저렇게 마음이 꺾이다니. 변덕스럽고 천박한 여자로군!


랫클리프와 케이츠비 등장.


**리처드 왕**   어쩐 일이냐? 무슨 소식이냐?

**랫클리프**   황공하오나 아룁니다. 서해안에 강력한 해군 함대가 나타났습니다. 그런데 이쪽엔 신뢰하지 못할 겁쟁이들만 운집하여 제대로 무장도 하지 못하고 적을 격퇴할 의욕도 없습니다. 그런데 적의 사령관은 리치먼드인 것 같으며, 상륙에 앞서 버킹엄이 원조해 올 것을 기다리고 정박 중이라 합니다.

**리처드 왕**   발이 날쌘 자를 노픽 공작에게로 빨리 보내거라. 랫클리프 그대나 케이츠비라도…… 케이츠비는 어디 있나?

**케이츠비**   예, 여기 대령하고 있습니다.

**리처드 왕**   아, 케이츠비, 곧 노픽 공작한테로 가라.

**케이츠비**   예, 되도록 급히 달려가겠습니다.

**리처드 왕**   랫클리프, 이리 와! 솔즈베리로 서둘러 가라. 그곳에 도착하거든…… (케이츠비를 보고) 이 미련한 바보 같으니, 뭘 꾸물거리고 있어. 노픽 공작에게로 가는 걸 잊었느냐?

**케이츠비**   전하, 먼저 제가 해야 할 일을 말씀해 주십시오. 공작께 전달할 이야기를요.

**리처드 왕**  아, 참, 그렇구나. 이렇게 전해라. 곧 동원할 수 있는 병력을 모두 동원해 곧바로 솔즈베리로 출동하라고. 그곳에서 만나고 싶다고 전해라.

**케이츠비**  그럼 가보겠습니다. (퇴장)

**랫클리프**  그럼, 저는 솔즈베리에 가서 뭘 하면 됩니까?

**리처드 왕**  아니, 네가 나보다 앞서 그곳에 가서 뭘 하겠단 말이냐?

**랫클리프**  아까 전하께서 저한테 먼저 그곳으로 달려가라고 명하셨습니다.

**리처드 왕**  이제 계획이 바뀌었다.


스탠리 경 등장.


**리처드 왕**  스탠리 경, 무슨 소식이오?

**스탠리**  전하, 마음에 드실 만한 기쁜 소식은 아니지만, 그렇다고 보고드리지 못할 만한 나쁜 소식도 아닙니다.

**리처드 왕**  뭐, 수수께끼란 말이오? 기쁜 소식도 아니고 나쁜 소식도 아니라고! 그렇게 빙 돌려 말할 필요가 있소? 간단히 이야기할 수도 있을 텐데. 그래 다시 묻겠는데, 무슨 소식이오?

**스탠리**  리치먼드가 바다 위에 나타났습니다.

**리처드 왕**  당장 격침시키시오. 바닷속에 가라앉도록! 비겁한 추방인인 주제에 그자가 도대체 바다 위에서 무얼 하고 있는 거요?

**스탠리**  모르겠습니다, 전하. 추측하는 수밖에는.

**리처드 왕**  그래, 어떻게 추측하오?

**스탠리**  아마도 도싯, 버킹엄, 일리 주교 무리한테 선동되어 잉글랜드의 왕관을 요구하러 이곳까지 진격해 온 것 같습니다.

**리처드 왕**  옥좌가 비어 있나? 왕의 칼은 장식물인가? 국왕은 죽고 없단 말인가? 이 왕국에는 주인이 없단 말인가? 요크 가문의 계승자는 나밖에 없잖은가. 그런데 대요크 가문의 계승자 말고 도대체 누가 잉글랜드의 왕이 되겠단 말인가? 자, 말해 보오. 그자가 바다 위에서 대체 뭘 하고 있소?

**스탠리**  전하, 그 이상은 도무지 추측이 안 갑니다.

**리처드 왕**  음, 웨일스 녀석이 그대의 왕이 되러 왔다는 것밖에는 추측할 수 없단 말이지. 그대도 배반하여 그 녀석과 합세할 눈치로구먼.

**스탠리**  그렇지 않습니다, 전하. 저를 의심하지 마십시오.

**리처드 왕**  그렇다면 그자를 격퇴해야 할 그대의 병력은 어디에 배치되어 있소? 그대의 소작인과 추종자들은? 지금쯤 서해안에서 역적들의 상륙을 돕고 있는 건 아니오?

**스탠리**  황공하오나 제 부하들은 북방에 모여 있습니다.

**리처즈**  내게는 냉정한 친구들이로군. 북방에선 뭣들 하고 있단 말이오? 서쪽에서 왕께 봉사해야 할 이때에!

**스탠리**  그들은 아직 명령을 못 받은 것입니다. 전하, 저는 이제 물러가서 부하들을 소집해, 언제라도 명령하시는 장소로 출동하여 전하를 돕겠습니다.

**리처드 왕**  음, 음, 그대는 리치먼드와 합세할 모양이군. 아무튼 나는 그대를 믿지 못하겠소.

**스탠리**  황공하오나 전하께선 저의 충성을 이유 없이 의심하고 계십니다. 제가 배반을 하다니, 예전에도 또 앞으로도 절대로 그런 일은 없습니다.

**리처드 왕**  그럼, 가서 병력을 소집하오. 하지만 그대 아들 조지 스탠리를 볼모로 두고 가오. 만약 그대 충성심이 흔들리는 날엔 아들의 목숨이 위태로운 줄 아시오.

**스탠리**  뜻대로 하십시오. 저는 충성을 다하겠습니다. (퇴장)


전령 1 등장.


**전령 1**  아룁니다. 지금 막 데번셔에서 들어온 정보에 따르면, 기사 에드워드 코트니가 자기 형인 교만한 엑서터 주교와 함께 수많은 동지를 모아 반란을 일으켰다 합니다.


전령 2 등장.


**전령 2**  아룁니다. 길퍼드 일족이 켄트에서 반기를 들었다 합니다. 그리고 시시각각 동지들이 반란군과 합세하여 그 병력이 늘어나고 있답니다.

전령 3 등장.


**전령 3**  아룁니다. 지금 막 버킹엄의 대군이…….

**리처드 왕**  닥쳐, 올빼미 같은 것들! 그래 죽음의 노래밖에 모른단 말이냐? (전령 3을 때리면서) 자, 더 좋은 소식을 가져올 때까지 이거나 받아라.

**전령 3**  황공하오나 지금 아뢰고자 하는 소식은 이렇습니다. 갑작스런 폭우와 홍수로 버킹엄의 군대는 궤멸되고, 버킹엄은 혼자 떠돌게 되어 아무도 그가 간 곳을 모른다고 합니다.

**리처드 왕**  아, 미안하군. 이 돈지갑을 받게나. 맞은 데 대한 보상이네. 그런데 그 역적을 체포해 온 사람에게는 상금을 내린다는 포고가 이미 내려져 있을 테지?

**전령 3**  예, 그런 포고가 내려져 있습니다.


전령 4 등장.


**전령 4**  토머스 러벨 경과 도싯 후작이 요크셔에서 반란을 일으켰다고 합니다. 이건 좋은 소식입니다만, 적의 해군은 태풍에 뿔뿔이 흩어지고 리치먼드는 보트로 해안에 닿았다 합니다. 그리고 육지를 향하여 적군인지 자기편인지를 물었나 본데, 상대방은 버킹엄 부하로서 우군이라는 대답을 했는데도 리치먼드는 그들을 믿지 못하여, 그만 돛을 올리고 다시 브르타뉴로 도주해 버렸다고 합니다.

**리처드 왕**  전군 진격이다, 진격. 동원은 되어 있다. 외적과 싸울 필요는 없어졌으니 국내의 반역자들을 쳐부수는 거다.


케이츠비가 돌아온다.


**케이츠비**  아뢰오, 버킹엄 공이 체포됐습니다. 더할 나위 없는 기쁜 소식입니다. 하지만 리치먼드 백작은 대군을 거느리고 밀퍼드에 상륙했다고 합니다. 이건 좀 언짢은 소식이지만 아뢰지 않을 수 없습니다.

**리처드 왕**  솔즈베리로 진군! 여기서 따지고 있는 사이에 왕위 쟁탈의 결전은 끝나버리고 말겠다. 버킹엄은 솔즈베리로 송환하도록 누가 가서 처리하라. 자, 다들 진군이다. 나를 따르라. (진군 나팔 소리와 함께 모두 퇴장)

〔제4막 제5장〕

더비 백작 스탠리 경 집.
스탠리 경과 사제 크리스토퍼 어스윅 등장.

**스탠리** 크리스토퍼, 리치먼드에게 이렇게 전해 주시오. 저 지독한 산돼지 우리에 아들 조지가 갇혀버렸소. 그래서 내가 모반하는 날엔 조지의 목은 달아나고 마오. 그걸 생각하니 지금 당장 가담할 처지가 못 된다고요. 그럼 어서 가보시오. 그분께 안부 전하시오. 그리고 왕녀 엘리자베스와의 결혼에 대한 내용은 왕비께서도 기꺼이 동의하고 계신다고 아울러 전해 주시오. 그런데 리치먼드는 대체 지금 어디에 있소?

**크리스토퍼** 펨브룩 아니면 웨일스의 하퍼드웨스트에 계실 겁니다.

**스탠리** 그래, 어떠어떠한 분들이 그분께 가담하고 있소?

**크리스토퍼** 이름 높은 기사 월터 허버트와 기사 길버트 탤벗, 기사 윌리엄 스탠리, 옥스퍼드, 용감한 펨브룩, 기사 제임스 블런트, 라이스 압 토머스 등등이 부하들을 거느리고 가담하고 있으며, 이 밖에도 훌륭한 명사들이 있습니다. 그런데 도중에서 전투만 벌어지지 않는다면 곧장 런던을 향해 진격할 계획이랍니다.

**스탠리** (크리스토퍼에게 편지를 건넨다) 아, 그럼 어서 그분께로 돌아가 보시오. 그분 손에 이 키스를 전해 주시오. 상세한 것은 이 편지에 적혀 있소. 그럼 조심해 가시오. (모두 퇴장)

〔제5막 제1장〕

솔즈베리. 광장.
미늘창을 든 부하들과 함께 주장관이 처형하려고 버킹엄을 끌고 등장.

**버킹엄** 리처드 왕은 끝내 면담을 거절하고 마는 거요?

**주장관** 그렇소. 그러니 조급하게 굴지 마시오.

**버킹엄** 헤이스팅스, 에드워드 왕의 왕자들, 그레이, 리버스, 헨리 왕, 그 왕자 에드워드, 그리고 본 등등 부정한 마수에 걸려 쓰러진 분들이여, 만약 당신들의 원한에 사무친 노한 영혼이 지금 이 꼴을 구름 사이로 내려다보고 있는 것이라면, 복수의 기회이니 이 파멸을 비웃으시오! 그런데 여보시오, 오늘이 위령의 날 아니오?

**주장관** 예, 맞습니다.

**버킹엄** 그럼, 위령의 날에 이 몸은 파멸되고 마는군. 에드워드 왕이 살아 있을 때, 바로 이날에 난 이렇게 기도하지 않았던가. 왕자들과 왕비 일당을 배반하는 날엔 이 몸에 파멸이 내릴 것이라고. 바로 같은 날에 가장 믿는 사람한테 배반을 당해도 좋다고 맹세하지 않았던가. 아, 바로 이 위령의 날에 덜덜 떠는 이 영혼은 마침내 죄악의 최후 선고를 받고 마는구나. 다 굽어보고 계시는 하늘의 신을 조롱한 죄, 거짓된 기도는 이 머리 위에 되돌아오고, 농담으로 한 기도가 정말로 실현되고 말았다. 이렇게 하느님은 사악한 인간들이 휘두르는 칼끝을 기어이 그 자신의 가슴에 들이대게 하고 마는군. 아, 이제는 마거릿의 저주가 이 목에 영락없이 내리는구나. 그 여자는 이렇게 말했지. "네 심장은 슬픔으로 터지고 말리라. 그때는 이 마거릿이 예언자였음을 명심하라." 여보게, 그럼 나를 지옥의 처형대로 안내하라. 악은 악의 응보를, 그리고 죄는 죄의 응보를 피하지 못하는 법이지. (모두 퇴장)

〔제5막 제2장〕

탬워스 근처의 적진.
리치먼드, 옥스퍼드, 블런트, 허버트, 그 밖의 사람들이 북재비와 나팔수들과 함께 등장.

**리치먼드** 폭군의 학정 밑에 신음해 온 병사들, 그리고 사랑하는 친구들, 이렇게 이 나라 깊숙이까지 우리는 아무 저항도 받지 않고 진격해 왔소. 지금 마침 다행히도 의붓아버지 스탠리 경으로부터 격려의 편지가 왔소. 여름철의 밭과 무성한 포도덩굴 등을 망쳐 놓은 저 잔학무도한 찬탈자, 산돼지 놈은 이 땅의 따뜻한 피를 들이켜고, 기름진 이 땅의 가슴을 짓밟고 있소. 이 더러운 돼지는 현재 이 섬나라의 중앙 레스터 부근에 진을 치고 있다 하오. 이 탬워스로부터 겨우 하룻길 정도요. 이쪽에는 신의 가호가 있소. 용감히 진격합시다. 영원한 평화를 거두어들이기 위해서요. 모든 것이 이번의 일전에 달려 있소.

**옥스퍼드**  우군 한 사람 한 사람의 양심이야말로 죄 많은 그 살인귀와 맞싸울 1천 개의 칼이 될 것이오.

**허버트**  적군의 장병들도 반드시 우리 편에 넘어올 것입니다.

**블런트**  그쪽은 무서워서 따르고 있는 사람들뿐이고, 심복은 없습니다. 가장 중요한 시기에 모두 떨어져 나갈 것입니다.

**리치먼드**  모든 것이 이쪽에 유리하오. 그러니 신의 이름으로 진격합시다. 정당한 희망은 제비의 날개를 타고 재빠르게 날아가는 법이오. 그래서 왕은 신이 되고, 왕 아닌 사람도 왕이 되게 마련이오. (모두 퇴장)

〔제5막 제3장〕

보즈워스 평원.
무장한 리처드 왕, 노퍽 공작, 랫클리프, 서리 백작, 그 밖의 사람들 등장.

**리처드 왕**  자, 이곳 보즈워스 평원에 군막을 쳐라. 서리 경, 얼굴이 왜 그렇게 침울하오?

**서리**  마음속은 얼굴과 달리 10배나 더 경쾌합니다.

**리처드 왕**  노퍽 경……

**노퍽**  예, 전하.

**리처드 왕**  노퍽, 드디어 크게 벌어지게 됐구려. 그렇게 생각 안 하오?

**노퍽**  그건 저쪽도 마찬가지입니다.

**리처드 왕**  어서 군막을 쳐라! 오늘 밤은 여기서 야영하겠다. 하지만 내일은 어디서 하지? 아니 그까짓 건 상관없어. 그런데 반역자들의 병력은 얼마나 되는지, 누구 살펴본 사람 있소?

**노퍽**  많아야 6, 7천 명이랍니다.

**리처드 왕**  음, 이쪽 병력은 그 3배나 되오. 게다가 왕이란 이름은 천 근의 무게를 가졌으나 저쪽엔 그것이 없소. 자 천막을 쳐라! 음, 지형을 살펴봅시다. 지리에 능한 사람을 좀 불러오시오. 훈련을 게을리해서는 안 되오. 꾸물대고 있다가는 큰일이니 내일은 부지런히 싸웁시다. (모두 지형을 정찰하러 나간다. 병사들은 왕의 군막을 친다)

반대쪽 평원에서 리치먼드, 기사 윌리엄 브랜던, 옥스퍼드, 허버트, 블런트, 그 밖의 사람들 등장. 병사들이 리치먼드의 군막을 친다.

**리치먼드**  태양도 지쳤는지 황금빛으로 지는군요. 저 불타는 듯한 붉은 태양의 찬란한 자국으로 보아, 내일은 화창한 날씨가 될 것이오. 그런데 윌리엄은 기수(旗手)를 맡아줘야겠소. 누구든 잉크와 종이를 내 군막으로 좀 가져다주오. 내일 작전을 구상하여 각 부대장들에게 할당하고, 적은 병력이나마 적절하게 배치해야겠소. 옥스퍼드 경, 브랜던, 그리고 허버트, 세 분은 여기 남아 있으시오. 펨브룩 백작에게는 자기 부대를 지휘하도록 해야겠소. 블런트 대장, 가서 백작께 내 안부 여쭙고 새벽 2시쯤에 내 군막으로 와달란다고 전해 주오. 아, 블런트, 한 가지 더 부탁이 있소. 스탠리 경이 지금 어디에 진을 치고 계시는지 혹시 아오?

**블런트**  군기를 잘못 본 것이 아니라면, 하긴 잘못 볼 리는 없습니다만, 스탠리 경의 부대는 왕의 군대에서 남쪽으로 반 마일 지점에 위치하고 있습니다.

**리치먼드**  여봐요 블런트, 위험에 빠지지 않고 가능하다면, 어떻게 해서든지 스탠리 경과 연락할 길을 마련해서 이 중대한 편지를 그분께 전하도록 하오.

**블런트**  이 목숨을 걸고 반드시 전달하겠습니다. 그럼 편히 쉬십시오!

**리치먼드**  가서 편히 쉬시오, 블런트 대장. 자, 여러분, 내 군막에 가서 내일의 작전을 상의합시다. 이슬이 습하고 차오. (모두 군막 안으로 들어간다)

다른 쪽 군막 앞으로 리처드 왕, 노퍽, 랫클리프, 케이츠비, 그 밖의 사람들 등장.

〈보즈워스 전투〉(1485)  필립 제임스 라우더버그. 1804.
장미전쟁(1455~85)의 마지막 전투인 이 전투에서 리처드는 전사했다.

**리처드 왕**  몇 시냐?

**케이츠비**  저녁 식사 때가 됐습니다. 9시입니다.

**리처드 왕**  오늘 저녁 식사는 않겠다. 잉크와 종이를 좀 가져오너라. 내 투구
끈을 늦춰 놓진 않았느냐? 그리고 갑옷은 군막 안에 마련해 놨겠지?

**케이츠비**  예, 만반의 준비를 갖추어 놓았습니다.

**리처드 왕**  노퍽, 곧 부대로 가주오. 감시를 게을리하지 말고 믿음직한 보초를
배치하오.

**노퍽**  예, 그렇게 하겠습니다.

**리처드 왕**  내일 아침엔 종달새와 같은 시간에 일어나야 되오, 노퍽 경.

**노퍽**  예, 염려 마십시오. (퇴장)

**리처드 왕**  케이츠비!

**케이츠비**  예, 전하.

**리처드 왕**  무장한 전령을 한 명 스탠리 진영에 보내서 이렇게 전하라. 해 뜨

기 전에 부하를 거느리고 이쪽으로 출동할 것, 아니면 아들 조지는 영원한 밤의 수령 속으로 떨어지고 만다고. (케이츠비 퇴장) 자네 술을 좀 부어라. 보초를 배치하라. 백마 서리에 안장을 얹어놔라, 내일 탈 수 있도록. 내 창은 튼튼하고 너무 무겁지 않게 하라. 랫클리프!

**랫클리프** 예?

**리처드 왕** 노섬벌랜드 경을 만나봤느냐? 침울한 안색이지 않더냐?

**랫클리프** 예, 서리 백작 토머스 경과 같이 해질 무렵 각 부대를 검열하며 병사들을 격려하고 다니는 것을 보았습니다.

**리처드 왕** 음, 좋다. 술을 한 잔 다오. 왜 그런지 평소 같지 않게 머리가 둔해지고, 기력도 나지 않는다. 잔을 거기 놔둬라. 잉크와 종이는?

**랫클리프** 여기 가져왔습니다.

**리처드 왕** 내 군막에 보초를 단단히 배치하라. 물러가도 좋다. 랫클리프, 자정쯤에 내 군막으로 와서 내가 무장하는 것을 좀 거들어 다오. 그럼 물러가라. (랫클리프 퇴장. 리처드는 군막 안으로 들어가서 잠이 든다)


다른 쪽 군막, 리치먼드, 귀족, 그리고 병사들이 보인다. 스탠리가 나타난다.


**스탠리** 그 투구 위에 행운과 승리가 내리기를!

**리치먼드** 이 어둠이 줄 수 있는 온갖 위안이 아버지 몸에 내리기를! 사랑하는 어머니는 어떻게 지내십니까?

**스탠리** 그대 어머니의 축복을 내가 대신 전하겠다. 그대 어머니는 리치먼드의 행운을 위하여 끊임없이 기도하고 계신다. 그건 그렇고, 시간은 소리 없이 다가와서 동쪽 하늘의 어둠을 벗겨 가는구나. 때가 때이니만큼 간단히 말하겠다. 아침 일찍 준비해 피투성이 싸움을 벌이되, 그대의 운명은 하늘의 선택에 맡겨라. 나는 가능하다면—하고 싶어도 못하는 처지이기는 하나—어떻게 해서든지 주위 눈을 속여 승패를 단정할 수 없는 이 싸움에서 그대를 돕겠다. 그렇지만 앞장서서 가담할 순 없다. 왕이 눈치채는 날엔 그대의 어린 동생 조지는 이 아비 눈앞에서 참수를 당하는 판이니까. 그만 가보겠다. 이렇게 절박한 비상사태 아래서는 오랜만에 만난 친구들처럼 흉금을 털어놓고 즐겁게 이야기를 하려야 할 수가 없구나. 하느님은 그러한

리처드 3세를 연기하는 데이비드 개릭  윌리엄 호가스

기쁨을 뒷날 마련해 주시겠지! 자, 한 번 더 축복을 빈다. 용감히 싸워 성공을 거두어라!

**리치먼드**  여러분, 아버지를 진지까지 모셔다 드리시오. 마음은 착잡하나 한숨 자야겠소. 내일 승리의 날개에 올라타야 할 때에 납 같은 잠에 짓눌려서는 안 되니까. 그럼 안녕히 가십시오. 여러분 잘 부탁하오. (모두 퇴장하자 무릎을 꿇는다) 아, 하느님, 당신을 위하여 이렇게 궐기한 제 군대를 은총의 눈으로 보살펴 주시옵소서! 그리고 장병들 손에 분노의 철퇴를 주시어 찬탈자에게 가담한 적의 투구를 박살 나게 해주시옵소서! 저희들에게 응징의 임무를 맡겨 승리 속에 당신의 이름을 찬미하게 해주시옵소서! 지금 눈의 창문을 닫기 전에 깨어 있는 이 영혼을 당신께 맡기나이다. 자나 깨나 저희를 지켜주소서! (잠이 든다)

양쪽 군막에 번갈아 헨리 6세의 아들 에드워드 왕자의 유령 등장.

**에드워드 왕자의 유령**  (리처드에게) 내일 네 영혼을 무겁게 짓눌러 줄 테다! 잊지는 않았겠지. 툭스베리에서 너는 내 청춘을 찔러 죽였지. 그러니 절망 속에 죽어라! (리치먼드에게) 기운을 내요, 리치먼드. 학살당한 왕자들의 한 많은 영혼들이 당신 편에서 싸우리다. 리치먼드여, 헨리 왕의 아들이 이렇게 당신을 격려하고 있습니다. (퇴장)

헨리 6세의 유령 등장.

**헨리 6세의 유령**  (리처드에게) 살아 있을 때 성유를 바른 내 육체를 너가 난도질하였다. 런던 탑과 나를 기억하라. 절망 속에서 죽어라! 이 헨리 6세가 네게 절망 속에서 죽을 것을 명하노라! (리치먼드에게) 덕이 높고 성스러운 이여, 승리는 그대의 것, 그대가 왕이 될 것을 예언한 헨리는 잠자는 그대를 이렇게 위로하고 있소. 오래 살아 영광을 누리시오! (퇴장)

클래런스의 유령 나타난다.

**클래런스의 유령**  (리처드에게) 내일 네 영혼을 무겁게 짓눌러 놓을 테다! 술이 가득 찬 통 속에 처넣어져 숨을 거둔 나는, 네 간계에 죽은 불쌍한 클래런스다. 내일 전투에서는 나를 돌이켜 생각하여, 둔한 칼을 손에서 떨어뜨리고 말리라. 절망 속에서 죽어라! (리치먼드에게) 무참하게 죽은 요크 가문 후손들이 랭커스터 가문 출신인 당신의 군대를 지켜주시기를! 오래 살아 번영을 누리시오! (퇴장)

리버스, 그레이, 본의 유령들 등장.

**리버스의 유령**  (리처드에게) 내일 네 영혼을 무겁게 짓눌러 놓을 테다. 폼프렛에서 죽은 리버스다! 절망 속에서 죽어라!
**그레이의 유령**  (리처드에게) 그레이를 잊지 마라. 네 영혼은 절망에 빠지리라.
**본의 유령**  (리처드에게) 본을 잊지 마라. 죄악에 떨며 창을 떨어뜨려라. 절망 속에서 죽어라!
**모든 유령**  (리치먼드에게) 눈을 뜨고 보시오. 원통한 우리가 리처드의 가슴을

찢어 놓을 테니! 눈을 뜨고 승리의 날을 맞으시오! (퇴장)

헤이스팅스의 유령 등장.

**헤이스팅스의 유령** (리처드에게) 극악무도한 죄인아, 일어나라. 그리고 피비린
내 나는 전투에서 최후의 날을 맞아라! 이 헤이스팅스를 잊었느냐. 절망 속
에서 죽어리라! (리치먼드에게) 번민 없는 조용한 영혼이여! 눈을 뜨시오, 눈
을! 그리고 무기를 들고 싸워서 아름다운 잉글랜드를 위하여 승리를 거두
시오. (퇴장)

두 어린 왕자의 유령들 등장.

**두 어린 왕자의 유령들** (리처드에게) 런던 탑에서 목졸려 죽은 네 조카들을 꿈
에 보아라, 리처드. 네 가슴속에서 우리는 납이 되어 널 파멸과 치욕과 죽
음으로 끌어당길 테다! 네 조카들의 영혼들이 너에게 절망 속에서 죽을 것
을 명하노라! (리치먼드에게) 주무세요, 리치먼드. 고이 주무시고 기쁨 속에
잠을 깨세요. 착한 천사들이 저 산돼지 놈의 이빨에서 당신을 지켜주시기
를! 그리고 살아서 행복한 왕가의 근본이 되십시오! 에드워드의 불행한 왕
자들이 당신의 번영을 빌고 있습니다. (퇴장)

앤의 유령 등장.

**앤의 유령** (리처드에게) 네 아내, 네 곁에서 한시도 단잠을 자보지 못한 불쌍
한 네 아내 앤이, 지금 이렇게 네 잠을 실컷 괴롭혀 놓겠다. 내일 전투에서
는 나를 돌이켜 생각하고 네 무딘 칼을 손에서 떨어뜨리고 말아라. 그리고
절망 속에서 죽어라! (리치먼드에게) 조용한 영혼이여, 고이 잠드시오. 그리고
성공과 행복한 승리의 꿈을 꾸세요! 적의 아내가 당신을 위하여 이렇게 기
도드리고 있습니다. (퇴장)

버킹엄의 유령 등장.

**버킹엄의 유령** (리처드에게) 누구보다도 솔선하여 네 머리에 왕관을 씌운 나다. 그리고 네 포악함에 마지막으로 희생이 된 나다. 아, 내일 전투에선 이 버킹엄을 떠올리고 죄악에 떨면서 죽어라! 꿈을 꾸어라, 잔인한 행위와 죽음의 꿈을. 기절하여 절망하라. 그리고 절망 중에 숨을 거둬라! (리치먼드에게) 당신을 도우려고 했으나 그 뜻을 이루지도 못한 채 죽고 말았소. 하지만 용기를 내고 낙심하지 마시오. 하느님과 천사들이 리치먼드 편에 서 계시오. 리처드는 교만의 절정에서 떨어져 버릴 운명이오. (퇴장)

**리처드 왕** (악몽에서 깜짝 놀라 깨어나며) 다른 말을 줘! 이 상처를 동여매 줘! 하느님, 제발! 꿈이었군. 아, 겁 많은 양심 같으니, 왜 이렇게 날 고문한담! 등불은 파리하게 타고 있구나. 지금은 한밤중. 덜덜 떨리는 온몸이 공포의 식은 땀방울에 흠뻑 젖어 있구나. 뭐가 무섭단 말인가? 나 자신이? 곁에는 아무도 없어. 리처드는 리처드를 사랑한다. 그렇다, 나는 나다. 그런데 자객이라도 들어왔단 말이냐? 아니지, 살인자는 바로 나지. 무섭다면 도망쳐라. 아니, 나 자신으로부터? 꼭 그래야 할 이유는—나 자신의 복수가 무서우니까. 아니, 내가 나 자신에게 복수를? 아, 그럴 순 없지. 나는 나 자신을 사랑하고 있으니까. 그런데 그건 내가 나 자신에게 좋은 일을 했기 때문인 걸까? 아, 그 반대지! 오히려 나는 나 자신을 증오하고 있어. 끔찍한 죄악들을 저지른 나 자신! 나는 악당이다. 하지만 악당이 아닌 척 꾸미는 거지. 과연 누가 자기 자신을 나쁘게 말할 수 있겠는가. 바보 같으니, 아첨하지 마라. 내 양심은 1천 개의 혓바닥을 가지고 있지 않은가. 게다가 그 하나하나가 저마다 이야기를 들고나와 나더러 악당이라 비난하고 있잖은가. 위증자, 세상에 둘도 없는 위증자, 살인자, 극악무도한 살인자라는 둥 나를 비난하고 있지 않은가. 이렇게 지금까지 저지른 갖가지 죄악들이 떼를 지어 법정에서 몰려들어 와서 "유죄다! 유죄!" 절규하고 있지 않은가. 이제 난 절망이다. 내 편을 드는 사람은 아무도 없구나. 내가 죽어도 동정이 가지 않는 판국에 누가 나를 동정해? 아까 이 막사에 나타난 것들은 내 손에 죽은 자들의 혼령이었나 보군. 내일 이 리처드의 머리 위에 복수를 내리겠다고, 저마다 협박했다!

랫클리프가 군막으로 들어온다.

리처드 3세를 연기하는 데이비드 개릭   프랜시스 헤이먼, 1760.
이 그림은 리처드의 마지막 장면을 묘사한다. 보즈워스 전투에서 리치먼드 공작 헨리(헨리 7세)
와 승부를 겨루다 패하여 죽는다.

**랫클리프**  전하!

**리처드 왕**  누구냐?

**랫클리프**  전하, 랫클리프입니다. 마을의 닭이 두 번이나 새벽을 알렸습니다. 병사들은 일어나 갑옷을 입었습니다.

**리처드 왕**  아, 랫클리프, 난 무서운 꿈을 꾸었다! 어떻게 생각하느냐? 병사들이 설마 배반을 하지는 않을 테지?

**랫클리프**  예, 절대로 그럴 리는 없습니다.

**리처드 왕**  아, 랫클리프, 나는 두려워, 겁이 난다고!

**랫클리프**  전하, 그림자를 공연히 염려하지는 마십시오.

**리처드 왕**  사도 바울에 두고 맹세하지만, 오늘 밤의 그림자들이 이 리처드의 영혼을 덜덜 떨게 했다. 천박한 리치먼드가 거느리는 1만 명의 무장 병사보다 더 무서웠다. 날이 밝아지려면 아직 멀었구나. 자, 같이 나가자. 부하들의 막사를 돌며 좀 엿들어 봐야겠다. 혹시나 도망칠 의논들을 하고 있을지도 모르겠다. (랫클리프와 함께 퇴장)


부하 귀족들이 리치먼드의 군막으로 들어온다. 리치먼드는 벌써 일어나 있다.


**귀족들**  안녕히 주무셨습니까?

**리치먼드**  미안하오, 여러분. 내가 게으르게 늦잠을 자는 것을 그만 들키고 말았구려.

**귀족들**  편히 주무셨습니까?

**리치먼드**  잘 잤소. 게다가 좋은 꿈까지 꾸었다오. 나는 여러분이 물러간 뒤에 졸려서 곧 잠이 들었지요. 그런데 리처드한테 살해당한 분들의 영혼이 차례차례로 이 막사에 나타나서 승리를 부르짖고 돌아간 것 같소. 어찌나 기분 좋은 꿈이던지, 그 기억에 내 영혼은 대단히 쾌활해졌소. 벌써 날이 샌 모양인데, 지금 몇 시나 됐소?

**귀족들**  4시를 쳤습니다.

**리치먼드**  아, 그럼 곧 무장을 하고 명령을 내려야겠군요. (군막 주위에 집합한 병사들에게) 친애하는 병사 여러분! 벌써 충분히 말한 바 있소. 사태는 절박하고 때가 때이니만큼 상세히 설명할 여유는 없소. 그러나 이것만은 기억해 주기 바라오. 하느님과 대의가 우리 편이오. 성자들의 기도와 박해당한 영혼들의 기도가 높은 성벽같이 우리를 보호하고 있소. 우리와 싸우는 적들도 리처드 말고는 자기네 주인보다 오히려 우리가 승리하기를 바라고 있는 형편이오. 그들이 섬기는 주인이란 대체 어떤 자요? 핏속에서 출세하고, 핏속에서 즉위한 자, 왕관을 얻기 위해서 방법을 가리지 않고, 더구나 그 수단으로 이용한 사람들까지 살육한 자, 비천한 돌멩이인 주제에 부정한 방법으로 획득한 잉글랜드의 왕좌에 자신을 끼워 놓아 보석같이 보이게 하는 자, 신께 대적하는 자가 아니오. 그러니 우리는 신의 적과 싸우는 것이오. 따라서 신은 마땅히 우리를 신의 의병으로서 지켜주실 것이오. 전력을 다하여 폭군을 타도하면, 그 폭군이 죽은 뒤에 여러분은 평화 속에 잠잘 수 있게 되는 거요. 조국의 적과 싸우는 제군이니, 조국의 부(富)가 여러분의 노고에 보답할 것이오. 아내를 보호하기 위하여 싸우는 여러분을 고향의 아내들이 승리자로서 맞이할 것이오. 자식을 칼로부터 지키는 여러분이니, 노후에 그 자녀의 자녀들이 이에 보답할 것이오. 그러니 자, 신의 이름으로, 그리고 조국과 처자식의 이름으로 군기를 휘날리고 용감히 칼을 빼는 거요. 이번 거사가 실패로 돌아가는 날에는, 책임은 내가 지고 차디찬 내 시체를 싸늘한 땅바닥에 눕히겠소. 그러나 성공하는 날엔 신분이 높든 낮든 모두에게 상을 내리겠소. 자, 용감하고 우렁차게 북을 울려라, 나팔을 불어라. 신이시여, 조지 성자여! 리치먼드에게 승리를! (모두 진군하며 퇴장)


리처드 왕과 랫클리프 다시 돌아온다.

**리처드 왕**  노섬벌랜드는 리치먼드를 뭐라고 평하시더냐?

**랫클리프**  싸움에는 무지렁이라고 평하시더군요.

**리처드 왕**  옳은 말이다. 그럼 서리는 어떻게 말하더냐?

**랫클리프**  빙그레 웃으면서, "우리 쪽으로선 잘됐다" 말씀하시더군요.

**리처드 왕**  그 말도 옳다. 사실이 그렇다. (시계 치는 소리) 몇 번을 치는지 세어 봐라. 달력을 이리 다오. 오늘 누가 해 뜨는 걸 보지 못했느냐?

**랫클리프**  보지 못했습니다.

**리처드 왕**  그럼, 태양은 오늘 빛나기를 꺼리는 모양이지. 달력에 따르면, 벌써 한 시간 전에 동녘을 붉게 물들였어야 할 게 아닌가. 오늘은 그 누구에게는 절망적인 날이 되겠구나. 랫클리프!

**랫클리프** 예, 전하.

**리처드 왕** 태양은 오늘 나타나지 않을 모양이다. 하늘은 미간을 찌푸리고 아군 위에 구름을 내리덮고 있구나. 아, 곧 쏟아질 것 같은 촉촉한 눈물, 대지에 쏟아져 내리지 않았으면 좋겠다만. 오늘은 태양이 나오지 않을 모양이다! 아니, 그게 어떻단 말인가. 리치먼드에게도 마찬가지가 아닌가? 내게 미간을 찌푸리고 있는 바로 그 하늘은 그자를 슬픈 눈으로 바라보고 있다.

노퍽 등장.

**노퍽** 무장을, 전하, 무장하십시오. 적이 위세 당당히 진격해 오고 있습니다.

**리처드 왕** 자, 출진이다, 출진. 내 말에 마구를 채워라. 스탠리 경한테 가서 부하들을 거느리고 오라 전하라. 나도 친위병들을 이끌고 전투에 나서겠다. 작전은 이렇다. 전위대는 일렬로 벌려 서고, 기병과 보병은 같은 수로 움직이며, 사수대는 중앙에 배치할 것. 보병과 기병의 지휘는 노퍽 공과 서리 백작이 맡아주오. 나는 주력을 거느리고 좌우 날개에는 최강 기병을 배치하겠소. 여기에 조지 성자의 가호가 있소! 어떻게 생각하오, 노퍽?

**노퍽** 훌륭한 작전입니다, 전하. 그런데 실은 오늘 아침 제 막사에서 이런 것이 발견됐습니다. (종이쪽지를 내놓는다)

**리처드 왕** (그것을 읽는다)

노퍽 공이여, 너무 설치지 마오. 당신네 주인 리처드는 사자마자 팔려 버린 처지니까.

이건 적의 책략이군. 자, 모두 자기 부대로 가시오. 거품 같은 꿈에 겁낼 건 없소. 양심이란 겁쟁이가 쓰는 말로, 강자를 위협하기 위해 만들어 낸 거요. 이 늠름한 팔이 양심이며 칼이 법이오. 자, 진격. 용감히 돌진하여 닥치는 대로 해치우시오. 천국에 못 가는 날엔 손에 손을 맞잡고 지옥으로 가는 겁니다. (병사들에게 연설) 이미 충분히 말한 바 있으니, 더 이상 말하지 않겠다. 하지만 여러분이 싸우는 적이 어떤 자들인가, 이것만은 잊지 말라. 그것들은 부랑자, 무뢰한, 탈주자들이다. 브르타뉴의 포도주 찌끼, 비굴하고 비천한 농군들이다. 사람들로 들끓는 고장에서 패할 것을 뻔히 알면서도 자포자기하여 뛰쳐나온 자들이다. 그들은 편히 잠을 즐기는 여러분에게 불안의 씨를 가져오고 있다. 여러분에게는 땅이 있고 아름다운 아내가 있다. 그놈들이 약탈하고 겁탈할 심보들이다. 게다가 그것들을 지휘하고 있는 자는, 내 어머니 덕분에 오랫동안 브르타뉴에서 연명해 온 보잘것없는 인간이잖느냐? 평생 추위라곤 구둣발로 눈 위를 걸어본 정도밖에 모르는 나약한 작자일 뿐. 그따위 무뢰한들은 다시 해외로 쫓아버리는 거다. 잘난 체하는 프랑스의 헝겊 같은 놈들, 굶주리고 삶에 지친 이 거지 같은 놈들은 매를 때려 쫓아버리는 거다. 이런 어리석은 모험을 꿈꾸지 않았던들 이 쥐새끼 같은 것들은 먹을 것이 없어서 벌써 목이라도 매달았을 게다. 설사 우리가 패배를 당하기로서니, 이 브르타뉴의 잡동사니 같은 놈들에게 져서야 되겠느냐. 우리 조상은 그놈들의 조국에 쳐들어가서 한껏 두들기고 짓밟아 그놈들의 오명을 역사에 남겨 놓지 않았느냐. 그런데 그런 족속들한테 조국을 빼앗겨도 괜찮단 말인가? 그놈들이 아내와 같이 자도 괜찮단 말이냐? 그놈들이 딸을 욕보여도 괜찮단 말이냐? (멀리서 북소리) 저걸 들어봐라! 북소리다. 자, 싸우는 거다, 잉글랜드의 용사들! 싸워라, 용감한 병사들! 당겨라, 사수대들은 화살을 머리 위에 겨누고 당겨라! 기병들은 늠름한 군마에 박차를! 그리고 맹렬히 돌격하여 창끝으로 하늘을 깜짝 놀라게 하라!

전령 등장.

**리처드 왕**  스탠리 경의 대답은? 부하들을 거느리고 오는가?

**전령**  전하, 그는 오지 않겠다고 합니다.

**리처드 왕**  음, 그의 아들 조지의 목을 베어라!

**노퍽**  전하, 적은 벌써 늪을 건너왔습니다. 조지 스탠리의 처형은 전투가 끝난 뒤에 하십시오.

**리처드 왕**  이 가슴속엔 1천 개의 심장이 고동치고 있다. 군기를 앞세우고 돌격하라. 예부터 용맹의 구호이신 조지 성자여, 모든 병사들에게 무서운 용

의 분노를 불어넣어 주소서! 돌격! 승리는 우리의 것이다. (모두 퇴장)

〔제5막 제4장〕

보스워스 평원의 다른 곳.
북소리, 전투 중. 노팩과 부하들이 싸우면서 등장.
케이츠비가 뛰어들어온다.

**케이츠비**  지원병, 지원병을, 노팩 경, 지원병을! 왕은 인간 이상의 분투를 하시며, 달려드는 적들을 향해 온갖 위험을 무릅쓰고 물리치고 계십니다. 더구나 타신 말이 쓰러져 걸어가면서 싸우시는데, 지옥 입구까지라도 리치먼드를 찾아갈 기세이십니다. 빨리 지원병을 청하시오. 아니면 오늘 패하고 맙니다!

북소리, 리처드 왕 등장.

**리처드 왕**  말을 다오! 말을! 대신 이 왕국을 주겠으니, 말을 다오!
**케이츠비**  들어가 계십시오, 전하. 말은 제가 구해 드리겠습니다.
**리처드**  이놈아, 이번 주사위에 목숨을 건 나다. 이기기 전에는 죽어도 물러서지 않을 테다. 리치먼드는 여섯이나 있나 보다. 벌써 다섯을 죽였는데 다 대역이었어. 말을 다오! 말을! 그 대신 이 왕국을 주겠으니……. (모두 퇴장)

〔제5막 제5장〕

보스워스 평원의 다른 곳.
북소리. 리처드와 리치먼드가 싸우면서 등장. 리처드가 쓰러진다. 리치먼드 퇴장.
전투 종료의 신호. 나팔 소리와 더불어 리치먼드 다시 등장. 이윽고 손에 왕관을 든 스탠리, 많은 귀족들 등장.

**리치먼드**  우리의 승리, 신의 은총과 모두가 열심히 싸운 덕분이오! 영광은 마침내 우리 손에 들어오고, 가증스런 개란 놈은 죽고 말았소.

**스탠리**  용맹한 리치먼드, 훌륭히 싸웠소. 자, 오랫동안 찬탈당해 왔던 왕관. 그대의 이마를 빛나게 해주려고 시체가 된 극악무도한 자의 머리에서 벗겨 온 것이오. 자, 이제 왕관을 쓰고 길이 이름을 누리시도록.

**리치먼드**  하늘의 위대하신 신이시여, 이 모든 것을 기리어 주옵소서! 그런데 조지 스탠리는 살아 있소?

**스탠리**  아, 그애는 지금 레스터에 무사히 있소. 특별한 일이 없다면 모두 그 곳으로 갑시다.

**리치먼드**  양측의 전사자는 어떻게 되오?

**스탠리**  노퍽 공, 월터 페러즈 경, 기사 로버트 브래큰버리, 기사 윌리엄 브랜던.

**리치먼드**  저마다의 신분에 맞게 정중히 묻어주시오. 적의 탈주병이라도 귀순해 오는 자는 용서한다는 포고를 내리시오. 그리고 이미 선서를 한 바 있지만, 흰 장미와 붉은 장미를 통합하겠소. 오랜 세월 반목에 미간을 찌푸리시던 하늘도 이번의 화해에 미소를 지어주옵소서! 이 말에 이의가 있는 반역자는 설마 없을 테죠? 잉글랜드는 오랜 세월 미친 듯이 스스로 상처를 입어왔었소. 형제간에 맹목적으로 피를 흘리고, 아버지는 분별없이 자식을 살육하며, 자식 또한 불가피하게 아버지를 학살하는 판국이었소. 무서운 갈등 속에 담을 쌓고 있던 요크와 랭커스터 집안이었소. 아, 공정하신 신이시여, 이제 두 왕가의 진정한 계승자들인 리치먼드와 엘리자베스로 하여금 이 두 집안을 통합하게 해주시옵소서! 또 자손만대 이 나라에 평화와 풍요와 번영을 가져다주시옵소서! 또다시 피비린내 나는 내란을 일으켜 이 잉글랜드를 핏속에 울부짖게 하는 역적의 칼끝일랑, 앞으로도 반드시 물리쳐 주옵소서! 그리고 이 나라의 평화에 상처를 내겠다는 반역자에게는 이 땅의 산물을 입에 넣지 못하게 해주옵소서! 이제 내란의 상처는 멎고, 평화는 되살아났습니다. 그러니 신의 가호로 영원히 보존되게 해주시옵소서! (모두 퇴장)

Henry VIII
헨리 8세

[등장인물]

**헨리 8세**  잉글랜드의 왕

**울지 추기경**

**캠피어스 추기경**

**캐푸셔스**  신성로마제국 황제 카를 5세의 대사

**토머스 크랜머**  나중에 캔터베리 대주교

**스티븐 가디너**  헨리 8세의 비서, 나중에 윈체스터 주교

**노퍽 공작**

**버킹엄 공작**

**서퍽 공작**

**서리 백작**  버킹엄 공작의 사위

**애버게이브니 경**  버킹엄 공작의 사위

**시종장(궁내장관)**

**대법관**

**링컨 주교**

**샌즈 경**

**토머스 크롬웰 경**

**기사 헨리 길포드**

**기사 토머스 러벌**

**기사 앤터니 데니**

**기사 니콜라스 복스**

**그리피스**  캐서린 왕비의 시종

**버츠 박사**  헨리 8세의 담당 의사

**가터 문장관**

**버킹엄 공작의 감독관**

**브랜던**

**캐서린 왕비**  나중에 이혼

**앤 불린**  캐서린 왕비의 시녀, 나중에 왕비

**노부인**  앤 불린의 친구

**페이션스**  캐서린 왕비의 시녀

수위관

호출관

문지기

수문장

가디너의 시동

시종장의 부하

수문장의 하인

해설자


귀족들, 신사들, 관리들, 서기들, 호위병들, 시종들, 시동들, 시녀들, 전령들, 무언극에 나오는 주
교들, 귀족들, 귀부인들, 관리들, 캐서린 왕비의 꿈속에 나오는 요정들 등


[장소]

런던. 웨스트민스터. 킴볼턴

# 헨리 8세

〔막을 올리는말〕

해설자 등장.

**해설자** 이번에는 여러분을 웃기려고 나온 게 아니라, 무게 있고 진지한 작품을 보여드리려는 겁니다. 위엄과 비애로 가득 찬 슬프고도 고상한 연극을 보여드리려고 나왔습니다. 우리가 선보이는 이 고귀한 장면들을 보시면 아마 눈물이 흐르실 겁니다. 함께 공감하시는 분이라면, 이 연극이 마음에 드시면 울어주십시오. 그만한 값어치가 있는 이야기이니까요. 진실이라 믿고 돈을 내고 들어오신 분은 진실을 보시게 될 것입니다. 한두 가지 그럴듯한 장면을 보는 것으로 만족한다 생각하고 오신 분들도 꾹 참고 보시면, 짧은 두 시간 동안에 돈 값어치는 한다는 걸 알게 되실 겁니다. 다만 마냥 즐겁고 음탕하며 시끌벅적한 걸 보러 오셨거나, 노란 장식을 달고 얼룩덜룩한 긴 외투를 입은 어릿광대의 너스레를 보러 오신 분이라면 실망하실 겁니다. 왜냐하면 점잖은 분께선 잘 아시겠지만 진실한 것을 주로 해온 우리가, 어릿광대의 너스레나 칼싸움 같은 것을 공연하게 되면 우리의 생각을 저버리는 게 되고, 이제까지 진실만을 추구해 온 우리의 신용을 잃게 되며, 우리를 이해해 주시는 여러분의 우정을 잃어버리게 되기 때문입니다. 그러므로 이 도시에서 가장 수준 높은 관객이신 여러분은, 우리도 최선을 다할 테니 옷깃을 여미고 보아주십시오. 이 고상한 역사 이야기에 나오는 인물들은 모두 실제로 살아 있는 인물이라고 생각해 주십시오. 그 인물들이 위대하고, 대중의 인기도 한 몸에 받고 있으며, 수천 명의 부하들이 피땀 흘리며 노력하고 있다고 상상해 주십시오. 그러나 단 한 순간에 그 굉장한 권력이 비참하게 무너지는 것을 보시게 될 겁니다. 만약에 그것을 보시고 즐거울 수 있는 사람이라면, 결혼식 날에는 눈물을 흘리실 것이라고 저는 말하겠습니다.
(퇴장)

<br>

〔제1막 제1장〕

런던. 궁중의 대기실.
한쪽 문으로 노퍽 공작이, 다른 쪽 문으로 버킹엄 공작과 애버게이브니 경 등장.

**버킹엄**  안녕하십니까? 잘 만났습니다. 프랑스에서 뵙고는 못 뵈었는데 그동
안 어떻게 지내셨습니까?

**노퍽**  고맙습니다. 덕분에 편히 지내고 있습니다. 그곳에서 본 것들에 새삼 감
동하고 있습니다.

**버킹엄**  공교롭게도 그때 나는 학질에 걸려 방에 꼼짝 못하고 누워 있느라,
인간의 영광인 찬란한 두 태양이 안드렌 계곡에서 만나시는 것을 그만 못
보고 말았습니다.

**노퍽**  그게 바로 귀네와 아르드르 사이에 있는 계곡이었죠. 그때 나는 바로
현장에 있게 돼서, 두 군주께서 말을 타고 서로 인사하시고 말에서 내려 일
심동체인 듯이 끌어안으시는 것을 보았습니다. 그런데 두 분께서 정말로 한
몸으로 합치신다면, 네 나라의 군주를 합친다 한들 어찌 그 두 분의 무게를
당할 수 있겠습니까?

**버킹엄**  그러는 동안 나는 방 안에 꼼짝없이 갇혀 있었군요.

**노퍽**  그래서 지상의 영광스러운 장면을 못 보셨군요. 또 이렇게도 말할 수가
있어요. 지금껏 홀로 있던 영화로움이 이제야 짝을 찾아, 전보다 배나 되는
영화를 이룬 격이라고요. 날마다 전날의 장관을 무색하게 더욱 영광스러워
졌으며, 마지막 날은 이제까지의 모든 것을 종합한 것이었습니다. 오늘은 프
랑스 쪽에서 이교도의 신들처럼 모두 황금으로 단장하여 번쩍번쩍 그 광채
로 잉글랜드 쪽을 눌러버리는가 하면, 그다음 날은 잉글랜드 쪽에서 황금
의 나라인 인도가 되어서 사람들을 모두 금덩이로 보이게 했습니다. 도토
리만 한 시동들은 천사처럼 모두 금빛 찬란하게 차려입었고, 귀부인들도 힘

헨리 8세 가족  두카스 데 에레. 1572.

겨운 일에는 익숙지 않은데 금으로 만든 옷을 입고 뽐내느라 힘이 들어 진 땀을 빼고 볼에 연지를 칠한 듯 발그스레했습니다. 오늘 밤의 가면무도회가 최고였다고 소리쳐도, 그다음 날 밤의 무도회를 보면 전날 것은 초라하게 생각되었습니다. 똑같이 광채가 나는 두 국왕이시니, 어느 쪽이 더 낫다 어느 쪽이 못하다 할 수 없으므로 눈으로 직접 보는 분이 언제든지 훌륭하게 보였죠. 그러나 두 분이 나란히 나타나시면, 마치 한 분을 보는 것 같아서 아무리 예리하게 가려낼 수 있는 사람이라도 함부로 이렇다 저렇다 할 수가 없었답니다. 그래서 사람들이 그렇게 불렀지만, 이 두 태양은 시종장을 시켜 기사들에게 무술 겨루기를 하도록 했습니다. 그런데 이 겨루기가 또 상상도 못할 만큼 굉장해서 옛날 무용담을 실제로 눈앞에 보는 듯, 베비스의 영웅담이 실화 같은 느낌이 들었습니다.

**버킹엄**  과장해서 말씀하시네요.

**노퍽**  그럴 리가요. 귀족이라는 체면을 생각해서 정직을 명예로 삼아야 합니다. 아무리 말을 잘하는 사람이라도, 그 상황을 입으로 모두 옮길 수는 없습니다. 정말이지 모든 것이 장엄했고 계획한 대로 질서 정연하게, 모든 진행자가 다 자신들의 역량을 충분히 드러냈습니다.

**버킹엄** 누가 그것을 총지휘했나요? 그러니까 그 큰 행사의 골격을 세운 사람이 누구입니까?

**노퍽** 그런 일에는 자질이 없다고 생각되는 바로 그 사람입니다.

**버킹엄** 그 사람이 누구죠?

**노퍽** 요크의 추기경이 모든 것을 결정하고 지휘했죠.

**버킹엄** 악마에게 잡아먹힐 놈! 오지랖이 넓어서 안 끼는 데가 없소. 그자가 이 대단한 행사와 무슨 상관이 있다고 그걸 이끌었다는 겁니까? 그런 비곗덩어리가 설쳐대면 태양(헨리 8세)의 빛이 가려져, 이 땅의 백성들에게 빛이 돌아가지 못할 텐데 말이오.

**노퍽** 사실 그 사람에게 그런 일을 하도록 할 이유는 많지요. 왜냐하면 그 사람은 후손을 위해 앞길을 닦아준 조상이 있어 덕을 본 것도 아니고, 왕실에 큰 공적을 세운 것도 아니며, 고관대작이 뒤를 봐주는 것도 아니고, 거미가 오직 제 몸에서 만들어지는 실로 거미줄을 치듯 자신의 재주만으로 제 길을 만들어 간다고 말해 왔으니까요. 그는 하늘이 주신 재능으로 국왕 다음가는 지위를 얻었다는 겁니다.

**애버게이브니** 저는 하늘이 그자에게 어떤 재능을 주었는지 잘 모르겠으나 좀 더 훌륭한 분의 안목이 그 재능을 알아봤나 봅니다. 하지만 제가 보기에 그는 오만함이 온몸에 배어 있습니다. 그 사람이 그런 오만함을 어디에서 얻었겠습니까? 지옥에서 받았거나, 악마가 인색하게 주었거나, 또는 줄 것이 없다 보니 그자가 스스로 새로운 지옥을 만든 것일 테죠.

**버킹엄** 그 악마가 프랑스로 떠날 때, 왜 전하께 알리지도 않고 제 마음대로 왕의 수행원들을 정했던가요? 유명한 인사들의 명부도 마음대로 만들지 않았던가요? 그들에게 명예는 눈곱만큼 주면서, 부담은 크게 지우려는 속셈이었겠지. 그리고 그자는 추밀원은 제쳐두고 자기 서명 하나로 모든 것을 임명했소.

**애버게이브니** 제 친척 가운데서 적어도 셋은 그것 때문에 재산상에 타격을 입어서 예전처럼 풍족하게 살 수 없게 되었습니다.

**버킹엄** 아, 그 대단한 여행에, 영지를 팔아 돈을 대느라 허리가 휜 사람이

한 둘이겠소? 그런데도 이 허황된 행사로 얻은 결과란 너무도 보잘것없지 않소?

**노퍽** 참으로 통탄할 일입니다만, 프랑스와의 평화 조약은 그것을 맺기 위해 치른 비용에 비하면 정말 아무것도 아닙니다.

**버킹엄** 무서운 폭풍우가 몰아쳤을 때 사람들이 영감을 느낀 것처럼, 평화 조약을 맺은 다음 모두 입이라도 맞춘 듯이 한목소리로 이 폭풍우는 평화라는 옷을 조각조각 찢어 놓을 것이라는 예언을 했습니다.

**노퍽** 그 예언이 맞아떨어져서, 프랑스는 약속을 깨고 보르도에서 우리 상인의 물건을 압류했습니다.

**애버게이브니** 그래서 프랑스 대사가 말을 못하게 된 것이군요.

**노퍽** 그렇소.

**애버게이브니** 결국 이름뿐인 평화를 사느라 엄청 비싼 값을 치른 셈입니다.

**버킹엄** 그래, 이 모든 게 다 저 추기경께서 한 짓이라니까요.

**노퍽** 말해도 될지 모르겠습니다마는, 당신과 추기경 사이의 갈등을 전하께서는 눈치채고 계십니다. 버킹엄 경의 명예와 안전을 위해 진심으로 말하는데, 추기경이 나쁜 마음을 품고 있으며 그가 권력도 가지고 있다는 사실을 명심하셔야 합니다. 아시다시피 그는 복수심이 강합니다. 그의 칼날은 아주 예리한데다 칼이 길어, 멀리까지도 그의 칼끝이 미치죠. 만약 칼끝이 닿지 않으면 칼을 던져서라도 적을 넘어뜨릴 것입니다. 이 말을 꼭 새기고 안전을 꾀하십시오. 오, 저기, 피하시라고 충고한 그 암초가 오고 있습니다.

울지 추기경이 옥새가 든 주머니를 든 그의 시종 뒤에서 등장. 그 뒤로 호위병 몇 명과 비서 두 사람이 서류를 들고 따른다. 추기경이 지나가다가 버킹엄을 쏘아본다. 버킹엄도 그를 노려본다. 양쪽이 다 멸시하는 증오의 눈빛이다.

**울지** 이봐라, 버킹엄 공작의 감독관은 어디 있나? 그의 서류는 어디 있지?

**비서** 여기 있습니다.

**울지** 그 사람이 직접 나오게 되어 있나?

**비서** 네, 그렇습니다.

**울지** 음, 그럼, 좀더 상세히 알게 되겠군. 그렇게 되면 버킹엄의 저런 거만한

얼굴도 납작하게 될 거다. (일행과 함께 퇴장)

**버킹엄**  저 백정의 똥개가 독설을 퍼붓는데, 내게는 저놈의 주둥이를 막아줄 힘이 없소. 그러니 지금은 잠자는 개를 건드리지 않는 게 가장 좋은 방법이죠. 아, 비렁뱅이가 공부랍시고 해서 귀족의 혈통을 더럽히는군요.

**노퍽**  화나셨나요? 자제력을 달라고 하느님께 기도하세요. 그것만이 당신의 병을 치료하는 하나뿐인 처방입니다.

**버킹엄**  나에 대한 적의가 그 얼굴에 잘 나타나 있었소. 나를 멸시하는 눈초리로 쏘아보더군요. 나를 모함하려고 전하께 가고 있으니, 따라가서 그자를 굴복시켜야겠습니다.

**노퍽**  버킹엄 경, 참으세요. 당신의 이성으로 화를 누르셔야 합니다. 험준한 산을 오르려면 처음에는 천천히 걸어야 합니다. 격분하는 건 말이 흥분해서 날뛰는 것과 같아요. 제멋대로 뛰게 놔두면 제풀에 지쳐버리고 맙니다. 잉글랜드를 통틀어 당신만큼 나에게 고마운 충고를 해줄 사람은 또 없어요. 나에게 하시듯, 자신에게도 그런 좋은 충고를 하시기 바랍니다.

**버킹엄**  난 전하께 가보아야겠습니다. 가서 명예를 위해 귀족의 입으로 입스위치 출신의 상놈에게 호통을 쳐서 그 오만함을 고쳐야겠습니다. 신분의 귀천도 모르느냐고 한마디 해줘야겠습니다.

**노퍽**  좀더 깊이 생각해 보세요. 적에게 해를 주려고 난롯불을 그렇게 뜨겁게 달구면, 자신이 화상을 입게 됩니다. 맹목적으로 속력을 내어 달리다 보면 목표를 지나치게 되는데, 결국은 지나친 만큼 손해를 보게 되죠. 불이 너무 세면 물이 끓어 넘쳐 그 양이 늘어난 듯 보이나 실은 줄어든 겁니다. 그러니 잘 생각해 보세요. 다시 말하지만 이 잉글랜드에서 당신을 가장 굳건히 이끌 사람은 당신 자신 말고는 아무도 없습니다. 부디 이성으로 분노라는 불길을 끄세요. 아니면 누그러뜨리셔야 합니다.

**버킹엄**  고맙습니다, 충고대로 따르겠습니다. 그러나 이건 사적인 감정으로 하는 말이 아니라 성실한 마음에서 하는 말입니다만 그 거만한 자는, 모래알 하나하나를 볼 수 있는 칠월의 샘물처럼 명확한 증거와 판단에 따라 썩어빠진 반역자입니다.

**노퍽**  반역자란 말은 하지 마세요.

**버킹엄**  아뇨, 전하께 그렇게 말씀드리겠습니다. 나의 증언은 반석처럼 튼튼

합니다. 들어보세요. 성직자의 탈을 쓴 그 여우는 어쩌면 늑대인지도 모르고 어쩌면 양쪽 다일지도 모릅니다. 그자는 욕심이 많은 데다 간교해서 언제든지 악한 일을 하려 하며, 그렇게 할 수 있는 힘도 가지고 있어요. 그의 마음과 지위가 번갈아 해악을 끼치고 있죠. 그자는 국내에서와 같이 프랑스에서도 자신의 위세를 보여주려고, 우리 전하를 꼬드겨 그런 어마어마한 돈을 들여 평화 조약을 맺었던 겁니다. 하지만 그렇게도 많은 돈을 쏟아부은 그 회담이 손을 대자마자 유리잔처럼 산산조각이 나고 말았어요.

**노퍽** 정말 그렇습니다.

**버킹엄** 내 말을 더 들어보세요. 그 교활한 추기경은 조약의 문구를 제 맘대로 썼소. 그자가 '이건 이렇게 해야 한다' 외치는 대로 인준되었죠. 그러나 이것은 송장한테 지팡이 주는 격이어서 아무 소용도 없는 일입니다. 그래도 이것이 추기경 백작께서 하신 일이니 훌륭하다는 것이죠. 왜냐하면 잘못된 일을 하실 울지 나리가 아니신데, 잘못된 일을 하셨습니다. 그러자 강아지가 어미 개를 따르듯 모반이 일어나게 되는 겁니다. 신성로마제국의 카를 황제가 숙모인 우리 왕비를 만나겠다고요? 그것은 핑계에 지나지 않으며 사실은 울지와 밀담을 하려고 우리나라를 찾았던 것입니다. 잉글랜드와 프랑스가 회담으로 뭉치게 되면 자기 나라에는 어떤 불리한 일이 생기게 될지 두려웠던 것이죠. 실제로 그 조약에서 자신들에게 위협이 될 만한 부분을 파악했기 때문입니다. 그래서 추기경과 비밀리에 교섭을 한 거고요. 내 생각에는, 아니 절대 확신하는 일이지만 틀림없이 카를 황제는 조약도 맺기 전에 이미 뇌물을 줘서 요구도 하기 전에 그의 요구가 승인된 것이나 마찬가지로 만들어 놓았어요. 그러니까 황금으로 길을 포장해 놓고, 우리 전하의 방침을 바꿔서 평화 조약을 깨뜨려 달라고 간청한 것입니다. 나는 전하께 알릴 작정입니다. 추기경이 자신의 이익을 위해서 제멋대로 왕의 명예를 팔아먹고 있다는 사실을 알려야겠습니다.

**노퍽** 그 사람이 그런 짓까지 했다니 참으로 유감스럽습니다. 오해에서 빚어진 일이길 바랄 뿐입니다.

**버킹엄** 절대 아닙니다. 이 이야기는 한 마디도 틀리지 않습니다. 언젠가 그의 정체가 밝혀질 때 내가 말한 것이 실제 증거로 드러날 겁니다.

브랜던, 추밀원 수위관 한 사람을 앞세우고 호위병 두셋을 거느리고 등장.

**브랜던**  수위관, 직무대로 집행하라.

**수위관**  최고로 지엄하신 전하의 이름으로 버킹엄 공작과 헤리퍼드, 스태퍼드, 노샘프턴 백작을 대역죄인으로서 체포합니다.

**버킹엄**  노퍽 공작, 내 벌써 그 그물에 걸렸군요! 모략으로 죽게 되는군요.

**브랜던**  경이 체포되는 이런 현장을 내 눈으로 직접 보게 되어 매우 유감스럽습니다. 하지만 전하의 명령이니 런던 탑으로 가야겠습니다.

**버킹엄**  나의 무죄를 고해 보았자 아무 소용없겠지요. 나의 무죄를 죽음의 죄목으로 시커멓게 물들이니, 모든 일을 오직 하늘의 뜻에 맡기는 수밖에요! 명령에 따르리라. 오, 애버게이브니 경, 잘 있으시오.

**브랜던**  아니, 저분도 함께 가셔야 합니다. (애버게이브니에게) 경도 런던 탑으로 압송하라는 명령입니다. 어떤 판결을 내리실지는 두고 봐야 합니다.

**애버게이브니**  공작님이 말씀하신 대로, 하늘의 뜻에 모든 것을 맡기고 왕명에 따르겠습니다!

**브랜던**  여기 몬터규 경을 체포하라는 전하의 영장이 있습니다. 그리고 공작의 고해신부 존 들 라 카와 비서 길버트 펙도…….

**버킹엄**  그렇지, 그래. 그 사람들이 역모의 팔다리란 말이로군. 그뿐이겠죠?

**브랜던**  그리고 샤르트르회 수도사 한 명도.

**버킹엄**  오, 니콜라스 홉킨스 말이오?

**브랜던**  네, 그렇습니다.

**버킹엄**  나의 감독관이 배신했군. 그 오만하신 추기경께서 그자에게 돈을 보여주셨군그래. 내 목숨은 바람 앞에 촛불이구나. 이제 나는 가련한 버킹엄의 그림자에 지나지 않는다. 내 실체는 갑자기 몰려온 먹구름에 덮였고 다시는 빛을 볼 수 없으리. 노퍽 공작, 잘 있으시오. (모두 퇴장)

〔제1막 제2장〕

같은 곳. 회의실.
코넷 연주. 헨리 8세가 추기경의 어깨에 기대어 등장. 귀족들과 기사 토머스 러벌

헨리 8세 초상화  한스 홀바인 2세. 1540.
그의 권력욕과 거만하고 고집스런 모습이 잘 드러난다.

등장. 추기경은 왕의 발밑, 오른쪽에 자리를 잡는다.

**헨리 왕**  내 생명과 진심을 다해 이번 노고에 감사하는 바요. 이번에 나를 표
적으로 한 반역 모의를 그대가 사전에 막아주어 참으로 고맙소. 버킹엄 집
안의 가신이었다는 사람을 이리로 불러내라. 내가 직접 그의 자백을 듣고
시비를 가릴 터이니. 그자 주인의 반역 행위를 하나하나 짚어볼 것이다. 다

시 한 번 진술하도록 하라.

안에서 떠드는 소리. "왕비께서 납시었습니다" 외치는 소리. 캐서린 왕비가 노퍽 공작과 서퍽 공작의 안내를 받으며 나와 왕 앞에 무릎을 꿇는다. 왕은 옥좌에서 일어나 왕비를 일으켜 입맞춤을 하고, 자기 옆에 앉힌다.

**캐서린 왕비** 아니옵니다. 청원을 하러 왔는지라, 좀더 꿇고 있어야 하옵니다.

**헨리 왕** 일어나서 내 곁에 앉으시오. 그 청원의 절반은 말할 것도 없지 않소. 내 권력의 절반은 당신의 것이니 말이오. 다른 절반도 요구하기 전에 받아들여진 것이니, 소원을 말하고 갖도록 하시오.

**캐서린 왕비** 감사합니다, 전하. 저의 청원의 요지는 전하께서 자신을 소중히 하시고, 그와 함께 전하의 명예와 국왕으로서의 위엄을 지키시라는 것입니다.

**헨리 왕** 왕비, 계속해 보시오.

**캐서린 왕비** 저는 한두 사람이 아니라, 충직한 여러 사람에게서 전하의 백성들이 혹독한 고통을 겪고 있다고 들었습니다. 그들에게 내리신 엄한 포고 때문에 그들의 충성심에 금이 가고 있다는 것입니다. 이 일로 추기경 당신이 이런 가혹한 세금을 매겼다고 사람들이 비난하고 있지만 오, 하늘이여, 전하의 명예를 지켜주소서! 결국 전하까지도 백성들에게 욕을 먹게 되는 것입니다. 또한 그들의 충성심을 없애버려 공공연하게 반역의 조짐이 보인다고 합니다.

**노퍽** 조짐이 보이는 게 아니라, 벌써 나타나고 있습니다. 이번에 매긴 세금 때문에 피복을 다루는 가게의 경우 그들에게 달린 많은 직공들을 유지할 수가 없어, 물레질하는 직공을 포함해서, 털 고르는 직공, 표백공, 천 짜는 직공에 이르기까지 모두 내보냈습니다. 이 사람들은 다른 일에는 알맞지 않아 굶주림과 가난에 시달리다 보니, 될 대로 되라는 식으로 폭동을 일으켜 시끄럽게 하고 있습니다. 언제 터질지 모르는 위험한 상황입니다.

**헨리 왕** 세금을 매기다니! 어디다? 무슨 세금을 매겼단 말인가? 추기경, 그대도 나처럼 비난을 받고 있다 하는데, 이 세금에 대해서 알고 있소?

**울지** 황공하오나, 저는 앞에서 국정을 살피고 있습니다만 아주 일부분만을 알고 있으며 다른 사람들과 보조를 맞추며 일하고 있을 뿐입니다.

**캐서린 왕비**  세상에, 그대가 다른 사람보다 더 모른다고요? 다 알고 있는 그 일을 계획한 사람이 그대라면서요? 그런 것을 알고 싶진 않지만 알아야만 하는 사람에게는 유쾌한 이야기가 아니에요. 그러니까 전하께서 알고자 하시는 그 가혹한 세금은 듣기에도 끔찍한 것으로, 그런 무거운 짐을 지다 보면 등뼈가 휘고 말 겁니다. 소문에는 추기경이 그 세금 부과 안건을 기획했다고 하는데, 사실이 아니라면 그대는 괜한 원성을 듣고 있는 겁니다.

**헨리 왕**  강제로 거두어들이라는 것이요? 이번에는 어떤 종류이고 어떤 성격인지 나도 알아야겠소.

**캐서린 왕비**  노여워하실까 염려되지만 아뢰라고 하시니 이해하시리라 믿고 감히 말씀드립니다. 백성들이 불평하게 된 원인은 저마다 전 재산의 6분의 1을 지체 없이 무조건 거둘어들이라는 강경한 포고 때문입니다. 프랑스와의 전쟁 비용이 그 명분입니다. 이 때문에 백성들은 막말을 함부로 하게 되고, 신하의 본분을 저버리고 마음이 싸늘하게 식으면서 충성심이 얼어붙어 버린 것입니다. 이 나라의 만세를 염원하던 사람들이 이제는 저주를 퍼붓게 되고, 순순히 따르던 사람들이 노여워하여 그 분노의 노예가 됐습니다. 이보다 더 긴급한 일은 없으니 전하께서 빠르게 조치해 주시기 바랍니다.

**헨리 왕**  그러한 일은 나의 뜻과는 완전히 다른 것이오.

**울지**  이 일에 대해서 저는 단지 한 사람의 신하로서 발언한 것 말고는 아무것도 없습니다. 이 발언도 학식이 풍부한 의원 여러분의 찬성을 얻는 것 이상은 아니었습니다. 아무것도 모르는 자들이 저의 자격도 인격도 알지 못하면서 제가 한 일을 이러쿵저러쿵 헐뜯는다 해도, 저는 그것을 제 직무의 숙명이라 여겼으며 미덕이 견뎌야 할 거친 가시덤불이라 생각합니다. 악의에 찬 비난이 두려워, 꼭 해야 할 일을 하지 않을 수는 없습니다. 비난하는 자들은 굶주린 물고기 떼 같아서 새로 단장한 배를 쫓습니다만, 집어삼키려 헛되이 애만 쓰지 소득은 하나도 없나이다. 때로는 저희가 최선을 다해 한 일이지만 어리석은 비난자들 때문에 공적이 되지 않기도 하고, 받아들여지지 않기도 합니다. 오히려 가장 나쁜 행위가 때로는 우둔한 사람들 마음에 들어맞아 최선의 행위로 칭찬받기도 합니다. 그자들의 비웃음이나 비난이 무서워 겁을 내며 그대로 있으면, 그곳에 뿌리가 내리면서 저희들은 조각상이나 다름없이 될 것입니다.

**헨리 왕** 신중히 제대로 잘 처리된 일은 겁낼 것이 없으나, 전례가 없는 일이란 그 결과가 걱정이 되는 법이오. 이번 세금 부과 명령은 선례가 있었소? 내가 알기론 없었소. 법에도 없는 것을 왕의 뜻이라며 억지로 백성들에게 강요해서는 안 되오. 저마다 재산의 6분의 1이라니! 벌벌 떨릴 만한 징수요! 나무 한 그루 한 그루에서 가지도 잘라내고 껍질도 벗겨내고 재목이 될 부분도 쳐내면, 뿌리는 남아 있더라도 수액이 다 말라버려 죽고 말 것이오. 문제가 된 모든 지역에 친서를 보내어, 이번 세금 부과 명령에 반발한 자들을 모두 사면토록 하시오. (추기경에게) 그대가 책임을 지고 실행하오.

**울지** (비서에게 큰 소리로) 내 말 잘 들으라. 전하의 자비로움으로 사면을 하게 되었음을 써서 각 지방에 보내도록 하게. (비서에게만 들리도록) 불평하는 자들이 날 원망하는 모양이니, 세금 부과 명령을 취소하고 사면하게 된 것이 나의 주선으로 이루어졌다고 소문을 퍼뜨리게. 그다음 할 일은 곧 지시하겠다. (비서 퇴장)


버킹엄 공작의 감독관 등장


**캐서린 왕비** 버킹엄 공작이 전하를 언짢게 해드린 일은 유감입니다.

**헨리 왕** 많은 사람들이 그렇게 생각하오. 그는 박식하고, 보기 드문 언변가로, 타고난 복이 그만한 사람도 없을 거요. 또한 위대한 교사도 충분히 가르칠 만큼 수련을 많이 쌓은 덕분에 남에게 도움을 청할 필요도 없는 사람이오. 그러나 그런 좋은 복도 잘못 쓰이고 정신이 타락하게 되면 바로 흉악한 형태로 변해서, 이제까지 아름답게 보이던 것이 열 곱이나 추악해 보인다오. 그토록 완전무결하고 경이로운 존재로 여겨졌던 사람이었소. 아무리 긴 연설도 일 분도 안 된 듯 여겨지게끔 그렇게 황홀하게 청중을 사로잡았던 사람이었소. 왕비, 그 빛나던 미덕을 가진 바로 그 사람이 지옥에서 더럽혀진 것처럼 시커멓게 변하고 말았구려. 자, 내 옆에 앉아 잘 들어보시오. (감독관을 가리키며) 저 사람은 공작이 신임하던 자요. 명예가 짓밟힐 만한 일을 이 사람이 진술할 테니 잘 들으시오. (울지에게) 그 반역 모의를 다시 진술하게 하시오. 반역이란 겪고 싶지는 않으나 듣는 것이야 얼마든지 상관없으니.

**아라곤의 캐서린**  헨리 8세의 첫 왕비. 아들을 두지 못하여 별거하다가 이혼을 당한다.

**울지**  (감독관에게) 앞으로 나와 전하의 충직한 신하로서, 버킹엄 공작에 대해 알고 있는 것을 숨김없이 아뢰거라.

**헨리 왕**  주저하지 말고 다 말하거라.

**감독관**  이건 공작이 매일 하는 말인데, 만약 전하께서 후사가 없이 떠나신다면 왕위를 차지하겠다고 입버릇처럼 말해 왔습니다. 그리고 추기경에게 꼭 복수를 하겠다고도 맹세했습니다. 이 말을 그의 사위 애버게이브니 경에게 하는 것을 제가 들었습니다.

**울지**  전하, 이것이 그의 위험한 생각이오니 유념하시기 바랍니다. 그자는 전하께 나쁜 마음을 품고, 그뿐만 아니라 전하 가까이 있는 충신들에게까지 해를 끼치려 하나이다.

**캐서린 왕비**  추기경, 자비심을 가지고 말씀해 주셔야 합니다.

**헨리 왕**  계속해 보라. 나에게 후사가 없다 하더라도 그가 어떻게 왕의 칭호를 얻게 된다는 말인가? 이에 대해 들은 것이 있는가?

**감독관**  그것은 니콜라스 홉킨스란 자가 쓸데없는 예언을 해서입니다.

**헨리 왕**  그 홉킨스란 자는 누구인가?

**감독관**  네, 샤르트르회의 수도사입니다. 공작의 고해신부인데, 공작이 왕이 될 거라고 수도 없이 공작한테 얘기했나 봅니다.

**헨리 왕**  너는 어떻게 그것을 알게 됐는가?

**감독관**  전하께서 프랑스로 떠나시기 전에, 공작은 성 로렌스 폴트니 교구 안에 있는 로즈관에 머물고 있었습니다. 그때 제게 이번 프랑스 여행에 대해 런던 시민들이 무어라 말하더냐고 물었습니다. 그래서 저는 사람들이 프랑스는 배신할 것이며 전하께서 위험해지실 거란 이야기들을 했다고 답했습니다. 그랬더니 공작은 바로 그것은 누구나 다 걱정하는 일로, 어떤 수도사는 그것이 말대로 사실이 될지도 모르겠다고 말했다 했습니다. 그 수도사가 서둘러 할 이야기가 있으니까 적절한 시간을 정해 자신이 소속된 교구의 사제 존 들 라 카를 보내주면 말을 전하겠다 몇 번이나 청해 왔기에 그 사제를 보냈더니, 아무에게도 발설하지 말라고 엄격히 맹세하게 한 뒤 침착하게 "돌아가 공작께 전하시오" 하면서 확증이라도 하듯 한마디 한마디 이렇게 말했다 합니다. "왕도 그 자손도 결코 번영하지 못할 것이니, 백성들의 민심을 얻도록 노력하십시오. 그러면 공작께서 반드시 잉글랜드를 다스리게 되실 겁니다."

**캐서린 왕비**  내가 들은 바로는, 너는 공작의 감독관을 지내다가 소작인들이 불평하여 해고당했다는데, 사사로운 원한으로 고결한 사람을 흠집 내고 자신의 넋을 더럽히는 행동을 하지 않도록 주의 하게. 진심으로 부탁하네.

**헨리 왕**  말을 하도록 내버려 두시오. 계속해 보라.

**감독관**  제 영혼을 걸고 맹세코 사실만을 여쭈고 있습니다. 그때 저는 공작에게, 그 수도사는 악마의 환영에 속은 것이며, 그런 일을 자꾸 되새기다 보면 마침내 위험한 생각을 품게 되고, 그것을 믿고 실제로 실행하고 싶어진다, 말씀드렸습니다. 그랬더니 공작이 "위험하기는, 해가 될 게 뭐가 있다고"라고 대답하고는 "만약 전하께서 지난번 병환으로 돌아가셨다면 추기경과 토머스 러벌의 모가지는 벌써 날아가고 없을 것이다"라고 덧붙이셨나이다.

**헨리 왕**  아니! 그리 심한 말을? 어찌 그럴 수가 있지! 참으로 위험한 자이구먼. 더 할 이야기가 있나?

**감독관**  네, 있사옵니다, 전하.

**헨리 왕**  말해 보아라.

**감독관**  그리니치에 있을 때, 기사 윌리엄 블로머에 관한 안건으로, 공작이 전하께 꾸중을 듣고 나서…….

**헨리 왕**  그래, 그런 일이 있었지. 그 사람은 내게 맹세한 충신이었는데 공작이 부하로 삼은 일이 있었지. 어쨌든 계속하라. 그래서?

**감독관**  그때 공작이 "만약 이 일이 죄가 되어 내가 런던 탑에 갇히게 된다면, 내 아버지가 찬탈자 리처드 3세에게 한 것과 똑같이 하려고 했었다. 아버지는 솔즈베리에 계셨는데, 왕을 뵈러 가겠다고 청원을 했었지. 만약 허락만 되었더라면 인사드리는 척하다가 칼로 왕을 찔렀을 것이야"라고 말하셨습니다.

**헨리 왕**  무시무시한 반역자로구나.

**울지**  왕비마마, 그런 자를 옥에 가두지 않고 전하께서 안전하실 수 있겠습니까?

**캐서린 왕비**  오, 신이여, 모든 것을 바로잡아 주소서!

**헨리 왕**  아직도 할 말이 더 있는 모양인데, 어서 말해 보라!

**감독관**  "내 아버지 공작께서" 하고 중얼대더니, "칼을" 하며 일어서서 한 손에는 단검을 쥐고 다른 한 손은 가슴에 대고 하늘을 우러러보면서 무서운 맹세를 했습니다. 만약 앞으로 그가 학대를 받게 되면 우유부단한 계획을 실천할 수밖에 없으니, 아버지가 못 하신 일을 꼭 해내겠다고 말했습니다.

**헨리 왕**  내 가슴에 칼을 꽂는 것이 그자의 목적이겠지. 체포해 놓았으니, 곧 재판에 들어가도록 하라. 국법이 그에게 연민을 베푼다면 용서할지 모르나, 내게서 그것을 찾는다면 헛수고이니라. 그자야말로 최고의 반역자이다. (모두 퇴장)

〔제1막 제3장〕

궁전의 한 방.
시종장과 샌즈 경 등장.

**시종장** 사람들이 프랑스 마술에 걸리면 이렇게 괴상하게 변해 가오?

**샌즈** 새로운 풍습이란 아무리 우스꽝스런 것이라도, 아니 사람에게 알맞지 않아 보이더라도 그것을 흉내내게 되니까요. 시종장, 내가 보기에 우리 잉글랜드 사람들이 이번 프랑스 여행으로 얻은 것이라고는 얼굴을 이상하게 찌푸리는 버릇을 하나둘 배워 온 것뿐입니다. 그 표정은 아주 그럴듯하나 콧대의 움직임을 보면, 페팽 왕이나 클로타리우스 왕을 모신 고문들처럼 거만하기 이를 데 없습니다.

**샌즈** 걸음걸이는 또 어떻고요. 다들 절름발이가 됐다니까요. 그전에 제대로 걷는 것을 보지 않았다면, 모두 다리에 혹이 있거나 절름병에라도 걸린 줄 알 겁니다.

**시종장** 참으로 어리석은 짓이죠! 옷도 모두 이교도식으로 재단을 해서, 기독 교국의 의복이란 고물이 다 되고 말았어요.

기사 토머스 러벌 등장.

**시종장** 안녕하세요! 토머스 러벌 경, 무슨 새로운 소식이라도 있나요?

**러벌** 새로운 소식은 없습니다. 궁전 문에, 새로운 포고문이 붙어 있는 정도죠.

**시종장** 무엇 때문에요?

**러벌** 프랑스에 다녀온 한량들을 단속하느라고요. 입씨름들을 하고, 떠들어 대고, 재단사들로 궁전이 떠들썩합니다.

**시종장** 그것참 반가운 소식이군요. 프랑스라면 사족을 못 쓰는 작자들에게 루브르 궁전을 보지 않아도 잉글랜드 궁정인이 될 수 있다는 걸 알리는 일이니 말이오.

**러벌** 그 포고문의 취지는 프랑스에서 배워 온 깃털장식 나부랭이를 버리고, 어리석은 바보짓을 그만두라는 것입니다. 예를 들면 외국에서 배웠다 하여 이를 본뜬 무술 겨루기나 불꽃놀이 같은 것으로 자기가 따를 수 없는 훌륭한 사람을 모욕한다든지, 테니스나 기다란 양말, 불룩한 짧은 바지 등 먼 여행에서 배운 그런 것들을 모두 버리고 진정한 인간으로 되돌아가든지, 그렇지 않으면 프랑스의 친구들에게 가라는 포고문입니다. 그곳에서야 자유롭게 마음껏 방탕한 생활을 할 수 있었죠. 웃음거리가 되더라도 말입니다.

**샌즈** 지금이 바로 치료할 때입니다. 그냥 놔두면 전염병처럼 더욱 번지니까요.

**시종장** 우리 부인네들은 얼마나 서운해하겠습니까? 허영스런 눈요깃감이 없어지니까요!

**러벌** 그렇습니다, 참으로 서운할 겁니다. 그 교활한 탕아들은 부인들을 단번에 녹이는 재주를 가지고 있으니까요. 프랑스 노래와 바이올린을 켜면 당할 수가 없답니다.

**샌즈** 바이올린은 악마들이나 켜라죠! 그자들이 사라진다면 반가운 일입니다. 그자들은 바뀔 것 같지 않으니까요. 나는 고지식한 시골뜨기 귀족이라 오래전부터 연주는 집어치워 버렸습니다만, 수수한 노래 같으면 한 시간쯤은 불러드릴 수 있지요. 그러면 부인네들은 멋진 요즘 음악을 한다고 할 겁니다.

**시종장** 샌즈 경, 맞습니다. 아직 젊으시군요.

**샌즈** 그렇습니다. 아직 끄떡없습니다.

**시종장** 토머스 경, 어디로 가는 길이죠?

**샌즈** 추기경 댁에요. 시종장님도 초대받으셨죠?

**시종장** 오, 그렇습니다. 오늘 밤 만찬 모임에는 귀족과 귀부인들이 엄청나게 초대돼서 오신다고 합니다. 틀림없이 이 나라의 미인들이 다 모일 겁니다.

**러벌** 추기경님은 마음이 참으로 넓으십니다. 대지처럼 풍요로운 손으로 우리를 먹여 살리듯, 은혜가 온 세상 구석구석에 미치는군요.

**시종장** 확실히 고결한 분이십니다. 뱃속이 검은 사람이 아니라면 다 그렇게 생각할 겁니다.

**샌즈** 그분은 그만한 재산을 가지고 있으니 베풀 수 있지요. 그분이 인색하다면 사악한 교리보다 더한 죄악이 되는 것이죠. 그런 사람들은 인심이 후해야 합니다. 세상 사람들의 본보기가 될 지위에 있으니까요.

**시종장** 그렇습니다. 그렇다 해도 그리 후한 사람은 흔치 않아요. 내 배가 기다리고 있으니 함께 타시죠. 토머스 경, 갑시다. 안 그러면 늦을 겁니다. 나는 헨리 길포드 경과 함께 오늘 밤 간사 역을 맡게 되어서 늦으면 안 됩니다.

**샌즈** 네, 함께 가지요. (모두 퇴장)

〔제1막 제4장〕

요크관의 홀.
오보에 소리. 왕좌 아래에 추기경의 조그만 탁자가 있고, 손님들을 위한 긴 탁자가 한편에 있다. 한쪽 문으로 앤 불린과 여러 계층의 귀부인, 귀족들이 등장하고, 다른 쪽 문으로 기사 길포드 등장.

**길포드** 귀부인 여러분, 추기경님을 대신해 여러분에게 환영의 인사를 드립니다. 오늘 하룻밤 여러분이 즐겁게 보내시도록 정성을 다하겠습니다. 여기 오신 모든 귀부인 가운데 단 한 분도 걱정거리를 가지고 오시진 않으셨겠지요. 모두들 좋은 친구와 좋은 술과 환대를 마음껏 즐겨주시기 바랍니다.

시종장과 샌즈 경, 그리고 토머스 러벌 등장.

**길포드** 오, 시종장님, 늦으셨습니다. 나는 이렇게 아름다우신 분들이 모이신다고 해서 날개가 돋친 듯 단숨에 달려왔습니다.

**시종장** 해리 길포드 경, 당신은 젊으니까요!

**샌즈** 토머스 러벌 경, 추기경께서 나의 속물근성을 반만 갖고 계셨더라면, 모두들 앉기 전에 술이라도 내놓았다면 한결 분위기가 좋았을 텐데 말입니다.

정말이지 참으로 아름다우신 분들이 다 모였군요.

**러벌** 오, 그러시면 여기 계신 한두 분께 고해라도 해보시죠!

**샌즈** 하고 싶습니다. 그리하면 죄를 아주 쉽사리 용서받을 수 있을 듯합니다.

**러벌** 아니, 쉽사리 어떻게요?

**샌즈** 잠자리에 드러눕듯 그렇게 쉽게요.

**시종장** 귀부인 여러분, 자리에 앉아주시겠습니까? 해리 경, 당신은 그쪽을 맡아주시오. 나는 이쪽을 책임지겠습니다. 추기경께서 곧 오실 겁니다. 아니, 그러시다 얼어버리겠습니다. 여성 두 분이 함께 앉아 있으면 시베리아 같아진답니다. 샌즈 경, 당신이 두 분이 얼지 않도록 해주셔야겠습니다. 저 숙녀 분들 사이에 앉아주세요.

**샌즈** 네, 고맙습니다. 숙녀분들, 죄송합니다. 입이 좀 거칠더라도 이해해 주세요. 아버지께 물려받은 것이라서요.

**앤** 아버지께서 거치셨던가요?

**샌즈** 오, 몹시도 거치셨죠. 연애에는 더하셨고요. 하지만 물어뜯진 않았습니다. 그저 한 번에 스무 번쯤 키스를 하셨다는 거죠. 지금 내가 하듯이 이렇게요. (앤 불린에게 키스한다)

**시종장** 잘하셨소. 자 이제 모두들 좌석 배치를 잘하신 것 같군요. 신사 여러분, 만약에 아리따운 부인들께서 얼굴을 찌푸리고 자리를 뜨신다면 그 속 죄는 여러분들 몫입니다.

**샌즈** 내 구역은 걱정 마세요.

오보에 소리. 울지 추기경이 등장해 자리에 앉는다.

**울지** 훌륭하신 손님 여러분, 참 잘 오셨습니다. 신사 숙녀 여러분, 마음껏 즐겨주셔야 나의 친구라 할 수 있습니다. 자, 환영하는 뜻으로 여러분의 건강을 위해 축배를 듭시다. (마신다)

**샌즈** 고귀하신 추기경님, 저의 감사를 담을 만한 큰 잔을 주십시오. 이것으로 감사의 말을 대신할까 합니다.

**울지** 샌즈 경, 고맙소. 옆에 계신 분들을 즐겁게 해주십시오. 숙녀분들은 그다지 즐거워 보이지 않으신데요. 신사 여러분, 이건 누구 책임인지 아시지요?

**샌즈**  붉은 포도주가 숙녀분들의 어여쁜 볼을 물들여야 분위기가 제대로 무르익을 겁니다. 그러면 신사분들이 말할 틈도 주지 않겠지요.

**앤**  샌즈 경, 당신은 잘 노시는 분이군요.

**샌즈**  그렇습니다. 놀이를 하면 그렇지요. 먼저 숙녀분을 위해 축배를 들겠습니다. 왜냐하면 이런 일엔…….

**앤**  무슨 말씀인지 모르겠는데요.

**샌즈**  추기경님, 숙녀분들이 말문을 곧 열 거라 하지 않았습니까? (북소리와 트럼펫 소리. 축포 터지는 소리)

**울지**  저것은 무엇인가?

**시종장**  누가 좀 나가 보아라. (하인 한 사람 퇴장)

**울지**  전쟁이라도 난 듯한 소리다. 무엇 때문이지? 아니, 숙녀 여러분, 겁낼 것은 없습니다. 전쟁이 나더라도 법에 따라 숙녀분들은 보호받을 테니까요.


하인 다시 등장.


**시종장**  무슨 일인가? 저 소리는 뭐야?

**하인**  외국에서 온 지체 높은 분들인 듯합니다. 이제 막 배에서 내려 이쪽으로 오고 있습니다. 외국의 군주께서 보내신 대사 일행 같습니다.

**울지**  시종장께서 그분들을 맞이해 주셔야겠습니다. 당신은 프랑스어가 유창하니, 정중하게 이곳으로 안내해 주십시오. 그러면 여기 계신 천사 같은 숙녀분들이 환하게 반겨줄 것입니다. 몇 사람이 시종장을 모시고 가거라. (시종장과 하인 몇 명 퇴장. 모두 일어서고, 식탁이 정리된다)

**울지**  연회가 중간에 중단되었지만 곧 다시 시작하겠습니다. 여러분의 너그러운 이해를 바라며 다시 한 번 환영 인사를 올리겠습니다. 모두 참 잘 오셨습니다.


오보에 소리. 헨리 왕과 다른 사람들이 양치기처럼 꾸민 가면무도회 차림으로 시종장의 안내를 받으며 등장. 그들은 바로 추기경 앞으로 가서 우아하게 목례를

19세기 영국 배우 헨리 어빙이 연기한 추기경 울지　울지는 권력 투쟁을 주제로 한 연극 〈헨리 8세〉에서 권모술수에 뛰어난 인물로 묘사된다.

한다.

**울지**　(시종장에게) 귀하신 분들이군요. 이곳에 오신 뜻은 무엇이죠?

**시종장**　저분들은 영어를 모르시니 추기경께 이렇게 전해 달라는군요. 오늘 밤 이곳에 높은 분들과 아름다운 분들이 모이신다는 소문을 전해 듣고서, 여느 때 미인들을 크게 숭배하는지라 기르던 양떼를 내팽개치고 이곳으로 달려오지 않을 수 없었다 합니다. 그래서 추기경님의 안내로 그 숙녀분들을 만나 뵙고, 잠시나마 즐거움을 함께 누리기를 간청드린다 합니다.

**울지**  그럼, 이렇게 대답해 주시죠. 이런 보잘것없는 곳을 찾아주시니 천만 번 감사드릴 따름이며, 마음껏 즐겨주시기 바란다고요. (모두 함께 춤출 숙녀를 고른다. 헨리 왕은 앤 불린을 선택한다)

**헨리 왕**  이렇게 아름다운 손은 처음이오! 오, 지금까지 이런 미인은 못 봤소. (음악과 춤이 시작된다)

**울지**  시종장님!

**시종장**  네, 추기경님.

**울지**  저분들에게 이렇게 말씀해 주세요. 저분들 가운데, 아무래도 나보다 훨씬 지체가 높은 분이 있으신 듯한데, 그런 분이 계시다면 나는 경애심과 사명감으로 이 자리를 내어드리겠다고요.

**시종장**  그러죠. (가면을 쓴 사람들에게 무어라 속삭인다)

**울지**  무어라 하던가요?

**시종장**  그런 분이 한 분 계신다 합니다. 추기경께서 그분을 찾아내시면, 그분이 그 자리에 앉으실 거라 합니다.

**울지**  그럼, 찾아보죠. 실례를 무릅쓰고 찾아내겠습니다. 이분이신가 봅니다.

**헨리 왕**  찾아냈구려, 추기경. (가면을 벗는다) 화려한 연회요. 좋소, 잘했소. 그대가 성직자가 아니었다면 이 연회를 나쁘게 생각했을지도 모르오.

**울지**  전하의 즐거워하시는 얼굴을 뵈오니, 마음이 흐뭇합니다.

**헨리 왕**  시종장, 이리 좀 오시오. 저기 저 미인은 어떤 분이오?

**시종장**  황공하오나 로치퍼드의 자작, 토머스 불린 경의 딸로, 왕비님의 시녀 중 한 사람입니다.

**헨리 왕**  참으로 우아하오. 어여쁜 아가씨, 실례를 했구려. 그대와 춤을 추고 입맞춤을 안 해드렸으니. (앤과 입맞춤을 한다) 자, 모두의 건강을 위해 축배를! 술잔을 돌리시오.

**울지**  토머스 러벌 경, 별실은 준비가 되었소?

**러벌**  네, 준비되어 있습니다.

**울지**  전하, 춤을 추시느라 조금 더우신 듯한데요.

**헨리 왕**  음, 많이 덥구려.

**울지**  별실은 공기가 신선합니다.

**헨리 왕**  저 숙녀분들도 다 안내하시오. 귀여운 나의 짝이여, 아직은 놔줄 수가 없다오. 추기경, 유쾌하게 즐깁시다. 나는 미인들을 위해, 대여섯 번 축배를 들 것이오. 또 미인들과 한 번씩 춤을 추고 나서 어떤 숙녀분이 가장 인기가 있는지 생각해 보겠소. 자, 음악을 시작하라! (트럼펫 소리와 함께 모두 퇴장)


〔제2막 제1장〕


웨스트민스터 거리.
신사 둘이 따로따로 등장하여 만난다.


**신사 1**  어딜 그리 급하게 가나?

**신사 2**  오, 안녕하신가! 웨스트민스터 홀로 가는 길이네. 버킹엄 대공작이 어떻게 되나 보려고.

**신사 1**  그렇다면 가도 아무 소용없네. 이미 다 끝났는 걸 뭐. 죄수를 이송하는 일만 남았다네.

**신사 2**  자넨 보았는가?

**신사 1**  응. 보았다네.

**신사 2**  그래, 어떻게 되었나?

**신사 1**  그야 뻔하지 않은가?

**신사 2**  유죄 판결이 났나?

**신사 1**  그렇다네.

**신사 2**  참으로 안됐구먼.

**신사 1**  그렇게 생각하는 사람들이 많다네.

**신사 2**  그래, 재판은 어떻게 진행됐나?

**신사 1**  간단히 말하겠네. 대공작은 피고석에 나오셔서, 자신이 무고함을 거듭 주장하셨다네. 그러고는 기소 사실을 뒤집을 만한 예리한 이유를 여러 가지 진술하셨지. 하지만 왕실 검사가 온갖 서류와 증거, 여러 증인의 진술을 제시하며 반격해 왔다네. 그래서 공작은 그 증인들을 직접 만나게 해달라 요청했고, 공작의 감독관이자 비서인 길버트 펙과, 그분의 고해신부인 존 들 라 카, 그리고 그 불행의 씨를 뿌린 악마 같은 수도사 홉킨스가 증인으로 법정에 출두했다네.

**신사 2** 공작께 예언을 해줬다는 수도사가 바로 그자였군.

**신사 1** 바로 그자야. 그들은 모두 공작에게 죄를 뒤집어씌우더군. 공작은 이를 물리치려 하셨지만 마음대로 할 수 없었다네. 그렇게 할 수는 없었지. 그래서 귀족들은 이들의 증언을 증거로, 공작을 대역죄로 판결하고 말았다네. 공작은 온 힘을 기울여 법학 지식으로 변론을 했지만, 겨우 가엾다는 동정을 받거나 아니면 완전히 무시를 당했지.

**신사 2** 선고가 내려진 뒤 공작의 태도는 어떠하던가?

**신사 1** 그분이 판결을 듣기 위해 다시 법정에 섰을 때, 자신의 장례식 종소리가 울리듯 판결을 듣고서는 격렬한 괴로움으로 몸을 떨고 땀을 심하게 흘리면서, 무어라 분노에 찬 말을 쏟아냈다네. 그러나 곧 평정심을 되찾고 그 뒤로는 줄곧 조용히 괴로움을 참아내시더라고.

**신사 2** 죽음을 두려워할 분은 아니야.

**신사 1** 그럴 분은 아니지. 그런 나약한 분은 아니셨지. 하지만 많이 원통하셨을 거야.

**신사 2** 모두 추기경이 꾸민 게 틀림없어.

**신사 1** 그런 것 같아. 모두들 그렇게 추측하고 있으니까. 아일랜드의 총독이었던 킬데어 백작이 파면되고 서리 백작을 서둘러 그곳으로 부임시킨 것도, 장인인 버킹엄 공작을 돕지 못하게 하려는 의도였지.

**신사 2** 그야말로 뿌리 깊은 시기심에서 나온 정치적 음모로군.

**신사 1** 서리 백작이 돌아오면 틀림없이 보복할 거야. 누구나 다 아는 사실이지만, 추기경은 왕의 총애를 받는다 싶으면 누구든 곧 새로운 직책을 주어 왕궁에서 먼 곳으로 보내버린단 말일세.

**신사 2** 백성들은 모두 추기경을 몹시 싫어하고 그를 열 길 물속으로 처넣어버리고 싶어하지. 이와는 달리 공작에게는 다들 호의와 애정을 가지고 있지. 너그러운 버킹엄 공이니, 본보기가 될 만하다느니 하면서 말이야.

**신사 1** 잠깐, 저기를 보게나. 지금 이야기하고 있는 그분이 저기 비참한 모습으로 나타나셨네.

버킹엄 공작이 판결을 받고 법정에서 나온다. 먼저 사형집행인들이 앞서는데, 도끼 날이 공작을 향하도록 도끼를 들고 있다. 공작 양 옆으로는 도끼 달린 창을 든 사람이 섰다. 기사 토머스 러벌, 기사 니콜라스 복스, 기사 윌리엄 샌즈가 따르고 많은 이들이 그 뒤를 잇는다.

**신사 2**  좀더 가까이 가서 보세.

**버킹엄**  나를 불쌍하게 여겨 이토록 멀리까지 전송해 주러 오신 시민 여러분, 내 말을 들어주시고, 집으로 돌아가서는 나를 잊어주십시오. 나는 오늘 반역자란 판결을 받고 죽게 되었습니다. 만일 내가 불충한 사람이라면, 신이 굽어보고 계시고 내 양심이 있으니 도끼날이 내 목에 떨어지는 순간 지옥에 떨어져도 좋습니다. 그리고 증인의 진술에 따라서 정당하게 판결이 내려졌으므로 나를 사형에 처하는 국법을 원망하지 않습니다. 고발한 사람들이 좀더 기독교 신자다웠더라면 하고 바라지만, 그들의 뜻이 어쨌든 나는 진심으로 그들을 용서합니다. 하지만 악한 짓으로 영광을 찾으려 한다든지, 권세가의 무덤 위에 부정을 쌓아 놓는 일이 있다면, 죄 없이 죽는 나의 피가 그들을 반드시 응징할 것입니다. 나는 이 세상에서 더 오래 살고 싶지도 않으며 목숨을 구해 달라고 호소할 생각도 없습니다. 만일 내가 지은 죄 이상으로 전하께서 자비를 베푸신다 하더라도 거기에 호소하고 싶지도 않습니다. 다만 나를 사랑해 주시고 버킹엄을 위해 대담하게 울어줄 몇몇 귀족분과 시민 여러분과 영원히 이별해야 하는 것이 유일한 고통입니다. 여러분, 선량한 천사처럼 나의 임종을 지켜보시다가 도끼날이 내 목에 떨어질 때, 영혼과 육체가 영원히 분리되는 바로 그때 내 영혼이 하늘로 올라갈 수 있도록 기도해 주시기 바랍니다. 자, 날 안내해 주시오.

**러벌**  만약 제게 원한을 갖고 계시다면, 자비로운 마음으로 저를 용서해 주십시오.

**버킹엄**  토머스 러벌 경, 나도 모든 걸 용서할 테니 그대도 똑같이 날 용서해 주오. 누구든 다 용서하겠소. 나에게 저지른 잘못이나 죄악이 아무리 많다 하더라도 모두 깨끗이 씻어버리겠소. 증오나 원한을 나의 무덤까지 가지고 가고 싶지는 않소. 전하께 말씀 잘 전해 주시오. 만약 전하께서 이 버킹엄을 말씀하시거든, 천국에 올라가고 있던 그를 만났다고 하시오. 나는 아직도 전하를 위해 맹세하며 기도하겠소. 내 영혼이 이 몸에서 떨어져 나갈 때까지 전하께 축복을 외칠 것이오. 내게 시간이 얼마 남지 않았지만 남아 있는 동안 전하의 만수무강을 빌겠소. 언제나 백성을 사랑하시고 사랑받는 전하가 되시옵소서! 천수를 누리시고 이 세상을 떠난 뒤 그 무덤 앞에 기념비가 세워지게 하소서!

**러벌**  강까지는 제가 모시겠습니다만, 그 뒤부터는 니콜라스 복스 경이 모든 것을 맡아줄 겁니다.

**복스**  (러벌에게) 배를 준비해 주시오. 공작께서 곧 가실 테니, 높은 지위에 어울리도록 꾸며 놓으라고 일러두세요.

**버킹엄**  아니오, 복스 경, 그대로 내버려 두시오. 지금 나의 형편으로 볼 때 그것은 나를 조롱하는 것밖엔 안 되오. 내가 이곳에 왔을 때는 치안관이기도 했지만 이제는 초라한 에드워드 보훈일 뿐이오. 그러나 진실이 무엇인지도 모르는 비열한 고발자들보다는 아직 내가 더 풍족하오. 나는 이제 그 충성을 확인하는 것이니, 나의 피가 언젠가 그들을 신음하게 할 것이오. 내 아버지 버킹엄 공께서는, 찬탈자 리처드 3세에 항거하시어 가장 먼저 군사를 일으키고 싸우시다 참패하고, 그분의 심복인 배니스터란 자한테 숨어 계셨소. 그런데 그자의 배신으로 체포되어, 재판도 못 받고 바로 처형되고 말았소. 오, 아버지의 영혼이 평안하시기를! 헨리 7세께서 등극하시자, 아버지의 죽음을 몹시 슬프고도 안타깝게 여기시어, 훌륭한 군주답게 내게 작위를 돌려주시고 몰락해 있던 내 명예를 되찾아 주셨소. 그런데 그분의 아들인 헨리 8세께서 그렇게 얻은 생명과 명예와 지위, 모든 행복을 단 한 순간에 영원히 빼앗고 말았소. 그러나 어쨌든 나는 재판을 받았고 적절한 절차에 따랐으니 처참하게 처형된 아버지보다는 내가 조금은 낫다고 말해야 하겠소. 하지만 아버지와 아들이 똑같은 운명을 걷다니! 둘 다 자기 심복에게, 가장 아끼고 사랑하던 자들 때문에 죽게 되다니 참으로 인정도 신의도 없는 몹쓸 놈들이오! 모든 일에 하늘의 뜻이 있기를! 그러나 여러분, 죽음을 바로 눈앞에 둔 사람이 틀림없다고 확신하는 것이니 나의 말을 들어주시오. 아낌없이 사랑하고 조언해 주던 관계라 하더라도 절대로 마음을 놓아서는 안 됩니다. 왜냐하면 여러분은 친구라 생각하고 마음을 다 주지만, 당신의 운명이 기운 것을 눈치채면 썰물이 빠지듯 빠져 나가 당신을 망하게 하려고 오지 않는 이상 그림자도 보이질 않을 테니까요. 선량하신 여러분, 날 위해서 기도해 주시오! 이제 여러분과 이별할 때가 되었습니다. 길고 힘들었던 내 삶의 마지막 순간이 다가왔소. 안녕히들 계시오. 여러분이 무슨 슬픈 이야기라도 할 것 같으면, 나의 비참한 최후를 이야기해 주시오. 이제 다 끝났습니다. 신이여, 이 몸을 용서해 주소서! (일행과 함께 퇴장)

**신사 1** 오, 참으로 처량하구먼! 이제 두고 보라고. 이 일을 꾸며낸 사람들에게 저주가 마구 쏟아져 내릴 테니.

**신사 2** 공작에게 죄가 없다면 너무도 원통한 일이지. 만일 이런 일이 계속 일어난다면, 이번에는 이보다 더 흉악한 일이 될 거라는 소문이 있네.

**신사 1** 선량한 천사여, 우리를 살펴주소서! 앞으로 어떤 일이 일어날까? 나를 믿겠지?

**신사 2** 참으로 엄청난 비밀일세. 절대 입 밖으로 꺼내지 않겠다고 굳게 맹세해 주게나.

**신사 1** 날 믿게. 난 입이 무겁다네.

**신사 2** 믿고 말하겠네. 이미 들었을지도 모르겠네만 전하께서 캐서린 왕비와 이혼하실 거라는 소문이야.

**신사 1** 나도 들었네만, 사실은 다른 것 같던데. 전하께서 그 소리를 전해 들으시고는 역정을 내시면서 곧 시장한테 명령해서 그런 소문이 돌지 못하게 하고, 그런 이야기를 퍼뜨리는 자가 있으면 입을 봉해 버리라 하셨다네.

**신사 2** 그러나 그 소문이 사실로 드러났다네. 그 소문이 다시 나자 전보다 더 생생해졌고, 전하가 그렇게 할 것이라고들 믿고 있다네. 추기경과 다른 측근들이 착한 왕비에게 악의를 품고, 왕비를 폐위할 만한 온갖 의혹들을 왕에게 일러주기 때문이지. 의혹을 확인하기 위해 캠피어스 추기경이 로마에서 오셨다네. 다들 이 일 때문에 그분이 온 거라 생각하지.

**신사 1** 바로 추기경 짓이야. 왕비의 조카인 신성로마제국 황제에게 복수하려는 거지. 그가 카를 황제에게 톨레도의 대주교직을 달라 했는데, 들어주지 않았거든. 그래서 이런 일을 꾸민 거라고.

**신사 2** 제대로 봤어. 그러나 왕비가 그 고통을 받아야 하다니 너무 가혹하네. 추기경은 자기 의지대로 밀어붙일 테고, 왕비는 쫓겨날 수밖에.

**신사 1** 참, 안됐구먼. 여긴 사람들이 엿듣기 쉬우니 어디 은밀한 곳으로 가서

더 이야기하세. (모두 퇴장)

〔제2막 제2장〕

궁전의 대기실.
시종장이 편지를 손에 들고 등장.

**시종장** (읽는다)

시종장님, 당신이 보내신 말들을 이리저리 살펴보니 잘 고르시고 훈련도 아주 잘되었고, 아주 정성 들여 돌보셨더군요. 훌륭하고 아직 어린 말이라 북쪽 지방에선 최우량종으로 생각됩니다. 그래서 그 말들을 런던으로 보내려고 준비를 모두 해놓았는데, 추기경이 보낸 사람이 와서 주인의 명령이라 호통을 치며 강제로 그 말들을 모조리 빼앗아 갔습니다. 전하 말고는 자기 주인이 누구보다 높으니 그럴 권리가 있다는 겁니다. 그 이야기에 떡 벌어졌던 입을 그만 다물 수밖에 없었습니다.

추기경이라면 그러고도 남지. 자, 가져가라. 이제 무엇이든 몽땅 가져갈 게다.

노퍽 공작과 서퍽 공작 등장.

**노퍽** 시종장, 잘 만났습니다.
**시종장** 두 분 다 안녕하셨습니까?
**서퍽** 전하께선 어떠십니까?
**시종장** 제가 나올 때 홀로 계셨습니다. 무언가 고민하는 듯하셨습니다.
**노퍽** 무슨 일로 그러시죠?
**시종장** 형수 되시는 분과 결혼하셨다는 것이 양심에 걸려서 그러시는 것 같습니다.
**서퍽** (혼잣말로) 아니지, 전하의 양심은 다른 여자 때문이다.

**노퍽** (시종장에게) 그렇습니다. 그것도 추기경 작품입니다. 추기경이 왕을 조종하고 있는 거지요. 행운의 맏아들처럼 아무것도 보이지 않는다는 듯 제 멋대로 날뛰고 있으니까요. 하지만 언젠가는 전하께서도 그 사람의 실체를 아실 날이 오겠지요.

**서퍽** 그리되어야지요. 안 그러면 왕께서는 자신이 무엇을 하는지도 모르게 되실 겁니다.

**노퍽** 모든 일을 할 때 그분은 어찌나 경건하신지! 또 얼마나 열정적으로 하시는지! 이번에 우리 잉글랜드와 왕비의 조카인 카를 황제의 동맹도 그분이 깨뜨렸습니다. 그 사람은 전하의 영혼 깊숙이 들어가서 위험이나 의혹, 양심의 가책, 공포, 절망 같은 것을 마구 흩뿌리고 있습니다. 이런 모든 것이 전하가 결혼을 잘못하셔서 그런 것이라면서, 여기에서 벗어나려면 이혼을 해야 한다 권하고 왕비를 없애버리려 합니다. 그 왕비는 이십 년 동안이나 보석처럼 왕의 목에 매달려 그 빛을 단 한 번도 잃어본 적이 없는 분이며, 천사들이 선한 사람을 아끼듯이 전하를 극진히도 아껴오신 분입니다. 또한 아무리 가혹한 불운이 닥치더라도 전하를 사랑하기 때문에 축복하시겠다는 분입니다. 그러니 추기경이 얼마나 일을 교묘히 잘 처리하는지 아시겠지요?

**시종장** 하늘이시여, 그런 충고를 물리쳐 주시옵소서! 정말이지, 소문이 파다하게 퍼져서 다들 수군대고 있습니다. 제대로 생각하는 사람이라면 누구나 다 못마땅해하지요. 이 사태를 정확히 꿰뚫어 볼 수 있는 사람이라면 프랑스 왕의 누이동생을 그 자리에 앉히려는 속셈이라는 걸 다들 알 겁니다. 언젠가는 하늘이 오랫동안 이 대담한 악한에게 홀려 있는 전하의 눈을 뜨게 해 주시지 않을는지요.

**서퍽** 그러면 그의 노예와 다름없는 우리도 해방될 텐데요.

**노퍽** 그렇게 되도록 기도해야 합니다. 진심으로 우리가 그자에게서 벗어나려면요. 그렇지 않으면 그 오만한 자는 우리를 모두 귀족에서 그의 종으로 만들어 버릴 것입니다. 우리의 명예도 그자가 마음대로 주물러대니 그 앞에 선 진흙덩이에 불과합니다.

**서퍽** 나는 그 사람을 좋아하지도 않지만 두렵지도 않습니다. 그게 내 신조입니다. 나는 그자의 덕으로 출세한 사람도 아니니, 전하의 마음만 변치 않으신다면 괜찮을 겁니다. 그자가 저주를 하든 축복을 하든 나와는 상관없는 일이죠. 그런 소리는 내게 아무것도 아니니까요. 나는 그자의 과거도 현재도 잘 알고 있습니다. 그래서 그자를 그토록 오만하게 만든 교황에게 맡기려 합니다.

**노퍽** 자, 안으로 들어가서, 수심에 잠긴 전하의 관심을 다른 데로 돌려보도록 합시다. 시종장도 함께 가시지요?

**시종장** 미안하지만 저는 전하의 분부로 어딜 좀 가봐야 합니다. 그리고 지금은 찾아뵙기에 알맞은 때가 아닌 것 같습니다. 그럼, 잘 지내십시오.

**노퍽** 고맙소, 시종장. (시종장 퇴장)


헨리 왕이 커튼을 열고 등장. 앉아서 깊은 생각에 잠긴 듯 책을 읽고 있다.


**서퍽** (노퍽에게만 들리게) 괴로워 보이십니다. 번민이 대단하신 것 같습니다.

**헨리 왕** 거기 누구냐?

**노퍽** (서퍽에게만 들리게) 역정 내지 않으시기를 신께 기도합시다.

**헨리 왕** 누구냐고 묻지 않으냐? 조용히 명상하는데 누가 감히 멋대로 들어왔는가? 내가 누군지 모르느냐!

**노퍽** 악의 없이 저지른 허물을 모두 용서하시는 자비로운 전하이시기에, 예절에 어긋나는 줄 알면서도 중대한 일이 있어 전하의 깊은 뜻을 알고자 이렇게 찾아뵙게 되었습니다.

**헨리 왕** 무례하오. 물러가시오! 다른 때 아뢰도록 하오. 지금은 그런 세속적인 일을 생각할 때가 아니니.


교황의 훈령을 가지고 온 울지 추기경과 캠피어스 추기경 등장.


**헨리 왕** 거기 누구인가? 추기경이오? 오, 기다리고 있었소. 상처 난 양심을 달래줄 수 있는 사람, 그대야말로 왕의 병을 고쳐줄 수 있는 명의요. (캠피어스에게) 박학하신 분이 멀리 이곳까지 찾아주시다니, 참으로 잘 오셨습니다. 거리낌 없이 마음 편히 지내시오. (울지에게) 잘 보살펴 드리시오. 말로만 환영해선 안 되오.

**울지**  분부대로 하겠나이다. 전하, 한 시간쯤 조용히 아뢸 말씀이 있습니다.

**헨리 왕**  (노픽과 서픽에게) 바쁘니, 물러가시오.

**노픽**  (서픽에게만 들리게) 이래도 저놈이 교만하지 않다 하겠소!

**서픽**  (노픽에게만 들리게) 두말하면 잔소리입니다. 저자의 자리를 준다 해도, 저런 불치병에 걸리고 싶진 않군요. 하지만 이것도 오래가진 못할 겁니다.

**노픽**  (서픽에게만 들리게) 이것이 오래 이어진다면 저자를 크게 한 번 혼내야 지요.

**서픽**  (노픽에게만 들리게) 나도 그럴 거요. (노픽과 함께 퇴장)

**울지**  양심에 걸리는 전하의 고민을 기독교 국가들이 자유롭게 투표로 결정하도록 하신 것은, 모든 군주에게 솔선수범의 예로 지혜로우신 결정이라 생각되옵니다. 이렇게 했으니 누가 감히 화를 내며, 어떤 원망이 돌아오겠나이까? 스페인 사람들은 왕비와 핏줄이 닿고 왕비를 좋아하지만, 그들이 악의 없이 본다면 이번 재판은 공정하고 마땅했다 할 것입니다. 모든 기독교 나라에서 가장 학식 있는 자들이 자유롭게 투표로 결정하지 않았습니까? 또한 마지막 결정을 내리는 핵심인 로마 교회에서 전하의 초청에 따라 모든 교회를 대표해 공정하고 학식 높은 캠피어스 추기경을 이곳으로 보내셨습니다. 다시 한 번 전하께 소개드리겠습니다.

**헨리 왕**  다시 한 번 포옹하는 것으로 환영의 뜻을 전하오. 그리고 추기경 여러분의 애정에 감사하오. 내가 고대하던 그런 훌륭한 분을 보내주셨소. (캠피어스를 포옹한다)

**캠피어스**  (왕에게 교황의 훈령서를 건넨다) 외국인들도 전하의 고결하신 성정을 아는지라 경애하는 것입니다. 전하께 교황의 훈령서를 올립니다. 이 훈령서에는 요크 추기경과 제가 로마 교회의 신하로서, 함께 이 사건에 대해 공정하게 재판하라고 씌어 있습니다.

**헨리 왕**  공평한 두 분이시니, 추기경이 오신 것을 왕비에게 알려야겠소. 가디너는 어디 있는가?

**울지**  전하께서는 언제나 왕비님을 몹시도 아끼시는 줄 아옵니다. 왕비님보다 신분이 낮은 부인들도 법률로 재판이 가능하오니 학자들이 왕비님에 대해 자유롭게 재판하도록 허락해 주셔야 합니다.

**헨리 왕**  그러겠소. 최고의 변론자를 선택해 주시오. 왕비를 위해 최선을 다해 준다면 나도 호의를 다하겠소. 부디 그런 일이 없기를! 추기경, 새로 임명된 비서 가디너를 불러주시오. 그 사람이 이 일에 꼭 알맞을 것 같소.

추기경 퇴장했다가 가디너와 함께 다시 등장.

**울지**  (가디너에게만 들리게) 손을 잡아봅시다. 정말 축하하오. 전하를 가까이 모시게 되었으니.

**가디너**  (울지에게만 들리게) 그러나 이렇게 저를 출세하게 해주셨으니 언제까지나 추기경님의 지시를 따르겠습니다.

**헨리 왕**  가디너, 이리 오게. (걸어가서, 가디너에게 무어라 속삭인다)

**캠피어스**  요크 추기경, 이 사람의 전임은 페이스 박사가 아니었나요?

**울지**  그랬지요.

**캠피어스**  학식이 높은 분이 아니었나요?

**울지**  확실히 그랬지요.

**캠피어스**  정말이지, 추기경 당신에 대해서 좋지 않은 소문이 돌고 있어요.

**울지**  나에 관해서요? 어떤 소문인데요?

**캠피어스**  추기경이 그의 높은 덕망을 시기하고 그가 출세할까 두려워하여, 그를 늘 외국으로만 떠돌게 해서 그가 분한 마음에 미쳐 죽었다 합디다.

**울지**  그 사람의 영혼에 하늘의 평화가 함께하기를! 이 정도면 기독교도로서는 충분합니다. 그런 소문을 퍼뜨리는 사람들은 언젠가 혼내줄 기회가 있을 겁니다. 그 사람은 어리석었습니다. 덕망이 높은 척하는 사람이었지요. 가디너는 쓸 만한 사람입니다. 내가 명령하는 대로 하니까요. 저쯤은 돼야 심복으로 삼을 수 있지요. 저만큼도 안 되면 절대 가까이 둬서는 안 됩니다. 당신도 이 점을 명심하세요.

**헨리 왕**  (가디너에게) 이 일을 왕비께 정중히 전해 드리거라. (가디너 퇴장) 내 생각에, 학자들이 모여 의논을 하기에 가장 좋은 장소는 도미니크회 수도원이 아닌가 싶소. 그곳에 모여서 이 중대한 사건을 처리해 주시오. 울지 추기경, 그 준비를 하시오. 신이시여, 불미스러운 일만 없다면, 그렇게도 다정한 인생의 반려자를 어찌 버리겠나이까? 그러나 양심, 나의 양심이 내 가슴을 아프게 하니 왕비를 버릴 수밖에. (모두 퇴장)

왕비 거처의 대기실.
앤 불린과 노부인 등장.

**앤**  그것도 아니에요. 왕비님이 고통스러워하시는 이유는 이렇답니다. 오랫동안 전하를 모시면서 여태까지 불명예스러운 소문이라고는 없었는데, 정말 나쁜 일이라고는 생각도 해보신 일이 없는 분입니다. 그렇게도 여러 해 동안 왕비 자리에 계셔서 위엄과 영화가 차츰 커지셨는데, 그걸 몽땅 두고 떠나셔야 하다니! 처음으로 그걸 받은 기쁨보다 천 배나 더 괴로우실 테죠. 그렇게 살아오신 분인데 이혼을 하신다니 어떤 괴물인들 불쌍한 생각이 들지 않겠어요?

**노부인**  아무리 인정머리 없는 사람이라도 가여운 생각에 울고 있다니까요.

**앤**  아, 이것도 하늘의 뜻이겠지요! 그런 영화를 모르셨더라면 오히려 행복하셨을 거예요. 비록 잠깐의 부귀영화라 하지만 운명의 여신이 그걸 빼앗아 간다면 참으로 영혼을 육체에서 도려내는 고통일 거예요.

**노부인**  아, 가엾은 분! 다시 남남이 되시는군요.

**앤**  그러니 더 안됐어요. 정말이지 맹세하는데, 머리에 금관을 쓰고 번쩍이는 옷을 입고 우느니 차라리 천하게 태어나 하류층 사람들과 어울려 사는 게 더 만족스러울 거예요.

**노부인**  만족하며 사는 게 최고죠.

**앤**  나는 내 처녀성에 대고 맹세하는데 절대로 왕비는 되고 싶지 않아요.

**노부인**  말도 안 되는 소리! 왕비가 될 수 있다면 처녀성쯤이야 버릴 수 있죠. 겉으로는 아니라고 하지만 아가씨도 그럴 테고요. 아가씬 미모가 뛰어나신데 그런 욕망이 없을 리가 없지요. 높은 지위와 재물과 권력이 싫을 리 없잖아요. 솔직히 말하면, 그런 건 축복이고 선물인 셈이지요. 고상하게 처신하고 있지만, 그 미모로 양심의 끈을 조금만 느슨하게 풀면 당장이라도 그런 영화를 누릴 수가 있다니까요.

**앤**  아뇨, 싫어요.

**노부인**  정말로 왕비가 되기 싫은가요?

**앤**  싫어요. 하늘 아래 모든 재물을 다 준다 해도 싫어요.

**노부인**  참 이상하네요. 난 늙었지만, 3펜스만 준다면 왕비가 되겠어요. 그러면 공작부인은 어때요? 그쯤의 짐은 짊어질 수가 있겠어요?

**앤**  그것도 못하겠어요.

**노부인**  그렇다면 너무 나약하군요. 좀더 아래로 내려가죠. 얼굴만 약간 붉혀 준다면, 내가 아가씨 상대의 젊은 백작 역을 한번 해보죠. 이만한 짐도 못 진다면, 너무 약해서 어린애도 못 낳습니다.

**앤**  어떻게 그런 말을 하세요! 한 번 더 맹세하지만, 세상을 다 준다 해도 왕비는 되고 싶지 않아요.

**노부인**  사실 왕비로 삼겠다는 표시로 이 조그만 잉글랜드라면 금으로 된 공하나 받으면 괜찮죠. 나 같으면 아무것도 없이 카나본셔 지방 하나만 줘도 바로 승낙할 거예요. 어머나, 누가 오시네요.

시종장 등장.

**시종장**  안녕하십니까? 무얼 드리면 두 분이 어떤 이야기를 나누셨는지 알수 있을까요?

**앤**  시종장님, 별것 아니었습니다. 왕비님의 일을 슬퍼하고 있었을 뿐이에요.

**시종장**  그건 참, 흐뭇한 일입니다. 숙녀다운 행동이군요. 모든 게 잘 해결되리라 바라고 있습니다만.

**앤**  제발 잘 해결되기를 신께 기도드립니다. 아멘!

**시종장**  참으로 어진 마음씨입니다. 이런 분에게 하늘의 축복이 있지요. 그냥 드리는 말씀이 아니라, 실은 부인의 여러 덕성이 전하의 마음에 드셨습니다. 그래서 부인에게 펨브룩 후작부인이란 작위와 함께 연금 1천 파운드를 내리셨습니다.

**앤**  감사히 받겠다는 뜻을 어떻게 표해야 할지 모르겠습니다. 제가 가진 것을 모두를 바쳐도, 아무것도 아닌 것과 같습니다. 저의 기도도 충분히 신성하다 할 수 없으며, 저의 축원 또한 헛되기만 합니다. 그러나 이 기도와 축원만이 제가 드릴 수 있는 모든 답례입니다. 시종장께 부탁드리니, 전하의 건강과 영광을 위해 기원하는 한 수줍은 시녀의 감사와 충성을 잘 전해 주시기 바랍니다.

**시종장** 전하가 보신 대로, 훌륭한 분이시라는 걸 잘 전해드리겠습니다. (혼잣말로) 찬찬히 살펴보았는데 아름다움과 미덕을 모두 갖추었구나. 전하가 끌릴 만도 하지. 이 여인에게서 이 섬나라를 비출 보석이 나올 수 있을 것이다! (앤 불린에게) 그럼, 전하께 부인을 만나 뵌 일을 전하겠습니다.

**앤** 안녕히 가십시오. (시종장 퇴장)

**노부인** 어머나, 세상에! 이럴 수가! 나는 십육 년 동안이나 궁전에서 머리를 조아리며 살아오는 동안 아무리 애써도 때를 만나지 못해 이러고 있는데, 당신은…… 참 운명이란! 당신은 이곳에 갓 들어온 물고기인데, 세상에 기가 막혀서! 이렇게 행운이 막 밀어닥치다니. 입을 벌리기도 전에 입에다 미끼를 잔뜩 물려주는군요!

**앤** 나도 신기하네요.

**노부인** 그래 맛이 어때요? 쓴가요? 40펜스 걸게요. 달지요? 이건 옛날이야기 인데, 옛날에 한 처녀가 있었지요. 그 처녀는 왕비가 되기 싫다 했대요. 이 집트 땅덩이를 모두 준대도요. 이 이야기 들어보셨나요?

**앤** 어머나, 아주 흥분하셨나 봐요.

**노부인** 내가 당신이었다면, 종달새보다 더 높이 하늘로 올라갔을 거예요. 펨브룩의 후작부인! 일 년에 1천 파운드라니! 전하께서 그저 감탄하셨을 뿐인데! 아무런 의무도 없이! 금액은 틀림없이 훨씬 많아질 거예요. 명예의 뒷자락은 앞자락보다 훨씬 더 긴 법이니까요. 이젠, 공작부인이라도 넉넉히 짊어질 수 있지 않겠어요? 전보다 더 강해지지 않았나요?

**앤** 그런 상상으로 마음대로 농담을 하셔도 좋지만, 나는 빼고 해주세요. 이 일로 내 마음이 바뀐다면 차라리 없어져 버리겠어요. 생각만 해도 쓰러질 것 같아요. 왕비께선 슬퍼하고 계신데 그만 깜빡 잊고서, 오랫동안 그분 곁을 떠나 있었군요. 부탁인데 방금 들은 이야기는 왕비께 전하지 말아주세요.

**노부인** 마땅히 그래야죠. (모두 퇴장)

도미니크 수도회 수도원의 홀.

트럼펫 소리, 나팔의 신호 소리, 그리고 코넷 소리. 관리 둘이 은으로 된 봉을 들고 등장. 그다음에 박사 복장을 한 서기 둘 등장. 그 뒤를 이어 캔터베리 대주교가 홀로 등장. 그다음 링컨, 일리, 로체스터와 성 아삽의 주교 등장. 그들 다음에 조금의 거리를 두고, 신사 한 사람이 옥새가 든 주머니와 추기경의 모자를 받들며 등장. 그리고 신부 두 사람이 은으로 만든 십자가를 저마다 들고 등장. 그다음에는 안내를 맡은 시종이 모자를 벗고, 은으로 된 봉을 든 추밀원 수위관과 함께 등장. 그러고는 신사 두 사람이 은으로 된 큰 기둥을 받들고 등장. 그 뒤를 따라 추기경 울지와 캠피어스 나란히 등장. 그 뒤에는 칼과 봉을 든 귀족 둘이 따른다. 헨리 왕이 등장하여 왕좌에 앉는다. 두 추기경은 재판관으로 왕 아래 앉는다. 캐서린 왕비는 그리피스를 비롯 여러 시종을 이끌고 등장하여, 왕과 조금 떨어져서 앉는다. 주교들은 교회 회의 때처럼 법정 좌우에 앉는다. 그들 밑에 서기들이 앉고, 주교 옆에는 귀족들이 앉는다. 그 밖의 사람들은 적당한 곳에 서 있다.

**울지**  로마 교황에게서 온 훈령을 읽을 테니 조용히 해주시기 바랍니다.

**헨리 왕**  읽을 필요가 있소? 이미 다들 읽어 알고 있으며, 관련 부서가 승인한 것이니, 그런 절차는 생략하시오.

**울지**  그럼, 그렇게 하겠습니다. 진행하라!

**서기**  잉글랜드의 헨리 왕 법정으로 나오시라 아뢰어라.

**호출관**  잉글랜드의 헨리 왕, 법정으로 나오시랍니다.

**헨리 왕**  여기 있소.

**서기**  잉글랜드의 캐서린 왕비, 법정으로 나오시라 아뢰어라.

**호출관**  잉글랜드의 캐서린 왕비, 법정으로 나오시랍니다.

왕비는 아무 대답을 하지 않고 의자에서 일어나, 법정 안을 돌더니 왕 앞으로 가무릎을 꿇고 말한다.

**캐서린 왕비**  전하, 저를 불쌍히 여기시어 공명정대하게 재판해주시기 바랍니

연극 〈헨리 8세〉 무대 디자인  런던 엠파이어 극장 상연 2막 4장 법정 장면. 찰스 리케츠. 1925.

다. 저는 전하의 영토 밖 외국에서 태어나, 기댈 곳 없는 가련한 신세입니다. 이곳에는 저를 공평하게 재판해 줄 사람이 아무도 없으며, 공정한 호의와 절차를 보장받기도 힘듭니다. 오, 전하, 제가 무엇을 잘못했습니까? 저의 어떤 행동이 전하의 마음을 분노케 하였는지요? 무엇 때문에 이렇게 이혼 절차를 밟아 저를 내치려 하시는지요? 오, 하늘이여, 굽어살피소서! 이제까지 저는 전하의 진실하고 겸손한 아내로 살아왔으며 전하의 뜻에 따라왔습니다. 행여나 전하가 싫어하실까 늘 가슴 졸였으며 기쁘신지 아니면 슬프신지 늘 용안을 살피며 살았습니다. 제가 한 번이라도 전하의 뜻을 거스른 적이 있었는지요? 아니면 전하의 뜻을 제 것으로 삼지 않은 적이 있었는지요? 또 전하의 친구분이라면 비록 저에겐 원수라 할지라도 애정을 가지려고 노력하지 않았는지요? 제 친구라 할지라도 전하가 노여워하시면 제가 그 우정을 끊지 않았는지요? 이제부터는 그 친구를 저버리겠다고 말씀드리지 않았나요? 전하, 이십 년 동안 이렇게 순종하면서 전하의 아내로 많은 아이들을 낳으며 살아온 것을 잊지 말아주세요. 만약 그 이십 년이란 긴 시간 동안 제가 명예를 더럽혀 전하의 위엄에 먹칠했거나 결혼 서약을 깨뜨려 사랑과 의무를 저버리는 짓을 했는지 그 증거를 드실 수 있다면 저를 신의 이름으로 내쫓으셔도 좋습니다. 지저분한 욕설이라도 퍼부으시고 저를 문 밖으로 내동댕이치시거나 냉혹한 재판관에게 넘겨주소서. 황송하오나 부왕께서는 보기 드문 지혜와 판단력으로 분별 있고 훌륭하신 군주라는 평판을 받으셨습니다. 저의 아버지 스페인의 왕 페르디난드 또한 오랫동안 통치한 왕 가운데 누구보다 현명한 군주로 알려져 있습니다. 우리 결혼은 그런 두 분이 각국의 지혜로운 학자들에게 충분히 토의하게 하시어 적법하다는 승인을 받고 진행한 것이니, 의심할 여지가 없는 일입니다. 전하께 청하건대, 제가 스페인에 있는 친구들과 의논해서 의견을 구할 때까지 저에게 여유를 주십시오. 만일 이것도 불가능하다면 신의 이름으로 마음대로 처리하십시오!

**울지**  왕비님, 이곳에는 몸소 선택하신 고결한 성직자들이 있습니다. 모두 보기 드물게 청렴하고 학식 있는 분들입니다. 이분들은 이 사건에서 왕비님을 변호하고자 선발되었습니다. 그러하오니 바라시는 대로 재판을 연기하신다 해도 그것은 왕비님의 마음을 안정하는 데도, 또한 전하의 불안을 사라지게 하는 데도 아무 도움이 되지 않습니다.

**캠피어스**  추기경의 말씀이 지당합니다. 왕비님, 이 심판을 계속 진행하게 하시어, 속히 학자들이 변론하는 것을 들어보게 하십시오.

**캐서린 왕비**  추기경, 그대에게 할 말이 있소.

**울지**  얼마든지 말씀하시옵소서.

**캐서린 왕비**  추기경, 난 지금 울고 싶지만 내가 왕비라는 것을 생각하면서, 물론 오랫동안 왕비라고 꿈을 꾸어왔는지도 모르지만 어쨌든 왕의 딸임에는 틀림없으므로 이 눈물방울을 불꽃으로 바꿔 놓겠소.

**울지**  진정하십시오.

**캐서린 왕비**  그대가 겸손해진다면 그리할 것이오. 그 전이라도 신이 내게 벌을 내린다면 참을 것이오. 나는 추기경이 나의 적이라 생각하고 있소. 그러니 나는 그대가 나의 재판관이 되는 것을 거부하겠소. 전하와 나 사이에 의혹의 불씨를 댕겨 넣은 것은 바로 당신이오. 오, 신이시여, 이 불씨를 꺼주소서! 그런 까닭에 다시 말하지만, 내 영혼을 걸고 그대가 내 재판관이 되는 것을 거부하오. 한 번 더 말하지만 그대는 가장 악의에 찬 적이며, 진실과는 아주 거리가 먼 사람이라고 확신하오.

**울지**  단언컨대, 지금 하신 말씀은 전혀 왕비님답지 않습니다. 왕비님께서는 늘 자비로우시고 여느 여인들이 따라올 수 없는 온화함과 지혜가 배어 나오셨습니다. 왕비님, 조금 전 이야기는 저를 잘못 알고 하신 말씀입니다. 저는 왕비님께 아무런 원한도 없습니다. 또한 그 누구에게도 아무런 악의를 갖고 있지 않습니다. 제가 오늘까지 해온 일이나 앞으로 할 일들은 모두 다 추기경 회의, 곧 로마 추기경 회의의 훈령에 따라 이뤄졌을 뿐입니다. "불씨를 댕겨 넣은 것"이 저라고 하셨습니다만, 저는 그 말씀에 동의하지 않습니다. 이곳에 전하께서 계시니 만일 제가 드린 말이 제가 한 행동과 다르다면 마땅히 처벌하실 겁니다! 네, 왕비께서 저의 진실성을 말씀하신 바로 그만큼 말입니다. 그러나 전하께서 제가 그런 거짓말을 한 적이 없다고 하시면, 저의 누명은 벗겨지는 것입니다. 그러니 저에 대한 처리는 전하에게 달렸습니다. 왕비님의 그런 추측을 없애는 것입니다. 왕비님께 바라오니, 이에 대해 전하의 말씀이 있기 전에, 방금 말씀하신 것을 취소하시고 다시는 그런 부당한 말씀은 삼가 주십시오.

**캐서린 왕비**  추기경, 나는 평범한 여자라 그대의 교활한 술책에 맞설 힘이 없소. 그대는 온화하고 겸손한 성직자인 듯 그런 태도로 말을 하지만, 속은 오만과 증오와 거만함으로 가득 차 있소. 그대는 운이 좋아 전하의 총애를 받게 되고 단숨에 높은 지위에 올라 이제 권력 있는 귀족들도 모두 그대의 신하가 되었지요. 그들은 추기경이 시키는 대로 고분고분 따르게 되었소. 하지만 나는 이렇게 말하고 싶군요. 그대는 성직자라는 정신적인 사명보다 개인의 명예를 좇는 사람이오. 그래서 나는 나의 재판을 그대에게 맡기고 싶지 않다고 거듭 주장하는 것이오. 그리고 여기 계신 여러분 앞에서 나는 이 사건을 교황께 호소하여, 교황의 처분에 따를 것임을 말씀드립니다. (왕에게 절하고, 법정을 떠나려 한다)

**캠피어스**  왕비께서는 참으로 완고하시군요. 법에 따르지 않으시고 오히려 비난하시며 재판받는 것을 경멸하십니다. 이런 행동은 옳지 않습니다. 아니, 자리를 뜨려 하십니다.

**헨리 왕**  왕비를 불러들여라.

**호출관** 잉글랜드의 캐서린 왕비님, 법정으로 돌아오시라 합니다.

**의정관** 왕비님, 돌아오시라 합니다.

**캐서린 왕비** 신경 쓰지 마라. 이대로 가자. 그대를 부르거든 돌아가라. 오, 신이시여, 도와주소서! 더는 참을 수가 없다. 자, 어서 가자. 나는 여기 있지 않겠다. 앞으로 다시는 이 일로 법정에 나오지 않을 것이다. (시종들을 거느리고 퇴장)

**헨리 왕** 케이트, 마음대로 하시오. 이 세상에서 그대보다 나은 아내를 가졌다고 말하는 자가 있다면 그 말은 거짓이니 믿지 않는 게 좋으리라. 누구에게서도 보기 어려운 그대의 자질, 상냥한 부드러움, 성자와 같은 온화함, 아내다운 자제력, 명령을 하면서도 복종하는 점, 그 밖에 위엄과 경건함이 오롯이 그대를 말해 줄 수 있다면 그대는 이 세상 왕비들 가운데서도 으뜸가는 왕비요. 고귀하게 태어나, 태어난 그대로 날 훌륭히 섬겼소.

**울지** 자비로우신 전하, 황공하오나 전하께 간청 드립니다. 저는 명예를 빼앗겼으나 몸이 묶여 있는 상황이니, 단번에 충분한 보상은 받을 수 없다 하더라도 여기 모인 사람들이 모두 들을 수 있도록 크게 공표해 주십시오. 이 일에 대해 제가 한 번이라도 전하께 그런 말씀을 아뢴 적이 있었습니까? 그렇지 않으면 조금이라도 의혹을 품게 할 만한 말씀을 아뢴 적이 있었습니까? 또는 왕비님의 고결하심에 대해 신께 감사는 드렸을지언정 현재의 지위와 인격에 흠이 될 만한 아주 작은 이야깃거리라도 여쭌 적이 있었습니까?

**헨리 왕** 추기경, 내 명예를 걸고 그대에겐 죄가 없다는 것을 인정하오. 알고 있겠지만 그대에게는 적이 많소이다. 그들은 이유도 없이 당신을 미워하는 것이오. 마을에 똥개 한 마리가 짖으면 다른 놈들도 다 따라 짖어대듯이 말이오. 왕비는 이런 자들의 말을 들은 것이오. 그대는 죄가 없소. 이것으로 부족하오? 사실 그대는 이 사건을 묻어두려고 애썼소. 문제가 되기를 바라지 않았고 때로 이 문제가 커지는 걸 막으려 했소. 이것만은 내 명예를 걸고 추기경의 결백을 보증하겠소. 그럼, 왜 나에 대한 의혹이 일어났느냐 하면, 이것은 시간이 오래 걸릴 터이니 참고 들어주시오. 동기는 이렇소. 이렇게 시작되었다오. 나는 바욘 주교의 말을 듣고 처음으로 양심에 가책을 받고, 마음이 불안해지면서 가시에 찔린 듯하였소. 그는 그 무렵 프랑스대사로 오를레앙 공작과 공주 메리의 혼사를 의논하러 이곳에 왔었소. 그런데 여전히 결정하기 전이었는데, 이야기하는 도중에 그 주교가 잠깐 보류하자고 요청해 왔소이다. 그 사이에 그는 공주를 합법적인 자식으로 인정해야 하는지, 자기 나라 왕에게 문의해야 한다는 것이었소. 이유는 내가 나의 형수였던 과부와 결혼했다는 것이었소. 그 사실이 내 양심을 뒤흔들어 놓았고, 가슴이 찢어질 듯 전율케 하였소. 이렇게 짓눌리다 보니 온갖 의혹이 생기게 된 것이오. 먼저 나는 하늘의 축복을 받지 못한 사람이 아닌가 생각하기 시작했소. 혹시 왕비가 사내아이를 임신하게 되더라도 하늘이 자연에게 명하여 무덤이 송장에 대해 하는 역할을 똑같이 왕비의 자궁이 새로운 생명에게 하도록 시킨다고 생각했소. 왕비가 사내아이를 가지면 배 속에서 죽든가, 아니면 낳아도 바로 죽거나 하니 말이오. 그래서 난 이것이 바로 하늘의 심판이라 생각했소. 가장 훌륭한 왕자가 이 나라를 이어받아야 하는데, 나의 혈통으로는 이런 기쁨을 맞을 수 없다고 생각한 것이오. 그러니 나를 이을 후계자가 없으면 이 나라가 얼마나 위험해질까 하는 걱정으로 많은 고민을 했던 것이오. 이렇게 양심의 거친 파도를 타며 치료 방법을 찾는 이 자리까지 겨우 오게 된 것이오. 다시 말하면 이제까지 고민했고 치료되지 않은 이 양심의 중병을 이 땅의 성직자들과 학자들이 고쳐달라는 것이오. 그래서 링컨 경, 가장 먼저 그대와 은밀히 의논했었소. 내가 처음 그대에게 말하면서 얼마나 고통으로 진땀을 흘렸는지 그대는 기억할 것이오.

**링컨**  전하, 잘 기억하고 있나이다.

**헨리 왕**  이야기가 너무 길었소. 그때 그대가 한 이야기를 직접 말해 주시오.

**링컨**  황공하오나 처음엔 이야기를 듣고 어떻게 해야 할지 망설였나이다. 문제가 중대한 만큼, 결과가 너무 두려워서이지요. 대담하게 말씀을 올려야겠다고 생각해서 오늘 이런 재판을 하시라고 간청을 드렸던 것입니다.

**헨리 왕**  그래서 캔터베리 대주교에게 명해서 이렇게 다들 모이라고 한 것이오. 즉 오늘 출정한 성직자들 모두에게 미리 양해를 구했으며, 그 증거로 일일이 서명까지 받았으니 진행하시오. 결코 선량한 왕비의 인격을 싫어해서가 아니라, 내가 진술한 그 날카로운 의혹 때문이오. 나의 결혼이 정당한 것으로 인정된다면 왕으로서의 위엄을 걸고 맹세하건대, 남은 삶을 캐서린 왕비와 함께할 것이오. 이 세상에서 으뜸가는 본보기로 그녀를 사랑하면서 말이오.

**캠피어스** 황공하오나 왕비께서 자리에 안 계시니, 재판을 다른 날로 연기하셔야 할 것 같습니다. 그리고 왕비께서 직접 교황에게 호소하시려는 계획도 재고해 주셔야겠습니다.

**헨리 왕** (혼잣말로) 추기경들이 날 데리고 놀고 있구나. 이렇게 시간을 끄는 로마식 수법은 질색이야. 박식하고 친애하는 크랜머여, 제발 돌아오라. 그대가 내 곁에 있으면 위로가 될 것이니…… 폐정하라. 난 출발하겠다. (등장할 때와 같은 식으로 모두 퇴장)

〔제3막 제1장〕

런던. 왕비의 거처.
왕비와 그 시녀들, 바느질을 하면서 등장.

**캐서린 왕비** 애야, 류트를 타거라. 내 마음은 근심으로 슬프니 노래를 불러 걱정을 지워다오. 일손은 놓고.

**시녀** (노래한다)

오르페우스가 류트를 타며 노래를 부르면,
가만히 있던 산봉우리와 나무들이
고개를 숙인다네.
그의 음악에 맞춰 식물과 꽃들이
해와 소나기가 함께 하는 것처럼
돋아나면서 오랜 봄을 가져다주었다네.
그가 연주하는 소리를 들으면
바다의 큰 파도도
고개를 숙이고는 조용해지네.
그의 예술적이고 매혹적인 가락에

마음의 걱정과 슬픔이 사라지나니
잠이 드네, 아니 들면서 잦아드네.

*한 신사 등장.*

**캐서린 왕비**  무슨 일인가?

**신사**  황송하오나, 두 추기경께서 뵙기를 청하옵니다.

**캐서린 왕비**  날 만나겠다는 건가?

**신사**  그렇게 전해 달라 하십니다, 왕비님.

**캐서린 왕비**  들라 하게. *(신사 퇴장)* 왜 보자는 것일까? 총애를 잃어버린 가련하고 힘없는 나를 왜? 그 사람들 오는 게 반갑지 않아. 그러나 이제 생각해보면, 그들은 선량한 사람일지도 모르겠다. 옳은 일로 왔을지도 모르지. 하지만 사제복을 입었다고 해서 모두 성직자인 건 아니지.

*추기경 울지와 캠피어스 등장.*

**울지**  왕비님, 만수무강하소서!

**캐서린 왕비**  경들이 보다시피 나는 주부 역을 하고 있소. 불행에 대비해서 이렇게 익혀두려는 것이오. 그래, 두 분은 무슨 일로 나를 찾아오셨소?

**울지**  황송하오나, 안으로 듭시면 저희가 온 이유를 상세히 아뢰겠나이다.

**캐서린 왕비**  여기서 말하세요. 내 양심에 맹세코 어디 구석에서 들어야 할 그런 일은 해본 적이 없습니다. 다른 부인들도 나처럼 거리낌 없이 이야기할 수 있으면 좋겠군요. 사람들이 내 행동을 보고 무어라 말하든, 어떻게 보든, 원한과 악평으로 나와 맞선다 해도 나는 끄떡도 하지 않아요. 행복하기만 할 따름이오. 그만큼 내 생활이 떳떳했으니까요. 만약 그대들의 일이 내가 아내로서, 여인네로서 지켜야 할 덕을 얼마나 잘 지키는지를 살피는 것이라면, 망설이지 말고 마음껏 물어보세요. 진실은 솔직히 드러내 놓고 이야기하기를 좋아하니까요.

**울지**  탄타 에스트 에르가 테 멘티스 인테그리타스, 레기나 세레니시니마(거룩하신 왕비님, 당신에 대한 저의 진실한 마음이 이토록 큽니다)……

**캐서린 왕비**  오, 추기경, 라틴어는 쓰지 마세요. 나는 이 나라에 온 뒤로 부지런히 공부했기 때문에 내가 사는 이곳의 언어는 잘 익혀두었소. 다른 언어로 이야기하면 내가 더 의심받게 되오. 사실을 말해 주면, 불쌍한 안주인을 위해 당신들께 감사할 사람이 이곳에 몇 명 있소. 정말, 그 안주인은 엄청난 재앙을 맞았지요. 추기경, 내가 만일 고의로 죄를 지었다 한들 영어로 말해 주셔야 하오.

**울지**  왕비님, 전하와 왕비님께 충성을 다해 온 제가 이토록 의심을 받게 되다니 참으로 유감입니다. 저희들이 이렇게 찾아뵌 것은 모든 사람이 칭송하는 왕비님의 명예를 더럽히려는 것도 아니며, 그렇지 않아도 너무도 상심하고 계실 왕비님 마음을 상하게 하려는 것도 아닙니다. 저희들은 전하와 왕비님 사이의 심각한 불화를 왕비님이 어찌 생각하고 계신지 살펴, 솔직하고 정직한 신하로서 저희들의 공정한 의견을 아뢰고, 미약하지만 왕비님의 걱정을 덜어드릴까 해서 찾아뵈었습니다.

**캠피어스**  황공하오나 왕비님, 요크 추기경은 본디 성품이 고결하고, 늘 왕비님에 대한 열의와 충성이 대단한 사람입니다. 최근에 비난을 받았지만, 좀 심한 것이라고 생각됩니다만 너그럽게 모든 걸 잊고, 왕비님께 화해의 표시로 이렇게 저와 함께 충성스런 말을 아뢰려는 것입니다.

**캐서린 왕비**  (혼잣말로) 날 모함하려는 게지…… 두 분의 호의는 정말 감사해요. 충직한 사람인 듯 말씀하시니, 진실로 그러하시기를 하늘에게 빕니다! 하지만 나의 명예에 대한, 아니 내 목숨과 관계된 이렇게 중대한 문제이다 보니, 나의 보잘것없는 지혜로선 경들처럼 위엄 있고 학식 있는 분들에게 당장 어떻게 답을 해야 할지 모르겠군요. 이런 일로 찾아주실지 전혀 생각지 못하고서 시녀들을 데리고 바느질을 하고 있었습니다. 이것이 내 자리에서 마지막으로 할 수 있는 적절한 일이라 느껴지니, 잠시 시간을 주셔서 내 문제를 잘 생각해 볼 수 있게 해주세요. 아, 나는 친구도 희망도 없는 여자입니다!

**울지**  그렇게 걱정하시는 것은 전하의 애정을 가볍게 생각하시는 것입니다. 왕비님께는 희망도 친구도 많이 있습니다.

**캐서린 왕비**  잉글랜드에서 내 편을 들어줄 사람은 거의 없지요. 과연 잉글랜드 사람으로 전하의 뜻을 거스르면서까지 충언해 줄 사람이 있겠습니까?

그 사람이 아무리 정직하다 해도, 내 친구가 된다면 이 나라에서 목숨을 부지하고 살 수 있겠습니까? 천만에요. 참으로 나의 괴로움을 덜어줄 만한 믿을 수 있는 친구란 이곳에는 없어요. 그런 친구들은 다른 모든 위안처럼 이곳에서 멀리 떨어져 있는 나의 조국에나 있습니다.

**캠피어스**　왕비님, 그런 걱정은 그만하시고 저희들의 충언을 받아주십시오.

**캐서린 왕비**　무슨 충언인가요?

**캠피어스**　왕비님께서 고심하고 계신 그 문제를, 전하의 처분에 맡기시라는 것이옵니다. 전하께서는 왕비님을 사랑하시고 또한 가장 인자하신 분이므로 왕비님의 명예를 위해서도, 이 사건을 위해서도 그게 좋을 것입니다. 만약 법의 심문을 받게 되시면, 불명예스럽게 법정에서 물러나셔야 합니다.

**울지**　네, 그렇습니다.

**캐서린 왕비**　두 분 다 바라는 것을 내게 이야기하고 있군요. 바로 나의 파멸을요. 이것이 그대들의 기독교도다운 충고인가요? 부끄러운 줄 아셔야지요! 하늘이 바로 저 위에 있소. 하늘에는 왕의 권력으로도 어찌할 수 없는 심판관이 계시오.

**캠피어스**　왕비님이 노여우신 나머지 저희들을 크게 오해하고 계신 겁니다.

**캐서린 왕비**　그렇다면 경들은 더욱 부끄러워해야 하오. 나는 두 사람을 진심으로 존경할 만한 미덕을 가진 분들로 생각해 왔어요. 하지만 이제 보니 죄악과 거짓으로 가득한 사람이 아닌가 의심스럽군요. 부끄러움을 안다면 마음을 바로 세우셔야죠. 이것이 내게 주는 위안이란 말인가요? 이것이 당신들에게 쫓겨나고, 비웃음을 받고 멸시를 당하는 불쌍한 여인에게 당신들이 주는 온정이란 말인가요? 나는 내 불행의 절반도 당신들이 받길 바라지 않아요. 그대들보다는 내가 더 자비심이 있으니까요. 그러나 경고하지요. 조심들 하시오. 언젠가는 내 피눈물이 그대들에게 떨어져 내릴지도 모르니.

**울지**　왕비님, 이러시면 정신이 온전하지 않으신 걸로 볼 수밖에 없습니다. 저희들의 호의를 모두 원한으로 돌리시니 말입니다.

**캐서린 왕비**　당신들이야말로 날 무용지물로 만들어 버리지 않소? 가짜 신학자들에게 재앙이 내릴 것이오! 그대들이 정의나 연민이 조금이라도 있다면, 성직자라는 껍데기 말고 무엇이 조금이라도 있다면 어찌 나를 미워하는 전하의 손에 가련한 나를 넘길 수가 있소? 아, 전하께서는 이미 오래전부터 나와의 잠자리를 멀리 하셨소. 그분의 사랑도 벌써 오래전의 일이오! 나는 늙었고 이제 전하께 오로지 순종하는 것만 남아 있을 뿐이오. 이보다 더 비참한 일이 내게 또 있겠소? 궁리해 본들 이것보다 더한 고통이 있겠소?

**캠피어스** 그런 쓸데없는 걱정을 하시니 괴로우실 수밖에요.

**캐서린 왕비** 이렇게 오랫동안 아내로서, 여인네로서 지켜야 할 덕을 지키며 살아왔어도 알아주는 친구가 없으니, 스스로 말할 수밖에요. 나는 정숙한 아내로서 살아왔소. 감히 말할 수 있지만 난 허영이라는 것도 모르고, 절대 의심받을 짓도 해보지 않았어요. 나의 모든 애정을 다해 전하를 섬겨왔고 하느님 다음으로 사랑하며 순순히 그분의 뜻을 따랐소. 너무도 좋아해서 우상처럼 모셨고, 그분을 흡족하게 해드리느라 기도하는 것도 잊을 지경이었지요. 그런 나에게 돌아오는 보답이 고작 이것인가요? 부당합니다. 한결같이 남편에게 성실한 여자가 있다면 데려와 보세요. 남편이 기뻐하는 것 말고는 다른 기쁨은 꿈에도 생각해 보지 못한 여자가 있다면 말이에요. 나는 그런 여인들이 최선을 다한 미덕에다 또 하나, 위대한 인내라는 미덕을 덧붙일 수 있으니까요.

**울지** 왕비님, 그렇게 말씀하시면 저희들의 호의를 저버리시는 겁니다.

**캐서린 왕비** 경들, 전하께서 나와 결혼함으로써 내게 주신 왕비라는 고귀한 칭호를 기꺼이 버려야 할 만큼 나는 그런 중대한 죄를 지은 적이 없소. 그 칭호를 빼앗아야 한다면 나를 죽여야 할 것이오!

**울지** 제 말을 들어주시옵소서.

**캐서린 왕비** 처음부터 이 잉글랜드 땅을 밟지 말았어야 했소! 아니면 이 나라 사람들의 아첨을 믿지 않던지! 그대들은 천사 같은 얼굴을 하고 있으나, 속마음은 하늘 말고는 누가 알겠소. 이제 이 불쌍한 여인은 어떻게 될 것인가! 이 세상에서 나만큼 불행한 여자가 또 있을까? (시녀들에게) 아, 가여운 것들, 너희들의 운명은 또 어찌 될 것인가? 동정도 없고 친구도 없고 희망도 없고 나를 위해 울어줄 친지 하나 없는 나라에서 난파된 배와 같구나! 무덤조차 나에겐 허락될 것 같지가 않아…… 한때 들판의 여주인으로 활짝 피어나던 백합꽃같이, 목을 떨군 채 시들어 버릴 거야.

**울지** 왕비님께서 저희들의 의도가 진실하다는 것을 아신다면 그토록 심려하지 않으실 텐데요. 왕비님, 저희가 무슨 까닭에 왕비님께 해를 끼치려 하겠나이까? 저희들의 본분은 그것과는 거리가 아주 멉니다. 슬픔을 치료해 드리지 어찌 돋우려 하겠습니까? 바라옵건대, 어떻게 하는 것이 좋은지 잘 생각해 주십시오. 이렇게 하신다면 스스로에게도 해가 되며 전하와의 사이도 멀어지고 말 것입니다. 군주의 마음이란 순순히 따르는 자에게는 입을 맞출 정도로 아주 좋아하지만, 완고함에는 폭풍처럼 무섭게 사나워지는 법입니다. 왕비님께서는 성품이 온순하시고 고결하신 데다 차분하시니, 말씀드린 대로 저희를 평화의 조정자로, 같은 편이며 충실한 종으로 여겨주소서.

**캠피어스**  왕비님, 틀림없이 그렇습니다. 평범한 아녀자들이나 가질 만한 그런 걱정거리로 미덕을 어지럽히지 마십시오. 고결하신 정신에 그런 하찮은 의혹을 품지 마시고, 위조된 동전처럼 내던져 버리십시오. 전하께선 왕비님을 사랑하십니다. 그것을 잃지 않도록 조심하소서. 저희들을 믿어만 주신다면, 저희들은 최선을 다해 왕비님을 도울 생각입니다.

**캐서린 왕비**  그럼, 좋으실 대로 해주세요. 만약 내가 너무 무례하게 말을 했다면 용서하세요. 아시겠지만 나는 지혜롭지 못하니, 경들처럼 훌륭한 사람들에게 어떻게 대답해야 할지 몰랐습니다. 전하께 말씀이나 잘 전해 주세요. 내 마음은 아직도 전하의 것이며, 내가 살아 있는 한 전하를 위해 기도를 올리겠다고 말이에요. 그럼, 존경하는 추기경, 이렇게 애원하니 좋은 충고를 해주세요. 이 땅에 처음 발을 디뎠을 때, 나의 위엄을 이렇게 비싼 값을 치르고 살 줄이야 꿈엔들 생각지 못했습니다. (모두 퇴장)

〔제3막 제2장〕

왕의 거처. 대기실.
노퍽 공작과 서퍽 공작, 서리 백작과 시종장 등장.

**노퍽**  이제 여러분이 불만들을 모아서 변함없이 밀고 나간다면 추기경인들 견뎌낼 수 없을 겁니다. 그러나 이번 기회를 놓치면 이제까지 당한 것보다 더 심한 굴욕을 견뎌내야 합니다.

**서리**  장인 버킹엄 공작을 생각해서 아주 자잘한 것이더라도 복수할 기회만 가질 수 있다면 좋겠습니다.

**서퍽** 그자에게 모욕당하지 않은 귀족이, 아니 적어도 이상하게 무시를 당하지 않은 귀족이 어디 한 사람이라도 있나요? 그 사람이 자기 자신을 제외하고, 누구 하나 귀족 대접을 한 적이 있었나요?

**시종장** 여러분께서 심경을 토로하시니 그 사람이 마땅히 처벌받아야 한다는 걸 우리 모두 알고 있습니다. 이제 그 시기가 온 듯하지만, 어찌해야 할지 생각하니 걱정이 많이 됩니다. 그 사람이 전하께 접근할 수 없도록 하지 않는 한, 지금 당장에 손을 대서는 안 됩니다. 왜냐하면 그 사람은 혓바닥 하나로 전하를 호리는 마력이 있으니까요.

**노퍽** 오, 그런 마력이라면 염려 마시죠. 전하께서 그 사람을 싫어하실 꼬투리를 발견하셨습니다. 이제 그 마력은 영원히 소용없게 되었습니다. 아니 이제는 아주 발목이 잡혀, 전하의 노여움 속에서 빠져나오기 힘들어졌습니다.

**서리** 그런 기분 좋은 소식이라면 한 시간마다 들어도 좋겠습니다.

**노퍽** 사실입니다. 전하의 이혼 문제에 대해 그 사람이 반대 공작을 한 것이 탄로 났답니다. 그래서 나의 적이 그러하기를 바라는 그대로, 드디어 그의 정체가 드러나고 말았지요.

**서리** 어떻게 발각되었나요?

**서퍽** 참으로 희한한 일입니다.

**서리** 아니, 어떻게? 어떻게 말입니까?

**서퍽** 교황에게 보내는 추기경의 밀서가 잘못 전달되어 전하의 눈에 띄게 되었답니다. 그 편지에서 그는 교황에게 이혼 결재를 보류해 달라고 간청했다는 것입니다. 만약 이혼이 이뤄지면 "왕이 왕비의 시녀 앤 불린과 애정으로 얽히게 됩니다"고 말했답니다.

**서리** 전하께서 그 편지를 읽으셨나요?

**서퍽** 그렇습니다.

**서리** 효과가 있을까요?

**서퍽** 전하께서는 이것으로 그자가 제멋대로 방해를 일삼았음을 알아채셨지요. 이 때문에 그의 모든 술수가 드러났고요. 그래서 그는 환자가 죽은 뒤 약을 가져오는 꼴이 되었습니다. 전하께서 이미 그 미인과 은밀히 결혼을 하셨으니 말이에요.

**서리**  그리되면 얼마나 좋을까요!

**서퍽**  기뻐하셔도 됩니다! 정말로 그리되었으니까요.

**서리**  정말로 기쁩니다. 결혼을 축복해 주소서!

**서퍽**  나도 축복합니다.

**노퍽**  모두 축복합니다.

**서퍽**  벌써 새 왕비의 대관식을 준비하라는 분부가 있었습니다. 그러나 새로운 소식이라 아직 모르는 사람이 많을 겁니다. 여러분, 새 왕비는 참으로 훌륭한 분으로 마음씨도 외모도 완벽합니다. 그분은 이 나라에 축복이 되고 길이 기억될 분을 낳으실 거라고 생각됩니다.

**서리**  그러나 전하께서 추기경의 편지를 그냥 모른 척하시지는 않을까요? 제발 그렇게 되지 않기를 바랍니다.

**노퍽**  부디 그렇게는 되지 않게 해주소서!

**서퍽**  천만에요. 전하의 코끝에는 아직도 벌들이 많이 날아다니고 있으니, 한 번 쏘이면 바로 알아채실 겁니다. 캠피어스 추기경은 아무런 인사도 없이 도망치듯 로마로 가버렸답니다. 전하의 일을 처리도 하지 않고 말입니다. 울지 추기경의 대리자로 그의 음모를 돕는답니다. 이 소식을 들으신 전하께서, "세상에!" 하고 외치셨다 합니다.

**시종장**  하늘이 전하를 좀더 격분하게 하시어 더 큰 소리로, "세상에!" 소리치게 해주소서!

**노퍽**  그런데 크랜머는 언제 돌아오나요?

**서퍽**  그 사람은 벌써 돌아왔습니다. 왕의 이혼 문제에 대해 모든 기독교국의 유명한 학자들에게 의견을 구하고 또한 자신의 의견서를 가지고 귀국했습니다. 전하께서는 이에 흡족해하십니다. 그래서 곧 재혼이 발표되고 새 왕비의 대관식이 있을 것입니다. 캐서린은 이젠 왕비가 아니라, 돌아가신 아서 왕자의 미망인으로 불리게 될 겁니다.

**노퍽**  크랜머는 쓸 만한 사람입니다. 이번에 전하의 일로 수고를 많이 했습니다.

**서퍽**  그래요, 그 공로로 아마 대주교 자리에 앉게 될 겁니다.

**노퍽**  나도 그렇게 들었습니다.

**서퍽**  그렇습니다. 저기 추기경이 옵니다!

울지와 크롬웰 등장.

**노퍽** 저것 좀 보세요. 침울해 보이는군요.

**울지** 크롬웰, 그 편지 꾸러미를 전하께 드렸나?

**크롬웰** 네, 직접 전해 드렸습니다. 침실에서요.

**울지** 그래, 그 편지를 보시던가?

**크롬웰** 네, 바로 봉투를 여시고, 보시자마자 깊이 생각에 잠기시더니 얼굴빛이 굳어졌습니다. 그러고는 오늘 아침에 전하를 뵈러 이곳에서 기다리라고 전하라 하셨습니다.

**울지** 나오실 채비를 하시던가?

**크롬웰** 네, 지금쯤은 준비를 마치셨을 겁니다.

**울지** 잠시 물러가 있게. (크롬웰 퇴장 뒤 혼잣말로) 프랑스 왕의 누이인 알랑송 공작부인과 결혼을 하셔야지…… 앤 불린이라니! 안 돼, 앤 불린 따위는 안 돼! 미모만 있다고 되는 건 아니지. 불린이라니! 안 돼, 불린은. 로마에서 오는 소식을 빨리 듣고 싶구나. 펨브룩 후작부인이라니!

**노퍽** 뭔가 불만스러운 모양이군요.

**서퍽** 전하가 분노의 칼을 갈고 있다는 이야길 들은 모양이죠.

**서리** 신이시여, 그의 심판을 위해 전하께서 더욱 날카롭게 갈도록 해주소서!

**울지** (혼잣말로) 고작 이전 왕비의 시녀이며 기사의 딸인 주제에 자기 여주인의 여주인이 된다고? 왕비의 왕비가 된다고? 이런 촛불은 잘 타지 않는다. 내가 그 심지를 잘라내야지. 그래야 꺼질 테니까. 아무리 정숙하고 훌륭한 미덕이 있는 여자라 하더라도 고집스런 루터교 신자가 아닌가! 그런 여자를, 다루기 힘든 왕의 품에 안기게 한다는 건 우리에게 좋지 않아. 거기다가 이단자의 으뜸인 크랜머가 튀어나와 슬그머니 전하의 총애를 받더니, 이제는 예언자 노릇까지 하고 있다.

**노퍽** 초조해하는군요.

**서리** 그 초조함이 저자 심장의 동아줄을 토막내 주었으면 좋겠습니다!

헨리 왕이 목록을 읽으며 등장, 뒤따라 러벌 등장.

**서퍽**  전하께서 오십니다!

**헨리 왕**  이렇게 산더미같이 많은 재산을 모았다니! 재물을 이렇게 물 쓰듯 했단 말인가! 검소한 척하면서 어떻게 이리 긁어모았단 말인가? 아, 경들 혹시 추기경을 보았소?

**노퍽**  (울지를 가리키면서) 전하, 저희들은 여기 서서 추기경을 살펴보았습니다. 그 사람은 마음속에 뭔가 알 수 없는 흔들림이 있는 듯합니다. 입술을 깨물다가, 깜짝 놀랐다가, 갑자기 멈추고는 땅을 내려다보고, 그러고는 또 관자놀이에다 손가락을 갖다 대고, 종종걸음으로 걷다가 다시 멈추고 가슴을 세게 치고는 달에다 눈길을 돌립니다. 참으로 희한한 그런 몸짓을 보았나이다.

**헨리 왕**  그럴 만도 하오. 그의 마음속에 폭동이 일어났을 테니. 사실은 오늘 아침에 그가 국정에 관한 서류를 보내왔는데, 그 속에서 내가 무엇을 발견한 줄 아시오? 아마 자신도 모르게 들어간 것 같은데 바로 그의 재산 목록이었소. 외국에서 들여온 그릇들이며 금은보화, 호사스런 물건들이며 장식품들이 적혀 있더군. 신하가 갖기에는 지나치게 값비싼 재물들이오.

**노퍽**  그건 하늘의 뜻입니다. 어떤 천사가 그것을 전하의 눈에 띄도록 서류들 속에 집어넣은 것입니다.

**헨리 왕**  (울지를 살펴보면서) 저 사람이 저렇게 골똘히 생각하는 것이 이 지상의 것이 아니라 영적인 것이라면 계속 생각하도록 내버려 두어야겠지만, 아마도 달 아래의 속된 일일 테니 저리 번민할 가치가 없는 일일 것이오. (자리에 앉아 러벌에게 무어라 속삭인다. 그러자 러벌이 추기경에게 간다)

**울지**  하늘이여, 저를 용서해 주시고 언제나 전하를 지켜주소서!

**헨리 왕**  추기경, 그대는 신성한 것으로 그대 마음을 가득 채우고 있으니 미덕의 목록만 가슴속에 간직하고 있겠구려. 오늘도 그 목록을 읽고 있을 테고 정신적인 일로 바쁘니 세속적인 일을 볼 시간은 내기가 어렵겠소. 그러니 틀림없이 집안 살림에는 서투를 것이고 그 점에서는 나와 같소이다.

**울지**  전하, 저에게는 성직의 일을 하는 시간도 있고, 나랏일을 생각하는 시간도 있나이다. 그리고 건강을 유지하기 위해 자연적으로 필요한 시간도 있습니다. 저는 약한 인간의 몸인지라, 세상의 다른 사람들처럼 휴식의 시간도 필요합니다.

**헨리 왕**　맞는 말이오.

**울지**　저의 말과 행동을 일치시키려고 늘 노력하오니, 전하께서도 저의 충성을 알아주시기 바랍니다!

**헨리 왕**　또 맞는 말이오. 좋은 말이란 좋은 행동의 한 종류이지만 말 자체가 행동이 될 수는 없소. 내 아버지께서 그대를 아끼셨소. 그분께서 그런 말씀을 하셨고, 행동으로도 그런 영광을 그대에게 내려주셨소. 내가 나랏일을 본 이후로 나는 그대를 내 가장 가까운 사람으로 여기고 큰 이익이 있는 자리에 앉혔을 뿐만 아니라, 내가 가진 것을 몸소 내려주며 그대를 아껴 왔소.

**울지**　(혼잣말로) 무슨 뜻으로 하는 말일까?

**서리**　(혼잣말로) 신이시여, 이 일이 더 커지도록 해주소서!

**헨리 왕**　내가 그대에게 나랏일을 총괄하는 자리를 주지 않았소? 내가 한 말이 사실인지 한번 말해 보오. 그리고 그것을 인정한다면, 나에게 의무감을 느끼는지 아닌지도 대답해 주오.

**울지**　전하, 매일 퍼붓는 비처럼 제게 내려주시는 전하의 은혜는, 제가 아무리 노력해도 보답할 수 없으며 어떠한 사람의 노력으로도 다 갚을 수 없을 만큼 크나큰 것이었습니다. 저의 노력은 제가 바라는 것을 다 채워 주기에는 너무도 모자라는 것이었으나 그래도 저는 저의 모든 능력을 다해 왔습니다. 제 목적은 늘 전하의 안녕과 나라의 이익을 위하는 것이었습니다. 제게 베풀어 주신 전하의 지극한 은혜는 충성을 다해 갚는 길밖에 다른 방법이 없으며, 전하를 위해 신에게 기도하는 것 말고는 없습니다. 죽음이라는 겨울이 올 때까지, 과거도 그랬거니와 앞으로도 더욱 충성을 다해 보답할 것입니다.

**헨리 왕**　아주 잘 대답했소. 충성을 다하고 순종하는 신하라는 것이 그 대답으로 모두 설명되었소. 충성스런 행동을 했다면 명예가 따를 것이며, 불충한 행동에는 그 벌로 불명예가 따를 것이오. 그대에게는 누구보다도 내 손으로 직접 은혜를 베풀었고 애정도 줬으며, 내 권력으로 영예도 비오듯 내려주었으니 그대는 누구보다도 그런 친구인 나에게 의무적인 충성뿐만 아니라 특별한 애정으로 그대의 손도, 마음도, 머리도, 모든 힘도 바쳐야 할 것이오.

웨스트민스터 홀로 향하는 추기경 울지 대법관   존 길버트. 1886~87.

**울지**   저는 늘 저 자신보다 전하를 위해 노력해 왔습니다. 과거에도 현재에도 미래에도 온 세상 사람들이 모두 전하에 대한 충성을 게을리하고 마음으로부터 저버린다 할지라도, 생각해 볼 수 있는 어떤 위험이 공포스러운 모습으로 몰려오더라도 저의 충성은 미친 듯한 홍수 속에 선 바위처럼 탁류 속으로 뛰어들어 전하를 지키겠나이다.

**헨리 왕**   참으로 훌륭하오. 경들은 모두 그의 충성심을 잘 들었을 것이오. 속을 털어놓았소. 이것을 읽어보오. (서류를 울지에게 건네준다) 그리고 이것을 읽고 나서도 입맛이 있거든, 아침 식사나 하시오. (울지를 쏘아보고 퇴장. 귀족들도 미소를 띠고 서로 속삭이면서 왕의 뒤를 따라 퇴장)

**울지**   이것이 어찌 된 일이지? 왜 그리 갑자기 화를 내는 걸까? 내가 뭘 어쨌다고? 나를 노려보는데 꼭 두 눈에서 파멸이라도 튀어나올 듯했어. 상처 입은 사자가 그런 눈초리로 자신을 쏜 무모한 포수를 노려봤다면, 그 포수의 생명은 끝인 거다. 먼저 이 서류부터 읽어보자. 이것 때문에 화를 낸 듯하니. (읽는다) 그렇구나, 이것이다! 이 서류가 나를 망치는구나. 이것은 내 목표를 위해 이제까지 긁어모은 내 재산 목록이 아닌가! 교황이 되기 위해, 로마에 있는 나의 지지자들에게 주려고 모아온 것인데. 아, 어찌 이리도 부주의했단 말인가! 바보가 제 무덤을 파도 분수가 있지! 어떤 짜증 난 악마가 나에게 서류 뭉치 속에 이 비밀 문서를 넣게 하고 왕에게 보내게 했단 말이냐? 무슨 수가 없을까? 왕의 머릿속에서 이 일을 잊게 할 새로운 묘안은 없을까? 이것 때문에 왕이 그리 격분했구나. 그러나 방법은 있지. 그것이 제대로만 된다면 이 재앙에서 벗어날 수 있을 텐데. 이건 뭐지? 교황께라니! 이건 모든 상황을 상세히 적어 내가 교황께 보낸 편지가 아닌가! 그렇다면 다 끝이구나! 나는 내 권세의 최고점에 닿았고 이제 그 영광의 꼭대기로부터 빠르게 몰락하겠구나. 밤하늘에 빛나는 별똥별처럼 떨어져 사라지고 말 것이다.

노퍽 공작과 서퍽 공작, 서리 백작과 시종장이 등장하여 추기경에게 다가선다.

**노퍽** 추기경, 전하의 명령이오. 지금 바로 옥새를 우리에게 넘겨주고, 전하의 분부가 있을 때까지 윈체스터 경의 공관, 애셔관에 머무시오.

**울지** 잠깐, 전하의 위임장이 있소? 그저 말로만 이런 중대한 일을 수행할 수는 없지 않겠소.

**서퍽** 전하께서 직접 말씀하신 명령을 감히 거역하겠다는 것이오?

**울지** 이런 짓을 하려는 경들의 뜻과 말은 바로 악의오. 참견하기 좋아하는 경들이여, 나는 좀더 명확히 알기 전까지는 감히 거역하겠소. 그대들의 본성이 얼마나 거칠고 나쁜지 그리고 얼마나 시기심이 많은지 알겠소이다. 그것이 자양분이라도 되는 듯이 그 얼마나 집요하게 나의 치욕을 들추려 했겠소! 날 무너뜨리는 것들을 볼 때마다 당신들은 얼마나 좋아했겠소! 간사함과 악의에 찬 인간들을 실컷 본받으시오. 그것은 기독교가 보장해 준 것이니 틀림없이 머지않아 마땅한 보상을 받을 것이오. 옥새를 내놓으라고 그리 무례하게 요구하지만 그건 나와 당신들의 군주인 왕께서 몸소 관직과 작위와 함께 내게 주신 것이오. 평생 누리라 하시면서 말이오. 그리고 전하의 은혜를 보증해 주기 위해 특허장까지 붙여서 주셨소. 그런데 누가 감히 이것을 빼앗는단 말이오?

**서리**  그것을 주신 전하께서 빼앗으려는 거요.

**울지**  그렇다면 전하께 직접 돌려드릴 것이오.

**서리**  거만한 신부, 그대는 반역자다.

**울지**  거만한 귀족, 그대는 거짓말쟁이다. 서리, 그런 말을 지껄이는 혓바닥이라면 마흔 시간 안에 불태워 버렸어야 했을 것이다.

**서리**  너의 야심과 너의 음모로, 나의 장인인 고귀한 버킹엄 공께서 이 나라 사람들의 통곡 속에서 목숨을 잃으셨다. 그대 추기경들의 모가지를 다, 너와 그 패거리의 모가지를 한데 엮어도 그분의 머리털 하나에도 못 미치는 것을! 너의 그 사악한 음모! 나를 아일랜드의 총독으로 보내 장인과 전하에게서 멀리 떨어지게 하고, 네가 장인에게 뒤집어씌운 죄를 동정하고 구하려 하는 모든 사람에게서도 멀리 떨어지게 한 뒤, 고맙게도 신성한 자비를 베풀어 도끼질 한 번에 그분을 죄에서 벗어나게 해주지 않았느냐?

**울지**  이 말 많은 백작이 모든 죄를 내게 뒤집어씌우지만 그건 거짓말이다. 그의 죄는 법으로 결정된 것이다. 그의 죽음은 내 개인적 원한과는 아무런 관계가 없으며, 그것은 그즈음 배심원들과 그 사건의 악랄함이 증명할 수 있다. 내가 말이 많은 사람이라면 서리 그대에게 명예도 정직성도 없는 사람이라고 이야기했을 것이다. 나의 영원한 군주이신 전하께 충성과 성실을 다하는 점에서 나는 당신이나 당신의 어리석은 짓에 동조하는 사람들과는 비교가 안 되는 사람이다.

**서리**  너의 이 긴 사제복이 너를 살린 줄이나 알라. 그렇지 않았다면 틀림없이 내 칼끝이 피로 물들었을 것이다. 경들은 이런 오만한 소리를 듣고도 참 아내시나요? 이자가 지껄인 이야기를 듣고서도요? 우리가 이런 붉은 옷자락에게 당하며 계속 무기력하게 살아간다면, 귀족 신분을 팽개쳐 버리는 게 차라리 더 나을 겁니다. 추기경이 하는 대로 바라만 보다가 종달새처럼 그 모자만 보고도 오금을 저려 하시든지요.

**울지**  어떠한 선의도 모조리 독으로 오해를 하는군.

**서리**  그렇지, 독약이지. 온 나라의 모든 재물을 착취해서 한곳, 네 손으로 긁어모았으니 선의야말로 독약이 아닌가? 왕명을 어기고 교황에게 밀서를 보내려다, 전하의 손에 들어간 그 편지 꾸러미 같은 선의야말로 독이지. 너의 선의란 것이 모두 나를 격분시키니, 가장 악명 높은 독이네. 노퍽 경, 당신은 참으로 고귀하신 분입니다. 공공의 이익을 생각하시고, 구겨진 우리 귀족의 처지를 염려하십니다. 저자를 살려두면 우리 자손들은 귀족 체면을 유지하기조차 어렵게 될 것이므로 저자의 죄목을 조목조목 다 보여주십시오. 추기경도 그것을 들으면 거무튀튀한 갈보를 껴안고 입을 맞추다 종소리를 듣는 것보다 훨씬 더 놀랄 겁니다.

**울지**  내 직업이 자비를 베풀어야 하는 것이 아니었다면 이런 자를 얼마나 경멸했으리오!

**노퍽**  추기경, 그 목록이 전하께 있소. 아주 부정한 죄악의 항목이라는 것은 말할 수 있소.

**울지**  전하께서 나의 충심을 알아주신다면, 그것이 얼마나 흠 없이 결백한지 더 공정하게 밝혀질 것이오.

**서리**  천만에, 너는 구제될 수 없어. 다행스럽게도 기억력 덕에 목록의 내용이 조금은 생각나니 말해 보겠다. 추기경, 이야기를 듣고 얼굴을 붉히며, 죄를 뉘우친다고 소리친다면 그래도 조금은 정직한 구석이 있다고 할 수 있겠지.

**울지**  말해 보게, 아무리 비난해도 난 끄떡도 않을 테니. 만일 내가 얼굴을 붉힌다면, 귀족이라는 자가 너무도 예의 없이 노는 꼴을 보게 되어 창피해서 그러는 거겠지.

**서리**  모가지가 떨어지는 것보다야 예의가 없는 게 더 낫지. 자, 들어봐라. 첫째 전하께 알리지도 않고 승인도 없이 네 마음대로 로마 교황의 대리인이 되었고, 그 권력으로 모든 주교의 권한을 무력화했다.

**노퍽**  그다음, 로마나 다른 나라 군주에게 서신을 보내면서 그대는 '본인 및 나의 군왕'이라고 늘 썼으니, 이것은 무엄하게도 전하를 그대의 신하로 생각한 불경이오.

**서퍽**  그다음, 카를 황제에게 대사로 갔을 때 그대는 전하와 추밀원에 알리지도 않고, 당돌하게도 플랑드르까지 옥새를 가지고 갔소.

**서리**  그리고 전하의 어명이나 나라의 승인도 없이, 그레고리우스 데 카사도에게 지나치게 권한을 책임과 함께 맡겨서 전하와 이탈리아의 페라라 공작 간의 맹약을 맺도록 했다.

**서퍽**  그리고 오직 그대의 야망 때문에 전하의 주화에다 그대의 모자를 새겨 넣게 했소.

**서리**  게다가 또 어떻게 그리 많이 긁어모았는지 당사자의 양심에 맡겨야 하겠지만, 셀 수도 없이 많은 재화를 로마 교황에게 보내어 너의 입지를 세우는 준비를 하게 했다. 그 때문에 우리 왕국 전체를 좀먹게 했으며, 아직 여러 가지가 더 있지만 모조리 추악한 것뿐이니 내 입이 더러워질까 그만두겠다.

**시종장**  백작님, 내리막길에 있는 사람을 밀지 마세요! 그것이 도리입니다. 그의 죄는 나라 법이 다스리게 되어 있습니다. 처벌은 법에 맡기도록 합시다. 그토록 거만하던 사람이 저리 오그라든 걸 보니 울고 싶은 생각이 들 지경입니다.

**서리**  나도 용서하리다.

**서퍽**  추기경, 전하의 명령이 더 있소. 그대가 최근에 교황의 대리인으로 이 나라에서 집행한 모든 일이 왕권을 모욕한 죄에 해당하므로, 그대의 모든 동산과 소유지와 건물 그리고 가재도구 등을 모두 몰수하여 왕의 보호 아래 두라 하셨소. 이상이오.

**노퍽**  그럼 우리는 이만 실례하겠소. 앞으로 어떻게 살아갈지나 잘 생각해 두시오. 국새를 우리에게 돌려주지 않겠다고 완고하게 거절했다는 것도 전하께 그대로 전해 드리리다. 전하께서 이 이야기를 들으시면 감사하다 하실 것이오. 그럼 잘 계시오. 작은 추기경님. (울지만 남고 모두 퇴장)

**울지**  나도 그대들이 베푸는 그 작은 선의와 이별이다. 나의 모든 부귀영화와도 이별이다! 이것이 인간의 운명이더냐! 오늘 희망의 새싹이 돋는가 하더니 내일은 벌써 꽃이 활짝 피어 영예를 한껏 누리다가 사흘째가 되면 모든 것을 죽이는 서리가 내리고, 의기양양하게 자신의 권세가 영원하리라 확신하고 있을 때 뿌리를 갉아 먹히고 나처럼 쓰러지고 마는 것을. 공기주머니를 타고 물놀이하는 개구쟁이처럼, 나는 여러 해 여름을 영광의 바다에서 놀았지. 하지만 대담하게도 한 치가 넘는 깊은 물속까지 들어간 거지. 결국 교만의 공기주머니가 너무도 부풀어 오른 나머지 나만 남겨두고 내 밑에서 터지고 말았어. 이제 세상살이에 지쳐 늙고 쇠약해진 이 몸이 거친 파도에 휩쓸려 영원히 바닷속에 빠지게 되었구나. 이 세상의 헛된 부귀영화여! 나는 너를 저주하노라! 이제 내 마음이 새롭게 열리고 있구나. 왕의 총애에 매달린 가련한 인간이라니 얼마나 비참한가! 우리가 열망하는 왕의 달콤한 미소와, 그들이 내리는 파멸 사이에는 전쟁이나 여자가 주는 것보다 더 큰 고통과 두려움이 서려 있어. 그래서 마왕이 지옥에 떨어지듯 한 번 넘어지면 부활의 희망조차 잃게 되는 것이다.

크롬웰이 등장하더니 놀라 서 있다.

**울지**  아니, 왜 그러나 크롬웰?

**크롬웰**  말씀드릴 힘도 없습니다.

**울지**  내게 닥친 재앙을 보고 놀라서인가? 자네는 권세 있는 사람이 몰락하는 것을 보고 놀라는가? 아니, 자네 울고 있구먼. 이제 난 망했다네.

**크롬웰**  기분이 어떠십니까?

**울지**  괜찮아, 크롬웰. 정말 이렇게 행복해 보기는 처음일세. 이제야 나 자신을 깨달았네. 이 세상 어느 권세로도 살 수 없는 마음의 평화를 느끼네. 고요하고도 평온한 마음이야. 전하께서 나를 구원해 주셨으니 그 은혜에 감사를 드려야지. 전하께선 나를 불쌍히 여기시어 이 두 어깨에서, 이 썩은 기둥에서 함대라도 침몰시킬 만한 무거운 짐을, 너무도 많은 영예를 덜어내 주셨으니까. 크롬웰, 영예란 무거운 짐이야. 천국에 가려는 사람에게 영예는 너무도 무거운 짐이라네.

**크롬웰**  재앙을 그리 좋게 해석하시니 다행입니다.

**울지**  그렇게 생각하려네. 이제 각오도 새롭게 했으니, 비겁한 나의 적들이 제아무리 많은 재난을 내게 안겨준다 해도 꿋꿋이 견딜 수 있을 것 같네. 소문은 좀 들었는가?

**크롬웰**  가장 가혹한 소문이란, 추기경님이 전하의 눈 밖에 나셨다는 거죠.

**울지**  전하께 신의 축복이 함께하기를!

**크롬웰**  다음으로는 토머스 모어 경이 추기경님 후임으로 대법관이 되셨다는 것입니다.

**울지**  급작스럽기는 하나, 학식이 높은 사람이지. 그가 오래도록 전하의 총애를 받기를! 진실하게 양심껏 그 직분을 다할 수 있기를! 삶을 마치고 축복 속에 잠들 때, 그의 유골이 파묻힌 무덤 위를 고아들의 감사하는 눈물로 적시기를…… 또 없는가?

**크롬웰** 크랜머 경이 환영받으며 돌아와 캔터베리 대주교로 임명되었습니다.

**울지** 그야말로 굉장한 소식이로구나.

**크롬웰** 끝으로 전하께서 오래전에 은밀히 맞이하신 앤 불린 님이 오늘 왕비로 공표되시어, 교회당으로 가시는 것을 보았습니다. 오늘 다들 대관식 이야기뿐입니다.

**울지** 나를 무너뜨린 건 바로 그거야. 오, 크롬웰, 전하는 나보다 한 발 앞서 가셨어. 그 여자 하나 때문에, 나의 모든 영광이 영원히 끝나고 말았네. 내 영예를 위해 앞을 밝혀줄 군주도 떠나셨고, 나의 미소를 기다리던 귀족들도 다시는 없으리. 나를 떠나게, 크롬웰. 나는 이제 가련하게도 몰락했으니 더는 그대 주인도 아니요, 관리자도 아닐세. 전하를 찾아가게. 그 태양은 영원히 지지 않을 테니! 자네가 얼마나 충성스러운지는 내가 일찍이 말씀드려 놓았으니, 전하께서 자네를 받아주실 걸세. 날 생각하시는 마음이 조금이라도 있다면 전하는 천성이 고결하신 분이니까, 자네를 썩히지는 않으실 걸세. 크롬웰, 전하를 모시는 데 최선을 다하고, 이 기회를 잘 이용해서 앞날의 안전을 꾀하게나.

**크롬웰** (울면서) 오, 그럼 전 추기경님을 떠나야만 하나요? 이렇게도 좋으시고, 고귀하시며, 진실하신 분을 버려야만 하나요? 차가운 철과 같은 심장을 가진 게 아니라면 모두 증인이 되어주십시오, 이 크롬웰은 비통함으로 그의 주인을 떠납니다. 전하께서 저를 불러주시더라도 영원히 당신을 위해서 기도를 올리겠습니다.

**울지** (울면서) 크롬웰, 나는 그 어떤 불행에도 눈물을 흘리리라고는 생각지 못했는데 자네의 진실한 충성심 때문에 여자처럼 울게 되는군. 자, 크롬웰, 그만 울고 내 말을 더 듣게나. 사람들이 날 잊으면, 곧 잊어버릴 테지만 내가 그 어둡고도 차디찬 대리석 속에서 잠을 자게 되면 그때는 누구도 내 이야길 하지 않을 것일세. 그런 때가 되면 내가 이렇게 말하더라고 전해 주게나. 이 울지는 한때 영광의 길을 걸어 영예의 깊고 얕은 바다를 모두 살펴보았고, 난파되어 살아나지는 못했으나 자네에게는 확실하고도 안전한 길을 이렇게 가르쳐 주더라고 말이네. 그대의 주인이었던 나는 놓치고 말았지만 내가 몰락하게 된, 파멸하게 된 까닭을 명심하게. 크롬웰, 부탁하지만 야심을 버려야 해. 야심 때문에 천사도 타락한다 하지 않던가. 하물며 조물주의 초상에 지나지 않는 인간이 어찌 야심을 갖고 성공할 수 있겠는가? 자신을 아끼는 것은 나중에 하고 먼저 자신을 미워하는 자들을 아껴줘야 하네. 부패는 청렴함을 이길 수 없네. 늘 그대 오른손에 너그러운 평화를 품으면 악의 있는 독설도 침묵하게 된다네. 공정하게 처신하고, 두려워하지 말게. 그대가 추구하는 목적이 오로지 나라와 신과 진실을 위한 것이도록 하게. 그리했는데도 몰락한다면 오, 크롬웰 그대는 축복받은 순교자가 되는 것일세! 전하를 잘 받들어 모시게. 그리고 날 안으로 데려가 주게. 나의 재산을 하나도 빠짐없이 목록으로 만들어 주게. 모두 전하의 것일세. 내 것이라고 말할 수 있는 것은 입고 있는 이 옷과, 하늘에 대한 성실한 마음뿐이네. 오, 크롬웰, 크롬웰! 내가 전하께 바친 열의의 반만큼이라도 나의 신에게 바쳤더라면, 신께선 나를 이 나이에 벌거벗겨서 적들에게로 내던지지는 않으셨을 텐데!

**크롬웰**　참으세요, 추기경님.

**울지**　참고 있네. 궁정에서의 꿈이여, 이제 나는 떠난다! 이제 나의 꿈은 하늘에 있나니! (모두 퇴장)


〔제4막 제1장〕


웨스트민스터 거리.
신사 둘이 따로 등장해서 만난다. 신사 1이 서류를 가지고 있다.


**신사 1**　또 만났네.

**신사 2**　그렇군.

**신사 1**　앤 부인이 대관식을 치르고 지나가는 걸 보러 온 여기 것인가?

**신사 2**　그렇네, 그걸 보러 온 것일세. 지난번에 만났을 때는 버킹엄 공작의 재판을 보고 나오는 길이었지.

**신사 1**　그렇지. 그때는 참으로 비통했었는데, 이번에는 거의 모두 기쁜 표정들이군.

**신사 2**　아주 좋아. 정말이지 시민들이 자신들의 충성심을 실컷 보여주는군.

아주 열광적이야. 여러 축하 행사라든지, 행렬이라든지, 구경거리들로 오늘의 대관식을 축하하려 한다는구먼.

**신사 1**  이제까지 이렇게 성대하게 훌륭히 치룬 행사는 없었어.

**신사 2**  그런데 자네 손에 든 그 서류는 무언가?

**신사 1**  아, 이건 대관식 관례대로 오늘 일을 진행할 사람들 명단이네. 첫째로 서픽 공작이 대관식에서 왕실 최고 집사장을 맡았고, 그다음 노픅 공작이 문장원 총재를 맡네. 나머지는 직접 읽어보게. (신사 2에게 서류를 건네준다)

**신사 2**  고맙네만 그 관례를 알고 있으니 읽어보지 않아도 되네. 그런데 캐서린 전 왕비는 어찌 되셨나? 어떻게 지내시는지 알고 있나?

**신사 1**  조금 알고 있네. 캔터베리 대주교가 동료인 학식 높은 여러 성직자들을 데리고, 전 왕비가 계신 앰프실로부터 6마일쯤 떨어진 던스터블에서 재판을 열었지. 이 사람들이 여러 차례 전 왕비를 소환했으나 나오지 않으셨다네. 그래서 이런 이유와 전하의 불안 때문에 이 성직자들이 동의하여 이혼이 결정되었어. 따라서 전하와의 결혼은 무효가 되었지. 그 뒤 전 왕비는 킴볼턴으로 옮겨가셨고, 지금 병환 중이라고 하는군.

**신사 2**  아, 훌륭하신 분이셨는데! (트럼펫 연주) 트럼펫 연주군. 가까이 가보세. 새 왕비님이 오고 계시네. (오보에 소리)


대관식 행렬 순서

1. 경쾌한 트럼펫 연주.
2. 두 재판관.
3. 옥새가 든 주머니와 권표(權標)를 앞세운 대법관.
4. 노래하는 소년 성가대.
5. 권표를 든 런던 시장, 문장이 박힌 기사복을 입고 금을 입힌 동관을 머리에 쓴 가터 문장관.
6. 황금 홀을 들고 머리에는 부분적으로 금을 입힌 관을 쓴 도싯 후작. 그와 함께 비둘기 모양의 장식이 달린 은장(銀杖)을 들고 백작 관을 썼으며, S자를 이어서 만든 금목걸이를 건 서리 백작.
7. 예복을 입고 작은 관을 머리에 썼으며, 대관식 집사장으로서 길고 하얀 지팡이를

든 서퍽 공작. 그와 함께 작은 관을 머리에 썼으며, 대관식 진행 담당으로서 지팡이를 들고, S자를 이어서 만든 금목걸이를 건 노퍽 공작.

8. 5개 항구를 대표하는 네 남작이 받들고 가는 그늘막 아래 예복을 입은 새 왕비. 머리를 진주로 풍성하게 꾸미고 금관을 썼다. 왕비 양 옆에는 런던과 윈체스터의 두 주교.

9. 꽃으로 장식한 금관을 쓰고 왕비의 치맛자락 끝을 잡은 나이 지긋한 노퍽 공작부인.

10. 꽃을 달지 않은 작은 장식 고리를 머리에 두른 몇몇 귀부인들 또는 백작부인.

이 행렬은 질서정연하고 엄숙하게 무대를 통과한다.

**신사 2**  이건 아마 새 왕비의 행렬 같구먼. 이 사람들은 알겠는데, 저기 황금홀을 든 사람은 누군가?

**신사 1**  도싯 후작이네. 그리고 은장을 든 사람이 서리 백작이네.

**신사 2**  대담하고 용감하신 분이군. 저분이 서퍽 공작인가?

**신사 1**  그렇네. 이 대관식의 왕실 최고 집사장이지.

**신사 2**  그리고 저기 저분이 노퍽 공작인가?

**신사 1**  그렇네.

**신사 2**  (왕비를 보고) 하늘의 축복이 있으시길! 저렇게 예쁜 얼굴은 처음 보네. 정말 천사 같군. 전하께서는 두 팔에 인도를 품으신 거나 마찬가지네. 새 왕비를 품에 안으실 땐 그것보다 한결 유복하시겠네. 이혼 생각을 하신 것도 무리는 아닐세.

**신사 1**  왕비님 위로 그늘막을 들고 있는 네 남작이 다섯 항구를 대표하는 분들이군.

**신사 2**  그분들은 참으로 행복하겠구려. 왕비 곁에 있는 다른 사람들도 모두 그렇고. 왕비님의 치맛자락을 받들고 가는 저 노부인이 나이 지긋한 노퍽 공작부인이시군.

**신사 1**  그렇네, 나머지 부인들은 모두 백작부인들이고.

**신사 2**  그분들의 금관으로 알 수 있지. 참으로 빛나는 별들이지. 타락한 별들도 있지마는.

**신사 1**  이제 다 끝났구먼. (행렬 모두 퇴장. 요란한 트럼펫 소리)

신사 3 등장.

**신사 1**  안녕하신가! 어디로 그리 열을 내며 가시나?

**신사 3**  대수도원에서 오는데 어찌나 붐비는지, 사람들로 꽉 찼더라고. 기뻐
하는 사람들 소리로 아주 귀가 먹을 것 같았어.

**신사 2**  대관식은 보았나?

**신사 3**  봤네.

**신사 1**  어떻던가?

**신사 3**  진짜 볼 만하더이다.

**신사 2**  여보게, 말 좀 해주구려.

**신사 3**  한번 해보지. 귀족과 귀부인들은 화려한 물줄기처럼 성가대가 있는
좌석까지 왕비를 안내하고는 멀찍이 물러섰다네. 왕비님은 반 시간쯤 자
리에 앉아 쉬고 계셨는데, 사람들이 그분의 아름다운 용모를 마음껏 볼 수
있도록 해주셨다네. 아, 그리도 어여쁜 부인은 이 세상에서 다시는 없을 거
라네. 사람들이 그분을 제대로 보자 꼭 바다에서 태풍을 만난 돛대의 밧줄
이 이리저리 요란스레 소리를 내듯, 여기저기서 환성이 터져나왔지. 모자며,
외투며, 심지어는 내 생각에 웃옷 같던데, 그것까지 하늘로 높이 던졌다네.
아니, 떼낼 수만 있다면 자기 목도 던질 기세였지. 그렇게 기뻐하는 모습은
일찍이 본 적이 없었네. 곧 아기가 나올 것처럼 배가 남산만 한 여자들이
옛날 전쟁 때 성을 부수는 망치처럼 군중을 뚫고 들어가니, 앞에 있던 사람
들은 비틀거리고 "이 사람은 내 마누라야" 말할 수도 없게 남자 여자가 한
데 엉겨 뒤죽박죽되고 말았다니까.

**신사 2**  그래, 그다음엔 어떻게 되었나?

**신사 3**  드디어 왕비님께서 자리에서 일어나시더니 조심스럽게 제단으로 가
셔서, 무릎을 꿇고 성녀처럼 하늘을 우러러보시며 경건하게 기도를 올리셨
지. 그리고 다시 일어나서 사람들을 향해 허리 굽혀 인사하셨다네. 이때 캔
터베리 대주교가 왕비의 대관 의식을 진행했지. 성유와 참회왕 에드워드의
왕관, 권표와 평화의 새, 이런 모든 상징물이 왕비께 경건히 바쳐졌다네. 이

의식이 끝나자 성가대가 이 나라 최고 악사들의 반주에 맞춰 찬미의 노래를 합창했지. 왕비께서는 그 자리를 떠나셨는데, 앞서와 같이 엄숙한 행렬로 축하잔치가 베풀어지는 요크관으로 돌아가셨다네.

**신사 1**  이보게, 그건 예전 이름이고 이제 그곳은 요크관이라 부르지 않게 되었어. 추기경이 실각한 뒤로는 전하의 소유로 화이트홀이라 부른다네.

**신사 3**  아, 맞네그려. 바뀐지 얼마 안 돼서 예전 이름이 그냥 튀어나오는구먼.

**신사 2**  왕비를 양 옆에서 모시고 가던 두 주교는 누구인가?

**신사 3**  스톡슬리와 가디너요. 한 사람은 윈체스터 주교로 국왕의 비서 중에서 새로 뽑혔고, 또 한 사람은 런던의 주교일세.

**신사 2**  윈체스터 주교는 덕망 높은 크랜머 대주교를 그리 좋아하지 않는 모양이던데.

**신사 3**  세상이 다 아는 일인걸 뭐. 하지만 아직까지 큰 문제는 없었지. 문제가 생긴다면, 크랜머 대주교에게도 강력한 지지자가 있으니 가만히 있지는 않을 걸세.

**신사 2**  그 지지자가 누구인가?

**신사 3**  토머스 크롬웰. 전하께서 크게 신임하시는 믿을 만한 친구지. 전하께서 그 사람을 보석관(寶石館) 책임자로 삼으시고 이미 추밀원 의원으로도 등용하셨다네.

**신사 2**  그 이상의 대우를 받아도 될 사람이지.

**신사 3**  당연하지. 이보게들, 나는 궁전으로 가는 길인데 함께 가시겠는가? 그곳에선 내 말이 통하니, 두 사람한테 대접을 해드리지. 같이 가면서 이야기도 더 나누고.

**신사 1, 2**  좋네. (모두 퇴장)

〔제4막 제2장〕

킴볼턴.

홀몸인 캐서린은 병환 중이며, 시종 그리피스와 시녀 페이션스의 부축을 받으며 등장.

앤 불린  헨리 8세의 두 번째 왕비. 엘리자베스 공주를 낳는다.

**그리피스**  몸은 어떠십니까?

**캐서린**  오, 그리피스, 죽을 것 같구나! 열매가 가득 달린 나뭇가지처럼 두
다리가 땅으로 축축 늘어지는구나. 무거운 짐을 내려놓고 싶다는 거겠지.
의자를 이리 다오. 이제 조금 낫구나. 그리피스, 그대가 날 데리고 나올 때

그리 영예를 누리던 그 추기경이 죽었다 하지 않았더냐?

**그리피스**  네, 그리 말씀드렸습니다. 마님께서 몸이 편찮으셔서 못 들으셨을 것이라 생각하고 있었습니다.

**캐서린**  그리피스, 그 사람이 어떻게 죽었는지 이야기를 해보거라. 다행히 훌륭히 떠났다면 나의 본보기가 되지 않겠느냐.

**그리피스**  훌륭했다고 합니다. 추기경은 요크에서 용감하신 노섬벌랜드 백작에게 체포되어 죄인으로 재판을 받으러 압송되는 도중에, 갑자기 병이 나서 노새에 올라앉을 수도 없을 만큼 심해졌다 합니다.

**캐서린**  세상에, 가엾게도!

**그리피스**  하는 수 없이 쉬어가며 천천히 레스터에 도착해서 그곳 수도원에 묵게 되었고, 그 수도원 원장이 수도사들을 거느리고 공손히 맞아주었다 합니다. 그때 추기경이 "오, 수도원장님, 정치의 폭풍에 부서진 이 늙은 사람이 지친 몸을 이곳에 묻으러 왔습니다. 저에게 땅 한 조각을 나눠 주십시오" 하고 말했다 합니다. 그러고는 자리에 눕더니 병이 차츰 악화되었고, 그렇게 사흘 밤이 지난 뒤 그가 미리 임종의 시간으로 정해 놓은 밤 여덟 시 즈음에 깊이 참회하며 끊임없이 명상하고 눈물과 비통함으로 이 세상에서의 그의 영예를 다시 이 세상에 돌려주고, 그의 축복받은 넋을 다시 하늘로 보내고 평화롭게 잠들었다 합니다.

**캐서린**  부디 편히 쉬소서! 그리고 그의 죄가 가벼워지게 해주소서! 그러나 그리피스, 그 사람에 대해 악의는 없지만 이 말은 해야겠네. 그는 끝없는 욕망으로 들끓었던 사람일세. 자신을 왕족과 동격으로 생각했지. 계략으로 온 나라를 꼭 쥐고 있었고, 성직 매매는 예삿일이었으며, 자신의 의견이 곧 법률이었네. 왕 앞에서도 곧잘 거짓말을 했고, 하는 말과 생각이 같지 않았어. 누군가를 무너뜨리려 할 때에도 자비심을 가진 척했지. 권세 있던 무렵의 그처럼 약속은 거창했지만 실천은 오늘의 그처럼 아무것도 아니었지. 그의 못된 행실이 성직자들에게 나쁜 영향을 주었네.

**그리피스**  인간의 나쁜 행실은 황동에 새긴 듯 오래가지만 선행은 물에다 쓰는 글자와 같습니다. 이제, 그 사람의 선행을 말씀드릴까 하는데, 들어 주시겠습니까?

**캐서린**  그러지, 그리피스. 나는 악의는 없으니까.

**그리피스** 그 추기경은 비천한 출신이었으나, 의심할 여지도 없이 요람에 있던 어린 시절부터 칭찬받을 만한 자질을 갖고 있었습니다. 그는 학자였고 성숙한 사람이었으며 총명했고 말재주도 뛰어나, 사람을 설득하는 데 능했습니다. 자기를 싫어하는 사람에겐 거만하고 심술궂었습니다만, 자신을 따르는 사람에겐 초여름 날씨처럼 따스했습니다. 만족을 모르고 끝없이 가지려 한 것이 죄이긴 하지만 남에게 베풀 때는 아주 왕족다웠습니다. 그가 세운 학문의 쌍둥이 전당이, 영원히 그 사람을 증명해 줄 겁니다. 바로 입스위치와 옥스퍼드이죠! 그 가운데 하나인 입스위치는 은인이 떠난 뒤 창립자와 같은 운명을 맞이했습니다만, 또 다른 하나는 아직 완전하진 못해도 학문의 우수성으로 널리 알려졌으며 계속 성장하고 있어 기독교국 사이에서는 그의 공덕을 영원히 기릴 것입니다. 그는 몰락하고서야 행복을 알게 되었습니다. 그제야 자기 자신을 알게 되고 미천한 신분이 된 것이 축복임을 깨달았습니다. 거기다가 늘그막에 그는 인간으로서 가질 수 있는 최고의 영예를 얻게 되었는데, 바로 신을 두려워하면서 죽었던 것입니다.

**캐서린** 나도 죽은 뒤에 다른 사람 말고 그리피스처럼 정직한 기록자가 내 명예를 해치지 않고 후세에 전해 줬으면 좋겠어. 내 생전에 가장 미워하던 사람을 종교적 성실성과 온당함으로 평해 주니, 이제 재가 된 그 사람을 존경하는 마음이 생기는구나! 그가 영원한 안식을 누리게 하소서! 페이션스, 내 곁에 있거라. 그리고 날 좀더 낮춰 다오. 네 신세를 지는 날도 얼마 남지 않았구나. 그리피스, 악사에게 말해서, 내가 내 장례의 종소리라 이름 붙인 그 슬픈 노래를 연주하게 해줘. 음악을 들으면서 내가 곧 갈 하늘나라에 대해 명상하고 있을 터이니. (구슬프고 엄숙한 음악 소리)

**그리피스** 주무시는구나. 페이션스, 잠을 깨우지 않게 우리 조용히 앉아 있도록 합시다. 쉿, 조용히.


꿈 : 흰 옷을 입고 천사 차림을 한 여섯 명의 인물들이 머리에는 월계수 화관을 쓰고, 얼굴에는 금빛 가면을 쓰고, 손에는 월계수인지 종려수인지의 가지를 들고, 장엄하나 경쾌한 발걸음으로 차례대로 등장. 그들은 먼저 전 왕비에게 공손히 인사하고 춤을 춘다. 어떤 대목에서, 첫 번째 둘은 준비해 온 화관을 전 왕비 머리 위에 받쳐 들고 있다. 나머지 넷은 공손하게 절

을 한다. 그러면 화관을 들었던 둘은 그 화관을 다음 둘에게 넘겨주고, 그것을 받은 둘은 또 같은 식으로 그다음 둘에게 넘겨주어 왕비의 머리 위에다 화관을 받쳐 들고 서 있다. 이 절차가 끝나자 그 둘은 마지막 둘에게 그화관을 주고, 이 마지막 둘도 똑같이 이러한 절차를 거친다. 그러면 왕비는영감이라도 받은 듯이, 잠을 자면서 환희의 표정을 짓고 하늘 높이 두 손을뻗는다. 그들은 화관을 들고 춤을 추면서 사라진다. 음악은 이어진다.

**캐서린**  평화의 정령들이여, 다들 어디로 갔나요? 저만 이렇게 비참한 곳에
  남겨두고 모두 떠나셨나요?
**그리피스**  마님, 저희들은 여기 있습니다.
**캐서린**  그대들 말고, 내가 잠들어 있는 동안 누가 이곳에 오지 않았더냐?
**그리피스**  아무도 오지 않았습니다.
**캐서린**  아무도? 방금 전까지 성스러운 한 무리가 나를 연회에 초대했는데,
  그들의 얼굴은 태양처럼 눈부시게 빛을 비춰 주었어. 그들을 보지 못했다
  고? 그들은 내게 영원한 행복을 약속하고 화관을 주었어. 그리피스, 난 오
  늘은 그 화관을 쓸 자격이 없지만 언젠가는 틀림없이 쓰게 되겠지.
**그리피스**  참으로 기쁩니다. 그런 좋은 꿈을 꾸시다니요.
**캐서린**  저 음악을 그만 멈추게 하라. 듣기가 거북하구나. (음악 멈춘다)
**페이션스**  (그리피스에게만 들리게) 갑자기 마님의 얼굴색이 달라지신 것 같지
  않아요? 얼굴이 많이 일그러지셨어요. 흙빛처럼 싸늘해지셨어요. 눈을 좀
  보세요!
**그리피스**  (페이션스에게만 들리게) 돌아가시려나 보오. 기도를 올립시다. 기
  도를!
**페이션스**  하느님, 마님께 안식을 주소서!

  전령 등장.

**전령**  황공하오나……
**캐서린**  불손하구나. 인사도 하지 않고?
**그리피스**  (전령에게) 꾸지람을 받을 만하다. 마님께선 몸에 익은 위엄을 계속

보여주시는데 그리 무엄하다니. 어서 무릎을 꿇어라.

**전령** (무릎을 꿇고) 무례함을 용서해 주소서. 너무도 급한 나머지 무례를 범했나이다. 전하께서 보내신 신사 한 분이 뵙고자 하십니다.

**캐서린** 그리피스, 그 사람을 들어오게 하라. 그리고 저자는 다시 보고 싶지 않구나.


그리피스, 전령과 함께 퇴장했다가 캐푸셔스와 함께 다시 등장.


**캐서린** 내 눈이 틀리지 않다면, 그대는 나의 조카 카를 황제가 보낸 대사 캐푸셔스가 아니오?

**캐푸셔스** 그러하옵니다, 마님의 심복입니다.

**캐서린** 오, 그대가 날 처음 보았을 때와는 내 처지와 칭호가 참으로 많이 변했소. 그건 그렇고, 무슨 일로 이렇게 날 찾아주었소?

**캐푸셔스** 첫째는 제 스스로 부인께 충성을 다하려는 것이고, 또 전하께서 병문안을 드리라는 분부를 내리셨습니다. 전하께서는 부인이 쇠약해지신 것을 아주 마음 아파하시어, 제가 찾아뵙고 위안을 드리라고 하셨습니다.

**캐서린** 오, 참으로 친절하시구려. 그러나 전하의 그 위안의 말씀이 너무도 늦었소이다. 꼭 사형을 집행한 뒤에 온 사면장 같구려. 좀더 일찍 그런 말씀을 주셨더라면 그게 약이 되어 나를 구했을 터이나, 이제는 기도 말고는 아무것도 위안이 되지 않는답니다. 그래, 전하께선 안녕하신지요?

**캐푸셔스** 건강하시옵니다.

**캐서린** 이 몸이 구더기와 함께 썩어가고 가련한 내 이름이 이 나라에서 사라지더라도 전하, 언제까지나 그렇게 강건하소서! 페이션스, 내가 너에게 쓰게 한 편지는 부쳤는가?

**페이션스** 아니, 아직 부치지 않았습니다. (편지를 캐서린에게 준다)

**캐서린** 그대가 이 편지를 전하게 좀 전해 주시겠소?

**캐푸셔스** 꼭 전해드리겠습니다.

**캐서린** 내용은 이런 것이오. 전하께 우리 순결한 사랑의 정표인 어린 공주를, 하늘이시여, 은혜의 이슬을 흠뻑 내려주소서! 아, 그 어린 공주를 전하께서 훌륭하게 키워 주십사 간청드렸소. 공주는 아직 어리지만 품위 있고 성정이 정숙하므로, 훌륭한 교육을 받길 바라오. 그리고 하늘이 잘 아실 테지만 전하를 너무나도 사랑했던 공주의 어미를 위해서라도, 공주를 사랑해 달라고 간청하였소. 또 다른 부탁이라면, 오랫동안 나의 행복과 불행을 충실히 함께했던 가련한 시녀들에게도 전하의 높으신 은총을 내려주십사 하는 것이오. 이제 곧 죽을 내가 어찌 거짓말을 하겠소만 이런 내가 단언하건 대 그 시녀들은 한 사람도 빠짐없이 모두 정숙하고 심성 고우며, 정직하고 몸가짐도 바르니, 정말 좋은 남편을, 귀족을 남편으로 삼아도 손색이 없을 만큼 훌륭하여, 그런 여자를 아내로 맞는 남자들은 행복할 것이라 하였소. 마지막으로 내가 부리던 남자들에 대해서인데, 그들은 매우 가난하지만 그 때문에 나를 버리지는 않았던 사람들이오. 그들에게 적절한 급료를 주기 바라며, 나를 기억하시어 따로 더 챙겨주었으면 좋겠다 하였소. 하늘이 내 게 수명과 재력을 좀더 주셨더라면 이런 어려운 말로 이별하지는 않았을 터인데. 이 편지의 내용은 이렇소이다. 그대는 기독교 신자로서, 이 세상을 떠나는 영혼에게 안식을 주기를 바랄 것이니, 가장 사랑하는 것을 걸고 지금 내가 말한 불쌍한 사람들의 좋은 벗이 되어, 마지막 나의 소원이 이루어 지도록 전하께 간청드려 주시오.

**캐푸셔스**  하늘에 맹세코 노력하겠습니다. 그렇지 않으면 남자된 자격을 포기 하겠습니다.

**캐서린**  고맙소, 정직한 분. 전하께 내가 정중히 문안드린다고 전해 주시오. 오 랫동안 심려를 끼쳐 드렸으나 이제는 세상을 떠나며 전하를 위해 축복한다 고 전해 주세요. 정말로 그렇게 하려고 합니다. 눈이 점점 어두워집니다. 캐 푸셔스 경, 잘 있어요. 그리피스도 잘 있게. 페이션스, 너는 아직 내 곁에 있 어다오. 침대로 가야겠구나. 시녀들을 더 불러다오. 내가 죽거든 너희들은 날 소중히 다뤄다오. 내가 무덤 속에 들어갈 때까지 처녀의 꽃을 뿌려줘. 세상 사람들이 모두 내가 정숙한 아내였음을 알 수 있도록 말이야. 향료를 뿌려 날 묻어다오. 이제 왕비는 아니지만 왕비답게, 그리고 왕녀답게 묻어 주오. 이제 그만……. (모두 퇴장)

연극 〈헨리 8세〉 이혼문제로 괴로워하는 캐서린(콜린 자벨, 오른쪽)을 위로하는 페이션스(에이미 피니건). 스트랫퍼드 홀리 트리니티 교회에서 로열셰익스피어 극단 공연. 2006.

〔제5막 제1장〕

런던. 궁전의 화랑.

윈체스터 주교 가디너가 시동에게 횃불을 들려 앞세우고 등장. 러벌과 만난다.

**가디너** 얘, 한 시를 쳤지?

**시동** 네, 그렇습니다.

**가디너** 잘 시간이구나. 향락에 젖어 낭비할 때가 아니라 편안하게 쉬면서 몸 을 회복할 시간이야. 토머스 경, 이렇게 늦게 어딜 가시오?

**러벌** 경은 전하와 함께 있었소?

**가디너** 그렇소. 전하께서 서퍽 공작과 카드놀이를 하고 계신 걸 보고 나오는 길이오.

**러벌** 나도 전하께서 주무시기 전에 뵈어야겠군요. 그럼, 이만 실례하겠소.

**가디너** 잠깐 좀 있어 보시오, 토머스 러벌 경. 그리 서두르는 걸 보니 무슨 일이 생겼습니까? 크게 지장이 없다면, 이 밤에 전하를 뵈어야 하는 사정을 친구인 내게도 좀 알려주시오. 요정은 깊은 밤에만 돌아다닌다는데, 한밤에 일어나는 일이 낮의 것보다 훨씬 다급하겠죠.

**러벌** 내가 아끼는 사람이니 이보다 더 중대한 비밀인들 알려주지 못하겠소. 사실은 왕비께서 해산하시려고 하는데, 고통이 너무 심해 생명이 위중할 정도라 하는군요.

**가디너** 태어날 그 열매가 무사하게 나오기를 진심으로 기원하오. 하지만 토머스 경, 나는 그 줄기가 밑동부터 시들어 버렸으면 좋겠소.

**러벌** 나도 동감이지만 양심적으로 말해서 왕비께선 선량한 분이시오. 다정하시기도 하고. 그러니 축복해 드려야 하지 않겠소.

**가디너** 하지만 토머스 경, 내 말을 들어보시오. 당신은 나와 같은 종파가 아니오? 현명하고 신앙심이 깊다고 알고 있소. 내 말하지만 토머스 경, 왕비의 두 팔인 크랜머와 크롬웰, 그리고 왕비가 무덤에 들어가야만 해결되는 일이라오.

**러벌** 그 두 사람은 지금 이 나라에서 가장 주목받는 인물들이 아닙니까? 크롬웰로 말하면, 왕실 보석관 관장에다 기록 보관소 책임자이며, 왕의 비서가 아니오? 게다가 앞으로 더욱 승진할 수 있는 상황에 있지 않소? 또 대주교로 말하자면, 전하의 손이요 입인데, 누가 감히 그에게 한마디라도 맞설수 있겠소?

**가디너** 있지, 있고말고요. 토머스 경, 감히 말할 수 있는 사람이 얼마든지 있다오. 먼저 나도 그 사람에 대해 하고 싶은 이야길 털어놓고 말했으니까요. 그대에게는 이야기해도 괜찮으리라 생각해서 말이지만, 사실 오늘 내가 의회에서 귀족들에게 큰 자극을 주었소. 나처럼 그 사람들도 생각하겠지마는, 그자는 극단적인 이단자이고 이 나라를 병들게 하는 독이라는 것을 그 사람들에게 이해시켰단 말이오. 그래서 국왕께 상소를 하기에까지 이르렀소. 전하께서도 우리들 말에 귀를 기울이시고, 군주답게 나라를 걱정하시어 이 대로 내버려 두었다간 큰 사달이 일어날 것이라 내다보시고 내일 날이 밝는 대로 크랜머를 의회로 나오라 명령하셨소. 토머스 경, 그자는 독초요. 뿌리째 뽑아야 합니다. 너무 오랫동안 붙들고 있었군요. 잘 가오, 토머스.

**러벌** 잘 있으시오, 가디너 경, 언제까지나 그대의 심복이 되겠소. (가디너와 시

동 퇴장)

왕과 서퍽 등장.

**헨리 왕**  서퍽, 오늘 밤은 여기까지 합시다. 마음이 내키질 않소. 내가 도저히
상대가 되질 않는군요.

**서퍽**  전에는 제가 이긴 적이 없습니다.

**헨리 왕**  거의 없었지요. 그야 마음이 내키면 내가 질 리가 없소. (러벌을 보고)
아니, 러벌, 왕비는 어찌 되었소?

**러벌**  제게 내리신 명을 직접 전해 드릴 수는 없어서 시녀를 시켰는데, 감사
하다는 정중한 인사 말씀과 함께 전하께서 왕비님을 위해 마음을 다해 기
도를 올려주시기를 간곡히 청하시는 대답을 보내오셨습니다.

**헨리 왕**  지금 무슨 말을 하는 거요? 왕비를 위해 기도를 하라니? 그럼 난산
이란 말이오?

**러벌**  왕비님의 시녀가 그렇게 말했나이다. 고통이 심하셔서 진통이 올 때마
다 거의 돌아가실 듯하다 하옵니다.

**헨리 왕**  가여워라!

**서퍽**  신이시여, 왕비의 진통이 가라앉고 무사히 왕자를 낳으시어 전하께 기
쁨이 되게 해주소서!

**헨리 왕**  서퍽, 밤이 깊었소. 어서 쉬시오. 그대가 기도할 때 가여운 왕비를 잊
지 마시고 어서 물러가시오. 다른 사람 방해 없이 홀로 조용히 생각할 일이
있으니.

**서퍽**  전하, 평안히 주무시옵소서. 왕비님을 위해 잊지 않고 기도를 올리겠나
이다.

**헨리 왕**  잘 가시오. (서퍽 퇴장)

데니 등장.

**헨리 왕**  무슨 일인가?

**데니**  전하, 분부하신 대로 대주교를 모시고 왔습니다.

**헨리 왕**　그래, 캔터베리 대주교 말인가?

**데니**　네, 그러하옵니다.

**헨리 왕**　그 사람은 어디 있는가?

**데니**　대령하고 있습니다.

**헨리 왕**　이리 모셔오너라. (데니 퇴장)

**러벌**　(혼잣말로) 이것이 조금 전에 가디너가 말한 그 일이군. 마침 잘 왔구나.


크랜머와 함께 데니 다시 등장.


**헨리 왕**　그만 물러들 가시오. (러벌 머뭇거린다) 아니! 물러 가라지 않소! 어서!
(러벌과 데니 퇴장)

**크랜머**　(혼잣말로) 무엇 때문에 저리 얼굴을 찌푸리고 있는지 걱정이 되는구나. 사람을 두렵게 만드는 그런 표정이다. 좋지 않은 일이 있는 게야!

**헨리 왕**　이 밤에 왜 내가 사람을 보내 그대를 불러오게 했는지 궁금하겠죠?

**크랜머**　(무릎을 꿇고) 전하의 분부시라면 언제든 달려오는 것이 저의 마땅한 의무입니다.

**헨리 왕**　자, 일어나시오. 선량하고 기품 있는 캔터베리 주교. (크랜머 일어난다) 우리 둘이 좀 걸읍시다. 그대에게 할 이야기가 있소. 자, 자, 그대 손을 이리 주시오. 경, 그대에게 이런 말을 하다니 참 슬프오. 하고 싶은 이야기는 아니지만 최근 그대에 대해 불평을 해오는 이들이 많소. 안 들어줄 수도 없는 노릇이라 생각다 못해, 추밀원과 협의한 끝에 경을 오늘 아침 회의에 나오도록 하였소. 내가 알기로 거기서 심문을 받게 되면 그대는 도저히 자신의 결백을 밝힐 수가 없소. 나중에 재심문에서 밝히면 되므로 그때까지는 참아주고 한동안 런던 탑을 그대 거처로 삼아주오. 참고 견디지 않으면 안될 것이오. 그대는 추밀원 의원이니, 그런 절차를 거칠 수밖에 없소. 그렇지 않으면 고발한 측의 증인이 나타나지 않으니 말이오.

**크랜머**　(무릎을 꿇고) 큰 바다와도 같은 성은에 몸 둘 바를 모르겠나이다. 이번이 키질을 해서 쭉정이와 알맹이를 가려낼 좋은 기회라고 생각합니다. 아마 저보다도 더 이런 중상모략에 시달리는 사람은 없으리라 생각되기 때문입니다.

**헨리 왕** 일어나시오, 캔터베리 경. 그대가 진실하고 성실하다는 사실은 친구인 내 머릿속에 뿌리 깊게 박혀 있소. 손을 이리 주오. 일어나 함께 걸읍시다. 그대는 정말이지 참 이상한 사람이요. 난 그대가 나에게 간청을 해서는 내가 그대와 고발자들을 한데 불러 놓고, 그대가 변론을 통해서 탑에 들어가지 않고 처리해 달라고 할 줄 알았소.

**크랜머** 황공하오나 전하, 저의 규범은 성실과 정직뿐이옵니다. 이런 규범이 없다면 저를 정복하려는 적에게 저도 가담하겠나이다. 이런 규범이 저한테 없다면 소중할 게 하나도 없으니, 적들이 무어라 해도 겁날 것이 없습니다.

**헨리 왕** 그대는 이 세상에서, 모든 사람들과의 관계에서 그대 위치가 어떤 것인지 모른단 말이오? 그대에게는 적이 많소. 더구나 만만치 않은 적들이니, 그들의 수단도 그만큼 허술하지 않을 것이오. 정당하고 진실하다 해서, 판결이 그에 맞게 내려지는 것도 아니오. 부정한 마음을 가진 자는 얼마든지 쉽게 부정한 자를 매수하여 그대를 모함하는 증언을 할 수 있는 거요. 그런 일은 그동안 늘 있어왔소. 더구나 그대의 적은 강력하므로 악의 또한 엄청날 것이오. 그대의 주 예수께서도 이 얄궂은 세상에 계실 때 수많은 어려움을 겪으셨는데, 그대는 위증을 하고서도 그대의 주인이신 예수보다 운이 더 좋으리라 생각하오? 천만에! 그대는 위험을 모르고서 절벽으로 떨어지려 하는 것이오.

**크랜머** 신과 전하께서 저의 결백을 지켜주셔야지요. 그렇지 않으면 저는 제 앞에 놓인 함정에 빠지고 말 것입니다.

**헨리 왕** 힘을 내시오. 저들이 아무리 그래 봐도, 다 내가 허용하는 한에서만 가능할 것이오. 그러니 안심하고, 오늘 아침 그들 앞에 서시오. 그들이 투옥시키려고 온갖 근거로 심문하거든, 온 힘을 다해 반박해 보시오. 격론도 좋소. 만약 아무리 설득해도 성과가 없다면 이 반지를 그들에게 보이며 나에게 직접 호소하겠노라 하시오. (혼잣말로) 저것 봐, 저 착한 사람이 우는군! 내 명예를 걸고 말하는데 그는 확실히 정직해. 성모 마리아에게 맹세하는데 저런 진심을 가진 자는 내 왕국에 또는 없다. (크랜머에게) 물러가서 내가 말한 대로 하시오. (크랜머 퇴장) 눈물 때문에 목이 메어 말을 못하는 게로군.

노부인 등장. 러벌 뒤따른다.

**신사** (안에서) 어서 이리 나와요. 무슨 짓이오?

**노부인** 천만에요, 못 나갑니다! 내가 가지고 온 소식이 어떤 소식이라고요. 다 그럴 만한 소식입니다. 착하신 천사님들이 전하의 머리 위를 빙빙 날며 행복한 날개로 보호해 주소서!

**헨리 왕** 음, 그대의 표정을 보아하니 무슨 일로 온 것인지 알겠구나. 왕비께서 몸을 푸셨느냐? "네" 하거라. 그리고 "사내아이"라 답해라.

**노부인** "네" 전하, 예쁜 아기씨입니다. 하늘이시여, 앞으로 영원히 공주님을 축복해 주소서! 전하, 따님이지만 앞으로 아드님을 많이 낳아드릴 것이옵니다. 전하, 아기씨를 보시러 와주십사고 왕비님께서 전하셨습니다. 앵두가 앵두를 닮듯이, 전하를 그대로 쏙 빼닮으셨나이다.

**헨리 왕** 러벌!

**러벌** 네, 전하?

**헨리 왕** 저 여인에게 백 마르크를 주시오. 나는 왕비에게 가볼 테니. (퇴장)

**노부인** 백 마르크라니! 정말이지, 좀더 받아야겠는걸. 평범한 마부꾼이라도 그쯤은 받을걸. 좀더 받아내야지. 안 그러면 시끄럽게 떠들어댈 거야. 따님이 아버지를 쏙 빼닮았다 했는데 그 대가가 고작 이건가? 좀더 받아내자. 안 그러면 없던 걸로 해버릴 테다. 자, 말이 나왔을 때, 빨리 받아내야지. (모두 퇴장)

〔제5막 제2장〕

회의실 앞.
시종들, 시동들, 그 밖의 사람들 대기하고 있다. 크랜머 등장.

**크랜머** 너무 늦진 않았겠지? 추밀원에서 보낸 사람은 서두르라고 했지만. 문이 모두 잠겨 있군. 무슨 일이지? 여봐라! 거기 누구 없느냐? 이보게, 날 알지?

문지기 등장.

**문지기**  네, 압니다만, 대주교님. 저는 어찌할 도리가 없습니다.

**크랜머**  왜?

버츠 박사 등장.

**문지기**  안에서 부르실 때까지 기다리셔야 합니다.

**크랜머**  그래?

**버츠**  (혼잣말로) 나쁜 마음을 먹고서 하는 짓이구나. 이 길로 와서 다행이다. 전하께 바로 알려드려야지.

**크랜머**  (혼잣말로) 저건 전하를 돌보는 의사 버츠인데. 지나가면서 날 뚫어지게 쳐다보았는데! 제발, 나의 이 치욕을 그냥 묻어두었으면 좋으련만! 날 미워하는 자가 일부러 이렇게 한 것이 틀림없어. 신이시여, 그들의 악한 마음을 바로잡아 주소서! 난 그들의 원한을 살 만한 일을 한 적이 없는데······ 내 명예를 깎아뭉개고 나에게 창피를 주려고 동료 의원인 나를 심부름꾼이나 마부, 하인들과 함께 문밖에서 기다리게 하다니. 그들이 바라는 대로 하게 내버려 두는 수밖에 없을 테니 참고 기다리자.

헨리 왕과 버츠가 위층 창가에 나타난다.

**버츠**  전하, 아주 기이한 광경을 보여드리겠나이다.

**헨리 왕**  그게 무엇이오?

**버츠**  이런 광경을 보신 지 오래되셨을 듯합니다.

**헨리 왕**  아니, 어디에 있다는 거요?

**버츠**  저기옵니다. 전하, 캔터베리 대주교가 높이 승진하신 모양입니다. 지위에 맞게 종자들과 시동과 심부름꾼들 사이에서 기다리고 계시니 말입니다.

**헨리 왕**  아, 그 사람이 틀림없구려. 동료끼리 어찌 저리 한단 말인가? 저자들보다 위에 있는 사람이 하나라도 있으니 다행이지, 나는 그래도 저들이 성실하고 예의는 지키는 줄 알았는데. 그만한 지위에 있는 사람을, 그리고 내가 총애하는 사람이 아닌가? 그런 이를 서류 꾸러미를 가지고 온 심부름꾼처럼 저렇게 문간에서 기다리게 하다니! 버츠, 성모 마리아께 두고 말하지

만 참으로 고약하구려. 그냥 놔둬 보세. 곧 심문을 들을 것이니. (모두 퇴장)

〔제5막 제3장〕

회의실.
옥좌 밑에 의자와 걸상, 회의용 탁자가 있다. 대법관이 등장해서 왼쪽에 있는 탁자 위쪽에 앉는다. 그 좌석보다 높은 곳에 있는 왼쪽 좌석이 크랜머의 자리이나 비어 있다. 서퍽 공작, 노퍽 공작, 서리, 시종장, 가디너가 순서대로 탁자 양편으로 앉는다. 크롬웰은 비서 자격으로 그 탁자 끝에 앉는다.

**대법관**   비서관, 의사 일정에 대해 이야기해 주시오. 이 회의를 연 이유는 무엇이오?
**크롬웰**   네, 오늘의 주요 안건은 캔터베리 대주교에 대한 것입니다.
**가디너**   대주교도 알고 있나요?
**크롬웰**   네, 알고 있습니다.
**노퍽**   저곳에서 기다리고 있는 사람은 누구요?
**문지기**   밖에 계신 분 말씀이신가요?
**가디너**   그렇소.
**문지기**   대주교님입니다. 벌써 반 시간이나 부르시기를 기다리고 계십니다.
**대법관**   들어오시게 해라.
**문지기**   (밖을 향해) 들어오시라 합니다.

크랜머 등장해서 탁자로 간다.

**대법관**   대주교, 이 사람은 오늘 여기에 앉아, 저기 저 자리가 비어 있는 것을 보게 되어 매우 유감스럽습니다. 그러나 우리는 인간인지라 본성이 나약하고 육체의 유혹을 떨쳐내기가 어렵습니다. 천사 같은 사람은 거의 보이지 않습니다. 나약하고 우둔한 우리를 가르쳐 주셔야 할 분께서 잘못된 행동을 하시다니요? 당신은 첫째로 전하께, 그다음엔 국법에 관해서도 적지 않은 불경을 저지르셨습니다. 듣기로 당신이나 당신 사제들의 설교로 전국에 온갖 위험한 교리를 퍼뜨렸으니, 이것은 모두 이단의 그릇되고 간사한 말이기에 바로잡지 않으면 국가적으로 큰 해악이 될 것입니다.

**가디너**  여러분, 지체없이 바로잡아야 합니다. 야생마를 길들이는 사람은 그 말을 얌전하게 하기 위해 고삐를 잡고, 걸음걸이를 고쳐주는 것만으로는 안 됩니다. 견고한 재갈을 입에 물리고, 박차를 가해서 말을 잘 듣도록 해야 합니다. 안이하고도 유치한 동정심으로 누구 한 사람의 명예를 위해 이런 전염병을 그대로 보아 넘긴다면 치료는 불가능해집니다. 그렇게 되면 이제 무슨 일이 일어나겠습니까? 그 병이 전국으로 퍼져서 폭동과 소란이 일어나게 됩니다. 이웃 나라, 북독일 고위층에서 최근에 일어난 분규가 확실한 예가 될 수 있습니다. 안타까워했던 기억이 아직 남아 있지 않습니까?

**크랜머**  여러분, 나는 이제까지 생활을 할 때나 직무를 볼 때 노력해 왔으며, 열심히 연구하여 내 교리의 설교와 내 권력의 행사가 일치하도록 애써왔습니다. 그것도 안전하게 말입니다. 그 목적은 최선을 다한다는 것이었습니다. 여러분, 나는 한 점 거리낌 없이 말하겠습니다. 오늘 살아 있는 사람들 중에서 나만큼 개인적이거나 직무에 관련된 것이나 양심적으로 공중의 평화를 깨뜨리는 자들을 싫어하여 맞서는 사람은 없을 겁니다. 하늘이시여, 전하께 불충한 사람이 없도록 살펴주소서! 질투와 사악한 마음을 영양분으로 삼는 자는 선한 이들을 물어뜯습니다. 여러분에게 간청하니, 나를 고발한 자가 누구이든 이 법정에서 나와 마주해 털어놓고 진술할 수 있도록 해주십시오.

**서퍽**  대주교, 그건 안 됩니다. 당신은 추밀원 의원이니 아무도 감히 당신을 고발하지 못합니다.

**가디너**  대주교, 중대한 안건이 많으므로 간단히 말씀드리겠습니다. 이는 '전하의 뜻'이고 저희들이 동의한 것이기 때문에, 더 나은 심문을 위하여 당신은 런던 탑에 들어가셔야겠습니다. 그곳에 들어가시면 평민으로 돌아가는 것이니, 당신이 생각하시는 것보다 많은 사람들이 거리낌 없이 고발할 것입니다.

**크랜머**  아, 윈체스터 주교, 고맙소. 당신은 언제나 나의 친절한 벗이었지요. 만약 당신 뜻대로 당신이 재판관에다 배심원을 겸한다면 나에게 자비를 베풀겠지요. 나는 당신이 무엇을 원하는지 알고 있소. 그건 바로 나의 파멸이지요. 주교, 성직자에겐 야망보다 사랑과 온화함이 더 잘 어울립니다. 방황하는 영혼들을 내치지 말고 겸손하게 다시 불러들이세요. 당신들이 날마다 나쁜 짓을 하면서 양심의 가책을 받지 않듯이, 내 인내심 위에 아무리 무거운 올가미를 씌운다 해도 나는 깨끗이 나의 결백을 밝히겠소. 더 이야기할 수도 있지만, 당신의 소명을 존중하는 의미에서 이 정도로 하겠소.

**가디너**  대주교, 당신은 이단자입니다. 이 사실은 명백하오. 아무리 그럴싸하게 포장해도 당신을 알고 있는 사람은 그 공허한 말을 눈치챌 테니까요.

**크롬웰**  윈체스터 주교, 죄송하지만 말씀이 너무 지나칩니다. 비록 죄가 있다 하더라도, 나만큼 높은 지위에 계신 분은 그 자리에 어울리는 대우를 해드려야 합니다. 떨어지는 사람에게 짐까지 싣는 것은 너무 잔인합니다.

**가디너**  비서관, 미안하게 됐소만 당신이 이 자리에서 그런 말을 하다니, 전혀 어울리지 않는군요.

**크롬웰**  왜 그렇죠?

**가디너**  당신이 그 새로운 종파의 지지자라는 사실을 내가 모르는 줄 아시오? 당신은 믿을 만한 사람이 아니에요.

**크롬웰**  믿을 만하지 않다고요?

**가디너**  믿을 만한 사람이 아니라고 말했소.

**크롬웰**  당신이 반 정도만 공정했더라면! 그랬다면 사람들이 당신에게 저주를 하는 대신, 당신을 위해 기도했을 겁니다.

**가디너**  그 대담한 말을 기억해 두리다.

**크롬웰**  그러시든지요. 당신의 그 대담한 삶도 함께 기억하시지요.

**대법관**  너무 지나치십니다. 그만들 하세요, 부끄럽지도 않으세요?

**가디너**  그만하겠습니다.

**크롬웰**  저도요.

**대법관**  (크랜머에게) 그럼, 대주교께 말씀드립니다. 모두 동의하였으므로 이렇게 처리하겠습니다. 곧 당신을 죄수로 런던 탑으로 보내니, 전하께서 따로 분부하실 때까지 그곳에 있도록 하세요. 여러분, 모두 동의하십니까?

**모두**  동의합니다.

**크랜머**  여러분, 나를 런던 탑으로 보내는 것 말고는 다른 방법이 없는지요?

**가디너**  뭘 더 바란단 말이오? 참으로 성가신 사람이군요. 경호할 사람을 몇 명 불러들여라!

호위병 등장.

**크랜머** 뭐? 나를 반역범처럼 압송해 간단 말이오?

**가디너** (호위병에게) 저 분을 탑까지 모시고 가거라.

**크랜머** 여러분, 잠깐만 계시오. 아직 할 말이 더 있소이다. 자, 이걸 보시오. (왕의 반지를 꺼내 놓는다) 나는 이 반지의 특권으로 잔인무도한 사람들 손 아귀에서 이 사건을 빼내 가장 고매한 재판관이신 나의 군주, 전하께 맡기 겠소.

**시종장** (반지를 보고) 이건 전하의 반지입니다.

**서리** 진짜요.

**서퍽** 틀림없습니다. 그러게 내가 말하지 않았나요? 맨 처음 이 위험한 돌을 굴리려 했을 때, 잘못하면 그 돌이 우리 머리 위로 떨어질 거라 하지 않았 습니까?

**노퍽** 여러분, 전하께서는 이 사람의 새끼손가락 하나도 다쳐서는 안 된다고 여기시는 것 같은데요. 어찌 생각하세요?

**대법관** 확실하군요. 그러니 그의 목숨은 또 얼마나 소중히 여기시겠습니까! 난 이 일에서 손 떼겠습니다.

**크롬웰** 사실은 저 사람을 해치려고 저자에 대한 소문과 자료를 모으고 있을 때, 이런 생각이 들더군요. 그는 너무도 정직해서 악마나 그의 제자가 아니 고서는 시기하지 않을 텐데, 이런 사람을 해치려 하는 것은 오히려 나 자신 을 파멸시킬 불을 지피는 것이 아닌가 하는 그런 생각 말입니다. 결국 그것 이 맞았군요!

헨리 왕 등장. 의원들에게 눈살을 찌푸리면서 옥좌에 앉는다.

**가디너** 황공하오나 전하, 저희들은 그리 어지시고 지혜로우시며 또한 종교적 으로도 가장 신실하신 전하를 내려주셔서 감사하다고 하늘에 날마다 기도 드려야 할 것입니다. 종교에 무조건적으로 순종하시어, 교회를 전하의 가장 중요한 목적으로 삼아주셨습니다. 그리고 그 신성한 의무를 다하시기 위해, 소중한 경의의 표시로 교회와 이 흉악한 범죄자 사이의 소송을 들으시려고 법정까지 이렇게 오시니 송구스러울 따름입니다.

**헨리 왕**  즉흥적으로 어찌 그리 찬사를 잘하시는지요, 윈체스터 주교! 하지만 내가 지금 그대의 그런 아첨을 들으러 여기 온 것은 아니오. 내 앞에선 그런 말을 해도 속이 다 드러나 보이니 그것으로 잘못을 감출 수는 없소. 주교는 개가 꼬리 치듯 그리 혓바닥만 잘 놀리면 나는 문제없다고 생각하겠지만 천만의 말씀이오. 당신은 날 어찌 생각하는지 모르겠지만, 내가 보기에 당신은 천성적으로 잔인무도한 사람이오. (크랜머에게) 선량한 그대는 앉으시오. 이중에서 감히 그대의 손가락 하나라도 건드리려 한 그런 거만한 자가 있었다면 누군지 말하시오. 신성한 모든 것을 걸고서, 그대가 그 자리에 앉은 것이 부당하다고 하는 이가 있다면 그자를 굶겨 죽일 것이니!

**서리**  전하, 송구스러우나······.

**헨리 왕**  아니, 듣지 않겠소. 나는 우리 추밀원 의원들이 이해력도 있고, 지혜로운 사람들이라 생각했었소. 그런데 그런 자가 하나도 없소. 경들이 이 사람한테 한 짓은 도대체 분별 있는 자가 할 짓이오? 이렇게 불릴 만한 사람이 그대들 중엔 없지만 이 선량한 사람이 천한 시동들처럼 회의실 문밖에서 기다려야겠소? 그대들과 같은 높은 신분이 아니오? 이 얼마나 부끄러운 일이오! 내가 그대들에게 위임권을 주어 이렇게 본분을 잊은 것이오? 내가 그대들에게 위임권을 준 것은, 그 사람을 추밀원 의원으로 심문하라는 것이지 마부꾼으로서가 아니오. 내가 알기로 그대들 가운데 몇몇은 공적인 관점에서가 아니라 사사로운 악의에서 그에게 극형을 내리려 하는 것 같소. 하지만 그런 일은 내가 살아 있는 동안에는 절대 허용하지 않겠소.

**대법관**  송구스러우나 평소 인자하신 전하께, 모두를 대신해 제게 해명할 기회를 주십사 간청드립니다. 대주교를 투옥하려 한 의도는 재판을 통해 세상에 결백함을 밝히려는 것이었지 결코 사사로운 악의는 아니었습니다. 틀림없이 저는 그랬나이다.

**헨리 왕**  잘 알겠소. 하지만 그대들은 저 사람을 존경하고 우대해 주어야 하오. 그는 그런 대우를 받을 만하오. 그래서 난 저 사람에 대해 이렇게 말하겠소. 만약 한 군주가 한 신하에게 애정을 갖고 바라봐 줘야 한다면, 나는 저 사람의 충성과 헌신에 보답하겠소. 이제 이 일은 그만 끝내고 모두 저 사람을 받아들이시오. 모두 부끄러운 줄 알고 가깝게 지내야 하오! 캔터베리 대주교, 그대에게 부탁이 하나 있으니 거절하지 말고 들어주시오. 우리 어여쁜 공주가 아직 세례를 받지 않았는데, 그대가 대부가 되어 잘 돌봐 주시오.

**크랜머**  이 세상에서 가장 위대하신 군주라도 그런 명예는 영광으로 여기실 겁니다. 한낱 비천한 제가 어찌 그런 영광을 받겠나이까?

**헨리 왕**  자, 대주교, 세례 선물로 숟가락을 달라고 하지는 않겠소. 함께할 사람이 둘 더 있는데, 노퍽의 노공작부인과, 도싯의 후작부인에게 부탁할 것이오. 괜찮으시오? 윈체스터 주교, 다시 한 번 명령하니, 저 사람을 받아들이고 친하게 지내시오.

**가디너**  진심으로, 형제애를 가지고 그렇게 하겠나이다.

**크랜머**  하늘에 맹세코 이 약속을 지키겠나이다!

**헨리 왕**  선량한 이여, 기쁨에 겨워 흘러나오는 그대의 눈물이 그대 진심을 말해 주는구려. 그대에 대한 사람들 이야기를 들어보니 "캔터베리 경에게 심술궂게 굴어도 그 사람은 영원히 네 편이다" 하던데, 그것이 거짓이 아니었소. 경들은 시간을 헛되이 보냈소. 난 어린 딸아이가 어서 세례를 받아, 기독교 신자가 되길 바라오. 내가 경들을 화합하도록 했으니 오래도록 서로 잘 지내시오. 그래야 나도 강력한 군주가 되고 그대들도 더욱더 명예로워지는 것이오. (모두 퇴장)

〔제5막 제4장〕

궁중의 정원.
안에서 소란스런 소리. 수문장과 그 부하 등장.

**수문장**  입 다물지 못하겠느냐, 이 불한당 같은 놈들아! 궁전이 뭐 파리의 유원지인 줄 아느냐? 이 무례한 종놈들 같으니라고, 주둥이 닥치지 못해!

**한 사람**  (안에서) 수문장님, 저는 식품저장고에 있는 사람입니다.

**수문장**  교수대에 올라가 목매달 감이다, 이놈아! 여기가 그렇게 고함지를 곳이더냐? (부하에게) 능금나무 몽둥이를 열두어 개 가져오너라. 그것도 가장 튼튼한 놈으로. 이런 건 그놈들에겐 작은 나뭇가지밖에 안 된다. 놈들의 대 갈통을 후려쳐 줘야지. 뭐, 세례식을 보겠다고? 이놈들, 여기서 맥주나 과자 부스러기를 얻어먹으려는 거겠지 뭐!

**부하**  참으세요, 문에서 대포라도 쏘아 쓸어버리지 않는 이상 방법이 없다니 까요. 저 사람들을 쫓아내는 건, 오월제 아침에 잠이나 자고 있으라 하는 것처럼 안 통하는 이야깁니다. 저놈들을 밀어내느니 차라리 세인트 폴 성당 을 밀어 넘기는 게 더 낫다니까요.

**수문장**  어떻게 들어온 거지, 이 죽일 놈들!

**부하**  세상에, 전들 알겠습니까. 밀물이 어떻게 들이닥치는지? 넉 자나 되는 튼실한 몽둥이가 보시다시피 이렇게 끄트머리만 남을 정도로 사정없이 갈 겨댔지만 소용없었다고요.

**수문장**  아무 보람도 없이.

**부하**  저는 삼손이나 가이, 콜브랜드 같은 장사들이 아니라서 사람을 풀 베 듯 넘어뜨릴 수는 없다고요. 하지만 머리통이란 머리통은 다 갈겨댔습니다. 젊건, 늙었건, 남자건, 여자건, 서방질하는 여편네의 남편이든, 바람피우는 남정네건 마구요. 그것이 거짓말이라면, 쇠갈비는 먹을 생각을 않을게요. 암 소갈비 생각해서 그러면 안되죠.

**한 사람**  (안에서) 제 말 듣고 계시나요, 나리?

**수문장**  (부하에게) 여보게, 애송이 대장, 곧 돌아올 테니 문 단단히 지키고 있게.

**부하**  저보고 어떡하라고요?

**수문장**  어떡하긴 뭘 어떡해, 열댓 명씩 잡아 두들겨 패는 거지. 여기가 어디 무어필드 민병훈련장이냐? 아니면 어떤 괴상한 인도인이 큰 연장이라도 가 지고 궁전에 침입했단 말이냐? 어찌 이리 여자들이 몰려들 왔느냐! 저런 잡 것들 같으니라고. 문 앞에 한 덩어리로 붙어들 있구나! 기독교적 양심에 비 춰 보건대, 이런 세례식을 한 번만 치르면 세례받을 애들이 천 명은 태어날 거다. 아버지도, 대부도 이것저것 다 있다니까.

**부하**  그럼, 선물하려면 굉장히 큰 숟가락이 필요하겠군요. 문 앞에 있던 한 녀석은 얼굴이 화로가 됐더라고요. 삼복더위 이십일 분이 모두 그놈 코에 내리쪼이는지라 부근에 있는 사람들은 적도 아래 있는 거나 마찬가지여서 따로 다른 고행이 필요없었다니까요. 불을 내뿜는 그놈 머리를 세 번이나 세게 때려주었는데, 세 번 모두 그놈의 코에서 불이 뿜어져 나왔습니다. 박격포를 쏴서 우리를 날려버릴 것같이 거기 서 있더라고요. 그 옆에 그다지 재치 있어 보이지 않는 잡화상 마누라가 있었는데 그 여자가 나에게 왜 그렇게 불을 뿜게 만드느냐고 욕지거릴 하고 달려들었다니까요. 그 바람에 죽사발처럼 생긴 분홍 모자가 머리에서 다 떨어졌지요. 한번은 그 불을 뿜는 놈을 때린다는 것이 잘못해서 그 여자를 때렸지요. 그랬더니 그 여자가 "사람 살려요!" 외쳤고, 그러자 저만치서 그 여자가 사는 스트랜드 거리에서 온 40명 정도의 사람들이 몽둥이를 들고 그녀를 구하러 달려오더군요. 저는 좋은 자리를 잡고는 맞설 태세를 취하고 있었지요. 마침내 그들이 빗자루 하나만 한 거리까지 몰려왔습니다. 그래도 저는 그들을 무시하고 버티고 서 있었습니다. 바로 그때, 그들 뒤에 있던 아이들 한 떼거리가 갑자기 돌을 던지기 시작했습니다. 소낙비 오듯 마구 던져댔습니다. 그래서 전 할 수 없이 체면을 접고 물러났고 결국 그들이 이긴 셈이 됐지요. 그들에게는 악마가 붙어 있었던 게 틀림없어요.

**수문장**  그들이 바로 극장에서 크게 소리 지르고 먹던 사과를 던지며 관객들을 괴롭히던 놈들이야. 타워힐 처형장이나 라임하우스 부두의 깡패들이 아니고는 누구도 못 건드린다니까. 림보 패트런 감옥에 놈들 패거리가 있는데, 이런 놈들은 사흘 동안 맨발로 형틀에 채워 놓았다가 교도관 두 사람이 붙어서 흠씬 패줘야 한다니까.

시종장 등장.

**시종장**  세상에, 이게 무슨 난리인가! 사람들이 여기저기에서 점점 몰려들고 있으니 꼭 품평회라도 열린 것 같구나! 수문장들은 모두 어딜 간 게야, 게으른 녀석들 같으니라고! 그래, 솜씨들 좋으시구면. 멋진 분들을 모셔 오셨군. 어중이떠중이 다 끌고 말이야. 이게 다 너희 뒷골목 패거리들이냐? 이제 곧 세례식이 끝나면 귀부인들이 이곳을 지나가실 텐데 길이 충분히 넓어지겠지?

**수문장** 시종장님, 죄송합니다만, 저희들도 사람입니다요. 찢겨서 죽지 않고 할 수 있는 건 다해 봤습니다. 군대가 와도 저 사람들을 당해 낼 수가 없습니다.

**시종장** 만약 이 일로 전하께서 나에게 책임을 물으신다면, 너희들 모두 바로 감옥에다 처넣을 테니 그리 알거라. 그리고 근무를 게을리했으니 너희들에게 무거운 벌금을 내릴 것이다. 이 게으른 녀석들! 근무 시간에 술이나 퍼마시고 있으니. 저 봐라! 트럼펫 소리다. 벌써 세례식을 마치고 나오시나 보다. 자, 어서 사람들 속으로 파고 들어가서 일행이 편히 지나가실 수 있게 길을 내거라. 그렇지 않으면 너희들은 앞으로 두 달 동안 궁중 감옥에 갇혀서 노역을 할 것이야.

**수문장** 물렀거라, 공주님께서 납신다!

**부하** 야, 이 뚱보야, 바짝 붙지 않으면 머리통을 부숴 버릴 거다!

**수문장** 이봐, 거기 모직 옷 입은 사람, 난간에서 내려와. 당장 안 내려오면 울타리 밖으로 집어 던질 테니! (모두 퇴장)

〔제5막 제5장〕

궁전.

트럼펫 연주자 몇 사람이 연주하며 등장. 그러고는 시 의회 의원 두 명과 런던 시장, 가터 문장관, 크랜머 등장. 노퍽 공작은 집행관의 지팡이를 들고, 서퍽 공작과 귀족 두 사람은 세례식 선물로 세울 수 있는 금으로 만든 큰 잔을 받쳐 들고 등장. 그러고는 귀족 네 명이 그늘막을 받쳐 들고, 그 아래에는 대모인 노퍽 공작부인이 망토와 다른 천으로 화려하게 감싼 아기를 안고 나온다. 그 부인의 치맛자락은 다른 귀부인 하나가 잡고 뒤따른다. 이어서 또 다른 대모인 도싯 후작부인과 다른 귀부인들 등장. 이 행렬이 무대를 한 번 돌면 가터 문장관이 말한다.

**문장관** 하늘이시여, 고귀하신 잉글랜드의 엘리자베스 공주님께 천수와 지복을 내려주소서!

화려한 트럼펫 연주. 헨리 왕과 호위병 등장.

연극 〈헨리 8세〉 배경스케치  런던 엠파이어 극장 상연. 찰스 리케츠. 1925.
엘리자베스 공주 세례식 배경이 되었다.


**크랜머**  (무릎을 꿇고) 국왕 전하와 왕비님께 고귀하신 대모 두 분과 함께 이렇
    게 기원드리나이다. 하늘이 거룩한 공주님을 통해 두 분께 내리시는 위안과
    기쁨이 언제나 가득하시기를!

**헨리 왕**  고맙소, 대주교. 이름은 무어라 지었소?

**크랜머**  '엘리자베스'라 지었사옵니다.

**헨리 왕**  일어나시오, 대주교. (아기에게 키스한다) 나의 축복의 키스니라. 신이
    여, 보호해 주소서! 이 아이의 생명을 신의 손에 맡기나이다!

**크랜머**  아멘!

**헨리 왕**  대부와 대모들이여, 너무도 수고를 많이 해주셨소. 진심으로 감사드
    리오. 아마 공주도 자라 말을 하게 되면 이렇게 이야기할 것이오.

**크랜머**  제가 삼가 아뢰겠나이다. 제가 드리는 말은 하늘이 내리시는 것이니,

누구라도 제가 아첨하는 것이라 생각지 말아주시기 바랍니다. 그것이 모두 사실임을 알게 될 것입니다. 하늘이시여, 공주님을 살펴주소서! 공주님은 오늘 요람에 누워 계시나, 앞으로 자라시게 되면 이 나라에 몇천 몇만 겹의 축복을 가져오시도록 예정된 분입니다. 지금 살아 계시는 분 가운데는 그 영광을 보시기 어렵겠으나 같은 시대나 후세의 모든 군주로부터 본보기가 되실 분입니다. 학문을 사랑하시고 덕을 쌓으시는 데 뛰어나시어 그 옛날 시바 여왕이라 하더라도 순결하신 공주님을 따를 수 없을 것입니다. 이와 같이 위대한 인격을 이루는 왕후다운 은덕과 선행에 따르는 모든 미덕이 공주께는 늘 곱절이 될 것입니다. 진실이 이분의 보모가 될 것이며, 성스러운 하늘의 사상이 공주님에게 늘 상담자 역할을 해줄 것입니다. 공주님은 백성들로부터 사랑과 경외를 함께 받을 것이며 공주님 자신이 스스로를 축복하실 것입니다. 적들은 곡식을 타작한 들판처럼 벌벌 떨며, 수심으로 그들의 고개를 떨어뜨릴 것입니다. 이분이 다스리시는 세상에서는 선정이 모든 백성에게 고루 미쳐 백성들은 자신들이 심은 포도밭에서 태평스럽게 잘 먹게 될 것이며 이웃들과 함께 태평가를 부르게 될 것입니다. 하느님의 말씀이 잘 전해질 것이며 이분을 모시는 사람들도 이분의 뜻을 받들어 자신들의 혈통으로가 아니라, 훌륭한 덕성으로 영예를 누리려 할 것입니다. 이러한 태평성대는 이분의 시절로 끝나는 것이 아니라, 그 불가사의한 불사조가 처녀인 몸으로 죽더라도 그 재 속에서 그에 못지않은 위대한 후계자가 탄생되듯이, 그렇게 이분도 축복받을 후사를 남기실 것입니다. 하늘이 시커먼 이 세상에서 그분을 불러 가실 때도, 그분의 신성한 재에서 그분만큼 훌륭한 군주가 혜성처럼 나타나 왕위에 오르게 되실 겁니다. 이 선택된 어린 군주를 모시던 평화와 풍요, 사랑과 성실과 경외감 등이 포도 덩굴처럼 그 후계자의 몸에 감겨 자라날 것입니다. 하늘의 찬란한 태양이 빛나는 곳은 어디라도, 그분의 영예로움과 위대함이 함께하여 새로운 나라를 이룩하게 될 것입니다. 그 군주께선 더욱 번성하시어 산속 삼나무처럼 주위의 모든 평지를 그 나뭇가지로 덮으시어, 자손대대로 이것을 우러러보고 하늘에 감사할 것입니다.

**헨리 왕**  참으로 놀라운 예언이구려.

**크랜머**  엘리자베스 공주님은 잉글랜드의 태평성대와 함께 천수를 누리실 것입니다. 긴 세월 동안 하루하루 영광스러운 공적을 보지 않는 날이 없을 것입니다. 그 이상은 말씀드리지 않는 편이 나을 듯합니다. 하지만 이 세상을 떠나야만 할 때가 오니, 틀림없이 그분은 성자들이 모셔갈 것입니다. 가장 깨끗한 백합처럼 처녀의 몸으로 평생을 보내시고, 온 세상 사람들이 애도하는 가운데 땅으로 돌아가실 것입니다.

**헨리 왕** 오, 대주교여, 그대가 나를 비로소 한 사내로 만들어 주었소! 이 행복한 어린것을 얻기 전에는 이렇다 할 만한 게 없었소이다. 그러나 위안이 되는 이 예언이 더없이 나를 즐겁게 하는구려. 내 언젠가 하늘나라에 가게 되면, 공주가 어떻게 하는지 내려다보고 그 조물주를 찬미하리다. 여러분, 모두 감사하오! 런던 시장과 그 동료들에게 많은 신세를 졌소. 이렇게 나와 주어 이 자리를 더욱 빛나게 해주었소. 여러분, 모두에게 감사하오. 경들, 앞장서시오. 모두 왕비를 만나 봐주시오. 왕비도 무척 감사할 것이오. 안 그러면 왕비가 섭섭해할 것이오. 오늘은 아무도 집안일은 생각지 말고 모두 이곳에서 즐겨주시오. 이 어린 공주를 위해 오늘 하루를 공휴일로 만들 것이니. (모두 퇴장)

〔막을 내리는 말〕

해설자 등장.

**해설자** 이 연극을 보러 오신 여러분 모두가 만족하신 것은 아니라고 생각합니다. 휴식을 취하러 오신 분도 있을 테고, 일막 또는 이막에서는 주무신 분들도 계셨을 겁니다. 그런 분들은 트럼펫 소리 때문에 놀라 깨셨을 테니, 틀림없이 이 연극은 별로라고 하실 것입니다. 또 어떤 분들은 요즘 세상사를 극단적으로 풍자하는 것을 들으시고, "기지가 번득이는군!" 칭찬해 주려고 오신 분들도 있으리라 생각됩니다. 하지만 그런 분들은 아무 수확이 없으셨을 겁니다. 이번에 이 연극에서 우리가 듣고자 하는 바람이 있다면, 그것은 오로지 착한 여성분들의 동정적인 평이라 하겠습니다. 우리가 이번에 올린 연극은 바로 그런 분들에게 알맞은 것이니까요. 만일 여성분들이 미소를 지으시고 "연극 괜찮네" 말씀하시면 곧 모든 남자분들도 찬성하시리라는 걸 알고 있습니다. 왜냐하면 숙녀분이 박수를 치라고 말씀하시는데 바깥양반께서 그저 잠자코 계신다면, 그건 좀 멋쩍은 일일 테니까요.

# 셰익스피어의 역사극 세계

여기서 감히 말씀드리건대, 오늘 이 템플 법학원 정원에서 불거진 싸움
은 앞으로 붉은 장미와 흰 장미 싸움으로 불리며, 수천의 영혼을 죽음의
암흑세계로 몰고 갈 것입니다. 《헨리 6세 제1부》 제2막 제4장 워릭의 대사)

셰익스피어 역사극은 영국 역사에서 왕의 이름을 제목으로 한 작품들을
말한다. 그의 역사극 주제는 영국의 장미전쟁(1455~85)이다. 장미전쟁은 리처
드 2세의 폐위가 불씨가 되어, 같은 조상(에드워드 3세)을 둔 랭커스터 집안과
요크 집안 사이에서 벌어졌던 왕위 쟁탈전이다. 장미전쟁이라는 이름은 랭커
스터가가 붉은 장미, 요크가가 흰 장미를 저마다 문장(紋章)으로 한 데서 따
왔다. 이 내란은 리처드 3세가 헨리 7세에게 패함으로써 막을 내린다.

셰익스피어의 11편 역사극 가운데 8편이 장미전쟁과 관련되며, 이 8편의 역
사극은 인과응보와 질서 관념을 바탕으로 하는 하나의 커다란 세계를 이룬
다. 이 세계는 각각 4편의 역사극이 뭉쳐서 제1군(群)과 제2군으로 나누어진
다. 그리고 《존 왕》과 《헨리 8세》는 어느 곳에도 속하지 않는 독립된 작품이다.

리처드 2세는 사촌 아우인 헨리 볼링브룩에게 폐위당한다. 헨리 볼링브룩
은 헨리 4세로 왕위에 오르고, 랭커스터가의 통치가 시작된다. 여기까지가 《리
처드 2세》에서 벌어지는 일이다. 《헨리 4세 제1부》는 《리처드 2세》의 속편이라
할 수 있는데, 왕위를 빼앗은 헨리 4세는 양심의 가책으로 괴로워하고, 자기를
왕위에 앉혀 준 귀족들의 반란에 시달리며, 왕세자 헨리의 방탕한 생활 때문
에 마음고생을 하지만, 마침내는 왕세자가 반란군을 진압해 큰 공을 세운다.
《헨리 4세 제2부》에서 왕세자 헨리는 병으로 죽은 아버지의 뒤를 이어 헨리 5
세가 된다. 다음 작품 《헨리 5세》에서 헨리 5세는 왕위 계승권을 굳건하게 만
들고, 프랑스를 공격하여 샤를 6세의 딸 카트린과 결혼한다. 이 4편의 작품이
제2군 역사극을 이룬다.

그러나 헨리 5세는 재위 10년도 채 되지 않아서 세상을 떠나고, 그의 어린 아들 헨리가 헨리 6세로 왕위를 이어받는다. 백년전쟁은 계속되어 헨리 6세 시대에도 영국군은 프랑스에서 전쟁을 치렀으나 형세는 불리했으며, 더욱이 나라 안에서는 요크 공작이 왕위 계승권을 주장하여 장미전쟁이 일어났다. 요크 공작은 처음에 랭커스터가를 쓰러뜨렸으나 왕비 마거릿의 칼에 숨을 거두고, 이윽고 요크 공작의 맏아들 에드워드는 다시 왕비 군대를 무찌른 뒤 에드워드 4세로 왕위에 오른다. 하지만 두 집안 사이의 왕권 쟁탈을 둘러싼 내란은 끝나지 않고, 한때는 10년 동안이나 왕이 둘인 상태가 이어지기도 했다. 결국 헨리 6세는 에드워드 4세의 셋째 동생 글로스터 공작(뒷날 리처드 3세)에 의해 런던탑에서 살해되고 만다. 이 내용이 《헨리 6세》 3부작의 역사적 사실이다. 《리처드 3세》에서는 글로스터 공작이 권모술수와 잔인한 방법으로 왕위를 손아귀에 넣게 되나, 마침내는 숙적 랭커스터가 쪽의 리치먼드에게 패하여 (1485), 이제 피비린내 나는 장미전쟁은 끝나게 된다. 리치먼드는 에드워드 4세의 딸 엘리자베스와 결혼함으로서 요크 집안과 랭커스터 집안은 서로 화해하고, 엘리자베스 1세 여왕까지 이어지는 튜더 왕조가 시작된다. 이 4편의 작품으로 이루어진 것이 제1군 역사극이다.

제1군 역사극에서는 그야말로 아비규환 같은 장미전쟁이 벌어진다. 영국 역사에서 가장 치욕스런 무질서의 시기였다. 이런 무질서한 세계는 제2군 역사극에서 헨리 볼링브룩이 리처드 2세의 왕위를 불법으로 빼앗은 데서 일어난다. 조상의 죄가 자손에게 내린다는 인과응보 개념으로, 이것이 바로 셰익스피어가 역사극에서 펼쳐 나간 역사관이며 세계관이다. 셰익스피어가 살았던 엘리자베스 시대는 한창 근대국가로 날아오르던 때였기에, 무엇보다 나라의 안정이 가장 중요하게 여겨졌다. 그래서 셰익스피어는 그의 바로 앞 시대인 장미전쟁 시기와 그리고 이 전쟁의 원인이 되었던 그 앞 시기(제2군 역사극 시기)를 하나의 작품 세계로 구성하여 되돌아 보았다. 때문에 그의 역사극들은 하나같이 질서를 호소하는 애국주의 연극으로 만들어졌다. 그 과정에서 왕후 귀족들이 반짝하고 앞으로 튀어나왔다가 갑자기 사라지는데, 그들 모두는 운명의 여신이 조종하는 역사의 커다란 수레바퀴의 한낱 편승자와 낙오자에 지나지 않는다.

이처럼 셰익스피어의 역사극들은 시대성을 띤 정치 문제를 다룬 작품들이다. 그렇다면 셰익스피어는 지나간 시대의 내란과 무질서한 역사를 어떻게 희곡 작품으로 만들었을까? 그는 엘리자베스 시대 사람들에게 가장 흥미롭고 무엇보다 중요했던 영국 역사의 한 부분을 하나의 연극 세계로 만들었다. 더욱이 이 세계는 참으로 그 규모가 크고도 웅장하여, 셰익스피어가 이를 완성하는 데는 10년의 세월과 모두 8편의 작품이 필요했던 것이다.

이 세계의 틀은 에드워드 홀(Edward Hall 1497~1547)의 흔히 《홀의 연대기》라고 부르는 《랭커셔와 요크의 고귀하고 저명한 두 가문의 연합》과 라파엘 홀린쉐드(Raphael Holinshed 1525~1580?)의 《연대기》, 작자 미상의 《왕후귀감(王侯龜鑑)》에서 영감을 얻었지만, 이를 연극 작품으로 만들어 낸 것은 오로지 셰익스피어 자신의 예술적인 감각에 따른 것이다.

### 《헨리 6세 제1·2·3부》

《헨리 6세》는 모두 3부작으로 되어 있다. 역사극 중에서도 《헨리 6세》는 셰익스피어가 처음으로 쓴 작품이라고 추정되고 큰 규모로 짜여 있다는 점에서 특히 중요하다. 《헨리 6세》 3부작의 제작 연대는 1590~92년 무렵으로 생각된다. 1594년 《요크가와 랭커스터가 사이 갈등의 제1부》라는 희곡과 1595년 《요크 공작 리처드의 참다운 비극》이라는 희곡이 사절판으로 출판된 바 있는데, 이 두 편은 저마다 《헨리 6세 제2부》와 《제3부》에 해당된다.

그런데 1592년 가을에 셰익스피어의 선배 작가 로버트 그린(Robert Greene 1558?~1592)이 셰익스피어

마거릿 왕주  헨리 6세의 왕비. 장미전쟁이 일어나자 랭커스터가의 수장이 되어 에드워드 4세에 맞섰으나 실패한다.

를 비난한 구절 중에 "호랑이의 마음을 배우의 옷으로 감추고"는 요크 공작이 말한 "아, 여자의 가죽을 쓴 호랑이 마음!"《헨리 6세 제3부》 제1막 제4장)에 빗댄 것으로, 이는 셰익스피어의 표절을 꾸짖은 것으로 풀이되어 《헨리 6세》 희곡은 3편 모두 선배 작가들의 작품을 셰익스피어가 고쳐 쓴 것이라는 주장도 있다. 그러나 한편 그린의 비방은 배우로서의 셰익스피어에게 겨누어진 것이며, 앞의 두 희곡은 셰익스피어 자신의 창작이라고 주장하는 이도 있다. 그리고 《헨리 6세 제2부》와 《제3부》가 제작된 다음에 《제1부》가 맨 나중에 쓰였으리라고 추정한다.

고쳐 썼다는 주장의 경우는 물론 차례대로 제작되었다는 것인데, 다만 《헨리 6세 제2부》 제5막부터 벌어지는 장미전쟁의 조짐으로 《제1부》 제2막 제4장의 템플 법학원의 뜰에서 붉은 장미와 흰 장미의 선택 장면은 뒷날 덧붙인 것이라고 주장한다.

이 극의 소재는 앞서 말했듯이 홀린쉐드와 홀의 《연대기》, 작자 미상의 《왕후귀감》 등이 주요 자료인 것으로 알려지며, 그 밖에 로버트 페이비언(Robert Fabian 1450~1513)의 《연대기》(1516) 또한 참고한 것으로 추측된다. 물론 셰익스피어는 이들 자료의 역사적 사실을 바탕으로 하여 작품을 전개했으나, 그중에는 사실과 다르거나 덧붙인 내용도 있고 또한 시간상 늘어나거나 줄어든 곳도 있다. 이는 극적 효과를 얻기 위한 작가의 기법이리라.

이런 예를 몇 가지 들어보겠다. 헨리 6세가 왕위에 오른 것은 역사 기록에 따르면 생후 9개월로 되어 있으나, 《헨리 6세》에서는 적어도 열대여섯 살이다. 그리고 《제1부》 탤벗 경의 죽음 앞뒤 사건도 1453년에 일어난 것으로 역사에 나와 있으나, 여기서는 오를레앙성의 공격 직후 사건과 같이, 연월을 편의상 줄였다. 그 밖에 글로스터 공작과 윈체스터 주교의 성격 묘사도 역사의 기록과는 반대되는 것으로, 글로스터 공작은 이 극에서처럼 선량한 성격이 아니고, 윈체스터 주교 또한 거만하기는 했으나 이 극에 나타난 바와 같이 악독한 인물은 아니며 글로스터 공작에 못지않은 애국자였다고 한다. 또한 존 라 푸셀(잔 다르크)이 비열하고 파렴치한 음탕 마녀로 그려진 것도 역사책과는 어긋나는 점이다. 이는 그 무렵 잔 다르크에 대한 영국인의 적개심에 따른 것으로, 작가가 극적 효과를 노렸으리라 생각된다.

《제2부》 잭 케이드의 폭동 또한 역사책에 기록된 것과는 다르다. 이 극의

《헨리 6세 제1부》 템플 법학원 정원에서의 장미 선택  존 페티. 1871.

폭동은 리처드 2세 집권 초기 1381년에 일어난 농민 반란인 '와트 타일러의 난(Wat Tyler's Rebellion)'을 우스꽝스럽게 그린 것으로 보이는데, 비극의 긴장감을 줄이기 위해 들어간 하나의 이야기이기 때문에 작가가 일부러 사실을 뒤바꾸어 놓아 극적 효과를 노린 것으로 여겨진다.

이처럼 역사적 사실과는 어긋나는 점이 얼마간 눈에 띈다 하더라도, 이 작품은 주로 그 무렵 사실로 인정되었던 역사적 사건을 중심으로 풀어 나간 웅대한 규모의 3부작이다. 이것만으로 완결된 하나의 작품이 아니라, 앞으로는 《리처드 2세》와 《헨리 4세》 2부작 및 《헨리 5세》와 밀접하게 연결되어 있으며, 뒤로는 《리처드 3세》와 한결 가까이 닿아 있는 역사극으로, 그 규모에 있어 다른 작품에 견줄 수 없다. 뿐만 아니라 몇 년 동안의 복잡한 사건의 흔적들을 자연스럽게 작품 속에 풀어 놓아, 명확한 인물 성격을 그려내면서 사실을 훌륭하게 엮어 냄으로써 우리에게 이 세상의 인과응보 불변의 법칙을 구체적으로 보여주었다는 점이야말로 이 극의 또 다른 특징이라 할 수 있다.

《헨리 6세 제1부》는 헨리 5세의 장례와 헨리 6세의 등극으로 막이 열린다. 안으로는 권력 투쟁과 밖으로는 프랑스 원정군의 불리한 형세 등, 나라 형편

《헨리 6세 제2부》 3막3장, 보퍼트 추기경의 죽음  조슈아 레이놀즈. 1787.

은 온통 무질서와 혼란의 도가니다. 이 극에는 주인공이 없다. 등장인물 가운데 가장 돋보이는 인물은 탤벗 장군과 프랑스의 소녀 잔 다르크이다. 그러나 탤벗은 극의 주요 인물이 되기에는 지나치게 유형화된 인물로, 한 인간으로서의 내면적인 갈등을 찾아볼 수 없다. 한편 잔 다르크는 어떤 때는 자기희생에 불타는 숭고한 신의 사도같이 보이는가 하면, 대부분의 경우에는 사악한 마녀처럼 그려져 있다.

물론 우리는 이들에게서 작가의 후기 작품들 주인공에게서와 같은 인물 성격 창조를 기대할 수는 없다. 이 시점에서 젊은 작가가 노린 것은 역사의 수레바퀴 속에서 행동하는 인간 모습이었다. 이 극은 헨리 6세와 마거릿과의 결혼으로 일단 마무리된다. 그러나 이 결혼은 《헨리 6세 제1부》의 끝이자 《제2부》의 시작이다. 겉으로는 이 결혼으로써 프랑스와의 관계가 일단락 지어지는 듯하지만, 헨리 6세의 경솔한 판단과 서퍽의 야망 그리고 이 야망에 대한 글로스터의 거센 반격 등은 곧 《제2부》에서 내란의 도화선이 되며, 템플 법학원

뜰에서의 위기는 여전히 일촉즉발의 불집인 것이다. 또한 마거릿의 등장은 《헨리 6세 제1부》의 결말인 동시에, 《제2부》와 《제3부》 그리고 《리처드 3세》에서 그녀가 맞게 되는 비극의 출발이기도 하다.

《헨리 6세 제2부》는 글로스터 공작과 요크 공작을 저마다 주인공으로 하는 앞부분과 뒷부분으로 나뉜다. 제1, 2막은 글로스터와 그의 반대 세력과의 권력 투쟁과 글로스터 공작부인의 야망에 대한 윈

바넷 전투(1471)  플랑드르가 거의 같은 시기에 그린 그림

체스터 주교와 서퍽의 음모가 벌어지고, 제3막 제2장 앞에서 글로스터는 자객의 손에 쓰러진다. 그리고 요크 공작은 제3막 처음부터 등장하여 차츰 두각을 나타내고 제5막에서 그의 형세는 유리하게 펼쳐진다. 글로스터 공작부인의 야망에서는 벌써 맥베스 부인의 욕망의 싹을 찾아볼 수 있다. 글로스터와 《제1부》에서의 탤벗을 비교해 보더라도, 셰익스피어의 굉장한 발전이 엿보인다. 묘사 자체는 아직도 기계적이고 외면적이기는 하지만 글로스터는 이미 주위의 다른 등장인물들과 유기적으로 결합되고, 줄거리 안에 머물러 있다.

《헨리 6세 제3부》의 주역은 요크 공작이다. 이제 에드워드 4세가 왕위에 올라 흰 장미 쪽인 요크가가 패권을 잡는다. 다루어진 시대는 1456년의 제1차 세인트 올번스 전투에서 1471년 헨리 6세의 죽음까지이다. 극은 1460년 노샘프턴에서의 요크 쪽 승리로 막이 열린다. 극 구성에서는 앞선 《제1부》와 《제2부》보다는 훨씬 더 짜임새 있고, 등장인물들의 성격 묘사도 눈에 띄게 세심해졌다. 선량하지만 군주의 자질을 갖추지 못한 헨리 6세는 《제3부》에서는 앞에서와는 달리 아주 개성이 뚜렷하며, 그의 눈물 속 웅변의 몇몇은 벌써 리처

드 3세의 모습을 품고 있
다. 마거릿이나 워릭도 그
묘사가 두드러지며, 리처
드(뒷날 리처드 3세)는 어
느 누구보다도 돋보인다.
그는 《제2부》 제5막의 세인
트 올번스 전투에서 벌써
등장하지만 그때 그는 젖
먹이 아이에 지나지 않았
고, 《제3부》 제1막의 웨이
크필드 싸움에서 그의 아
버지 요크 공작이 죽었을
때 겨우 일곱 살짜리 어린
아이였다. 《헨리 6세 제3
부》는 다음 극 《리처드 3
세》로 이어지는데, 내란의
소용돌이 속에서 요크 집
안의 등장과 그리고 이 주
제 아래서 리처드의 차분
한 집중은 그의 역사극이

런던을 포위한 랭커스터군을 기습공격하는 요크군(1471)

사건 묘사로부터 인간 중심 극으로 탈바꿈해 가는 발전 과정을 보여준다.

만약 이 극이 셰익스피어가 습작 시절에 다시 고쳐 쓴 작품이라 하더라도,
《제2부》와 《제3부》에는 셰익스피어 작품다운 상상력도 싹트고, 사실의 작품화
도 훌륭하며, 성격 묘사에서도 힘이 넘쳐, 그 무렵 영국의 야외극 형식 역사극
으로서는 마땅히 획기적인 작품이라 할 것이다. 특히 경건하며 너그러우나 의
지가 약한 헨리 6세와, 그와는 반대로 배짱이 두둑한 왕비 마거릿, 그리고 무
자비하며 간교한 야심가 리처드와 같은 인물들의 훌륭한 성격 묘사는 그 시
절 유행하던 다른 역사극에 비하면 틀림없이 뛰어난 작품이다.

## 《리처드 3세》

 15세기 끝 무렵 영국은 랭커스터와 요크의 두 왕가 사이에 왕위 계승을 둘러싼 전쟁에 휩싸인다. 작품의 주인공 리처드 3세의 형인 요크 공작 리처드가 헨리 6세에게 왕위를 요구한 것으로 시작된 이 싸움은, 권력의 암투를 내용으로 하는 처참하기 이를 데 없는 내전이었다. 이 전쟁이 요크가의 승리로 끝나는 데까지가 《헨리 6세》 3부작의 주제인데, 거기에 이어서 요크 왕가 내부에서의 싸움—글로스터 공작 리처드가 권력을 쥐기 위해 형과 조카를 비롯한 수많은 사람을 죽이고 끝내 자신도 비참한 최후를 맞이하는 과정—이 《리처드 3세》의 주된 이야기를 이룬다.

 셰익스피어의 역사극은 대부분 하나로 이어지는 연작을 이루지만, 《헨리 6세》와 《리처드 3세》는 연대적으로 앞뒤에 놓이거니와, 제작 연대도 아주 가까

〈글로스터 공작 리처드와 앤 부인〉 에드윈 오스틴 애비. 1890. 장례 행렬을 뒤따르며 앤 부인에게 청혼하는 리처드

〈런던탑 왕자들의 매장〉　제임스 노스코트. 1795. 미국 국회도
서관, 워싱턴

우리라 추측된다. 이 작품이 책으로 처음 출판된 것은 1597년(사절판)인데, 무대 상연은 그보다 훨씬 전부터 있었을 것이라고 짐작만 할 뿐 정확한 시기를 모른다. 하지만 이 작품이 셰익스피어가 아주 초기에 쓴 작품이란 사실은 문체나 작품을 다루는 태도로 보아 틀림이 없으며, 학자들의 정설은 1592~93년에 씌어졌고 1594년 봄쯤 상연되었을 것으로 추정한다. 그때든 지금이든 무대에서는 가장 인기 있는 셰익스피어의 연극 가운데 하나이다.

　그리고 이 작품 첫머리에 나오는 글로스터 공작의 독백은, 표현 내용이나 느낌은 다르지만 그 기법이 같은 것이 《헨리 6세 제3부》 제3막 제2장에 나와 있다. 따라서 《리처드 3세》는 그 앞 작품이 쓰였을 때 이미 구상되었고, 또 그 구상이 얼마 지나지 않아서 작품으로 열매를 맺었으리라 짐작된다.

　《리처드 3세》의 주요 자료는 홀린쉐드와 홀의 《연대기》이며, 부분적으로는 토머스 모어(Thomas More 1478~1535)의 《리처드 3세 역사》도 참고한 것으로 보인다. 리처드 3세는 1483년 왕위에 올라 1485년 보스워스 전투에서 죽음으로써, 그의 재위 기간은 2년밖에 안 된다. 이 작품은 에드워드 4세가 즉위한 1471년부터 시작하여 15년간에 이르는 역사적 사실을 그리고 있지만, 그것이 겨우 2, 3주일의 사건으로 압축된 것이 특징이다.

　《헨리 6세》와 《리처드 3세》 사이에는 눈에 띄는 차이가 있다. 둘 다 역사극이긴 하지만, 앞엣것이 구성에 따른 통일을 꾀했다면 뒤엣것은 주인공에 초점

을 모은다. 《헨리 6세》는
토막 이야기가 쌓여 극을
이끌어 나가기 때문에 흥
미의 중심을 찾기 힘든 데
반하여, 《리처드 3세》는 주
인공의 비중이 압도적이다.
이 극이 작가가 활동한 초
기에, 아직 여러모로 서툰
작품임에도 초연 때부터
엄청난 인기를 끌었던 까
닭이 바로 여기에 있으리
라. 특히 무대극으로서 인
기는 《햄릿》을 제외하고는
따라갈 만한 작품이 없을
정도였다.

〈리처드 3세와 망령들〉 윌리엄 블레이크. 1806. 갑옷 입은 리
처드가 헨리 6세·에드워드 왕자·어린 두 조카·클래런스 공작·
앤 왕비 등의 유령들을 향해 칼을 휘두르고 있는 장면.

게다가 아름다운 몸
의 균형을 갖고 있기는
커녕 사기꾼 같은 자연
에 속아서, 불구에 땅딸보 같은 작은 키에 꼴불견인 모습으로 이 세상에
아무렇게나 내던져졌단 말이다. 이렇게 절름발이에 멋없이 생겨서 내가 곁
을 지나갈 때면 개까지도 짖어대니까. (…) 나는 말로만 근사한 이 허식의 세
대를 멋지게 지낼 애인이 될 만한 자격도 없으니, 기필코 악당이 되어 세상
의 부질없는 쾌락에 저주나 퍼부어 주자꾸나. (제1막 제1장 글로스터 공작
리처드의 대사)

이 작품의 가장 흥미로운 인물은 두말할 것 없이 주인공 리처드 3세이다.
그는 꼽추에다 절름발이이면서도, 권모술수에 뛰어나 목적을 위해서는 수단
을 가리지 않는 철저한 악역이다. 그뿐 아니라 그는 자신의 나쁜 점을 감추려
들지 않고 오히려 떳떳하게 내보이며, 수단으로 위선의 탈을 쓰는 경우에도

셰익스피어의 역사극 세계 521

자기가 가면 뒤에 숨어 있음을 자신에게나 다른 사람들에게 애써 속이지 않는다. 도리어 그것을 알아채지 못하는 상대의 둔함을 비웃는다. 적어도 그 자신은 그러한 위선을 뚜렷이 의식하지 않고서는 참지 못한다. 또한 그는 쉴 새 없이 연기를 한다. 겸손한 성자를 가장할 뿐 아니라, 때때로 독백을 하며, 앤에게는 꾸준히 구애하는 등, 그는 줄곧 연기를 하는 인물이다. 이런 인물은 이른바 마키아벨리다운 악한이라 하여, 그 무렵 무대의 인기를 독차지했다. 르네상스 시대에 어울리는 존재의 한 전형이리라.

그러나 여기 그려진 성격은 아무리 술수에 밝은 현실주의자라 해도 내면적으로 복잡하지는 않다. 중세극이나 로마극의 악역을 조상으로 하는 리처드 왕은 '악을 위한 악'을 마음껏 발휘하여 기쁨을 느끼고 마침내 절망 속에 파멸하지만, 내적 갈등은 전혀 겪지 않는다. 이 점이 셰익스피어의 후기 작품 주인공들과 다른 점이다. 사실 극작가로서 나아가는 과정에 있던 셰익스피어에게 이런 완숙기 기법을 기대하는 것은 무리이리라. 이 작품에는 부자연스럽게 느껴지는 리처드의 움직임 하나하나가 오히려 그 지나친 부풀림 덕분에 보는 사람에게 믿음을 주는 매력이 있다. 셰익스피어는 수많은 악역을 만들어 냈지만, 같은 악역이면서도 리처드 3세가 독특한 까닭은 이런 양면성 때문일 것이다. 익살에 가까운 그 악한 성격을 결코 사랑스럽다고 할 수는 없겠으나, 아무튼 이 인물을 그늘지고 충충한 존재로 만들어 놓지 않았다는 사실은 눈여겨보아야 한다. 이 점이 리처드 3세가 무대 위에서 사람들에게 관심을 받은 이유이기도 하다.

리처드의 운명은 권력의 절정이 곧 추락이고, 이렇게 하여 《헨리 6세 제1부》부터 움직이기 시작한 운명의 커다란 수레바퀴는 한 바퀴 빙 돌아서 다시 원점에 다다른 셈이다. 이제 제1군 역사극은 끝나고 다음에는 제1군의 원인인 제2군 역사극 막이 올라간다.


### 《헨리 8세》

《헨리 8세》는 《존 왕》과는 다른 각도에서 또 한 편의 독립된 역사극이다. 헨리 8세는 영국의 눈부신 발전의 터전을 닦아 놓은 엘리자베스 1세 여왕의 아버지이다. 역사 기록에 따르면 1509년 헨리 7세가 죽고, 맏아들 헨리 8세가 열여덟의 어린 나이로 왕위에 오른다. 그다음에 국가 정책으로 스페인 왕의

〈캐서린 왕비의 재판〉 부분　헨리 앤드루스. 1831. 왕립 셰익스피어 극단. 스트랫퍼드어폰에이번

딸이자 먼저 세상을 떠난 맏형의 아내인 캐서린을 왕비로 삼는다.

　그는 성군과 폭군의 기질을 두루 갖춘 왕이었다. 그의 궁정은 유럽에서도 가장 화려했고, 휴머니즘의 중심이었다. 토머스 모어와 같은 학자를 비롯해 헨리 8세 주위에는 인재들이 모여들어 나랏일을 도왔다. 그러나 그의 치세는 차츰 험난한 굴곡을 맞이하게 되어, 꽃피우기 시작했던 휴머니즘도 열매를 맺지 못한 채 끝내 된서리를 맞고 말았다. 그는 왕비도 여럿 갈아 치웠는데, 그중 몇몇 왕비는 사형에 처해졌다. 엘리자베스 여왕의 친어머니 앤도 그 가운데 한 사람이다. 그는 대법관이었던 토머스 모어도 형장의 이슬로 사라지게 했다. 또한 자신의 이혼 문제를 계기로 로마 가톨릭교회에서 독립하여 영국 왕을 우두머리로 하는 성공회를 만들어 종교개혁을 단행했다. 어찌 되었든 헨리 8세는 근대 영국 발전에 큰 공적을 남겼다.

　이 극의 제작 연대는 1612~13년으로 추정되는데, 셰익스피어가 이미 은퇴하여 고향에 머물던 무렵이다. 《폭풍우》를 마지막으로 런던 연극계를 떠난 그

**앤 불린** 헨리 8세의 두 번째 왕비이자 엘리자베스 1세의 어머니. 헨리 8세는 둘째 왕비에게서도 아들을 얻지 못하자 죄를 씌워 죽인다.

가 어째서 또다시 희곡을 썼을까? 1612년부터 그 이듬해에 걸쳐 공주의 결혼과 외국 사절 방문 등으로 런던 연극계는 분주했으며, 셰익스피어가 속해 있던 극단만 하더라도 20회 넘게 궁정에서 연극을 무대에 올렸다. 이런 사정으로 은퇴한 셰익스피어도 다시 나서게 된 것인지도 모른다고 추측하는 학자도 있다.

이 작품이 소재로 삼은 자료는 작가의 다른 역사극과 마찬가지로 주로 홀린쉐드와 홀의 《연대기》, 《폭스의 순교자》로 알려진 존 폭스(John Foxe 1516/17~87)의 책 《교회의 결의와 기록》(1563)을 참고한 것으로 알려진다. 처음으로 인쇄된 것은 1623년의 첫 번째 이절판(퍼스트 폴리오)에서이다. 이 극은 1613년 6월 29일 '글로브 극장'에서 첫 공연이 있었는데, 이날 엘리자베스 공주의 탄생을 축하하는 장면에서 축포 불꽃이 극장 지붕에 붙어 극장이 모두 불타 버리고 관객들은 가까스로 빠져나왔다고 전해진다. 이 화재 사고로 극장에 보관하던 셰익스피어의 자필 원고와 극장 대본 등이 모조리 불타 버린 것으로 짐작된다.

작품의 문체나 운율의 통일성으로 미루어 볼 때 셰익스피어가 손수 썼으리라고 추측되는 장면은 제1막 제1장과 제2장, 제2막 제3장과 제4장, 제3막 제2장, 제5막 제1장뿐이며 나머지 11장은 다른 작가—《두 귀족 친척》의 공동 작가로 여겨지는 존 플레처(John Fletcher 1579~1625)—가 썼을 것으로 추정된다. 문체와 운율뿐만 아니라 작품의 구성을 보더라도 셰익스피어 작품이라고 판단하기에는 수준이 조금 떨어진다. 헨리 8세를 중심으로 몇몇 중요한 역사적 사실들을 지루하게 늘어놓았을 뿐, 희곡이 갖추어야 할 극적인 5단 구성 체계가 무시되고 있다. 주동 인물과 반동 인물 사이의 갈등이나 대결에 일관성이 없으며, 몇 개의 사건이 따로따로 떨어져서 저마다 마무리된다. 이렇게 작품 전체의 통일성도 없고, 극 전체의 중심도 절정도 없는 희곡 구성은 셰익스피어 작품에서는 찾아볼 수 없는 것이다.

《햄릿》과 《오셀로》같은 대표적인 희곡 구성을 창조한 셰익스피어가, 늘그막에 이런 불구의 희곡 작품을 만들었으리라고는 상상하기 어렵다. 따라서 그의 작품이 아니라는 말이 나오는 것도 전혀 이상할 게 없다. 셰익스피어가 몇 막 몇 장만 손을 대었으리라 예상되며, 작품 구성은 다른 작가의 서툰 솜씨로 만든 것처럼 보인다.

이 작품에서 앤 불린 왕비가 딸을 낳자 캔터베리 대주교 크랜머는 공주의 세례명을 엘리자베스라 하고, 그녀와 그 자손들이 나라를 태평성대로 이끌게 되리라 예언한다.

공주님은 오늘 요람에 누워 계시나, 앞으로 자라시게 되면 이 나라에 몇 천 몇만 겹의 축복을 가져오시도록 예정된 분입니다. 지금 살아 계시는 분 가운데는 그 영광을 보시기 어렵겠으나 같은 시대나 후세의 모든 군주로부터 본보기가 되실 분입니다. (…) 하늘의 찬란한 태양이 빛나는 곳은 어디라도, 그분의 영예로움과 위대함이 함께하여 새로운 나라를 이룩하게 될 것입니다. (제5막 제5장)

극의 진행은 추기경 울지와 버킹엄 공작 사이의 권력 투쟁, 그리고 버킹엄의 패배에서 시작해 왕과 왕비의 시녀 앤 불린과의 관계 진전, 왕과 캐서린 왕비와의 이혼 문제, 울지가 교황에게 밀서를 보내려던 사건을 거쳐, 엘리자베스 공주의 탄생과 영국의 앞날이 희망차고 밝다는 축복으로 끝난다. 이 공주가 바로 엘리자베스 1세이며 실제로 영국에 영광을 가져다준 여왕인데, 이 극은 그녀가 죽고 10년 뒤에 여왕에게 바쳐진 찬양의 꽃다발이리라.

신상웅(辛相雄)

일본 교토에서 태어나 경북 의성에서 성장했으며, 중앙대 영문학과를 졸업 대학원에서 문학박사 학위를 받았다. 1968년 〈세대〉지 신인문학상에 중편 「히포크라테스 흉상」이 당선되어 작품활동을 시작한 뒤, 진중한 역사의식과 날카로운 현실인식이 돋보이는 중량감 있는 작품들을 발표하여 한국현대문학을 대표하는 작가의 한 사람으로 자리잡았다. 시대의 모순과 개인적 갈등을 밀도 있게 조명한 그의 소설들은 시대를 뛰어넘어 강한 흡인력을 행사하고 있다. 장편 「심야의 정담(鼎談)」으로 제6회 한국일보문학상을 수상하였다. 중앙대 교수와 예술대학원장 역임, 현재 명예교수이다. 주요 작품 「히포크라테스 흉상」, 「분노의 일기」, 「쓰지 않은 이야기」, 「돌아온 우리의 친구」, 장편 「배회」, 「일어서는 빛」, 「바람난 도시」, 「심야의 정담」 등이 있다. 셰익스피어30년 연구와 열정을 바친 신상웅 옮김 「셰익스피어전집(총8권)」으로 '춘원문학상'을 수상했다.

World Book 283

셰익스피어전집2 [역사극Ⅱ]

William Shakespeare

HENRY Ⅵ PART1/HENRY Ⅵ PART2/HENRY Ⅵ PART3
RICHARD Ⅲ/HENRY Ⅷ

헨리 6세 제1부/헨리 6세 제2부/헨리 6세 제3부
리처드 3세/헨리 8세

셰익스피어/신상웅 옮김

1판 1쇄 발행/2019. 11. 1
발행인 고정일
발행처 동서문화사
창업 1956. 12. 12. 등록 16-3799
서울 중구 다산로 12길6(신당동 4층)
☎ 02-546-0331~6 Fax. 545-0331
www.dongsuhbook.com

사업자등록번호 211-87-75330
ISBN 978-89-497-1657-2  04080
ISBN 978-89-497-0382-4  (세트)